教育部哲學社會科學研究重大課題攻關項目

「十一五」國家重點圖書出版規劃項目·重大工程出版規劃
國家社會科學基金重大項目
北京大學「九八五工程」重點項目

儒藏

精華編三四册

經部詩類

儒藏

精華編

北京大學《儒藏》編纂中心

《儒藏》精華編第三四册

首席總編纂　季羡林

項目首席專家　湯一介

總　編　纂　湯一介　龐　樸　孫欽善　安平秋（按年齡排序）

本册主編　董治安　鄭傑文　王承略

《儒藏》精華編凡例

一、中國傳統文化以儒家思想爲中心。《儒藏》爲儒家經典和反映儒家思想、體現儒家經世做人原則的典籍的叢編。收書時限自先秦至清代結束。

二、《儒藏》精華編爲《儒藏》的一部分，選收《儒藏》中的精要書籍。

三、《儒藏》精華編所收書籍，包括傳世文獻和出土文獻。傳世文獻按《四庫全書總目》經史子集四部分類法分類，大類、小類基本參照《中國叢書綜録》和《中國古籍善本書目》，於個别處略作調整。凡單書已收入入選的個人叢書或全集者，僅存目録，並注明互見。出土文獻單列爲一個部類，原件以古文字書寫者一律收其釋文文本。韓國、日本、越南儒學者用漢文寫作的儒學著作，編爲海外文獻部類。

四、所收書籍的篇目卷次，一仍底本原貌，不選編，不改編，保持原書的完整性和獨立性。

五、對入選書籍進行簡要校勘。以對校爲主，確定内容完足、精確率高的版本爲底本，精選有校勘價值的版本爲校本。出校堅持少而精，以校正誤爲主，酌校異同。校記力求規範、精煉。

六、根據現行標點符號用法，結合古籍標點通例，進行規範化標點。專名號除書名號用角號（《》）外，其他一律省略。

七、對較長的篇章，根據文字内容，適當劃分段落。正文原已分段者，不作改動。千字以内的短文一般不分段。

八、各書卷端由整理者撰寫《校點説明》，簡要介紹作者生平、該書成書背景、主要内容及影響，以及整理時所確定的底本、校本（舉全稱後括注簡稱）及其他有關情況。重複出現的作者，其生平事蹟按出現順序前詳後略。

九、本書用繁體漢字豎排，小注一律排爲單行。

《儒藏》精華編第三四册

經部　詩類

詩毛氏傳疏卷二十

長洲陳奐學

谷風之什詁訓傳弟二十　毛詩小雅

《谷風之什》十篇，五十四章，三百五十六句。

《谷風》三章，章六句。

《谷風》，刺幽王也。天下俗薄，朋友道絕焉。

習習谷風，維風及雨。【傳】興也。風雨相感，朋友相須。將恐將懼，維予與女。將安將樂，女轉棄予。【傳】言朋友趨利，窮達相棄。

【疏】習習，和舒之皃。東風謂之谷風，《傳》見《邶·谷風》篇。及，與也。風與雨有相感之理，以興朋友相須，《傳》合下二章而總釋其義也。○將，猶方也。《文選》任昉《策秀才文》注引《韓詩》「將恐將懼」，《薛君章句》：「將，辭也。」又楊雄《甘泉賦》注引《章句》同。《傳》云「言朋友趨利，窮達相棄」者，「將恐將懼」，窮也；「將安將樂」，達也。女既達而予終窮，乃相遺棄，以釋經中「棄」字之義。趨利者，所以推明棄之之故也。《序》云「天下俗薄，朋友道絕」，絕猶棄也。

習習谷風，維風及穨。【傳】穨，風之焚輪者也。風薄相扶而上，喻朋友相須而成。將恐將懼，寘予于懷。將安將樂，棄予如遺。【疏】《傳》文疑有譌。《爾雅·釋天》：「焚輪謂之穨。扶搖謂之猋。」李注云：「焚輪，暴風從上下降謂之穨。穨，下也。扶搖，暴風從下升上，故曰猋。猋，上也。」孫注云：「迴風從上下曰穨，迴風從下上曰猋。」穨與猋不同，自不得紐合爲說。《傳》云「穨，風之焚輪者也」，正用《爾雅》焚輪爲穨之訓。《小箋》云：「焚輪，猶紛綸也。」案言此者，以興朋友相切直，義已明備，不煩更取扶搖以足經文「穨」字之義，而與《雅》訓乖戾。且上章「維風」冢上「谷風」，「維風及雨」，言谷風與雨，興朋友相須。此章「維風」亦冢上「谷風」，「維風及積」，言谷風與積，興朋友相須。若於焚輪之外更增扶搖之説，則以風之上下及風之下上爲喻，而於經中「及」字有難通矣。「朋友相須」，《傳》已見上章，則此章更不必重文疊義也。反復經、《傳》義訓，「風薄相扶而上，喻朋友相須而成」十三字，當是《箋》語誤入《傳》文耳。「風薄相扶而上」，鄭用《爾雅》「扶搖爲猋」之訓，蓋以經之「積」爲「迴」也，故不從《爾雅》、毛《傳》。其《月令》注：「迴風爲猋。」亦不從《爾雅》、毛《傳》，用意正同。上章《箋》云：「喻朋友同志，則恩愛成。」末章《箋》云：「以喻朋友雖以恩相養，亦安能不時有小訟乎？」唯此章無《箋》，其云「喻朋友相須而成」，三「喻」字一例讀，可據以删正。

習習谷風，維山崔嵬。無草不死，無木不萎。【傳】崔嵬，山巔也。雖盛夏萬物茂壯，草木無有不死葉萎枝者。忘我大德，思我小怨。【疏】「崔嵬，山巔」，巔，俗「顛」字。《十月之交》傳云：「山頂曰冢。卒者，崔嵬。」《爾雅》：「顛，頂也。」山顛即山頂。崔嵬者，是山顛巉巖之狀。兩《傳》義同。谷風生養萬物，山顛之草木宜茂盛，以興大德也。「萎」與「矮」通。草死木萎，以興小怨也。《後箋》云：「據《正義》引定本及《集注》『草木無有不死葉萎枝者』，則《正義》本不同可知。今觀《正義》云『雖至盛夏之月，萬物茂壯，無能使草不有死者，無能使木不有萎者』，可見《傳》文『無有不死葉萎枝者』當作『無不有死葉萎枝者』。『無不有』即偶然有之意，非謂草木盡死也。《中論·脩本》篇：『《詩》曰：「習習谷風，維山崔巍。何木不死？何草不萎？」言盛陽布德之月，草木猶有枯落而與時謬者，況人事之應報乎？』此雖不爲朋友德怨之喻，然其言草木猶有枯落，正與《傳》義同也。」

《蓼莪》六章，四章章四句，二章章八句。

《蓼莪》，刺幽王也。民人勞苦，孝子不得終養爾。

蓼蓼者莪，匪莪伊蒿。【傳】興也。蓼蓼，長大貌。哀哀父母，生我劬勞。【疏】《蓼蕭》傳：「蓼，長大皃。」重言之則曰「蓼蓼」。《爾雅》：「莪，蘿。」《菁菁者莪》傳：「莪，蘿，蒿也。」蓋蒿類衆多，蒿之言槀也。若蔞蒿、蕭蒿，每以秋老得名，因之嫩而可食者，亦通稱蒿，故

《傳》於《菁菁者莪》本《爾雅》「莪，蘿」之訓，又申之云「蒿」者，義取成材，言各有當也。此詩首章莪、蒿本一物，而以時之先後異其名。下章莪、蔚本同類，而以子之有無異其名。《後箋》云：「嚴粲《詩緝》據《爾雅》『蘩之醜，秋爲蒿』及彼注疏『蘩、蕭、莪、蔚之類，始生，氣味各異，其名不同。至秋老成則皆蒿』之語，以爲莪始生香美可食，至秋高大，則麤惡不可食，喻子初生猶是美材，至於長大，乃是無用之子。此語於取喻甚合。且與首句『蓼蓼，長大』、下文『生我劬勞』語意尤融貫。」奂謂《傳》云「長大」指莪，不謂長大成蒿。「蓼蓼者莪」，言莪長大蓼蓼然，以喻子得長大者，皆父母生我之德也。「匪莪伊蒿」，於「匪莪」下作一轉語，言非莪，乃是蒿，蒿不可食，以喻子不得終養父母也。首二章興義同，三章因孝子不得終養之故由於王事征役，故以缾罄、罍恥爲喻。末二章南山、飄風以自敘其勞苦之情。○《爾雅》：「哀哀，懷報德也。」郭注云：「悲苦征役，思所生也。」《豈風》「母氏劬勞」，《傳》云：「劬勞，病苦也。」與此「劬勞」同。

蓼蓼者莪，匪莪伊蔚。【傳】蔚，牡菣也。哀哀父母，生我勞瘁。【疏】「蔚，牡菣」，《釋草》文。郭注云：「無子者。」菣即蒿。牡菣謂之蔚，《說文》云：「蔚，牡蒿也。」《正義》引《義疏》云：「牡蒿也。三月始生，七月華，華似胡麻華而紫赤，八月爲角，角似小豆角銳而長，一名馬新蒿。」案《本草》：「角蒿，馬先蒿，亦名馬新蒿，皆有子之蒿。」陸合牡蒿爲一，與郭景純說「無子者」不同，且蒿以牡名，郭說是也。《後箋》云：「莪爲有子，蔚爲無子。草木自以有子者爲材。『匪莪伊蔚』正與上句一例。」

缾之罄矣，維罍之恥。【傳】缾小而罍大。罄，盡也。鮮民之生，不如死之久矣。【傳】鮮，寡也。無父何怙？無母何恃？出則銜恤，入則靡至。【疏】《說文·缶部》云：「缾，䍃也。或作『瓶』。」「䍃，汲缾也。」「罄，器中空也。《詩》曰：『缾之罄矣。』」《穴部》云：「窒，空也。《詩》曰：『瓶之窒矣。』」毛作「罄」，三家作「窒」也。《爾雅》：「罍，器也。小罍謂之坎。」《周禮·鬯人》注：「大罍，瓦罍。」罍有大小之異。罍大對缾小而言之也。昭二十四年《左傳》：「鄭子大叔對范獻子曰：『今王室實蠢蠢焉，吾小國懼矣。然大國之憂也，吾儕何知焉？吾子其早圖之。《詩》曰：「缾之罄矣，惟罍之恥。」王室之不寧，晉之恥也。』」此引《詩》缾喻己小國，罍喻晉大國，雖是斷章，亦取缾小罍大之義。《傳》云「缾小而罍大」，正本《左氏》說也。缾小而盡，以喻己不得養父母；罍大而恥，以喻其不能養之之故，實由於上之人征役不息，爲可恥也，所以刺幽王也。《後漢書·陳忠傳》：「建光中，上疏云：『夫父母於子，同氣異息，一體而分，三年乃免於懷抱。先聖緣人情而著其節，制服二十五月。是以《春秋》臣有大喪，君三年不呼其門。閔子雖要絰服事，以赴公難，退而致位，以究私恩，故稱：君使之，非也；臣行之，禮也。周室陵遲，禮制不序，《蓼莪》之人作詩自傷曰：「缾之罄矣，惟罍之恥。」言己不得終竟子道者，亦上之恥也。』」案忠釋《詩》凡三事，此及《鼓鐘》、《民勞》於經、《傳》之指悉合。《大東》傳云：「空，盡也。」罄、空，聲之轉。○「鮮，寡」，《釋詁》文。鮮者，「尟」之假借，故與「寡」同訓。《傳》於《苕之華》「鮮可以飽」「鮮」爲「少」，與此「鮮」爲「寡」者訓近而意殊。寡，當讀「惠鮮鰥寡」之「寡」。《鴻雁》傳：「偏喪曰寡。」因之喪父母者亦曰寡。意探下文「無父」、「無母」而爲之釋也。「寡」字逗，不與「民」連讀。寡、孤一也。寡民之生，與《左傳》「寡我襄公」文義相同。案此下二句即承上二句一氣直下。上之人征役不息，則下之人勞苦不休，以致喪父喪母，不得終其養親之志，孤寡之由，皆上使之然也。《大戴禮·用兵》篇：「《詩》云：『鮮民之生矣，不如死之久矣。』」盧注以爲困於兵革之詩。此引以證用兵之害，就上之人一邊說。「不如死久」句，乃孝子自歎其孤寡難堪也。末二章云「民莫不穀，我獨何害」，穀，生也。言民無不生，我獨罹此勞苦之害也。「民莫不穀，我獨不卒」，卒，終也。言民無不生，我獨不得終養父母也。皆從此義而申說之，讀者皆不得其解。○《鴇羽》傳：「怙，恃也。」渾言之，則怙亦恃也。《釋文》及《華嚴經音義·入法界品》引《韓詩》云：「怙，賴也。恃，負也。」析言之也。恤，憂也，憂不得養也。「入則靡至」，言役罷而歸時，父母皆喪，入則無所至。《士喪禮下》篇：「反，哭賓。弔者升自西階，曰：『如之何？』」鄭注云：「反而亡焉，失之矣，於是爲甚，故弔之。」即此意也。《序》箋云：「二親病亡之時，時在役所。」

父兮生我，母兮鞠我，拊我畜我，長我育我，顧我復我，出入腹我。【傳】鞠，養；腹，厚也。欲報之德，昊天罔極。【疏】《爾雅》：「鞠，生也。」依《雅》訓，則「母兮鞠我」與「父兮生我」同義也。《傳》以父生母養分言。下文「畜我」、「育我」，《我行其野》傳：「畜，養也。」《思文》箋：「育，養也。」鞠、畜、育聲義皆同。

「拊」與「撫」通。「拊我」、「長我」，謂撫養、長養也。「顧」有「回顧旋視」之義。復，反也。顧復，猶出入也。「腹，厚」，《釋詁》文。詩連用九「我」字，《傳》「鞠」訓「養」，則拊、畜、長、育皆養也。「腹」訓「厚」，則顧、復皆厚也。重言之者，以明「生我劬勞」之意。○《氓》、《園有桃》傳皆以「罔極」爲「無中」。王引之《詩述聞》云：「『欲報之德，昊天罔極』，言我方欲報是德，而昊天罔極，降此鞠凶，使我不得終養也。不言父母既没，不得終養者，『無父何怙？無母何恃』已見於上文也。『昊天罔極』，猶言『昊天不傭』、『昊天不惠』，朱子所謂『無所歸咎而歸之天』也。《漢司隸校尉魯峻碑》『悲蓼義之不報，痛昊天之靡嘉』，得詩人之意矣。『義』即『莪』字。」案王説「罔極」是也。昊天當斥幽王。《節南山》兩言「昊天」，亦斥幽王，與此同。非謂歸咎於天，作此泛義。《易林・乾》、《蒙》、《謙》、《恒》云：「南山昊天，刺政閔身。疾悲無辜，背憎爲仇。」蓋出三家《詩》，與《毛詩》亦合。

南山烈烈，飄風發發。【傳】烈烈然至難也。發發，疾貌。民莫不穀，我獨何害？【疏】「烈烈然至難」，《後箋》云：「難，當如『行路難』、『蜀道難』之『難』，以烈烈爲險阻之狀。《説文》：『巁，巍高也。讀若厲。』《玉篇》、《廣韻》作『巁』，云：『巍也。』《集韻》、《類篇》『巁，力蘖切。山高皃。』古有巁山氏，《禮記・祭法》注：『厲山氏，炎帝也。起于厲山。或曰：有烈山氏。』然則『烈烈』爲山之高峻，故《傳》以爲至難。」《釋文》：「飄，本又作『票』。」《何人斯》傳云：「飄風，暴起之風。」暴亦疾也。飄風爲疾，則發發爲疾皃。

南山律律，飄風弗弗。【傳】律律，猶烈烈也。弗弗，猶發發也。民莫不穀，我獨不卒。【疏】《後箋》云：「『南山律律』，王介甫以爲山之崒嵂。《説文》無『嵂』字，《玉篇》有『硉』字，云：『硉矹，危石。』《文選・七發》『上擊下律』，注云：『律，當爲「硉」。』是律、硉同字，故《傳》云：『律律，猶烈烈也。』」案司馬相如《子虛賦》「隆崇嵂崒」，「嵂」與「硉」同。古弗、發聲同，《碩人》「發發」、《皇矣》「茀茀」竝訓爲「盛」。盛謂之發發，亦謂之茀茀；疾謂之發發，亦謂之弗弗，故《傳》云：「弗弗，猶發發也。」

《大東》七章，章八句。

《大東》，刺亂也。東國困於役而傷於

財，譚大夫作是詩以告病焉。【疏】幽王之世，東國傷困，則西周之政亂也。譚國大夫作詩告病，本刺周亂，編諸《小雅》。

有饛簋飧，有捄棘匕。【傳】興也。饛，滿簋皃。飧，孰食，謂黍、稷也。捄，長皃。匕，所以載鼎實。棘，赤心也。周道如砥，其直如矢。君子所履，小人所視。【傳】如砥，貢賦平均也。如矢，賞罰不偏也。睠言顧之，潸焉出涕。【傳】睠，反顧也。潸，涕下皃。【疏】興者，陳古以言今，亦興體也。餘皆託物以爲喻。《方言》：「朦，豐也。自關而西，秦、晉之閒，凡大貌謂之朦。」「饛」與「朦」通。《説文》：「饛，盛器滿皃。」引《詩》作「饛」。《後漢書·張衡傳》作「蒙」。蒙者，「饛」之假借字。《伐檀》傳：「孰食曰飧。」案孰食所晐甚廣，《傳》既釋「飧」爲「孰食」，而又蒙「簋盛黍稷」，謂孰食爲黍、稷也。《禮記·襍記》篇：「枇以桑，長三尺，或曰五尺。」故《傳》釋「捄」爲「長皃」也。鄭注《襍記》云：「枇，所以載牲體者。」牲體即鼎實。牛、羊、豕鼎，魚腊鼎，鼎皆有匕。匕取鼎實而載之於俎，此匕較長於取黍、稷之匕。《傳》釋「棘匕」不蒙上句「簋飧」，故不以爲取黍、稷，而以爲載鼎實也。鄭注又云：「吉祭，枇用棘。」「枇」，古祇作「匕」。《園有桃》傳：「棘，棗也。」《秋官·朝士》注：「樹棘以爲位者，取其赤心而外刺，象以赤心三刺也。」《淮南子·時則》篇：「孟冬，❶其樹棗。」高注云：「棗，取其赤心也。」棘木中心色赤，故謂之赤心。《特牲·記》：「棘心匕，刻。」是吉祭之匕用棘心也。《箋》以此喻古者主人致客之禮。○《説文》：「砥，『厎』之或字。」《孟子·萬章》篇引《詩》作「厎」。「砥」訓「平均」，如砥爲貢賦平均；「矢」訓「不偏」，如矢爲賞罰不偏，言周家貢賦賞罰之道如此也。《墨子·兼愛下》篇：「《周詩》曰：『王道蕩蕩，不偏不黨。王道平平，不黨不偏。其直若矢，其易若厎。君子之所履，小人之所視。』若吾言非語道之謂也。古者文武爲正均分，賞賢罰暴，勿有親戚弟兄之所阿，即此文武兼也。」案義正與毛《傳》合。此陳古爲興。○睠者，反顧之皃。《傳》「也」

❶ 「孟冬」，徐子静本、《清經解續編》本同。《道藏要籍選刊》本、《百子全書》本《淮南鴻烈解》、《諸子集成》本《淮南子》、中華書局點校本劉文典《淮南鴻烈集解》、何寧《淮南子集釋》竝於「仲冬之月」下云「十一月官都尉，其樹棗」。

字當作「皃」。睠言，《荀子》作「眷焉」，《後漢書》作「睠然」。言、焉、然三字皆語詞。《說文》：「潸，涕流皃。《詩》曰：『潸焉出涕。』」《韻會》作「然」，古然、焉同也。言顧古周道以念今，則潸焉而涕下矣。《荀子・宥坐篇》：「今之世則不然，亂其教，繁其刑，其民迷惑而墮焉，則從而制之。是以刑彌繁，而邪不勝。今夫世之陵遲亦久矣，而能使民勿踰乎？《詩》曰：『周道如砥，其直如矢。君子所履，小人所視。眷焉顧之，潸焉出涕。』豈不哀哉？」楊倞注云：「言失其砥矢之道，所以陵遲，哀其法度墮壞。」毛《傳》正用《荀子》。

小東大東，杼柚其空。【傳】空，盡也。糾糾葛屨，可以履霜。佻佻公子，行彼周行。【傳】佻佻，獨行貌。公子，譚公子也。既往既來，使我心疚。【疏】《說文》云：「杼，機持緯者。」《釋文》：「柚，又作『軸』。」《詩小學》云：「織軸似車軸，故同名。『柚』是『橘柚』字，因『杼』字從木，而改『軸』亦從木，非也。案《大玄・挩》篇：『棘木爲杼，削木爲軸，杼軸既施，民得以煥，❶挩擬之經緯。』《法言・先知》篇：『田畝荒，杼軸空，謂之斅。』其字正作『軸』。」「空，盡」，《爾雅・釋詁》文。東，東國。小、大東國杼軸盡空，則是傷於財也。《管子・國蓄》篇：「大國內款，小國用盡。」「款」與「空」一聲之轉，義與此同。下文因言譚困於役之事。○《爾雅・釋訓》：「佻佻、契契，愈遐急也。」郭注云：「賦役不均，小國困竭，賢人憂歎，遠益急切。」案釋《詩》「佻佻公子」、「契契寤歎」也。下章《傳》「契契，憂苦也」，本《爾雅》。此云「佻佻，獨行皃」者，亦謂困竭急切之狀，與《爾雅》訓異意同。《釋文》：「佻，本或作『窕』。《韓詩》作『嬥』。嬥，往來皃。」《楚辭・九歎》注作「苕苕」。《玉篇・彳部》：「佻佻，獨行皃。」竝字異而聲同。毛探下「行彼周行」爲訓，韓探下「既往既來」爲訓也。是詩譚大夫所作，故公子爲譚公子。《詩》言「周行」凡三，《卷耳》、《鹿鳴》及此也。此「周行」無《傳》者，易曉耳。上「行」爲「行來」，下「行」爲「道」，《楚辭注》引作「行彼周道」，即其義。言譚公子奉使周道往來不已，東國之行役，譚尤獨受其困乏也。我，譚大夫自我也。

❶ 「煥」，徐子靜本、《清經解續編》本同。《清經解》本《詩經小學》、《百子全書》本《太玄經》、中華書局點校本《太玄集注》竝作「燠」，當據改。

有洌氿泉，無浸穫薪。契契寤歎，哀我憚人。【傳】洌，寒意也。側出曰氿泉。穫，艾也。契契，憂苦也。憚，勞也。薪是穫薪，尚可載也。哀我憚人，亦可息也。【傳】載，載乎意也。【疏】洌，當作「冽」，《正義》云：「《七月》『二之日栗冽』，是『冽』爲寒意也。《説文》：『冽，寒皃。』故字從冰。」「冽」訓「寒」，許正用《傳》訓，今《説文・仌部》失「冽」篆，仲達所見唐本不誤。《易・井》九五爻辭：「井洌寒泉食。」《説文》以爲水清則洌，與「冽」不同義矣。《爾雅》：「氿泉穴出。穴出，仄出也。」「側」與「仄」通。邵晉涵《正義》云：「《説文》作『厬，仄出泉也』。又『氿，水出從孔穴疾出也。』❶『㲉，側出泉也。』是側出之泉又曰㲉也。」艾，《釋文》作「刈」。穫薪，刈薪也。穫稻，刈稻也。穫穉，刈穉也。穫菽，刈菽也。毛於全《詩》「穫」字不傳，而此作《傳》者，以「穫薪」爲「析薪」，不謂「穫」爲「木」也。無浸，浸也。浸穫薪與哀憚人一喻一正作對文。《箋》讀「穫」爲「檴」，《爾雅》：「檴，落。」樊光注引《詩》作「檴薪」，與毛義異。○《楚辭・九歎》「孰契契而委棟兮」，王注云：「契契，憂貌也。」義與此同。《爾雅》釋文及《楚辭注》：「『契契』，一作『挈挈』。」《擊鼓》傳：「契闊，勤苦也。」「契」本亦作「挈」。《廣雅》：「栔栔，憂也。」契、挈、栔聲通。《釋文》：「憚，字亦作『癉』。」《小明》同。《爾雅》：「癉，勞也。」郭注引《詩》作「癉」，《版》傳：「癉，病也。」「勞」與「病」義相近。《説文》：「癉，勞病也。」○「載，載乎意」，義不可解。《小箋》云：「『意』當作『車』。」是也。《傳》訓「穫薪」爲「刈薪」，薪是穫薪，上「薪」字疑是「浸」字之聲誤。《箋》改「穫」作「檴」，云：「薪是檴薪者，析是檴薪也。」則鄭所據本已作「薪」字矣。「亦可息」當作「不可息」，與《東山》篇「不可畏也」俗本作「亦可畏也」，其誤正同。此承上文反覆言之，彼泉浸之刈薪尚可載乎車，哀哉我東國勞人，不能止息而自休也。若作「亦可息」，則與「哀我勞人」文不相承矣。《氓》「士之耽兮，猶可説也」、《抑》「白圭之玷，尚可磨也。斯言之玷，不可爲也」，文正相同。

東人之子，職勞不來。【傳】東人，譚人也。來，勤也。西人之子，粲粲衣服。【傳】西人，京

❶ 「出」，徐子静本、《清經解續編》本同。《清經解》本《爾雅正義》、經韻樓本《説文解字注》及陳昌治刻《説文解字》竝無此字，當據删。

師人也。粲粲，鮮盛貌。舟人之子，熊羆是裘。【傳】舟人，舟楫之人。熊羆是裘，言富也。私人之子，百僚是試。【傳】私人，私家人也。百僚是試，用於百官也。【疏】譚國在東，故東人爲譚人。「來，勤」，《爾雅·釋詁》文。《爾雅》又云：「勑、勤，勞也。」《説文》：「勑，勞也。」《賚》傳：「勤，勞也。」是「勑」與「勤」竝有「勞」義。來，古「勑」字。《箋》云：「職，主也。東人勞苦而不見謂勤。」謂亦勤也。○周在西，故以西人爲京師人。粲、采一聲之轉。今北方評好爲「喝采」，南方衣服鮮麗爲「粲」，聲如「餐」，則重言曰「采采」，亦曰「粲粲」矣。《爾雅》：「燕燕、粲粲，尼居息也。」郭注云：「盛飾宴安，近處優閒。」《北山》傳：「燕燕，安息皃。」義本《爾雅》。此釋「粲粲，衣服鮮盛皃」者，亦「近處安息」之意。《箋》云：「京師人衣服鮮絜而逸豫。」「舟人，舟楫之人」，即今《月令》之「榜人」是也。《匏有苦葉》傳：「舟子，舟人，主濟渡者。」各隨文訓。熊羆裘爲富者，言得禄多也。《正月》箋云：「此言小人富，而窶陋將貴也。」私人，私家人，謂私屬之家人也，若七子姻黨之類。家人，猶今言人家耳。《嵩高》傳：「私人，家臣也。」各隨文訓。《釋文》：「僚，又作『寮』。」《説文》作「寮」。《采芑》傳：「試，用也。」《版》傳：「寮，官也。」《傳》文「是試」上奪「百僚」二字，今依《小箋》補。「用於百官」，此倒句法也。《詩異義》云：「西人之子、舟人之子，皆對東人之困病言。私人之子則言群小得志，起下三章曠官廢職意。」

或以其酒，不以其漿。【傳】或醉於酒，或不得漿。鞙鞙佩璲，不以其長。【傳】鞙鞙，玉貌。璲，瑞也。維天有漢，監亦有光。【傳】漢，天河也。有光而無所明。跂彼織女，終日七襄。【傳】跂，隅貌。襄，反也。【疏】經中「或」字領下句，兼以「不以」言，故《傳》分釋之云「或醉於酒，或不得漿」，以見王政之偏也。或，有也。以，用也。不以，不用也。不可以，不可用也。下皆同。《韓詩外傳》：「宋燕相齊見逐，陳饒曰：『三斗之稷不足於士，而君鴈鶩有餘粟。果園梨栗，後宮婦人以相提擲，士曾不得一嘗。綾紈綺縠靡麗於堂，從風而弊，士曾不得以爲緣。』」引《詩》曰：「或以其酒，不以其漿。」《釋文》：「鞙，又作『琄』。」《爾雅》作「琄」。《説文》無「琄」。案鞙是也。鞙鞙，謂佩玉鞙鞙然，非謂玉也。《傳》「玉皃」當作「佩玉皃」三字，蓋奪一「佩」字耳。《説文》：「鞙，大車縛軛靼。」字亦作「鞙」。《釋名》：「鞙，縣也，所以縣縛軶也。」是「鞙」有「縣繫」之義。《箋》云：「佩璲者，以瑞玉爲佩，佩之鞙鞙然。」依《箋》亦當有「佩」字。劉昭注《輿服志》：「鞙鞙，佩玉皃。」又《集韻・四十一迥》：「琄，佩玉皃。」可證。《爾雅》：「璲，瑞也。繸，綬也。」璲爲瑞，佩瑞即佩玉。佩玉之綬謂之繸，詩言「鞙鞙」謂綬也，「佩璲」謂瑞也。璲、繸皆不見《説文》，古字當作「遂」。《芄蘭》箋：「遂，瑞也。」正本此詩《傳》訓。「遂」即「瑞」之假借字。《爾雅》：「琄琄，刺素食也。」《箋》云：「徒美其佩而無其德，刺其素餐。」「不以其長」，言不用其長也。周道衰微，諸臣曠職，下文皆從此句而申言之，託天象星名以爲興。○天以喻王也。「漢，天河」，亦曰雲漢。《棫樸》傳及《雲漢》竝云：「雲漢，天河也。」《夏小正》：「七月，漢案户。」《傳》：『漢也者，河也。案户也者，直户也。言正南北也。』」昭十七年《左傳》：「冬，有星孛於大辰，西及漢。梓愼曰：『星孛及漢，漢，水祥也。』」又昭八年《傳》：「今在析木之津。」孔疏云：「《釋天》：『析木之津，箕斗之閒漢津也。』孫炎曰：『析別水木以箕斗之閒，是天漢之津也。』劉炫謂是天漢即天河也。天河在箕斗二星之閒，箕在東方木位，斗在北方水位，分析水木以箕星爲隔，隔河須津梁以渡，故謂此次爲析木之津也。不言析水而言析木者，此次自南而盡北，故依此次而名析木也。」韋昭注《周語》亦云：「津，天漢也。析木，次名，從尾十度至南斗十一度爲析木，其川爲漢津。」監，視也。光者，水之光。天河無星，故《傳》云：「有光而無所明。」○跂，俗「企」字。《小箋》云：「跂，當從《説文》作『忮』。」是也。《説文・匕部》：「忮，頃也。」引《詩》作「忮」。《玉篇》：「忮，隅皃。」顧希馮所據《毛詩》亦作「忮」。「忮」與「敊」音義皆同。《廣韻》云：「敊者，不正也。」《墨子・褋守》篇：「其甚害者爲築三亭，三亭隅，織女之令能相救諸。」蓋織女三星成三角，故防禦築三亭，以象織女處隅之形。《文選》顔延之詩注引《薛君章句》：「襄，反也。」韓與毛同。《執競》傳云：「反，復也。」辰者，時也。七月終日有七時，言織女星歷七時辰而復見於昏，是謂之七襄。

雖則七襄，不成報章。【傳】不能反報成章也。睆彼牽牛，[1]不可以服箱。【傳】睆，明星貌。何鼓謂之牽牛。服，牝服也。箱，大車之箱也。

[1] 「牽」，原作「犟」，據中國書店影印武林愛日軒刻本、徐子静本、《清經解續編》本、阮刻《毛詩正義》、《毛詩傳義類・釋天弟八》改。本篇下「牽」竝同。

東有啓明，西有長庚。【傳】日旦出，謂明星爲啓明；日既入，謂明星爲長庚。庚，續也。有捄天畢，載施之行。【傳】捄，畢貌。畢，所以掩兔也，何嘗見其可用乎？【疏】報亦反也。反報，猶反復。《箋》云：「織女有織名爾，駕則有西無東，不如人織相反報成文章。」據《正義》作「報反」。《夏小正》：「七月，初昏，織女正東鄉。」是昏見織女在東，而不在西也。疑《箋》「西東」二字互易。○睆，唐石經作「晥」，《玉篇》：「晥，明星也。」《廣韻》：「晥，明星。」皆本此詩，而睆、晥錯出。疑《傳》文當作「睆，明皃」，「星」字涉下兩言「明星」而誤衍。《禮記・檀弓》釋文：「睆，華板反，明皃。」與《傳》訓合。皖、睆、晥三字，《説文》皆不録。而《艸部》「⿱艹睆」從睆聲，則《説文》有「睆」字矣。《爾雅》：「星紀斗，牽牛也。何鼓謂之牽牛。」是牽牛爲星紀，或名何鼓。何，揭也。鼓，量名，實一星也。郝懿行《義疏》云：「今驗牽牛三星，牛六星。牟廷相曰：『牛宿，其狀如牛。何鼓直牛頭上，則是牽牛人也。何鼓中星最明，舉頭即見，而牛宿差不甚顯。詩人觸景攄情，不宜舍極明之何鼓，而取難見之牛宿。「睆彼」之詠，謂何鼓不謂牛宿，明矣。毛《傳》取《爾雅》爲釋，精當不移。《月令》：「季春，旦牽牛中。仲秋，昏牽牛中。」皆何鼓也。考諸經典，無名牛宿曰牽牛者。《天官書》云：「牽牛爲犧牲，其北河鼓。」蓋星家失傳自此始。』今按牟説足訂《史記》之誤。郭注云：『擔鼓。擔者，荷也。』『擔荷』，《説文》作『儋何』。今南方農語猶呼此星爲『扁擔』。何鼓三星，中豐而兩頭鋭下，有儋何之象，故因名焉。自《史記》誤以何鼓、牽牛爲二星，釋《爾雅》者因之而誤。故李巡曰：『何鼓、牽牛，皆二十八宿名也。』孫炎曰：『何鼓之旗十二星，在牽牛北，故或名何鼓爲牽牛也。』《爾雅》以何鼓、牽牛爲一星，如李、孫之義則二星。孫炎又以何鼓左右之旗强名爲何鼓，斯失之矣。」「服，牝服」，《傳》本《考工記・車人》「大車崇三柯，綆寸，牝服二柯有參分柯之二，羊車二柯有參分柯之一」，鄭司農注云：「牝服，謂車箱。服，讀爲負。羊車，謂車羊門也。」《釋名》：「立人，象人立也。或曰陽門，在前曰陽，兩旁似門也。」案「陽」與「羊」通。牝即牛。服者，「負」之假借字。大車重載牛負之，故謂之牝服。《既夕禮》注云：「服，車箱也。」《説文》云：「箱，大車牝服也。」服以負物，箱以載物，單言服，則服爲車箱；連言服箱，故《傳》分釋之，服爲牝服，箱爲大車之箱矣。凡柯三尺，大車崇三柯，車崇九尺也。牝服二柯有參分柯之二，謂車深八尺也。

羊車二柯有參分柯之一，謂車廣七尺也。大車任載牛負之，不若乘車用馬，故車深較長，車廣較狹。乘車前面有版爲軓，而後面無版以便升車，是謂之淺軫。大車後面有版爲軝，而前面無版以便載物，是謂之陽門歟。《說文》：「軝，大車後也。」此大車之箱之制也。《詩小學》云：「李善《思玄賦注》引《詩》『睆彼牽牛，不可以服箱』，與下文『不可以簸揚』、『不可以挹酒漿』句法一例。鄭《箋》云：『以，用也。不可用於牝服之箱。』爲下文二『不可以』舉例也。今各本脱『可』字。」○《傳》云「日且出」，「旦」當作「且」，《正義》已誤。當從《小箋》本訂正。日出東方，日且出而明星見於東方，是曰啓明。啓，開也，開日之明也。《爾雅》：「明星謂之启明。」「启」與「啓」同。日入西方，日既入而明星見於西方，是曰長庚。庚，續也，猶繼也。長，猶常也，繼日而常明也。故《箋》云：「啓明、長庚，皆有助日之名而無實光也。」《史記索隱》引《韓詩》云：「大白晨出東方爲啓明，昏見西方爲長庚。」毛《傳》以啓明、長庚爲明星，韓《傳》以啓明、長庚爲大白，則明星亦謂大白星也。《天官書》以明星代啓明，以大白代長庚，而後之言星家遂多異說。《正義》云：「『庚，續』，《釋詁》文。」今《爾雅》作「賡」。《書·益稷》疏引《詩》作「賡」。「賡」爲「庚」之譌。「庚」訓「續」，非即「賡」字也。《說文》：「賡，古文『續』。」庚、賡同義不同字。《楚辭·九歎》：「立長庚以繼日。」「續」即「繼」也。○《正義》云：「上言『捄，長皃』，此云『畢皃』，亦言畢之長也。」鄭注《月令》云：「小而柄長謂之畢。」《漸漸之石》傳：「畢，濁也。」《天官書》：「畢曰罕車，爲邊兵，主弋獵。」畢星象田弋之畢，故《傳》云：「所以掩兔。」《十月之交》箋：「行，道度也。」今天畢張，施道度而不見其可用，亦徒虛也。《箋》用《特牲》「宗人執畢」之「畢」，易《傳》而解經，各通。

維南有箕，不可以簸揚。維北有斗，不可以挹酒漿。【傳】挹，㪺也。維南有箕，載翕其舌。【傳】翕，合也。維北有斗，西柄之揭。

【疏】簸，亦揚也。《說文》：「簸，揚米去糠也。」《賓之初筵》箋：「仇，讀曰㪺。賓手挹酒。」《士冠禮》注：「尊、斗，所以㪺酒也。」《玉篇》：「挹，㪺也。」《說文》：「㪺，挹也。」挹、㪺義同。箕簸揚，斗㪺酒漿，南箕、北斗則不可用也。《韓詩外傳》云：「言有位無其事也。」○「翕，合」，《常棣》、《般》同。《玉篇》引《詩》作「吸」，云：「吸，引也。」《箋》：「翕，猶引也。」鄭讀「翕」爲「吸」，本三家《詩》義。《禮記·曲禮》「以箕自鄉而扱之」，注：「扱，讀曰吸。謂收糞時也。」《少儀》「執箕膺擖」，注：「膺，親也。擖，舌也。持箕將去糞者，以舌自鄉。」蓋三家《詩》作「吸」訓「引」，引舌內鄉似箕形。《毛詩》作「翕」訓「合」，《説文》：「合，亼口也。」「亼」，讀若集。」合舌者，箕四星、天舌二星亼口行列成箕形，皆所以狀箕星之似箕也。斗，古「枓」字。《説文》：「枓，勺也。」「杓，枓柄也。」「揭，高舉也。」

《四月》八章，章四句。

《四月》，大夫刺幽王也。在位貪殘，下國構禍，怨亂竝興焉。

四月維夏，六月徂暑。【傳】徂，往也。六月火星中，暑盛而往矣。先祖匪人，胡寧忍予？【疏】《傳》訓「徂」爲「往」，往暑，暑往也。六月雖盛夏之時，而火星昏中，其暑將往矣。興者，以喻我周列祖盛德，而至幽王之身，其德就衰矣。《月令》：「季夏之月，昏火中。」昭三年《左傳》：「晉張趯曰：『辟如火焉，火中，寒暑乃退。此其極也，能無退乎？』」杜注云：「火，心星。心以季夏昏中而暑退。」案「暑盛而往」即是暑極而退之意，毛《傳》正本《左傳》爲訓。詩凡八章，各自爲興。不言興者，略也。○匪，彼也。彼，猶其也。胡、寧，皆何也。「先祖匪人，胡寧忍予」，言先祖其人，何忍予而降禍亂也。與《雲漢》「父母先祖，胡寧忍予」文義相同。○《正義》云：「王肅述毛，於『六月徂暑』之下注云：『詩人以夏四月行役，至六月暑往未得反，已闕一時之祭。後當復，闕二時也。』『先祖匪人』之下又云：『征役過時，曠廢其祭祀。我先祖獨非人乎？王者何爲忍不憂恤我，使我不得修子道？』」案王説雖未得毛指，然其言行役，未嘗無據。徐幹《中論・譴交》篇以《四月》爲行役過時，刺怨而作。徐偉長爲漢靈帝末年人，其解《詩》正與王子雝合，則經中「四月」、「六月」、「秋日」、「冬日」皆爲紀時也。行役不歸，不得養父母，即不得承祀先祖，此又在久役於外，而念及之人情所必至也。詩三章「烈烈」、「發發」與《蓼莪》弟五章同句。而二章「淒淒」，《爾雅》與《蓼莪》「哀哀」同釋。《蓼莪》序云：「民人勞苦，孝子不得終養。」六章「盡瘁以仕，寧莫我有」，與《北山》「或盡瘁事國」同解。《北山》序云：「己勞於從事，不得養父母。」則與此詩文義亦甚相同。文十三年《左傳》：「鄭伯與公宴于棐。子家賦《鴻雁》，季文子曰：『寡君未免於此。』文子賦《四月》。」文子賦《詩》，或是取「下國構禍，望晉安集」之意。杜預注云：「義取行役踰時，思歸祭祀。」即用王子雝說。行役闕祭，《毛詩》序、傳所無，而按諸經義，三家《詩》亦未嘗無據。《序》云「構禍怨亂」，歎行役亦在其中。《傳》云「暑盛而往」，《小明》篇所云「載離寒暑，其毒大苦」者，不妨借時以設喻，此非《毛詩》序、傳之正解，而義實足以兼晐爾。

秋日淒淒，百卉具腓。【傳】淒淒，涼風也。卉，草也。腓，病也。亂離瘼矣，爰其適歸。【傳】離，憂；瘼，病；適，之也。【疏】《綠衣》傳：「淒，寒風也。」此云「淒淒，涼風」，涼、寒義通。《爾雅》：「哀哀、悽悽，懷報德也。」郭注云：「悲苦征役，思所生也。」又《廣雅》云：「悽悽、哀哀，悲也。」「哀哀」即《蓼莪》之「哀哀父母」，「悽悽」即此「秋日淒淒」之異文。「卉，草」，《出車》同。《文選》謝靈運《戲馬臺詩》「淒淒陽卉腓」，李善注引：「《韓詩》曰：『秋日淒淒，百卉俱腓。』薛君曰：『腓，變也。俱變而黃也。腓，音肥。』毛萇曰：『痱，病也。』今本作『腓』字，非。」案李注當作「毛萇曰：『腓，病也。』今本作『痱』字，非」，今「腓」、「痱」二字互誤。張衡《西京賦》注、王粲《公讌詩》注引《毛詩》「百卉具腓」，鮑昭《苦熱行》「渡瀘寧具腓」注引《毛詩》「秋日淒淒，百卉具腓」，毛萇曰：「腓，病也。」是李所據《詩》本作「腓」。《釋文》云：「腓，房非反。病也。《韓詩》云：『變也。』」然則陸所見毛、韓《詩》字皆作「腓」，用假借字。《爾雅》：「痱，病也。」郭注云：「見《詩》。」《玉篇》：「痱，風病也。《詩》云：『百卉具痱。』」或齊、魯《詩》作「痱」，用本字。《箋》云：「涼風用事而衆草皆病，興貪殘之政行而萬民困病。」《傳》意當然也。○「離，憂」，《兔爰》、《斯干》同。今字作「罹」者，非古也。「瘼，病」，《釋詁》文，《桑柔》同。《方言》云：「瘼，病也。東齊、海岱之閒曰瘼。」爰，於也。「適」訓「之」。於其之歸，言歸於亂，爲此憂病也。宣十二年《左傳》引：「《詩》曰：『亂離瘼矣，爰其適歸。』歸於怙亂者也夫。」《傳》意本《左傳》說。蓋經文「亂」字讀逗，「離瘼」爲「憂病」，此毛義也。《文選》潘岳《關中詩》注引《韓詩》「亂離斯莫」，薛君曰：「莫，散也。」其所據《韓詩》作「斯莫」。任昉《爲范尚書讓表》注引：「薛君曰：『瘼，散也。』」此「瘼」字當爲「莫」。《說苑·政理》篇云：「《詩》不云乎？『亂離斯瘼，爰其適歸。』此傷離散以爲亂者也。」「離散」用《韓詩》義，《家語·辨政》篇同。今字作「瘼」者，據毛改韓耳。《家語》「爰」作「奚」。常璩《華陽國志》引《詩》作「奚其適歸」。《詩小學》云：「疑三家《詩》有作『奚』者。」

冬日烈烈，飄風發發。民莫不穀，我獨何害？【疏】《蓼莪》傳云：「烈烈然至難也。發發，疾皃。」《箋》云：「言王爲酷虐慘毒之政，如冬日之烈烈矣。其亟急行於天下，如飄風之疾也。」案《傳》意當然也。○穀，生也。我，我幽王時也。「民莫不穀，我獨何害」，言人無不貪生者，而我何獨遭此害也。

山有嘉卉，侯栗侯梅。廢爲殘賊，莫知其尤。【傳】廢，大也。【疏】《箋》云：「嘉，善；侯，維也。山有美善之草，生於梅栗之下，人取其實，蹂殘而害之，令不得蕃茂，喻上多賦斂，富人財盡，而弱民與受困窮。」案《傳》意當然也。○「廢，大」，《爾雅·釋詁》文。郭注即引此詩。《釋文》云：「一本作『廢，大也』，此是王肅義。」王子雝所據《傳》作「廢，大」，定本同。宋本作「忲」者，乃涉《箋》而誤。尤，過也。《列女傳》續編引此詩而釋之云：「言忲於惡，不知其爲過。」此《箋》及《蕩》箋「言忲於惡」用《列女傳》，本三家義，而毛意實同。

相彼泉水，載清載濁。我日構禍，曷云能穀？【傳】構，成；曷，逮也。【疏】《箋》云：「相，視也。我視彼泉水之流，一則清，一則濁，刺諸侯竝爲惡，曾無一善。」案《傳》意當然也。○《廣雅》：「構，成也。」本《傳》訓也。《箋》：「構，猶合集也。」「合集」即「構成」之義。《牆有茨》箋：「內冓之言，謂宮中所冓成頑與夫人淫昏之語。」「冓」與「構」通。《正義》云：「『曷，逮』，《釋言》文。」今《爾雅》作「遏」。郭注引《方言》：「東齊曰遏。」今《方言》「遏」作「蝎」。《説文》：「遏，微止也。讀若桑蟲之蝎。」曷者，「遏」之假借字。逮者，及也。穀，生也。「我日構禍，曷云能穀」，言我今下國日日成此禍亂，及己之身，云能獨生乎？

滔滔江漢，南國之紀。【傳】滔滔，大水貌。其神足以綱紀一方。盡瘁以仕，寧莫我有。【疏】江、漢，大水，故《傳》云「滔滔，大水皃」也。云「其神足以綱紀一方」者，一方指南國，紀即綱紀也。言江漢之大水，南國百川，其神足以綱紀之。《爾雅》：「神，治也。」《魯語》：「仲尼曰：『山川之靈，足以紀綱天下者，其守爲神。』」《法言·君子》篇：「仲尼之道，猶四瀆也，經營中國，終入大海。他人之道者，西北之流也。綱紀夷貉，或入于沱，或淪于漢。」竝與此「綱紀」同。詩言江漢綱紀南國，不使衆水放縱無所入，以興幽王之神不足以紀理天下，俾下國之諸侯侍强連禍，不供王事，更無江漢朝宗之義。○「盡瘁」與《北山》「盡瘁」同。仕，事也。《北山》「或盡瘁事國」，《傳》云：「盡力勞病以從國事。」寧，猶胡也。有，相親有也。

匪鶉匪鳶，翰飛戾天。匪鱣匪鮪，潛逃于淵。【傳】鶉，鵰也。鵰、鳶，貪殘之鳥也。大魚能逃處淵。【疏】《釋文》云：「鶉，字或作『鷻』。」《説文》：「鷻，雕也。」引《詩》作「鷻」。「雕，鷻也。籀文从鳥作『鵰』。」鳶，當爲「蔦」字之誤也。《説文》無「鳶」字，其所據《詩》字作「蔦」，云：「蔦，鷙鳥也。」「鷙，擊殺鳥也。」《廣雅》：「鷙、鶚，鵰也。」「鷙鶚」即「鷻蔦」。《正義》云：「鵰之大者又名鶚。孟康《漢書音義》曰：『鶚，大鵰也。』《説文》：『蔦，鷙鳥也。』鷻、蔦皆殺害小鳥，故云『貪殘之鳥』。」然則《正義》本作「蔦」，與《説文》、《廣雅》合。《釋文》本作「鳶」，後人依《釋文》改《正義》，又以「蔦，五谷反」改《説文》「蔦，與專反。」《説文注》云：「鳶讀與專反者，與鷳疊韻而又雙聲。《説文》：『鷳，鴟也。』《夏小正》謂之弋，弋即鴟也。弋之字變爲鳶。」《廣雅疏證》云：「當從鳥，戈聲，而書作『鳶』。鳶字古音在元部。古從戈聲之字，多有讀入此部者，故《説文》閔從戈聲而讀若縣，戌從戈聲而讀若環。鳶之從戈聲而音與專切，亦猶是也。」案作弋、作鳶説俱有理。讀與專反者，或出三家《詩》。而《毛詩》作「蔦」，五谷反，當以《説文》所據爲證。《旱鹿》「鳶飛戾天」，《箋》：「鳶，鴟之類，鳥之貪惡者也。」《説文注》云：「鳶，亦當爲『蔦』。《正義》引《説文》：『鳶，鷙鳥。』此亦引《説文》『蔦，鷙鳥』而從俗寫爲『鳶』耳。」《釋詞》云：「匪，彼也。」《傳》云「鵰、蔦，貪殘之鳥也」者，以喻貪殘之人處於高位。《傳》文「大魚」上疑奪「鱣鮪」二字。云「鱣、鮪，大魚能逃處淵」者，以喻今民不能逃避禍害，是大魚之不如矣。

山有蕨薇，隰有杞桋。【傳】杞，枸檵也。桋，赤楝也。君子作歌，維以告哀。【疏】蕨薇，詳《草蟲》篇。「杞，枸檵」，《四牡》同。隰有杞，杞生於隰也。下篇「陟彼北山，言采其杞」，杞生於山也。是枸檵山、隰皆有矣。「桋，赤楝」，《爾雅·釋木》文。《爾雅》又云：「白者楝。」郭注云：「赤楝樹葉細而岐鋭，皮理錯戾，好叢生山中，中爲車輞。白楝葉圓而岐，爲大木。」邢疏引《義疏》云：「楝葉如柞皮，薄而白，其木理赤者爲赤楝，一名桋。白者爲楝。其木皆堅韌，今人以爲車轂。」案杞、桋同類，郭景純謂「赤楝叢生」，是已。但云「赤楝生山中」，《詩》言「隰楰」，豈山、隰亦皆有此木歟？蕨薇之菜、杞楰之木，山隰足以覆養而有之，以喻在位之人不能恩育，萬民病困，草木之不如。○君子，㡯在位之人。作此詩歌，以告哀於君子，此倒句也。《正義》謂作者自言君子，似非詩恉。「君子作歌」與「吉甫作頌」不同也。

《北山》六章，三章章六句，三章章四句。

《北山》，大夫刺幽王也。役使不均，己勞於從事，而不得養其父母焉。

陟彼北山，言采其杞。偕偕士子，朝夕從事。【傳】偕偕，强壯貌。士子，有王事者也。王事靡盬，憂我父母。【疏】北山采杞，以喻勞於從事。言，語詞。○偕偕爲强壯，「强」當作「彊」，《説文》：「偕，彊也。」引《詩》「偕偕士子」，本《傳》訓也。《大玄·彊》：「次四，爰聰爰明，左右彊彊。《測》曰：爰聰爰明，庶士方來也。」又《增·上九》：「《測》曰：群士彊彊。」「偕偕」與「彊彊」同。士，讀爲事。《傳》云「士子，有王事者」，「王事」探下句爲訓。從事，從王事也。三章云「嘉我未老，鮮我方將。旅力方剛，經營四方」，即其義。《箋》云：「靡，無也。盬，不堅固也。王事無不堅固，故我當盡力勤勞於役，久不得歸，父母思己而憂。」

溥天之下，莫非王土。率土之濱，莫非王臣。【傳】溥，大；率，循；濱，涯也。大夫不均，我從事獨賢。【傳】賢，勞也。【疏】「溥，大」，《爾雅·釋詁》文。《公劉》同。「溥天之下」，昭七年《左傳》、《東周策》、《孟子·萬章》、《荀子·君子》、《韓子·説林上》、《忠孝》、《吕覽·慎人》、《新書·匈奴》、《白虎通義·封公侯》、《喪服》、《史記》、《漢書·司馬相如傳》、《韓詩外傳》皆作「普」，聲通。「率，循」，《釋詁》文。率，古「𨓏」字，古文作「率」，漢人作「𨓏」，今「率」行而「𨓏」廢矣。《緜》、《訪落》同。濱，古當作「瀕」。《漢書·王莽傳》、《白虎通義·封公侯》、《喪服》兩篇引《詩》作「賓」，爲假借字。《説文》無「涯」字。《采蘋》傳作「厓」。○大夫，在上位者，㡯大夫不直㡯幽王也。《節南山》傳：「均，平也。」不均，《序》所謂「役使不均」也。我，有王事者自我也。《傳》詁「賢」爲「勞」者，《廣雅》：「賢，勞也。」王念孫《疏證》云：

「《孟子·萬章》篇引《詩》,而釋之曰:『此莫非王事,我獨賢勞也。』賢亦勞也。賢勞,猶言劬勞,故毛《傳》曰:『賢,勞也。』《鹽鐵論·地廣》篇亦曰:『《詩》云:「莫非王事,而我獨勞。」刺不均也。』鄭《箋》、趙注竝以賢爲賢才,失其義矣。」案王説是也。「我從事獨賢」,《序》云「已勞於從事」,是賢、勞同也。襄十三年《左傳》引《詩》而釋之云:「言不讓也。」亦謂大夫不知讓。「不讓」與「不均」同意。此詩專刺幽王役使不均,從事獨勞,是即不均也。首章言「王事靡盬,憂我父母」,又推獨勞者之情。《孟子》云:「是詩也,勞於王事,而不得養父母也。」統釋首章,與《序》言「不得養父母」合。下章及末三章言「獨勞不均」,皆從此章之義而申説之。

四牡彭彭,王事傍傍。【傳】彭彭然不得息,傍傍然不得已。嘉我未老,鮮我方將。旅力方剛,經營四方。【傳】將,壯也。旅,衆也。

【疏】《烝民》箋:「彭彭,行皃。」傍,當作「徬」,《説文》:「徬,附行也。」彭彭、徬徬聲義皆相近。《傳》於「彭彭」云「不得息」,於「傍傍」云「不得已」,互文見義也。○未老、方將對文,故《傳》訓「將」爲「壯」,方將即方壯也。《射義》「幼壯孝弟」,「壯」或爲「將」。《爾雅》:「奘,駔也。」「奘」與「壯」同。樊、孫本作「將」。此皆壯、將聲通之證。「旅,衆」,《釋詁》文。《大明》同。《桑柔》「靡有旅力」,與此「旅力」同。《秦誓》:「番番良士,旅力既愆。」《周語》:「四軍之帥,旅力方剛。」孔傳、韋注竝云:「旅,衆也。」《逸周書·大明武》篇:「我師之窮,靡人不剛。」《鹽鐵論·繇役》篇:「《詩》云:『獫允孔熾,我是用戒。武夫潢潢,經營四方。』故守禦征伐所由來久矣。」竝與此詩同。

或燕燕居息,【傳】燕燕,安息皃。或盡瘁事國。【傳】盡力勞病以從國事。或息偃在牀,或不已于行。【疏】燕,安也。重言曰「燕燕」。《爾雅》:「燕燕,尼居息也。」字又作「宴宴」。《傳》云「安息」,義同。「或盡瘁事國」,昭七年《左傳》引《詩》「盡瘁」作「憔悴」,《漢書·五行志》所載《左傳》作「盡顇」。鄭注《周禮·小司寇》云:「謂憔悴以事國。」其所據《詩》作「憔悴」,字異義同。《傳》云「盡力勞病」以釋「盡瘁」二字,語雖分釋,而義實平列也。云「以從國事」釋經「事國」二字,倒句以釋之。已,止也。行,道也。

或不知叫號,【傳】叫呼號召也。或慘慘劬

勞。或棲遲偃仰，或王事鞅掌。【傳】鞅掌，失容也。【疏】叫號，連緜字。《說文·口部》：「叫，嘑也。」「嘑，號也。」《言部》：「訆，大嘑也。」「評，召也。」《碩鼠》傳：「號，呼也。」古嘑、評、呼通用。叫謂之嘑，嘑又謂之號，號謂之呼，評又謂之召。是叫、呼、號、召四字同義也。慘慘，《釋文》：「字亦作『懆懆』。」是也。《衡門》傳云：「棲遲，游息也。」仰，《釋文》作「卬」。鞅掌，疊韻連緜字。「鞅掌，失容」，猶言「倉皇，失據」耳。《正義》云：「《傳》以鞅掌爲煩勞之狀，故云『失容』。言事煩鞅掌然，不暇爲容儀也。今俗語以職煩爲鞅掌，其言出於此《傳》也。」案《莊子·庚桑楚》篇「鞅掌之爲使」，郭象注云：「鞅掌，不自得。」宋陳景元校本有「不」字，今各本奪「不」，不可通矣。崔譔云：「不仁意。」司馬彪云：「醜貌。」竝與「失容」義近。又《在宥》篇：「遊者鞅掌，以觀無妄。」鞅掌亦浮遊動容之意。

或湛樂飲酒，或慘慘畏咎。或出入風議，或靡事不爲。【疏】湛，亦樂也，讀爲酖，連言湛樂；般，樂也，連言般樂；娛，樂也，連言娛樂；愉，樂也，連言愉樂；喜，樂也，連言喜樂；康，樂也，連言康樂，皆其例。慘慘，亦「懆懆」之誤。《箋》云：「咎，猶罪過也。」風，猶放也。」

《無將大車》三章，章四句。

《無將大車》，大夫悔將小人也。

無將大車，祇自塵兮。【傳】大車，小人之所將也。無思百憂，祇自疧兮。【傳】疧，病也。

【疏】大車，與《王風》「大車」不同。《考工記·車人》「大車崇三柯」，鄭注云：「大車，平地載任之車。」《晉語》「以傳召伯宗，遇大車當道而覆」，韋注云：「大車，牛車也。」詩以大車喻小人，將大車喻進小人。《傳》云「大車，小人之所將也」者，但釋經之「大車」，而喻義自明也。《我行其野》傳：「祇，適也。」《箋》云：「喻大夫而進舉小人，適自作憂累，故悔之。」《易林·井》云：「大輿多塵，小人傷賢。皇甫司徒，使君失家。」亦此義也。○疧，石經作「疷」，不誤。「疧，病」，《釋詁》文。《白華》「俾我疧兮」，《傳》亦云：「疧，病也。」《詩小學》云：「《詩》三用此字爲韵，《白華》與『卑』韵，《何人斯》『祇』與『易』、『知』、『篪』、『知』、『斯』韵，此皆弟十六部本音。《何人斯》借『地祇』字爲之，於六書爲假借。若《無將大車》之『疧』，而與弟十二部之『塵』韵，讀若真，此古合韻之例。」又云：「張衡賦『思百憂以自疢』，『疢』與『疧』音近。《禮記》『畛於鬼神』，鄭注：『畛，或爲「祗」。』又《説文》『觝』一作『觗』。古狋氏讀如權。精於此，可求合韻之理。《釋文》『都禮反』，是唐初誤作『疷』也。」

無將大車，維塵冥冥。無思百憂，不出于熲。【傳】熲，光也。【疏】《荀子·大略篇》：「君人者不可以不慎取臣，匹夫者不可以不慎取友。友者，所以相有也。道不同，何以相有也？均薪施火，火就燥；平地注水，水流溼。夫類之相從也，如此之箸也。以友觀人，焉所疑取友善？人不可不慎，是德之基也。《詩》曰：『無將大車，維塵冥冥。』言無與小人處也。」又《韓詩外傳》云：「今子所樹非其人也，故君子先擇而後種也。《詩》曰：『無將大車，惟塵冥冥。』」案此釋《詩》竝與《序》、《傳》合。《箋》云：「冥冥者，蔽人目明，令無所見也。猶進舉小人，蔽傷己之功德也。」〇「熲，光」，《釋詁》文。《箋》云：「使人蔽闇，不得出於光明之道。」

無將大車，維塵雝兮。無思百憂，祇自重兮。【疏】《箋》云：「雝，猶蔽也。重，猶累也。」

《小明》五章，三章章十二句，二章章六句。

《小明》，大夫悔仕于亂世也。

明明上天，照臨下土。我征徂西，至于艽野。二月初吉，載離寒暑。【傳】艽野，遠荒之地。初吉，朔日也。心之憂矣，其毒大苦。念彼共人，涕零如雨。豈不懷歸？畏此罪罟。【傳】罟，網也。【疏】明明，猶昭昭。《禮記·中庸》篇「今夫天斯昭昭之多」，鄭注云：「昭昭，猶耿耿，小明也。」照臨，猶照察也。言至小之明，其光甚微，以喻世亂則闇於照察，故《詩》以「小明」名篇。〇「艽野，遠荒之地」，《説文》：「艽，遠荒也。从艸，九聲。」引《詩》本《傳》訓也。古謂朔爲吉，《傳》以「朔日」詁「初吉」者，初，始也。初吉與吉月不同，而朔日與月朔又異。吉月、月朔爲一月之始一日。初吉者，謂吉月之始；朔日者，謂月朔之日，不必定在始一日，自一至十皆是也。二月，夏正之二月。或謂此二月爲周之二月者，非也。《箋》云：「我行往之西方，至於遠荒之地，乃以二月朔日始行，至今則更夏暑冬寒矣，尚未得歸。」案鄭説是也。「二月初吉」冡上「我征徂西」句，即下兩章云「昔我往矣，日月方除」、「昔我往矣，日月方奥」也。「載離寒暑」即下兩章云「曷云其還，歲聿云莫」也。經言先寒後暑，《箋》乃以「夏暑冬寒」釋之，蓋探下「采蕭穫菽」已在秋冬之交爲言，此西行之大夫，固爲歷寒未歸而作也。詩五章，前三章每章下六句作對耦法，上六句用錯綜法。首章首二句「明明上天，照臨下土」，以喻身居小明之世，爲全詩綱領。「至于艽野」繫於「我征徂西」句下，以箸明其行西所到之地。二章「念我獨兮，我事孔庶」繫於「曷云其還，歲聿云莫」句下，以言歲莫不歸，而猶從事獨勞也。三章「政事愈蹙」繫「曷云其還」下，即二章云「念我獨兮，我事孔庶」也。「采蕭穫菽」繫「歲聿云莫」下，以驗星移物變，有行役一時之苦，即首章云「載離寒暑」也。三章上六句皆錯綜以變其體，其實一線穿成。解者或以「二月初吉」繫「至于艽野」之下，遂謂「二月，既至艽野之二月」，失詩之意矣。○共，古「恭」字。《箋》云：「共人，靖共爾位，以待賢者之君。」鄭以上三章「共人」即末二章「靖共爾位」，好與正直之君子。案鄭説是也。經以彼、此作對文。此者，此幽王，則彼者，彼明王也。《小宛》末章「温温恭人，惴惴小心」，《韓詩》以「恭人」爲「大王居人上」，與此「共人」同。《傳》云「罟，網」，古祇作「罔」。《説文》：「罟，网也。或作『罔』，或作『𦉸』。」《瞻卬》「罪罟不收」，《傳》：「罪罟，設罪以爲罟。」與此「罪罟」同。《鹽鐵論・執務》篇：「古者行役不踰時，春行秋反，秋往春來，寒暑未變，衣服不易，固已還矣。若今則繇役極遠，盡寒苦之地，危難之處，陟胡、越之域。今兹往而來歲還。父母延頸而西望，男女怨曠而相思，身在東楚，志在西河。故一人行而鄉曲恨，一人死而萬人悲。《詩》云：『念彼恭人，涕零如雨。豈不懷歸？畏此罪罟。』」案桓引《詩》亦以彼爲古，而此爲今。「春行秋反，寒暑未變」云云，即解「二月初吉」意；「繇役極遠，盡寒苦之地」云云，即解「至于艽野」意。此雖非全引詩辭，正是依詩辭爲説，則二月爲春行，西京舊説有可證也。

昔我往矣，日月方除。【傳】除，除陳生新也。曷云其還，歲聿云莫。念我獨兮，我事孔庶。心之憂矣，憚我不暇。【傳】憚，勞也。念彼共人，睠睠懷顧。豈不懷歸？畏此譴怒。【疏】「昔我往矣，日月方除」，此追溯其我往之時也。《悉蟀》：「除，去也。」《天保》：「除，開也。」去者，除陳；開者，生新，「除」字兼有此二義。《管子・度地》篇：「天氣下，地氣上，萬物交通，故事已，新事未起。」其下即云：「寒暑調，日夜分。分之後，夜日益短，晝日益長，利以作土功之事。」案此與《傳》訓同。汪龍《詩異義》云：「《傳》訓『除』爲『除陳生新』，指二月也。《史記·律書》：『卯之爲言茂也。言萬物茂也。』《白虎通義》：『卯者，茂也。』《漢書·律曆志》：『冒茆於卯。』《説文》：『卯，冒也。萬物冒地而出，象開門之形，故二月爲天門。』徐氏鍇曰：『天門，萬物畢出也。』《釋名》：『卯，冒也。載冒土而出也。』《傳》以『除陳生新』爲『二月』義，致確矣。《箋》引《爾雅》『四月爲除』釋『昔我往矣』爲『往至於艽野』。《爾雅》：『四月爲余。』雖除、余義通，但經言『昔我往矣』，是追溯始行之時，釋『往』爲『往到』，義終未安。」○《釋文》：「憚，字亦作『癉』。徐音旦。」徐仙民所據《詩》作「癉」矣。今《大東》、《雲漢》皆作「憚」，訓「勞」。「憚」爲「癉」之假借。《大東》傳：「睠，反顧皃。」重言曰「睠睠」。《箋》云：「睠睠，有往仕之志也。」王注《楚辭·九歎》引《詩》、李注《文選》王粲《登樓賦》、張衡《思玄賦》、謝惠連《獻康樂詩》引《韓詩》竝作「眷眷懷顧」。《説文》有「眷」無「睠」。

昔我往矣，日月方奧。【傳】奧，煖也。曷云其還，政事愈蹙。【傳】蹙，促也。歲聿云莫，采蕭穫菽。心之憂矣，自詒伊戚。【傳】戚，憂也。念彼共人，興言出宿。豈不懷歸？畏此反覆。【疏】「奧，煖」，《唐·無衣》同。「奧」爲「燠」，古文假借。《詩異義》云：「《説文》：『煖，温也。』《七月》『春日載陽』，《箋》：『陽，温也。』二月萬物畢出，陽氣方盛。經言『方奧』，《傳》以『煖』解之，亦致確也。且『二月初吉』爲始行，而『昔我往矣』則不定指。初吉之一日，即二月之末，接於三月之初，凡在征途皆可言。經『方奧』在『方除』下，設文本有次弟，《疏》既以『春温』申《傳》，復引《洪範》，疑『燠』當爲夏，謂『二月之初，接於正月之末，時尚有霜，不可云燠』，其言非也。」案汪説允當，唯解「初吉」爲一日自誤。○蹙，古袛作「戚」。「戚」訓爲「促」者，以疊韻爲訓。《召旻》傳云：「戚，促也。」與此同。今經典訓「促急」字皆作「蹙」，子六反，非古義古音也。凡古今文字日以滋廣，實由方語之殊，引申假借之用，故每字必有數音數義。解經者隨文立訓，生生而不窮。如《公劉》傳：「戚，斧也。」「戚」之本義，而此句「政事愈戚」訓「促」，下句「自詒伊戚」訓「憂」，言各有當，不妨字同而義異也。此故訓用字之通例。蕭，蒿也。菽，九穀中最後穫者。亨菽、采菽皆其葉也。至此則稱穫矣。《淮南子·墬形》篇云：「菽夏生冬死。」○戚，古「慽」字。《說文》：「慽，憂也。字亦作『慼』。」伊，維也。《雄雉》箋：「伊，當作『緊』。緊，猶是也。」《正義》云：「《箋》以宣二年《左傳》『自詒緊慼』、《小明》云『自詒伊戚』爲義既同，故此及《蒹葭》、《東山》、《白駒》各以『伊』爲『緊』。《小明》不易者，以『伊慼』之文與《左傳》正同，爲『緊』可知。」案據此則孔所見《左傳》作「緊」，與此詩作「伊」義同矣。《九罭》傳云：「宿，猶處也。」「興言出宿」，言將起而出處仕於治朝也。與上「睠睠懷顧」同意。反，亦覆也。反覆，猶反側也。

嗟爾君子，無恒安處。靖共爾位，正直是與。【傳】靖，謀也。正直爲正，能正人之曲曰直。神之聽之，式穀以女。【疏】爾，女，女君子，㡿王也。恒，常也。無常於安處、安息，以起下文靖共好與之意。《荀子·勸學篇》：「君子博學而日參省乎己，則知明而行無過矣。」其下即引《詩》曰：「嗟爾君子，無恒安息。靖共爾位，好是正直。神之聽之，介爾景福。」楊注云：「無恒安息，戒之不使懷安也。」《漢書·董仲舒傳》武帝策賢良制曰：「《詩》不云虖？『嗟爾君子，毋常安息。神之聽之，介爾景福。』」顏注云：「言人君不當苟自安處而已。」此其義也。○「靖，謀」，《爾雅·釋詁》文，《召旻》、《我將》同。共即共人。末二章承上三章「念彼共人」而言，所以傷今而思古也。襄七年《左傳》引此詩而釋之：「恤民爲德，正直爲正，正曲爲直，參和爲仁。如是，則神聽之，介福降之。」《傳》云「正直爲正，能正人之曲爲直」，其釋詩「正直」二字即用《左傳》文。《左傳》「恤民爲德」句以釋詩之「靖」字，杜注云「靖共其位，所以恤民」是也。《傳》訓「靖」爲「謀」，謀所以恤民，當亦本諸《左傳》。《召旻》「實靖夷我邦」、《我將》「日靖四方」，《傳》皆云：「靖，謀也。」皆謂謀治民人意，義相同。「靖共爾位」則指明君矣。大夫有恤民之責，故引《詩》可斷章取義。而要之詩意在刺幽王，自不指在位之大夫。《禮記·緇衣》篇云：「有國者章善癉惡，以示民厚，則民情不貳。」亦引此詩。《箋》指明君說，不誤。乃訓「共」爲「具」，謂「謀具女之爵位與共人」，《箋》義不可通。共人不得稱具人也。

嗟爾君子，無恒安息。【傳】息，猶處也。

靖共爾位，好是正直。神之聽之，介爾景福。

【傳】介、景，皆大也。【疏】「息，猶處」，《傳》謂末兩章同意耳。上章「無恒安處」，此章「無恒安息」，安息猶安處也。《殷其靁》二章「莫敢遑息」，三章「莫敢遑處」，遑息猶遑處也。《葛生》一章「誰與獨處」，二章「誰與獨息」，獨息猶獨處也。《浮游》一章「於我歸處」，二章「於我歸息」，歸息猶歸處也。《傳》皆云：「息，止也。」○「介，大」，《爾雅・釋詁》文，《生民》同。《説文》：「夰，大也。」《方言》：「夰，大也。東齊、海岱之閒曰夰。」今字通作「介」，猶「奄，大」今作「純」，「奔，大」今作「佛」，假借行而本義廢矣。「景，大」，亦《釋詁》文。《車舝》、《玄鳥》同。景者，「京」之假借。《左傳》云「介福降之」，則介福爲大福也。《箋》訓「介」爲「助」，非《傳》義。上章「式穀以女」，爾、女通稱。穀，善也。穀女，猶言「介爾」，鄭於《表記》注云「用禄與女」是矣。《箋》云：「其用善人則必用女。」亦非《傳》義。

《鼓鍾》四章，章五句。

《鼓鍾》，刺幽王也。【疏】《正義》云：「鄭於《中候・握河》注云『昭王時，《鼓鍾》之詩所爲作』者，鄭時未見《毛詩》，依三家爲説也。」

鼓鍾將將，淮水湯湯，憂心且傷。【傳】幽王用樂不與德比，會諸侯于淮上，鼓其淫樂以示諸侯，賢者爲之憂傷。淑人君子，懷允不忘。【疏】鍾，當作「鐘」。今鍾、鐘通用。鼓鐘，擊鐘，謂金奏也。大饗，王出入，奏《王夏》。賓出入，奏《肆夏》。賓爲諸侯。詩言「幽王會諸侯」，則所謂「鼓鐘」者，奏《王夏》與《肆夏》也。凡饗、食、賓、射尚金奏，故詩四章皆言「鼓鐘」。《説文》：「鎗，鐘聲也。」鐘聲爲鎗，重言曰「鎗鎗」。將將，古文假借。《執競》傳云：「將將，集也。」《載驅》傳云：「湯湯，大皃。」案上句言鼓鐘，而下句即言淮水，是用樂於淮水之上也。淮水之上，非方嶽覲諸侯之地，今幽王會諸侯而用先王之樂，是不與先王之德比矣。「不與德比」即爲淫樂，此《傳》總發全章之恉。「賢者爲之憂傷」，以釋「憂心且傷」句。《箋》云：「爲之憂傷者，嘉樂不野合，犧象不出門，今乃於淮水之上作先王之樂，失禮尤甚。」「嘉樂不野合，犧象不出門」，定十年《左傳》文。《史記・魯世家》稱孔子誅齊淫樂，鄭引之，正以申明此《傳》之義。王肅亦云：「凡作樂而非所，則謂之淫。」淫，過也。○《釋詞》云：「允，語詞。『懷允不忘』，懷不忘也。」

鼓鍾喈喈，淮水湝湝，憂心且悲。【傳】喈喈，猶將將。湝湝，猶湯湯。悲，猶傷也。淑人君子，其德不回。【傳】回，邪也。【疏】將將爲樂聲之作，喈喈猶然也。喈，讀如「八音克諧」之「諧」。湯湯爲水流之大，湝湝猶然也。《説文》云：「湝，水流湝湝也。」悲、傷同義。「憂心且悲」猶云「憂心且傷」耳。「回，邪」，《小旻》同。

鼓鍾伐鼛，淮有三洲，憂心且妯。【傳】鼛，大鼓也。三洲，淮上地。妯，動也。淑人君子，其德不猶。【傳】猶，若也。【疏】《緜》傳亦云：「鼛，大鼓也，長丈二尺。」《淮南子·主術》篇「鼛鼓而食」，高注：「鼛鼓，王者之食樂也。」引《詩》：「鼓鐘伐鼛。」「鼛鼓」當作「伐鼛」，《玉海》一百九引《淮南》正作「伐鼛而食」。《荀子·正論篇》「代皋而食」，「皋」與「鼛」通，「代」乃「伐」之誤。《淮南》即本於《荀子》也。《春官·大司樂》：「王大食，三侑，皆令奏鍾鼓。」即其事也。説詳王念孫《荀子襍志》。○「三洲，淮上地」，未詳。朱右曾云：「按《水經注》：『淮水又東，爲安豐津。淮中有洲，俗號關洲，蓋津關所在，故斯洲納厥稱焉。』通校全淮，惟此有洲，在今霍邱縣北也。《左傳》周幽爲大室之盟，戎狄叛之。潁水源於大室，而入於淮。意王既會，遂浮潁入淮，數穆天子之浮于滎水，以奏廣樂，宣其泆侈于諸侯，而不知戎狄之竊發。此賢者所以聞樂而拊心也。」奂今攷《方輿紀要》，江南鳳陽府壽州霍邱縣，縣西南二十里有安風城，或譌「風」爲「豐」。大業陂，縣東北十五里，周二十餘里人呼爲水門塘，相傳古名「鎮淮洲」，陷而爲陂。淮水在縣北三十里，自潁州流入境，又東北接潁上縣界，自霍邱縣而東，經正陽鎮，潁水流合焉。《漢志》：「潁水出陽城縣陽乾山，東至下蔡入淮，其入淮處謂之潁尾。」《左傳·昭十二年》：「楚子狩於州來，次于潁尾。」亦曰：潁口下蔡城即古州來也。是淮洲陷成陂，當在潁水入淮之處。又案《釋丘》「淮南有州黎丘」，郝《義疏》引：❶「劉台拱《經傳小記》：『《鹽鐵論·論儒》篇：「孔子能方不能圓，故飢于黎丘。」哀公二年，蔡遷于州來。四年，孔子自陳適蔡絶糧。《鹽鐵論》所謂「黎丘」蓋即「州黎之丘」也。』《晉志》淮南郡壽春縣，今爲安徽鳳陽府壽州。」○「妯，動」，《釋詁》文。《箋》：「妯之言悼也。」古由、卓聲

❶「義疏」，原作「正義」，徐子静本、《清經解續編》本同。據清同治四年郝氏家刻本郝懿行《爾雅義疏》改。

同。鄭不以妯、悼同訓，而以《鼓鐘》之「妯」讀同「悼」，猶以《菀柳》之「蹈」讀曰「悼」，謂妯、蹈皆即悼也。《檜・羔裘》傳云：「悼，動也。」《説文・心部》引《詩》「憂心且怞」，妯、怞聲相近。《衆經音義》卷十二引《韓詩》「憂心且陶」，妯、陶聲亦相近。「猶，若」，《小星》同。

鼓鍾欽欽，鼓瑟鼓琴，笙磬同音。【傳】欽欽，言使人樂進也。笙磬，東方之樂也。同音，四縣皆同也。以雅以南，以籥不僭。【傳】爲雅爲南也。舞四夷之樂，大德廣所及也。東夷之樂曰昧，南夷之樂曰南，西夷之樂曰朱離，北夷之樂曰禁。以爲籥舞，若是爲和而不僭矣。【疏】賓入門則金作，故《傳》云：「欽欽，言使人樂進也。」《鳧鷖》傳：「欣欣然樂也。」欽、欣一聲之轉。《廣雅・釋訓》：「欽欽，聲也。」「鼓瑟鼓琴」，瑟琴在堂上也，「歌詩以弦之」。下文言樂舞皆在堂下。○《儀禮・大射儀》「樂人宿縣于阼階東，笙磬西面，其南笙鍾。西階之西，頌磬東面，其南鍾」，鄭注云：「笙，猶生也。東爲陽中，萬物以生。言成功曰頌。西爲陰中，萬物之所成。鍾不言頌，省文也。」《周禮》「眡瞭掌擊頌磬、笙磬」，注云：「磬在東方曰笙。笙，生也。在西方曰頌。頌，或作『庸』，功也。」《大司樂》疏引《書》「笙庸以閒」注云：「東方之樂謂之笙。笙，生也。東方，生長之方，故名樂爲生也。庸者，西方之樂謂之庸。庸，功也。西方，物熟有成功，亦謂之頌。頌亦是頌其成也。」然則鄭亦以鐘磬之在西者爲頌，在東者爲笙矣。詩言「笙磬」不言「頌磬」，言「磬」不言「鐘」，皆省文也。《傳》釋「笙磬」爲「東方之樂」者，舉東方以晐西方，亦舉磬以晐鐘也。云「同音，四縣皆同也」者，此總釋「四面縣」之義。《小胥》「正樂縣之位，王宫縣」，鄭司農注云：「宫縣，四面縣。四面，象宫室四面有牆，故謂之宫縣。」《逸周書・大匡》篇「國不鄉射，樂不牆合」，孔注云：「牆合，即所謂宫縣。」是也。案《逸周書》言「牆合」，即鄭司農所謂「象宫室四面有牆」也。凡周樂縣之制，編磬、編鐘各一，四面設縣，共八縣。此外之縣者，鎛二縣，在東西兩行之南；特磬一縣，在堂下之北；更設鞉鼓一縣，在頌磬之西，四縣皆在堂下。同音者，堂下樂器之音同也。同之爲言均也、調也。此不兼堂上樂器而言。《正義》以爲堂上之琴瑟與堂下之磬鍾皆同，其聲音不相奪倫，失《傳》恉矣。○「以雅以南」，《傳》云「爲雅爲南」，「爲」釋經之「以」。《玉篇》：「以，爲也。」全《詩》「以」與「爲」同義者，放此。雅，正樂，舞六代之樂也。南，夷樂也。詩但言南夷之樂，《傳》乃兼言四夷之樂，以補明經義。不言雅者，以易曉略耳。《周禮・旄人》「掌教舞夷樂」，鄭注云：「夷樂，四夷之樂，亦皆有聲歌及舞。」《鞮鞻氏》「掌四夷之樂」，注云：「四夷之樂：東方曰韎，南方曰任，西方曰侏離，北方曰禁。《詩》云『以雅以南』是也。王者必作四夷之樂，一天下也。」何休昭二十五年《公羊傳》注云：「王者舞六樂于宗廟之中：舞先王之樂，明有法也；舞己之樂，明有制也；舞四夷之樂，大德廣及之也。東夷之樂曰株離，南夷之樂曰任，西夷之樂曰禁，北夷之樂曰昧。」蔡邕《獨斷》同。《白虎通義・禮樂》篇引河間獻王《樂元語》：「樂先王之樂，明有法也。與其所自作，明有制也。興四夷之樂，明德廣及之也。故東夷之樂曰朝離，南夷之樂曰南，西夷之樂曰昧，北夷之樂曰禁。合觀之樂儛於堂，四夷之樂陳於右，先王所以得之，順命重始也。」案「觀」當作「歡」，「右」疑「門」字之誤。劉逵《魏都賦》注引《韓詩內傳》：「王者舞六代之樂，舞四夷之樂，大德廣之所及。」《後漢書・陳禪傳》：「尚書陳忠曰：『古者合歡之樂舞於堂，四夷之樂陳於門。故《詩》云「以雅以南」，韎、任、朱離。』」蓋忠引三家《詩》「韎任朱離」以釋詩之「南」，與毛《傳》昧、南、朱離、禁以釋詩之「南」，其義正同，非三家《詩》增多四字也。雅樂在門內堂下，夷樂在明堂四門之外，《白虎通義》所謂「夷狄無禮義，不在內」，是其義也。《禮記・明堂位》篇：「昧，東夷之樂也。任，南蠻之樂也。納夷蠻之樂於大廟，言廣魯於天下也。」又云：「大廟，天子明堂。」魯大廟與天子路寢明堂同制，唯魯明堂無西北夷樂或下於天子，故但納夷蠻樂於大廟，而設其樂於路寢明堂外也。天子路寢明堂，外有四門巡狩會；諸侯築明堂，其外亦有四門。九夷、八蠻、六戎、五狄來朝，立於明堂四門之外，因以舞其樂焉。《樂元語》：「東夷之樂持矛舞，助時生也。南夷之樂持羽舞，助時養也。西夷之樂持戟舞，助時殺也。北夷之樂持干舞，助時藏也。」《北堂書鈔・樂部三》引劉向《五經通義》同。此四夷之樂皆有舞，故毛、韓《詩傳》竝云「舞四夷之樂」也。《傳》謂「籥」爲「籥舞」、「不僭」爲「和」，而不僭，《抑》傳：「僭，差也。」此總釋「雅」、「南」也。《賓之初筵》傳云：「秉籥而舞，與笙歌相應，所謂爲和而不僭也。」總釋「雅」、「南」，則上文鐘、磬、琴、瑟包在其中矣。天子會同，築壇覲侯，其舞當有干舞。不言干舞而但稱籥舞者，尚德之義也。舉文舞以晐武舞，故但以籥言。《春秋經》「《萬》入去籥」、《禮記・仲尼燕居》「《武》、《夏》、籥序興」皆是也。鄭易《傳》以「雅」爲「《萬》舞」。《萬》舞爲干舞，而於此詩經、

《傳》意不合。○案末章陳古樂，意承上三章「淑人君子」，謂用樂與德比者也。

《楚茨》六章，章十二句。

《楚茨》，刺幽王也。政煩賦重，田萊多荒，饑饉降喪，民卒流亡，祭祀不饗，故君子思古焉。【疏】詩先言民事，而及神饗獲福也。陳古以刺今。

楚楚者茨，言抽其棘。【傳】楚楚，茨棘貌。抽，除也。自昔何爲？我蓺黍稷。我黍與與，我稷翼翼。我倉既盈，我庾維億。【傳】露積曰庾。萬萬曰億。以爲酒食，以享以祀，以妥以侑，以介景福。【傳】妥，安坐也。侑，勸也。

【疏】《牆有茨》傳云：「茨，疾黎也。」《玉藻》注：「齊，當爲『楚薺』之『薺』。」「楚薺」即「楚茨」，鄭所據三家有作「楚楚者薺」也。王注《楚辭》引「楚楚者薋」，《玉篇》：「薋，蒺藜也。三角，刺人。」茨、薺、薋竝同。楚木有棘，故「楚楚」爲「茨棘皃」。抽、除雙聲。棘，即茨棘也。《牆有茨》傳：「襄，除也。」義同訓亦同。○「自昔何爲」句承上生下，自昔，猶云「自古」，言自古墾田之法如是。是何爲乎爲我農夫？將穜蓺黍稷故也。《説文》引此詩作「埶」，今通作「蓺」。《説文》：「旟旟，衆也。从㫃，與聲。」是「與與」有「衆」義。《廣雅》云：「翼翼，盛也。」《説文》：「倉，穀藏也。」「庾，倉無屋者。」《甫田》箋「庾，露積穀」，本此《傳》訓也。《周語》云：「野有庾積。」露積即野積。胡廣《漢官解詁》：「在邑曰倉，在野曰庾。」蓋庾本爲在野積穀之稱，故亦謂庾爲倉也。「萬萬曰億」，《伐檀》同。詳《伐檀》篇。○以者，以黍、稷也。凡酒食以黍稷爲之，享祀又以黍稷爲主也。《天保》「吉蠲爲饎，是用孝享」，《傳》：「饎，酒食也。享，獻也。」文義相同。「妥，安坐」，《爾雅・釋詁》文。《禮記・郊特牲》「舉斝角，詔妥尸」，鄭注云：「尸始入，舉奠斝若奠角，將祭之，祝則詔主人拜，安尸，使之坐。尸即至尊之坐，或時不自安，則以拜安之也。天子奠斝，諸侯奠角。」《禮器》云：「周坐尸。」《少牢》、《特牲》皆「拜妥尸」，則自天子以下同也。拜妥尸在薦孰之後。「侑」訓「勸」，侑尸，謂勸尸食也。《特牲饋食禮》：「尸三飯告飽，祝侑，主人拜尸。又三飯告飽，祝侑之如初。尸又三飯告飽，祝侑之如初。」鄭注云：「三飯告飽，禮一成也。侑，勸也。或曰：『又勸之，又使食。』」《有司徹》注：「士九飯，大夫十一飯，其餘有十三飯、十五飯。」賈疏云：「諸侯十三飯，天子十五飯。」案此侑尸之禮也。「以介景福」，祝爲主人獻神之辭，《禮運》所謂「祝以孝告」也。《小明》傳云：「介、景，皆大也。」

濟濟蹌蹌，絜爾牛羊，以往烝嘗。或剥或亨，或肆或將。【傳】濟濟蹌蹌，言有容也。亨，飪之也。肆，陳；將，齊也。或陳于互，或齊其肉。祝祭于祊，祀事孔明。【傳】祊，門内也。先祖是皇，神保是饗。【傳】皇，大；保，安也。孝孫有慶，報以介福，萬壽無疆。【疏】《禮記·曲禮下》篇「大夫濟濟，士蹌蹌」，鄭注云：「皆行容止之貌。」義與《傳》訓同。「有容」與下章「爨竈有容」，《傳》皆謂助祭之大夫、士矣。「絜爾牛羊，以往烝嘗」，《正義》云：「司徒奉牛，司馬奉羊也。」《瓠葉》箋：「亨，孰也。」飪、孰同義。剥亨，猶割亨也。《繁露·質文》篇：「先亨而後用樂。」此即「周人尚臭」之義也。「肆，陳」，《行葦》同。《説文》云：「肆，極陳也。」「將，齊」，《釋言》文。「或陳於互」者，《周禮·牛人》「凡祭祀，共其牛牲之互」，注：「互，若今屠家縣肉格。」賈疏云：「始殺解體未薦之時，且縣於互。待解訖，乃薦之。」是也。「或齊其肉」者，王肅云：「分齊其肉所當用。」案將，讀與「醬」同。《説文》：「醬，醢也。古文作『牐』。」醢則分齊其肉之細者也，是「將」有「分齊」之義。《禮運》篇「腥其俎，孰其殽」，鄭注：「腥其俎，謂豚解而腥之及血毛。孰其殽，謂體解而爓之。」孔疏云：「特牲九體：肩一，臂二，臑三，肫四，胳五，正脊六，横脊七，長脅八，短脅九。少牢則十一體，加以脡脊、代脅爲十一體也。是分豚爲體解。孰其殽，謂體解訖，以湯爓之，不全熟，次於腥而薦之堂，故《祭義》曰『爓祭祭腥而退』是也。」然則分豚體解即所謂「分齊其肉」也。此言天子朝踐薦腥之事，而云「或亨」者，類相及耳，文不次也。○《爾雅》：「閍謂之門。」李、孫注竝云：「廟門也。」門曰閍，門内之祭曰祊。《説文》：「鬃，門内祭先祖所以徬皇也。《詩》曰：『祝祭于鬃。』或从方作『祊』。」言「門内」，本毛義也。凡祭宗廟之禮，廟主藏於室中。于其祭也，祝以詔告之，所謂「直祭祝于主」也。廟門之内，皆祖宗神靈所馮依焉。孝子不知神之所在，于其祭也，祝以博求之，所謂「索祭祝于祊」也。是祊祭當在事尸之前。至繹祭，主未納室，故無詔室之祭，亦必無索神之祭。鄭注《禮記》以「祊」爲「繹」，宜於廟門外；箋《詩》又以「門内」爲「大門内」非「廟門内」。康成初不治

《毛詩》，而箋《詩》常自用其《禮》注。孔疏曲爲護解，廟門外爲繹祭之祊，廟門内爲正祭之祊，則《詩》之祊與《禮記·郊特牲》、《禮器》之祊爲二祭矣。江都焦循《宫室圖》云：「繹祭之名見於諸經者，絶不與祊混。祊皆正祭索神之名。所云『爲祊於外而出於祊』者，皆對室中言，非門外也。」焦説是矣。明，謂昭明也。○《傳》訓「皇」爲「大」、「保」爲「安」，言先祖之神靈於是大安之，則於是饗之也。下「神保是格」、「神保聿歸」，「保」皆訓爲「安」。饗，神饗之也。「孝孫有慶，報以介福，萬壽無疆」，此祝爲尸致福於主人之辭，《禮運》所謂「嘏以慈告」也。凡妥侑之後祝致嘏辭，士尸親嘏，大夫以上命祝嘏。《少牢饋食禮》：「尸命祝，祝以嘏于主人，曰：『皇尸命工祝承致多福無疆于女孝孫，來女孝孫，使女受禄于天，宜稼于田，眉壽萬年，勿替引之』。」是其義也。

執爨踖踖，爲俎孔碩，或燔或炙。【傳】爨，饔爨、廪爨也。踖踖，言爨竈有容也。燔，取膟膋。炙，炙肉也。 君婦莫莫，爲豆孔庶，爲賓爲客。【傳】莫莫，言清静而敬至也。豆，謂内羞、庶羞也。繹而賓尸及賓客。 獻醻交錯，禮儀卒度，笑語卒獲。【傳】東西爲交，邪行爲錯。度，法度也。獲，得時也。 神保是格，報以介福，萬壽攸酢。【傳】格，來；酢，報也。【疏】爨，今之竈。《傳》釋「爨」爲「饔爨、廪爨」者，牲與黍、稷皆有竈也。《少牢禮》：「雍人概鼎、匕、俎于雍爨，雍爨在門東南，北上。廪人概甑、甗、匕與敦于廪爨，廪爨在雍爨之北。」《特牲·記》：「尸卒食，而祭饎爨、雍爨。」案大夫以上皆稱廪爨，惟士稱饎爨。特牲士禮有牲爨、魚腊爨，則天子大牢，其雍爨更有牛爨矣。雍，古「饔」字。《爾雅》：「踖踖，敬也。」《易·離》：「初九：履錯然，敬之，无咎。」《象傳》云：『履錯之敬，以避咎也。』」「錯」與「踖」通。《書大傳》云：「爨竈者有容。」與此《傳》訓同。碩，大也。宗廟之俎，用大房也。○「燔，取膟膋」，《祭義》云：「鸞刀以刲取膟膋，乃退。」又《郊特牲》云：「取膟膋燔燎升首，報陽也。」是膟膋燔燎，朝踐、饋食皆有其事，惟饋食取膟膋以爇蕭合黍稷爲異。詩上承「執爨」，自在黍稷薦陳之後，則《傳》意同於《信南山》與《生民》矣。「炙，炙肉」，謂以肉炙之也。《瓠葉》傳云：「抗火曰炙。」《禮運》篇：「醴醆以獻，薦其燔炙。」孔疏引皇侃《義疏》云：「燔，謂薦熟之時，焫蕭合馨薌。」正用毛義爲説。

○「君婦」與五章「君婦」同。《周禮》：「九嬪：凡祭祀，贊玉齍，贊后薦徹豆、籩。世婦：掌祭祀之事，帥女宮而濯摡，爲齍盛。及祭之日，涖陳女宮之具，凡内羞之物。女御：凡祭祀，贊世婦。」夫九嬪之職，在贊后薦徹豆、籩，即弟五章所云「君婦廢徹」也。世婦之職，在涖陳内羞之物，而女御又贊世婦者，即下文所云「爲豆孔庶」也。說詳何楷《世本古義》。《説文》：「漠，清也。」「莫」與「漠」同。《傳》云「清静敬至」，此謂正行祭祀之時。《有司徹》：「宰夫羞房中之羞于尸、侑、主人、主婦，皆右之。司士羞庶羞于尸、侑、主人、主婦，皆左之。」注云：「二羞所以盡歡心。房中之羞，其籩則糗餌粉餈，其豆則酏食糝食。庶羞，羊臐豕膮，皆有胾醢。房中之羞，内羞也。内羞在右，陰也。庶羞在左，陽也。」《籩人》「羞籩之實」，注即引二羞。「羞豆」與「羞籩」同，則詩之豆爲羞豆也。案天子賓尸之禮既亡，故《傳》本大夫賓尸言之。大夫賓尸，尸、侑、主人、主婦皆有二羞，則天子賓尸，尸、侑及王與后皆有二羞可知。雖賓客獻酬，亦設之也。據《少牢》正祭，尸食，舉之時羞、庶羞，而不羞内羞。荆溪任啓運：「天子肆獻祼。《饋食禮》云：『王不獻祝。』王與后未交致爵，内羞、庶羞於何用乎？若謂繹祭獻祝致爵王后時則善。」又云：「按正祭時，賓客無豆，繹乃設之。蓋以内羞、庶羞皆爲飲酒設，故至旅酬乃用也。」案任説是也。詩言設俎薦孰之後，因直説到賓尸設豆之時，故《傳》釋經「爲豆」即據賓尸之豆有内羞、庶羞爲訓。經於「爲賓爲客」句以起下「獻酬」，《傳》乃補明經義，云「繹而賓尸及賓客」，謂繹祭賓尸之禮始及賓客也。《緇衣》序：「繹賓尸也。」《穀梁傳》：「繹者，祭之旦日之享賓也。」《傳》意順經作釋。《正義》謂「豆先於祭時，豫作以待賓客」，則經文「賓客」、「獻酬」皆成豫作泛詞，失經、《傳》恉矣。○《釋文》：「醻，又作『酬』。」酬，旅酬也。《特牲饋食禮》主人酬賓之觶奠於薦北，賓取之奠於薦南。主人獻長兄弟、衆兄弟及内兄弟後，於是賓取主人酬賓之觶酬長兄弟，長兄弟酬衆賓，衆賓又酬衆兄弟，交錯以辯。主婦及内賓宗婦亦旅。西面内賓象衆賓，宗婦象兄弟，其儀節依男子。《有司徹》旅酬，賓三獻後，使二人舉觶於尸、侑。尸酬主人，主人酬侑，侑酬長賓，至衆賓與兄弟及私人交錯。其酬皆是以尊酬卑。《中庸》云：「旅酬下爲上，所以逮賤也。」特牲，士禮，士不賓尸。有司徹，大夫賓尸。其旅酬儀文不同，而獻酢酬以及旅酬無算爵，節次無不同。天子諸侯明日賓尸，則旅酬爲繹祭祭畢之禮，故《中庸》旅酬即繼之以燕毛，序齒也。《傳》釋「交錯」之義云「東西爲交」者，東西二觶並旅。旅，行也。東西行謂之交也。云「邪行爲錯」者，「邪」與「衺」同。錯者，「遣」之假借字。東西而衺行者，謂之遣也。《大玄・瑩》篇：「東西爲緯，南北爲經。經緯交錯，邪正以分。」與《傳》訓同。《禮記・坊記》篇：「子云：『七日戒，三日齊，承一人焉以爲尸，過之者趨走，以教敬也。醴酒在室，醍酒在堂，澄酒在下，示民不淫也。尸飲三，衆賓飲一，示民有上下也。因其酒肉，聚其宗族，以教民睦也。故堂上觀乎室，堂下觀乎上。《詩》云：「禮儀卒度，笑語卒獲。」』」《傳》釋「度」爲「法度」，即「示不淫」、「示民有上下」之義也。祭祀之時清静而敬至，至獻酬時則笑語不禁，即「教民睦」之義也。故《傳》云：「獲，得時也。」「儀」當作「義」，《韓詩外傳》四引《詩》「禮義卒度」。《箋》云：「古者於旅也語。」○「格，來」，《爾雅・釋言》文。《方言》：「佫，來也。自關而東，周、鄭之郊，齊、魯之閒，或謂之佫。」「佫」與「格」通。「酢，報」，《釋詁》文。《瓠葉》「酌言酢之」，《傳》云：「酢，報也。」訓同而義異。《瓠葉》之「酢，報」爲賓報主人之獻。引申之，則凡報皆曰酢也。來，來饗；介，大也。「萬壽攸酢」，言報之以萬壽也。《洪範》：「五福，一曰壽。」案此章及明日繹祭。祭畢而饗燕賓客，由饗燕而推本於神報介福，則祀事至此畢矣。下三章又複敘祭祀始末，以明思古之情。

我孔熯矣，式禮莫愆。【傳】熯，敬也。工祝致告，徂賚孝孫。【傳】善其事曰工。賚，予也。苾芬孝祀，神嗜飲食。卜爾百福，如幾如式。既齊既稷，既匡既敕。【傳】幾，期；式，法也。稷，疾；敕，固也。永錫爾極，時萬時億。

【疏】《箋》云：「我，我孝孫也。」「熯，敬」，《釋詁》文。《小箋》云：「熯，即『戁』之假借字。《説文》：『戁，敬也。』」式，用；愆，過也。「式禮莫愆」即上章「禮義卒度」之意。○《正義》云：「《論語》曰：『工欲善其事。』故云『善其事曰工』。」「工祝致告」，此正祭工祝告利成也。凡正祭告利成後，有神餕受福之儀節，下文正言其事。徂，讀爲且。與下「徂位」之「徂」不同義。「徂賚孝孫」，且賚孝孫也。古徂、且聲通。「賚，予」，《釋詁》文。予孝孫，即下文之「卜爾」也。《少牢禮》：「上養親嘏，曰：『主人受祭之福，胡壽保建家室。』」「養」，古文作「餕」。《説文》：「苾，馨香也。」「芬，屮初生，其香分布也。或作『芬』。」是苾、芬皆香也。重言「苾苾芬芬」，《箋》：「苾苾芬芬，有馨香矣。」《文選》蘇武詩注引《韓詩》「馥芬孝祀」。《衆經音義》卷十四引《韓詩》同。

《薛君章句》云：「馥，香皃也。」「馥」即「苾」之異體，故《説文·艸部》録「苾」，而《香部》不録「馥」。《爾雅》：「享，孝也。」「孝」可訓爲「享」，《天保》、《載見》皆云「孝享」，孝亦享也。孝祀即享祀也。享祀則神饗之。神嗜飲食，是即神餕矣。卜即賚也，《天保》傳：「卜，予也。」〇幾，讀與「期」同，此假借字也。「如期」承「卜爾百福」句。「式，法」，《下武》同。「如式」承「苾芬孝祀」句。《大宰》「一曰祭祀之式」是也。「既齊既稷，既匡既敕」又承「如式」句。「永錫爾極，時萬時億」又承「如期」句。稷，讀爲速。《爾雅》：「速，疾也。」謖，音速。稷、謖皆從畟聲，其讀當同。故「稷」與「敕」合韻也。敕，讀爲飭。《説文》：「飭，致堅也。从人、力，食聲。讀若敕。」飭、敕不同部。許讀同者，其類相近，故其義相通也。致堅者，固之謂也。稷、飭同部，速、敕同部。敕讀爲飭，猶稷讀爲速，竝於雙聲得義。齊，亦疾也。《爾雅》：「齊，疾也。」又云：「匡，正也。」「固」與「正」義相近。齊、稷、匡、敕皆祭祀肅敬之意，所謂「如法」也。極，中也。時，是也。《箋》云：「長賜女以中和之福，是萬是億，言多無數。」所謂「如期」也。神之期於子孫者，福數正多也。

禮儀既備，鍾鼓既戒。孝孫徂位，工祝致告。【傳】致告，告利成也。神具醉止，皇尸載起。鼓鍾送尸，神保聿歸。【傳】皇，大也。諸宰君婦，廢徹不遲。諸父兄弟，備言燕私。【傳】燕而盡其私恩。【疏】戒，亦備也。祭且畢，王將出，則奏鍾鼓矣。《周禮·大司樂》：「王出入，則令奏《王夏》。」《箋》解「徂位」爲「往位堂下西面位」。告者，告孝孫也。特牲，士禮，其正祭於旅酬後祝告利成；改饌，闔户牖，再告利成，士不賓尸也。少牢，大夫禮，其正祭終獻後告利成，尸出，又賓尸告利成；尸出，改饌，再告利成。鄭注云：「利，猶養也。成，畢也。孝子之養禮畢。」案此告利成之節次也。諸侯以上，禮更隆盛。《楚茨》篇中兩言「致告」，皆是告利成。上章「工祝致告」謂正祭祭畢，此章「工祝致告」謂繹祭祭畢。毛於此章發《傳》者，至繹祭而事尸之禮乃終也。改饌，尸已出，則利成致告於主人；尸未出，則亦致告於主人。《箋》言「告尸」，失之。〇《郊特牲》云：「尸，神象也。」周七廟，當有七尸。旅酬則六尸，故云「神具醉止」。具，俱也。「皇」訓「大」，《少牢》無君稱皇尸，則皇尸爲大尸，尊大之也。《詩小學》云：「《宋書·禮志四》兩引皆曰『鐘鼓送尸』。《正義》云：『鳴鐘鼓以送尸。』是唐初不作『鼓鐘』。開成石經誤。」奐案《周禮・鍾師》：「掌金奏。凡樂事，以鍾鼓奏《九夏》。」鄭注云：「以鍾鼓者，先擊鍾，次擊鼓，以奏《九夏》。杜子春注云：『尸出入，奏《肆夏》。』」是《肆夏》亦有鐘有鼓矣，不得謂但鼓擊其鐘也。「神保聿歸」，《箋》云：「神安歸者，歸於天也。」《宋書・樂志》引《詩》作「神保遹歸」，❶「遹」與「聿」通。○《正義》云：「《周禮・宰夫》無徹饌之文。《膳夫》：『凡王祭祀賓客，則徹王之胙俎。』注：『膳夫親徹胙俎，胙俎最尊也。其餘則其屬徹之。』然則徹饌者，膳夫也。言『諸宰』者，以膳夫是宰之屬官。《序官》『膳夫，上士二人，中士四人，下士八人』，故言諸也。」又云：「《周禮・九嬪》：『凡祭祀，贊后薦徹豆籩。』知君婦豆籩而已，餘饌諸宰徹之也。」《長發》傳：「不遲，言疾也。」《傳》云「燕而盡其私恩」者，釋經「燕私」二字之義。《箋》：「祭祀畢，歸賓客之俎，同姓則留與之燕，所以尊賓客、親骨肉也。」《正義》云：「《特牲》：『祝命徹胙俎、豆、籩，設于東序下。』注：『胙俎，主人之俎。設于東序下，亦將私燕也。』是祭末而燕私之事。歸之俎，所以尊賓客；留之燕，所以親骨肉也。」

樂具入奏，以綏後禄。爾殽既將，莫怨具慶。【傳】綏，安也。安然後受福禄也。將，行也。**既醉既飽，小大稽首。神嗜飲食，使君壽考。孔惠孔時，維其盡之。子子孫孫，勿暜引之。**【傳】暜，廢；引，長也。【疏】「綏，安」，《樛木》同。安謂神安，禄謂子孫受福禄，此總括上文神饗獲福之意。《既醉》篇「爾肴既將」，《傳》亦云：「將，行也。」兩《傳》「行」字皆讀如「行列」之「行」。《伐柯》「籩豆有踐」，《傳》：「踐，行列皃。」是其義也。此承祭畢燕私而言。《中庸》云：「親親，則諸父昆弟不怨。」所謂「莫怨具慶」也。既醉者，既醉以酒也。既飽者，既飽以德也。《既醉》傳云：「既者，盡其禮，終其事。」又云：「終於饗燕，始於享祀。」文義與此正同。此已下復因燕私醉飽而推本於祭祀受嘏，與弟三章末三句一意。孔，甚；惠，順；時，是也。盡之，盡其禮也。甚順者，無不順。甚是者，無不是。《祭統》云：「唯賢者能盡祭之義。賢者之祭也，必受其福，非世所謂福也。福者，備也。備者，百順之名也。無所不順者之謂備，言內

❶「志」，原作「注」，據中國書店影印武林愛日軒刻本、徐子静本、《清經解續編》本改。

盡於己而外順於道也。」「㬪，廢」，《釋言》文。《說文·竝部》云：「㬪，廢也。」《召旻》傳同。「引，長」，《釋詁》文。《行葦》、《卷阿》、《召旻》傳皆云：「引，長也。」《爾雅·釋訓》：「子子孫孫，引無極也。」舍人注云：「子孫長引，美道引無極也。」

《信南山》六章，章六句。

《信南山》，刺幽王也。不能脩成王之業，疆理天下，以奉禹功，故君子思古焉。

信彼南山，維禹甸之。畇畇原隰，曾孫田之。【傳】甸，治也。畇畇，墾辟貌。曾孫，成王也。我疆我理，【傳】疆，畫經界也。理，分地理也。南東其畝。【傳】或南或東。【疏】《周禮·稍人》注：「甸，讀與『維禹敶之』之『敶』同。」賈疏云：「出《韓詩》。」古甸、敶聲義相同也。《傳》詁「甸」爲「治」，《韓奕》同。《書·禹貢》：「雍州：荆、岐既旅，終南、惇物，至於鳥鼠。」案荆、岐，渭北山。終南、惇物，渭南山。終南在今長安縣南，惇物在今武功縣南，皆爲南山。禹治水災自東而西，終南及惇物皆有功施，《詩》言禹所治之南山即此也。《均人》注：「甸，均也。讀如『畇畇原隰』之『畇』。」《釋文》：「畇，音均，又音旬。」《玉篇》：「畇，均也。」「畇畇」與「畇畇」同。《傳》云「墾辟」者，《夏小正》：「正月，農率均田。」《傳》：『率者，循也。均田者，始除田也。言農夫之急除田也。』」《周語》「墾田若蓺」，韋注云：「發田曰墾。」辟者，開也。《序》言「成王」，故知曾孫爲成王也。《行葦》、《維天之命》傳同。田，讀如甸。言成王之脩奉禹功也。○《傳》云「疆，畫經界也」者，《說文》：「畺，界也。或作『疆』。」《月令》：「孟春之月，王命布農事，命田舍東郊，皆脩封疆，審端徑術。」鄭注云：「封疆，田首之分職。術，《周禮》作『遂』。」凡井牧，其邱甸縣都之田野，營造徑畛涂道之通路，皆我疆事也。《孟子·滕文公》篇：「使畢戰問井地。孟子曰：『夫仁政必自經界始。經界不正，井地不均，穀禄不平，是故暴君汙吏必慢其經界。經界既正，分田制禄可坐而定也。』」○云「理，分地理也」者，《考工記·匠人》「凡溝逆地阞，謂之不行」，鄭注云：「阞，謂脈理。」《說文》云：「阞，地理也。」《周語》「農祥晨正，土乃脈發」，韋注云：「脈，理也。」凡穜稑之種，原隰之宜，上地、中地、下地、田萊之數，❶皆我理事也。疆、理，所以治田，二者相須而行，故此詩及《緜》「迺疆迺理」、《江漢》「于疆于理」皆連言之。○云「或南或東」者，或之爲有也。或南者，有南其畝者也。或東者，有東其畝者也。《韓子・外儲説右上》篇：「晉文公伐衛，東其畝。」又《吕覽・簡選》篇「晉文公東衛之畝」，高注云：「使衛耕者皆東畝以遂晉兵也。」成二年《左傳》：「晉郤克伐齊，使齊之封内盡東其畝。賓媚人曰：『先王疆理天下，物土之宜而布其利。今吾子疆理諸侯，而曰「盡東其畝」而已。唯吾子戎車是利，無顧土宜。』」杜注云：「晉之伐齊，循壟東行易。」蓋南東必因地埶，齊、衛在晉東，故晉使東畝爲不顧土宜也。程瑶田《通藝録・阡陌考》云：「阡陌，田閒之道也。亦作『仟佰』。訓故家釋『阡陌』者，皆言『南北曰阡，東西曰陌』。惟應劭《風俗通》具二義，曰：『南北曰阡，東西曰陌。河東以東西爲阡，南北爲陌。』諒哉！應氏之説，得古人物土宜之義矣。天下之川皆東流，故川横則澮縱，洫又横，溝又縱，遂又横。遂横者，其畎必縱，而畝陳於東。是故東畝者，天下之大勢也。遂上有徑當百畝之閒，故謂之陌。其徑東西行，故曰『東西曰陌』也。遂上之徑東西行，則溝上之畛必南北行。畛當千畝之閒，故謂之阡，而曰『南北曰阡』也。然則『南北曰阡，東西曰陌』，此阡、陌之通義。以其義出於東畝。蓋東畝者，天下之大勢也。然有東畝者，亦有南畝者。天下之川，大勢雖皆東流，而河東之川獨南流。河爲川之最大者，而或南流，則其畝必南陳而爲南畝矣。南畝畎横則遂縱，徑亦縱而爲南北行。豈不南北爲陌乎？溝横，畛亦横而爲東西行，豈不東西爲阡乎？由是洫又縱，澮又横，而川則縱而南流矣。河東之川，天下之大川也，而獨南流，故特舉之以爲『東西爲阡，南北爲陌』之例。物土之宜，以爲阡陌必具二義。而不知者，乃是此非彼。蓋亦勿思矣。河至大伾又北流，則畫畝之法與河東川之南流者同爲南畝。而晉人乃欲使齊之境内盡東其畝，此賓媚人所以有『無顧土宜』之庳也。『阡陌』之名，從《遂人》『百畝、千畝；百夫、千夫』生義。而《匠人》之『阡陌』則因乎《遂人》而名之，義不繫乎畝與夫之千百命名之事，惟變所適，亦自然之勢也。」奂案詩言畝有南東，則阡陌亦必南東。程説足以證三代定畝之至意。天下之川，東西流者畝必東，南北流者畝必南，其大較也。河東之川南流，豳、岐、豐、鎬在大河之西，其川與河東

❶「萊」，原作「莱」，據中國書店影印武林愛日軒刻本、徐子静本改。

之川同是南流，其畝必南陳。故《七月》、《甫田》、《大田》、《載芟》、《良耜》等篇皆云「南畝」。此篇言「疆理天下」，故云「南東畝」，是立文之義矣。

上天同雲，雨雪雰雰。【傳】雰雰，雪貌。豐年之冬，必有積雪。益之以霢霂，既優既渥。【傳】小雨曰霢霂。既霑既足，生我百穀。【疏】《藝文類聚·天部下》引《韓詩外傳》云：「凡草木華多五出，雪華獨六出。雪華曰霙，雪雲曰同雲。」雰雰，猶紛紛，《御覽·天部八》引《詩》作「紛紛」。《說文·雨部》無「雰」字。疑古《毛詩》本作「分分」，後人加雨耳。《晏子·褋上》篇云：「陰水厥陽冰厚五寸者，寒温節。節則刑政平，平則上下和，和則年穀孰。」案此與《傳》豐年積雪之說略同。《爾雅·釋天》：「小雨謂之霢霂。」《傳》所本也。《說文》：「瀀，澤多也。」引《詩》作「瀀」。《玉篇》：「瀀，今作『優』。」《說文》：「渥，霑也。」「浞，濡也。」「足」即「浞」之假借字。

疆埸翼翼，黍稷彧彧。【傳】埸，畔也。翼翼，讓畔也。彧彧，茂盛貌。曾孫之穡，以爲酒食。畀我尸賓，壽考萬年。【疏】「埸」訓「畔」，《說文》：「畔，田界也。」翼翼，恭敬皃，故讓畔謂之翼翼。彧者，「𢒼」之隸變。《玉篇》作「或彧」，《廣韻》作「稶稶」云：「黍稷盛皃。」○《伐檀》傳：「斂之曰穡。」「以爲酒食」，以黍稷爲酒食也。凡祭祀，有妥尸饗賓之禮。《楚茨》云：「我黍與與，我稷翼翼，我倉既盈，我庾維億。以爲酒食，以享以祀，以妥以侑，以介景福。」又云：「爲豆孔庶，爲賓爲客，獻酬交錯，禮義卒度，笑語則獲，神保是格，報以介福，萬壽攸酢。」是其義也。

中田有廬，疆埸有瓜，是剥是菹。【傳】剥瓜爲菹也。獻之皇祖，曾孫壽考，受天之祜。【疏】《公劉》傳：「廬，寄也。」《說文》：「廬，寄也。秋冬去，春夏居。」此即在田曰廬之謂也。宣十五年《穀梁傳》：「古者三百步爲里，名曰井田。井田者，九百畝，公田居一。古者公田爲居，井竈蔥韭盡取焉。」范注云：「八家共居。」是廬在公田中矣。《漢書·食貨志》：「理民之道，地箸爲本。故必建步立畮，正其經界。六尺爲步，步百爲畮，畮百爲夫，夫三爲屋，屋三爲井。井方一里，是爲九夫，八家共之，各受私田百畮，公田十畮，是爲八百八十畮，餘二十畮，以爲廬舍。」是班本《孟子》「八家同井，同養公田」，定爲八家各助耕公田十畮，餘二十畮爲廬舍矣。何休注《公羊傳》

云：「聖人制井田之法而口分之，一夫一婦受田百畝，以養父母妻子，五口爲一家。公田十畝，即所謂什一而稅也。廬舍二畝半。凡爲田，一頃十二畝半。八家而九頃，共爲一井，故曰井田。廬舍在內，貴人也。公田次之，重公也。私田在外，賤私也。」案五口一家，即「子產治鄭，田疇、廬井有伍」之制，亦即《小司徒》下地皆五人之法。八家分受公田，中畫二十畝爲廬舍，則八家各得廬舍二畝半。此何注因班《志》以立說。《韓詩外傳》云：「古者八家而井田。方里爲一井，廣三百步、長三百步爲一里，其田九百畝。廣一步、長一步爲一畝。廣百步、長百步爲百畝。八家爲鄰，家得百畝。餘夫各得二十五畝。家爲公田十畝，餘二十畝共爲廬舍，各得二畝半。八家相保，出入更守，疾病相憂，患難相救，有無相貸，飲食相召，嫁娶相謀，漁獵分得，仁恩施行。是以其民和親而相好。《詩》曰：『中田有廬，疆場有瓜。』」此韓《傳》亦主廬舍二畝半，尚在班、何之前，其說當爲近古。趙岐《孟子》「耕者九一」注云：「八家耕八百畝，其百畝者以爲公田及廬井，故曰『九一』也。」「方里而井」注云：「公田八十畝，其餘二十畝以爲廬井、宅園圃，家二畝半也。」注與古說同。唯《梁惠王》篇「五畝之宅，樹之以桑」注云：「廬井、邑居各二畝半以爲宅，冬入保城二畝半，故曰『五畝』也。」趙邠卿本古有在田二畝半之說，以創此在邑亦二畝半，合五畝宅之數。不知五畝宅在城郭都鄙，與田廬本不相涉。說見《七月》篇。又案《箋》：「中田，田中也。農人作廬焉，以便其田事。」鄭習《韓詩》，而此《箋》不言廬畝之數，是不從《韓詩》廬舍二畝半矣。《甫田》箋：「九夫爲井，井稅一夫，其田百畝。井十爲通，通稅十夫，其田千畝。通十爲成，成方十里，成稅百夫，其田萬畝。」《正義》云：「《食貨志》取《孟子》爲說，而失其本旨。義異於鄭，理不可通。何則？言井九百畝，其中爲公田，則中央百畝共爲公田，不得家取十畝也。又言八家皆私百畝，則百畝皆屬公矣，何得復以二十畝爲廬舍也？言同養公田，是八家共理公事，何得家分十畝自治之也？若家取十畝，各自治之，安得謂之同養也？若二十畝爲廬舍，則家別二畝半亦入私矣，則家別私有百二畝半，何得謂八家皆私百畝也？鄭於《匠人》注云：『野九夫而稅一。』此《箋》云：『井稅一夫，其田百畝。』是鄭意無家別公田十畝及二畝半爲廬舍之事。」近儒金鶚《井田考》：「九一爲助法，以九百畝而得一百畝也。若公田僅八十畝，是輕於九一矣，亦與《孟子》不合。鄭謂公田百畝，非八十畝也。《詩》所謂『中田有廬』者，乃於田畔爲之，以避雨與暑，大不容一畝，必無二畝半之廣在公田之中也。」案金説亦從鄭義，而與古殊。書缺有間，姑備參攷。○經言「有瓜」，故知「剥」爲「剥瓜」也。剥，猶削也。《曲禮》：「爲天子削瓜者副之，巾以絺。」削瓜作菹，所以供祭祀也。《禮記·玉藻》、《論語·鄉黨》皆有瓜祭。皇祖，謂先祖也。獻瓜菹於先祖，神饗德與信，不求備焉也。

祭以清酒，從以騂牡，【傳】周尚赤也。享于祖考。執其鸞刀，以啓其毛，取其血膋。

【傳】鸞刀，刀有鸞者。言割中節也。毛以告純也。膋，脂膏也。血以告殺，膋以升臭，合之黍稷，實之於蕭，合馨香也。【疏】《周禮·酒正》「辨三酒之物，三曰清酒」，鄭司農注云：「清酒，祭祀之酒也。」從，從獻也。《量人》注云：「從獻者，肉殽從酒也。」《御覽·禮儀部三》引《傳》文「周尚赤用騂」五字，與今本異。《旱鹿》篇「清酒」、「騂牡」義同。享，獻也。「享于祖考」，猶上章云「獻之皇祖」耳。○《説文》：「鑾，鈴象鸞鳥之聲。从金，鸞省。」通假作「鸞」。刀有鸞者，謂之鸞刀，何注宣十二年《公羊傳》「鸞刀，宗廟割切之刀。環有和，鋒有鸞」是也。《禮記·祭義》云：「鸞刀以封。」《郊特牲》云：「割刀之用，而鸞刀之貴，貴其義也，聲和而後斷也。」是言割中節之事。「毛以告純也」以下二十九字，定本、《集注》皆爲毛《傳》，而《正義》本以此爲鄭《箋》，誤矣。《御覽》引亦誤。今訂正。毛以告純者，毛之色全者曰毛，猶角之正好者曰角。《車攻》傳：「宗廟齊豪，尚純也。」「豪」與「毛」同。「膋，脂膏」者，《内則》「幪之以其膋」，注：「膋，腸間脂。」《説文》：「膫，牛腸脂也。」引《詩》作「膫」，或作「膋」。「脟，腸閒肥也。一名膫。」「戴角者脂，無角者膏。」此析言也。渾言則脂、膏不別也。「血以告殺」，《國語·楚語》文。《楚語》：「毛以示物，血以告殺，接誠拔取以獻具，爲齊敬也。」韋注云：「物，色也。拔毛取血，獻其備物也。」《禮運》云：「薦其血、毛，腥其俎。」《禮器》云：「血、毛詔於室。」《郊特牲》「毛、血，告幽全之物也。告幽全之物者，貴純之道也」，鄭注云：「幽，謂血也。」詩言啓毛取血，是即「告幽全」之義也。言取血又言取膋者，膋即膟膋。《祭義》：「鸞刀以封，取膟膋，乃退。」又「建設朝事，燔燎羶薌，覸以蕭光，以報氣也」，注云：「取牲祭脂也。」《郊特牲》「詔祝于室」，注云：「朝事，延尸于户西，南面，布主席東面，取牲膟膋燎于爐炭，洗肝于鬱鬯而燔之，入以詔神於室，又出以墮于主前，主人親制其肝，所謂制祭也。」《禮器》「君親制祭」，注云：「親制祭，謂朝事進血膋時。」《郊特牲》：「取膟膋，燔燎升首，報陽也。」「升首于堂」，❶注云：「制祭之後，升牲首于北墉下，尊首，尚氣也。」自此以前謂之朝踐。又《郊特牲》「蕭合黍稷，臭陽達於牆屋，故既奠，然後焫蕭合羶薌」，注云：「奠，謂薦孰時也。《特牲饋食》所云『祝酌奠於鉶南』是也。蕭，薌蒿也。染以脂，合黍稷燒之。《詩》云：『取蕭祭脂。』『羶』當爲『馨』，聲之誤也。奠，或爲『薦』。」案此膟膋合黍稷爲饋食也。然則朝事、饋食皆有膟膋。經言「取」者，謂取之以告備，《傳》乃詳及燔燎升臭之義，合黍稷，實於蕭，必終言其事也。

是烝是享，苾苾芬芬，祀事孔明。【傳】烝，進也。先祖是皇，報以介福，萬壽無疆。

【疏】「烝，進」，《爾雅·釋詁》文。《甫田》、《漸漸之石》同。「是烝是享」，是進獻之也。《廣雅》：「馥馥、芬芬，香也。」《文選》何晏《景福殿賦》亦云：「馥馥芬芬。」馥馥，本《韓詩》。《楚茨》傳云：「皇，大也。」

卷二十終

❶「堂」，徐子静本、《清經解續編》本同。阮刻《禮記正義·郊特牲》作「室」。

詩毛氏傳疏卷二十一

長洲陳奐學

甫田之什詁訓傳弟二十一　毛詩小雅

《甫田之什》十篇，三十九章，二百九十六句。

《甫田》四章，章十句。

《甫田》，刺幽王也。君子傷今而思古焉。

倬彼甫田，歲取十千。【傳】倬，明貌。甫田，謂天下田也。十千，言多也。我取其陳，食我農人，自古有年。【傳】尊者食新，農夫食陳。今適南畝，或耘或耔，黍稷薿薿。【傳】耘，除草也。耔，雝本也。攸介攸止，烝我髦士。【傳】烝，進；髦，俊也。治田得穀，俊士以進。【疏】《傳》云「倬，明皃」，「皃」當作「也」。《說文》：「焯，明也。」《釋文》引《韓詩》作「菿彼甫田」，云：「菿，卓也。」倬、焯、卓同。甫爲大，甫田即大田，故云：「謂天下田也。」《楚語》：「天子之田九畡，以食兆民。王取經入焉，以食萬民。」韋注云：「九畡，九州之内有畡數也。」十千爲萬，故云：「言多也。」《傳》文「農夫」當依經作「農人」。《正義》作「農人食陳」。經言取陳食農人耳，《傳》云「尊者食新」者，以申補經義也。《周禮·旅師》：「春頒粟。」又《管子·五行》篇：「發故粟以田數。」是其義也。尊者，農人對稱，則尊者，君上也。孫毓說尊者爲尊老，恐非是。有年，豐年也。《箋》云：「自古者豐年之法如此。」○今，謂成王時。耘，《釋文》作「芸」。《說文》：「⿰耒員，除苗閒穢也。或从芸作『䓘』。」耔，當作「秄」，或作「芓」。《說文》：「秄，雝禾本。」本《傳》訓也。《廣雅》云：「薿薿，茂也。」《玉篇》：「儗儗然，黍稷盛皃。」《漢書》作「儗儗」。《漢書·食貨志》：「后稷始甽田，以二耜爲耦。廣尺、深尺曰甽，長終畮。一畮三甽，一夫三百甽，而播種於甽中。苗生三葉以上，稍壯，耨隴草，因壝其土以附苗根。故其《詩》曰：『或芸或芓，黍稷儗儗。』芸，除草也。秄，附根也。言苗稍壯，每耨輒附根。比盛暑，隴盡平而根深，能風與旱，故儗儗而盛也。」義與《傳》同。○介，大也。止，猶息也。「攸介攸止，烝我髦士」，承上文「黍稷薿薿」而言，長大其黍稷，休息其民人也。二章云「以介我稷黍，以穀我士女」，文義同。「烝，進」，已見《信南山》篇。「髦，俊」，《爾雅·釋言》文。《棫樸》「髦士攸宜」、《思齊》「譽髦斯士」，《傳》竝云：「髦，俊也。」《爾雅》又云：「髦，選也。」《食貨志》：「冬月，餘子在于序室。八歲入小學，學六甲五方書計之事，始知室家長幼之節。十五入大學，學先聖禮樂，而知朝廷君臣之禮。其有秀異者，移鄉學于庠序。庠序之異者，移國學于少學。諸侯歲貢少學之異者於天子，學于大學，命曰造士。行同能偶，則別之以射，然後爵命焉。」此《傳》所謂「治田得穀，俊士以進」也。

以我齊明，與我犧羊，以社以方。【傳】器實曰齊，在器曰盛。社，后土也。方，迎四方氣於郊也。我田既臧，農夫之慶。琴瑟擊鼓，以御田祖，以祈甘雨，以介我稷黍，以穀我士女。【傳】田祖，先嗇也。穀，善也。【疏】齊明，明齊也。明齊，即《左傳》「絜粢」也。《釋文》：「齊，本又作『齍』。」《豐年》傳作「齍盛」，他經典多作「粢盛」。作「齊」者，古文假借字。「器實曰齊」，實謂黍、稷也。黍、稷爲齊，齊在器曰盛，故經言「齊」，而《傳》乃兼言「盛」耳。犧謂牛。《閟宮》「享以騂犧」，《傳》：「犧，純也。」騂、犧皆牛之色，因之謂牛爲騂，亦爲犧也。《大田》「來方禋祀，以其騂黑」，《傳》：「騂，牛也。」是祭社用牛矣。《白虎通義·五祀》篇云：「祭五祀，天子諸侯以牛，卿大夫以羊，因四時祭牲也。中霤以豚，或曰：中霤用牛，不得用牛者用豚。」此天子祭國中五祀中霤用牛，豈四郊五祀尤尊，而祭社反不用牛乎？鄭《箋》據《曲禮》犧牛爲純色之牛，遂謂此犧羊爲純色之羊，恐非是。○昭二十九年《左傳》云：「后土爲社。」此《傳》所本也。后土爲社神，祭社以句龍配食。《左傳》云：「土正曰后土。」又云：「共工氏有子曰句龍，爲后土。」后土又爲五祀之神，而亦以句龍配食也。魏獻子問社稷、五祀誰氏之五官，史墨既詳荅五祀，又詳荅社稷。是后土在五祀之內，而社不在五祀之中，故言五祀，又別言社稷也。《周禮·大宗伯》「以血祭祭社稷、五祀、五嶽，以貍沈祭山林川澤，以疈辜祭四方百物」，鄭注云：「不言祭地，此皆地祇，祭地可知也。」則地祇亦即在五祀中矣。《大司樂》注云：

「地祇所祭於北郊，謂神州之神及社稷。」又云：「土祇，原隰及平地之神也。」然則土祇、地祇皆地祭之名。祭原隰之神謂之土祇。地以方丘之祭爲大禘，神其號謂之地祇，黄帝及后土之神皆祀焉，而以后稷配黄帝、句龍配后土者也。后稷配天於南郊，配地於北郊。北郊亦在中兆内也。此謂五祀也。若春祈、秋報，雖亦於中兆，而非大禘，祀天神不祀天帝，而專以句龍配者也。此謂社也。后土爲五祀，亦爲社。五祀祀后土兼祀黄帝，社亦祀后土，專祀后土，亦即五祀。中別而尊之爲兩祭，而實同祀后土。高誘注《呂覽・孟冬紀》云：「社爲土官，稷爲木官，俱在五祀中。以其功大，故別言社稷。」是已。《傳》云「社，后土」與五祀后土不同。《白虎通義・社稷》篇：「歲再祭之何？春求秋報之義也。」是春秋皆祭社，一祈一報。詩下文云「以祈甘雨」，當指春祈。《雲漢》篇「祈年孔夙，方社不莫」，此祈年方社之明證矣。《箋》與《周禮・大司馬》注皆指秋報説。

○《周禮・大宗伯》：「以玉作六器，以禮天地四方。以蒼璧禮天，以黄琮禮地，以青圭禮東方，以赤璋禮南方，以白琥禮西方，以玄璜禮北方。」此即《曲禮》所謂「天子祭天地、祭四方」也。鄭注：「禮天以冬至，謂天皇大帝在北極者也。禮地以夏至，謂神在崑崙者也。禮東方以立春，謂蒼精之帝。禮南方以立夏，謂赤精之帝。禮西方以立秋，謂白精之帝。禮北方以立冬，謂黑精之帝。」鄭亦謂地即地祇，而四方即四時迎氣矣。《書大傳》云：「萬物非天不生，非地不載，非春不動，非夏不長，非秋不收，非冬不藏，故書禋于六宗。」歐陽大、小夏侯説：「六宗，上不及天，下不及地，旁不及四方。」是四方亦在六宗内也。《掌次》：「王大旅上帝。朝日，祀五帝。」又《司服》：「祀昊天上帝，服大裘而冕。祀五帝亦如之。」合上帝、五帝即爲六宗，不數上帝則爲五帝。《小宗伯》：「兆五帝于四郊。」其中央帝爲黄帝。黄，中和之色，亦即地祇也。《中庸》：「郊社之禮，所以事上帝。」言上帝以晐地祇也。尊之，雖地祇亦稱天稱帝也。《月令》：「春帝大皞，夏帝炎帝，中央帝黄帝，秋帝少皞，冬帝顓頊，所謂五帝也。春神句芒，夏神祝融，中央神后土，秋神蓐收，冬神玄冥。」《左傳》「木正曰句芒，火正曰祝融，金正曰蓐收，水正曰玄冥，土正曰后土」，所謂五祀也。「少皞氏有四叔，曰重，曰該，曰脩，曰熙。重爲句芒，該爲蓐收，脩及熙爲玄冥；顓頊氏有子曰犂，爲祝融；共工氏有子曰句龍，爲后土」，所謂五官也。尊之曰五帝，神之曰五祀，其義一也。然則天、地、四方謂之六宗，地與四時謂之五帝，又謂之五祀。所配食之人神謂之五官，不連地祇言則謂之四方，四方皆爲壇祭之。《祭義》云「祭坎壇」，祭四方也。《書大傳》云「壇四奥」，注：「謂祭四方之帝、四方之神。」是鄭解「四方」亦依《月令》四時之帝、神而言。《月令》：「孟春：立春之日，天子迎春于東郊。孟夏：立夏之日，迎夏于南郊。孟秋：立秋之日，迎秋于西郊。孟冬：立冬之日，迎冬于北郊。」此四郊迎四方之氣，四時之帝神皆與祀焉。而中央之帝神雖旺於夏季，實則仲夏至月在方丘以祭之。四時，所以成歲，故於四立之日迎四方之氣。《月令》亦竝無中央迎氣之文。《傳》云「方，迎四方氣於郊」，正本《月令》爲説。《書五行傳》：「中央之極，自崑崙中至大室之野。帝黄帝、神后土司之。土王之日，禱用牲，迎中氣于中室。」司馬彪《續漢書·志》：「《月令》有五郊迎氣服色，先立秋十八日，迎黄靈于中兆，祭黄帝、后土。」説同《五行傳》。唯惠棟《明堂大道録》云：「《郊特牲》正義：『五時迎氣，東方青圭，南方赤璋，西方白琥，北方玄璜。』其中央無文，先師以爲用黄琮。黄琮禮地，即方澤之祭。先師之言，得其義矣。」惠亦謂地爲地祇，不謂迎土氣。○既，盡也。臧、慶，皆善也。擊鼓，擊土鼓也。御，迎也。《周禮疏》引《傳》「田祖，先嗇者也」，有「者」字。《春官·籥章》「凡國祈年于田祖，吹《豳雅》，擊土鼓，以樂田畯」，鄭注云：「田祖，始耕田者，謂神農也。」《郊特牲》「蜡之祭也，主先嗇而祭司嗇也」，注云：「先嗇，若神農者。」鄭以田祖、先嗇爲神農矣。《地官·大司徒》「設其社稷之壝而樹之田主」，注：「社稷，后土及田正之神。田主，田神后土、田正之所依也。詩人謂之『田祖』。」鄭又以田祖爲社稷之神。案《傳》意以祈年之田祖即蜡祭之先嗇，祈、蜡一神，非謂祈、蜡爲一祭。先嗇者，始先稼穡之人，則不爲社稷之神可知。「穀」訓「善」，王肅云：「大得我黍稷，以善我男女，言倉廩實而知禮節也。」此乃祈年之辭。

曾孫來止，以其婦子，饁彼南畝，田畯至喜。攘其左右，嘗其旨否。禾易長畝，終善且有。【傳】易，治也。長畝，竟畝也。曾孫不怒，農夫克敏。【傳】敏，疾也。【疏】曾孫，成王也。以，猶爲也。饁，饋也。《爾雅》云：「攘，因也。」「攘」與「儴」同。左右，猶東西，謂田畔也。「嘗其旨否」，言各嘗其饋之美與不也。○「易」有「蕩平」之義，故《傳》詁「易」爲「治」。治者，謂除草雖本也。《生民》傳：「方，極畝也。」「竟畝」與「極畝」同義。終，猶既也。有，讀「歲其有」之「有」。「敏，疾」，《文王》、《生民》、《江漢》同。《齊語》「盡其四支之敏，以從事於田野」，韋注云：「敏，猶材也。」「曾孫不怒，農夫克敏」，言農夫能疾除其田，則曾孫不怒也。不怒者，不待趨其耕耨。

曾孫之稼，如茨如梁。曾孫之庾，如坻如京。【傳】茨，積也。梁，車梁也。京，高丘也。乃求千斯倉，乃求萬斯箱。黍稷稻粱，農夫之慶。報以介福，萬壽無疆。【疏】《箋》云：「稼，禾也，謂有稾者也。」《小箋》云：「《説文》：『穧，積禾也。』毛謂此『茨』即『穧』之假借也。『茨』本訓『屋以艸蓋』，故知此訓『積』爲假借。《説文》引《詩》『積之秉秉』作『穧之秩秩』，是積、穧可通用矣。何以言如也？此與《淇奥》『如積』同義。」「梁，車梁」，即輿梁。《正義》云：「《孟子》『十二月車梁成』，梁謂水上橫橋。横有廣狹，得容車渡，則高廣者也，故以比禾積。」《楚茨》傳云：「露積曰庾。」《蒹葭》傳：「坻，小渚也。」如坻者，取「蓄聚」之義也。「京，高丘」，《定之方中》同。如京者，以高積爲喻。《管子》：「新成囷、京。」《急就篇》：「門、户、井、竈、廡、囷、京。」《説文》：「圜謂之囷，方謂之京。」《廣雅》：「京，倉也。」或三家《詩》有以「京」爲倉名，故解者悉本之與？○《大東》傳：「箱，大車之箱也。」《箋》云「萬車以載之」是也。《唐風》言「蓺黍稷」、「蓺稻粱」，《聘禮》：「黍、粱、稻皆二行，稷四行。」《内則》：「飯：黍、稷、稻、粱、白黍、黄粱。食醫六穀。牛宜稌，羊宜黍，豕宜稷，犬宜粱。」稌即稻也。此四穀之見於經者，稷不可以冒粱，猶黍不可以亂稻也。稻、粱貴，故《禮》爲加饌。黍、稷二者又以黍爲貴。鄭注《禮》云：「黍者，食之主。」

《大田》四章，二章章八句，二章章九句。

《大田》，刺幽王也。言矜寡不能自存焉。【疏】詩亦思古之辭。

大田多稼，既種既戒，既備乃事。以我覃耜，俶載南畝。播厥百穀，既庭且碩，【傳】覃，利也。庭，直也。曾孫是若。【疏】《箋》云：「大田，謂地肥美，可墾耕、多爲稼、可以授民者也。將稼者必先相地之宜而擇其種。季冬，命民出五種，計耦耕事，脩耒耜，具田器，此之謂戒。是既備矣，至孟春土長冒橛，陳根可拔而事之。」○覃，讀爲剡。此假借也。《淮南子·氾論》

篇：「古者剡耜而耕。」《文選・東京賦》：「介馭閒以剡耜。」《爾雅》：「剡，利也。」郭注引《詩》作「剡耜」，本三家《詩》。俶載，始事也。「俶載南畝，播厥百穀」，《七月》篇所云「其始播百穀」也。《箋》：「俶，讀爲熾。載，讀爲『菑栗』之『菑』。田一歲曰菑。」《載芟》、《良耜》箋說同。案《箋》非也。菑，一歲休耕之田，不得播穀。「庭，直」，《爾雅・釋詁》文，《韓奕》、《閔予小子》同。「既庭且碩」，庭，言直生也；碩，言長大也。「曾孫是若」，若，順也。《箋》云：「成王於是則止力役以順民事，不奪其時。」

既方既皁，既堅既好，不稂不莠。【傳】實未堅者曰皁。稂，童粱也。莠，似苗也。去其螟螣，及其蟊賊，無害我田穉。【傳】食心曰螟，食葉曰螣，食根曰蟊，食節曰賊。田祖有神，秉畀炎火。【傳】炎火，盛陽也。【疏】方，極畝也。皁，即草斗。下文言「既堅」，則「既皁」爲實未堅者之稱。今艸木字俗作「草」，草斗字俗作「皁」、作「皂」。《廣韻》有「草」，而從艸、早聲之義亡矣。「稂，童粱」，《下泉》同。稂亦莠之類，已成謂之莠，不成謂之稂，亦謂之童粱。其艸皆中牛馬芻，《國語》「馬餼不過稂莠」是也。《魏策》：「幽莠之幼也似禾。」幽莠，謂莠也。《傳》云「莠，似苗也」者，莠秀挺出直上，非若禾根之下垂。其始生時，莠與禾苗莫能分辨，故孔子有惡莠亂苗之喻。《淮南子・說山》篇：「農夫不察苗莠而并耘之。」皆謂其似苗也。○《爾雅・釋蟲》：「食苗心，螟。食葉，蟘。食節，賊。食根，蟊。」此《傳》所本也。《說文》：「螟，蟲食穀葉者。吏冥冥犯法即生螟。」「葉」當作「心」。《正義》引《義疏》云：「螟，似子方而頭不赤。」子方，《齊民要術》作「虸蚄」。《說文》：「蟘，蟲食苗葉者。吏气貣則生蟘。从虫、貣，貣亦聲。」引《詩》曰：「去其螟蟘。」「蟘」本字，「螣」爲假借字。《義疏》云：「螣，蝗也。」高注《吕覽》云：「今兖州謂蝗爲螣。」《說文》：「蟊，蟲食艸根者。吏抵冒取民財則生。或作『蝥』。古文作『蛑』。」「艸」當作「苗」。《義疏》云：「賊，似桃李中蠹蟲，赤頭，身長而細耳。」《漢書・五行志》：「京房《易傳》：『臣安禄，茲謂貪，厥災蟲，蟲食根。德無常，茲謂煩，蟲食葉。不絀無德，蟲食本。與東作爭，茲謂不時，蟲食節。蔽惡生孽，蟲食心。』」《說文》正從《易傳》爲說。《韓詩》：「穉，幼稼也。」《說文》：「穉，幼禾也。」禾、稼一也。幼，讀如「養幼少」之「幼」。《閟宫》傳謂穉爲後種，凡後種者，必小於早種也。今字作「稚」。○上篇《傳》云：「田祖，先嗇者也。」《釋文》引《韓詩》「卜畀炎火」云：「卜，報也。」《韓詩》「秉」作「卜」而詁爲「報」，《禮記注》：「報，讀爲『赴疾』之『赴』。」此「報」字亦當讀爲「赴」。毛、韓字異而意同。《干旄》傳：「畀，予也。」《傳》云「炎火，盛陽也」者，《箋》：「螟螣之屬，盛陽氣贏則生之。今明君爲政，田祖之神不受此害，持之付與炎火，使自消亡。」《正義》云：「陽而稱火者，以南方爲火，炎爲甚之，故云『盛陽』。」又云：「螟螣之屬，得陽而生，故陽盛而爲害。《月令》：『仲夏行春令，百螣時起。』是陽行而生，陽盛則蟲起，消之則付於所生之本。」

有渰萋萋，興雨祁祁，雨我公田，遂及我私。【傳】渰，雲興貌。萋萋，雲行貌。祁祁，徐也。彼有不穫穉，此有不斂穧。彼有遺秉，此有滯穗，【傳】秉，把也。伊寡婦之利。【疏】《傳》文「渰，雲興皃」，《釋文》、《正義》同，定本、《集注》作「渰，陰雲皃」。《家訓·書證》篇引毛《傳》云：「渰，陰雲皃。」《小箋》從《家訓》、定本、《集注》作「陰雲」。渰、陰雙聲，陰雲，黑雲也。《釋文》：「渰，本又作『弇』。」《呂覽·務本》篇作「晻」，《漢書·食貨志》作「黤」，《六帖》二作「揜」，竝同。萋萋，《呂覽》、《漢書》、《後漢書·左雄傳》、《韓詩外傳》、《說文》、《玉篇》、《廣韻》皆作「淒淒」，今《釋文》、《正義》作「萋萋」，恐係後人改也。《釋文》云：「興雨，或本作『興雲』，非也。」《正義》云：「經『興雨』或作『興雲』，誤也。定本作『興雨』。」《家訓》云：「『渰』已是陰雲，何勞復云『興雲祁祁』邪？『雲』當爲『雨』，俗寫誤爾。」然則《釋文》、《正義》皆從《家訓》之說以「興雨」爲是。而《呂覽》、《漢書》、《韓詩外傳》皆作「興雲」，可知古本作「興雲」也。《小箋》云：「《說文》：『淒，雨雲起也。』『渰，雨雲皃。』雨雲，謂欲雨之雲。凡大雨之來，黑雲起而風生，風生而雲行，所謂『有渰淒淒』也。已而風定，白雲彌天，雨隨之下，所謂『興雲祁祁，雨公及私』也。作『興雨』於物理、經訓皆失之。」祁祁，宋本作「祈祈」，誤。《正義》云：「祁祁，徐皃。」《釋文》作「徐也」，「也」當「皃」之誤。《家訓》引毛《傳》作「祁祁，徐皃也」，「也」當衍字。○《孟子·滕文公》篇引：「《詩》云：『雨我公田，遂及我私。』惟助爲有公田。由此觀之，雖周亦助也。使畢戰問井地。孟子曰：『方里而井，井九百畝，其中爲公田，八家皆私百畝，同養公田。公事畢，然後敢治私事，所以別野人也。』」戰國時，周家井田之法已壞，孟子乃據《大田》詩言公田，而略陳其概如此也。宣十五年《穀梁傳》：「古者三百步爲里，名曰井田。井田者，九百畝，公田居一。

私田稼不善則非吏，公田稼不善則非民。古者公田爲居，井竈蔥韭盡取焉。」此皆井田有公田之説也。《周禮・小司徒》「乃經土地而井牧其田野，九夫爲井，四井爲邑，四邑爲邱，四邱爲甸，四甸爲縣，四縣爲都」，鄭注云：「此謂造都鄙也。采地制井田，異於鄉遂，重立國。此制，小司徒經之，匠人爲之溝洫，相包乃成耳。」《匠人》「爲溝洫，九夫爲井，方十里爲成，方百里爲同」，注云：「此畿内采地之制。九夫爲井，井者，方一里，九夫所治之田也。采地制井田，異於鄉遂及公邑。」又云：「以《載師職》及《司馬灋》論之，周制，畿内用夏之貢灋，税夫無公田。以《詩》、《春秋》、《論語》、《孟子》論之，周制，邦國用殷之助灋，制公田，不税夫。貢者，自治其所受田，貢其税穀。助者，借民之力以治公田，又使收斂焉。畿内用貢灋者，鄉遂及公邑之吏，旦夕從民事，爲其促之以公，使不得恤其私。邦國用助灋者，諸侯專一國之政，爲其貪暴，税民無藝。周之畿内，税有輕重。諸侯謂之徹者，通其率以什一爲正。孟子云：『野九夫而税一，國中什一。』是邦國亦異外内之灋耳。」金榜《禮箋》云：「《小司徒》九夫爲井之法，《遂人》有十夫有溝之法。地之險夷異形，廣狹異數，因地勢而制其宜，凡不可井者，濟以《遂人》法而地無曠土。孟子請野九一而助，國中什一使自賦。國中城郭宫室差多，涂巷又廣，於《遂人》法爲宜。是小司徒實與遂人聯事通職，不以鄉遂都鄙異制，審矣。」奂竊謂書缺有閒，各存一説，以俟參攷焉可也。至邦國行井田有公田，見諸經、傳，顯有明證。《噫嘻》傳云：「私，民田也。」○秉，把雙聲同義。不穫穉，未刈者也。不斂穧，刈而未斂者也。遺秉，謂連稾者。滯穗，謂去稾者。「伊寡婦之利」，外舅無錫顧氏廷杏云：「今東省農家於刈穫時必留畝一角，令貧户取之以爲利，猶古遺風與。」

曾孫來止，以其婦子。饁彼南畝，田畯至喜。來方禋祀，以其騂黑，【傳】騂，牛也。黑，羊、豕也。與其黍稷，以享以祀，以介景福。【疏】來方，猶上篇云「以方」。來，古「⿰米矣」字，語詞也。上篇《傳》云：「方，迎四方氣於郊也。」迎四方氣於郊者，祀五天帝及五人神。《周禮》「大司寇、小司寇禋祀五帝」，《大祝》注云：「禋祀，祭天神也。」「以其騂黑，與其黍稷，以享以祀」，猶上篇云「以我齊明，與我犧羊，以社」也。上篇《傳》云：「社，后土也。」《傳》以騂黑爲牛、羊、豕，正指社祭。《召誥》：「乃社于新邑，牛一，羊一，豕一。」此其義也。案此詩「騂黑」與《周禮・牧人》「騂牲」、「黝牲」不同。《牧人》：「凡陽祀，用騂牲；陰祀，用黝牲。」騂牲色赤，黝牲色黑，非謂騂爲牛而黝爲羊、豕也。鄭謂陽祀祭天及宗廟，陰祀祭地及社稷。箋《詩》遂引《周禮》爲説，意以四方迎氣用牛，社用羊，分配經、《傳》「騂，牛；黑，羊、豕」，不知天子社、稷皆大牢，非特用羊也。四方迎氣用牛，與上篇《箋》「秋祭四方」不指迎氣又不合，祭社當有句龍配食。《祭法》：「瘞埋于泰折，❶祭地也。用騂犢。」是騂以祀社，羊、豕祀配食之人歟？《召誥》「用牲于郊，牛二」，祀天一牛，配天之人一牛。祭地用牛，其祭地配食之人卑，用羊、豕。

《瞻彼洛矣》三章，章六句。

《瞻彼洛矣》，刺幽王也。思古明王能爵命諸侯，賞善罰惡焉。【疏】爵命諸侯，若宣王之爵命尹吉甫北伐，方叔南征，召虎、程伯休父伐淮夷。賞善罰惡，二伯述職也。

瞻彼洛矣，維水泱泱。【傳】興也。洛，宗周溉浸水也。泱泱，深廣貌。君子至止，福禄如茨。韎韐有奭，以作六師。【傳】韎韐者，茅蒐染草也。一入曰韎韐，所以代韠也。天子六軍。

【疏】《周禮・職方氏》「正西曰雍州，其川渭洛」，鄭注云：「洛出懷德。」《漢書・地理志》「北地郡歸德，洛水出北蠻夷中，入河。左馮翊褱德，《禹貢》洛水東南入渭，雍州寖」，顔注云：「褱，亦『懷』字。」漢懷德縣即今陝西同州府朝邑縣地，爲洛入渭之處。《漢志》云「入河」，誤。王念孫以爲二字衍文也。《漢志》識洛水入渭之縣，而於洛出之源但云「出北蠻夷中」者，略也。《淮南子・墬形》篇「洛出獵山」，高注：「獵山，在北地西北夷中。洛，東南流入渭。」《西山經》：「白於之山，洛水出于其陽，而東流至于渭。」《元和郡縣志》：「白於山，一名女郎山，在洛源縣北三十里。」白於山、獵山在漢北地郡，所謂「北蠻夷中」矣。漢歸德縣即今甘肅慶陽府安化、合水二縣地，爲洛出源之處。雍州之洛與豫州之雒，其字分別，自古不紊。今以豫州爲南洛水，而以雍州爲北洛水，非古也。洛水在鎬京之北而在岐周之西，其川南流入渭以入河，要皆在宗周畿内，故《傳》以爲「洛，宗周溉浸水」也。鄭注《職方氏》云：「浸，可以爲陂灌溉者。」《説文》：「泱，滃也。」《周禮・酒正》注：「盎，猶翁

❶「瘞」，原作「祭」，據中國書店影印武林愛日軒刻本、徐子静本、《清經解續編》本與阮刻《禮記正義》改。

也。」泱、盎聲相近。《傳》云「深廣皃」者，《考工記》：「匠人爲溝洫，廣尺、深尺謂之甽，廣二尺、深二尺謂之遂，廣四尺、深四尺謂之溝，廣八尺、深八尺謂之洫，廣二尋、深二仞謂之澮。」案都鄙用井田，溝洫即爲井田之制，軍賦實起於此，故詩人以洛水之盛興出軍之衆。《傳》即本《匠人》溝洫之深廣言之。○君子，庠諸侯也。「如」與「而」通。《甫田》傳云：「茨，積也。如茨而積也。」《淇奧》：「如簀而積也。」文義正相同。《傳》文「韎」下「韐」字衍。「草」當作「韋」。「一」下「入」字依定本補。王引之《詩述聞》云：「毛《傳》原文本作『韎，染韋也』。今本『韎』下有『者茅蒐』三字，此涉鄭《箋》『韎者茅蒐染』而誤衍也。蓋毛以染韋一入之色爲韎，而不以茅蒐爲韎，故曰：『韎，染韋也。一入曰韎。』鄭以韎爲茅蒐之合聲，則以茅蒐爲韎，而不以一入爲韎，故曰：『韎者，茅蒐染也。』茅蒐，『韎』聲也。若毛以茅蒐爲韎，則與『一入曰韎』之文自相違異。且毛既云『韎者，茅蒐染韋』，鄭不須更云『韎者，茅蒐染』矣。孔、陸所見已是誤本，故不言鄭與毛異耳。《晉語》『韎韋之跗注』，韋注曰：『三君云：「一染曰韎。」鄭後司農説以爲韎茅蒐染也。』云『鄭以爲茅蒐染』，則毛不以爲茅蒐染明矣。三君皆從毛義，故但言『一染曰韎』而不言茅蒐也。《説文》：『韎，茅蒐染韋也。一入曰韎。』『茅蒐』二字亦後人依誤本毛《傳》加之也。賈景伯注成十六年《左傳》及《晉語》竝云：『一染曰韎。』叔重之學出於景伯，故云：『韎，染韋也。一入曰韎。』且賈、許皆治《毛詩》，故以一入爲韎。至康成始以茅蒐爲韎，不得於《説文》注中增入『茅蒐』二字。且茅蒐爲韎與一入爲韎，二者各爲一義，不可强同也。」案王説是也。韎從韋，故知爲韋。韎，韋之色，故知爲染韋。「一入曰韎」，《傳》又申説染韋之義也。《玉藻》注：「緼，赤黄之閒色，所謂韎也。」《爾雅》：「一染謂之縓。」《士冠禮》注：「凡染絳，一入謂之縓。」「緼」與「縓」古聲同，韎即縓也。《説文》「韎」字从末聲，不从未聲。《傳》既釋經「韎」之義，又釋經「韐」之義。凡士朝服皮弁服、玄端服稱韠，韎色之韠稱韐，故云：「韐，所以代韠也。」《士冠禮》：「爵弁服，纁裳，純衣，緇帶，韎韐。」又「受爵弁，加之，服纁裳，韎韐。」《士喪禮》：「爵弁服，純衣，緇帶，韎韐。」注：「韎韐，緼韍也。韐之制似韠。」《説文・市部》：「士無市有帢，制如榼，缺四角。爵弁服，其色韎，賤不得與裳同。从市，合聲。或从韋作『韐』。」鄭《箋》亦云：「韐，祭服之韠，合韋爲之。其服爵弁服，紂衣纁裳也。」許、鄭皆以韎韐爲爵弁服，本《禮經》爲訓。《春官・司服》「凡兵事，韋弁服」，鄭注云：「韋弁，以韎韋爲弁，又以爲衣裳。《春秋傳》曰『晉郤至衣韎韋之跗注』是也。」奐謂韎韋即韎韐。郤至爲晉下卿，衣韎韋以爲兵事之服。天子作師主將朱芾，其餘軍士韎韐，詩所謂「韎韐有奭，以作六師」也。是韎韐又爲韋弁服矣。有奭，言韐有奭色，所謂韎也。《采芑》傳云：「奭，赤皃。」《白虎通義・爵》篇：「《韓詩内傳》曰：『諸侯世子三年喪畢，上受爵命於天子。』」其下又言「世子上受爵命，衣士服」，引《詩》曰：「韎韐有赩。」《通典・禮五十三》引《内傳》同。此《韓詩》義，鄭《箋》正用其説。「赩」與「奭」同。○《周禮・夏官》：「凡制軍，萬有二千五百人爲軍。王六軍。」襄十四年《左傳》：「周爲六軍。」又襄十一年《穀梁傳》：「古者天子六師。」是六師即六軍也。《棫樸》傳及《常武》箋竝同。《地官・小司徒》：「乃會萬民之卒伍而用之。五人爲伍，五伍爲兩，四兩爲卒，五卒爲旅，五旅爲師，五師爲軍，以起軍旅。」案此周之軍法，乃統四郊都鄙萬民卒伍用之。六軍不盡出於六鄉。《遂人》注云：「遂之軍法，追胥起徒役，如六鄉。」是六遂有軍也。《縣師》：「若將有軍旅、會同、田役之戒，則受灋于司馬，以作其衆庶及馬牛車輦，會其車人之卒伍。」《稍人》：「掌令邱乘之政令。若有會同、師田、行役之事，則以縣師之灋作其同徒、輂輦，帥而以至。」是稍、縣、鄙皆有軍也。采地制井田。小都，卿之采地。大都，公之采地。公卿采地之外皆有公邑。鄉遂無井田，出師人數亦可充卒，而軍半出於都鄙。《出車》篇云：「我出我車，于彼牧矣。自天子所，謂我來矣。」此之謂也。軍制詳《采芑》篇。

瞻彼洛矣，維水泱泱。君子至止，鞞琫有珌。【傳】鞞，容刀鞞也。琫，上飾；珌，下飾也。天子玉琫而珧珌，諸侯璗琫而璆珌，大夫鐐琫而鏐珌，士珕琫而珕珌。君子萬年，保其家室。【疏】《説文》：「鞞，刀室也。」「削，鞞也。」《方言》：「劒削，自河而北，燕、趙之閒謂之室；自關而東或謂之廓，或謂之削；自關而西謂之⿰韋卑。」「⿰韋卑」與「鞞」同。此《傳》云「容刀鞞」，容刀見《公劉》篇。彼《傳》云「容刀，言有武事也」，蓋有武事則佩之矣。《説文》：「琫，佩刀上飾也。」「珌，佩刀下飾也。」許説正用毛訓。段注云：「鞞之言裨也。刀室，所以裨護刀者。漢人曰削，俗作『鞘』。琫之言奉也。奉，俗作『捧』。刀本曰環，人所捧握也，其飾曰琫。珌之言畢也。刀室之末，其飾曰珌。古文作『⿰王畢』。《傳》云『鞞，容刀鞞也』，謂刀削。其云『琫，上飾；珌，下飾』者，上下自全刀言之，琫在鞞上，鞞在琫下，珌在鞞末。《公劉》詩不言珌，故云『下曰鞞』，舉鞞以該珌。『鞞琫有珌』，言鞞琫而又加珌也。《王莽傳》『瑒琫瑒珌』，孟康曰：『佩刀之飾，上曰琫，下曰珌。』若劉熙《釋名》曰：『室口之飾曰琫。琫，捧也。捧，束口也。下末之飾曰琕。琕，卑也。下末之言也。』『琕』即『鞞』之譌。劉意自一鞘言之，故雖襲毛『上曰琫，下曰鞞』之云，而大非毛意。至杜預本之注《左傳》云：『鞞，佩刀削上飾。鞛，下飾。』又互譌『上』、『下』字矣。許云『佩刀上飾』，用毛説，謂一刀之上，非一削之上也。凡刀劒以手所執爲上，刀謂之穎，亦曰環。《書》：『刀謂之拊，劒謂之鐔。』」案《傳》文「諸侯璆珌」，《釋文》及定本、《集注》作「璆珌」，《正義》本作「鏐珌」。「大夫鏐珌」，定本、《集注》作「鏐珌」，《正義》云：「大夫琫珌皆用鐐飾。」是《正義》本作「鐐珌」也。《説文》「琫」下云「天子以玉，諸侯以金」，「珌」下云「天子以玉」。「珧，蜃甲也。所以飾物也。《禮》：『佩刀，天子玉琫而珧珌。』」「鎏，金之美者，與玉同色。《禮》：『佩刀，諸侯鎏琫而璆珌。』」「珕，蜃屬。《禮》：『佩刀，士珕琫而珧珌。』」《後箋》云：「此《傳》所言，雖不箸所出，然《説文》於『珕』、『珧』、『鎏』下皆引《禮》云云，則毛亦必據《禮》逸篇之文，不應互異如此。《説文》『珌』下云『天子以玉』者，因珧有玉珧之稱，『以玉』猶言『以珧』。然玉琫珧珌，上下究有不同。若諸侯鎏琫鏐珌，黄金謂之鎏，其美者謂之鏐，是諸侯琫珌同以金爲之，此所以別於天子也。《王莽傳》『瑒琫瑒珌』，『瑒』與『鎏』同，亦上下皆用金之證。大夫則皆以鐐爲之，士皆以珕爲之。《説文》『諸侯璆珌，士珧珌』，恐是傳寫之誤。定本、《集注》作『諸侯璆珌，大夫鏐珌』，皆非也。」奐謂定本、《集注》作「大夫鏐珌」，鏐亦金也。此固不誤。《小箋》亦云：「琫、珌，天子皆以玉，諸侯皆以金，大夫皆以銀，士皆以珕。」爲有條理，與《説文注》不同。

瞻彼洛矣，維水泱泱。君子至止，福禄既同。君子萬年，保其家邦。

《裳裳者華》四章，章六句。

《裳裳者華》，刺幽王也。古之仕者世禄，小人在位，則讒諂竝進，棄賢者之類，絶功臣之世焉。【疏】此亦思古之詞。

裳裳者華，其葉湑兮。【傳】興也。裳裳，猶堂堂也。湑，盛貌。我覯之子，我心寫兮。我心寫兮，是以有譽處兮。【疏】《傳》以「裳裳」爲

「堂堂」之假借。《説文・門部》云：「闛闛，盛皃。」與「堂堂」同。《廣雅》云：「常常，盛也。」裳、常一字。毛與三家《詩》同意也。於華言「裳裳」，於葉言「湑」，皆有「盛」義。《傳》云「湑，盛皃」，湑猶湑湑也。興者，以華葉之盛，喻賢者功臣，其世澤之茂盛，亦如華葉之裳裳、湑湑然。首章言華又言葉，下章不言葉，略也。○之子，席世禄者也。三章《傳》以之子乘駱爲世禄，此其義矣。《蓼蕭》「我心寫兮」，《傳》云：「輸寫其心也。」

裳裳者華，芸其黄矣。【傳】芸，黄盛也。我覯之子，維其有章矣。維其有章矣，是以有慶矣。【疏】芸，讀如「紛紜」之「紜」。《老子》：「夫物芸芸，各復歸其根。」是「芸」有「盛」義。詩言華之黄，故《傳》云：「黄盛也。」

裳裳者華，或黄或白。我覯之子，乘其四駱。乘其四駱，六轡沃若。【傳】言世禄也。【疏】或，有也。「或黄或白」，有黄又有白也。華之黄、白俱盛。○《四牡》傳云：「白馬黑鬣曰駱。」四駱六轡，是世禄之所乘，故《傳》即依《序》言「古之仕者世禄」作釋也。世禄，亦世位，詳《文王》篇。

左之左之，君子宜之。右之右之，君子有之。【傳】左，陽道，朝祀之事。右，陰道，喪戎之事。維其有之，是以似之。【傳】似，嗣也。【疏】《傳》釋「左」爲「陽道」、「右」爲「陰道」，又申明「陽道」爲「朝祀之事」、「陰道」爲「喪戎之事」，當有成文，無攷。成十三年《左傳》云：「國之大事，在祀與戎。」《荀子・大略篇》云：「吉事尚尊，喪事尚親。」《逸周書・武順》篇：「吉禮左還，順天以利本。武禮右還，順地以利兵。」《老子》亦云：「吉事尚左，凶事尚右。」竝與《傳》訓略同。《説苑・脩文》篇：「《詩》曰：『左之左之，君子宜之。右之右之，君之有之。』《傳》曰：『君子者，無所不宜也。』是故韠冕厲戒立于廟堂之上，有司執事無不敬者；斬衰裳苴絰杖立于喪次，賓客弔唁無不哀者；被甲纓冑立于桴鼓之閒，士卒莫不勇者。故仁足以懷百姓，勇足以安危國，信足以結諸侯，强足以拒患難，威足以率三軍。故曰：爲左亦宜，爲右亦宜，爲君子無不宜者，此之謂也。』」劉子政所引《傳》或出《魯詩傳》。其釋《詩》言君子朝祀喪戎無不得宜，與《毛詩》義正合。蓋有者，有此宜也。故詩下文但接「有之」句而言。

○《傳》讀「似」爲「嗣」者，言古君子有是美德，是以嗣爲世官也。襄三年《左傳》：「祁奚請老，晉侯問嗣焉。祁奚即舉子午。羊舌職死，又舉職之子赤。晉侯於是使祁午爲中軍尉，羊舌赤佐之。君子謂祁奚能舉善，唯善故能舉其類。《詩》云：『惟其有之，是以似之。』」案此上文言問嗣，其下即引此詩，則詩之「似」正訓作「嗣」，以美祁奚能舉善嗣其官職，即是不廢世禄之類。毛《傳》實本《左傳》以立訓也。

《桑扈》四章，章四句。

《桑扈》，刺幽王也。君臣上下，動無禮文焉。【疏】詩亦陳古君臣之詞。

交交桑扈，有鶯其羽。【傳】興也。鶯然有文章。君子樂胥，受天之祜。【傳】胥，皆也。【疏】《小宛》「交交桑扈」，《傳》云：「交交，小皃。桑扈，竊脂也。」桑扈小鳥，交交爲小鳥皃也。扈，當作「鳸」，今通作「扈」。鶯然有文章者，總釋經之兩「鶯」字，以明取興之義。言桑扈之羽翼首領，皆有文采可觀，以喻臣下舉動有禮文。合下章而釋之也。「有鶯其羽」，鶯然其羽也。「有鶯其領」，鶯然其領也。鶯者，是形容羽領之美稱。《說文》：「鶯，鳥也。」段注云：「今《說文》必淺人所改，『鶯』非即『鸎』字。」○君子，謂王者也，與《鴛鴦》「君子」同。「胥」訓「相」，又訓「皆」。皆者，皆臣下也。祜，❶福也。《新書·禮》篇云：「《詩》曰：『君子樂胥，受天之祜。』胥，相也。祜，大福也。夫憂民之憂者，民必憂其憂。樂民之樂者，民亦樂其樂。與士民若此者，受天之福矣。」案此釋詩「樂胥」，與士民樂」，本三家《詩》義。《箋》云：「王者樂臣下有才知文章。」鄭讀「胥」爲「諝」，義異。其解「君子」爲「王者」、「樂胥」爲「樂臣下」，則與毛義當同也。

交交桑扈，有鶯其領。【傳】領，頸也。君子樂胥，萬邦之屏。【傳】屏，蔽也。【疏】《玉篇·頁部》引《詩傳》云：「領，頸也。」《文選》潘岳《射雉賦》：「鶯綺翼而經撾，灼繡頸而衮背。」鶯綺翼即鶯羽，灼繡頸即鶯領，此正用《詩》義。徐爰注云：「鶯，文章貌。」今本《文選》誤作「鸎」字。○屏、蔽雙聲。《玉藻》云：「諸侯之於天子，其在邊邑，曰：某屏之臣某。」屏亦蔽也。

之屏之翰，百辟爲憲。【傳】翰，榦；憲，法

❶「祜」，原作「祐」，據徐子静本、《清經解續編》本改。下二「祜」字同。

也。不戢不難，受福不那。【傳】戢，聚也。不戢，戢也。不難，難也。那，多也。不多，多也。【疏】「之屏」承上章言，之猶是也。「之屏之翰」，言是屏是翰也。「翰，榦」，《爾雅・釋詁》文，《文王有聲》、《版》、《嵩高》竝同。「翰」讀與「榦」同，此謂假借也。成十三年《左傳》：「孟獻子曰：『禮，身之榦也。』」襄三十年《傳》：「鄭子皮曰：『禮，國之榦也。』」是其義。辟，君也。百辟，謂外諸侯也。「百辟爲憲」與《六月》「萬邦爲憲」句義正同，故《傳》竝訓「憲」爲「法」也。《假樂》之「百辟卿士」，「百辟」與「卿士」對文，非以百辟即卿士也。《烝民》、《烈文》「百辟」皆指外諸侯。○「戢，聚」，《釋詁》文，《時邁》同。聚猶斂也，言聚斂其志意。不戢，不難，不那，三「不」字《傳》皆以爲語詞。難，古「儺」字。《周禮・占夢》「遂令始難毆疫」，「故書『難』或爲『儺』」。《隰桑》「阿難」，《隰有萇楚》作「猗儺」。《家訓・書證》篇引毛《傳》「不儺，儺也」。然則顔所據經、《傳》正作「儺」矣。《竹竿》傳云：「儺，行有節度也。」行有節度謂之儺，則「儺」有「動必以禮，不敢縱弛」之意。《執競》：「反反，難也。」《載芟》：「濟濟，難也。」「難」皆「儺」字。「那，多」，《釋詁》文，《那》同。《説文》：「齊謂多爲夥。」《方言》：「大，物盛多，齊宋之郊、楚魏之際曰夥。」《史記・陳勝世家》：「楚人謂多爲夥。」「那」與「夥」同。《説文》：「魋，从鬼，難省聲。讀若《詩》『受福不儺』。」儺，當作「那」。魋聲讀若那，疑涉上句「不戢不儺」而誤。「不多，多也」，《卷阿》同。

兕觥其觩，旨酒思柔。彼交匪敖，萬福來求。【疏】「觩」爲「觓」之誤。《釋文》云：「或作『觓』。」《説文》：「觓，角皃。」引《詩》「有觓其角」，今《良耜》作「捄」，爲六書假借字。而《絲衣》、《泮水》之「觩」，《釋文》皆作「觓」字，當不誤也。「思柔」與「其觓」對文，則「其」與「思」皆爲語詞，《絲衣》篇同。○成十四年《左傳》：「衛侯饗苦成叔，甯惠子相。苦成叔傲，甯子曰：『苦成家其亡乎？古之爲享食也，以觀威儀，省禍福也。故《詩》曰：「兕觵其觩，旨酒思柔。彼交匪傲，萬福來求。」今夫子傲，取禍之道也。』」又襄二十七年《傳》：「鄭伯享趙孟于垂隴。公孫段賦《桑扈》，趙孟曰：『「匪交匪敖」，福將焉往？若保是言也，欲辭福禄，得乎？』」案不交敖爲求福之道。《左》兩釋《詩》同，意與《毛詩》序、傳合。成十四年引《詩》「彼交匪傲」與今本《詩》同，而《漢書・五行志》作「匪儌匪傲」，應劭注云：「言在位不傲訐，不倨傲也。」臧琳《經義襍記》謂：「《論語》『惡徼以爲知者』，徼，鄭本作『絞』。徼、絞古通。《毛詩》作『交』，『絞』之省假，故《漢書》作『徼』。《漢志》所載《左傳》爲古文，今本出之杜氏，未足深信。趙孟引《詩》作『匪』不作『彼』，與《漢書》正同，尤爲明證。《漢志》『匪徼』，當從應仲援説爲『不徼訐』，師古改爲『徼幸』，非是。」《後箋》云：「臧説是也。匪、彼二字古雖通用，此詩義當作『匪』。《絲衣》『兕觥其觩，旨酒思柔。不吳不敖，胡考之休』，與此詩四句文義相同。此『匪交匪敖』當與彼『不吳不敖』一例耳。」

《鴛鴦》四章，章四句。

《鴛鴦》，刺幽王也。思古明王交於萬物有道，自奉養有節焉。

鴛鴦于飛，畢之羅之。【傳】興也。鴛鴦匹鳥，大平之時，交於萬物有道，取之以時，於其飛乃畢掩而羅之。君子萬年，福禄宜之。【疏】「鴛鴦匹鳥」，《御覽·羽族部十二》引崔豹《古今注》云「鴛鴦，水鳥，鳧類，雌雄未嘗相離，人得其一，則一者相思死，故謂之匹鳥」是也。「大平之時，交於萬物有道」，此《傳》用《序》語以明經義。取之以時者，交萬物有道也。於其飛乃畢掩而羅之者，取必以時也。《大東》傳：「畢，所以掩兔。」《兔爰》傳：「鳥網爲羅。」畢與羅異用，而散文則通，故交取鴛鴦，乃畢、羅皆施於鳥矣。《箋》云：「匹鳥，言其止則相耦，飛則爲雙，性馴耦也。此交萬物之實也。而言興者，廣其義也。獺祭魚而後漁，豺祭獸而後田，此亦皆其將縱散時也。」案此一興體也。前二章鴛鴦爲興，言交於萬物有道，舉一物以例餘也。後二章又以芻秣之式興奉養有節。○《箋》云：「君子，謂明王也。」

鴛鴦在梁，戢其左翼。【傳】言休息也。君子萬年，宜其遐福。【疏】《桑扈》傳：「戢，聚也。」休息者，「聚」之意。《釋文》引《韓詩》云：「戢，捷也。捷其噣於左也。」捷，今之「插」字。《箋》：「斂其左翼，以右翼掩之。」《白華》「鴛鴦在梁，戢其左翼」，《箋》：「戢，斂也。斂左翼者，謂右掩左也。鳥之雌雄不可別者，以翼右掩左，雄；左掩右，雌。」案此《爾雅·釋鳥》文也。鴛鴦匹鳥，雌雄相休息。戢左翼者，言雄以晐雌也。上章于飛則畢羅之，此章在梁則休息之，所謂「交於萬物有道」也。《論語》

云：「弋不射宿。」

乘馬在廄，摧之秣之。【傳】摧，莝也。秣，粟也。君子萬年，福禄艾之。【傳】艾，養也。【疏】《傳》文「摧，莝」，《釋文》本作「摧，芻」，引《韓詩》云：「莝，委也。」是《毛詩》作「摧」訓「芻」，謂「摧」即「芻」之假借字。《韓詩》作「莝」訓「委」，「委」即「萎」字。《說文》：「莝，斬芻。」毛、韓字異而義同。《箋》云：「摧，今『莝』字也。」鄭用韓說。後人依鄭《箋》改毛《傳》，當依《釋文》本作「摧，芻」爲正。《衆經音義》卷十三、十五引《傳》作「芻」，《說文繫傳》引《詩》作「芻之䬴之」。《傳》文「秣，粟」，《釋文》本作「秣，穀馬也」，亦當依《釋文》本爲正。《漢廣》「言秣其馬」，《傳》：「秣，養也。」又《雲漢》傳：「歲凶年穀不登，則趣馬不秣。」《王制》作「馬不食穀」。凡言秣者，皆謂以穀食馬，不謂秣爲粟矣。《箋》云：「無事則委之以莝，有事乃予之穀。」鄭所據亦作「穀馬」。秣，或作「䬴」。《說文》：「䬴，食馬穀也。」許正用毛《傳》。「摧秣」即「芻秣」。《周禮·大宰》「以九式均節財用，七曰芻秣之式」，鄭注云：「芻秣，養牛馬禾穀也。」案周公制禮，以養馬芻秣之事定爲國家均節財用之式，與詩言養馬之得其時制興王者自奉養有節，其義正同。○「艾，養」，《南山有臺》同。

乘馬在廄，秣之摧之。君子萬年，福禄綏之。【疏】綏，安也。上言艾，此言綏，艾、綏猶《南山有臺》之「艾」、「保」也。

《頍弁》三章，章十二句。

《頍弁》，諸公刺幽王也。暴戾無親，不能宴樂同姓，親睦九族，孤危將亡，故作是詩也。【疏】諸公，同姓之臣。宴，《釋文》作「燕」。

有頍者弁，實維伊何。【傳】興也。頍，弁貌。弁，皮弁也。爾酒既旨，爾殽既嘉，豈伊異人？兄弟匪他。蔦與女蘿，施于松柏。【傳】蔦，寄生也。女蘿，菟絲，松蘿也。喻諸公非自有尊，託王之尊。未見君子，憂心奕奕。【傳】奕奕然無所薄也。既見君子，庶幾說懌。【疏】頍者，非形容皮弁之皃，乃形容其戴弁之皃。《正義》引王肅云：「戴頍然之弁。」疑王子雝所據《傳》作「頍，戴弁皃」四字，今本奪「戴」字。《釋文》云：「箸弁皃。」箸弁猶言戴弁。

《說文》：「頍，舉頭也。」也，《玉篇》作「兒」。舉頭與戴弁義同。《士冠禮》注：「缺，讀如『有頍者弁』之『頍』。」鄭本三家義。天子視朝用皮弁。詩言燕，而《傳》云「弁，皮弁也」者，是天子燕用皮弁矣。實，當作「寔」。寔，是也。維，猶爲也。是爲伊何者，以言乎在首也。一章「伊何」，二章「何期」，三章「在首」，實一意也。《正義》云：「昭九年《左傳》：『王使詹桓伯辭於晉曰：『我在伯父，猶衣服之有冠冕。』僖八年《穀梁傳》曰：『弁冕雖舊，必加於首。周室雖衰，必先諸侯。』然則王者之在上位，猶皮弁之在人首，故以爲喻也。」〇旨酒嘉殽，以設燕也。兄弟匪他，言燕兄弟，非有異人也。《爾雅·釋草》無「蔦」。《傳》云「寄生」，《說文》：「蔦，寄生也。或作『樢』。」許本毛訓。《釋木》：「寓木，宛童。」解者皆即以爲《詩》之「蔦」，蓋「寄」與「寓」同義也。《釋草》：「唐，蒙，女蘿。女蘿，菟絲。」今案《桑中》傳：「唐，蒙，菜名。」不謂女蘿。此《傳》云「女蘿菟絲」，本《爾雅》文。疑毛所見《爾雅》與今本或異。《傳》又云「松蘿」，是女蘿、菟絲、松蘿一物三名矣。菟，通作「兔」。《淮南子·說山》云：「下有伏苓，上有兔絲。」《說林》云：「伏苓掘，兔絲死。」又云：「兔絲無根而生。」《呂覽·精通》云：「人或謂兔絲無根，兔絲非無根也，其根不屬也。」伏苓是菟絲，即女蘿，而菟絲又即松蘿，《傳》與舊說悉合。《正義》引《義疏》云：「今菟絲蔓連草上，非松蘿。松蘿自蔓松上，與菟絲殊異。」《釋文》亦云：「在草曰女蘿，在木曰松蘿。」然詩明言女蘿施於松木，不得據今驗易古說，明矣。「喻諸公非自有尊，託王之尊」者，《箋》云：「託王之尊者，王明則榮，王衰則微。刺王不親九族，孤特自恃，不知己之將危亡也。」〇《爾雅·釋訓》：「奕奕，憂也。」此依《詩》「憂心」爲訓。《傳》云「奕奕然無所薄也」者，亦是形容憂心之狀。《楚策》：「楚威王曰：『寡人心搖搖如縣旌，而無所終薄。』」奕奕、搖搖語轉而義同。懌，本作「釋」，《靜女》箋「說懌」作「說釋」，與此同。案「既見」指宴樂同姓，「未見」即《序》「不能宴樂」之意。「既」與「終」同義。此因未見而終思相見，親戚之臣，心不能已也。《箋》云：「君子，㡿幽王也。幽王久不與諸公宴，諸公未得見幽王之時，懼其將危亡，己無所依怙，故憂而心奕奕然。故言我若已得見幽王諫正之，則庶幾其變改，意解釋也。」

有頍者弁，實維何期？爾酒既旨，爾殽既時。【傳】時，善也。豈伊異人？兄弟具來。蔦與女蘿，施于松上。未見君子，憂心怲怲。【傳】怲怲，憂盛滿也。既見君子，庶幾有臧。【傳】臧，善也。【疏】《釋文》：「期，本亦作『其』。」何其，何也，其，語詞。《箋》云：「何期，猶伊何也。期，辭也。」辭，當作「詞」。○時之言是也，故「時」有「善」義。「爾殽既時」，猶上章云「爾殽既嘉」耳，嘉亦善也。《廣雅》：「時，善也。」本《傳》訓。《爾雅》：「怲怲，憂也。」《説文》：「怲，憂也。《詩》曰：『憂心怲怲。』」此亦依《詩》「憂心」爲訓。《傳》云「憂盛滿也」者，怲、滿雙聲，奕、薄疊韻，蓋依疊韻雙聲言也。「臧」訓「善」，讀「善兄弟爲友」之「善」。

有頍者弁，實維在首。爾酒既旨，爾殽既阜。豈伊異人？兄弟甥舅。如彼雨雪，先集維霰。【傳】霰，暴雪也。死喪無日，無幾相見。樂酒今夕，君子維宴。【疏】阜，盛也。兄弟，謂諸公也。此言燕同姓，而必及甥舅者，《禮記·文王世子》篇云：「公若與族燕，則異姓爲賓。」○「霰，暴雪」，《釋文》：「霰，消雪也。」疑陸元朗所據《傳》作「霄雪」，霄、暴形易譌，今作「消雪」，後人或以《爾雅》「亦作」本改之也。《爾雅》「雨霓爲霄雪」，「霄，本亦作『消』」。《説文》：「雨霰爲霄。齊語也。」「霰，稷雪也。或作『霓』。」《繫傳》作「積雪」。《文選》謝惠連《雪賦》注、《御覽·天部十二》引《韓詩章句》云：「霰，霙也。」《御覽》引又云：「雪華六出曰霙。」訓家多不同。《大戴禮·曾子天圓》篇云：「陽之專氣爲霰。」《釋名》云：「霰，星也。水雪相摶如星而散也。」《箋》云：「將大雨雪，始必微温，雪自上下，遇温氣而摶，謂之霰；久而寒勝，則大雪矣。喻幽王之不親九族亦有漸，自微至甚，如先霰後大雪。」○「死喪無日，無幾相見」，無，不也。言不日死喪，相見無幾也。王逸注《楚辭·大招》引《詩》作「樂酒今昔」，云：「昔，夜也。」古夕、昔通用。今昔，即今夕。唯同姓有夜飲禮也。維，猶是也。「樂酒今夕，君子維宴」，言王能宴樂飲酒，當自今日始。此乃覬幸之詞。案上二句猶云「未見君子，憂心奕奕」、「未見君子，憂心怲怲」也，下二句猶云「既見君子，庶幾説釋」、「既見君子，庶幾有臧」也。詩三章皆欲王之宴樂親睦同姓，以刺今之不能，則孤危將亡，其兆既存矣。

《車舝》五章，章六句。

《車舝》，大夫刺幽王也。褒姒嫉妬，無

道竝進，讒巧敗國，德澤不加於民，周人思得賢女以配君子，故作是詩也。

閒關車之舝兮，思孌季女逝兮。【傳】與也。閒關，設舝也。孌，美貌。季女，謂有齊季女也。匪飢匪渴，德音來括。【傳】括，會也。雖無好友，式燕且喜。【疏】詩凡五章，皆興。前三章就賢女往配君子説，後二章就賢女既配君子説。設舝往配亦是陳古以刺今，與《大東》篇興義相同。○《正義》及《泉水》正義引《傳》文作「閒關，設舝皃」，「皃」乃「也」之誤；今本作「也」，不誤。關，讀爲綸。《説文·絲部》：「綸，織以絲毌杼也。」從段本訂。以絲貫杼曰綸，以舝設車軸閒曰閒關。閒關者，言季女乘車設舝之事，非形容其設舝也。《北堂書鈔·車部三》引《韓詩》注：「閒關，好皃。」陳禹謨本删去。舝，《韓詩》作「轄」。昭二十五年《左傳》：「昭子賦《車轄》。」《墨子·魯問》篇：「子之爲鵲也，不如匠之爲車轄也。須臾，豎三寸之木，而任五十石之重。」《淮南子·繆稱》、《人閒》篇竝云：「三寸之轄。」蓋古轄以木爲之耳。思，詞也。「思孌季女」，與「思齊大任」、「思媚周姜」句例相同。《泉水》、《猗嗟》、《候人》傳竝訓「孌」爲「好」，而此訓「孌」爲「美」，美，有美德者也。云「季女，謂有齊季女也」者，《采蘋》「誰其尸之？有齊季女」，《傳》：「尸，主；齊，敬；季，少也。少女，微主也。古之將嫁女者，必先禮之於宗室。」此「季女」亦是將嫁之女，與《采蘋》「季女」同，故《傳》即本《采蘋》以釋之也。逝，往也。謂往嫁之也。○《君子于役》傳：「佸，會也。」「括」與「佸」同義。會者，當讀如《媒氏》「令會男女」之「會」。會，猶作合也。「德音來括」，言季女有此德音，是宜與我王作合也。來，語詞。《文選》劉越石《荅盧諶詩》、陸士衡《辨亡論》注引《韓詩章句》：「括，約束也。」王伯厚以爲此詩章句。《箋》謂「使我王更脩德教，合會離散之人」，或鄭用韓義也。友，讀「琴瑟友之」之「友」。燕，安也。

依彼平林，有集維鷮。【傳】依，茂木貌。平林，林木之在平地者也。鷮，雉也。辰彼碩女，令德來教。【傳】辰，時也。式燕且譽，好爾無射。【疏】依爲茂木，依猶依依也。《采薇》韓詩傳云：「依依，盛皃。」「茂」與「盛」義相近。《周禮》「林衡」注云：「竹木生平地曰林。」《説文》云：「平土有叢木曰林。从二木。」林者，木之多也。是木在平地者稱林，故此及《生民》詩皆謂之平林。鄭、許與《傳》訓皆同。《擊鼓》傳又云：「山木曰林。」各隨文釋也。「鷮，雉」，《爾雅・釋鳥》文。《中山經》：「女几之山，風雨之山，其鳥多白鷮。」《文選・西京賦》「游鷮高翬」，薛綜注云：「雉之健者爲鷮，尾長六尺。」鷮尾長，故《韓詩》「二矛重鷮」以鷮羽爲矛飾。《説文》：「乘輿防釳用鷮。」平林之有鷮，以喻賢女之在父母家也。○「辰」訓「時」，時，當讀如「男女得以及時」之「時」。女者，在父母家之稱。「令德來教」，言教之以婦道也。《葛覃》傳：「古者女師教以婦德、婦言、婦容、婦功。祖廟未毁，教于公宫三月。祖廟既毁，教于宗室。」案此即經「教」字之義也。來，語詞。射，讀爲斁，《葛覃》傳：「斁，厭也。」《韓奕》云：「慶既令居，韓姞燕譽。」文義與此同。

雖無旨酒，式飲庶幾。雖無嘉殽，式食庶幾。雖無德與女，式歌且舞。【疏】「德」即承上兩章「德音」、「令德」兩「德」字而言。與女，猶好爾。爾、女，皆㡿王也。「式歌且舞」，猶云「式燕且喜」、「式燕且譽」也。蓋周人歷世有賢聖之配，今幽王寵嬖褒姒，立以爲后，大臣知其將有傾城滅周之禍，故篇中語氣，言不必若大姜、大任、大姒之賢聖，第思得德音、令德之女以配我君子。已有歌舞喜樂之盛，猶無旨酒、嘉殽，亦足以解渴而解飢。此深惡王之黜申后而用褒姒也。故詩以「雖無德與女」作一轉語，而《序》則直謂之「賢女」耳。昭二十六年《左傳》：「晏子曰：『陳氏雖無大德，而有施於民。豆、區、釜、鍾之數，其取之公也薄，其施之民也厚。公厚斂焉，陳氏厚施焉，民歸之矣。《詩》曰：「雖無德與女，式歌且舞。」』」案此斷章取義。詩人本以女與褒姒相比，晏子引之以爲公與陳氏相較，而用意實同。「雖無德」解作「雖無大德」，則《詩》義本然也。首章云「雖無好友」，亦此義也。

陟彼高岡，析其柞薪。析其柞薪，其葉湑兮。鮮我覯爾，我心寫兮。【疏】《静女》「静女其姝，俟我乎城隅」，《傳》：「城隅，以言高而不可踰。」此「高岡」之義也。《桃夭》「其葉蓁蓁」，《傳》：「蓁蓁，至盛皃。有色有德，形體至盛也。」此「其葉湑兮」之義也。《裳裳者華》傳云：「湑，盛皃。」陟岡析薪，以興越國取賢女。《漢廣》、《綢繆》皆以刈薪、束薪喻嫁娶。《齊・南山》：「析薪如之何？匪斧不克。取妻如之何？匪媒不得。」亦以析薪喻取妻，此其義也。柞，木名，可爲薪。《采叔》云：「維柞之枝，其葉蓬蓬。」亦謂柞葉之盛。秦人謂柞爲櫟，

《三蒼》説又謂棫爲柞，皆是方俗通稱，柞與櫟、棫或相似爾。○《草蟲》傳：「覯，遇也。」遇者，配偶之義。「鮮我覯爾，我心寫兮」，下章云「覯爾新昏，以慰我心」，猶《草蟲》篇「亦既覯止，我心則降」、「亦既覯止，我心則説」、「亦既覯止，我心則夷」也，「覯」皆訓爲「遇」。《東門之池》「可以晤歌」，《傳》：「晤，遇也。」彼《序》云「思賢女以配君子」，又與此詩《序》同。

高山仰止，景行行止。四牡騑騑，六轡如琴。【傳】景，大也。覯爾新昏，以慰我心。【傳】慰，安也。【疏】仰，當作「卬」，《説文·匕部》引《詩》作「卬」。止，當作「之」，《禮記·表記》釋文引《詩》作「之」。「景，大」，《小明》、《玄鳥》同。「景行」與「高山」對文，上「行」爲「道」，下「行」讀「女子有行」之「行」。高山，猶高岡也。《静女》「愛而不見，搔首踟躕」，《傳》：「志往而行止。」此「高山卬之，景行行之」之義也。《漢廣》「之子于歸，言秣其馬」、「之子于歸，言秣其駒」，《鵲巢》「之子于歸，百兩御之」、「之子于歸，百兩將之」，此「四牡騑騑，六轡如琴」之義也。《四牡》傳云：「騑騑，行不止之皃。」如琴，言調和也。六轡以御四馬，喻御衆之有禮法。《簡兮》「執轡如組」，《傳》：「御衆有文章。言能治衆。」蓋言有賢德也。此末二章皆興君子得賢女以爲配。凡興義必與上下相準。《箋》以析薪爲喻除嫉妬之女，如琴爲喻群臣有禮，皆上下文意不連屬矣。○孫毓、王肅據《傳》作「慰，怨也」，《釋文》從之，而以「慰，安」爲馬融義，引《韓詩》作「以慍我心」，云：「慍，恚也。」是孫、王同《韓詩》也。《正義》從定本作「慰，安」。案「慰，安」是也。《箋》云：「我得見女之新昏如是，則以慰除我心之憂也。新昏，謂季女也。」鄭亦依「慰，安」爲解。蓋此詩曰季女、曰碩女、曰新昏，皆是思望賢女之詞。刺褒姒意在言外，所謂「主文譎諫，言之者無罪，聞之者足以戒」，若《楚茨》以下諸詩，皆是例矣。竊疑《傳》文本無「慰安也」三字，馬作《毛詩注》、鄭作《毛詩箋》，皆依《豈風》、《緜》傳文作「慰，安」解。至孫、王剌鄭，以新昏謂褒姒不謂季女，復取《韓詩》説易「安」訓「怨」，致失《序》、《傳》之指。

《青蠅》三章，章四句。

《青蠅》，大夫刺幽王也。【疏】襄十四年《左傳》云：「賦《青蠅》而退。」則詩爲刺讒明矣。《詩考》引袁孝政注《劉子》以爲魏武公信讒詩。案「魏」當「衛」之誤。三家《詩》以此合下篇皆衛武公所作。何楷説同。

營營青蠅，止于樊。【傳】興也。營營，往來貌。樊，藩也。**豈弟君子，無信讒言。**【疏】興者，青蠅以喻讒人也。《箋》：「蠅之爲蟲，汙白使黑，汙黑使白。」《易林》、《論衡》、《初學記》竝有青蠅汙白之語。《後漢書·楊震傳》：「青蠅點素，同茲在藩。」《漢書》：「昌邑王賀夢青蠅之矢積西階東，可五六石。」矢即汙也。此皆本三家《詩》，可以申明《毛詩》之興義也。《大玄·堅》：「次四：小蠭營營，螮其蛡蛡。《測》曰：小蠭營營，固其氏也。」是營營爲往來不絶之皃，與《詩》「營營」同。《説文·爻部》引《詩》作「營營」。又《言部》云：「營，小聲。」引《詩》作「營營」，本三家《詩》。「樊，藩」，《東方未明》同。《説文》云：「棥，藩也。从爻、林。《詩》曰：『營營青蠅，止于棥。』」案爻者，交也。棥从爻、林，取交積材之義。叔重所據《詩》作「棥」，今《詩》作「樊」者，假借字也。《漢書·武五子傳》兩引《詩》作「止于藩」，《史記·滑稽傳》作「蕃」。「蕃」與「藩」同。三家《詩》作「藩」，《毛詩》作「樊」，故《傳》以「藩」詁「樊」也。○君子，庰幽王也。

營營青蠅，止于棘。讒人罔極，交亂四國。【疏】極，中也。《史記·滑稽傳》、《漢書·武五子傳》、《敘傳》注、《論衡·言毒》篇、新、舊《唐書·顔真卿傳》竝作「讒言罔極」。

營營青蠅，止于榛。【傳】榛，所以爲藩也。**讒人罔極，構我二人。**【疏】棘、榛皆爲藩，上章不言「棘，所以爲藩」，《正義》謂「互相足」，是矣。藩，猶籬也。《傳》中兩「藩」字同義。《東方未明》「折柳樊圃」，《傳》：「樊，藩也。」藩，猶屏也。訓同而意異。○《釋文》引《韓詩》：「構，亂也。」亂即上章「交亂」。《箋》：「構，合也。合，猶交亂也。」用《韓詩》也。魏源云：「《易林·豫》云：『青蠅集藩，君子信讒。害賢傷忠，患生婦人。』又《觀》、《革》云：『馬蹶蹟車，婦惡破家。青蠅污白，恭子離居。』夫幽王聽讒，莫大于廢后放子，而此曰『患生婦人』，則明指褒姒矣。『恭子離居』，用申生恭世子事，明指宜臼矣。故曰『讒人罔極，構我二人』，謂王與母后也；『讒人罔極，交亂四國』，謂戎、繒、申、呂也。」案魏説本何楷《世本古義》。《漢書》：「戾大子之亂，壺關三老茂上書：『昔者虞舜，孝之至也，而不中於瞽叟；孝己被謗，伯奇放流，骨肉至親，父子相疑。

何者？積毁之所生也。』」其下即引《青蠅》之詩，與幽王放宜臼合。《楚辭·九歎》：「若青蠅之僞質兮，晉驪姬之反情。」又與幽王嬖褒姒合。皆出於三家，有足以補明毛義者也。

《賓之初筵》五章，章十四句。

《賓之初筵》，衛武公刺時也。幽王荒廢，媟近小人，飲酒無度，天下化之，君臣上下沈湎淫液。武公既入，而作是詩也。【疏】入，入相也。武公入相在周平王之世，是詩爲追刺幽王而作。《抑》三章云「顛覆厥德，荒湛于酒」，刺厲王飲酒無度也。衛武公刺厲、刺幽，皆事關王政，故《抑》編諸《大雅》，而此則編諸《小雅》焉。《後漢書·孔融傳》注引《韓詩》云：「衛武公飲酒悔過也。」則專以爲武公所自警矣。

賓之初筵，左右秩秩。籩豆有楚，殽核維旅。【傳】秩秩然肅敬也。楚，列貌。殽，豆實也。核，加籩也。旅，陳也。酒既和旨，飲酒孔偕。鍾鼓既設，舉醻逸逸。【傳】逸逸，往來次序也。大侯既抗，弓矢斯張。射夫既同，獻爾發功。發彼有的，以祈爾爵。【傳】大侯，君侯也。抗，舉也。有燕射之禮。的，質也。祈，求也。【疏】筵，席也。《燕禮》：「司宫筵賓于户西，東上，無加席也。射人告具，小臣設公席于阼階上，西鄉，設加席。」是主席在東，而賓筵在西，左右猶東西也。《後漢書》注引《韓詩》云：「言賓客初就筵之時，賓主秩秩然俱謹敬也。」毛、韓義同。《荀子·仲尼篇》：「貴賤長少秩秩焉，莫不從桓公而貴敬之。」與詩「秩秩」同。楚之言錯也。《正義》據《傳》文「列」上有「陳」字，列亦陳也。《士冠禮》「籩豆有楚」，鄭注亦云：「楚，陳列之貌。」殽，《釋文》作「肴」。《生民》傳：「豆，薦菹醢也。」菹醢置於豆中，故豆實謂之肴。《傳》因文立義也。《春秋》内、外傳竝以肴爲俎實。《傳》於豆言實，而於籩言加，互詞。加邊者，廣庶品也。《箋》據《籩人》加籩無核，而《饋食》之籩有核，故以核爲籩實，此鄭義也。《正義》依《箋》解《傳》，加籩爲加之於籩，則誤矣。核，亦作「覈」。班固《典引》「肴覈仁義」，蔡邕注：「肴覈，食也。肉曰肴，骨曰覈。《詩》云：『肴覈惟旅。』」蔡所引當是《魯詩》。「旅，陳」，《爾雅·釋詁》文。《説文》：「旅，古文作『辵』，以爲『魯衞』之『魯』。」《士冠禮》注：「古文『旅』作『臚』。」《周禮・司儀》注：「旅，讀爲『鴻臚』之『臚』。臚，陳之也。」是旅古讀如魯，又讀同臚也。《殷武》傳同。《豐年》傳云：「皆，徧也。」「偕」與「皆」通。○醻，亦作「酬」。《燕禮》旅酬有樂，故云「鍾鼓既設」也。《禮記・燕義》篇：「獻君，君舉旅行酬；而后獻卿，卿舉旅行酬；而后獻大夫，大夫舉旅行酬；而后獻士，士舉旅行酬；而后獻庶子。」案《燕禮》於獻士後行射，《大射》則卿舉旅後即行射，《燕禮》注云「薦旅食乃射者，燕射主於飲酒」是也。逸逸，猶繹繹也。《楚茨》傳「東西爲交，邪行爲錯」，所謂「往來次序」也。侯，射侯也。《考工記》：「梓人爲侯，張獸侯，則王以息燕。」《儀禮・鄉射・記》：「凡侯，天子熊侯，白質；諸侯麋侯，赤質；大夫布侯，畫以虎豹；士布侯，畫以鹿豕。凡畫者，丹質。」案此皆獸侯也。熊、麋，皮也。天子、諸侯側用皮，大夫、士側、中皆用布。布用畫獸。其質，天子白質，諸侯赤質，大夫、士畫獸則丹質也。獸侯用諸鄉射，故特箸於《鄉射・記》。而燕射亦用獸侯，《燕禮》云：「若射如鄉射之禮。」是其義也。《傳》釋「大侯」爲「君侯」者，詩刺幽王，則君侯指熊侯。天子熊侯白質，故《傳》以「的」爲「質」。的、白同義矣。凡侯皆設鵠，王以虎、熊、豹三皮棲鵠，謂之皮侯；飾皮棲鵠，又張五采，謂之五采之侯。五采，即五正也。若以皮飾側，設鵠、設正，舉一獸不舉三皮，備一正不備五采，則謂之獸侯。鄭仲師、賈景伯、馬季長説皆如是。《箋》謂「大侯，大射之侯」，《漢書・吾丘壽王傳》引此詩亦爲大射之禮，其《魯詩》説歟？但大射皮侯不設正質也。《梓人》「祭侯之辭：故抗而射女」，鄭注云：「抗，舉也、張也。」義與《傳》同。舉酬之後，始行燕射，故《傳》特箸之云「有燕射之禮」，所以釋經「既抗」之文也。《楚辭・大招》：「三公穆穆，登降堂只。諸侯畢極，立九卿只。昭質既設，大侯張只。執弓挾矢，揖辭讓只。」文與詩義同。的，《釋文》作「勺」。勺者，「的」之假借。《禮記・射義》篇：「古者諸侯之射也，必先行燕禮。」又「孔子曰：『射者何以射？何以聽？循聲而發，發而不失正鵠者，其唯賢者乎？若夫不肖之人，則彼將安能以中？』《詩》云：『發彼有的，以祈爾爵。』祈，求也，求中以辭爵也。」毛《傳》與《禮記》正合。燕射用獸侯，獸侯有鵠有正，故《記》以正鵠爲的。《傳》以的爲質，質者，正也。鵠居正外，言正以包鵠也。《猗嗟》傳：「二尺曰正。」則質當二尺矣。鄭衆、馬融及王肅説：「四寸曰質。」又《韓子・外儲説左上》篇、《難勢》篇：「設五寸之的。」《小爾雅》：「正中謂之槷，方六寸。」槷即質也。

諸説謂質居正内，而寸數不同。《傳》渾言正、質無別耳。《傳》詁「祈」爲「求」，正用《射義》文。《射義》注云：「言射的必欲中之者，以求不飲女爵也。爾，或爲『有』。」《箋》云：「射之禮，勝者飲不勝，所以養病也。故《論語》曰：『下而飲，其争也君子。』」

籥舞笙鼓，樂既和奏。【傳】秉籥而舞，與笙鼓相應。烝衎烈祖，以洽百禮。百禮既至，有壬有林。錫爾純嘏，子孫其湛。【傳】壬，大；林，君也。嘏，大也。其湛曰樂，各奏爾能。賓載手仇，室人入又。【傳】手，取也。室人，主人也。主人請射於賓，賓許諾，自取其匹而射；主人亦入於次，又射以耦賓也。酌彼康爵，以奏爾時。【傳】酒，所以安體也。時，中者也。【疏】《傳》云「秉籥」即《簡兮》之「執籥」。吹籥而舞，謂之籥舞。云「與笙鼓相應」者，《伐木》：「坎坎鼓我，墫墫舞我。」又《有駜》：「振振鷺，鷺于下。鼓咽咽，醉言舞。」一手秉籥，一手必執羽，羽所以舞也，鼓所以節舞也。是籥舞與鼓相應矣。《燕禮》：「公又舉奠觶，唯公所賜，以旅于西階上，如初。卒，笙入，立于縣中。《記》云：『笙入三成，遂合鄉樂。若舞，則《勺》。』」燕於大夫舉旅之後，有笙入閒歌之樂，至無算爵、無算樂，舞亦必有笙相和。是籥舞與笙相應矣。《周語》：「王子積飲三大夫酒，子國爲客，樂及徧儛。」此即天子燕飲樂舞之證。奏，猶作也。《六月》傳：「奏，爲也。」爲謂之作，故奏亦謂之作。「壬，大」、「林，君」、「嘏，大」，竝《爾雅·釋詁》文。純嘏，古語。《卷阿》、《載見》、《閟宫》皆曰「純嘏」，純，亦大也。湛，樂也。案二章言燕射，重敘飲酒之禮。首二句冡首章「鐘鼓既設，舉醻逸逸」説下。「烝衎烈祖」六句即承首二句説下。燕禮坐燕時有羞庶羞。大夫祭薦之禮，至燕舞則歌《勺》，《周頌》作「酌」，《序》：「《酌》，告成《大武》也。言能酌先祖之道，以養天下也。」此即《射義》所謂「先王養諸侯兵不用，而諸侯自爲正之具」也。燕射歌《勺》，義取諸此。此當舞時，因而念今日之息燕，實本於先祖告成功烈之所致，百禮莫愆，威儀無失，於是有美大其爲人君之道，錫爾子孫以大大之福，子孫其有此樂也。詩因燕而推本言之，故下文仍接燕射以樂之之事，王肅云「言燕樂之義得，則進樂其先祖」是也。《箋》以衛稱殷禮，故祭祀先奏樂，自不如毛義之有據矣。○奏，獻也。能，技能也。載，語詞。《傳》訓「手」爲「取」，取言擇比也。訓「仇」爲「匹」，匹猶耦也。「賓」與「室人」對稱，故《傳》以室人爲主人。主人爲君之黨，則君亦主人也。首章「射夫既同」，言衆耦比射之事。二章言從衆耦比射及君與射之事，而以君射爲主。《傳》云「主人請射於賓，賓許諾，自取其匹而射」者，釋經「賓載手仇」句。《大射儀》：「司射適次，請射。遂比三耦。司射命上射曰：『某御於子。』命下射曰：『子與某子射。』卒，遂命三耦取弓矢于次。」鄭注云：「次，若今時更衣處，張幃席爲之。」是請射比耦，燕禮亦司射爲之。司射命於君，故直謂主人請射，而賓自此以比耦也。云「主人亦入于次，又射以耦賓也」者，釋經「室人入又」句，謂君與賓爲耦也。《燕禮·記》云：「君與射，則爲下射，袒朱襦，樂作而后就物。上射退于物一笴，既發，則荅君而俟。」案下上猶左右也。主尚左，爲下射；賓尚右，爲上射。故君與射亦爲下射。《大射》君與賓耦射之儀，「公將射，則賓降，適堂西，袒、決、遂，執弓，搢三挾一个，升自西階，先待于物北，北一笴，東面立」，注云：「不敢與君併。東面立，鄉君。」即《燕禮·記》所謂「君射爲下射，上射退于物一笴」者也。此爲君射耦賓之禮。○《射義》：「酒，所以養老也，所以養病也。求中以辭爵者，辭養也。」《傳》云「酒，所以安體」，釋經「康」字之義，正本《射義》爲訓。云「時，中者也」者，時，是也；中，得也。勝者爲是，則不勝者爲不是矣。獲者爲得，則不獲者爲不得矣。奏，爲也。酌康爵以爲女中者也，爲中者飲不中者，酌此爵以俟之。《燕禮·記》：「若飲君，燕則夾爵。」《鄉射·記》則云：「如燕，則夾爵。」鄭注云：「謂君在不勝之黨也。賓飲君如燕賓媵觚于公之禮，則夾爵。夾爵者，君既卒爵，復自酌。」

賓之初筵，温温其恭。其未醉止，威儀反反。曰既醉止，威儀幡幡。舍其坐遷，屢舞僊僊。【傳】反反，言重慎也。幡幡，失威儀也。遷，徙；屢，數也。僊僊然。其未醉止，威儀抑抑。曰既醉止，威儀怭怭。是曰既醉，不知其秩。【傳】抑抑，慎密也。怭怭，媟嫚也。秩，常也。【疏】上二章陳古，下三章刺今，故重言「賓之初筵」，以箸燕之失。《燕禮·記》云：「與卿燕，則大夫爲賓。與大夫燕，亦大夫爲賓。」是賓爲大夫也。曰賓者，不敢直席王，且以刺王所與之大夫皆小人也。○《小宛》傳：「温温，和柔皃。」「反反，言重慎」，《正義》云：「自重而謹慎。」《釋文》引《韓詩》作「昄昄」，云：「善皃。」毛、韓字異意同。《文王》傳：「濟濟，多威儀也。」多威儀曰濟濟，失威儀則曰幡幡。「遷」訓「徙」。屢，俗字，《釋文》本作「婁」。《傳》訓「婁」爲「數」者，爲全《詩》「婁」字通訓。《正月》、《巧言》箋皆云：「婁，數也。」《爾雅・釋言》：「婁，亟也。」亟亦數也。「僊僊然」上當更有「數舞」二字，蓋僊僊然者，數舞皃也。數舞僊僊然，與南山崔崔然、信誓旦旦然句例相同。《莊子・在宥》篇：「鴻蒙曰：『意，毒哉！僊僊乎歸矣。』」又《說苑・指武》篇：「孔子曰：『辯哉士乎！僊僊者乎！』」亦謂僊僊爲數疾也。《燕禮》：「賓及卿大夫皆說屨，升，就席。公以賓及卿大夫皆坐，及安。司正升受命，皆命：『君曰無不醉。』賓及卿大夫皆興，對曰：『諾，敢不醉？』皆反坐。」案燕有坐燕之禮，燕樂有舞。《春官・樂師》：「燕射，帥射夫以弓矢舞。」《旄人》：「舞其燕樂。」皆謂燕舞之事。若坐，則徙矣。舞，又數矣。是則小人既醉之情態也。此總括初筵舉旅至無算爵。○《抑》傳：「抑抑，密也。」本《爾雅》。此又益其義云：「慎密也。」怭怭，《說文・人部》引作「佖佖」，《心部》無「怭」字。《玉篇》：「怭，慢也。」慢，輕侮也。」「慢」與「嫚」同，「媟」與「褻」同。《新書・道術》篇：「接遇慎容謂之恭，反恭爲媟。接遇肅正謂之敬，反敬爲嫚。」「秩，常」，《釋詁》文，《烈祖》同。常，則也、法也。「不知其常」，所謂「幡幡」、「怭怭」也，所謂坐徙舞數也。

賓既醉止，載號載呶。亂我籩豆，屢舞僛僛。是曰既醉，不知其郵。側弁之俄，屢舞傞傞。【傳】號呶，號呼讙呶也。僛僛，舞不能自正也。傞傞，舞不止也。既醉而出，竝受其福。醉而不出，是謂伐德。飲酒孔嘉，維其令儀。

【疏】《碩鼠》傳：「號，呼也。」二《傳》訓同意別。《碩鼠》之「呼」爲烏呼，此「號呼」爲召呼。《說文》云：「召，評也。」「評，召也。」又「嘑，號也。」「號，呼也。」是號爲呼也。「呶」字當在「讙」字上，轉寫或誤耳。《民勞》箋：「惽怓，猶讙譁也。」彼《箋》以「讙譁」釋「惽怓」，與此《傳》以「讙」釋「呶」同義。《說文》：「呶，讙聲。《詩》曰：『載號載呶。』」許以「讙聲」釋「呶」，亦與《傳》訓同。《說文》又云：「嘮，呶讙也。」是「呶讙」連文之證。《韓詩》云：「『賓既醉止，載號載呶』，不知其爲惡也。」「僛」與「欹」聲相近，故云：「舞不能自正也。」《說文》：「僛，醉舞皃。《詩》曰：『婁舞僛僛。』」《玉篇》同。側，《說文》引《詩》作「仄」。燕君臣同服朝服，諸侯玄冠，天子皮弁，則此弁爲皮弁矣。「傞傞，舞不止也」，各本奪「舞」字，今據《釋文》補正。《玉篇》：「傞傞，舞不止皃。」《説文》：「傞，醉舞皃。《詩》曰：『屢舞傞傞。』」又《女部》引作「娑娑」，《玉篇》同。《晏子·襍上》篇云：「『側弁之俄』，言失德也。『屢舞傞傞』，言失容也。」○《晏子》又云：「『既醉而出，竝受其福』，賓主之禮也。『醉而不出，是謂伐德』，賓之罪也。」《説文》：「伐，一曰敗也。」伐德，敗德也。《大明》傳云：「嘉，美也。」令儀，善威儀也。案此言無算爵，既醉失德，遂陳古者醉出之禮，因以箴之。《燕禮》：「賓醉，北面坐取其薦脯以降，奏《陔》。賓所執脯以賜鐘人於門内霤，遂出。」鄭注云：「明雖醉不忘禮。」《大戴禮·文王官人》篇云：「醉之，以觀其不失。」是其義也。

凡此飲酒，或醉或否。既立之監，或佐之史。【傳】立酒之監，佐酒之史。彼醉不臧，不醉反恥。式勿從謂，無俾大怠。匪言勿言，匪由勿語。由醉之言，俾出童羖。【傳】羖，羊不童也。三爵不識，矧敢多又。【疏】「凡此飲酒」，「此」字承上章末六句之意而言。立監、佐史，所以觀察其醉否，凡飲酒禮皆然也。鄭注《鄉射》云：「爵備樂畢，將留賓以事，爲有解倦失禮，立司正以監之，察儀法也。」引《詩》：「既立之監，或佐之史。」○「彼醉不臧」，「彼」字與上「此」字作對文。彼，彼飲酒無度者也。臧，善也。不善，猶無儀也。式，用也。勿，無也。俾，使也。匪，不也。由，用也。言無使其大怠慢無度，不言無禮之言，不用無禮之語，爲醉者設此禁詞。然已醉矣，用無從而謂之也。以明醉者不可説數，當早戒也。《抑》傳：「童，羊之無角者也。」此云「羖，羊不童」，則羖羊爲有角矣。《爾雅》：「夏羊：牡羭，牝羖。」程瑶田《通藝録·釋蟲》云：「『牝』、『牡』二字互譌。《説文》：『夏羊牡曰羖。』又曰：『羯，羊羖犗也。』去勢曰犗。詢之今之屠羊者，綿羊牡曰羝，羯之則曰羖。牡者多有角，亦閒有無角者，百中之數頭耳。其牝多無角，亦閒有有角者，亦百中之數頭耳。然即有角，亦不能如牡者之角大也。」案據程説，則羖爲有角牡羊，目驗之而確證。今醉之，言不中禮法，或有從而謂之彼醉者，推其類，必使羖羊物變而無角，謂出此童羖，以止飲酒。猶《漢書》云「羝乳乃得歸」，皆必無是之事。角所以爲爵，故借以設喻也。此醉者歫人戒之詞。○《箋》云：「三爵者，獻也、酬也、酢也。」宣二年《左傳》：「臣侍君宴，過三爵，非禮也。」《玉藻》：「君子之飲酒也，受一爵而色洒如也，二爵而言言斯，禮已三爵，而油油以退。」鄭注云：「禮：飲過三爵則敬殺，可以去矣。」矧，況也。言凡禮三爵之後，則不識德，況敢多又飲乎？此懲箴之詞，以刺今之無度也。

卷二十一終

詩毛氏傳疏卷二十二

長洲陳奐學

魚藻之什詁訓傳弟二十二　毛詩小雅

《魚藻之什》十四篇，六十二章，三百二句。

《魚藻》三章，章四句。

《魚藻》，刺幽王也。言萬物失其性，王居鎬京，將不能以自樂，故君子思古之武王焉。

魚在在藻，有頒其首。【傳】頒，大首貌。魚以依蒲藻爲得其性。王在在鎬，豈樂飲酒。【疏】樊光注《爾雅》引《詩》「有賁其首」，「賁」與「墳」通，「頒」與「墳」義又合也。《釋文》引《韓詩》云：「頒，衆皃。」韓讀「頒」爲「紛」，謂魚口上見喁喁然衆多，與《毛詩》異。「魚以依蒲藻爲得其性」者，《傳》合弟三章「依于其蒲」而總釋之。《箋》云：「魚之依水草，猶人之依明王。」此申《傳》義也。○王，武王也。鎬，鎬京。豈，亦樂也。「豈」與「樂」無二義，故一章「豈樂」、二章「樂豈」，義竝同也。

魚在在藻，有莘其尾。【傳】莘，長貌。王在在鎬，飲酒樂豈。【疏】《説文·艸部》無「莘」，而《手部》「扟」下云：「讀若莘。」《廣雅》：「𡖍，多也。」疑「莘」即「𡖍」之異體。故《説文》録「𡖍」，見《螽斯》釋文，不録「莘」。今本《説文》併佚「𡖍」字矣。《傳》云「長皃」者，《莊子·徐無鬼》篇：「禍之長也兹莘。」此「莘」有「長」義。《玉篇》：「䲰，魚尾長。」「䲰」蓋即「莘」之俗。大首、長尾，得性之驗也。

魚在在藻，依于其蒲。王在在鎬，有那其居。【疏】《桑扈》、《那》傳竝云：「那，多也。」多者，盛大之詞。居，處也。

《采菽》五章，章八句。

《采菽》，刺幽王也。侮慢諸侯，諸侯來朝，不能錫命以禮，數徵會之而無信義，君子見微而思古焉。【疏】《箋》云：「幽王徵會諸侯，爲合義兵征討有罪。既往而無之，是於義事不信也。君子見其如此，知其後必見攻伐，將無救也。」《正義》即據《史記》幽王數舉烽火，其後諸侯莫能信至，以證其事。

采菽采菽，筐之筥之。【傳】興也。菽，所以芼大牢而待君子也。羊則苦，豕則薇。君子來朝，何錫予之？【傳】君子，謂諸侯也。雖無予之，路車乘馬。又何予之？玄衮及黼。【傳】玄衮，卷龍也。白與黑謂之黼。【疏】《釋文》：「菽，本亦作『叔』。」昭十七年《左傳》：「小邾穆公來朝，公與之宴，季平子賦《采叔》。」《晉語》：「秦穆公燕公子重耳，賦《采叔》。」字皆作「叔」。豆名作「尗」，叔，假借字。菽，非古也。《小宛》傳云：「菽，藿也。」《公食大夫禮·記》「鉶芼：牛藿，羊苦，豕薇」，鄭注云：「藿，豆葉也。」《詩》之「菽」即《儀禮》之「藿」。藿爲牛俎之芼。《傳》云「芼大牢」者，兼牛、羊、豕，就牢禮而言，以補明經義，舉菽以晐苦、薇也。《箋》：「菽，大豆也。采之者，采其葉以爲藿。三牲牛、羊、豕芼以藿。王饗賓客有牛俎，乃用鉶羹，故使采之。」此鄭申《傳》義也。芼大牢，本以待君子之禮。而言興者，因所事而興也。○《序》言「諸侯來朝」，故知君子爲諸侯也。通章九「君子」同。云「玄衮，卷龍也」者，玄，玄衣也。玄衣而加衮，謂之玄衮。衮者，畫卷龍於裳也。鄭謂畫卷龍於衣，不合古制。詳《九罭》篇。「白與黑謂之黼」，《考工記》「畫繢之事」文。《文王》傳亦云：「黼，白與黑也。」《禮器》云：「諸侯黼。」衮爲畫繢之事，黼爲黹刺之文，故云「衮及黼」也。《爾雅》：「斧謂之黼。」謂畫斧於依，爲天子宁立之處。古畫繢與黹繡，散文則通稱，故「斧依」一作「黼依」，與黹繡於裳者不同。解者誤以衣畫斧形爲黼，又誤以衣畫兩己相背爲黻，不知黼、黻皆黹文。或以黑青綫爲之，或以白黑綫爲之。《爾雅》：「黼黻，彰也。」《揚之水》傳：「繡，黼也。」

觱沸檻泉，言采其芹。【傳】觱沸，泉出貌。檻，正出也。君子來朝，言觀其旂。其旂淠淠，鸞聲嘒嘒。【傳】淠淠，動也。嘒嘒，中節也。載驂載駟，君子所屆。【疏】觱，「𧤏」之隸變。《玉篇》：「滭，泉水出皃。」「滭」與「觱」通。《十月之交》傳：「沸，出也。」《爾雅・釋水》：「濫泉，正出。正出，涌出也。」《傳》所本也。《説文》：「濫，氾也。」引《詩》「觱沸濫泉」，《繫傳》作「滭沸濫泉」，字皆作「濫」。今此詩及《瞻卬》皆作「檻」。《釋文》、《正義》引《爾雅》亦作「檻」。檻，假借字。《箋》云：「芹，菜也。可以爲菹，亦所用待君子也。《周禮》：『芹菹鴈醢。』」○淠淠，《泮水》作「茷茷」。《出車》傳：「旆旆，旒垂皃。」動者，旒垂之意也。古淠、茷、旆竝聲同而義通。鸞，當作「鑾」。嘒嘒，猶噦噦。《庭燎》「鑾聲噦噦」，《傳》：「噦噦，徐行有節也。」《泮水》「鑾聲噦噦」，《傳》：「噦噦，言其聲也。」亦言其聲中節也。字或作「噦噦」，或作「鉞鉞」。《曲禮》釋文：「彗，徐音雖醉反。」則彗聲讀同歲聲矣。屆，《晏子・諫上》引《詩》作「誡」。王念孫《讀書襍志》云：「《晏子》亦作『屆』，今作『誡』者，俗音亂之也。屆者，至也。君子所屆者，君子至也。所，語詞耳。『屆』字以凷爲聲，於古音屬至部，其上聲則爲旨部，其入聲則爲質部。《詩》中用『屆』字者，《小雅・節南山》與惠、戾、闋爲韻，《小弁》與嘒嘒、淠、寐爲韻，《采菽》與淠、嘒、駟爲韻，《大雅・瞻卬》與疾爲韻。」

赤芾在股，邪幅在下。【傳】諸侯赤芾邪幅。幅，偪也，所以自偪束也。彼交匪紓，天子所予。【傳】紓，緩也。樂只君子，天子命之。樂只君子，福禄申之。【傳】申，重也。【疏】「諸侯赤芾邪幅」，與《車攻》「諸侯赤芾金舄」，又《候人》「大夫以上赤芾乘軒」句法一例。「幅，偪也」，當作「邪幅，偪也」，各本奪一「邪」字。《正義》云：「邪纏於足謂之邪幅，故《傳》辨之云『邪幅』，正是偪也。」是《正義》本有「邪」字可證。《内則》云：「偪屨箸綦。」《詩》謂之邪幅，《禮記》則謂之偪，故《傳》以「偪」釋「邪幅」也。《説文》：「幅，布帛廣也。」布帛廣施諸於纏足謂之邪幅，邪幅謂之偪，取「偪束」之義，故《傳》又申之云：「所以自偪束也。」又謂之幑，《説文》云：「幑，衺幅也。」「衺」與「邪」同。鄭箋《詩》及注《禮記・内則》、杜注桓二年《左傳》皆謂之行縢。此古今異名也。○「紓，緩」，《釋言》文。「彼交匪紓」，《荀子・勸學篇》引《詩》作「匪交匪紓」。疑今本《毛詩》「彼」及「匪」字之誤。《荀子》云：「禮恭而後可與言道之方，辭順而後可與言道之理，色從而後可與言道之致，故未可與言而言謂之傲，可與言而不言謂之隱，不觀氣色而言謂之瞽。故君子不傲、不隱、不瞽，謹慎其身。《詩》曰：『匪交匪紓，天子所予。』

此之謂也。」案「匪」與「非」同。非，不也。交，古「絞」字。交、儆一義。《桑扈》「彼交匪敖」，《左傳》引《詩》作「匪交匪敖」，義亦同所云「未可與言而言謂之儆」也。❶《傳》訓「紓」爲「緩」，緩，怠緩也，所云「可與言而不言謂之隱」也。不交儆，不怠緩，則禮恭、辭順、色從矣。君子如此，宜爲天子所賜予。毛義正同《荀子》。《韓詩外傳》引：「《詩》：『彼交匪紓，天子所予。』言必交吾志然後予。」《箋》云：「彼與人交接。」本《韓詩》。「申，重」，《釋詁》文。天子命諸侯，而又重之以百福千禄也。《假樂》、《烈祖》傳竝訓「申」爲「重」。

維柞之枝，其葉蓬蓬。【傳】蓬蓬，盛貌。樂只君子，殿天子之邦。【傳】殿，鎮也。樂只君子，萬福攸同。平平左右，亦是率從。【傳】平平，辯治也。【疏】柞之枝，喻外諸侯。言此者，興諸侯承順天子，天子恩被優渥，如柞葉之蓬蓬然盛也。蓬蓬與芃芃聲相近。○殿，讀如臀，與「鎮」聲相近。《釋文》：「鎮，本作『填』。」古「填」與「鎮」通。樂只，襄十一年《左傳》引《詩》作「樂旨」。杜注云：「殿，鎮也。謂諸侯有樂美之德，可以鎮撫天子之邦。」平平，《釋文》引《韓詩》作「便便」。《爾雅》：「便便，辯也。」《書大傳》：「予辯下土，使民平平。」古平、便聲通。《傳》云「辯治」當作「治辯」，「辯」亦通作「辨」。《荀子·儒效篇》云：「分不亂於上，能不窮於下，治辨之極也。《詩》曰：『平平左右，亦是率從。』是言上下之交不相亂也。」毛《傳》正用師說。又《榮辱》云：「脩正治辨矣，而亦欲人之善己也。」《王霸》云：「出若入若，天下莫不平均，莫不治辨。」《議兵》云：「禮者，治辨之極也。」《正論》云：「上宣明則下治辨矣。」又云：「治辨則易一。」《禮論》云：「君者，治辨之主也。」《成相》云：「治辨上下，貴賤有等，明君臣。」凡此皆作「治辨」之證。治辨左右者，言天子治乎上，諸侯治乎下，辨別不亂平平然。《左傳》引《詩》作「便蕃」。「便」與「辨」同，言辨別也；「蕃」與「緐」同，言緐亂也。辯別緐亂謂之便蕃，治辯謂之平平，文異而義同也。《韓詩》云：「便便，閒雅之皃。」當亦是「治辨之極」之義。《思文》傳：「率，用也。」《左傳》作「帥」。從，謂諸侯之順從也。亦，發聲。「亦是率從」，與「我是用憂」、「我是用長」句略相同。《左傳》引此詩而釋之云：「夫樂以

❶「可」，原奪，據中國書店影印武林愛日軒刻本、《清經解續編》本補。

安德，義以處之，禮以行之，信以守之，仁以厲之，而後可以殿邦國，同福禄，來遠人，所謂樂也。」

汎汎楊舟，紼纚維之。【傳】紼，繂也。纚，緌也。明王能維持諸侯也。樂只君子，天子葵之。樂只君子，福禄膍之。【傳】葵，揆也。膍，厚也。優哉游哉，亦是戾矣。【傳】戾，至也。

【疏】汎汎，流皃。《爾雅·釋水》：「汎汎楊舟，紼縭維之。紼，繂也。縭，緌也。」《傳》所本也。「縭」與「纚」通。孫注云：「繂，大索也。」李注云：「繂，竹爲索，所以維持舟者。」《釋文》引《韓詩》云：「筰也。筰，才各反。」案筰亦繩索之名。此當爲「紼」之義，《釋文》乃誤爲「纚」注耳。《文選》顏延年《元皇后哀策文》注引《韓詩》：「纚，繫也。」是纚爲維繫之稱。緌者，冠纓下垂，亦爲繫也。《傳》云「明王能維持諸侯也」者，言明王維持諸侯，如紼之纚維楊舟，以刺今幽王之不然也。○「葵，揆」，《釋言》文。揆者，度也。古量度、制度不分二音。「膍，厚」，《釋詁》文。《釋文》引《韓詩》作「肶」。《説文》：「膍，或作『肶』。」《節南山》傳：「毗，厚也。」「毗」與「膍」通。揆厚者，言天子揆度諸侯之德，而厚予之以福禄也。《卷阿》篇「優游爾休矣」與此「優游」同。「戾，至」，《采芑》、《小宛》同。至，讀如「君子至止」之「至」。

《角弓》八章，章四句。

《角弓》，父兄刺幽王也。不親九族而好讒佞，骨肉相怨，故作是詩也。

騂騂角弓，翩其反矣。【傳】興也。騂騂，調利也。不善紲檠巧用，則翩然而反。兄弟昏姻，無胥遠矣。

【疏】騂騂，《説文》引《詩》作「觲觲」，云：「用角低卬便也。」言一低一卬用角便易，與《傳》「調利」之訓合。凡角長二尺有五寸，角之中當弓之淵，其輔弓之檠短長與弓淵相埒。《考工記·弓人》言居角之過長者，以終紲爲比也。弛則伏諸檠，張則去檠，拂弓淵，然後用之。《大射儀》：「小射正授弓，大射正以袂順左右隈，上再下一。」此即調利用弓之法。翩者，「偏」之假借。《傳》云「不善紲檠巧用，則翩然而反」者，釋「翩其反矣」句。善，蓋「繕」之省。紲，亦檠也。巧，猶調利也。弛不納諸弓檠，用又不轂摩弓淵，其必偏然而反。《説苑·建本》篇：「烏號之弓雖良，不得排檠，不能自任。」即其義也。《箋》云：「興者，喻王與九族不以恩禮御待之，則使之多怨也。」○昏姻因兄弟而推及之也。《正月》「洽比其鄰，昏姻孔云」，《傳》訓「鄰」爲「親」，親亦是由善兄弟而兼善昏姻，以刺幽王之不能。兩詩意正同。襄八年《左傳》：「晉范宣子來聘，公享之，季武子賦《角弓》。」昭二年，「晉韓宣子來聘，公享之，韓子賦《角弓》。季武子拜曰：『敢拜子之彌縫敝邑，寡君有望矣。』既享，宴于季氏，有嘉樹焉，宣子譽之，武子曰：『宿敢不封殖此樹，以無忘《角弓》？』」案此兩引《詩》皆義取兄弟之國宜相親近。《箋》云：「胥，相也。骨肉之親，當相親信，無相疏遠。相疏遠，則以親親之望易以成怨。」鄭亦但説兄弟，以詩本言兄弟，故昏姻得從略耳。

爾之遠矣，民胥然矣。爾之教矣，民胥傚矣。【疏】《箋》云：「爾，女，女幽王也。」案此承上章「胥遠」而言。遠，遠兄弟。教，教民以相遠也。傚，古字作「效」。《白虎通義・三教》、《潛夫論・班禄》及《群書治要》皆作「效」。昭六年《左傳》：「叔向曰：『楚辟我衷，若何效辟？《詩》曰：「爾之教矣，民胥效矣。」從我而已，焉用效人之辟？』」其字亦作「效」。

此令兄弟，綽綽有裕。不令兄弟，交相爲瘉。【傳】綽綽，寬也。裕，饒也。瘉，病也。【疏】此，以民胥傚爲此也。《爾雅・釋言》云：「寬，綽也。」寬謂之綽，故綽綽謂之寬。又《釋訓》云：「綽綽，緩也。」《孟子・公孫丑》篇：「豈不綽綽然有餘裕哉？」趙注云：「豈不綽綽然舒緩有餘裕乎？」寬、緩義相近。《傳》「裕、饒」下「也」字今補。《説文》：「裕，衣服饒也。」引申之，則爲凡饒之稱。寬饒者，能讓之謂也。「瘉，病」，《正月》同。「交相爲瘉」，斯不讓而已亡矣。《斯干》篇「兄及弟矣，式相好矣，無相猶矣」，《箋》：「猶，當作『瘉』。瘉，病也。」鄭蓋本此詩。

民之無良，相怨一方。受爵不讓，至于已斯亡。【傳】爵禄不以相讓，故怨禍及之。比周而黨愈少，鄙争而名愈辱，求安而身愈危。【疏】「民之無良」，此即不令之兄弟，亦下文受爵而不讓者也。「相怨一方」，《序》所謂「骨肉相怨」也。《漢書・劉向傳》：「上封事書：『下至幽、厲之際，朝廷不和，轉相非怨。詩人疾而憂之，曰：民之無良，相怨一方。』」《後漢書・章帝紀》：「上無明天子，下無賢方伯。『人之無良，相怨一方』。」此引《詩》以言怨之所聚，即是爾教民效之意。又《説苑・建本》篇云：「民怨其上，不遂亡者，未之有也。」《韓詩外傳》亦云：「民皆居一方而怨，其上不亡者，未之有也。」釋《詩》以言交怨必致亡國，與《序》刺幽王意合，《傳》義當然也。《傳》云「爵禄不以相讓」，釋「受爵不讓」句。云「故怨禍及之」者，「怨」即冡上「怨」字，「禍及」釋經「己亡」二字。己，謂己身也。亡，謂喪棄也。「比周」以下三句，皆用《荀子》語，以總釋「無良」、「相怨」、「不讓」、「己亡」也。《荀子·儒效篇》：「君子務脩其内而讓之於外，務積德於身而處之以遵道。如是，則貴名起之如日月，天下應之如雷霆。鄙夫反是，比周而譽俞少，鄙争而名俞辱，煩勞以求安利，其身俞危。《詩》曰：『民之無良，相怨一方。受爵不讓，至于己斯亡。』此之謂也。」案俞，古「愈」字。元刻「譽」作「與」。《讀書襍志》以「與」爲「黨與」，故《荀子》作「與」，毛《傳》作「黨」也。《韓詩外傳》云：「有君不能事，有臣欲其忠；有父不能事，有子欲其孝；有兄不能敬，有弟欲其從令。《詩》曰：『受爵不讓，至于己斯亡。』言能知於人，而不能自知也。」《箋》云：「民之意不獲，當反責之於身，思彼所以然者而恕之。」鄭本韓義。〇案首章言幽王之宜親九族，兄弟無相怨棄。二章即承「無胥遠矣」句，言幽王遠兄弟，而人則傚之。三章即承「民胥傚矣」句，言兄弟之不善，遂相爲病。四章即承「交相爲瘉」句，言兄弟生怨，爵禄不讓，將有喪家亡身之禍，則予人以爵禄者，宜早體察知之，以諷動幽王耳。以下五、六兩章宜安待族人，以刺幽不親九族而言。七、八兩章宜遠屏讒人，以刺幽專好讒佞而言。骨肉相怨，由於不親九族之故。不親九族，又由於好讒佞之故。

老馬反爲駒，不顧其後。【傳】已老矣，而孩童慢之。如食宜饇，如酌孔取。【傳】饇，飽也。【疏】《傳》以「老」釋「老馬」，「孩童」釋「駒」。《釋文》：「孩，本亦作『咳』。」《正義》本作「咳」，并引《説文》云：「咳，小兒笑也。」孩、咳字通。後，不先也。言老馬而反視爲駒，任之以勞，不顧其不能先，所謂慢也。經言喻義，《傳》則言其正義，以明王者不可慢老人也。故下文即言養老之禮。〇古饇、飫通用。《常棣》「飲酒之飫」，《韓詩》作「饇」。《説文》：「飫，燕食也。」「飽，猒也。」飫、飽連言，則饇、飽同訓。《常棣》以「飫」爲「饇」，此又以「饇」爲「飫」也。《説文繫傳》引《詩》正作「飫」。「孔取」與「宜饇」對文，宜、孔皆語詞耳。孔，甚也。甚取，言取酌之多。如食宜飽之，如酌甚取之，食飲飽醉，正養老之事。《箋》謂王有族食族燕之禮，與《傳》同，唯「孔」爲「器孔」之「孔」。《釋文》引《韓詩》「宜饇」作「儀饇」，云：「儀，我也。」皆不謂語詞。

毋教猱升木，如塗塗附。【傳】猱，猨屬。塗，泥；附，箸也。君子有徽猷，小人與屬。【傳】徽，美也。【疏】「猱，猨屬」，《正義》云：「猱則猨之輩屬，非猨也。」引《義疏》云：「猱，彌猴也。長臂者爲猨。」《爾雅》：「猱蝯善援。」《説文》亦作「蝯」。《出車》傳：「塗，凍釋也。」塗者，以土之粉解帶水而言，故《傳》訓「塗」爲「泥」。附之爲言祔也。祔者，合也。《傳》訓「附」爲「箸」，箸亦合箸也。泥謂之塗，以泥箸之謂之塗附。上「塗」字虚，下「塗附」連讀得義。「毋教猱升木，如塗塗附」，此設喻，二句一意，與上章設喻亦二句一意同其例。毋，依全《詩》字例求之，當作「無」。無，不也。如，而也。猱喻不令兄弟。《列女傳·母儀》篇引《詩》以猱比公子州吁，❶是其義也。猱之性善登木，而以泥附箸於木不教猱升，以明王者宜與族人樂聞善道而連屬之也。故下文正言其事。○《爾雅》：「徽，善也。」美、善義相近。猷，當作「猶」。猶，道也。「君子有徽猷，小人與屬」，此二句平列，與上章末二句平列同其例。君子、小人，指族人在位或不在位者言。屬，讀「不屬于毛」之「屬」。

雨雪瀌瀌，見晛曰消。【傳】晛，日氣也。莫肎下遺，式居婁驕。【疏】瀌瀌，疑詩本作「麃麃」，後人加水旁耳。《韓詩外傳》四、《荀子·非相篇》、《漢書·劉向傳》作「麃麃」。「曰」作「聿」，字通。《碩人》：「鑣鑣，盛皃。」《載驅》：「儦儦，衆皃。」竝以麃聲得義。則此麃麃爲雨雪衆盛也。見晛，合二字成義。見謂日見，非謂雪見日也。《釋文》引《韓詩》作「曣晛」云：「日出也。」《荀子》作「宴然」，《廣雅》：「曣𣋠，煗也。」《史記·封禪書》「曣嗢有黄雲蓋焉」，《漢書·郊祀志》作「宴温」。皆合二字成義。荀書之「宴」，《韓詩》之「曣」，與《毛詩》之「見」，皆謂日之初升，天氣清明也。《説文》無「𣋠」字。《火部》：「然，燒也。」「然」有「氣煗」之意。毛、韓之「晛」與荀書之「然」，義皆同也。《傳》但釋「晛」爲「日氣」，不解「見」字，疑有奪字，當云「見晛，日出氣也」，則文義始備矣。日氣初升，而雪遂消。《卷阿》傳：「惡人被德化而消。」即此「消」字之義也。《韓詩外傳》云：「上法舜、禹之制，下則仲尼之義，以務息十子之説如是者，仁人之事畢矣，天下之害除矣，聖人之迹箸矣。」又《外傳》云：「孔子曰：『聖士哉，大人出，小人匿，聖

❶「吁」，原作「呼」，據徐子静本、《文選樓叢書》本《列女傳》改。

者起，賢者伏。』」竝引此詩。劉向《上封事書》：「君子道長，小人道消，則政日治，故爲泰。泰者，通而治也。」亦引此詩。鄭《箋》以雨雪消喻小人誅滅，蓋用韓以申毛也。○遺，《荀子》作「隧」。古遺、隧音同，《說文》：「旞，或作『旝』。」此其例。《北門》傳云：「遺，加也。」此「遺」字當亦訓「加」。婁，數也。「莫肎下遺，式居婁驕」，言小人之行，不肎卑下加禮於人，唯數數驕慢好自用也。《箋》亦謂小人不肎謙虛而驕慢，義亦同。《荀子·非相篇》云：「人有三不祥，幼而不肎事長，賤而不肎事貴，不肖而不肎事賢，是人之三不祥也。人有三必窮，爲上則不能愛下，爲下則好非其上，是人之一必窮也；鄉則不若，偝則謾之，是人之二必窮也；知行淺薄，曲直有以縣矣，然而仁人不能推，知士不能明，是人之三必窮也。人有此三數行者，以爲上則必危，爲下則必滅。《詩》曰：『雨雪瀌瀌，宴然聿消。莫肎下隧，式居婁驕。』此之謂也。」《荀子》引《詩》指小人而在位者說，《傳》義正同。

雨雪浮浮，見晛曰流。【傳】浮浮，猶瀌瀌也。流，流而去也。如蠻如髦，我是用憂。【傳】蠻，南蠻也。髦，夷髦也。【疏】浮浮、瀌瀌一聲之轉。《江漢》：「浮浮，廣大也。」廣大亦衆盛意，故云：「浮浮，猶瀌瀌也。」《禮記·大學》篇：「唯仁人放流之，屏諸四夷，不與同中國。」即此「流」字之義也。《傳》云「流，流而去也」者，雨雪因日氣而流，以喻讒佞之去。《巷伯》「豈不爾受，既其女遷」，《傳》：「遷，去也。」亦謂去爲去讒人。○《爾雅·釋地》「六蠻」、《周禮·職方》「八蠻」，在殷者蠻有六種，在周者蠻有八種。《傳》以「蠻」爲「南蠻」，則髦爲西夷，夷髦謂西夷之髦種也。《箋》云：「髦，西夷別名。武王伐紂，其等有八國從焉。」案今《書·牧誓》作「髳」。《括地志》云：「姚府以南，古髳國之地有髳州。」原本《方輿紀要》云：「雲南楚雄府定遠縣，唐爲髳州地。天寶中，没於南詔，曰牟州。」「牟」與「髦」同音也。顧祖禹《方輿紀要》，其底稾原本多親筆更改，與外流傳本頗有不同，舊存在奂處。《韓詩外傳》云：「出則爲宗族患，入則爲鄉黨憂。《詩》曰：『如蠻如髦，我是用憂。』小人之行也。」又云：「今夫肢體之序，與禽獸同節；言語之暴，與蠻夷不殊，混然無道，此明王聖主之所罪。」竝引此詩。《箋》：「今小人之行如夷狄，而王不能變化之。」鄭亦用韓申毛也。此末二章皆以刺幽王之好讒佞，我是用憂我父兄也。《十月之交》傳云：「親戚之臣，心不能已。」

《菀柳》三章，章六句。

《菀柳》，刺幽王也。暴虐無親，而刑罰不中，諸侯皆不欲朝，言王者之不可朝事也。

有菀者柳，不尚息焉。【傳】興也。菀，茂木也。上帝甚蹈，無自暱焉。【傳】蹈，動；暱，近也。俾予靖之，後予極焉。【傳】靖，治；極，至也。【疏】《傳》云「菀，茂木也」，疑「也」當作「皃」。《桑柔》「菀彼桑柔」，《傳》：「菀，茂皃。」《正月》「有菀其特」、《小弁》「菀彼柳斯」，《箋》竝訓「菀」爲「茂」。《釋詞》云：「不，語詞。不尚，尚也。」案息者，休也。茂然之柳木，人可以休息之。興者，以喻王者之朝，諸侯願往之。一、二章同。末章鳥傅于天喻諸侯之朝天子。○上帝，㡿幽王也。蹈，即「妯」、「悼」之假借。「蹈」與「妯」爲聲近。《鼓鐘》「憂心且妯」，《傳》：「妯，動也。」妯謂之動，蹈亦謂之動。「蹈」又與「悼」爲聲轉。《檜·羔裘》「中心是悼」，《傳》：「悼，動也。」悼謂之動，蹈亦謂之動。《箋》：「蹈，讀曰悼。」是也。《傳》云「動」者，猶亂也。《衆經音義》卷五引《詩》「上帝甚陶。陶，變也。」此三家義。「動」與「變」義相近。「暱，近」，《爾雅·釋詁》文。此章無自近，言無自近亂也。下章無自病，言無自取病也。皆謂幽王暴虐，不可朝事。《廣雅》：「暱，病也。」王念孫《疏證》云：「訓『暱』爲『病』，當本之齊、魯、韓《詩》。」奐案三家《詩》「暱」、「瘵」同訓「病」，上下章一律。毛《傳》例不一律，而辭有互足，義有互明。故訓「暱」爲「近」與訓「瘵」爲「病」，訓不同而意無不同。王以毛《傳》訓「近」爲非，則失之矣。《釋文》云：「俾，本作『卑』。後皆同。」卑，使也。末章「曷予靖之」，「曷」訓「害」，使爲致使納於刑罰，則是害也。「靖，治」，《釋詁》文。治，謂治其罪也。「後予極」與「後予邁」同義。邁者，行也。《傳》訓「極」爲「至」，至當讀如「君子至止」之「至」。言恐致治我罪，我是以後至，不欲朝事也。

有菀者柳，不尚愒焉。【傳】愒，息也。上帝甚蹈，無自瘵焉。【傳】瘵，病也。俾予靖之，後予邁焉。【疏】上章「不尚息焉」、此章「不尚愒焉」，《民勞》三章「汔可小息」、四章「汔可小愒」，「愒」與「息」同義，故《傳》竝訓「愒」爲「息」也。○「瘵，病」，《釋詁》文。《瞻卬》「士民其瘵」，《傳》亦云：「瘵，病也。」《韓詩外傳》載《荀子·賦》曰：「璇玉瑤珠不知佩，襍布與錦不知異。閭娵子都莫之媒，媒母力父是之喜。❶以盲爲明，以聾爲聰，以是爲非，以吉爲凶。嗚呼上天，曷維其同。」其下引《詩》曰：「上帝甚慆，無自瘵焉。」案《外傳》引《詩》以證聰明、是非、吉凶悉皆顛亂，與《毛詩》訓「蹈」爲「動」字異而意同。《荀子·賦篇》不引《詩》，而《楚策》載《荀子·賦》，其下亦引《詩》曰：「上天甚神，無自瘵也。」王念孫《讀書襍志》云：「《外傳》每章之末必引《詩》爲證，若《戰國策》則無此例也。後人取《外傳》附益之耳。引《詩》『上帝』作『上天』，因與上文『嗚呼上天』相涉而誤。神者，『慆』之壞字。『瘵焉』作『瘵也』，亦是傳寫之誤。」案王說是也。高誘注《楚策》已從誤本。《詩考》入「異字異義」條下。

有鳥高飛，亦傅于天。彼人之心，于何其臻？曷予靖之。居以凶矜。【傳】曷，害；矜，危也。【疏】「于何其臻」，《潛夫論·賢難》篇作「于何不臻」。《箋》云：「臻，至也。彼人，斥幽王也。幽王之心，於何所至乎？言其轉側無常，人不知其所屆。」疑《箋》所據經「其」作「不」。古害、曷聲同通假，其字作「曷」，其義爲「害」，此謂假借也。《長發》傳同。害，言賊害也。居，猶其也，語詞。《廣雅》：「矜，危也。」本《傳》訓。凶危，言凶暴危險也。

《都人士》五章，章六句。

《都人士》，周人刺衣服無常也。古者長民，衣服不貳，從容有常，以齊其民，則民德歸壹。傷今不復見古人也。【疏】《後箋》云：「據《箋》正義，此《序》當作『周人刺服無常也』，『服』上無『衣』字。」

彼都人士，【傳】彼，彼明王也。狐裘黃黃。其容不改，出言有章。行歸于周，【傳】周，忠信也。萬民所望。【疏】《傳》云「彼，彼明王也」者，《下泉》序明王、賢伯對稱，明王爲周之先王也。《周禮》：「小都，卿之采地。大都，公之采地及王子弟所食邑。外諸侯入爲天子大夫，亦食邑於都，謂之卿士。」《詩》言「萬民所望」者，天子曰兆民，諸侯曰萬民，縣內諸侯與畿外同也。

❶「媒」，徐子静本、《清經解續編》本同。掃葉山房《百子全書》本《荀子》、《諸子集成》本王先謙《荀子集解》並作「嫫」，當據改。

又三章言「充耳琇實」，與《淇奥》二章「充耳琇瑩」同。二《傳》訓「美石」，義亦同。彼衛武公入爲天子卿士之服，此都人士同有是服，則其爲王朝大夫，與古明王共有長民之責者。《正義》以都人士目爲庶人，誤也。○「狐裘黄黄」，狐黄裘也。《白虎通義·衣裳》篇：「天子狐白，諸侯狐黄，大夫狐蒼，士羔裘。」然則諸侯狐黄裘矣。《論語·鄉黨》：「黄衣狐裘。」《禮記·玉藻》：「狐裘，黄衣以裼之。」此黄衣爲裼衣。《郊特牲》：「黄衣黄冠而祭。」此黄衣爲蜡祭之衣。鄭注合爲一事，金榜已辨之。其《緇衣》注云：「黄衣則狐裘，大蜡之服也。詩人見而説焉。」然蜡祭國人皆與，故黄衣黄冠爲庶人祭服，與詩義不合。《箋》云：「冬則衣狐裘黄黄然，取温裕而已。」黄黄爲形容狐裘之色狀，不指蜡祭，此説得之。○襄十四年《左傳》：「君子謂子囊忠，君薨，不忘增其名；將死，不忘衛社稷。可不謂忠乎？忠民之望也。《詩》曰：『行歸于周，萬民所望。』忠也。」《左》引《詩》以明子囊之忠。其實忠信必連言而義始備。《傳》釋「周」爲「忠信」，正本《左傳》。《皇皇者華》傳：「忠信爲周。」本《國語》。《楚語》云「民事忠信」，是其義也。《禮記·緇衣》篇：「子曰：『長民者，衣服不貳，從容有常，以齊其民，則民德壹。《詩》云：「彼都人士，狐裘黄黄。其容不改，出言有章。行歸于周，萬民所望。」』」鄭注云：「此詩毛氏有之，三家則亡。」《正義》引：「服虔《左傳注》云：『此逸《詩》也。』今《韓詩》實無此首章。時三家列於學官，《毛詩》不得立，故服以爲逸。」

彼都人士，臺笠緇撮。【傳】臺，所以禦暑。笠，所以禦雨也。緇撮，緇布冠也。彼君子女，綢直如髮。【傳】密直如髮也。我不見兮，我心不説。【疏】汪龍《詩異義》云：「《南山有臺》疏及《文選》謝玄暉《臥病詩》注引此《傳》云：『臺，所以御雨。』又《無羊》傳：『衰，所以備雨。笠，所以御暑。』則毛公本臺爲御雨，笠爲御暑。此《傳》『暑』、『雨』字正是後人轉寫誤倒。笠本以禦暑，而亦可禦雨，故《良耜》傳曰：『笠，所以禦暑雨。』」案汪説是也。《南山有臺》傳：「臺，夫須。」臺皮可以爲衰，因之御雨之物即謂之臺。此《傳》臺御雨，《無羊》傳衰備雨，則臺即衰矣。臺與笠明是二物。《箋》云：「臺，夫須也。以臺皮爲笠。」鄭以臺笠與緇撮對語，合爲一物矣。又案《無羊》篇：「爾牧來思，何衰何笠。」牧人何衰笠，則臺笠不專屬庶人。《郊特牲》：「大羅氏，天子之掌鳥獸者也，諸侯貢屬焉。草笠而至，尊野服也。」鄭注云：「諸侯於蜡，使使者戴草笠貢鳥獸也。《詩》云：『彼都人士，臺笠緇撮。』」鄭或本三家《詩》。緇爲緇布冠，撮即所以固緇布冠之物。《傳》渾言以釋之，而學者皆不得其「撮」字之義。《儀禮・士冠禮》：「緇布冠缺項，青組纓屬于缺，緇纚廣終幅，長六尺。」鄭注云：「缺，讀如『有頍者弁』之『頍』。緇布冠無笄者，箸頍，圍髮際，結項中，隅爲四綴以固冠也。項中有緪，亦由固頍爲之耳。今未冠笄者箸卷幘，頍象之所生也。滕，薛名蔮爲頍。屬，猶箸。纚，今之幘梁也。終，充也。纚一幅長六尺，足以韜髮而結之矣。」《喪服》注云：「首絰象緇布冠之缺項。」案此缺項之制也。缺在項，故謂之缺項。詩之「撮」即《儀禮》之「缺」。缺爲固冠之物，撮亦固冠之義。《莊子・寓言》篇：「向也括撮，而今也被髮。」道藏本陳景元《音義》有「撮」字，各本奪「撮」，即詩之「撮」也。《人閒世》篇「會撮指天」，崔譔云：「會撮，項椎也。」司馬彪云：「會撮，髻也。古者髻在項中，脊曲頭低，故髻指天也。」《大宗師》篇「句贅指天」，李頤云：「句贅，項椎也。其形似贅，言其上向也。」蓋「贅」即「撮」也。又《淮南子・精神》篇：「燭營指天。」高誘云：「燭，陰華也。營，其竅也。燭營，讀曰括撮也。」「括」與「會」通，故會髮即括髮。其固緇布冠之物是謂之缺，亦謂之撮。缺從夬聲，撮從最聲，古音正同。撮者本字，缺者假借字。《儀禮》之「缺項」，缺，當讀如「臺笠緇撮」之「撮」。鄭注「缺，讀如『有頍者弁』之『頍』」，毛《傳》以頍爲箸弁之皃，則不爲固冠之物名矣。緇布冠爲三加之始冠，諸侯有繢緌，諸侯以下無繢緌，以緇布冠爲常服，其猶大古冠布之遺與？○《傳》讀「綢」爲「周」，故釋「綢」爲「密」。《説文》：「周，密也。」杜注昭二十年《左傳》：「周，密也。」周爲之密，凡從周得聲字皆可謂之密。《説文》：「㐱，稠髮也。」「鬗，髮多也。」「稠」、「鬗」竝有「密」義。密直如髮，言其髮之密直。如，猶而也，與四章云「彼君子女，卷髮如蠆」意同。《箋》讀「如」爲比方之詞。

彼都人士，充耳琇實。【傳】琇，美石也。**彼君子女，謂之尹吉。**【傳】尹，正也。**我不見兮，我心苑結。**【疏】琇，當作「璓」。璓，美石，詳《淇奧》篇。實者，充耳之皃。「尹，正」，《爾雅・釋言》文。王肅云：「尹吉，正而吉也。」案吉，善也。上章云「彼君子女，綢直如髮」，下章云「彼君子女，卷髮如蠆」，上下章皆言容之美。此章言其德之美也。○苑，依《釋文》、《正義》皆作「菀」，徐音鬱。《正月》「菀」音同。《素冠》云：「我心蘊結兮。」菀結即蘊結也。

彼都人士，垂帶而厲。【傳】厲，帶之垂者。彼君子女，卷髮如蠆。我不見兮，言從之邁。

【疏】古厲、烈聲相通。《爾雅》：「烈，餘也。」烈謂之餘，厲亦謂之餘。「垂帶而厲」，即下章言「匪伊垂之，帶則有餘」也。《傳》云「厲，帶之垂者」，毛正讀「厲」爲「烈」矣。帶之垂者爲大帶。高注《淮南・氾論》：「博帶，大帶。」引《詩》「垂帶若厲」是也。《箋》：「而，亦如也。而厲，如鞶厲也。鞶必垂厲以爲飾。厲，字當作『裂』。」《内則》注：「鞶，小囊盛帨巾者。男用韋，女用繒。有飾緣之，則是鞶裂與？❶《詩》云：『垂帶如厲。』」鄭讀「厲」爲「鞶裂」之「裂」，義或本三家《詩》。桓二年《左傳》「鞶厲」，依鄭讀亦爲「鞶裂」。上文云「帶裳副舄」，則鞶厲疑非帶。謂《左傳》鞶厲爲鞶裂則可，謂《詩》之厲爲鞶裂則不可。《詩》但言「厲」，不得增入「鞶」字也。《卷阿》傳：「卷，曲也。」《箋》云：「蠆，螫蟲也。尾末揵然，似婦人髮末曲上卷然。」鄭亦訓「卷」爲「曲」也。《禮記・襍記下》：「女雖未許嫁，年二十而笄，禮之。婦人執其禮。燕則鬈首。」注：「既笄之後去之，猶若女有鬌紒也。」「鬈」與「卷」同。○言，猶云也。「我不見兮，言從之邁」，從之邁也。下章「我不見兮，云何盱矣」，何其盱也。《何人斯》傳云：「云，言也。」是云、言同義，故「言」與「云」亦皆爲語詞。

匪伊垂之，帶則有餘。匪伊卷之，髮則有旟。【傳】旟，揚也。我不見兮，云何盱矣。

【疏】王引之《釋詞》云：「匪，彼也。言彼帶之垂則有餘，彼髮之卷則有旟也。猶上文言『彼都人士，垂帶而厲』、『彼君子女，卷髮如蠆』也。說者訓『匪』爲『非』，失之矣。」《傳》訓「旟」爲「揚」，旟猶舉也。《說文》云：「揚，飛舉也。」《箋》云：「旟，枝旟揚起也。」「枝」即「楮」字，言髮之揚起如楮旟也。說稍異。○《卷耳》傳云：「盱，憂也。」言憂傷之深也。此即《序》「傷今不復見古人」之意。

《采緑》四章，章四句。

《采緑》，刺怨曠也。幽王之時，多怨曠者也。

終朝采緑，不盈一匊。【傳】興也。自旦及

❶「裂」，原作「烈」，徐子静本、《清經解續編》本同。據阮刻《禮記正義》改。

食時爲終朝。兩手曰匊。予髮曲局，薄言歸沐。【傳】局，卷也。婦人夫不在，則不容飾。【疏】緑，讀爲菉，假借字也。《楚辭注》引《詩》「終朝采菉」。《淇奥》傳云：「緑，王芻。」「自旦及食時爲終朝」，《蝃蝀》同。「兩手曰匊」，《椒聊》同。興者，怨曠之人，自旦及食時，以采王芻而不滿兩手，以喻憂思之深。《卷耳》「采采卷耳，不盈頃筐」，《傳》：「憂者之興也。」義與此同。○《正月》：「局，曲也。」《卷阿》：「卷，曲也。」局、卷竝有「曲」義。《傳》云「婦人夫不在，則不容飾」，以釋「予髮曲局」句也。《伯兮》「自伯之東，首如飛蓬。豈無膏沐？誰適爲容」，《傳》：「婦人夫不在，無容飾。」義與此同。薄言，語詞。歸，夫歸也。沐，沐髮也。

終朝采藍，不盈一襜。【傳】衣蔽前謂之襜。五日爲期，六日不詹。【傳】詹，至也。婦人五日一御。【疏】《説文》：「藍，染青艸也。」「衣蔽前謂之襜」，《爾雅·釋器》文。《説文》：「襜，衣蔽冓。」段注云：「此謂衣，非謂蔽厀也。引申之，凡衣或曰襜褕，或曰襜襦，皆取『蔽』義。」案段氏説甚精。詩人言欲以襜盛藍，與以衽納芣苢，其事相同。《芣苢》傳：「袺，執衽也。襭，扱衽也。」衽屬裳之兩旁，而襜則其在前者也。《碩人》傳：「嫁則錦衣加褧襜。」褧襜，猶衣裳。《爾雅》、毛《傳》釋《詩》竝云「衣蔽前」，正謂其裳之蔽前者耳。《釋名》：「裳，障也。以自障蔽也。」古者衣皮，先知蔽前，蔽厀乃其遺象，不得謂蔽前即蔽厀明甚。○「詹，至」，《釋詁》文。《方言》亦云：「詹，至也。」《閟宫》傳同。「婦人五日一御」，《禮記·内則》文。上章言望夫之歸，此章言夫不至，因念及夫在進御之情，故《傳》文先釋「不詹」爲「不至」，再釋「五日」之義。五日、六日連而及之，非行役過六日便生怨曠。《正義》引孔晁云「行役過時，而以六日不至爲過期之喻，非止六日」是也。又「王肅云：『五日一御，大夫以下之制。』」案下章云「之子于狩」、「之子于釣」，「之子」爲行役之君子，其非庶人可知。《綢繆》傳：「大夫一妻二妾。」是有正寢一、小寢二。夫婦恒居，不必同寢，五日一御，禮或宜然。《内則》云：「妾雖年老，未滿五十，必與五日之御。」《禮記》言妾不言姪娣，明是大夫以下之制也。鄭以五日爲諸侯制，非大夫以下婦人進御之日限。其注《禮記》以五日配諸侯九女，至箋《詩》乃依傍《月令》、《小正》。采藍當在五月，故以「五日」、「六日」爲「五月之日」、「六月之日」，俱於經義未當。《後漢書·劉瑜傳》：「且天地之性，陰陽正紀，隔絶其道，則水旱爲并。《詩》云：『五日爲期，六日不詹。』怨曠作歌，仲尼所録。」此亦言怨曠者，舉近以喻遠也。

之子于狩，言韔其弓。之子于釣，言綸之繩。【疏】韔弓，弢弓也。郭注《釋草》：「綸，今有秩嗇夫所帶糾青絲綸。」是「綸」有「糾合」之稱。「綸之繩」與「韔其弓」對文，之猶是也。之子狩歟，則弢其弓。之子釣歟，則糾是繩。「言」皆語詞。此婦人思夫之不在，而設想之如此。下章又因釣而申説之耳。皆爲怨曠之詞，非爲悔不從夫往狩、往釣而爲之韔弓、綸繩也。

其釣維何？維魴及鱮。維魴及鱮，薄言觀者。【疏】觀，《釋文》引《韓詩》作「覩」。

《黍苗》五章，章四句。

《黍苗》，刺幽王也。不能膏潤天下，卿士不能行召伯之職焉。【疏】召伯，召穆公虎也。申伯封謝，召伯述職，詩陳古以刺今。

芃芃黍苗，陰雨膏之。【傳】興也。芃芃，長大貌。悠悠南行，召伯勞之。【傳】悠悠，行貌。【疏】天有陰雨膏澤百物。興者，以喻古賢伯承順王者之恩，施膏潤天下，亦如陰雨之膏黍苗芃芃然長大也。襄十九年《左傳》：「范宣子賦《黍苗》，季武子興，再拜，稽首，曰：『小國之仰大國也，如百穀之仰膏雨焉。若常膏之，其天下輯睦，豈唯敝邑？』」《晉語》：「子餘使公子賦《黍苗》，子餘曰『重耳之仰君也，若黍苗之仰陰雨也。若君實庇陰膏澤之，使能成嘉穀，薦在宗廟，君之力也。』」此兩引《詩》竝以古賢伯起興。○悠，讀爲攸。《説文》：「攸，行水也。」引申之，義凡行皆曰攸。《竹竿》傳：「浟浟，流皃。」「浟」即「攸」之隸變，義正相近。南，謝在周南也。申伯封謝，則悠悠然行，能建國親侯，此即「膏潤天下」之意也。勞，勤也。「召伯勞之」，卿士述職也。《箋》以「悠悠」爲「徒役衆多」。然將徒役而往營謝，未免擾動兵衆，不中時務。《嵩高》詩但言因謝作庸也。

我任我輦，我車我牛。【傳】任者，輦者，車者，牛者。我行既集，蓋云歸哉。【疏】我，我申伯也。任者，《箋》云：「有負任者。」輦者，《箋》云：「有輓輦者。」輦，詳《車攻》篇。車者，《箋》云：「有將車者。」《正義》

以爲大車，云：「此轉運載任，則是大任以駕牛者也。」❶牛者，《箋》云：「有牽傍牛者。」《正義》引《秋官·罪隸》：「凡封國若家，牛助爲牽傍。」又引《地官·牛人》：「凡軍旅、行役，共其兵車之牛與其牽傍，以載公任器。」牽傍在轅外，不與將車同也。《箋》主召伯營謝轉餫，則牛爲封國牽傍之牛，《罪隸》之所助者。今細繹《傳》指，二章、三章皆敘申伯入謝，牛即軍旅行役所牽傍之牛，當爲《牛人》之所共者。《正義》據《罪隸》以申明《箋》說，是已。至《傳》與《箋》不同，孔氏尚未能明也。傍，當作「徬」。《說文·彳部》：「徬，附行也。」○集，就，猶成也。蓋，讀爲盇。《爾雅》：「曷，盇也。」曷謂之盇，盇又謂之曷，蓋亦謂之曷。「蓋云歸哉」，曷云歸哉也。「蓋云歸處」，曷云歸處也。歸，歸于謝也。《晉語》：「重耳若獲集德而歸載，使主晉民，成封國，其何實不從。」韋注云：「集，成也。載，祀也。」集德歸載，正以釋詩「集」、「歸」之義，歸爲歸謝，明矣。《嵩高》云：「申伯還南，謝于誠歸。」

我徒我御，我師我旅。【傳】徒行者，御車者，師者，旅者。我行既集，蓋云歸處。【疏】「徒行者，御車者」，徒、御對文，則徒爲徒行，御爲御車也。徒行者，謂小人也。御車者，謂君子也。上章任、輦、車、牛是言申伯遷謝任載之事，下章徒、御、師、旅是言申伯入謝從行之衆，皆就申伯一邊說。《嵩高》云：「以峙其粻，式遄其行。」即此上章之義也。又云：「既入于謝，徒御嘽嘽。」即此下章之義也。彼《傳》云：「徒御嘽嘽，徒行者、御車者嘽嘽喜樂也。」此「徒御」即《嵩高》之「徒御」，故兩《傳》訓同。「師者，旅者」，以釋經之「師」、「旅」。有爲師者，有爲旅者，謂是從入謝之官師，與泛言師旅爲衆者異也。王引之《左傳述聞》云：「經、傳言『師旅』者有二義：一爲士卒之名，《小司徒》『五卒爲旅，五旅爲師』是也。一爲群有司之名，《宰夫》『掌百官府之徵令，辨其八職：一曰正，掌官灋以治要；二曰師，掌官成以治凡；三曰司，掌官灋以治目；四曰旅，掌官常以治數』是也。襄十年《左傳》：『官之師旅不勝其富。』十四年《傳》：『今官之師旅，無乃實有所闕，以攜諸侯。』《晉語》：『陽有夏商之嗣典，有周室之師旅，樊仲之官守焉。』皆謂掌官成官常者。官之師旅，猶言群有司也。周室之師旅，即官守也。蓋樊仲之官守，所守者，嗣典也。其

❶「任」，徐子静本、《清經解續編》本同。阮刻《毛詩正義》作「車」。

官則師旅也。三句一貫，故下文但曰『其非官守』也。其大小之差，則旅卑於師，師又卑於正，故八職師旅在正之下。成十八年《傳》『師不陵正，旅不偪師』，言小不加大也。襄二十五年《傳》『百官之正長師旅』，先正長而後師旅也。《楚語》『天子之貴也，唯其以公、侯爲官正，而以伯、子、男爲師旅』，言公侯之統伯子男，猶官正之統師旅也。乃杜注『師不陵正，旅不偪師』曰：『師，二千五百人之帥也。旅，五百人之帥也。』注『官之師旅』曰：『師，旅之長。』注『百官之正長師旅』曰：『師旅，小將帥也。』韋注『伯子男爲師旅』曰：『帥師旅也。』皆不知師旅爲群有司之名，而誤以爲帥師旅者。夫帥師旅者，豈得遂謂之師旅乎？至韋注『周室之師旅』曰『周室之師衆』，則又誤以爲人衆之名矣。」奂案此《箋》解「師旅」謂「五百人爲旅，五旅爲師」，引《春秋傳》「君行師從，卿行旅從」，其誤正與杜注《左傳》、韋注《國語》同。此是申伯入謝，不必盛言兵衆。《嵩高》傳以「徒御」爲「虎賁」。又「王命傳御，遷其私人」，《傳》：「御，治事之官也。私人，家臣也。」傳御、私人，亦即在徒御師旅之中，則此師旅非兵衆可知。鄭《箋》以徒、御、師、旅皆謂召伯之士卒，與毛《傳》不同義。二千五百人爲師，則《傳》不得稱之曰師者矣。五百人爲旅，則《傳》不得稱之曰旅者矣。《正義》依《箋》申《傳》，失之。

肅肅謝功，召伯營之。【傳】謝，邑也。烈烈征師，召伯成之。【疏】《小星》「肅肅宵征」，《傳》云：「肅肅，疾皃。」《嵩高》傳：「謝，周之南國也。」此云「謝，邑也」者，謝在周爲南國之邑。周宣王徙封申伯於謝邑，而召伯往營成之。《嵩高》云：「于邑于謝，南國是式。」又云：「登是南邦，世執其功。」《傳》：「功，事也。」兩「功」字義同。烈烈，讀如「如火烈烈」。征，行也。師，衆也。襄二十七年《左傳》：「鄭伯享趙孟于垂隴，子西賦《黍苗》之四章，趙孟曰：『寡君在，武何能焉？』」言不敢受召伯之任也。

原隰既平，泉流既清。召伯有成，王心則寧。【傳】土治曰平，水治曰清。【疏】「原隰既平」，則土治矣。「泉流既清」，則水治矣。故云：「土治曰平，水治曰清。」此以喻治之有本也。《説苑·建本》篇：「夫本不正者末必倚，始不盛者終必衰。《詩》云：『原隰既平，泉流既清。』本立而道生，是故君子貴建本而重立始。」王，宣王也。寧，安也。

《隰桑》四章，章四句。

《隰桑》，刺幽王也。小人在位，君子在野，思見君子，盡心以事之也。【疏】唐石經初刻「之」下有「也」字，《群書治要》亦有「也」字，今補。

隰桑有阿，其葉有難。【傳】興也。阿然美貌，難然盛貌，有以利人也。既見君子，其樂如何。【疏】阿之爲言猗也。《淇奥》傳：「猗猗，美盛也。」古難、儺通。難之爲言那也。《釋文》：「難，乃多反。」其讀同「那」。《桑扈》、《那》傳：「那，多也。」「盛」與「多」同義。阿難，連緜字。《萇楚》曰「猗儺」，《那》曰「猗那」，聲、義皆同也。案此詩三章皆言隰桑有阿，首章言有阿，又言有難，故《傳》分別以釋之。云「有以利人也」者，桑葉之美盛以利人，興君子之德以庇陰人。隰以言在野也。小人在位，則君子在野矣，故詩人思欲見君子也。〇「既見君子，其樂如何」，既，猶終也。言君子在位，有利人之德政，故可樂也。

隰桑有阿，其葉有沃。【傳】沃，柔也。既見君子，云何不樂。【疏】阿，阿難也。絫言「阿難」，單言「阿」也。沃，古字作「渶」。柔者，亦是「美盛」之意。

隰桑有阿，其葉有幽。【傳】幽，黑色也。既見君子，德音孔膠。【傳】膠，固也。【疏】幽，黑色。「幽」即「黝」之古文假借。《説文》：「黝，微青黑色也。」《爾雅》：「黑謂之黝。」《玉藻》注云：「幽，讀爲黝。」〇「膠，固」，《爾雅·釋詁》文。《列女傳·賢明》篇引：「《詩》曰：『既見君子，德音孔膠。』夫婦人以色親，以德固。姜氏之德行，可謂孔膠也。」又《韓詩外傳》云：「夫習之於人，微而箸，深而固。是暢於筋骨，貞於膠漆。是以君子務爲學也。」亦引此詩。「膠」訓爲「固」，三家《詩》義同也。

心乎愛矣，遐不謂矣。中心藏之，何日忘之？【疏】「遐不謂矣」，《禮記》引《詩》作「瑕不謂矣」，遐、瑕古通用。鄭注云：「瑕之言胡也。」謂，猶告也。《南山有臺》篇「遐不眉壽」、「遐不黃耇」，「遐不」皆「胡不」也。藏，當作「臧」，《釋文》作「臧」，《群書治要》作「臧」。《禮記》釋文誤作「艸頭臧」，云：「鄭解《詩》作『臧』，善也。」王肅訓「善」，其字亦當作「臧」。「中心臧之」，猶云「中心好之」耳。案末章言君子事君之道，《序》所謂「思見君子，盡心以事之」也。《禮記·表記》：「子曰：『事君欲諫不欲陳。』」《孝經》：「子曰：『君子之事上也，進思盡忠，退思補過，將順其美，匡救其惡，故上下能相親也。』」竝引此詩。襄二十七年

《左傳》：「鄭伯享趙孟，子産賦《隰桑》，趙孟曰：『武請受其卒章。』」此賦詩以君子美趙孟，趙孟但斷取忠君愛上之義，故云「請受卒章」也，皆與《序》合。

《白華》八章，章四句。

《白華》，周人刺幽后也。幽王取申女以爲后，又得褒姒，而黜申后，故下國化之，以妾爲妻，以孽代宗，而王弗能治，周人爲之作是詩也。【疏】幽王立褒姒爲后，在即位之四年、五年中。

白華菅兮，白茅束兮。【傳】興也。白華，野菅也。已漚爲菅。之子之遠，俾我獨兮。【疏】「白華，野菅」，《爾雅·釋草》文。舍人注云：「白華，一名野菅。」郭注云：「菅，茅屬。」《通藝録》謂菅柔忍而茅脃，以白華者爲蘆芒，説詳《東門之池》篇。野菅已漚曰菅，猶紵麻作布曰紵，故《傳》本《爾雅》，既以白華爲野菅，而又釋經「菅兮」之「菅」以爲已漚者之名也。《東門之池》傳云：「漚，柔也。」《野有死麕》傳云：「白茅，取絜清也。」案詩凡八章，皆各自爲興。首章興義，《正義》引王肅云：「白茅束白華，以興夫婦之道，宜以端成絜白相申束，然後成室家也。」《箋》以菅喻申后，茅喻褒姒，菅柔忍中用更取白茅收束，喻取申后更納褒姒，與二章《傳》義不合，則此章當從述毛爲長。○《箋》云：「之子，斥幽王也。」

英英白雲，露彼菅茅。【傳】英英，白雲貌。露亦有雲，言天地之氣，無微不箸，無不覆養也。天步艱難，之子不猶。【傳】步，行；猶，可也。【疏】英英，《釋文》引《韓詩》作「泱泱」。潘岳《射雉賦》「天泱泱以垂雲」，用《韓詩》也。英英，假借字。云「露亦有雲」者，以釋「白雲」即露也。《御覽·天部八》引《傳》「言天地之氣，無微不箸，無不覆養也」，今本奪「也」字，補。《淮南子·主術》篇云：❶「覆露照導，普化無私。」❷義亦同也。

---

❶「主術」，疑爲「本經」之誤。其下引文見於《道藏要籍選刊》本、《百子全書》本《淮南鴻烈解》、《諸子集成》本《淮南子》、中華書局點校本劉文典《淮南鴻烈集解》、何寧《淮南子集釋》之《本經》篇，當據改。

❷「化」，《道藏要籍選刊》本、《百子全書》本《淮南鴻烈解》、《諸子集成》本《淮南子》、中華書局點校本劉文典《淮南鴻烈集解》、何寧《淮南子集釋》竝作「氾」，當據改。

菅茅，即冢上章言。菅即白華，茅即白茅。《正義》云：「上既言王不以禮，已失菅茅申束之義，故因言菅茅之蒙養英英然。白雲下露，潤彼菅之與茅，使之得長成，以反興申后見黜，菅茅之不如。」《箋》謂養彼可以爲菅之茅，使與白華之菅相亂易，則此章之菅與上章之白華不同，恐非經恉。○「步，行」，《桑柔》同。《中谷有蓷》傳：「艱，亦難也。」「猶，可」，《陟岵》同。《正義》云：「王肅云：『天行艱難，使下國化之，以倡爲不可故也。』侯苞云：『天行艱難於我身，不我可也。』如肅之言，與上章不類。今以侯爲毛説。」

滮池北流，浸彼稻田。【傳】滮，流貌。嘯歌傷懷，念彼碩人。【疏】滮，《説文》作：「淲，水流皃。从水，彪省聲。《詩》曰：『淲池北流。』」許本毛，不謂淲爲水名。《箋》：「豐、鎬之閒水北流。」《正義》云：「《文王有聲》箋：『豐在豐水西，鎬在豐水東。』然則豐、鎬之閒唯豐水耳。池者，下田畜水之處。池引豐水，亦北流也。」案孔説是也。鎬京諸水唯豐爲大。鎬京之水，西承豐水，北入於渭。池水即豐水。鎬池，其遺跡歟？酈注《水經·渭水》篇：「鎬水又北流，西北注與滮池合，水出鄗池西，而北流入於鎬。《毛詩》云：『滮，流浪也。』而世傳以爲水名矣。」酈所據毛《傳》與今本異，其云「滮池水北流入鎬」，亦與古異。「浸彼稻田」，與上章「露彼菅茅」喻意同。○嘯，當依《釋文》作「歗」。《箋》云：「碩，大也。妖大之人，謂褒姒也。申后見黜，褒姒之所爲，故憂傷而念之。」案鄭意篇中五「我」字皆指申后。四章、六章云「維彼碩人，實勞我心」，若「碩人」指申后，則「我心」之「我」又屬何人矣？《衛風》「碩人」爲夫人，故此「碩人」爲褒姒，后與夫人一也。此鄭義也。王肅、孫毓不同於鄭。

樵彼桑薪，卬烘于煁。【傳】卬，我；烘，燎也。煁，烓，竈也。桑薪，宜以養人者也。維彼碩人，實勞我心。【疏】「卬，我」，《匏有苦葉》、《生民》同。我者，我幽王也。「烘，燎」，《爾雅·釋言》文。燎，當作「尞」。《説文》：「烘，尞也。《詩》曰：『卬烘于煁。』」「煁，烓」，亦《釋言》文。《傳》既本《爾雅》釋「煁」爲「烓」，而又釋之爲「竈」也。郭璞云：「今之三隅竈。」《説文》：「烓，行竈也。从火，圭聲。讀若冋。」薪爲炊爨，故云「宜以養人」。言「桑薪」者，《氓》傳：「桑，女功之所起。」是其義也。《傳》先釋「煁」而後釋「桑薪」者，此逆辭爲訓之例。宜以言不宜也。《正義》云：「桑薪，薪之善者，宜以炊爨而養人。今不以炊爨，反燎於煁竈，失其所也。以興申后有德，宜居王后之位而母養天下。今不以當尊，反黜爲卑賤，非其宜矣。」

鼓鍾于宮，聲聞于外。【傳】有諸宮中，必形見於外。念子懆懆，視我邁邁。【傳】邁邁，不説也。【疏】《傳》云「有諸宮中，必形見於外」，《韓詩外傳》亦引此詩而釋之云：「言有中者，必能見外也。」《箋》云：「王失禮於内，而下國聞知而化之，王弗能治，如鳴鼓鍾於宮中，而欲外人不聞，亦不可止。」○《説文》：「懆，愁不安也。从心，喿聲。《詩》曰：『念子懆懆。』」《正月》傳：「懆懆，猶戚戚也。」《抑》傳：「懆懆，憂不樂也。」《釋文》云：「邁邁，《韓詩》及《説文》竝作『怖怖』。《韓詩》云：『意不説好也。』許云：『很怒也。』」然則《毛詩》「邁邁」訓「不説」，即爲「怖怖」之假借。古怖、邁聲同。宣十二年《公羊傳》：「是以使君王沛焉。」何注云：「沛焉者，怒有餘之貌。」「沛」亦「怖」之假借。《廣雅》：「怖，怒也。」

有鶖在梁，有鶴在林。【傳】鶖，秃鶖也。維彼碩人，實勞我心。【疏】《説文》：「鵚，秃鵚也。或作『鶖』。」李時珍《本草綱目》云：「秃鶖，水鳥之大者也。出南方有大湖泊處。其狀如鶴而大，青蒼色，張翼廣五六尺，舉頭高六七尺，長頸，赤目，頭、項皆無毛。其頂皮方二寸許，紅色，如鶴頂。其喙深黄色而扁直，長尺餘。其嗉下亦有胡袋，如鵜鶘狀。其足爪如雞，黑色。性極貪惡，能與人鬭，好啖魚、蛇及鳥雛。《詩》云『有鶖在梁』即此。」案鶖喻褒姒，鶴喻申后。鶖在梁得食魚，鶴在林不得食魚，以喻褒姒安享而申后窮困也。

鴛鴦在梁，戢其左翼。之子無良，二三其德。【疏】《鴛鴦》傳云：「鴛鴦匹鳥。」又云：「戢其左翼，言休息也。」言此者，以喻夫婦之道各有配耦，然後休息得所，刺今之不然。

有扁斯石，履之卑兮。【傳】扁扁，乘石貌。王乘車履石。之子之遠，俾我疧兮。【傳】疧，病也。【疏】斯，猶其也。「有扁斯石」，言扁然其石也。扁者，器不圜也。經言「扁」，《傳》云「扁扁」，扁扁爲乘石之皃。《正義》謂上車履石之皃者，誤也。《周禮·隷僕》「王行，洗乘石」，鄭司農注云：「乘石，王所登上車之石也。《詩》云：『有扁斯石，履之卑兮。』謂上車所登之石。」仲師説正本毛《傳》。王上車所登之石，石曰乘石，猶馬曰乘馬、車曰乘路也。李善注《文選》任彦昇《進今上牋》引《尸子》

曰：「昔者武王崩，成王少，周公旦踐東宫，履乘石，假爲天子七年。」又見《淮南子・齊俗》篇，高誘注云：「人君升車有乘石也。」此皆乘石之證也。《士昏・記》婦升車法：「婦乘以几，從者二人坐持几，相對。」賈疏云：「王后則履石。大夫諸侯亦應有物履之，但無文。今人猶用臺。」案「履之卑」猶《小戎》「軫之淺」，皆便於上車之謂。言王后出入與王同體也。以反刺今王后之易位，不得其宜。上章興體皆用反興，此亦然也。《箋》以履卑喻申后見黜而卑賤，非《傳》之指矣。○疷，當依石經作「疷」，《釋文》「祁支反」是也。氏聲在支、佳部，故與卑爲韻。《傳》訓「疷」爲「病」，《無將大車》同。

《緜蠻》三章，章八句。

《緜蠻》，微臣刺亂也。大臣不用仁心，遺忘微賤，不肯飲食教載之，故作是詩也。【疏】《箋》云：「微臣，謂士也。古者卿大夫出行，士爲末介。士之禄薄，或困乏於資財，則當賙贍之。幽王之時國亂，禮廢恩薄，大不念小，尊不恤賤，故本其亂而刺之。」

緜蠻黄鳥，止于丘阿。【傳】興也。緜蠻，小鳥貌。丘阿，曲阿也。鳥止於阿，人止於仁。道之云遠，我勞如何？飲之食之，教之誨之。命彼後車，謂之載之。【疏】緜蠻，雙聲，《禮記・大學》作「緡蠻」。《文選》何晏《景福殿賦》、王融《曲水詩序》注引《韓詩章句》：「緜蠻，文皃。」《傳》云「小鳥皃」者，毛意固以黄鳥喻微臣也。「曲阿」釋「阿」不釋「丘」。「鳥止於阿」以釋經義。「人止於仁」，《傳》又以明經之興義也。《大學》云：「子曰：『於止知其所止，可以人而不如鳥乎？』」鄭注引《論語》「擇不處仁」，以明人亦當如鳥之擇處。《箋》：「止，謂飛行所止託也。興者，小鳥知止於丘之曲阿静安之處而託息焉，喻小臣擇卿大夫有仁厚之德者而依屬焉。」案此皆足以申成《傳》義。○《箋》云：「後車，倅車也。」

緜蠻黄鳥，止于丘隅。豈敢憚行？畏不能趨。飲之食之，教之誨之。命彼後車，謂之載之。

緜蠻黄鳥，止于丘側。豈敢憚行？畏不能極。飲之食之，教之誨之。命彼後車，謂之載之。【疏】《箋》云：「極，至也。」

《瓠葉》四章，章四句。

《瓠葉》，大夫刺幽王也。上棄禮而不能行，雖有牲牢饔餼，不肯用也。故思古之人不以微薄廢禮焉。

幡幡瓠葉，采之亨之。【傳】幡幡，瓠葉貌。庶人之菜也。君子有酒，酌言嘗之。【疏】經言「瓠葉」，故《傳》云「幡幡，瓠葉皃」。《巷伯》傳：「幡幡，猶翩翩也。」幡幡，正偏反，少嫩之時，故又云「庶人之菜」也。胡承珙《後箋》云：「《傳》以瓠葉爲庶人之菜者，不過極言其物之微薄，以見維其禮不維其物。如蘋、蘩、蘊藻，可以薦鬼神而羞王公之意，未嘗以全《詩》皆言庶人之禮也。鄭《箋》泥於《傳》意，以君子爲庶人之有賢行者，與《序》『思古』意不合。」又云：「孰瓠葉以爲飲酒之菹，農功畢乃爲酒漿，以合朋友。與《邶風》箋『瓠葉苦，謂八月之時』說亦不合。」案胡說是也。《七月》篇言斷瓠作菹，自在八月，則采亨瓠葉，其時尚早。《傳》言菜者，當是中鼎實之芼。若荇、蘩、蘋、藻，皆謂芼爲菜，此其義。據當時庶人之禮，或用瓠葉以爲芼。《傳》必有依據而言之也。《楚語》云：「庶人食菜。」《楚茨》傳云：「亨，飪之也。」亨飪瓠葉以爲菜，下三章三言兔首以爲所羞之肉，皆是微薄之物行酌嘗獻酬之禮，《序》所謂「不以微薄廢禮」也。○嘗者，主人未獻於賓，先自嘗之也。《行葦》箋云：「有醇厚之酒醴，以大斗酌而嘗之而美，故以告黃耇之人。」是主人固有先嘗之禮矣。

有兔斯首，炮之燔之。【傳】毛曰炮，加火曰燔。君子有酒，酌言獻之。【傳】獻，奏也。【疏】兔首，亦示微薄之意。王肅、孫毓述毛云：「唯有一兔頭耳。」案兔頭，猶云牛三頭、牛十二頭。孔仲達誤解「頭」字，致有「空用其頭，其肉安在」之誚。「有兔斯首」與「有鶯其羽」、「有捄其角」句同。斯，猶其也。古斯、其同聲，故二者皆爲語詞。《箋》：「斯，白也。今俗語斯白之字作『鮮』，齊、魯之閒聲近『斯』。」此《箋》「斯」訓「白」，「王赫斯怒」「斯」訓「盡」，「無獨斯畏」「斯」訓「離」，皆不本毛《傳》。「毛曰炮」，古「曰」與「爲」通。《禮記·禮運》「以炮」，鄭注云：「裹燒之也。」《內則》：「炮：取豚若將，刲之刳之，實棗於其腹中，編萑以苴之，塗之以謹塗。炮之，塗皆乾，擘之。」注：「將，當爲『牂』。謹，當爲『墐』。」案此即裹燒之說也。《說文》：「炮，毛炙肉也。」義與《傳》同。「加火曰燔」，《禮運》「以燔」注：「加於火上。」

《說文・火部》：「燔，爇也。」「爇，燒也。」亦與《傳》同。○《燕禮・記》：「獻公曰：『臣敢奏爵以聽命。』」是「獻」爲「奏」也。昭元年《左傳》：「子皮戒趙孟，趙孟賦《瓠葉》。子皮遂戒穆叔，且告之。穆叔曰：『趙孟欲一獻，子其從之。』及享，具五獻之籩豆於幕下。趙孟辭，乃用一獻。趙孟爲客。」《後箋》云：「此詩當是一獻之禮。禮有獻、有酢、有酬，而後一獻之禮終。古者士禮一獻，《既夕禮》注云：『士腊用兔。』」

有兔斯首，燔之炙之。【傳】炕火曰炙。君子有酒，酌言酢之。【傳】酢，報也。【疏】「炕火曰炙」，《正義》云：「炕，舉也。謂以物貫之，而舉於火上以炙之。」據孔所見《傳》當作「抗火」。《賓之初筵》傳：「抗，舉也。」舉肉加火是謂之炙。《生民》傳：「貫之加於火曰烈。」烈即炙也。《禮運》「以炙」注：「貫之火上。」是貫即抗也。若依今本作「炕火」，則炙與燔無別矣。《說文注》亦以此《傳》「炕」爲俗字。哀十五年《左傳》：「欒寧將飲酒，炙未孰，聞亂，行爵食炙。」此飲酒用炙之證也。○「酢，報」，《楚茨》同。《說文》：「醋，客酌主人也。从酉，昔聲。」今經典皆以「酢」爲「醋」矣。酢者，賓所以執主人之獻也，故謂「酢」爲「報」。《箋》云：「報者，賓既卒爵，洗而酌主人也。」《行葦》箋云：「客荅之曰酢。」

有兔斯首，燔之炮之。君子有酒，酌言醻之。【傳】醻，道飲也。【疏】「醻，道飲」，道飲，謂主人自飲，復道客飲也。《箋》云：「主人既卒酢爵，又酌自飲，卒爵，復酌進賓，猶今俗之勸酒。」《說文》云：「醻，獻醻，主人進賓也。字或作『酬』。」

《漸漸之石》三章，章六句。

《漸漸之石》，下國刺幽王也。戎狄叛之，荆舒不至，乃命將率東征，役久病於外，故作是詩也。【疏】《箋》云：「荆，謂楚也。舒，舒鳩、舒鄝、舒庸之屬。」《正義》云：「又有舒龍，謂之群舒。」文十二年《左疏》云：「《世本》偃姓，舒庸、舒蓼、舒鳩、舒龍、舒鮑、舒龔。」《漢書・地理志》：「廬江郡，舒故國，莽曰昆鄉。龍舒。」應劭注云：「群舒之邑。」

漸漸之石，維其高矣。山川悠遠，維其勞矣。【傳】漸漸，山石高峻。武人東征，不皇朝矣。【疏】漸，讀爲磛，假借字也。《繫傳》引《詩》作「磛磛」。《説文》：「磛，礹石也。」「礹，石山也。」連言之曰「磛礹」，或曰「嶄巖」。《上林賦》：「嶄巖參差。」又曰「巉巖」，《高唐賦》：「登巉巖而下望。」竝字異而義同。《節南山》傳：「巖巖，積石皃。」巖巖即礹礹，漸漸即磛磛，古斬聲、嚴聲同也。《傳》云「山石高峻」，疑「峻」下奪「皃」字。《玉篇》：「嶃，岩高峻皃。❶或作『磛』。」有「皃」字可證。《説文》：「陖，或作『峻』。」悠，亦遠也。勞，勞苦也。○武人，謂將率也。荆舒在鎬東，東征者，東征荆舒也，舒爲荆之屬。《序》云「戎狄叛之，荆舒不至，乃命將率東征」，詩本爲用兵荆舒而作，戎狄乃連而及耳。《箋》以「漸漸之石」二句喻戎狄，「山川悠遠」以下四句指荆舒。而《正義》用王肅意，以上四句爲征戎狄，下二句征荆舒，皆非經恉。皇，暇也。朝，音「朝夕」之「朝」。不皇朝，猶言無暇日耳。《左傳》云：「朝夕之不皇。」句義相同。王肅述毛以爲不暇修禮相朝，《正義》駁之，是矣。《箋》訓「皇」爲「正」，言不能正荆舒，使之朝王。然與《序》「役久病外」不合，恐亦非經恉。《何草不黄》篇「哀我征夫，朝夕不暇」，以刺用兵之不息。此刺征人役久爲病，兩詩皆爲下國刺幽王，其意一也。

漸漸之石，維其卒矣。山川悠遠，曷其没矣。【傳】卒，竟；没，盡也。武人東征，不皇出矣。【疏】《爾雅》「卒」有四訓：盡也，已也，終也，既也。竝與「竟」義近而有別。故《傳》於《節南山》之「卒」爲「盡」，而於此「卒」爲「竟」。竟，猶窮也。「維其卒矣」與「維其高矣」意同。《説文》：「殁，終也。」「没」與「殁」通。《傳》云「盡」者，言欲歷盡久長之道也，亦「維其勞矣」之意。○出，猶行也。

有豕白蹢，烝涉波矣。【傳】豕，豬也。蹢，蹄也。將久雨，則豕進涉水波。月離于畢，俾滂沱矣。【傳】畢，噣也。月離陰星則雨。武人東征，不皇他矣。【疏】「豕，豬」，《爾雅·釋獸》文。當入《釋畜》，錯簡在此。今本「豕」下有「子」字，《爾雅述聞》以爲涉上文「兔子，㝹」而衍。郭注云：「今亦曰彘。江東呼爲豨。皆通名。」邢《疏》引《小爾雅》云：「彘，豬也。其子

❶「岩」，徐子静本、《清經解續編》本同。《大廣益會玉篇》作「山石」。

曰豚，大者謂之豝。」《方言》云：「豬，北燕、朝鮮之閒謂之豭。關東西或謂之彘，或謂之豕。東楚謂之豨，其子或謂之豚，或謂之豯。吴楊之閒謂之豬子。」案此具異名也。《爾雅》：「四蹢皆白，豥。」郭注云：「《詩》云：『有豕白蹢。』蹢，蹄也。」郭本《傳》訓。豕、豬皆大名。而四蹢白者，又别其名曰豬也。《箋》：「四蹢皆白曰駭，則白蹄其尤躁疾者。」鄭亦以白蹢爲駭矣。「駭」與「豥」同。《説文》：「蹢，足也。」「蹄」俗字。白蹢涉波，豕之性也。烝，進也。《傳》云「豕進涉水波」以釋經義。云「將久雨」，《釋文》：「一本作『天將雨』。」案一本是也。「雨」上又奪一「大」字耳。《正義》本據《傳》文作「天將大雨」四字可證。下《箋》云「將有大雨」，亦冢《傳》言也。《傳》蓋探「滂沱」句作訓也。《正義》云：「毛以下經『月離于畢』爲雨徵。類之，則此亦雨徵也。言役人遇雨之勞苦也。」孔説得毛恉矣。詩言東征，借雨以況勞苦之情。《東山》篇云：「我徂東山，慆慆不歸。我來自東，零雨其濛。」亦此意也。〇離，讀與「麗」同。《論衡・説日》及《淮南子・原道》注引《詩》作「麗」。《盧令》箋：「畢，噣也。」彼《正義》引《釋天》：「噣謂之畢。」李巡云：「噣，陰氣觸起，陽氣必止，故曰畢。畢，止也。」《史記・律書》：「濁者，觸也。言萬物皆觸死也，故曰濁。北至于留。」《索隱》引《爾雅》「濁謂之畢」。今郭本作「濁」，李本作「噣」。「噣」、「濁」其義皆與「觸」同也。案《小星》傳「五噣」爲柳星。此當依《史記》作「濁」，讀爲「觸」，爲正字。《仲尼弟子列傳》集解引毛《傳》：「畢，濁也。」《釋文》云：「本亦作『濁』。」此古本《傳》作「濁」之證。孫、郭《爾雅注》竝云：「掩兔之畢，或呼爲濁，因以名星。」其字亦皆作「濁」也。《傳》云「月離陰星則雨」者，《正義》云：「以畢爲月所，離而雨，是陰雨之星，故謂之陰星。」是也。畢，西方宿，實沈之次也。《書・洪範》篇：「月之從星，則以風雨。」江氏聲《集疏》云：「《漢書・天文志》云：『西方爲雨。雨，少陰之位也。月失中道，迻而西入畢，則多雨。』此則非鄭君誼也。依鄭君之誼，雨爲木氣，畢西方金宿，金克木，木爲妃，畢好其妃，故多雨也。《志》又云：『月失節度而妄行，出陽道則旱風，出陰道則陰雨。』是亦一説也。東北、東南皆陽道，西則陰道也。毛《傳》云『月離陰星則雨』，與《志》言『出陰道』相似也。《史記・仲尼弟子列傳》云：『孔子既殁，弟子思慕。有若狀似孔子，弟子相與共立爲師，師之如夫子時也。他日，弟子進問曰：「昔夫子當行，使弟子持雨具。已而果雨。弟子問曰：『夫子何以知之？』夫子曰：『《詩》不云乎？「月離于畢，俾滂沱矣。」昨莫月不宿畢乎？』他日，月宿畢，竟不雨。」有若無以應。』是滂沱爲多雨之誼也。」奂案旁沱，《詩考》引《史記》作「滂池」。《説文》：「滂，沛也。」《初學記》引《説文》：「池者，陂也。」大雨沛然下垂，積水成陂，是爲滂池。《新臺》「河水浼浼」，《傳》云：「浼浼，平池也。」與此義同。○他，古作「它」。

《苕之華》三章，章四句。

《苕之華》，大夫閔時也。幽王之時，西戎、東夷交侵中國，師旅竝起，因之以饑饉，君子閔周室之將亡，傷己逢之，故作是詩也。

苕之華，芸其黄矣。【傳】興也。苕，陵苕也，將落則黄。心之憂矣，維其傷矣。【疏】「苕，陵苕」，《爾雅·釋草》文。《釋草》又云：「黄華，蔈。白華，茇。」舍人注云：「别華色之異名也。」《箋》云：「陵苕之華紫赤而繁。」《列女傳·孼嬖》篇：「顔若苕之榮。」綦毋邃注云：「陵苕之草，其華紫。」蘇頌《本草圖經》云：「紫葳，陵霄花也。初作藤，蔓生，依大木。歲久延引至顛而有花，其花黄赤，夏中乃盛。陶隱居、蘇恭引郭云『陵霄』。按今《爾雅注》無陵霄之説。郭又謂苕爲陵時。《本草》云：『今紫葳無陵時之名，而鼠尾草有之。』乃知陶、蘇所引是以『陵時』作『陵霄』耳。陸機《義疏》：『苕，一名陵時，一名鼠尾。似王芻，生下溼水中，七八月中華，似今紫草。』郭從陸説。」案《義疏》與《圖經》不同。奂在杭州西湖葛林園中見陵苕花，藤本，蔓生，依古柏樹直至樹顛，五六月中花盛，黄色，俗謂之即陵霄花，與《圖經》目驗合。陵苕草類，故《爾雅》入草部，而《本草》繫於木部者，以其蔓生木上故也。黄華見於樹末，其即《爾雅》之「黄華，蔈」者歟？蔈者，末也。白華見於樹本，故《爾雅》白華者爲茇。華有黄、白二種，其紫者，疑又一種也。芸者，「抎」之假借。抎，落也。《傳》云「將落」，則黄者，黄爲蔫黄，非其華黄也。《箋》云：「興者，陵苕之幹喻如京師也，其華猶諸夏也，故或謂諸夏爲諸華。華衰則黄，猶諸夏之師旅罷病將敗，則京師孤弱。」

苕之華，其葉青青。【傳】華落，葉青青然。知我如此，不如無生。【疏】「華落，葉青青然」者，意承上章而言。上言華黄將落，此言華已落，但見葉青青然。《唐·杕杜》傳：「菁菁，葉盛也。」假借字作「青青」。《箋》云：「京師以諸夏爲障蔽，今陵苕之華衰而葉見青青然，喻諸侯微弱，而王之臣當出見也。」《傳》「華落」，《箋》「華衰」，猶上章《傳》「將落則黄」，《箋》「華衰則黄」，不異義也。《正義》謂《箋》易《傳》者，非。

牂羊墳首，三星在罶。【傳】牂羊，牝羊也。墳，大也。罶，曲梁也，寡婦之笱也。牂羊墳首，言無是道也。三星在罶，言不可久也。人可以食，鮮可以飽。【傳】治日少而亂日多。【疏】《爾雅》：「羊：牡羒，牝牂。」《傳》所本也。羊，吴羊。吴羊之牡者曰羒，牝者則曰牂也。《魚藻》傳：「頒，大首皃。」墳、頒聲同。郝懿行《爾雅義疏》云：「羒，蓋同『墳』，言高大也。牂，猶牂牂，言肥盛也。今吴羊高大而肥盛。《詩》曰『牂羊墳首』，墳即羒矣。言牝羊而牡首，故毛《傳》言無是道也。」案郝説是也。吴羊牡者多有角，牝者無角。雖有角，而不能如牡之大。墳首，謂頭角之大。《正義》云：「牂，小羊而大首。」失之矣。《廣雅》：「三歲曰牂。」則非小羊可知。《易林·中孚》云：「牂羊肥首，君子不飽。年飢孔荒，士民危殆。」古「墳」聲如「肥」，「墳首」作「肥首」，或本三家《詩》也。罶，詳《魚麗》篇。《箋》云：「無是道者，喻周已衰，求其復興，不可得也。不可久者，喻周將亡，如心星之光耀見於魚笱之中，其去須臾也。」○鮮，少也。經言人食少飽，《傳》乃申明之云「治日少而亂日多」也。

《何草不黄》四章，章四句。

《何草不黄》，下國刺幽王也。四夷交侵，中國背叛，用兵不息，視民如禽獸，君子憂之，故作是詩也。

何草不黄？何日不行？何人不將？經營四方。【傳】言萬民無不從役。【疏】上章言黄，下章言玄，黄玄猶玄黄也。《爾雅》：「玄黄，病也。」《卷耳》傳：「馬病則玄黄。」馬病謂之玄黄，草病亦謂之玄黄。《大戴禮·用兵》篇：「草木殨黄。」殨與玄疊韻，玄與黄雙聲，是合二字成義，詩人偶分屬上下章耳。蓋首二章以草之病喻人之病，末二章以兕虎芃狐喻軍旅之勞苦，非以草黄草玄分説紀用兵之時也。《易林·蒙》：「何草不黄？至末盡玄。室家分離，悲愁於心。」分説黄、玄，此非毛義。○將，行也。《傳》云「言萬民無不從役」，此總釋經義，《序》所謂「用兵不息」也。

何草不玄？何人不矜？哀我征夫，獨

爲匪民。【疏】《詩小學》云：「《鴻雁》傳：『矜，憐也。』《菀柳》傳：『矜，危也。』『何人不矜』，言夫人而危困可憐，不必讀爲鰥。《詩·敝笱》鰥與雲韻，在弟十三部。《菀柳》矜與天、臻韻，《何草不黄》與玄、民韻，《桑柔》與旬、民、填、天韻，在弟十二部。漢人十二、十三部合用，多借『矜』爲『鰥寡』字。而《書·堯典》、《康誥》、《無逸》、《甫刑》，《詩·鴻雁》、《孟子》明堂章皆作『鰥』，不假借『矜』字。惟《烝民》作『不侮矜寡』，則漢後所改。而《左傳·昭元年》引『不侮鰥寡，不畏彊禦』，固作『鰥』。『何人不矜』當從本字，非『鰥』之假借字也。」○《箋》云：「征夫，從役者也。」

匪兕匪虎，率彼曠野。【傳】兕、虎，野獸也。曠，空也。哀我征夫，朝夕不暇。【疏】《傳》以兕、虎爲野獸，芃狐爲小獸，《序》所謂「視民如禽獸」也。《箋》云：「兕、虎，比戰士也。」曠、空雙聲。曠野，廣大之野。《白駒》傳：「空，大也。」《廣雅疏證》云：「匪，彼也。」言彼兕彼虎則率彼曠野矣。哀我征夫，何亦朝夕於野而不暇乎？猶下文云「有芃者狐，率彼幽草。有棧之車，行彼周道」也。

有芃者狐，率彼幽草。【傳】芃，小獸貌。有棧之車，行彼周道。【傳】棧車，役車也。【疏】芃，小獸皃。芃與濛一聲之轉，對上章兕虎言，故以狐爲小獸也。《箋》云：「狐草行草止，故以比棧車輦者。」《伐木》傳云：「幽，深也。」《周語》「野無奥草」，韋注云：「奥，深也。」奥草，賈逵本作「冥草」。《玉篇》：「冥，草深也。」《説文》：「冥，幽也。」義竝同。○《周禮·巾車》「士乘棧車，庶人乘役車」，鄭注云：「棧車，不革鞔而漆之。役車，方箱，可載任器以共役。」是棧、役本二車，二車皆無革鞔，故《考工記·輿人》「棧車欲弇」，亦統役車而言。《箋》謂輦，亦依役車任器者而言之也。《杕杜》「檀車幝幝」，《傳》：「檀車，役車也。」與此同。《既夕禮》注：「今文『棧』作『輚』。」成二年《左傳》字作「轏」。「輚」、「轏」皆「棧」之異體。《説文》云：「竹木之車曰棧。」《鹽鐵論·散不足》篇：「古者椎車無柔，棧輿無植。」蓋柔即輪輮，車輞也。無輮謂無輞，無植謂無輻。或古者棧車無輻，而輞亦不革鞔歟？

卷二十二終

詩毛氏傳疏卷二十三

長洲陳奐學

文王之什詁訓傳弟二十三　毛詩大雅

《文王之什》十篇，六十六章，四百一十四句。【疏】文王受命，武王定天下，成王告大平，宣王封諸侯。至若召穆、衛武、仍、凡之刺厲、刺幽，皆是直陳王事，而與《小雅》之主文譎諫者異矣。《關雎》序云：「政有《大雅》焉。」《小雅》、《大雅》者，猶之諸侯之事繫《召南》，天子之事繫《周南》爾。

《文王》七章，章八句。

《文王》，文王受命作周也。【疏】受命者，受命爲西伯也。《書大傳》云：「天之命文王，非啍啍然有聲音也。文王在位，而天下大服。施政而物皆聽，令則行，禁則止。動搖而不逆天之道。故曰天乃大命文王。文王受命一年，斷虞、芮之訟，二年伐邘，三年伐密須，四年伐犬夷，五年伐耆，六年伐崇，七年而崩。」然則古説受命皆謂受西伯七年之命，而作周之興，於焉始也。遂以爲天之命文王若受命之年稱王，其説誣也。詩作於成王、周公時，故以「文王」名篇。

文王在上，於昭于天。【傳】在上，在民上也。於，歎辭。昭，見也。周雖舊邦，其命維新。【傳】乃新在文王也。有周不顯，帝命不時。【傳】有周，周也。不顯，顯也。顯，光也。不時，時也。時，是也。文王陟降，在帝左右。【傳】言文王升接天，下接人也。【疏】「在上」對「于天」言，故云「在民上」也。「於，歎辭」，《清廟》亦云：「於，歎辭也。」二《傳》爲全《詩》「於」字爲歎詞者發凡起例。《文選》陸機《赴洛道中詩》注引《韓詩章句》：「嗚，歎辭。」又潘岳《寡婦賦》注引《韓詩》：「嗚，歎聲。」「於」與「嗚」通。辭，當作「詞」。「昭，見」，《爾雅·釋詁》文。見，箸見也。《大明》傳云：「文王之德明明於下，故赫赫然箸見於天。」○周自大王徙岐，故稱舊邦。維，猶乃也。維新，乃新也。凡全《詩》中

「維」與「乃」同義者，放此。《傳》云「乃新在文王」者，言周至文王而始新之。《吕覽・古樂》篇：「周文王處岐，諸侯去殷三淫而翼文王。散宜生曰：『殷可伐也。』文王弗許。周公旦乃作詩曰：『文王在上，於昭于天。周雖舊邦，其命維新。』以繩文王之德。」案此與《小雅・四牡》毛傳義合。則命之新當在受命六年中事也。「有周」之「有」爲語詞。「不顯」之「不」爲語助，無實義。而《傳》又詁「顯」爲「光」也。《執競》傳亦云：「顯，光也。」《大明》、《思齊》、《崧高》、《韓奕》、《清廟》、《維天之命》、《烈文》、《執競》之「不顯」，「不」皆爲語助。「有周不顯」，言周德之光明也。帝，天也。文王受命於殷之天子，是即天之命矣。《十月之交》「豈曰不時」，《傳》：「時，是也。」與此「不時」訓同而義别。不是，是也。是，是周也。言帝命是周也，即「周雖舊邦，其命維新」之義。○《傳》云「升接天，下接人」以釋「文王陟降」句。「在帝左右」，即所謂升接天也。天亦在民上，故文王之下接人者，本天之意而爲之。《墨子・明鬼下》篇：「若鬼神無有，則文王既死，彼豈能在帝之左右哉？」此但解「在帝左右」句。

亹亹文王，令聞不已。【傳】亹亹，勉也。

陳錫哉周，侯文王孫子。文王孫子，本支百世。【傳】哉，載；侯，維也。本，本宗也。支，支子也。**凡周之士，不顯亦世。**【傳】不世顯德乎？士者世禄也。【疏】亹者，「釁」之俗。釁從分聲，故隸變又作「亹」。《鳧鷖》之「亹」音門，「釁」之聲轉也。《後箋》云：「古『釁』字本有『勉』義。襄二十六年《左傳》『夫小人之性釁於勇』，杜注：『釁，動也。』『動』與『勉』義相近。」案《文選》束皙《補亡詩》注引《毛詩傳》重「勉」字，爲後人誤衍。單字釋經雙字，不重「勉」字也。《爾雅・釋詁》：「亹亹，勉也。」此《傳》所本也。《玉篇・且部》：「亹亹，猶微微也。」義本三家。已，止也。「令聞不已」，言善聲聞之悠久也。《墨子》作「問」。○宣十五年、昭十年《左傳》皆引：「《詩》曰：『陳錫載周。』能施也。」《周語》芮良夫引：「《大雅》曰：『陳錫載周。』是不布利而懼難乎？故能載周以至于今。」《詩》作「哉」，内、外《傳》作「載」，故《傳》以「載」詁「哉」也。《載見》傳：「載，始也。」哉爲載，載又爲始，此一義之申。《序》云「文王受命作周」，《左傳》云：「文王所以造周。」作、造皆始也。《箋》云「哉，始也。能敷恩惠之施，以受命造始周國」是也。「侯」訓「維」，語詞。侯，猶乃也。

下文「侯于周服」、「侯服于周」同。《傳》訓「侯」爲「維」，維亦乃也。《爾雅》：「維，侯也。侯，乃也。」維謂之侯，侯謂之乃；侯謂之維，維謂之乃，其義一也。王肅云：「文王能布陳大利以賜予人，故能載行周道，致有天下。唯文王孫子受而行之。」本者，天子之世長子世爲天子。僖五年《穀梁傳》云：「天子世子世天下也。」本宗者，一本之宗。《版》傳云「王者，天下之大宗」是也。支，莊六年《左傳》引《詩》作「枝」，同。支子者，天子庶子出封爲諸侯，諸侯之世長子亦世爲諸侯，爲群姓之大宗。今文王既受命，其後子孫能王天下，於是武王爲繼體長子，百世不遷；其管、蔡、郕、霍、魯、衛、毛、聃、郜、雍、曹、滕、畢、原、酆、郇十六國，皆文王支子，亦百世不遷。「本支百世」，謂本、支皆百世也。昭八年《左傳》云：「臣聞盛德必百世祀。」〇《傳》云「不世顯德乎」者，正言之，「不」爲語詞；反言之，則下加「乎」字以足其義，此句例也。「士者世禄」，《傳》引《孟子》文以申釋經「世」字之義。《正義》本「士」作「仕」。《五經異義》：「《公羊》說：《春秋》書尹氏、崔氏爲譏世卿。世卿即是世位，是天子諸侯之大夫皆不世位也。《左氏》說：卿大夫得世禄不得世位。父爲大夫死，子得食其故采。而有賢才，則復升父故位。是卿大夫不世位而世禄。有功德則亦世位。」許、鄭皆從《左氏》說。《孟子·梁惠王》篇「仕者世禄」，趙注云：「賢者子孫必有土地。」又《滕文公》篇「夫世禄，滕固行之矣」，注云：「古者諸侯、卿大夫、士，有功德則世禄賜族者也。官有世功也，其子雖未任居官，得世食其父禄。賢者子孫必有土之義也。」趙亦與《左氏》說同。毛《傳》言世禄不言世位，有大功德皆世，無大功德則皆不世。何以明之？《緇衣》傳云：「有德君子，宜世居卿士之位焉。」是唯有德者世位，此即《王制》所謂「天子大夫不世爵」之義。又《干旄》傳云：「古者臣有大功，世其官邑。」官邑即是爵禄。是唯有功者世爵禄，此即《王制》所謂「諸侯之大夫不世爵禄」之義。此《傳》云：「不世顯德乎？士者世禄也。」蓋有顯德，必當世位。世禄實兼世位，故《箋》申之云：「凡周之士，謂其世有光明之德者，亦得世世在位，重其功也。」毛《傳》釋《詩》皆就有大功德者而言，故無世禄不世位之文。說稍異而義實同。

世之不顯，厥猶翼翼。【傳】翼翼，恭敬也。思皇多士，生此王國。王國克生，維周之楨。【傳】思，辭也。皇，天；楨，榦也。濟濟多士，文王以寧。【傳】濟濟，多威儀也。【疏】「世之不顯」，言世有顯德耳。猶，道也。「恭敬」下「也」字今補。言顯德之人，其持道恭敬。《爾雅》：「翼翼，恭也。」郭注云：「恭敬。」與《傳》訓同。○思，發語之辭。《漢廣》：「思，辭也。」思，語已之辭。二《傳》爲全《詩》「思」字發凡也。辭，皆當作「詞」。《正月》傳：「皇，君也。」皇者，尊大之稱，故皇謂之君，又謂之天矣。「思皇多士，生此王國」，言天多士，生此文王之國也。《史記·周本紀》：「文王禮下賢者，日中不暇食以待士，士以此多歸之。伯夷、叔齊在孤竹，聞西伯善養老，盍往歸之。大顛、閎夭、散宜生、鬻子、辛甲大夫之徒皆往歸之。」《繁露·郊祭》篇：「《傳》曰：『周國子多賢，蕃殖至于駢孕男者四，四産而得八男，皆君子俊雄也。』此天之所以興周國也。」案此王褒所謂「故世平主聖，俊艾將自至」也。「楨，幹」，《釋詁》文。《易·文言傳》：「貞者，事之幹也。貞固足以幹事。」「楨」與「貞」通。《嵩高》「維申及甫，維周之翰」，《傳》：「翰，幹也。」文義相同。濟濟是狀士有光輝之德，故《傳》云：「多威儀也。」《爾雅》：「濟濟，止也。」止，容止也。「多威儀」即「容止」之義。成二年《左傳》云：「夫文王猶用衆。」是釋經「多士」之義。

穆穆文王，於緝熙敬止。【傳】穆穆，美也。緝熙，光明也。**假哉天命，有商孫子。**【傳】假，固也。**商之孫子，其麗不億。上帝既命，侯于周服。**【傳】麗，數也。盛德不可爲衆也。【疏】「穆穆，美」，《爾雅·釋詁》文。又《釋詁》云：「緝熙，光也。」《傳》於「光」義未盡，又益「明」義。《維清》、《敬之》箋及《大學》注竝云：「緝熙，光明也。」《禮記·大學》篇引《詩》而釋之云：「爲人君，止於仁；爲人臣，止於敬；爲人子，止於孝；爲人父，止於慈；與國人交，止於信。」《抑》「淑慎爾止」，《傳》：「止，至也。」彼引《大學》文爲説，則知此「敬止」即「敬至」也。言美哉穆穆然文王，其德光明，而又能敬至也。於，發聲。《昊天有成命》篇同。○假，讀與「固」同，此假借也。《廣雅》：「賈，固也。」假、賈、固聲竝近，「假」之讀爲「固」，猶「賈」之讀爲「固」矣。有，語助。有商，商也。與上《傳》「有周，周也」同例。詩蓋言天命之於商孫子亦堅固也，下接言「商之孫子」。《玄鳥》篇「商之先后，受命不殆，在武丁孫子」，下接言「武丁孫子」，句意正相同。《箋》讀「有」爲「有無」之「有」，云：「天爲此命之，使臣有殷之子孫。」似失語意，玩下經文「上帝既命」「既」字、《傳》文「則見天命之無常」「則」字可見。麗，讀爲⿰麗攵，此亦假借也。《方言》：「斁，數也。」《說文》、《玉篇》、《廣雅》同。王引之《釋詞》云：「不，語詞。不億，億也。『商之孫子，其麗不億』，猶云子孫千億耳。《箋》以爲『不徒億』，失之。趙岐《孟子注》誤與《箋》同。」案王説是也。商孫子之數億可爲衆矣。侯，維也。《孟子·離婁》篇引《詩》而釋之：「孔子曰：『仁不可爲衆也。夫國君好仁，天下無敵。』」《孟子》言仁，毛《傳》言盛德，一也。王肅云：「商之孫子，有過億之數，天既命文王，則維服于周，盛德不可爲衆。」

侯服于周，天命靡常。【傳】則見天命之無常也。殷士膚敏，祼將于京。厥作祼將，常服黼冔。【傳】殷士，殷侯也。膚，美；敏，疾也。祼，灌鬯也。周人尚臭。將，行；京，大也。黼，白與黑也。冔，殷冠也，夏后氏曰收，周曰冕。王之藎臣，無念爾祖。【傳】藎，進也。無念，念也。

【疏】靡，無也。靡常，無常也。商孫子服於周，則見天命之無常。《箋》云：「無常者，善則就之，惡則去之。」《荀子·天論篇》云：「天行有常，不爲堯存，不爲桀亡。應之以治則吉，應之以亂則凶。」《繁露·堯舜不擅移湯武不專殺》篇云：「言天之無常予、無常奪也。」引《詩》竝與《傳》義同。○《傳》以「殷士」爲「殷侯」，謂殷諸侯也。文王爲西伯，殷諸侯自有來助祭於周廟者，以見天命之無常。蓋毛意以殷之未喪言之也。《漢書·劉向傳》：「孔子論《詩》，至於『殷士膚敏，祼將于京』，喟然歎曰：『大哉天命，善不可不傳於子孫，是以富貴無常。不如是，則王公其何以戒慎？民氓何以勸勉？』蓋傷微子之事周，而痛殷之亡也。」《白虎通義·三正》篇：「《詩》曰：『厥作祼將，常服黼冔。』言微子服殷之冠助祭於周也。」據劉向、班固説，以殷士即微子。然微子朝周在成王時，去喪殷已久。《翼奉傳》亦云：「周公作詩，深戒成王，以恐失天下。《詩》曰：『殷之未喪師，克配上帝。宜監于殷，駿命不易。』」與《毛詩》皆不合。下文《箋》「王，成王」，本三家説。「膚，美」，《狼跋》同。《生民》傳：「敏，疾也。將事齊敏也。」與此「敏」訓「疾」義同。祼、灌疊韻，鬯即秬鬯也。秬鬯灌神，是謂之灌鬯。《旱麓》傳云：「九命，然後錫以秬鬯圭瓚。」是文王九命作伯，得用灌鬯也。「周人尚臭」，《禮記·郊特牲》文。《周禮·小宰》：「凡祭祀，贊祼將之事。」「將」訓「行」，行灌鬯之事也。「京，大」，《釋詁》文。《大明》、《皇矣》、《公劉》同。「于京」，言于是大也。《正義》以「京」爲「京師」，失之。趙注《孟子》誤同。○《采叔》「玄衮及黼」，《傳》：「白與黑謂之黼。」與此同也。鄭注《王制》云：「冕服，有虞氏十二章，周九章，夏、殷未聞。」案此言黼正謂冕服章數之一。古人重畫章，特舉刺章之一者，略耳。詩於殷言「黼冔」，猶《論語》於夏言「黻冕」，黼、黻皆黹刺於裳也。《説文》無「冔」。《五經文字》云：「《字林》作『冔』。經典相承，隸省作『冔』。」《傳》釋「冔」爲「殷冠」，而又兼引夏、周之冠者，殷之冔、夏后氏之收、周之冕，其冠制相似也。《王制》：「夏后氏收而祭，殷人冔而祭，周人冕而祭。」《白虎通義・紼冕》篇：「《禮》曰：『周冕而祭。』又曰：『殷冔夏收而祭。』此三代宗廟之冠也。」冔、收竝與周冕竝稱。《玉篇》：「冔，覆也。殷之冕也。」《史記》裴駰集解引《太古冠冕圖》云：「夏名冕曰收。」據此則冔、收即夏、殷之冕矣。冔、收之制不可得而詳，今以周冕言之。《禮記・禮器》云：「天子之冕朱緑藻，十有二旒，諸侯九，上大夫七，下大夫五，士三。」是天子冕十二旒，諸侯九，上公九命，衮冕九旒也；上大夫七，天子上大夫比侯伯，鷩冕七旒也；下大夫五，天子下大夫比子男，毳冕五旒也；士三，天子上士比公之孤，希冕三旒也；天子之中士、下士與列國之卿大夫玄冕無旒，《白虎通義》謂「士爵弁無旒」是也。大夫而冕有旒者，若晉士會之有黻冕是也。鄭注《弁師》云：「天子衮衣之冕十二游，毳衣之冕七游，希衣之冕五游，玄衣之冕三游。」是唯天子玄冕有三旒矣。有旒曰冕，無旒則曰弁。《弁師》：「王之弁絰，弁而加環絰。」《司服》：「凡弔事，弁絰服。」《周禮》載天子之服不箸爵弁者，弁即爵弁也。故《檀弓》：「天子之哭諸侯也，爵弁絰，純衣。」又《襍記》：「大夫之哭大夫，弁絰。大夫與殯，亦弁絰。大夫有私喪之葛，則於其兄弟之輕喪則弁絰。」弁絰者，以爵弁而加環絰也。天子以爵弁加環絰爲弔服，不加環絰而加旒爲玄冕。《儀禮》「士爵弁，純衣」，純衣猶天子五冕皆玄衣也，爵弁猶天子之玄冕也。故《士冠禮》、《郊特牲》所記「三加爵弁」之文，而云「周弁、殷冔、夏收」，周與夏、殷之冕竝記之也。《檀弓下》：「周人弁而葬，殷人冔而葬。」亦周、殷之冠并記之也。周人爵弁無旒，則夏、殷之冕無旒可知也。爵弁同玄冕，五冕又皆同。玄冕雖有十二旒、九旒、七旒、五旒、三旒之差，而其體實與爵弁同制，則知周之冕要從夏、殷之冕，特章大之。唯士有爵弁，所以存其古也。《説文》云：「弁，冕也。夏曰收，殷曰冔，周曰弁。」《獨斷》云：「周曰爵弁，殷曰冔，夏曰收。」何注宣元年《公羊傳》云：「夏曰收，殷曰冔，周曰弁。加旒曰冕。」○「藎，進」，《釋詁》文。《逸周書・皇門》篇「朕藎臣夫明爾德」，孔注云：「藎，進也。」義與此同。王，文王也。

臣，殷諸侯也。言文王進殷臣而誥教之也。《酒誥》云：「乃穆考文王，肇國在西土，厥誥毖庶邦庶士。」是文王誥教邦事也。《傳》釋「爾祖」爲「爾庶國之祖」，對殷諸侯言，故下章云「爾庶國亦當自求多福」，是文王進爾庶國誥教之辭也。無，發聲。「無念爾祖」，念爾祖也。文二年《左傳》云：「《詩》曰：『毋念爾祖，聿修厥德。』孟明念之矣。念德不怠，其可敵乎？」《左》釋《詩》亦以「毋」爲發聲，《傳》所本也。「毋」與「無」通，昭二十三年《傳》引《詩》作「無」。

無念爾祖，聿修厥德。永言配命，自求多福。【傳】聿，述；永，長；言，我也。我長配天命而行，爾庶國亦當自求多福。殷之未喪師，克配上帝。【傳】帝乙已上也。宜鑒于殷，駿命不易。【傳】駿，大也。【疏】爾，爾庶國也。《爾雅》：「律，述也。遹，述也。」古聿、律、遹通用。「聿」同「曰」，故《詩》中「聿」字皆語詞，無實義。唯此「聿」爲「述」。《漢書·東平思王傳》及《後漢書·宦者·吕强傳》引《詩》皆作「述」，此聿、述聲通之證。述，當讀如「述所職」之「述」。「無念爾祖，述修厥德」，言爾祖能述所職，爾庶國亦當念勤修爾祖之德也。《江漢》云：「無曰予小子，召公是似。肇敏戎公，用錫爾祉。」文義相同。《傳》訓「永」爲「長」，與《卷耳》、《漢廣》、《常棣》同。《箋》云：「長，猶常也。」訓「言」爲「我」，與《葛覃》、《泉水》、《彤弓》同。《下武》「永言配命」，《箋》：「永，長；言，我也。」正本此《傳》。乃《箋》於此「言」讀爲「言語」之「言」，不從《傳》矣。云「我長配天命而行」者，釋「永言配命」句。云「爾庶國亦當自求多福」者，釋「自求多福」句。桓六年《左傳》：「鄭大子忽曰：『《詩》云：「自求多福。」在我而已。』」昭二十八年《傳》：「仲尼聞其命賈辛也，以爲忠。《詩》曰：『永言配命，自求多福。』忠也。」竝與《傳》意合。○喪，亡；師，衆也。《書·酒誥》云：「在昔殷先哲王，迪畏天顯小民，經德秉哲。自成湯咸至于帝乙，成王畏相，惟御事厥棐有恭，不敢自暇自逸。」《多士》云：「自成湯至于帝乙，罔不明德恤祀，亦惟天丕建，保乂有殷。殷王亦罔敢失帝，罔不配天其澤。」《多方》云：「乃惟成湯，克以爾多方簡，代夏作民主。慎厥麗，乃勸。厥民刑，用勸。以至于帝乙，罔不明德慎罰，亦克用勸。」皆謂帝乙已上能配上帝，此《傳》義所本也。「宜鑒于殷」，《禮記·大學》引《詩》作「儀監」。「駿，大」，《釋詁》文，《嵩高》、《噫嘻》、《長發》同。《禮記》作「峻」。

命之不易，無遏爾躬。宣昭義問，有虞

殷自天。【傳】遏，止；義，善；虞，度也。上天之載，無聲無臭。儀刑文王，萬邦作孚。【傳】載，事；刑，法；孚，信也。【疏】「遏，止」，《釋詁》文。「遏」即今之「歇」字。無止爾躬者，言無於爾躬止也。《釋文》引《韓詩》云：「遏，病也。」韓讀「遏」爲「害」，與毛訓異意同。宣昭，明昭也。《時邁》、《臣工》皆作「明昭」。《雝》曰「宣哲」即「明哲」，《桑柔》曰「宣猶」即「明猶」，《鴻雁》曰「宣驕」即「明驕」，《淇奧》傳曰「宣箸」即「明箸」，是「宣」與「明」同義。杜注僖二十七年《左傳》、韋注《晉語》皆云：「宣，明也。」《正義》云：「『義，善』，《釋詁》文。」今《爾雅》作「儀」，「儀」與「義」通。問，讀爲聞。善問，猶令聞也，若「令聞」作「令問」之例。「虞，度」，《釋言》文。度殷自天，言度殷之未喪師者，皆自天也。度，猶鑒也。《抑》傳詁「虞」爲「度」，度，法度也，與此異。○載，讀與「事」同。《禮記・中庸》篇「上天之載」，注：「載，讀曰栽，謂生物也。」王應麟《困學紀聞》以爲是《韓詩》。奂謂毛訓「載」爲「事」，實包括「生物」之義。《漢書・楊雄傳》「上天之縡」，或從齊、魯《詩》。《玉篇》云：「縡，事也、載也。」《説文》不録「縡」字。「刑，法」，《釋詁》文。刑，古「型」字，《思齊》、《抑》、《我將》同。《我將》「儀式刑文王之典」，《傳》云：「儀，善也。」案此《傳》「義」訓「善」，則「儀」亦當訓「善」，或毛所據《詩》本作「義」也。善法文王，言文王之善法天也。襄十三年《左傳》引：「《詩》曰：『儀刑文王，萬邦作孚。』言刑善也。」又昭六年《傳》引《詩》曰：「儀刑文王，萬邦作孚。」服虔注云：「儀，善也。刑，法也。善用法者，文王也。言文王善用其法，故能爲萬國所信也。」杜從服説，不就法文王者言也。「孚，信」，《釋詁》文。「儀刑文王」，性與天合也。「萬邦作孚」，受命作周也。襄三十年《左傳》：「《詩》曰：『文王陟降，在帝左右。』信之謂也。」《雒誥》：「周公曰：『作周孚先。』」

《大明》八章，四章章六句，四章章八句。

《大明》，文王有明德，故天復命武王也。

明明在下，赫赫在上。【傳】明明，察也。文王之德明明於下，故赫赫然箸見於天。天難忱斯，不易維王。天位殷適，使不挾四方。【傳】忱，信也。紂居天位，而殷之正適也。挾，達也。【疏】「明明，察」，《爾雅・釋訓》文。《常武》傳亦云：「明明然察也。」《生民》傳：「赫，顯也。」重言之曰赫赫。明明、赫赫，皆是形容文王之德。「在上」與「在下」對文，下爲天之下，則上爲天矣。「在」與「於」同義，全《詩》放此。○忱，《漢書・貢禹傳》、《後漢書・胡廣傳》、《續漢書・律曆志・論》、《繁露・如天之爲》篇、《潛夫論・卜列》篇皆作「諶」。《説文》引《詩》亦作「諶」。《蕩》「其命匪諶」，《説文》引《詩》作「忱」，與今本《毛詩》互異。《説文》：「訦，燕、代、東齊謂信訦也。」《爾雅》：「諶，信也。」忱、諶、訦同。《韓詩外傳》云：「《傳》曰：『言爲王之不易也。』」引《詩》：「天難訦斯，不易惟王。」《韓詩》亦作「訦」。易，以豉反，毛義當同也。《正義》引鄭注《書序》：「微子啓，紂同母庶兄。紂之母本帝乙之妾，生啓及衍，後立爲后，生受德。」案《吕覽・當務》篇與鄭注同。而《殷本紀》索隱又以啓、紂異母，其謂紂爲殷之正適則一也。《爾雅》：「浹，徹也。」挾、浹同聲，達、徹同義。《韓詩外傳》云：「紂之爲主勞民力，冤酷之令加於百姓，憯悽之惡施於大臣。群下不信，百姓疾怨，故天下叛而願爲文王臣，紂自取之也。夫貴爲天子，富有天下，及周師至而令不行乎左右。悲夫！當是之時，索爲匹夫不可得也。《詩》曰：『天謂殷適，使不俠四方。』」韓義同。疑「謂」乃「位」之字誤。「俠」與「挾」字通。

摯仲氏任，自彼殷商，來嫁于周，曰嬪于京。【傳】摯，國；任，姓；仲，中女也。嬪，婦；京，大也。乃及王季，維德之行。【傳】王季，大王之子，文王之父也。【疏】《傳》文「仲」字各本皆作「之」，唯宋本作「仲」，而《正義》、《釋文》皆作「之」。《史記・外戚世家》索隱引《毛詩》云：「摯國任姓之中女也。」蓋此八字爲一句，總釋經文「摯仲氏任」也。「摯，國」者，《周語》「昔摯疇之國由大任」，是摯爲國名也。「任，姓」者，《晉語》：「黄帝之子二十五宗，其得姓者十四人爲十二姓，任其一也。」《傳》以「中女」釋「仲氏」。《燕燕》「仲氏任只」，《傳》：「仲，戴嬀字。」然則仲爲大任字矣。就未嫁言曰女，以姓繫乎國則曰摯任，猶《春秋》書「陳嬀歸于京師」是也。以姓配乎字則曰仲任，猶《春秋》書「伯姬歸于紀」、「叔姬歸于紀」是也。以姓屬乎國與字則曰摯仲任，猶《春秋》書「紀季姜歸于京師」是也。婦人必言姓，此百世昏姻不通之義也。《士昏禮》：「祝告，稱婦之姓，曰：『某氏來婦。』」又《記》：「問名曰：『某既受命，將加諸卜，敢請女爲誰氏？』」某氏者，稱婦之姓也。誰氏者，舉女之名也。《喪大記》：「男子稱名，女子稱字。」問名即問字，問其伯仲也。〇《爾雅・釋親》云：「嬪，婦也。」郭注引《詩》「聿嬪于京」。《堯典》：「釐降二女于嬀汭，嬪于虞。」《後漢書・荀爽傳》引《書》釋之云：「嬪者，婦也。」案婦者，有姑之辭。《思齊》篇「思齊大任，文王之母。思媚周姜，京室之婦」，彼《傳》云：「周姜，大姜也。京室，王室也。」大姜爲大任之姑。《傳》云「嬪，婦；京，大」者，即本《思齊》經義也。王季，文王之父。《傳》又云「大王之子」者，其意周家王迹實始大王耳。《箋》云：「及，與也。大任配王季，而與之共行仁義之德，同志意也。」

大任有身，生此文王。【傳】大任，仲任也。身，重也。維此文王，小心翼翼。昭事上帝，聿懷多福。厥德不回，以受方國。【傳】回，違也。【疏】上章言「摯仲氏任」，故知大任即仲任也。身，古「㑗」字。《玉篇》：「㑗，妊身也。」《廣雅》：「身，㑗也。」《列女・孽嬖傳》：「楚考李后頌知重而入，遂得爲嗣。」是「重」與「身」同義。《箋》：「重，謂懷孕也。」〇《文王》傳云：「翼翼，恭敬也。」《繁露・郊祭》篇引《詩》「允懷多福」，「聿」與「允」皆語詞。《時邁》傳云：「懷，來也。」《後漢書》李賢注《蔡邕傳》、《文選》吕向注《晉紀總論》引《詩》，竝訓「懷」爲「來」。回，讀與「違」同。不違，不違德也。昭二十六年《左傳》引《詩》「厥德不回，以受方國」，釋之云：「君無違德，方國將至。」《左》以「違」釋「回」，《傳》所本也。《旱鹿》、《常武》箋竝同。

天監在下，有命既集。【傳】集，就也。文王初載，天作之合。在洽之陽，在渭之涘。【傳】載，識；合，配也。洽，水也。渭，水也。涘，厓也。【疏】《節南山》傳云：「監，視也。」「集，就」下「也」字今補。《小旻》「是用不集」，《韓詩》「集」作「就」，此「集」、「就」通用之證。「天監在下，有命既集」，言天視於下，其命既有以徙就之。《皇矣》篇「帝遷明德」，《傳》：「徙就文王之德也。」與此意正同。〇載、識疊韻立訓。《魯語》：「天子大采朝日，與三公九卿祖識地德。」初載即祖識，《傳》依《國語》解《詩》，是謂文王之洽岐也。此章言文王天命既集，即承上第三章事上帝受方國，以合下弟五章總言文王取大姒之事。弟六章云「有命自天，命此文王，于周于京，纘女維莘，長子維行」，又覆述上文數章，以起天復命武王王天下之事。據按文義，則文王之取大姒，斷不在幼年矣。解者泥信文王幼年生子之説，遂以「初載」爲「初有知識」。稽諸事理，無有可通，失經、《傳》之恉矣。《爾雅》：「妃，合也。」「配」與「妃」通。合、妃轉相爲訓。《皇矣》傳云：「妃，媲也。」○洽，桓八年《穀梁傳》注、《水經・河水》注引《詩》作「郃」，《説文》引《詩》亦作「郃」。段注云：「《魏世家》『築合陽』，字作『合』。合者，水名。《毛詩》本作『合』。秦、漢閒乃製『郃』字。今《詩》作『洽』者，後人意加水旁耳。」酈注《水經・河水》篇云：「河水又逕郃陽城東，城北有瀵水，南去二水各數里，其水東逕其城内，東入于河。又於城南側中有瀵水，東南出城，注于河。城南又有瀵水，東流注于河。水即郃水也，縣取名焉。」案洽水無攷，酈善長即以郃陽瀵水當之。郃陽漢屬左馮翊，魏仍漢縣。縣北、縣南皆有瀵水，此謂郃陽縣名之地也。《詩》言「洽陽」，非即郃陽縣故地。蓋水以北爲陽，洽陽，洽水之北，是商莘國在洽水北，不在洽水南。漢高帝爲劉仲築城於郃陽縣之東北，爲郃陽侯，漢初稱或不誤矣。渭，亦莘國之水名。莘國雖東濱大河，亦在渭水之北，故下文云「親迎于渭」也。「涘，厓」，《葛藟》、《蒹葭》傳同。

文王嘉止，大邦有子。大邦有子，俔天之妹。【傳】嘉，美也。俔，磬也。文定厥祥，【傳】言大姒之有文德也。祥，善也。親迎于渭。【傳】言賢聖之配也。造舟爲梁，不顯其光。【傳】言受命之宜，王基乃始於是也。天子造舟，諸侯維舟，大夫方舟，士特舟。造舟，然後可以顯其光輝。【疏】「嘉，美」，《爾雅・釋詁》文。嘉，讀如「嘉耦曰妃」之「嘉」。大邦，莘國。子，女子也。言文王擇此美配，是大邦子也。《白虎通義・嫁娶》篇：「王者之娶，必先選于大國之女。禮儀備，所見多。《詩》云：『大邦有子，俔天之妹。文定厥祥，親迎于渭。』明王者必娶大國也。」「俔，磬」，磬，當作「罄」。《初學記・中宫部》引《傳》正作「罄」可證。《釋文》引《韓詩》作「磬天之妹」，云：「磬，譬也。」磬，亦當作「罄」。《文選》顔延之《宋郊祀歌》：「亘地稱皇，罄天作主。」「罄天」即用《韓詩》也。俔、罄雙聲。訓「俔」爲「罄」，與訓「罄」爲「譬」義本相因。《説文》云：「俔，譬諭也。」本韓以申毛耳。《君子偕老》「胡然而天也」，《傳》云：「尊之如天。」《箋》云：「尊之如天之有女弟。」○《傳》以「文」爲「文德」。定，止也。「祥，善」，《釋詁》文。止善，盛德止善也，謂大姒之賢。《箋》謂「文」爲「文王」、「定祥」爲

「納幣」，與《白虎通義》「人君無父母自定娶者」亦引此詩，其説合，當是三家《詩》義。然亦可證親迎大姒在王季既殁、文王即位之年，毛義亦然也。渭水在莘國之南郊，故文王躬迎大姒必至于渭也。《傳》云「言賢聖之配也」者，以釋經「親迎」之義。賢謂大姒，聖爲文王。親迎者，重昏禮也。《正義》云：「《異義》：『《公羊》説：天子至庶人娶，皆當親迎。《左氏》説：王者尊，無體敵之義，故不親迎。』鄭駁之云：『大姒之家，在洽之陽，在渭之涘。文王親迎于渭，即天子親迎，明矣。天子雖至尊，其於后猶夫婦也。夫婦判合，禮同一體，所謂無敵，豈施於此哉？《禮記》：「哀公問曰：『寡人願有言。然冕而親迎，不已重乎？』孔子愀然作色而對曰：『合二姓之好，以繼先聖之後，以爲天地宗廟社稷之主，君何謂已重乎？』」此言親迎繼先聖之後爲天地宗廟主，非天子則誰乎？』是鄭意以此爲天子之法，故引之以明天子當親迎也。」案《異義》所引《公羊》説娶皆親迎，此乃嚴、顔舊説。至何邵公作《公羊注》，仍從《左氏》説天子不親迎，鄭駁是也。《白虎通義》亦言天子當親迎，與鄭駁同。《左疏》云：「文王之迎大姒，身爲公子，迎在殷世。未可據此以爲天子禮。」不知文王取大姒已在即位之年，《詩》以文王所行事定爲周制，故下《傳》云「天子造舟」，造舟爲天子制，則親迎當爲天子禮。毛《傳》亦與鄭駁同。蓋《關雎》「淑女」、《思齊》「寡妻」皆謂大姒之配文王，周家王業實始基此。夫婦造端，敢不兢兢？迨春秋時王變禮，桓八年祭公來遂逆王后于紀，逆天下之母若逆婢妾。于是夫婦之道缺，而妃匹之愛輕矣。故天子親迎，宜以文王爲後世法，所以敬慎重正昏禮也。〇云「言受命之宜，王基乃始于是也」者，《關雎》序「正始之道，王化之基，樂得淑女以配君子」，此其義也。「天子造舟」以下，皆《爾雅·釋水》文。宣十二年《公羊》注及《説文·方部》引古《禮》説合。今本《爾雅》多「庶人乘泭」句，疑衍文也。天子造舟者，《方言》：「艁舟謂之浮梁。」《文選》潘岳《閒居賦》注引《方言》作「造舟」。《説文》：「造，古文作『艁』。」《爾雅》郭注云：「比船爲橋。」李注云：「比其舟而渡曰造舟。」孫注云：「造舟，比舟爲梁也。」《説文》：「橋，水梁也。」「梁，水橋也。」《周語》引《夏令》曰：「十月成梁。」《孟子》：「十一月輿梁成。」皆即今之水橋。天子造舟爲梁者，謂以比次其舟如水橋制也。諸侯維舟者，李注云：「中央左右相維持曰維舟。」孫注云：「維舟，連四舟也。」郭注同。大夫方舟者，李注云：「併兩船曰方舟。」郭注同。《説文》：「方，併船也。象兩舟省總頭形。或作『汸』。」「斻，方舟也。从方，亢聲。」《方言》：「方舟謂之潢。」郭注：「楊州人呼渡津舫爲潢，荆州人呼杭。」案「杭」即「抗」。潢，《集韻·十二庚》又作「艎」，竝與「方」同部，皆謂兩船相併也。《齊語》「方舟設泭」，韋注云：「方，併也。」《漢廣》傳及《邶·谷風》箋皆云：「方，泭也。」渾言之，則方亦可稱泭也。士特舟者，李注云：「一舟曰特舟。」不顯，顯也。光，光輝也。文王當殷時造舟迎大姒，以顯禮之光輝，後世遂爲周天子乘舟之法度。至春秋，秦用造舟，乃周禮之末失也。

有命自天，命此文王，于周于京。纘女維莘，長子維行，【傳】纘，繼也。莘，大姒國也。長子，長女也。能行大任之德焉。篤生武王。保右命爾，燮伐大商。【傳】篤，厚；右，助；燮，和也。【疏】京，大也。「于周于京」，於周爲大也。上「于」訓「於」，下「于」訓「爲」，不同義。《白虎通義·號》篇、《三正》篇引《詩》釋之云：「此言文王改號爲周，易邑爲京也。」「纘，繼」，《七月》同。《思齊》「大姒嗣徽音」，「繼」即「嗣」也。女，在父母家之稱。維，猶有也。「纘女維莘」，言能繼行大任之德者，其女有莘也。《傳》云「莘，大姒國」者，《說文》無「莘」字。《潛夫論·志氏姓》篇云：「禹爲姒姓，其後分封，用國爲姓，故有辛氏。」蓋其字作「辛」，或從古也。《水經注》：「河水逕郃陽城東，周威烈王之十七年，魏文侯伐秦至鄭，還築汾陰郃陽，即此城也。故有莘邑矣，爲大姒之國。」《方輿紀要》云：「古莘城在郃陽縣南二十里。」疑「縣南」當作「縣北」。云「長子，長女也」者，大姒爲莘國之長女也。古者適室所生之子，嫁爲諸侯夫人，若周武王元女配陳胡公滿是也。大姒莘國之長女，故曰「長子」，尊貴之稱也。行，當讀如「維德之行」之「行」。〇先儒論文王娶大姒生武王，年代莫攷。大抵依《大戴記》稱文王十三生伯邑考、十五生武王爲說。《禮記·文王世子》篇稱文王九十七乃終，武王九十三而終。然以此數推之，文王十五生武王，當武王即位已有八十二歲，武王即位十有三年方始克殷。《管子·小問》篇云：「武王伐殷，克之，七年而崩。」《漢書·律曆志》亦云：「克殷後七歲而崩。」唯《逸周書·明堂》篇作「六年」。則知武王九十三之説既不足信，即文王十五而生之説亦無足據。蓋小、大戴《記》閒載襍説耳。近儒舉《尚書》、《逸周書》語爲説，確有根據。《尚書·無逸》篇：「周公告成王曰：『文王受命唯中身，厥享國五十年。』」此文王享國之年數也。又《逸周書·度邑》篇：「武王克殷，告叔旦曰：『唯天不享于殷，發之未生，至于今六十年。』」此武王克殷之年數也。武王克殷年近六十，其在位已十有三年，此外四十七年皆在文王享國數内。武王之生，應在文王即位之三四年中。然則文王之取大姒，在文王即位後，書有明文，或可據此數而推知也。奐竊謂古者天子諸侯皆有不再娶之文，然又有即位取元妃之禮。文二年冬《左傳》云：「襄仲如齊納幣，禮也。凡君即位，好舅甥，脩昏姻，取元妃以奉粢盛，孝也。孝，禮之始也。」是禮也，周公之禮，亦文王之禮也。此篇言大姒之來歸周京，已在天命文王之既集。玩詩辭，正與《尚書》「受命中身」語合。《韓奕》篇「美韓侯之入覲宣王也」，亦云：「韓侯迎止，于蹶之里。」此亦行即位親迎之禮。與《春秋》古《左氏》説合。明鄒忠胤意大姒爲文王繼妃，以解經「纘女維莘」句。但「纘」訓「繼」，謂繼行大任之德，不讀爲「繼室」之「繼」。唯以文王即位後取大姒，準諸事理，似乎有據，姑記之於此。○「篤，厚」，《椒聊》、《公劉》同。《長發》傳：「左右，助也。」「左」與「右」皆訓「助」，故「右」爲「助」也。右，通作「祐」。《易·繫辭傳》云：「子曰：『祐者，助也。天之所助者，順也。人之所助者，信也。履信思乎順，又以尚賢也。是以自天祐之，吉，无不利也。』」與詩義同。爾，猶之也。「保右命爾」，猶《假樂》篇言「保右命之」耳。「燮，和」，《釋詁》文。《説文》：「燮，和也。讀若溼。」和伐大商，言天人會合伐殷也。《常棣》傳：「九族會曰和。」是「和」有「會」義，説見《酌》篇。

殷商之旅，其會如林。矢于牧野，維予侯興。【傳】旅，衆也。如林，言衆而不爲用也。矢，陳；興，起也。言天下之望周也。**上帝臨女，無貳爾心。**【傳】言無敢懷貳心也。【疏】「旅，衆」，《北山》同。《正義》云：「木聚謂之林。如林，言其衆多而不爲紂用。《武成》曰：『甲子昧爽，受率其旅若林。』」此僞《尚書·武成》篇文，即襲用詩辭也。毛讀「會」如字，《説文》引《詩》作「其旝如林」，本三家。「矢，陳」，《爾雅·釋詁》文，《皇矣》、《卷阿》同。矢，讀爲尸。《祈父》傳：「尸，陳也。」古尸、矢聲通。牧，商郊地名。《説文》：「坶，朝歌南七十里地。《周書》曰：『武王與紂戰于坶野。』」「坶」與「牧」通。「興，起」，《釋言》文。起，讀如「以起軍旅」之「起」。「維予侯興」，維，爲也。予，我，我周也。侯，猶乃也。「侯興」與「如林」對文，言殷商之衆不爲殷用，爲我周乃起作也。故《傳》又申明其義云：「言天下之望周也。」《箋》以爲起爲天子，王肅以爲我興起而滅殷，俱非《傳》指。

○女，女殷衆也。貳，讀爲二。貳從弍聲；弍，古文「二」，是貳、二聲通也。《繁露·天道無二》篇引《詩》作「二」。襄二十四年《左傳》：「《詩》云：『上帝臨女，無貳爾心。』有令名也夫。恕思以明德，則令名載而行之，是以遠至邇安。」「遠至邇安」是「無敢懷二心」之義，此《傳》所本也。

牧野洋洋，檀車煌煌，駟騵彭彭。【傳】洋洋，廣也。煌煌，明也。騮馬白腹曰騵。言上周下殷也。維師尚父，時維鷹揚，涼彼武王。【傳】師，大師也。尚父，可尚可父。鷹揚，如鷹之飛揚也。涼，佐也。肆伐大商，會朝清明。【傳】肆，疾也。會，甲也。不崇朝而天下清明。【疏】洋洋，野之廣，故云：「廣也。」《水經·清水》注云：「倉水東南歷坶野，自朝歌以南，南暨清水，土地平衍，據皋跨澤，悉坶野矣。《詩》所謂『坶野洋洋，檀車煌煌』者也。」《説文》：「煌，煌，煇也。」《廣雅》：「煌煌，光也。」竝與《傳》「明」訓同。《韓詩外傳》三引《詩》作「皇皇」。駟，當作「四」，字之誤。《干旄》正義引《異義》古《毛詩》説云：「『四騵彭彭』，武王所乘。」其字正作「四」。又《公羊·隱元年》疏及《淮南·主術》注竝引《詩》作「四」，皆其證。「四騵彭彭」，猶「四驪濟濟」、「四騏翼翼」耳。《出車》傳云：「彭彭，四馬皃。」《爾雅·釋畜》：「騮馬白腹，騵。」《傳》所本也。郭注：「騮，赤色黑鬣。」《駉》傳及《小戎》箋竝云：「赤身黑鬣曰騮。」鄭注《檀弓》亦云：「騵，騮馬白腹。」高注《淮南》云：「黄馬白腹曰騵。」案《月令》有赤騮、黄騮，故騮馬亦爲黄馬。《説文》：「縓，帛赤黄色。」「騵」與「縓」聲、義皆相近。云「言上周下殷也」者，騮馬即赤馬，騵馬白腹，赤在上，白在下，故《傳》謂是上周下殷之義，唯騵馬之色然也。《檀弓》：「周人尚赤，戎事乘騵。」《正義》謂：「此武王所乘，遂爲一代常法。」○《傳》云「師，大師」，《節南山》傳：「師，大師，周之三公也。」則師爲官名矣。云「尚父，可尚可父」，《箋》：「尚父，吕望也，尊稱焉。」《正義》引劉向《別録》云：「師之、尚之、父之，故曰師尚父。」此尚父尊稱，竝與《傳》同。《史記》譙周注云：「姓姜，名牙。」《説文》：「䧹，籀文作『鷹』。」今俗作「鷹」。《箋》云：「鷹，鷙鳥也。」揚，讀如《環人》「揚軍旅」之「揚」。鄭注《環人》亦即引此詩。《傳》以「飛揚」釋「揚」者，《説文》：「揚，飛舉也。」言尚父行軍如鷹之迅疾也。《常武》篇「王旅嘽嘽，如飛如翰」，《傳》：「疾如飛，摯如翰。」義與此同。涼，讀爲亮，假借字也。《漢書·王莽傳》引《詩》正作「亮」。《韓詩》作「亮」，云：「亮，相也。」《爾雅》

云：「亮，右也。」又云：「左、右，亮也。」《傳》以「涼」釋「佐」，古祇作「左」。《六書故》「涼」、「亮」下皆引《傳》作「左」，左猶左右也。「涼彼武王」，與《長發》「實左右商王」句同。○肆，讀爲𢑟。《說文》：「𢑟，𢑚屬。」引《虞書》曰：「𢑟類于上帝。」「𢑚，脩豪獸。讀若弟。」是𢑟爲脩豪獸之屬。引申之，則有「力」、「疾」兩義。《爾雅》：「肆，力也。」毛《傳》：「肆，疾也。」皆即「𢑟」之假借字。《說文》引《書》作「𢑟」，今《堯典》作「肆」，《史記・五帝紀》、《封禪書》、《漢書・王莽傳》皆作「遂」。《夏小正傳》：「肆，遂也。」「遂」與「疾」亦相近。疾者，當讀「疾如飛」之「疾」。《傳》訓即從「時維鷹揚」句生義。《皇矣》傳同。《小箋》云：「會，古外切。『甲』與『會』雙聲。凡器之蓋曰會，日之首曰甲。二者演之爲居首之稱。《貨殖傳》『蓋一州』，《漢書》作『甲一州』。《詩》之『甲朝』，一謂甲子日，一謂弟一日，天下清明也。定本作『會甲兵』，坐不知由音以推義耳。」案段說會、甲雙聲通義，是也。「甲朝，一謂甲子日，一謂弟一日」，似尚非《傳》中「甲」字之義。甲朝，猶《彤弓》云「一朝」耳。甲者，十之首。一者，數之始。《傳》恐人不曉「甲朝」之義，故又申釋之云「不崇朝而天下清明」，崇，終也。不終朝，一朝也。《蝃蝀》、《采緑》傳皆云：「自旦及食時爲終朝。」終朝，朝之終；甲朝，朝之始；不終朝，即是甲朝。《說文・日部》：「早，晨也。从日在甲上。」

《緜》九章，章六句。

《緜》，文王之興，本由大王也。【疏】《釋文》「一本無『由』字」，是也。詩美文王耳。首章下三句至七章，皆敘大王初徙岐山，爲文王之興之本。

緜緜瓜瓞，民之初生，自土沮漆。【傳】興也。緜緜，不絶貌。瓜紹也。瓞，瓝也。民，周民也。自，用；土，居也。沮，水；漆，水也。古公亶父，陶復陶穴，未有家室。【傳】古公，豳公也。古，言久也。亶父，字。或殷以名言，質也。古公處豳，狄人侵之。事之以皮幣，不得免焉；事之以犬馬，不得免焉；事之以珠玉，不得免焉。乃屬其耆老而告之曰：「狄人之所欲者，吾土地也。吾聞之，君子不以其所養人者害人，二三子何患乎無君？」去之，踰梁山，邑于岐山之下。豳人曰：「仁人之君，不可失也。」從之如歸市。陶其土而復之，陶其壤而穴之。室内曰家。未有寢廟，亦未敢有家室。

【疏】瓜瓞緜緜然不絶，以興周國自小而漸成大。哀十七年《左傳》「緜緜生之瓜」、《淮南子·繆稱》篇「福之萌也緜緜」，竝與此「緜緜」同。《小箋》本《傳》文增「瓜瓞」二字，而以「瓜紹也」三字連讀，宜據以補正。《爾雅》：「瓞，瓝；其紹，瓞。」《爾雅》既釋「瓞」爲「瓝」，而又云「其紹者謂之瓞」，以申釋「瓞」之義。毛《傳》順詩辭爲訓，故先釋「瓜瓞」爲「瓜紹」，而又云「瓞謂之瓝」，亦以申釋「瓞」之義。《説文》：「瓞，㼎也。」「㼎，小瓜也。」「㼎」即「瓝」字。《釋文》及《文選》潘岳《在懷縣作》詩注引《韓詩章句》：「瓞，小瓜也。」《爾雅》：「紹，繼也。」《箋》：「瓜之本實，繼先歲之瓜必小，狀似瓝，故謂之瓞。」鄭解「瓜紹」「紹」字最得經、《傳》取興之義。陸佃《埤雅》云：「今驗近本之瓜常小，末則復大。」此農師從鄭説，而更得之目驗也。《傳》釋「民」爲「周民」者，以沮、漆二水在周也。「自」訓「用」。土者，所以居也，因之「土」有「居」義。《漢書·地理志》引《詩》作「杜」，水名，與毛異。蓋周之興，莫大於文王之治岐，而實本於大王之徙岐，故章首先敘岐周水土民居，下文因詳及大王辟狄去豳徙岐之事。○《傳》釋「沮」、「漆」爲「水」。三章《傳》云：「周原，沮、漆之閒也。」又《潛》傳云：「漆、沮，岐周之二水也。」是沮、漆在周不在豳矣。汪龍《詩異義》述師丁杰曰：「《水經》：『鄭渠在大上皇陵東南，濁水入焉。俗謂之漆水，又謂之漆沮。其水東流，注於洛水。』《説文》：『漆水，一曰入洛。』此涇東之漆也。《漢書·地理志》：『北地郡直路縣，沮水出縣東，西入洛水，經沮水出北地直路縣東，過馮翊祋祤縣北，東入於洛。』《説文》：『瀘水出北地直路西，東入洛。』此涇東之沮也。《山海經》：『羭次之山，漆水出焉。』《地理志》：『右扶風漆縣，漆水在縣西。莽曰漆治。』《水經》：『漆水出杜陽縣俞山，東北入於渭。』《説文》：『漆水，出右扶風杜陽岐山，東入渭。』《十三州地理志》：『漆水出漆縣西北岐山，東入渭。』此涇西之漆，注涇以入渭者也。《十三州地理志》：『有水出杜陽縣岐山北漆溪，謂之漆渠，西南流注岐水。』《水經注》：『杜水出杜陽山，東南流合漆水，水出杜陽之漆溪，謂之漆渠。南流合岐水，至美陽縣注於雍水。』《隋書·地理志》：『扶風普潤縣有漆水。』此涇西之漆，合杜、岐、雍以入渭者也。涇西之沮，《書傳》未聞。龍按：《傳》以周原爲沮、漆之閒，是指普潤漆水。《箋》誤解經及《傳》，謂『公劉失職，遷於豳，居沮、漆之地』，則指漆縣漆水。《疏》牽合爲一，引漆縣漆水而謂沮、漆在豳地。但二水東流，亦過周地，其誤已甚。至引

《書傳》謂『漆沮一名洛水』，則更移之涇東，尤爲疎繆。又按：《漢書・地理志》：『右扶風杜陽，杜水東入渭，莽曰通杜。』師古曰：『《緜》詩「自土沮漆」，《齊詩》作「自杜」，言公劉避狄而來居杜與漆、沮之地。』其經文作『自杜』，雖與毛異，然與杜竝言，益可見此經是普潤之漆。蓋普潤漆水合杜、岐、雍入渭，故《齊詩》作『自杜』。説《詩》者以爲公劉誤同鄭《箋》。」〇周自公劉居豳，故《狼跋》傳：「公劉爲豳公。」此亶父未遷岐以前亦爲豳公。豳公謂之古公者，《祭義》「社稷先古」，注：「先古，先祖也。」故《傳》申之云：「古，言久也。」不從追王稱大王者，從其朔也。父，亦作「甫」。《正義》引鄭注《中候・稷起》云：「亶甫以字爲號。」《白虎通義》及趙注《孟子》亶甫爲名。《禮記・大傳》：「追王大王亶甫，王季歷，文王昌。」竝與《傳》或説同也。古公辟狄，自豳徙岐，《孟子・梁惠王》、《莊子・讓王》、《呂覽・審爲》、《淮南子・道應》、《詮言》、《泰族》、《説苑・至公》及《書大傳・略説》皆紀其事。《傳》引之者，合下數章，統釋古公始末而爲言也。復，《説文》引《詩》作「覆」。《玉篇》同。段注云：「土謂堅者，堅則不患崩壓，故旁穿之，使上有覆。蓋陶其土，旁穿之也。壤謂柔者，柔則恐崩，故正鑿之。陶其壤，正鑿之也。毛《傳》讀『陶』爲『掏』。」案《淮南子・氾論》篇「古者民澤處復穴」，高注云：「復穴，重窟。」毛析言之，高則渾言之也。《爾雅》：「其内謂之家。」《傳》云「室内」即「其内」也。古公之作寢廟，在五章以後，此但述初遷之始。經言「未有家室」，《傳》即探五章義以申明之云：「未有寢廟，則亦未敢有家室也。」《箋》、《正義》泥二章始及徙岐，而誤就處豳説。

古公亶父，來朝走馬。率西水滸，至于岐下。【傳】率，循也。滸，水厓也。爰及姜女，聿來胥宇。【傳】姜女，大姜也。胥，相；宇，居也。

【疏】走馬，《玉篇》引《詩》作「趣馬」，言早且疾。趙注《孟子》云：「遠避狄難，去惡疾也。」《詩小學》云：「『早』釋『來朝』、『疾』釋『趣』字。《説文》：『趣，疾也。』《玉篇》作『趣馬』，據漢人相傳古本也。」「率，循」，《北山》、《訪落》同。《水經・漆水》注引《詩》「西」作「先」。先，假借字。古西、先聲通也。「滸，水厓」，《葛藟》同。程大昌《雍録》謂此水厓即渭水之厓，是也。蓋從豳至岐，中隔梁山，詩不言山，略也。古公當日去豳踰梁，由旱路來，故云「來朝趣馬」。踰梁入渭，循渭達岐，故云「率西水滸，至于岐下」，岐在豳西也。梁山在今武功縣北，岐山在今扶風縣西。武功、扶風皆南臨於渭，故但沿厓西上，不必向渡中流耳。《公劉》云：「于豳斯館，涉渭爲亂。」此豳國渡渭之證也。《皇矣》云：「居岐之陽，在渭之將。」將亦厓也。此岐陽濱渭之證也。《史記·周本紀》云：「遂去豳，渡漆、沮，踰梁山，止于岐下。」是誤合《詩》之沮、漆、西水爲一，而《箋》乃沿其説。○爰，於；及，與；聿，遂也。姜女，姜姓之女，大王之妃，故稱大姜也。「胥，相」，《釋詁》文，《公劉》同。「宇，居」，《桑柔》、《閟宮》同。胥宇，猶云「相宅」也。宅，亦居也。《新序·雜事》篇引《詩》作「相宇」。

周原膴膴，堇荼如飴。爰始爰謀，爰契我龜。【傳】周原，沮、漆之閒也。膴膴，美也。堇，菜也。荼，苦菜也。契，開也。曰止曰時，築室于茲。【疏】酈注《水經·渭水》篇：「漆渠水南流，與杜水合。逕岐山西，又屈逕周城南。城在岐山之陽而近西，所謂『居岐之陽』也。又歷周原下，北則中水鄉成周聚，故曰有周也。水北即岐山矣。」案善長言岐周山水脈絡分明，周本雍州邑名。《地理志》：「右扶風美陽，《禹貢》岐山在西北，中水鄉，周大王所邑。」攷《元和郡縣志》：「鳳翔府扶風縣，本漢美陽縣地。」即今之陝西扶風縣也。岐山在美陽西北，大王邑在岐山南，美陽之中水鄉也，是謂之周城。中水鄉在周原北，則周原又在中水鄉之南。《郡國志》右扶風美陽有岐山，有周城，引皇甫謐《帝王世紀》云：「周大王所徙，南有周原。」王禕《周公廟記》云：「周城，今爲岐陽鎮，遺阯猶存，廣袤七八里，四圍皆深溝，南有周原。」是周原在周城南矣。漆水在岐西，而沮水無聞。《水經注》：「莢水出好畤縣梁山大嶺，東南逕梁山宮西，又南逕美陽縣之中亭川，注雍水，謂之中亭水。又南逕美陽縣西，其水又南流，注于渭。」竊謂古沮水必在斯處矣。沮東、漆西，故《傳》云「周原在沮、漆之閒」也。膴膴，《韓詩》作「腜腜」。《文選》左思《魏都賦》「腜腜坰野」，張載注云：「腜腜，美也。」引《詩》「周原腜腜」。李善注引《韓詩》同。《廣雅》：「腜腜，肥也。」「美」與「肥」義相近。《箋》亦云：「周之原，地在岐山之陽，膴膴然肥美。」○堇，當作「堇」，通作「堇」。《説文》：「堇，艸也。根如薺，葉如細柳。蒸食之甘。」《爾雅》：「齧，苦堇。」郭注云：「今堇葵也。葉似柳，子如米，汋食之滑。」是堇即苦堇矣。《夏小正》：「二月，榮堇。」《傳》：『堇，菜也，豆實也。』」《公食大夫·記》：「鉶芼，羊苦，有滑。」鄭注：「苦，苦荼也。滑，堇荁之屬。」《内則》有「堇滑」。苦即荼，荼爲鉶羹之芼，滑則用堇，故詩「堇荼」連言。菜，即芼也。郝懿行《爾雅義疏》云：「余按：生下溼者葉厚而光，細於柳葉，高尺許。莖紫色，味苦，瀹之則甘。」是郝目驗堇菜本味亦苦也。《正義》「堇爲烏頭」，非。「荼，苦菜」，《邶·谷風》同。《采苓》謂之「苦」，彼《正義》引陸《義疏》云：「苦菜生山田及澤中，得霜甛脆而美，所謂『堇荼如飴』。」邵晉涵《爾雅正義》云：「霜後之菜，多轉爲甛，非其本質。《大雅》言周原之美，雖堇荼亦甘若飴爾。非謂荼菜本作甘也。以今驗之，菜之爲苦，稱斯名矣。」邵説是也。《内則》云：「飴蜜以甘之。」○契，讀爲挈。《漢書·敘傳》注引《詩》正作「挈」。《玉篇·㓞部》：「栔，開也。」「栔」與「挈」同。開龜，《周禮》卜師掌其事。《定之方中》傳云：「建國必卜之，故建邦能命龜。」爰，於也。於，於是也。《爾雅》：「爰，曰也。」曰亦爰，語詞也。時，是也。「築室于茲」，言既有此廣平之原，則將築室於周也。

廼慰廼止，廼左廼右。廼疆廼理，廼宣廼畝。自西徂東，周爰執事。【傳】慰，安；爰，於也。【疏】經作「廼」，《箋》作「乃」。《爾雅》：「廼，乃也。」凡全《詩》作「乃」，唯《緜》、《公劉》作「廼」。今篇内「廼」、「乃」錯出不一律。「慰，安」下當有「也」字。安，定也。止，猶處也。《書大傳》云：「大王亶甫遂策杖而去，過梁山，邑岐山。國人束脩奔走而從之者三千乘，一止而成三千户之邑。」《天作》箋云：「大王居之，一年成邑，二年成都，三年五倍其初。」○《公劉》傳云：「宣，徧也。」徧畝，猶《甫田》之言「竟畝」也。「徂」與「且」同義。東畝，東西爲陌。南畝，東西爲阡。西、東，謂田閒道也。「爰，於」，《桑中》同。「周爰執事」，言至周原，於是執事也。凡民之大事在農，故先言之。

乃召司空，乃召司徒，俾立室家。其繩則直，縮版以載，【傳】言不失繩直也。乘謂之縮。**作廟翼翼。**【傳】君子將營宫室，宗廟爲先，廄庫爲次，居室爲後。【疏】乃，唐石經作「迺」。《箋》：「司空、司徒，卿官也。司空掌營國邑，司徒掌徒役之事。」《正義》云：「大王之時，以殷之大國當立三卿，其一蓋司馬乎？時不召者，司馬於營國之事無所掌故也。」○俾，《釋文》作「卑」。《傳》云「言不失繩直也」者，釋「其繩則直」句。李善注《東京賦》引《毛詩傳》，於「繩直」下較今本多「之宜」二字。「乘謂之縮」，釋經之「縮」字。《箋》云：「繩者，營其廣輪方制之正也。乘，聲之誤，當爲『繩』也。」鄭據《爾雅·釋器》文，故知《傳》「乘」字爲「繩」字之誤。《爾雅》：「繩之謂之縮之。」此「繩」字與「縮」同義。《説文》：「繩，束也。」《斯干》傳：「約，束也。」孫炎云：「繩束築版謂之縮。」凡立室家，以城三分之一爲宫，宗廟在路門内，廄庫在前，居室在後，蓋其制也。此經言大王立室家，而但云「作廟」，故《傳》遂引《禮記·曲禮》篇云「君子將營宫室，宗廟爲先」，以釋經義，而兼及廄庫、居室者，所以補經義之略，而亦探下章「百堵皆興」句爲釋之爾。翼翼，恭敬也。

捄之陾陾，度之薨薨。築之登登，削屢馮馮。【傳】捄，虆也。陾陾，衆也。度，居也。薨薨，言百姓之勸勉也。登登，用力也。削牆鍛屢之聲馮馮然。百堵皆興，鼛鼓弗勝。【傳】皆，俱也。鼛，大鼓也，長一丈二尺。或鼛或鼓，言勸事樂功也。【疏】《傳》釋「捄」爲「虆」者，《淮南子·説山》篇「虆成城」，高注云：「虆，土籠也。始一蕢以上於城。」此與《傳》「虆」字之訓正合。又《脩務》篇及《孟子·滕文公》篇字皆作「虆」。劉熙《孟子注》云：「虆，盛土籠也。」《説文》：「欙，山行所乘者。」引《虞書》：「四載：山行乘欙。」《史記·河渠書》作「橋」，一作「輂」。《漢書·溝洫志》作「梮」。竝字異而義同。可以乘人，亦可以盛土。《箋》：「捄，捊也。築牆者捊取壤土，盛之以虆，而投諸版中。」《説文》：「捄，盛土於梩中也。」鄭、許皆申毛訓。《小箋》云：「捄，即『𢫫』之假借字。」陾陾，當依《玉篇》引《詩》作「陑陑」。《廣雅》：「仍仍、登登、馮馮，衆也。」《毛詩》「陑陑」，三家《詩》作「仍仍」。《集韻》：「仍，音而，關中語。」此而、仍聲轉相通，故陑與薨、登、馮、興、勝爲韻，如耳孫即仍孫之例也。《釋文》：「如之反。」《説文》云：「『築牆聲也。』音而。」陸所據正作「陑陑」。今本《説文》亦誤作「陾陾」。「度，居」，《皇矣》同。《方言》：「度，居也。東濟、海岱之閒或曰度。」❶「居」有「都聚」之義。《釋文》引《韓詩》：「度，填也。」《箋》：「度，猶投也。」義竝相近。《傳》文「言百姓之勸勉也」之上奪「薨薨」二字，今依《小箋》補。薨，讀爲蘉。《雒誥》：「女乃是不蘉。」馬、鄭、王注皆訓「蘉」爲「勉」。蘉，莫崩反，又武剛反。莫崩讀如甍，武剛則讀如茫，竝與「勸勉」義近。登登，義未聞。《傳》云「用力」，謂用力聲登登然也。今俗謂用力得得，如《公羊傳》「登來」之爲「得來」

❶「濟」，徐子静本、《清經解續編》本同。戴震《方言疏證》及周祖謨《方言校箋》竝作「齊」，當據改。

矣。屢，當作「婁」。《小箋》云：「婁，音樓，空也。鍛婁者，搥打空竅坳突處。」馮馮，堅實聲也。○百堵，詳《鴻雁》篇。皆，當作「偕」。「偕」訓「俱」。若本作「皆」，人所易曉，可不傳耳，故《鴻雁》「百堵皆作」無《傳》。《七經孟子考文》作「偕」，此其證。「鼛，大鼓」，《鼓鐘》同。《傳》文「長一丈二尺」，「一」字當衍。《鼓鐘》釋文及《鼓人》注竝云：「長丈二尺。」《周禮・鼓人》：「以鼛鼓鼓役事。」《説文》引作「皋鼓」。《考工記・韗人》：「爲皋鼓，長尋有四尺。」古咎、皋聲同，毛《傳》正本《周禮》也。經言「鼛鼓」本是一鼓，《傳》云「或鼛或鼓」者，或，有也，語詞也。或鼛，鼛鼓也。或鼓，鼓之也。弗勝，《説文》作「不勝」。勝，任也。不勝，如不勝任，且鼓以作之，正是勸事樂功，以見興作之盛。《小箋》云：「經文『鼛鼓』分大小，義同。鄭、孔恐未是。」

迺立皋門，皋門有伉。迺立應門，應門將將。【傳】王之郭門曰皋門。伉，高貌。王之正門曰應門。將將，嚴正也。美大王作郭門以致皋門，作正門以致應門焉。迺立冢土，戎醜攸行。【傳】冢，大；戎，大；醜，衆也。冢土，大社也。起大事動大衆，必先有事乎社而後出謂之宜。美大王之社，遂爲大社也。【疏】皋門，《傳》云「王之郭門」，美大王之築城郭也。《説文》：「𩫖，度也，民所度居也。从回，象城郭之重，兩亭相對也。」今通作「郭」。《管子・度地》篇云：「歸地之利，内爲之城，外爲之郭。」是郭在城之外也。《正義》引襄十七年《傳》「宋人稱皋門之晳」，謂諸侯自有皋門。今《左傳》作「澤門」，杜注：「澤門，宋東城南門也。」《釋文》序「澤門」作「皋門」爲誤。疑「澤門」即《孟子》「垤澤之門」。澤，古作「睪」，睪、皋相似而誤，與《詩》「皋門」無涉。皋門爲臺門，故《傳》云：「伉，高皃。」《釋文》引《韓詩》作「閌，盛皃」。《玉篇》「閌」字下及張衡《西京賦》皆云：「高門有閌。」本《韓詩》。《説文》無「閌」字。《詩小學》云：「《説文》：『阬，閬也。』『閬，門高也。』《五經文字》：『阬，門高。』《毛詩》之『伉』，古本作『阬』。」應門，《傳》云「王之正門」，本《爾雅・釋宮》文，美大王之築宮室也。鄭注《考工記》、《書大傳》竝云：「應門，朝門也。」應門内爲治朝，故應門爲王宮正門。《明堂位》：「九采之國，應門之外，北面東上。」是明堂位之外門亦曰應門，應門之内朝會諸侯。明堂位之制與王宮同也。《周禮・閽人》鄭司農注云：「王有五門：外曰皋門，二曰雉門，三曰庫門，四曰應門，五曰路門。路門一曰畢門。」其《朝士》注同。案仲師治《毛詩》，其云

「外曰皋門」，即毛《傳》之「郭門」。自郭門以至路門共五門，外自城郭，内至路寢明堂，而寢門以内從略矣。解者誤以外爲宫外，則皋門爲宫外門。古制不明，實權輿於此。鄭康成《禮記注》不信舊説，謂先庫後雉，諸侯有庫、雉無皋、應。箋《詩》又本《書大傳》謂諸侯亦有皋、應，天子加以庫、雉。鄭説既屬游移，近儒戴東原言天子、諸侯皆三門，是已。又謂天子有皋、應無庫、雉，諸侯有庫、雉無皋、應，其説亦誤。今竊言之。《考工記・匠人》：「營國，方九里，旁三門。」《吕覽・季春紀》：「國人儺，九門磔禳。」高注云：「九門，三方九門也。嫌非王氣所在，故磔犬羊以禳。」高解「九門」以前三門爲王氣所在，磔禳止三方九門，四旁共十二門，《公羊注》所謂「天子周城」也。《書大傳》：「古者百里之國，九里之城，三里之宫。七十里之國，三里之城，一里之宫。五十里之國，一里之城，以城爲宫。」此謂公、侯伯、子男三等之城制也。《周禮・典命》：「上公九命，國家宫室以九爲節。侯伯七命，國家宫室以七爲節。子男五命，國家宫室以五爲節。」鄭注云：「公之城，蓋方九里，宫方九百步。侯伯之城，蓋方七里，宫方七百步。子男之城，蓋方五里，宫方五百步。」以開方計之，與《書大傳》同。鄭康成《大傳注》疑天子城九里，大國與之同。以爲當天子九里，大國七里，次國五里；又或者天子實十二里，諸侯大國九里，次國七里，小國五里。有此兩説。但周制每從先王，以爲後世法，有如皋門、應門、冢土、辟廱、路寢、親迎、造舟、一取九女，此類甚多，不必專以城同九里爲疑也。一里之城，以城爲宫，其宫四面皆屬城。三里之城，其宫南面屬城，三面不屬城。九里之城，其宫室四面有牆，四面不屬城。《説文》：「觖，缺也。古者城缺其南方謂之觖。」城缺南方，《公羊注》所謂「諸侯軒城」也。《孟子》「三里之城，七里之郭」，「七里」，《晉書・段灼傳》作「五里」。此據七十里之國而言。天子城與大國同九里，其距郭較遠。詩之「皋門」，《傳》謂之「郭門」，則皋門非宫門，而謂皋門爲宫外門者，誤也。天子城門，其上有臺，謂之闍。四旁十二門，共十二闍。皋門爲外城門，雉門當爲内城門。《考工記》「城隅之制九雉」，《左傳》云「都城過百雉」，築城以雉起度，此或城門爲雉門之義歟？則雉門亦非宫門。天子、諸侯宫門皆爲庫門，最在外，而謂先庫後雉者，誤也。《檀弓下》：「君復於小寢、大寢。小祖、大祖庫門四郊。」又「自寢門至於庫門。」又「軍有憂，則素服哭於庫門之外。」《郊特牲》：「獻命庫門之内。」又「繹之於庫門。」是天子、諸侯皆有庫門，而謂天子有皋無庫、諸侯有庫無皋者，誤也。詩之

「應門」，《傳》謂之「正門」。《司儀》：「出及中門之外。」中門之外，即庫門之内也。應門在庫、路之中，故謂之中門。庫門之内，出入不禁。應門以内爲朝會之處，皆必設禁。《閽人》「掌守王宫中門之禁」，是其事也。中門以縣象魏，象魏，闕也，故《穀梁傳》謂之「闕門」。外朝之内，内朝之外，其門謂之路門，門内庭，即路寢之庭。《爾雅》：「路，大也。」其門庭爲較大也。亦謂之畢門，畢之爲言盡也。路門内有路寢明堂，右社稷，左宗廟，説詳《閟宫》篇。故路門又謂之廟門，《穀梁傳》謂之「祭門」。鄭仲師《朝士》注以爲路門外爲外朝，内爲内朝，當是師承古説。而謂天子、諸侯皆三朝，庫門以内有朝者，誤也。然則天子郭門爲皋門，城門爲雉門，庫門爲宫之外門，應門爲宫之中門，路門爲宫之内門，合城郭爲五門，離之則爲三門。諸侯南面無城，以宫垣爲城牆，即以宫之外門爲城南門，非如徐彦所疑城墉不完之謂也。天子有郭，有郭門，諸侯有郭，亦有郭門。《春秋·僖二十年》：「春，新作南門。」《公羊》以爲門有古、常，《穀梁》以爲有加其度，蓋此南門爲魯郭南門也。天子郭門有門臺，魯於是始僭從天子制耳。諸侯之宫亦三門，庫門爲宫之大門，雉門爲宫之中門，路門爲宫之内門。天子三門，諸侯亦三門。唯天子以雉門爲城門，諸侯無城門，以雉門爲宫之中門爲異。而謂諸侯三門，天子五門加以皋、應，或曰加以庫、雉者，誤也。《明堂位》：「庫門，天子皋門。雉門，天子應門。」此言其制之相似。天子城之外門與宫之外門，門上有臺謂之臺門。魯之宫外門門上亦有臺，如天子城外門之制，而他國之宫外門無臺也。故云「庫門，天子皋門」也。天子門皆有臺，諸侯庫門無臺。雉門、路門有臺。昭二十五年《公羊注》：「禮：天子諸侯臺門，天子外闕兩觀，諸侯内闕一觀。」觀即臺也。此宫之中門有臺也。《郊特牲》「臺門而旅樹」，注：「旅，道也。屏謂之樹。禮，天子外屏，諸侯内屏。」此宫之内門有臺也。天子於應門設兩觀，諸侯於雉門設一觀。《春秋·定二年》：「雉門及兩觀災，新作雉門及兩觀。」是魯之中門設兩觀，如天子中門之制，而他國止設一觀也。故云「雉門，天子應門」也。解之者誤讀《禮記》經文，以爲諸侯有庫、雉，天子有皋、應，則天子、諸侯之門制莫攷，即魯與他國門制之同異亦無聞矣。今姑略陳門制梗概如此。《文選》張衡《東京賦》：「立應門之將將。」李善注引《毛詩傳》：「將將，嚴正之皃。」與今本不同，當據以訂正。《黍苗》箋：「肅肅，嚴正之皃。」句正相同。《説苑·權謀》篇「將將之臺」，亦謂將將爲尊嚴正肅也。大王築城郭、宫室，作郭門、正門，不獨大王爲諸侯制，即文王亦非即從天子制。周有天下，遂以郭門爲臯門，正門爲應門，故詩人直以周天子之制言之耳。下「冢土，大社」同。○「冢，大；戎，大；醜，衆」，竝《爾雅・釋詁》文。《逸周書・作雒》篇：「乃建大社于國中，其壝東青土，南赤土，西白土，北驪土，中央釁以黄土。將建諸侯，鑿取其方一面之土，燾以黄土，苴以白茅，以爲土封。」案此「冢土」爲「大社」之義也。《禮記・祭法》篇：「王爲群姓立社曰大社，王自爲立社曰王社。」王社在郊，迎氣報祈之禮行焉。大社在王宫路寢之西，大會同、大朝覲、大軍旅之政行焉。大王作宗廟，立社稷，故社爲大社也。古者用師告社，故《傳》引《爾雅・釋天》文爲證。孫炎注云：「大事，兵也。有事，祭也。」《爾雅》：「宜，事也。」《王制》：「天子將出征，宜乎社。」大王當日必有用師之事，今無攷。

肆不殄厥愠，亦不隕厥問。柞棫拔矣，行道兑矣。【傳】肆，故、今也。愠，恚；隕，墜也。兑，成蹊也。混夷駾矣，維其喙矣。【傳】駾，突；喙，困也。【疏】《思齊》傳：「肆，故、今也。」二《傳》訓同。凡「肆」者，皆承上起下之詞。「肆」兼「故」、「今」兩義。《爾雅》：「治、肆、古，故也。肆、故，今也。」「肆」爲「故」，「肆」、「故」又爲「今」，與「伊，維也。伊、維，侯也」、「潛，深也。潛、深，測也」皆其例。毛《傳》雖本《雅》訓，而意不同。《雅》謂「肆」一句，「故」一句，總爲之「今」也。《傳》謂《詩》之「肆」既爲「故」又爲「今」，立意自異。故者，承上古公也；今者，起下文王也。殄，絶也。《孟子・盡心》篇引《詩》，趙注云：「愠，怒也。」《正義》引《説文》云：「恚，怒也。」是愠、恚竝爲怒。「肆不殄厥愠」，承上文「戎醜攸行」而言。大王赫怒整旅，至文王而不絶其所怒也。趙注云：「隕，失也。」隊、失義同。俗作「墜」。問，讀爲「令聞」之「聞」。古問、聞通用。「亦不隕厥問」，趙注云：「不能隕失文王之善聲聞也。」《文王》篇「宣昭義問」，《正義》云：「常布明其善聲聞於天下。」義與此同。○柞、棫皆叢生薪木，故《皇矣》言柞棫拔而松柏易直也。拔，讀爲跋，猶翦除也。兩「拔」字同。兑者，「遂」之假借字。《桑柔》傳：「遂，道也。」遂，古「隧」字。《檀弓》注云：「隧，奪聲相近，或爲『兑』。」此即兑、遂聲通之證。《載馳》韓詩傳云：「不由蹊遂而涉曰跋涉。」韓以蹊遂爲跋。《大玄・羡》：「次五，孔道夷如，蹊路微如，大輿之憂。《測》曰：孔道之夷，奚不遵也。」竝與此《傳》云「成蹊」之「蹊」同。成蹊，猶言「成路」。《皇矣》二章「作」、「屏」、「修」、「平」、「啓」、「辟」、「攘」、「剔」

即此意也。古駾、突同部。《文選》王延壽《魯靈光殿賦》：「遭漢中微，盜賊奔突。」張載注：「突，唐突也。《詩》云：『昆夷突矣。』」「混」與「昆」通。《毛詩》作「駾」，三家《詩》或作「突」，此《傳》以「突」詁「駾」之證。喙，《廣韻・二十廢》引《詩》作「瘃」。「瘃」與「喙」同。《説文》「呬」下引《詩》「犬夷呬矣」，本三家《詩》，字異而音義相同。○案此與《采薇》、《出車》所歌爲一時事。《采薇》序云：「文王之時，西有昆夷之患。」《出車》篇云：「赫赫南仲，薄伐西戎。」西戎即昆夷也。文王伐昆夷，奉天子得專征伐之命，故與殷大臣共伐之。《書大傳》云：「四年伐犬夷。」犬夷亦即混夷也。是文王四年之前尚未興師出討，故《孟子》有「事昆夷」之説。至受命爲西伯，四年乃伐之。《箋》云：「是之謂一年伐混夷。」《正義》以爲「七年内之一年」，是已。

虞芮質厥成，文王蹶厥生。【傳】質，成也。成，平也。蹶，動也。虞、芮之君相與争田，久而不平，乃相謂曰：「西伯仁人也，盍往質焉？」乃相與朝周。入其竟，則耕者讓畔，行者讓路。入其邑，男女異路，班白不提挈。入其朝，士讓爲大夫，大夫讓爲卿。二國之君感而相謂曰：「我等小人，不可以履君子之庭。」乃相讓以其所争田爲閒田而退。天下聞之而歸者四十餘國。**予曰有疏附，予曰有先後，予曰有奔奏，予曰有禦侮。**【傳】率下親上曰疏附，相道前後曰先後，喻德宣譽曰奔奏，武臣折衝曰禦侮。【疏】「質」訓「成」，成讀《春秋》「以成宋亂」之「成」。凡四方有亂獄，則往而成之，是其義也。「成，平」，《節南山》同。虞、芮質成，《史記・周本紀》、《説苑・君道》篇、《書大傳・略説》竝有此文，而詳略不同耳。虞、芮在河東，周姬姓國，商時虞、芮無攷。《書大傳》云：「文王受命，一年斷虞、芮之訟，四年伐犬夷，五年伐耆，六年伐崇。」又云：「西伯既戡耆，紂囚之牖里。散宜生、閎夭、南宫适三子者，相與學訟於大公，大公與三子見文王于牖里。紂遣西伯伐崇。」案上章伐混夷在四年，此章乃追敘虞、芮斷訟及四臣來輔，渾括文王興周受命七年中事。「蹶，動」，《爾雅・釋詁》文，《版》同。《箋》云：「虞、芮之質平，而文王動其緜緜民初生之道。謂廣其德而王業大。」○予，我，我文王也。曰，《楚辭・離騷》注引《詩》作「聿」。聿、曰皆語詞。疏附，《書大傳》作「胥附」，疏、胥同。《釋文》「奔」作「本」，「奏」又作「走」。《書》釋文、正義作「奔奏」。禦，《釋文》作「御」。昭二年《左傳》：「季武子賦《緜》之卒章。」杜注云：「取文王有四臣，故能以緜緜致興盛。」《書大傳》云：「文王胥附、奔奏、先後、禦侮，謂之四鄰，以免乎牖里之害。懿子曰：『夫子亦有四鄰乎？』孔子曰：『文王得四臣，丘亦得四友焉。自吾得回也，門人加親，是非胥附邪？自吾得賜也，遠方之士日至，是非奔奏邪？自吾得師也，前有光，後有輝，是非先後邪？自吾得由也，惡言不至于門，是非禦侮邪？文王有四臣以免虎口，丘亦有四友以禦侮。』」案《詩》言「疏附」、「先後」、「奔奏」、「禦侮」，即此文王四臣是矣。據《書大傳》四臣，散宜生也，閎夭也，南宮适也，及大公吕尚也。與《君奭》言「文王修和，有夏虢叔、閎夭、散宜生、泰顛、南宮适」約舉五人者不同。解者皆失之。

《棫樸》五章，章四句。

《棫樸》，文王能官人也。【疏】《後箋》云：「《大戴禮》、《逸周書》皆有《文王官人》篇。《荀子》亦云：『文王以官人爲能。』竝與此《序》語合。」

芃芃棫樸，薪之槱之。【傳】興也。芃芃，木盛貌。棫，白桵也。樸，枹木也。槱，積也。山木茂盛，萬民得而薪之；賢人衆多，國家得用蕃興。

濟濟辟王，左右趣之。【傳】趣，趨也。【疏】《傳》云「芃芃，木盛皃」，《正義》作「盛皃」，無「木」字。《釋文》作「盛也」，「也」乃「皃」之誤。《初學記·帝王部》引「木盛也」，亦誤。「棫，白桵」，《爾雅·釋木》文。郭注云：「桵，小木叢生，有刺，實如耳璫，紫赤，可啖。」《緜》「柞棫拔矣」，《箋》：「棫，白桵也。」《正義》引《義疏》云：「《三蒼》說：棫即柞也。可以爲犢車軸。」與高注《淮南·時則》篇「櫟可以爲車轂」合。此秦人謂柞爲櫟，謂棫即柞者，恐非是也。薛綜《西京賦》注云：「棫，白蕤。」「蕤」與「桵」通。《爾雅》：「樸，枹者。」郭注云：「樸屬叢生者爲枹，《詩》所謂棫樸枹櫟。」舍人及李、孫本《爾雅》作「樸，枹者彙」。《傳》云「枹木」，亦謂叢生者也。《爾雅》：「枹，遒木，魁瘣。」注云：「謂樹木叢生，根枝節目盤結磈磊。」棫、樸二木名，《箋》謂「白桵相樸屬而生」，恐非是。○鄭注《大宗伯》云：「槱，積也。」本《傳》訓也。《說文》：「槱，積火燎之也。从木，从火，酉聲。《詩》曰：『薪之槱之。』《周禮》：『以槱燎祠司中、司命。』或作『酒』，柴祭天神也。」案「積火」當依段注本作「積木」，兩「燎」字當作「尞」。尞柴祭天，引申之，凡炊竈之

「薪柴」字皆當作「尞」。《傳》但云「積薪」，《説文》言「積木以尞之」者，即引此詩，正以申補《傳》義也。又兼引《周禮》之槱尞爲柴祭天神。《箋》云：「祭皇天上帝及三辰，則聚積以燎之。」此用三家《詩》。《繁露·郊祀》篇引此首章、二章，《四祭》篇引此二章，皆謂文王郊祭之詩。爲許、鄭所本，而非毛氏《傳》義也。《傳》以山木茂盛，薪積待用，興賢人之衆多，國家蕃興，于斯可驗。棫樸之作人，猶菁莪之育材爾。《詩異義》云：「首章見衆賢之集於朝輔助政教。次章述祀事之得人，三章述戎事之得人。國之大事，在祀與戎。舉此二者，以明賢才之用。四章言文王作人之化紂之污俗，咸與維新。末章言文王聖德綱紀四方，無不治理，又總筦政教之美，官人之效。經之設文，蓋有次弟矣。」○《文王》傳：「濟濟，多威儀也。」辟王，謂文王也。《新書·連語》篇：「似鍊絲，染之藍則青，染之緇則黑；得善佐則存，不得善佐則亡。此其不可不憂者耳。《詩》云：『芃芃棫樸，薪之槱之。濟濟辟王，左右趨之。』此言左右日以善趨也。故臣竊以爲練左右急也。」《容經》篇：「諺曰：『君子重襲，小人無由入。正人十倍，邪辟無由來。』古之人其謹於所近乎？《詩》曰：『芃芃棫樸，薪之槱之。濟濟辟王，左右趨之。』此言左右日以善趨也。」《晏子·問下》篇亦引此詩釋之云：「此言古者聖王明君之使以善也。」案與《序》「能官人」正合。其字皆作「趨」。《傳》以「趨」詁「趣」，正用古訓。《卷耳》傳云：「思君子官賢人，置周之列位。」左右趨善即是《卷耳》「周行」之義。

濟濟辟王，左右奉璋。【傳】半圭曰璋。奉璋峨峨，髦士攸宜。【傳】峨峨，盛壯也。髦，俊也。【疏】「半圭曰璋」，《斯干》同。《斯干》傳又云：「璋，臣之職也。」《箋》云：「璋，璋瓚也。祭祀之禮，王祼以圭瓚。諸臣助之，亞祼以璋瓚。」《禮記·祭統》：「君執圭瓚祼尸，大宗執璋瓚亞祼。」注：「圭瓚、璋瓚，祼器也，以圭璋爲柄。」《考工記·玉人》「大璋、中璋、邊璋」，注：「三璋之勺形如圭瓚。」《旱鹿》傳：「玉瓚，圭瓚也。」蓋祼祭有勺，所以流秬鬯之酒，勺以玉瓚爲柄；君用圭瓚，臣用璋瓚。《郊特牲》云：「灌以圭璋，用玉氣也。」是也。《詩異義》云：「臣之執璋行禮，唯贊祼時，其他無執璋者。《傳》云：『半圭曰璋。』璋瓚之璋亦半圭也。《傳》特略不及瓚耳。《箋》言諸臣亞祼以璋瓚，義實申《傳》。」案何注定八年《公羊傳》言「璋者，所以郊事天」，即引此詩，本《繁露·四祭》篇，此三家説。○峨峨，《釋文》：「本作『俄俄』。」《公羊》釋文：「又作『娥娥』。」《箋》：「奉璋之儀峨峨然。」儀、峨古聲同，如「厜㕒」即「嵯峨」之例。《爾雅》：「峨峨，祭也。」《爾雅》釋經義，故但云「祭」。《傳》云「盛壯」，壯，古「莊」字。盛莊者，即所謂「齊明盛服，以承祭祀」。《公羊疏》云：「奉此半珪之璋，其儀容峨峨盛莊。」疑徐彥所據《傳》正作「盛莊」。「髦，俊」，《甫田》、《思齊》同。《文王》：「殷士膚敏，祼將于京。」《傳》以殷士爲殷侯。此《箋》謂俊士爲卿士，蓋助文王祼祭者，諸侯卿士也。

淠彼涇舟，烝徒楫之。【傳】淠，舟行貌。楫，櫂也。周王于邁，六師及之。【傳】天子六軍。【疏】《楚辭·九歌》「沛吾乘兮桂舟」，王注云：「沛，行貌。」《説文》：「迊，行皃。」古淠、沛、迊同音普活切。《釋文》：「淠，匹世反。」今吴俗尚有此語。《玉篇》：「淠，水聲也。」《傳》詁「楫」爲「櫂」，「櫂」當作「擢」。《箋》云：「烝，衆也。淠淠然涇水中之舟順流而行者，乃衆徒船人以楫擢之故也。興衆臣之賢者行君政令。」〇「天子六軍」，《瞻彼洛矣》同。《繁露》引《詩》以此爲文王伐崇也。《後箋》云：「小、大《雅》所有文王之詩，自皆是周公制作禮樂時所爲。《四牡》傳云：『周公作樂，以歌文王之道，爲後世法。』此言已足爲諸文王詩之總義，故《大明》及此《傳》直云『天子造舟』、『天子六軍』，皆以追述之詞，不嫌稱文王爲天子。《疏》所云『詩爲《大雅》，莫非王法』者，誠通論也。」

倬彼雲漢，爲章于天。【傳】倬，大也。雲漢，天河也。周王壽考，遐不作人。【傳】遐，遠也，遠不作人也。【疏】《説文》：「倬，箸大也。《詩》曰：『倬彼雲漢。』」《傳》云「大」，許云「箸大」，益義以申《傳》也。「雲漢，天河」，《大東》傳亦云：「漢，天河也。」《箋》云：「雲漢之在天，其爲文章，譬猶天子爲法度於天下。」〇「遐，遠」，《汝墳》、《下武》同。《小箋》云：「此當云『遠作人也』，『不』衍字。」案此乃「不警，警也」、「不盈，盈也」之例。「遐不作人」，遠作人也；「不遠有佐」，遠夷來佐也。句法相同。《旱鹿》篇同。

追琢其章，金玉其相。【傳】追，雕也。金曰雕，玉曰琢。相，質也。勉勉我王，綱紀四方。【疏】追琢，《有客》作「敦琢」，追、敦皆假借字。《荀子》引此詩作「雕琢」，故《傳》以「雕」釋「追」也。《爾雅》：「玉謂之雕，金謂之鏤。玉謂之琢，雕謂之琢。鏤，鎪也。」是刻金不爲雕，而雕、琢皆爲治玉之稱。此詩雕琢、金玉文正相對，故《傳》謂雕治金，琢治玉。《正義》云「散文相通」，是矣。《桑柔》「維此惠君，民人所瞻。秉心宣猶，考慎其相」，《傳》：「相，質也。」二《傳》義同。案此詩美文王能官人，非專美文王有聖德相質也。章，猶明也。上句言章，下句言相；上句言雕琢，下句言金玉，合二句成辭以見興也。金玉以雕琢而明其質，四方以綱紀而端其本，其理一而已矣。《荀子・富國篇》云：「人君者，所以管分之樞要也。故美之者，是美天下之本也。安之者，是安天下之本也。貴之者，是貴天下之本也。古者先分割而等異之也。故使或美或惡，或厚或薄，或佚或樂，或劬或勞，非特以爲淫泰夸麗之聲，將以明仁之文，通仁之順也。故爲之雕琢刻鏤，黼黻文章，使足以辨貴賤而已，不求其觀。爲之鐘鼓管磬，琴瑟竽笙，使足以辨吉凶、合歡定和而已，不求其餘。爲之宮室臺榭，使足以避燥溼、養德辨輕重而已，不求其外。《詩》曰：『雕琢其章，金玉其相。亹亹我王，綱紀四方。』此之謂也。」荀言「本」，毛言「質」，義正相同。《說苑・修文》篇云：「故聖人之與聖也，如矩之三襍，規之三襍。周則又始，窮則反本也。《詩》曰：『彫琢其章，金玉其相。』言文質美也。」此引《詩》證教民以文質相爲終始，皆不指聖德言也。王肅云：「以興文王聖德，其文如雕琢，其質如金玉。」殊失古義。○勉勉，疑當作「亹亹」。《文王》篇「亹亹文王」，《傳》：「亹亹，勉也。」《嵩高》「亹亹申伯」，《箋》：「亹亹，勉也。」是《毛詩》皆作「亹亹」，後人或依訓釋改作「勉勉」耳。《韓詩外傳》五引此詩作「亹亹文王」。《白虎通義・三綱六紀》篇作「亹亹我王」，與《荀子》同。綱紀，主官人說。

《旱麓》六章，章四句。

《旱麓》，受祖也。周之先祖世脩后稷、公劉之業，大王、王季申以百福千祿焉。【疏】「受祖」之上疑有「文王」二字。

瞻彼旱麓，榛楛濟濟。【傳】旱，山名也。麓，山足也。濟濟，衆多也。豈弟君子，干祿豈弟。【傳】干，求也。言陰陽和，山藪殖，故君子得以干祿樂易。【疏】麓，《國語》作「鹿」。《釋文》：「本亦作『鹿』。」是也。「旱，山名；鹿，山足」，旱鹿，旱山之足也。《漢書・地理志》：「漢中郡南鄭旱山，池水所出，東北入漢。」劉昭《郡國志》注引《華陽國志》、酈道元《沔水注》並謂池水出旱山。又《水經・沔水》及《涔水》篇云：「涔水出旱山。」案此二水皆出自旱山也。今陝西漢中府附郭南鄭縣，在古《禹貢》梁州之域。殷周并梁入雍，則旱山在江漢域内。詩以旱山發詠，是在文王爲西伯時矣。榛，木名，見《簡兮》傳。《書·禹貢》：「荆州貢楛。」《釋文》引《義疏》云：「楛葉如荆而赤，莖似蓍。」《詩》釋文載《義疏》「莖」、「葉」二字互譌。云「濟濟，衆多也」者，言視彼旱山之足，榛楛之木衆多濟濟然，下文《傳》所謂「陰陽和，山藪殖」也。○君子，謂文王也。「干，求」，《爾雅·釋言》文。「樂易」詁「豈弟」，或作「愷悌」。《説文》：「愷，樂也。」無「悌」字。《周語》：「單穆公云：『《詩》亦有之曰：「瞻彼旱鹿，榛楛濟濟。愷悌君子，干禄愷悌。」夫旱鹿之榛楛殖，故君子得以易樂干禄焉。若夫山林匱竭，林麓散亡，藪澤肆既，民力彫盡，田疇荒蕪，資用乏匱，君子將險，哀之不暇，而何易樂之有焉？』」案君子有易樂之德，求福而福自至。榛楛之殖，此其驗也。毛《傳》正用《國語》。

瑟彼玉瓚，黄流在中。【傳】玉瓚，圭瓚也。黄金，所以飾。流，鬯也。九命，然後錫以秬鬯、圭瓚。豈弟君子，福禄攸降。【疏】瑟，鄭司農《周禮·典瑞》注引《詩》作「卹」，又作「邲」。「卹」即「邲」之誤。仲師治《毛詩》，其所據作「邲」。《箋》云：「瑟，絜鮮皃。」《説文》作「璱」，云：「玉英華相帶如瑟弦也。」本三家《詩》。今作「瑟」者，疑依《箋》改也。《毛詩》作「邲」，邲者，流鬯之皃。「泌之洋洋」，《傳》：「泌，泉水也。」「毖彼泉水」，《傳》：「泉水始出，毖然流也。」「邲」與「泌」、「毖」竝聲同而義近。玉瓚，《江漢》云「圭瓚」，故《傳》以「圭瓚」釋「玉瓚」也。《釋文》云：「黄金，所以流鬯也。」《御覽·珍寶六》引同。《釋文》又云：「一本作『黄金，所以爲飾。流，鬯也』，後人所加。」《正義》從定本及《集注》云：「俗本無『飾』字者，誤。」《小箋》從《正義》本而以「黄金，所以飾」爲句。奂謂當作「黄金，所以爲飾」，《釋文》一本有「爲」字是也。「象服，所以爲飾」、「象揥，所以爲飾」，皆其句例。《典瑞》「祼圭有瓚」，鄭司農注云：「於圭頭爲器，可以挹鬯祼祭，謂之瓚。」《玉人》：「祼圭尺有二寸，有瓚。大璋、中璋九寸，邊璋七寸，射四寸，厚寸，黄金勺，青金外，朱中，鼻寸，衡四寸，有繅。」鄭司農注云：「鼻，謂勺龍頭鼻也。衡，謂勺柄龍頭也。」案璋瓚、圭瓚，其形相似，瓚柄用圭謂之圭瓚，圭頭有勺，勺以黄金爲飾，即所以注酒。黄即勺，流即酒，故《傳》云「流，鬯也」。鬯，秬鬯。「黄流在中」，言秬鬯之酒自勺中流出也。《江漢》傳云：「九命，錫圭瓚、秬鬯。」二《傳》同。九命者，文王九命作西伯也。《白虎通義·考黜》篇：

「圭瓚秬鬯，宗廟之盛禮。故孝道備而賜之秬鬯，所以極著孝道。孝道純備，故内和外榮。玉以象德，金以配情，芬香條鬯，以通神靈。玉飾其本，君子之性；金飾其中，君子之道，君子有黄中通理之道美素德。金者，精和之至也。玉者，德美之至也。鬯者，芬香之至也。君子有玉瓚秬鬯者，以配道德也。其至矣，合天下之極美，以通其志也，其唯玉瓚秬鬯乎？」

鳶飛戾天，魚躍于淵。【傳】言上下察也。

豈弟君子，遐不作人。【疏】《傳》云「言上下察也」者，引《禮記·中庸》釋《詩》之文。《禮記述聞》云：「《中庸》引《詩》以明君子之道之大，上至於天，下至於地也。故下文曰：『君子之道，造端乎夫婦。及其至也，察乎天地。』《管子·内業》篇：『上察於天，下極於地。』《淮南子·原道》篇『高不可際』，高誘注曰：『際，至也。』『際』與『察』古同聲。」案鳶天魚淵，極乎天地，此言文王之道之所至。《文王》傳「文王升接天，下接人」，亦此意也。《潛夫論·德化》篇：「《詩》云：『鳶飛厲天，魚躍于淵。』君子修其樂易之德，上及飛鳥，下及淵魚，無不歡忻悦豫。」《文選·四子講德論》注引薛君云：「魚喜樂則踴躍於淵中。」三家《傳》以鳶飛魚躍爲道之效，與毛義異。鳶，當作「鳶」，詳《四月》篇。○《棫樸》傳：「遐，遠也，遠作人也。」「不」爲語助。成八年《左傳》引：「《詩》曰：『愷悌君子，遐不作人。』求善也夫，作人斯有功績矣。」杜注云：「遐，遠也。作，用也。言文王能遠用善人。不，語助。」杜注正本毛《傳》。今《棫樸》傳於「遠」下誤加「不」字矣。《潛夫論》作「胡不作人」。胡，何也。此三家義。

清酒既載，騂牡既備。【傳】言年豐畜碩也。以享以祀，以介景福。【傳】言祀所以得福也。【疏】《文選·西征賦》注引《韓詩章句》云：「載，設也。」「載」即「䎕」之假借。《廣雅·釋言》：「䎕，設也。」《説文·丮部》：「䎕，設食也。从丮、食，才聲。讀若載。」《傳》云「言年豐畜碩也」者，《正義》云：「言酒見其年豐，言牲見其畜碩。桓六年《左傳》：『聖王先成民而後致力於神，故奉牲以告曰：「博碩肥腯。」謂其畜之碩大蕃滋也。奉酒醴以告曰：「嘉栗旨酒。」謂其三時不害，而民和年豐也。』此《傳》取彼意也。」《白虎通義·三正》篇釋《詩》云：「言文王之牲用騂，周尚赤也。」此是《魯詩》義，解經「騂牡」二字。蓋毛義亦指文王也。○享，孝也。介、景皆大也。文王當年豐畜碩，以孝祀其先祖，能得大大之福。故《傳》云：「言祀所以得福也。」案此及下章言享祀獲福，而神勞來之，即是《序》云「受祖」之義。上三章皆述文王求福之隆，末章述文王求福由於有小心之德，但言求福而福自隆盛，「受祖」之義唯箸於四、五兩章而已。

瑟彼柞棫，民所燎矣。【傳】瑟，衆貌。豈弟君子，神所勞矣。【疏】「瑟」訓「衆皃」，未聞。柞棫之衆，即首章「榛楛濟濟」之義也。《釋文》：「燎，《說文》作『尞』，云：『柴祭天也。』又云：『燎，放火也。』」依陸則《詩》本有作「尞」者矣。凡燒薪木，其字皆可作「尞」。《白華》傳：「烘，尞也。」則尞亦烘也。《月令》：「季冬，乃命四監收秩薪柴，以共郊廟及百祀之薪燎。」燎，亦當作「尞」。〇神，先祖之神也。文王能祀先祖而神勞之。僖十二年《左傳》：「君子曰：『管氏之世祀也，宜哉！讓不忘其上。《詩》曰：「愷弟君子，神所勞矣。」』」杜注云：「言樂易君子爲神所勞來，故世祀也。」此引《詩》以證世祀之宜，《傳》意當然也。

莫莫葛藟，施于條枚。【傳】莫莫，施貌。豈弟君子，求福不回。【疏】《廣雅》：「莫莫，茂也。」此云「施皃」，緣下句以立訓。「施于條枚」，《韓詩外傳》二、《呂覽·知分》篇注、《後漢書·黃瓊傳》注引《新序》竝作「延于條枚」。《箋》用《韓詩》作「延」。《葛覃》傳：「施，移也。」延，移義相近。高誘注《呂覽》云：「莫莫，葛藟之貌。延蔓于條枚之上，得其性也。樂易之君子，求福不以邪道，順於天性，以正直受大福。」鄭注《禮記》與高注同。〇《禮記·表記》篇：「子曰：『下之事上也，雖有庇民之大德，不敢有君民之心，仁之厚也。是故君子恭儉以求役仁，信讓以求役禮。不自尚其事，不自尊其身，儉於位而寡於欲，讓於賢，卑己而尊人，小心而畏義，求以事君。得之自是，不得自是，以聽天命。《詩》云：「莫莫葛藟，施于條枚。凱弟君子，求福不回。」其舜、禹、文王、周公之謂與？有君民之大德，有事君之小心。《詩》云：「惟此文王，小心翼翼。昭事上帝，聿懷多福。厥德不回，以受方國。」』」案兩詩義正同。《大明》傳云：「回，違也。」則此詩「回」字亦謂文王小心之德不違於道。《周語》單襄公言聖人貴讓，其下即引此詩。又《淮南子·泰族》篇引此詩而釋之云：「言以信義爲準繩也。」竝與《禮記》引《詩》義合。

《思齊》五章，二章章六句，三章章四句。

《思齊》，文王所以聖也。

思齊大任，文王之母。思媚周姜，京室之婦。【傳】齊，莊；媚，愛也。周姜，大姜也。京室，王室也。大姒嗣徽音，則百斯男。【傳】大姒，文王之妃也。大姒十子，衆妾則宜百子也。【疏】《文王》傳：「思，詞也。」「思齊大任」，猶云「有齊季女」耳。「思」與「有」皆語詞。《列女傳·母儀》篇：「大任之性端壹誠莊。」與《傳》訓「齊，莊」同。《爾雅》：「齊，壯也。」莊、壯字通。大任，仲任也，摯國之女，王季之妃，文王之母也。《説文》：「媚，説也。」愛、説義相近。大王居周原，謂之周姜；尊稱之，又謂之大姜。《大明》傳：「京，大也。」《正義》云：「京者，京師，故言『京室，王室』。王季未爲天子而言京者，以其追號爲王，故以京師言之。」○大姒，莘國姒姓之女，是謂文王之妃也。《角弓》傳：「徽，美也。」言大姒能嗣大任之美音也。《後漢書·襄楷傳》：「文王一妻誕數十男，所謂『大姒十子』也。」《白虎通義·姓名》篇：「文王十子，《詩傳》曰：『伯邑考、武王發、周公旦、管叔鮮、蔡叔度、曹叔振鐸、成叔處、霍叔武、康叔封、南季載。』」此當是《魯詩傳》。劉向《列女傳》亦用《魯詩》言大姒生十男，其次弟合。唯霍叔武、成叔處字有互異耳。然《孟子·公孫丑》篇云：「周公，弟也。管叔，兄也。」《荀子·儒效篇》亦云：「管叔爲周公兄。」《史記·管蔡世家》武王同母兄弟十人，其次管叔在周公之前，其説爲有依據。妃之下皆爲妾，故云「衆妾」。《韓奕》傳云：「諸侯一取九女，二國媵之。諸娣，衆妾也。」是衆妾，九女也。《白虎通義·嫁娶》篇云「天子、諸侯一取九女」，引《王度記》、《漢書·杜欽傳》、《後漢書·劉瑜傳》竝云：「天子一取九女。」天子九女，即《周禮》之「九嬪」也。王引之《周禮述聞》云：「《周禮·敘官》有九嬪，以下無三夫人，與《昏義》不同。《昏義》九嬪次於三夫人之下，此則有九嬪而無三夫人，非有其人而不列於此也。《内宰》、《内小臣》、《内司服》、《追師》皆但言九嬪而不及三夫人，然則《周禮》無三夫人明矣。《周語》：『内官不過九御。』《魯語》：『日入，監九御，使潔奉禘郊之粢盛。』韋注竝云：『九御，九嬪。』《月令》：『后妃帥九嬪御，乃禮天子所御。』皆言九嬪而不及三夫人，與《周禮》合。」奐案《昏義》：「古者天子后立六宫、三夫人、九嬪、二十七世婦、八十一御妻。」蓋古者一取十二女，三國來媵，故后之外有三夫人，有九嬪。周制一取九女，二國來媵，故后之外但有九嬪，無三夫人。《周南》之后妃、《召南》之夫人皆指大姒而言。文王受命爲天子，猶行諸侯禮。周公制禮，必效法文王，故天子、諸侯皆一取九女也。周人立正妃，又有次妃三人，又有二國之媵姪娣六人，適符九女之數。正妃位尊，九女不兼正妃言也。正妃生十子，九女應生九十子，合之爲有百子，故《傳》云：「大姒十子，衆妾則宜百子也。」大姒能絶嫉妬之原，故衆妾得生子孫衆多，《樛木》、《螽斯》之化行也。

惠于宗公，神罔時怨，神罔時恫。【傳】宗公，宗神也。恫，痛也。刑于寡妻，至于兄弟，以御于家邦。【傳】刑，法也。寡妻，適妻也。御，迎也。【疏】《燕燕》傳：「惠，順也。」順，讀如「順祀先公」之「順」。云「宗公，宗神也」者，《傳》即從下文兩「神」字立訓，言文王之祀群神也。《祭法》：「有天下者祭百神。」《曲禮》：「天子祭天地，祭四方，祭山川，祭五祀，歲徧。」又《王制》：「天子祭天下名山大川，五嶽視三公，四瀆視諸侯。」昭二十九年《左傳》：「五行之官，是謂五官，實列受氏姓，封爲上公，祀爲貴神。社稷五祀，是尊是奉。」杜注云：「五官之君長能脩其業者，死皆配食於五行之神，爲王者所尊奉。」凡此皆所謂群神也。《雲漢》篇「上下奠瘞，靡神不宗」，《傳》：「上祭天，下祭地，奠其禮，瘞其物。宗，尊也。」據彼《傳》，則此詩「宗」字亦作「尊」字解。曰「宗公」，猶言乎「上公」矣。曰「宗神」，猶言乎「貴神」矣。《晉語》云：「文王於是乎用四方之賢良。及其即位也，詢於八虞而咨於二虢，度於閎夭而謀於南宫，諏於蔡、原而訪於辛、尹，重之以周、召、畢、榮，億寧百神而柔和萬民。故《詩》云：『惠于宗公，神罔時恫。』」《國語》以宗公爲百神，與毛《傳》以宗公爲宗神正是一意。此引《詩》承「億寧百神」句，而於「詢、咨、度、謀、諏、訪」句不干涉也。猶上文引《詩》「刑于寡妻，至于兄弟，以御于家邦」承「刑于大姒」句，而於「在傅弗勤，處師弗煩」句不干涉也。解《國語》者皆失之矣。《正義》謂「宗公」爲「宗廟先公」，但經、傳中未有稱祖宗爲宗公者，亦未有稱祖宗爲宗神者，孔説疏矣。引王肅云：「文王之德，上順祖宗，安寧百神，無失其道，無所怨痛。」王意以宗爲祖宗，公爲百神。不知此章宗公泛言神，下章宫廟纔説到宗廟。王釋「宗」、「公」平列，述毛亦誤。《箋》易毛，以宗公爲大臣。然順於大臣，未能即當於神明，與下文兩言「神」義不相接。「恫，痛」，《爾雅·釋言》文。《楚語》云：「又能上下説乎鬼神，順道其欲惡，使神無有怨痛于楚國。」怨恫即怨痛，《傳》訓正用《國語》。恫，《説文》引《詩》作「侗」。侗，假借字。○《釋文》引《韓詩》云：「刑，正也。」趙注《孟子・梁惠王》篇與韓同。法、正義相近。《傳》上章云「文王之妃」，此云「寡妻，適妻也」者，寡之爲言特也，適之爲言正也。寡謂之特，特謂之匹。適謂之妃，妃謂之匹。義竝通也。天子之妻適一，餘皆妾，故《傳》釋「寡妻」爲「適妻」，猶《尚書》稱「適兄」爲「寡兄」矣。《燕燕》：「先君之思，以勖寡人。」此衛莊姜爲莊公之適，故得自稱曰寡人。《禮記・玉藻》：「其於敵以下曰寡人。」《曲禮》：「其與民言，自稱曰寡人，猶天子自稱曰予一人、諸侯自稱曰孤也。」《論語》：「邦君之妻，稱諸異邦曰寡小君。」以邦君妻稱寡小君，猶自稱其君曰寡君也。此名之必正者也。解者竝謂寡妻爲寡德於是主，一「無敵」之義久湮矣。又《曲禮下》篇：「天子之妃曰后，諸侯曰夫人，大夫曰孺人，士曰婦人，庶人曰妻。」析言之也。妻，其通稱也。《爾雅》：「訝，迎也。」《說文》：「訝，相迎也。」「訝」本字，「御」假借字。《鵲巢》、《甫田》箋竝云：「御，迎也。」迎于家邦，言文王之接見於天下家邦也。《書大傳》：「天子大子年十八曰孟侯。孟侯者，于四方諸侯來迎于郊者，問其所不知也。」鄭注云：「孟，迎也。」案「迎家邦」與「迎侯」義同。

雝雝在宮，肅肅在廟。【傳】雝雝，和也。肅肅，敬也。不顯亦臨，無射亦保。【傳】以顯臨之保安無猒也。【疏】「雝雝，和；肅肅，敬」，《禮記・樂記》、《爾雅・釋訓》竝有其文。宮，亦廟也。《采蘩》傳云：「宮，廟也。」〇不顯，顯也。亦臨，臨也。厭，當依《釋文》作「猒」。《釋文》云：「保安無猒也，一本作『保，安也。射，猒也』，非。」《正義》云：「言安無厭也。定本云：『保，安；射，厭也。』」定本與《釋文》之「一本」同，《正義》與《釋文》同，而《釋文》又衍一「保」字耳。當依《正義》本作「安無厭也」四字爲長。《傳》以「安」釋「保」，以「猒」釋「射」，先釋「保」後釋「射」，倒文以明義也。「以顯臨之安無猒也」八字作一氣讀，言文王以顯道臨民，則民安君德，無見猒憎之也。《清廟》傳云：「無射于人，斯不見厭於人矣。」義正與此同。

肆戎疾不殄，烈假不瑕。【傳】肆，故、今也。戎，大也。故今大疾害人者，不絶之而自絶也。烈，業；假，大也。不聞亦式，不諫亦入。【傳】言性與天合也。【疏】「肆，故、今也」，《緜》同。「戎」訓「大」。「殄」訓「絶」，不絶，絶也。此承上章臨保無厭之意。故《傳》又申明之，言故今大疾害人之事，自是乃絶也。烈，當作「厲」。《傳》云「厲，業」，謂「厲」即「列」之假借。《執競》、《武》傳皆云：「烈，業也。」烈謂之業，厲亦謂之業。後人不通假借之例，遂改「厲」爲「烈」矣。《箋》：「厲、假，皆病也。」鄭所據《毛詩》本作「厲」，字同而義異耳。《集韻・十四泰》引《詩》作「厲假不瑕」，皆其證。「假，大」，《那》、《烈祖》同。假，讀爲嘏，嘏，大也。《爾雅》假、嘏皆大也。「嘏」本字，「假」假借字。《狼跋》「德音不瑕」，《傳》：「瑕，過也。」義當同。○式，用也。不聞，聞也。亦式，式也。不諫，諫也。亦入，入也。與「不顯亦臨」、「不顯亦世」上「不」下「亦」皆爲語詞者同其句例。聞、式、諫、入正是文王之聖德。《傳》云「性與天合」者，即是孟子「性善」之義。《孟子・盡心》篇云：「盡其心者，知其性也。知其性，則知天矣。」所謂「性與天合」也。下章即承此意，而推廣文王作人之化見，聖德之章明。

肆成人有德，小子有造。【傳】造，爲也。

古之人無斁，譽髦斯士。【傳】古之人無厭於有名譽之俊士。【疏】「造，爲」，《閔予小子》、《酌》同。《説苑・建本》篇云：「成人有德，小子有造，大學之教也。時禁於其未發之曰豫，因其可之曰時，相觀於善之曰磨，學不陵節而施之曰馴。發然後禁，則扞格而不勝。時過然後學，則勤苦而難成。雜施而不遜，則壞亂而不治。獨學而無友，則孤陋而寡聞。故曰：有昭辟廱，有賢泮宮。田里周行，濟濟鏘鏘，而相從執質，有族以文。」案此乃西京人釋《詩》，與《傳》「造」訓「爲」義合。《書・洪範》云：「人之有能有爲，使脩其行。」此即「有爲」之義也。○《釋文》云：「斁，毛音亦，猒也。鄭作『擇』。髦，俊也。一本此下更有『古之人無猒於有譽之俊士也』，此王肅語。」據陸氏所見毛《傳》有「斁猒也髦俊也」六字，今本奪去，而衍入「古之人」以下十二字，以王肅語攙改《傳》文。鄭作「擇」，《正義》云：「《箋》不言字誤，則此經本有作『擇』者，故不破之。」案孔説是也。詩作「擇」，《傳》訓爲「猒」，謂「擇」即「斁」之假借。猒，讀《論語》「學而不猒」之「猒」。《甫田》、《棫樸》「髦」皆訓爲「俊」。

《皇矣》八章，章十二句。

《皇矣》，美周也。天監代殷莫若周，周世世修德莫若文王。【疏】崔靈恩《集注》下「周」字作「也」字，玩《箋》亦然。

皇矣上帝，臨下有赫。監觀四方，求民之莫。【傳】皇，大；莫，定也。維此二國，其政不獲。維彼四國，爰究爰度。【傳】二國，殷、夏也。彼，彼有道也。四國，四方也。究，謀；度，居也。上帝耆之，憎其式廓。乃眷西顧，此維與宅。【傳】耆，惡也。廓，大也。憎其用大位行大政。西顧，顧西土也。宅，居也。【疏】「皇」訓「大」，美大之詞。上帝，天也。赫，猶赫赫也。《大明》云：「赫赫在上。」《節南山》傳云：「監，視也。」「莫，定」，《爾雅·釋詁》文，《版》同。本亦作「嗼」。汪遠孫云：「《文選》沈約《齊安陸昭王碑》『慮深求瘼』李注、班固《漢書》注引《詩》『而爲此瘼』，今《漢書·敘傳》作『莫』，誤。《蜀志·馬超傳》：『章武策曰：「求民之瘼。」』本三家《詩》。《潛夫論·班祿》篇亦作『瘼』。」〇《書·召誥》篇：「我不可不監于有夏，亦不可不監于有殷。我不敢知，曰有夏服天命，惟有歷年；我不敢知，曰不其延，惟不敬厥德，乃早墜厥命。我不敢知，曰有殷受天命，惟有歷年；我不敢知，曰不其延，惟不敬厥德，乃早墜厥命。今王嗣受厥命，我亦惟兹二國命，嗣若功。」案二國謂夏、殷，與詩言二國同。周歷夏、殷而王天下，周代殷，故《傳》釋「二國」又先殷而次夏也。獲，得也。「其政不獲」，言殷、夏之不得民心也。此二國爲無道，則彼四國，《傳》釋「彼」爲「彼有道」。四國，即天監之四方，故云：「四國，四方也。」「究，謀」，《釋詁》文。「度」訓「居」，居猶定也。爰，於也。言彼四方有道之國，於是圖謀而安定之。是人與天皆有定民之意。《正義》用王肅語，謂四方諸侯從紂謀度於非道，《傳》意不然也。〇《韓詩·武》傳：「耆，惡也。」與此《傳》訓同。《廣雅》：「諸，怒也。」「耆」與「諸」聲義相近。憎，亦惡也。式，用也。「廓，大」，《釋詁》文。廓，當依《釋文》作「郭」。古城郭作「𩫏」，恢廓作「鄺」也。《傳》既訓「郭」爲「大」，而又申釋「用大」之義爲「用大位行大政」。《牧誓》云：「今商王受，乃惟四方之多罪逋逃，是崇是長，是信是使，是以爲大夫卿士，俾暴虐于百姓，以姦宄于商邑。」即其義也。眷，顧皃。《傳》文「顧」上奪「西」字，今從《小箋》補。「西顧，顧西土」者，《康誥》云：「我西土惟時怙冒聞于上帝，帝休，天乃大命文王。」即其義也。「宅，居」，《釋言》文，《閟宮》同。《潛夫論》及《論衡·初稟》篇作「度，宅居」，與「度，居」同。西土有安居下民之道，故天眷而與之。《淮南子·氾論》篇引《詩》而釋之云：「言去殷而遷于周也。」《漢書·郊祀志》匡衡奏議釋

《詩》云：「言天以文王之都爲居也。」《谷永傳》云：「去惡奪弱，遷命賢聖。」竝與毛義同。

作之屏之，其菑其翳。修之平之，其灌其栵。啓之辟之，其檉其椐。攘之剔之，其檿其柘。【傳】木立死曰菑，自斃爲翳。灌，叢生也。栵，栭也。檉，河柳也。椐，樻也。檿，山桑也。帝遷明德，串夷載路。【傳】徙就文王之德也。串，習；夷，常；路，大也。天立厥配，受命既固。【傳】配，媲也。【疏】作，讀爲柞。《載芟》傳：「除木曰柞。」《釋文》：「屏，除也。菑，又作『甾』。」《爾雅·釋木》：「立死，甾。」《傳》所本也。郭注引《詩》作「椔」。鄭司農《輪人》注：「菑，讀如『褋廁』之『廁』。泰山平原所樹立物爲菑，聲如胾；博立梟棊亦爲菑。」「菑」有「立」義，故木之立死者爲菑也。李巡讀爲「菑害」之「菑」。《正義》據爲說，失古訓矣。《釋文》引《韓詩》：「菑，反草也。」義異。《爾雅》：「蔽者，翳。」「蔽」與「斃」通。《傳》云「自斃」與「立死」對文，立者爲菑，不立者爲翳，皆謂木之死者。「翳」即「殪」之假借字。《韓詩》：「殪，因也，因高填下也。」毛、韓訓不同，而翳、殪則聲同也。郭璞讀爲「蔭翳」，《正義》據以爲生木，失之矣。《釋文》「叢生」上有「木」字。《爾雅》：「木族生爲灌。」孫、郭注及《家訓·書證》篇竝以「族」爲「叢」。《玉篇》：「樌，木叢生也。今作『灌』。」「栵，栭」，《釋木》文。《說文注》云：「栭與灌爲類，非木名，謂小木叢生者，如魚子名鯤鮞。」案段說是也。芝栭、栭栗皆因小得名。陸《疏》、郭注以爲栵栭之專稱，恐非是。「檉，河柳」，《釋木》文。《正義》引《義疏》云：「河柳，皮正赤如絳，一名雨師。枝葉似松。」《漢書·西域傳》鄯善國多檉柳。「椐，樻」，《釋木》文。《義疏》云：「節中腫似扶老，即今靈壽是也。今人以爲馬鞭及杖。」《漢書·孔光傳》「賜大師靈壽杖」，顏注云：「木似竹有枝節，長不過八九尺，圍三四寸，自然有合杖制，不須削治也。」攘，剔，皆除也。《釋文》：「剔，或作『鬄』。」「檿，山桑」，《尚書》檿絲，《國語》檿弧，檿皆山桑。山桑，以別於隰桑也，亦謂檿桑，《爾雅》：「檿桑，山桑。」《考工記·弓人》：「取榦：檿桑次之。」柘，亦桑屬也。胡三省《通鑑辨誤》云：「桑、柘二木之葉皆可以飼蠶。柘木抽條勁直而長，桑木敷枝擁腫而大。柘之葉小而厚，桑之葉大而薄。今村莊園圃籬落皆有之，居然可別也。」《箋》云：「天既顧文王，四方之民則大歸往之。岐周之地險隘多樹木，乃競刊除而自居處。言樂就有德之甚。」

〇「遷」訓「徙」，與《氓》、《賓之初筵》、《殷武》同。《大明》傳云：「文王之德明明於下，故赫赫然箸見於天。」是文王有明德，故天乃徙就之也。「串，習」，《釋詁》文，字當作「毌」。《史記・田完世家》：「宣公取毌丘。」《索隱》：「毌，音貫。」則其字尚作「毌」也。今俗作「串」。夷，讀爲彝。《烝民》傳：「彝，常也。」《瞻卬》同。習常，王肅以爲「世習常道」，是也。「路，大」，《釋詁》文，《生民》同。大，國大也。配，當作「妃」。《釋文》：「本亦作『妃』。」《爾雅》作「妃」。《正義》云：「《釋詁》：『妃，媲也。』某氏引《詩》作『妃』。」《説文》：「媲，妃也。」《箋》云：「天既顧文王，又爲之生賢妃，謂大姒也。」

帝省其山，柞棫斯拔，松柏斯兑。帝作邦作對，【傳】兑，易直也。對，配也。自大伯王季。【傳】從大伯之見王季也。維此王季，因心則友。則友其兄，則篤其慶，載錫之光。受禄無喪，奄有四方。【傳】因，親也。善兄弟曰友。慶，善；光，大也。喪，亡；奄，大也。【疏】《爾雅》：「省，察也。」山，岐山也。拔，義詳《緜》篇。兑，猶兑兑也。《殷武》「松柏丸丸」，《傳》：「丸丸，易直也。」義與此同。《傳》詁「對」爲「配」者，言自文王之治岐而克配上帝也。此承上章之意。下文乃溯周世德，推本文王之所由興。〇《傳》釋「大伯王季」爲「大伯之見王季」者，蓋文王之興，實始於大伯之見讓、王季之能立也。釋「自」爲「從」者，謂天亦從其意而徙就之也。因，古「姻」字，如「舊姻」作「舊因」之例。「因」訓「親」，親心即仁心。《説文》：「仁，親也。」《中庸》云：「仁者，人也。親親爲大。」「善兄弟曰友」，《六月》同。大伯讓於王季，王季克循親親之心以善事大伯。《蓼蕭》傳云：「爲兄亦宜，爲弟亦宜。」所謂「善兄弟」也。「則友其兄」，兄爲大伯，即承「則友」句。「則篤其慶」，《傳》訓「慶」爲「善」，亦即承善兄弟意而申言之。篤其慶，猶云篤於親也。篤，厚也。古光、廣聲通，故「光」有「大」義。「載錫之光」，王肅云：「錫文王之大位。」是也。喪、亡疊韻。「受禄無亡」，言受禄不失也。《説文》：「俺，大也。」「奄」與「俺」同。《韓詩外傳》：「大王亶甫有子曰大伯、仲雍、季歷，歷有子曰昌。大伯知大王賢昌而欲季爲後也，大伯去之吴。大王將死，謂曰：『我死，汝往讓兩兄。彼即不來，汝有義而安。』大王薨，季之吴告伯、仲，伯、仲從季而歸。群臣欲伯之立季，季又讓。伯謂仲曰：『今群臣欲我立季，季又讓，何以處之？』仲曰：『刑有所謂矣，要於扶微者，可以立季。』季遂立而養文王，文王果受命而王。孔子曰：『大伯獨見，王季獨知。伯見父志，季知父心。故大王、大伯、王季，可謂見始知終而能承志矣。』《詩》曰：『自大伯王季。惟此王季，因心則友。則友其兄，則篤其慶，載錫之光。受禄無喪，奄有四方。』此之謂也。」案韓與毛義同。毛義簡略，可即韓義以證明之。

維此文王，帝度其心。貉其德音，其德克明。克明克類，克長克君。【傳】心能制義曰度。貉，静也。德正應和曰貉，照臨四方曰明。類，善也。勤施無私曰類，教誨不倦曰長，賞慶刑威曰君。王此大邦，克順克比。【傳】慈和徧服曰順，擇善而從曰比。比于文王，其德靡悔。【傳】經緯天地曰文。既受帝祉，施于孫子。【疏】文王，各本作「王季」。昭二十八年《左傳》引《詩》作「唯此文王」。《正義》云：「今王肅注及《韓詩》亦作『文王』。」《公劉》傳：「言文王之無悔。」《禮記・樂記》注：「言文王之德。」皆此詩作「文王」之證。《箋》作「王季」。晉干寶《晉紀總論》已沿鄭誤。「心能制義曰度」九言皆《左傳》釋《詩》之文，毛《傳》所本也。各本「貉，静也」下衍「《箋》云」二字，而以「曰貉」五言混入《箋》語。《正義》謂「毛引不盡，《箋》取足之」，誤矣。《小箋》云：「此章故訓本《左氏》，已上三十三字各本係《箋》，自屬舛誤，今訂正。」「貉，静」，《爾雅・釋詁》文。《左傳》、《禮記》、《韓詩》皆作「莫其德音」。《釋文》引《韓詩》：「莫，定也。」《玉篇》：「嗼，静也。」「嗼」與「莫」同。「類，善」，《釋詁》文，《既醉》、《桑柔》、《瞻卬》同。克比，《禮記》作「克俾」。《爾雅》：「俾，從也。」「比」與「俾」古字通。比于文王，比者，合也。言文王之德合於文而能王天下也。《周語》：「天六地五，數之常也。經之以天，緯之以地。經緯不爽，文之象也。文王質文，故天胙之以天下。」案《國語》言文王有文德，與《左傳》釋《詩》正合。《正義》云：「《左傳》説此九事，乃云：『九德不愆，作事無悔。』言其動合衆心，不爲人所恨。《公劉》傳曰：『民無長嘆，猶文王之無悔也。』則毛取《左傳》之意，謂文王之德不爲人恨。」○《左傳》：「故襲天禄，子孫賴之。」襲天禄即受帝祉也。杜注云：「襲，受也。」

帝謂文王，無然畔援，無然歆羨，誕先登于岸。【傳】無是畔道，無是援取，無是貪羨。岸，高位也。密人不恭，取距大邦，侵阮徂共。

【傳】國有密須氏，侵阮，遂往侵共。王赫斯怒，爰整其旅，以按徂旅。以篤于周祜，以對于天下。【傳】旅，師；按，止也。旅，地名也。對，遂也。

【疏】《傳》以「無是」釋「無然」，「然」與「是」同義。此爲全《詩》「然」字通訓也。畔者，「叛」之假借字。《傳》訓「畔援」爲「畔道而援取」。《箋》：「畔援，猶拔扈也。」《釋文》引《韓詩》：「畔援，武强也。」《漢書·敘傳》注作「畔換」，《玉篇·人部》作「伴換」，義竝同。「歆羨」訓「貪羨」者，歆從音聲，貪從今聲，聲近義通。《文選》孫綽《遊天台山賦》注引《韓詩章句》云：「羨，願也。」誕，大；登，升也。《正義》云：「岸是高地，故以喻高位。」案《十月之交》傳以「高岸爲谷」喻易位，則兩「岸」字義同。言文王無是畔道援取，貪羨之心大矣，早先升於高位也。○密，密須國。《漢書·地理志》：「安定郡陰密，《詩》密人國。」在今甘肅涇州靈臺縣西五十里有陰密故城，即古密須國地。《世本》云：「密須，姞姓。」此與姬姓之密在漢河南郡密縣者異也。《周語》密康公不獻三女，爲周恭王所滅，所謂密須亡由伯姬也。《詩》密人乃康公之上祖，文王之伐，不必貪羨其土地。故《吕覽·用民》篇：「密須之民，自縛其主而與文王。」則文王未嘗滅密須矣。《書大傳》云：「文王受命三年，伐密須。」恭，當作「共」。《吕覽》注引《詩》作「共」。「密人不共」，猶言「宋公不王」耳。不共，不共王職也。「敢距大邦」，距文王也。時文王爲西伯，故稱大邦也。阮、共，二國名，文王之屬。王肅云「周地」，非也。阮國無攷。《方輿紀要》云：「涇州共池在州北五里，《詩》『侵阮徂共』，今之共池是也。」《傳》訓「徂」爲「往」。侵阮侵共，是密須侵我周之屬國，故下文即言伐密須徂旅之師，所以討其不共也。《箋》乃據《魯詩》以密、阮、徂、共爲四國，謂阮、徂、共三國犯周，文王伐之，密人距其義兵，則經文當言阮、徂、共三國犯周，而密人助虐，不當先言密人之犯順。其阮、徂、共犯周，與文王之伐阮、徂、共，不見經、傳，未知《魯詩》所據何書。首章「維彼四國」及《文王有聲》「有此武功」，《箋》謂「伐此四國」，皆用魯義。要當從毛義爲長。○赫，盛怒之皃。斯，語詞。《傳》於《北山》、《大明》「旅」爲「衆」，而此「旅」爲「師」者，師，六師也。密須連侵鄰封，文王救患恤同，於是治師伐密須，猶湯之征葛，弔民伐罪，往取其殘而已也。以，讀「能左右之曰以」之「以」。「按，止」，《釋詁》文。「按」與「遏」一聲之轉。《文王》傳：「遏，止也。」《孟子·梁惠王》篇引《詩》正作「遏」。《逸周書·武寤》篇：「約期于牧，案用師旅。」「案」與「按」通。《傳》云「止」者，當讀如「乃止齊焉」之「止」，謂步伐有節止也。旅，《孟子》作「莒」，如「膂」篆作「呂」之例。《韓子・難二》篇：「文王侵盂，克莒，舉酆。」克莒即《詩》之徂旅也。旅爲密須國之地名。王肅用趙岐《孟子注》謂以止徂旅之寇，則以旅爲周地，失之。「以按徂旅」，正是伐密須中事也。《孟子》引《詩》「以篤周祜」，無「于」字。「對，遂」，《釋言》文。《雨無正》傳：「遂，安也。」對爲遂，遂又爲安。《孟子》云：「文王一怒而安天下之民。」即其義也。《蕩》、《江漢》傳訓同意別。

依其在京，侵自阮疆，陟我高岡。無矢我陵，我陵我阿。無飲我泉，我泉我池。【傳】京，大阜也。矢，陳也。度其鮮原，居岐之陽，在渭之將。萬邦之方，下民之王。【傳】小山別大山曰鮮。將，側也。方，則也。【疏】《邶・柏舟》傳：「據，依也。」依亦據也。《定之方中》及《小雅・甫田》傳：「京，高丘也。」大阜猶高丘。我，我周也。《卷耳》傳：「山脊曰岡。」此承上章密人侵阮，而來陟我周之高岡也。「矢」訓「陳」。《天保》傳：「大阜曰陵。」《文選》楊雄《長楊賦》注引此詩《薛君章句》：「四平曰陵。」四平者，四下平陁，亦大阜也。《菁菁者莪》傳：「大陵曰阿。」王肅云：「密人乃依阻其京陵，來侵自文王阮邑之疆。密人升我高岡，周人皆怒曰：『汝無陳於我陵，是乃我文王之陵阿也。泉池非汝之有，勿敢飲食之。』」案王述毛是也。唯以阮爲周邑，非。○《箋》云：「度，謀也。」「小山別大山曰鮮」，《爾雅・釋山》文。孫炎注：「別，不相連也。」古鮮、斯聲通，如《瓠葉》箋「今俗語『斯白』之字作『鮮』」之例。《墓門》傳：「斯，析也。」小山分析而不與大山相連屬者，是曰鮮。鮮，謂山之小者。原，謂地之平者。《逸周書・和寤》篇：「王乃出圖商，至于鮮原。」孔晁注云：「近岐周之地也。小山曰鮮。」鮮原，《公劉》作「獻原」。兩《傳》義同。「度其鮮原」，《正義》以爲文王作程之事。《大匡》篇：「維周王宅程三年，遭天之大荒，作《大匡》以詔牧其方，三州之侯咸率。」孔注云：「程，地名，在岐州左右。後以爲國。初，王季之子文王因焉，而遭饑饉。後乃徙豐焉。文王初未得三分有二，故三州也。率，謂奉順也。」案「岐州」當作「岐周」。伐密須、度鮮原皆受命三年事。伐崇在六年，徙豐又在伐崇之後，則宅程徙豐，中隔三年耳。《逸書》與《書傳》正合，而孔注亦確有依據也。又攷《孟子・離婁》篇：「文王生于岐周，卒于畢郢。」「郢」即「程」字。畢，終南山之道名，故周人出師必由道也。鮮原疑即畢原矣。文王度鮮原，爲作下都於程邑，而國仍在岐周，故下文云「居岐之陽」也。書缺有閒，俟攷。將之爲言牆也。《爾雅》：「畢，堂牆。」堂牆爲山厓邊側之名，其水厓邊側亦如是也。《傳》訓「將」爲「側」，正本《爾雅·釋厓岸》「堂牆」之義。《大明》「在渭之涘」，《傳》：「涘，厓也。」《伐檀》傳：「側，猶厓也。」岐周在渭水之北。《韓奕》箋以「方」爲「則」，與此《傳》同。王者，人所歸往也。

帝謂文王，予懷明德，不大聲以色，不長夏以革，不識不知，順帝之則。【傳】懷，歸也。不大聲見於色。革，更也。不以長大有所更。帝謂文王，詢爾仇方，同爾弟兄，以爾鉤援，與爾臨衝，以伐崇墉。【傳】仇，匹也。鉤，鉤梯也，所以鉤引上城者。臨，臨車也。衝，衝車也。墉，城也。【疏】「懷，歸」，《匪風》同。《禮記·緇衣》「私惠不歸德」，「歸，或爲『懷』」。此懷、歸聲通之證。《中庸》：「是故君子篤恭，而天下平。《詩》云：『予懷明德，不大聲以色。』」鄭注云：「予，我也。懷，歸也。言我歸有明德者，以其不大聲爲嚴厲之色以威我也。」《正義》引孫毓云：「不大聲色以加人。」竝與《傳》合。《傳》訓「長夏」爲「長大」。長，長受天命；大，大其國都。「革」訓「更」，謂變易前代之法度。文王不以長大而有所更也。「不識不知，順帝之則」，言文王性與天合，天亦徙就其明德，以王此大邦也。僖九年《左傳》公孫枝引此詩以證「定國」之義。《墨子·天志中》篇亦引詩而釋之云：「帝善其順法則也，故舉殷以賞之，使貴爲天子，富有天下，名譽至今不息。」〇仇，讀如「公侯好仇」之「仇」。「仇」訓「匹」，匹爲匹耦，謂群臣也。上章《傳》云：「方，則也。」《後漢書·伏湛傳》：「湛上疏曰：『文王受命而征伐五國，必先詢之同姓，然後謀之群臣。』」其下即引《詩》曰：「詢爾仇方，同爾弟兄。」湛治《齊詩》，其解「詢爾仇方」爲「謀之群臣」。《正義》述毛云：「文王伐崇，當詢謀於女匹己之臣，以問其伐人之方。」此與伏湛釋《詩》義合矣。《伏湛傳》作「弟兄」。又《御覽·兵部六十七》引《毛詩》作「弟兄」，與「方」爲韻。各本「兄弟」不入韻，今訂正。〇《墨子·備城門》篇言攻守之具十二，臨、鉤、衝、梯、堙。疑「衝」、「梯」二字誤倒。鉤梯爲攻守具之一。《管子·兵法》篇：「凌山阬不待鉤梯。」《韓子·外儲說左上》篇：「趙主父、秦昭王令工施鉤梯。」毛《傳》以「鉤梯」訓「鉤」，義正同。又《墨子·褋守》篇「凡待堙、衝、雲梯、臨之法」，是雲梯即鉤梯也。《逸周書・小明武》篇「具行衝、梯」，梯亦即雲梯也。《傳》云「所以鉤引上城者」，釋經「援」字之義。「臨，臨車」，攻守具之一。《釋文》引《韓詩》作「隆」。《淮南子・氾論》篇：「隆、衝以攻。」又《兵略》篇：「攻不待衝、隆、雲梯而城拔。」隆、臨一聲之轉。「衝，衝車」，亦攻守具之一。定八年《左傳》「主人焚衝」，杜注：「衝，戰車。」《說文》：「𨎮，陷敶車也。」衝者，「𨎮」之假借字。衝，《說文》作「衝」。「墉，城」，《韓奕》、《良耜》同。《伏湛傳》引《詩》作「庸」。庸，假借字耳。《書大傳》云：「西伯既𢦏耆，紂囚之牖里。散宜生陳寶于紂之庭，紂曰：『非子辠也，崇侯也。』遂遣西伯伐崇。」又云：「文王受命，五年伐耆，六年伐崇，七年而崩。」《韓子》云：「舉酆，紂惡之。」似尚在六年已前。舉酆非即伐崇也。說者因謂殷崇侯虎國在今陝西西安府鄠縣東，則皆以酆爲崇。不知伐崇、邑豐，《文王有聲》篇晝然兩事，崇、豐爲異地明矣。且文王伐崇非即滅崇也。宣元年《左傳》「晉趙穿帥師侵崇」，杜注云：「崇，秦之與國。」是崇至春秋時尚存，而其地無攷。

臨衝閑閑，崇墉言言。執訊連連，攸馘安安。是類是禡，是致是附，四方以無侮。

【傳】閑閑，動摇也。言言，高大也。連連，徐也。攸，所也。馘，獲也。不服者，殺而獻其左耳曰馘。於内曰類，於野曰禡。致，致其社稷群神。附，附其先祖，爲之立後，尊其尊，親其親。

臨衝茀茀，崇墉仡仡。是伐是肆，是絶是忽，四方以無拂。

【傳】茀茀，彊盛也。仡仡，猶言言也。肆，疾也。忽，滅也。【疏】《傳》訓「閑閑，動摇；茀茀，彊盛」，茀茀有動摇之義，閑閑亦有彊盛之義。《漢書・敘傳》：「戎車七征，衝輣閑閑。」《廣雅》云：「閑閑，盛也。」蓋本三家《詩》。《爾雅》：「大箫謂之言。」是「言」有「大」義。《碩人》「庶姜孽孽」，《韓詩》作「钀钀」。《說文》：「钀，載高皃。」古言、钀同聲。王肅云「高大，言其無所壞」是也。《出車》傳：「訊，辭也。」云「連連，徐」者，連讀爲輦，今吴俗尚有「徐行輦輦」之語。《周禮・小司徒》「輂輦」，「故書『輦』作『連』」；《巾車》「連車組輓」，「連，亦作『輦』」。此其例。「攸，所」，《生民》同。《禹貢》、《洪範》「攸」字，《史記》俱作「所」字，是攸、所同義矣。「馘，獲」，《爾雅・釋詁》文。訊馘，《出車》、《采芑》皆曰「訊獲」。《傳》云「不服者，殺而獻其左耳曰馘」，謂軍中不能載尸，但殺之，斷其左耳以獻，是謂之馘，亦謂之獲。馘爲已殺之名，獲亦非生得之謂。《春秋》「獲陳夏齧」、「獲齊國書」，皆死者曰獲。《周禮》「獲者，取左耳」，則殺禽獸以獻亦曰獲。此皆馘、獲義通之證。僖十九年《左傳》：「文王聞崇德亂而伐之，軍三旬而不降。退修教而復伐之，因壘而降。」襄三十一年《傳》亦言：「文王伐崇，再駕而降爲臣。」然則文王伐崇，軍三旬不降。《正義》云：「於時非無拒者，故得有訊馘。」此即《傳》云「不服者」之義也。「退修教而復伐」，此《傳》所云「徐」之義也。安安，猶連連，亦舒徐之意。○《尚書・堯典》、《禮記・王制》、《周禮・肆師》、《大祝》竝有「類上帝」之文。《肆師》注：「類禮，依郊祀而爲之者。」《說文》：「禷，以事類祭天神。」鄭、許同用夏侯、歐陽《尚書》說。出征祭上帝，亦是因師事而郊祭天，故亦曰禷。今字假作「類」。類祭在郊。《傳》云「於内曰類」者，内，本國郊内也。對禡在所征之地而言。禡，《春官・肆師》、《甸祝》、《夏官・大司馬》皆作「貉」。鄭司農注：「貉，讀爲禡。禡，謂師祭也。書亦或爲『禡』。」古貉、禡聲通也。《肆師》鄭注：「貉，讀爲『十百』之『百』。造軍灋者禱氣勢之增倍也。」《甸祝》注：「禱氣勢之十百而多獲。」《說文》：「禡，師行所止，恐有慢其神下而祀之曰禡。」鄭、許義異。詩言文王出征崇國，故《爾雅》釋之云：「是禷是禡，師祭也。」《爾雅》繫於「釋天」，或類、禡皆祭天神及日月山川之神，故《繁露》有「郊祀伐崇」之說。《王制》：「類乎上帝，禡於所征之地。」禡不言祭神者，略也。《傳》云「於野曰禡」者，野是征國之野。先類後禡，依行師之次序也。野、禡疊韻。致，讀如「致蔡於負函」之「致」。襄二十五年《左傳》：「鄭伐陳，子美入，數俘而出。祝祓社，司徒致民，司馬致節，司空致地，乃還。」竝與詩「致」字之義合。群神，謂山川之神及群五祀與崇社稷，共致之，是尊其尊也。附，讀爲「祔而作主」之「祔」。此謂崇國立廟如新主合食然，故云：「祔其先祖。」崇國昔有大功，義不當絕，爲之君，爲之立大宗，故云：「爲之立後。」是親其親也。《說苑・指武》篇：「文王伐崇，令毋殺人，毋壞室，毋填井，毋伐樹木，毋動六畜。」此即「是致是祔」之謂也。○《廣雅》：「勃勃，盛也。」「茀茀」與「勃勃」同。仡，當作「仡」。《傳》云「仡仡，猶言言」者，皆謂城之高大。「仡仡」與「孽孽」同聲，猶「言言」與「巘巘」同聲也。張載注《魯靈光殿賦》：「屹，猶孽也，高大皃。」引《詩》「屹屹」。《說文》：「圪，牆高皃。」引《詩》「圪圪」。《廣雅》：「圪圪，高也。」竝與毛《傳》同。《釋文》引《韓詩》：「仡仡，搖也。」鄭《箋》：「言言，猶孽孽，將壞皃。」鄭本韓義，不若毛訓爲優。伐肆，即《大明》之「肆伐」，故兩《傳》

皆訓「肆」爲「疾」也。文五年《左傳》：「臧文仲聞六與蓼滅，曰：『皋陶、庭堅不祀，忽諸。』」《傳》訓「忽」爲「滅」，義本諸此。魏源云：「《春秋》君死曰滅，又曰誅。君之子不立，絶。忽施於崇虎，致附施其先世。」《釋文》引王肅云：「拂，違也。」

《靈臺》五章，章四句。

《靈臺》，民始附也。文王受命，而民樂其有靈德以及鳥獸昆蟲焉。【疏】《靈臺》繼《皇矣》而作也。《皇矣》言伐崇，而《靈臺》即言作豐。於伐崇觀天命之歸，而於作豐驗民心之所歸往，皆文王受命六年中事。《文王有聲》篇：「文王受命，有此武功。既伐于崇，作邑于豐。文王烝哉！」《傳》：「烝，君也。」文王能盡君道，而民歸靈德矣。《箋》云：「文王受命而作邑于豐，立靈臺。」

經始靈臺，經之營之，庶民攻之，【傳】神之精明者稱靈。四方而高曰臺。經，度之也。攻，作也。**不日成之。**【傳】不日有成也。【疏】《傳》云「神之精明者稱靈」，《定之方中》正義引《爾雅》：「靈，善也。」❶精明，猶清明。神之精明，亦「善」之義。《說苑·修文》篇：「積恩爲愛，積愛爲仁，積仁爲靈。靈臺之所以爲靈者，積仁也。神靈者，天地之本，而爲萬物之始也。是故文王始接民以仁，而天下莫不仁焉。文德之至也。」義與《傳》正同。靈臺、靈囿、靈沼三「靈」同。「四方而高曰臺」，《爾雅·釋宮》文。《正義》引《異義》：「《公羊》說：天子三，諸侯二。天子有靈臺以觀天文，有時臺以觀四時，施化有囿臺觀鳥獸魚鼈。諸侯當有時臺、囿臺。諸侯卑，不得觀天文，無靈臺。皆在國之東南二十五里。東南，少陽用事，萬物著見。用二十五里者，吉行五十里，朝行暮反也。」案此《公羊》嚴、顏舊說也。何注莊三十一年《傳》云：「禮：天子有靈臺以候天地，諸侯有時臺以候四時。」舊說以天子靈臺、時臺爲二，何本古禮說，天子靈臺，諸侯謂之時臺，其義稍異。時臺即觀臺也。而舊說云「施化有囿臺觀鳥獸魚鼈」，此西京人士本詩爲訓。然則詩之臺爲囿臺矣。僖五年《左傳》：「公既視朔，遂登觀臺以望，而書雲物。」《正義》引《左氏》說：「天子靈臺在大廟之中，諸侯有觀臺，亦在廟

❶「靈，善也」，阮刻《毛詩正義》屬《定之方中》箋語，《正義》及宋監本《爾雅》、阮刻《爾雅注疏》皆無此文。

中，皆所以望嘉祥也。」《禮記》盧注、《月令》蔡論、《春秋》穎子嚴釋例以及《左傳》賈、服注皆同《左氏》説。《書大傳》「王升舟入水觀臺惡」，武王伐紂時稱觀臺也。諸侯稱觀臺之證。《管子·桓公問》篇「武王有靈臺之復而賢者進」，武王定天下後稱靈臺也。天子稱靈臺之證。然凡此靈臺，非即詩之靈臺。詩言文王作臺耳，以其有神靈之德，故謂之靈臺。是靈臺之號始於文王，後遂以爲天子望氣之臺，在文王時未有等差。且臺、沼、囿同處，則文王之靈臺實即諸侯之囿臺，當在郊。諸儒每據天子靈臺在路寢明堂中者以説文王之靈臺，則混而同之也。焦循《學圖》云：「僖十五年《左傳》：『秦伯舍晉侯於靈臺，大夫請以入。』杜注云：『在京兆鄠縣周之故臺。』則此靈臺即文王之靈臺也。《三輔黄圖》云：『靈囿在長安西北四十二里，靈臺在長安西北四十里。』《長安志》云：『豐水出長安縣西南五十五里。』是豐邑在長安之西也。《黄圖》以漢長安縣言。今長安故城在西安府之西北十三里。《水經》渭水會豐水後，越鎬水、泬水，而東逕長安城北，是長安在豐邑之東也。《公羊》説云：『在國之東南二十五里。』即『長安西北四十里』也。《地理志》『文王作豐』，顔注云：『今長安西北界靈臺鄉豐水上。』靈臺在郊，斷斷然矣。」○《楚語》：「臺度於臨觀之高。」即引此詩。是「經」爲「度」也。《召誥》云：「厥既得卜則經營。」與此「經營」同。《召誥》又云「庶殷攻位」，與此「攻」同。《傳》文「不日有成也」五字作一句讀。《箋》：「不設期日而成之。」韋注《國語》：「不程課以期日。」趙注《孟子》：「言文王始經營規度此臺，衆民竝來治作之，而不與之相期日限，自來成之也。」皆足以申成《傳》義。

經始勿亟，庶民子來。王在靈囿，麀鹿攸伏。【傳】囿，所以域養禽獸也，天子百里，諸侯四十里。靈囿，言靈道行於囿也。麀，牝也。【疏】「經始勿亟」，承「不日成之」句。「庶民子來」，承「庶民攻之」句。昭九年《左傳》引此詩，杜注云：「言文王始經營靈臺，非急疾之。衆民自以子義來勸樂爲之。」臧琳《經義襍記》云：「勸樂，義本《孟子》。猶《禮記·中庸》謂子庶民，則百姓勸也。」○囿、域疊韻，故《傳》以「域養禽獸」釋經之「囿」。《説文》：「囿，苑有垣也。」垣即域也。凡囿有二。《周禮》：「閽人，王宮每門四人，囿游亦如之。」是囿在宮之中矣。《掌戮》：「宮者使守内，刖者使守囿。」是囿與内相近矣。襄十四年《左傳》：「衛獻公戒孫文子、甯惠子食，皆服而朝，日旰不召，而射鴻於囿。二子從之。」《月令》疏云：「路門内雖是宮室所在，然亦有林苑。」此宮中之囿也。《委人》「共其野囿財用」，注：「野囿之財用者，苑囿藩羅之材。」《囿人》：「掌囿游之獸禁，牧百獸。」注：「囿游，囿之離宮、小苑觀處也。鄭司農云：『囿游之獸，游牧之獸。』」《雍氏》「禁山之爲苑」，鄭司農云：「不得擅爲苑囿於山也。」《周語》：「藪有圃草，囿有林池。」韋注：「囿，苑；林，積木也。」《春秋》魯有鹿囿、郎囿，鄭有原囿，秦有具囿。此在郊之囿也。詩之靈囿當在郊。《傳》云「天子百里」，一都之地也；云「諸侯四十里」，一縣之地也，則靈囿當在縣都之内。縣都爲公卿采地，尚有餘地，公邑可作園囿、污池，田狩在其處。《書大傳》云：「鄉之取于囿，中勇力之取。」楊雄《羽獵賦》云：「帝將惟田于靈之囿。」此之謂也。毛《傳》特據古者天子諸侯囿制爲説耳。《孟子》言文王之囿方七十里，則大於諸侯而小於天子。《後漢書·馬融傳》：「《廣成頌》：『且區區之酆郊，猶廓七十里之囿。』」與《孟子》説文王同。《漢書·楊雄傳》：「文王囿百里，民尚以爲小。」與毛《傳》同。此亦依古天子制爲説也。《白虎通義》云：「囿：天子百里，大國四十里，次國三十里，小國二十里。」又何注成十八年《公羊傳》：「天子囿方百里，公侯十里，伯七里，子男五里。」徐彦《疏》云：「《司馬法》亦云也。」其所傳聞異辭。○《吉日》傳亦云：「鹿牝曰麀。」趙注《孟子》云：「麀鹿，牸鹿也。」牸鹿即牝鹿。

麀鹿濯濯，白鳥翯翯。【傳】濯濯，娱遊也。翯翯，肥澤也。王在靈沼，於牣魚躍。【傳】沼，池也。靈沼，言靈道行於沼也。牣，滿也。

【疏】「濯濯」與「趯趯」聲義相近。遊，當作「游」。《傳》於「濯濯」爲「娱游」，《漢書·司馬相如傳》云：「濯濯之麟，游彼靈畤。」是其義也。《廣雅》：「濯濯，肥也。」蓋本三家《詩》。云「翯翯，肥澤也」者，「也」當作「皃」。《玉篇》作「皃」。《説文》：「翯，鳥白肥澤皃。」引《詩》作「翯翯」，亦作「皃」。《新書》作「皜皜」。《繫傳》作「皠皠」。何晏《景福殿賦》「皠皠白鳥」，《廣雅》：「曤曤，白也。」《玉篇》作「皠皠」。《孟子》作「鶴鶴」，趙注云：「鳥肥飽，則鶴鶴而澤好。」竝字異而聲同。《詩義疏》云：「鷺，水鳥也。好而潔白，故謂之白鳥。」是白鳥即鷺鳥矣。○「沼」訓「池」，沼即辟廱。古《左氏》説「雍之靈沼，謂之辟廱」，是其義也。《傳》云「靈道行於囿」、「靈道行於沼」，靈道即《序》所謂「靈德」。囿有鹿伏，沼有魚躍，所謂「文王之靈德以及鳥獸昆蟲」也。庶民作臺，又作囿沼，是民樂其樂矣。《孟子·梁惠王》篇：「王立于沼上，顧鴻雁麋鹿。」孟子因引此詩三章而釋之云：「文王以民力爲臺爲沼，而民歡樂之，謂其臺曰靈臺，謂其沼曰靈沼，樂其有麋鹿魚鼈。」《文選》顏延之《曲水詩》注引《韓詩章句》云：「文王聖德，上及飛鳥，下及魚鼈。」《新書·禮》篇引《詩》而釋之云：「言德至也。聖主所在，魚鼈禽獸猶得其所，況於人民乎？」《君道》篇同。「牣」訓「滿」，故充牣即充滿也。

虡業維樅，賁鼓維鏞。於論鼓鍾，於樂辟廱。【傳】植者曰虡，橫者曰栒。業，大版也。樅，崇牙也。賁，大鼓也。鏞，大鍾也。論，思也。水旋丘如璧曰辟廱，以節觀者。【疏】凡經典皆言筍虡，《詩》言虡業，業猶筍也。《有瞽》「設業設虡」，《傳》亦云：「植者爲虡，衡者爲栒。」「衡」與「橫」通。《爾雅》：「木謂之虡。」《釋名》：「虡，舉也，在旁舉筍也。」《說文》「業」下引《詩》作「巨」，巨者，假借字。虡爲縣鍾磬兩旁之植木，鍾磬皆編縣之。鍾一虡，磬一虡，每虡十六枚，四面六十四枚。《大司樂》說三大祭：圜丘，樂縣圜鍾、黃鍾、大蔟、姑洗；方丘，樂縣函鍾、大蔟、姑洗、南吕；宗廟，樂縣黃鍾、大吕、大蔟、應鍾。此即宮縣編鐘之制，而於磬無聞。《考工記》：「梓人爲筍虡：鸁屬以爲鍾虡，羽屬以爲磬虡。」鄭注云：「鸁者，謂虎、豹、貔、螭爲獸淺毛者之屬。羽，鳥屬。」《說文·虍部》：「虡，鍾鼓之柎也，飾爲猛獸。篆文作『虡』。」是鼓虡亦飾獸也。然古者但有建鼓，至周始有縣鼓。所謂鼓虡者，周制也。文王與周公制禮時有不同，故有鐘磬虡而無鼓虡。《靈臺》之虡業非即《有瞽》之虡業矣。栒者，《周禮》作「筍」，《禮記》作「簨」。栒、簨字皆不古。《說文》：「栒，杶也。」栒，木名，假借之爲樂縣上橫者之名。筍，即「栒」之省。杜子春《典庸器》注：「筍，讀『博選』之『選』。」鄭司農《梓人》注：「筍，讀『竹筍』之『筍』。」皆以擬其音耳。《梓人》「鱗屬以爲筍」，鄭注云：「鱗，龍蛇之屬。」《明堂位》「夏后氏之龍簨虡」，注云：「橫曰簨，飾之以鱗屬。」《說文》：「鎛，鎛鱗也，鐘上橫木上金華也。」此皆筍之制也。《有瞽》傳：「業，大版也，所以飾栒爲縣也。捷業如鋸齒，以白畫之。」「樅，崇牙」，《傳》讀「樅」爲「崇牙」之「崇」也。《正義》以爲崇牙之狀樅樅然，非《傳》恉矣。《有瞽》傳：「崇牙，上飾，卷然可以縣也。」《明堂位》云「殷之崇牙」，故文王時有崇牙而無樹羽矣。虡，立兩端之木。栒則在虡端而橫設之。業爲覆栒之版，崇牙又爲業上之飾。說詳《有瞽》篇。○《爾雅·釋樂》：「大鼓謂之鼖。」《考工記》：「韗人爲皋陶，鼓長八尺，鼓四尺，中圍加三之一，謂之鼖鼓。」《説文》：「鼖，或作『韇』。」《詩》作「賁」者，假借字。賁鼓不縣。何以言之？《周禮》：「鼓人掌教六鼓：雷鼓鼓神祀，靈鼓鼓社祭，路鼓鼓鬼享，鼖鼓鼓軍事，鼛鼓鼓役事，晉鼓鼓金奏。」鄭注云：「雷鼓，八面鼓。神祀，祀天神。靈鼓，六面鼓。社祭，祭地祇。路鼓，四面鼓。鬼享，享宗廟。」《大司樂》圜丘雷鼓，方丘靈鼓，宗廟路鼓，此天子四面縣皆有建鼓也。康成注《鼓人》亦本三大祭而釋之矣。路鼓施於路寢明堂，又建於路寢門外。《大僕》「建路鼓于大寢之門外，而掌其政」，注：「大寢，路寢也。」《淮南·兵略》云：「建鼓不出庫。」即謂路鼓矣。此路鼓爲建鼓，而雷、靈二鼓皆爲建鼓，其八面、六面、四面皆可擊也。《吴語》「載常建鼓」，韋注：「鼓，晉鼓也。《周禮》：『將軍執晉鼓。』建，謂爲之楹而樹之。」此晉鼓爲建鼓，而鼖、鼛二鼓禮無明文。然鼛鼓見於《緜》篇，其建而非縣可知。賁鼓見於《靈臺》，文王時尚無縣鼓之設，則賁鼓亦建而非縣可知。《説文》：「壴，陳樂立而上見也。从中、豆。凡壴之屬皆从壴。」「鼓，郭也，春分之音，萬物郭皮甲而出，故曰鼓。从壴、支，支象其手擊之也。《周禮》：『六鼓：靁鼓八面，靈鼓六面，路鼓四面，鼖鼓、皋鼓、晉鼓皆兩面。』」「壴」字從中、豆，豆即古「梪」字。「立而上見」，正狀其建之之形。「鼓」與「壴」同意。「鼓」下引《周禮》六鼓，則六鼓皆立而上見之鼓。叔重亦以六鼓爲建鼓可知。周人縣鼓謂鞉鼓也，非此六鼓也。後儒不明縣鼓爲鞉鼓，遂以此六鼓爲皆縣鼓，而并謂文王之賁鼓亦即周人之縣鼓當之，則其誤彌甚矣。《大司馬》：「中春，教振旅，諸侯執賁鼓。」執，猶持也。時文王爲諸侯，故建賁鼓。又賁鼓施於軍事，而於辟雍陳設之者，古者軍旅之事統於學也。此在文王既伐于崇之樂。○《爾雅》：「大鍾謂之鏞。」《傳》所本也。郭注云：「亦名鎛，音博。」《那》傳：「大鍾曰庸。」庸者，「鏞」之假借字。《儀禮》、《周禮》及《春秋》内、外傳皆謂之「鑮」。或作「鎛」。《儀禮·大射儀》：「阼階東，西面，其南笙鍾，其南鑮。西階之西，東面，其南頌鍾，❶其南鑮。」鄭注云：「鑮，如鍾而大，奏樂以鼓鑮爲節。」《周禮》「鎛師」注亦云：「鎛，如鍾而大。」《周語》：「細鈞有鍾無鎛，大鈞有鎛無鍾。」是鎛爲大鐘明矣。《説文》：「鑮，大鐘，淳于之屬，所以應鐘磬也。堵以二，金樂則鼓鑮應之。从金，薄聲。」「鏞，大鐘謂之鏞。

❶ 「頌」，徐子静本、《清經解續編》本同。阮刻《儀禮注疏》無此字。

从金，庸聲。」《說文》以「鏄」、「鏞」連篆，合《詩》、《禮》爲一物。大鐘以應編鐘，編磬。堵以二者，所謂「鐘一堵、磬一堵謂之肆」也。金，當作「奏」。奏樂，擊大鐘以應編鐘、編磬，與鄭注《大射》説正同也。鐘、磬編縣，鏄特縣。張衡《西京賦》云：「洪鐘萬鈞，猛虡趪趪。負筍業而餘怒，乃奮翅而騰驤。」此謂鏄虡也。凡樂縣，大夫判縣，聲樂不備，無鏄，無特磬。故晉悼公以鄭賂鏄磬賜魏絳，絳始有金石之樂。金即鏄也。《大射》陳設，諸侯軒縣，東西有鏄，北無鏄。疑天子宮縣，鏄亦東西有之，南北否。《周禮·序官》：「磬師，中士四人。鐘師，中士四人。」此編縣設四面，故四人也。鏄師中士止二人，或即東西二鏄與？〇《傳》訓「論」爲「思」，則上句言思而下句言樂，意本「思樂泮水」句義而釋之也。「於論鼓鐘」承上「維鏞」而言。鄭司農《鐘師》注：「鼓，讀如『莊王鼓』之『鼓』。」案此鼓亦讀同也。「鼓鐘」與「鐘鼓」義别。《關雎》、《山有樞》、《彤弓》、《楚茨》、《賓之初筵》、《執競》言鐘鼓，謂鐘與鼓也。此篇言鼓鐘，及《鼓鐘》之「鼓鐘將將」、《白華》之「鼓鐘于宮」，謂擊鐘也。詩上二句言樂具，以下始言入奏。奏即金奏也。天子諸侯金奏之樂，先擊鏄。鼓鐘，猶鼓鏄耳。〇辟廱，大學也。《振鷺》傳：「雝，澤也。」「廱」與「雝」通。辟，讀爲璧，故《傳》云：「水旋丘如璧也。」《泮水》傳：「天子辟廱。」《箋》：「辟廱者，築土雝水之外，圓如璧，四方來觀者均也。」《白虎通義·辟雝》篇引《詩訓》曰：「水圓如璧。」《正義》引《韓詩》説：「天子之學圓如璧。」竝與毛《傳》同。案學制四代相變，在國在郊，代各不同。《王制》：「虞上庠、下庠，夏東序、西序，殷左學、右學，周東膠、虞庠。虞庠在國之四郊。」鄭注云：「異者，四代相變耳。或上西，或上東，或貴在國，或貴在郊。上庠、右学，大學也，在西郊。下庠、左學，小學也，在國中王宮之東。東序、東膠亦大學，在國中王宮之東。西序、虞庠亦小學也。西序在西郊，周立小學於四郊。」然則虞、夏、殷國郊各立一學，唯周立四代之學，周小學四，《大戴禮·保傅》篇及《書大傳》所云「小學有東學、南學、西學、北學」是也。大學亦有四，《文王世子》上庠、東序、瞽宗三者皆大學，鄭注以瞽宗爲殷學，東序爲夏學，而上庠虞學爲周成均之大學。魯謂之米廩，米廩即上庠。東序，魯謂之序。《大司樂》「祭於瞽宗」，鄭司農云：「或曰：祭於瞽宗，祭於廟中。」引《明堂位》曰：「瞽宗，殷學也。」以此觀之，祭於學宮中。《禮記·祭義》篇：「食三老五更於大學，祀先賢於西學。」大學，謂東膠也。西學，近西之學，謂瞽宗也。《樂記》注云：「周人立大學曰東膠。」蓋周人行事必於東膠。凡云大學者，皆東膠也。東膠在宮東，亦前代相因之制也。四小學在四郊，四大學在國中路寢明堂四門之外。又有州黨之學，爲鄉學，在距國百里內。又有縣鄙之學，爲遂學，遂學猶鄉學也，在距國二百里內。小學、大學皆圜之以水，故統謂之辟廱，而鄉學不必辟廱也。《大戴禮・盛德》篇：「明堂者，所以明諸侯尊卑。外水曰辟雍。南蠻，東夷，北狄，西戎。」此四郊之辟廱也。《御覽・皇親部十三》引《白虎通義》云：「大學者，辟雍，鄉射之宮。」此國中四門之辟廱也。《説文》云：「天子饗飲辟廱。」《文王世子》注：「天子飲酒於虞庠。」則郊人亦得酌於上尊以相旅。此天子鄉飲於四郊之辟廱也。《月令》：「孟冬，大飲烝。」注：「十月，農功畢，天子、諸侯與其群臣飲酒於大學，以正齒位。」此天子鄉飲於國中四門之辟廱也。其國、郊制相同，皆有囿、臺、沼，周制也。昔儒多從周制大學辟廱在國中者而言之。鄭《駁異義》以靈臺辟廱在郊，從殷制而言之，鄭説是也。《王制》：「大學在郊，天子曰辟廱。」鄭亦爲殷制，則辟廱始於殷王制之右學。《祭義》之西學、《明堂位》之瞽宗，皆殷之辟廱也。周小學辟廱在四郊。其殷之辟廱，《韓詩》説在七里之內，《大戴禮》作「七里之郊」。鄭説在西郊，其遠近未聞也。文王仍殷制，則辟廱自在郊矣。又文王爲殷諸侯，故周人以諸侯之大學亦仍殷制在郊，《魯頌》之泮宮是也。詩末二章即申言弟三章「王在靈沼」之義。

於論鼓鍾，於樂辟廱。鼉鼓逢逢，矇瞍奏公。【傳】鼉，魚屬。逢逢，和也。有眸子而無見曰矇，無眸子曰瞍。公，事也。【疏】高誘注《吕覽・季夏紀》、《淮南・時則訓》亦謂鼉爲魚屬，與《傳》同。《説文》以爲水蟲。《釋文》引《義疏》云：「形似蜥蜴，四足，長丈餘，甲如鎧，皮堅厚宜冒鼓。」案此鼉鼓即蒙上賁鼓言之。鄭司農注《考工記》説：「鼖鼓四尺，謂革所蒙者廣四尺。」是鼖鼓之面，其革四尺，革用鼉皮也。《顧命》：「大貝、鼖鼓在西房。」《書》之鼖鼓即《靈臺》之賁鼖，以其制異，故與大貝共爲宗器，陳之以華國。《月令》：「季夏，命漁人取鼉。」注：「鼉皮又可以冒鼓。」《吕覽》、《淮南》注同。皆本《詩》而言。其實鼉皮爲鼓，文王偶用之，非常制耳。《秦策》李斯書云：「樹靈鼉之鼓。」此亦賁鼓爲建鼓之一證。逢逢，高注《吕覽》、郭注《山海經》引《詩》皆作「韸韸」。《廣雅》：「韸韸，聲也。」是三家《詩》有作「韸韸」矣。《毛詩》作「逢逢」，《傳》云「和」，謂鼓聲與鐘聲相應和也。《執競》「鐘鼓喤喤」，《傳》：「喤喤，和也。」義正同。○《孟子・離婁》篇：「莫良於眸子。」趙注云：「眸子，目瞳子也。」《周禮》「瞽矇」，鄭司農注云：「無目眹謂之瞽，有目眹而無見謂之矇。」《説文》：「瞽，目但有眹也。」説各有有眹、無眹之別，而其爲有目瞳子則一也。鄭司農注云：「有目無眸子謂之瞍。」《説文》：「瞍，無目也。」説雖有有目、無目之别，而其爲無目瞳子則又一也。眸子即珠子。李善注《文選・演連珠》引《韓詩章句》：「無珠子曰矇，珠子具而無見曰瞍。」疑李注有誤，《韓詩》當作「珠子具而無見曰矇，無珠子曰瞍」，與毛義同。矇瞍即瞽矇，樂工也。《周禮》：「瞽矇，上瞽四十人，中瞽百人，下瞽百有六十人。眡瞭三百人。」是一瞽矇，一眡瞭也。「公」訓「事」，謂即瞽矇所掌播鼗、柷、敔、塤、簫、管、弦、歌之事也。《文選》注引《韓詩》作「奏功」，《儀禮・鄉飲酒》疏、《楚辭・九章》注引《詩》作「奏工」。《楚茨》傳：「善其事曰工。」古公、功、工三字通。

《下武》六章，章四句。

《下武》，繼文也。武王有聖德，復受天命，能昭先人之功焉。【疏】文，文德也。文王以上世有文德，武王繼之，是之謂繼文。

下武維周，【傳】武，繼也。世有哲王。三后在天，王配于京。【傳】三后，大王、王季、文王也。王，武王也。【疏】「武，繼」，《爾雅・釋詁》文。繼，即《序》「繼文」之「繼」也。《禮記・中庸》篇「武王纘大王、王季、文王之緒」，鄭注云：「纘，繼也。」《箋》云：「下，猶後也。後人能繼先祖者，維有周家最大。」此申《傳》義也。《正義》謂「不通數武王者」，非也。○大王、王季、文王爲三后，冢上「世有哲王」句也。繼文王者復有武王，故王爲武王。京，大也。「王配于京」，言武王配天命更光大也。

王配于京，世德作求。永言配命，成王之孚。【疏】求，讀爲逑。逑，匹也。匹，亦配也。《爾雅・釋訓》釋文：「逑，本亦作『求』。」此求、逑通用之證。○永，長；言，我也。「永言配命」，言武王長配天命也。《文王》篇句義皆同。《噫嘻》傳云：「成王，成是王事也。」《文王》傳云：「孚，信也。」

成王之孚，下土之式。【傳】式，法也。永言孝思，孝思維則。【傳】則其先人也。【疏】「式，法」，《楚茨》同。「下土之式」與「萬邦爲憲」、「百辟其刑」句義相同。○則，亦法也。《孟子·萬章》篇：「孝子之至，莫大乎尊親。尊親之至，莫大乎以天下養。爲天子父，尊之至也。以天下養，養之至也。《詩》曰：『永言孝思，孝思維則。』此之謂也。」《孟子》引《詩》以明尊親先人，以盡其孝思。《傳》云「則其先人也」者，亦是尊親之事，《序》所謂「能昭先人之功」也。趙邠卿以爲長言孝道，欲以爲天下法則，則就孝思而推廣之，究非《詩》恉，且與「下土之式」文複。

媚茲一人，應侯順德。【傳】一人，天子也。應，當；侯，維也。永言孝思，昭哉嗣服。【疏】《思齊》傳：「媚，愛也。」一人，指武王。《傳》不言武王而變言天子者，以武王受天命爲天子也。「應，當」，《賚》同。「侯」訓「維」，「侯」爲句中語助，無意義。順德，定本作「慎德」，古順、慎二字通。案此言武王有輔佐諸臣也。《大戴禮·衛將軍文子》篇引《詩》釋之云：「故回一逢有德之君，❶世受顯命，不失厥名，以御于天子以申之。」《傳》以一人爲天子，正本《戴記》。《漢書·敘傳下》：「張湯遂達，用事任職，媚茲一人，日旰忘食。既成寵禄，亦罹咎慝。」亦用《戴記》釋《詩》之義。《荀子·仲尼篇》：「主尊貴之，則恭敬而傳；主信愛之，則謹慎而嗛；主專任之，則拘守而詳；主安近之，則慎比而不邪；主疏遠之，則全一而不倍；主損絀之，則恐懼而不怨。」即引此詩以明臣下之事君上。《淮南子·繆稱》篇：「是故得一人，所以得百人也。」其下引：「《詩》云：『媚茲一人，應侯慎德。』慎德大矣，一人小矣。能善小，斯能善大矣。」此釋《詩》「一人」爲「得一賢人」，與古說殊，當出三家《詩》義。而指臣下言，則無甚異也。○嗣服，猶云「纘緒」也。

昭茲來許，繩其祖武。【傳】許，進；繩，戒；武，迹也。於萬斯年，受天之祜。❷【疏】《六月》傳：「御，進也。」古御、許聲同。劉昭《續漢書·祭祀志》注引謝沈書作「昭哉來御」，本三家《詩》也。「御」本字，「許」假借字。繩，讀爲慎。《續漢書》注引《詩》作「慎其祖武」，是三家《詩》作「慎」也。繩、慎聲轉義通。「武，迹」，《釋訓》文，《生民》、《武》同。武以止戈，會意。訓「迹」者，「步」之假借，古步、武聲同也。《沔水》傳：「蹟，道也。」《說

❶「回」，《廣雅書局叢書》本與中華書局點校本王聘珍《大戴禮記解詁》作「國」。

❷「祜」，原作「祐」，據阮刻《毛詩正義》、中國書店影印武林愛日軒刻本、徐子静本改。下一「祜」字同。

文》「迹」、「蹟」同字。祖迹，祖道也。言武王有昭明之德，求進於治，又能戒以先祖之道也。此亦則其先人之意。

受天之祜，四方來賀。於萬斯年，不遐有佐。【傳】遠夷來佐也。【疏】四方，謂諸夏也。○《傳》訓「遐」爲「遠」。不遠，遠也，「不」爲語助。遠，謂遠夷。《正義》引《書敘》「武王勝殷，西旅獻獒，巢伯來朝」、《魯語》「武王克商，遂通道於九夷八蠻，肅慎來賀」，以證《傳》「遠夷來佐」之事。《韓詩外傳》云：「成王三年，有越裳氏重九譯而至，獻白雉於周公，周公乃敬求其所以來。《詩》曰：『於萬斯年，不遐有佐。』」韓釋《詩》與毛意同。唯韓以爲成王，則上文云「昭哉嗣服」、「昭茲來許」亦必指成王之世。蓋詩自作於周公，故三家釋《詩》每及成王也。

《文王有聲》八章，章五句。

《文王有聲》，繼伐也。武王能廣文王之聲，卒其伐功也。【疏】文王受命作西伯，專征伐。武王繼之，伐紂定天下，是謂之繼伐。

文王有聲，遹駿有聲。遹求厥寧，遹觀厥成。文王烝哉！【傳】烝，君也。【疏】全《詩》多言「曰」、「聿」，唯此篇四言「遹」。「遹」即「曰」、「聿」，爲發語之詞。《説文》：「欥，詮詞也。」引《詩》「欥求厥寧」。欥字从欠、曰會意，是發聲。當以「欥」爲正字，「曰」、「聿」、「遹」三字皆假借字。《箋》訓「遹」爲「述」，義本《釋言》，不作語詞。○「烝，君」，《爾雅·釋詁》文。《釋文》引《韓詩》云：「烝，美也。」毛、韓同意。昭元年《左傳》：「楚公子美矣，君哉！」《孟子·滕文公》篇：「君哉！舜也。」烝哉即君哉，美嘆之詞。

文王受命，有此武功。既伐于崇，作邑于豐。文王烝哉！【疏】「文王受命」，受命作西伯也。「有此武功」，得有專征伐之武功也。既，終也。伐崇，在作西伯之六年也。《繁露·楚莊王》篇：「文王之時，民樂其興師征伐也，故《武》。武者，伐也。《詩》云：『文王受命，有此武功。既伐于崇，作邑于豐。』樂之風也。又云：『王赫斯怒，爰整其旅。』當是時，紂爲無道，諸侯大亂，民樂文王之怒而詠歌之也。周人德已洽天下，反本以爲樂，謂之《大武》，言民所始樂者武也云爾。」又《郊祀》篇：「文王受天命而王天下，先郊乃敢行事，而興師伐崇。其詩曰：『芃芃棫樸，薪之槱之。濟濟辟王，左右趨之。濟濟辟王，左右奉璋。奉璋峩峩，髦士攸宜。』此郊辭也。其下曰：『淠彼涇舟，烝徒楫之。周王于邁，六師及之。』此伐辭也。其下曰：『文王受命，有此武功。既伐于崇，作邑于豐。』以此辭者，見文王受命則郊，郊乃伐崇，伐崇之時，民何處殃乎？」案二王後得郊天，或古者受命作伯亦得郊天，故《皇矣》詩有伐崇類禡之文。此郊祀伐崇，可爲三家《詩》作證。至文王受命爲受天命王天下，三家義，而非毛義也。《棫樸》首章爲郊祭亦非毛義。《史記·周本紀》云：「詩人道西伯，蓋受命之年稱王。」此當是《魯詩》。○文王邑豐，又在受命六年後也。七年而崩，見《書大傳》。豐，古「酆」字。《説文》：「酆，周文王所都，在京兆杜陵西南。」昭四年《左傳》：「康有酆宮之朝。」《括地志》云：「鄠縣東三十五里有文王酆宮。」案漢杜陵故城在今陝西西安府東南，而酆乃在杜陵之西南。其西，漢鄠縣地。今西安府鄠縣東五里有古酆城。澧水又在酆城東。酆宮在鄠縣東三十五里。酆宮，疑即文王之辟雝也，去酆城三十里，在近郊內。

築城伊淢，作豐伊匹。【傳】淢，成溝也。匹，配也。**匪棘其欲，遹追來孝。王后烝哉！**【傳】后，君也。【疏】城，依《傳》當作「成」。「成」爲「城」古文假借字。《傳》云「成溝」，猶城池。《釋文》引《韓詩》作「城洫」云：「洫，深池。」張衡《西京賦》「經城洫」、《東京賦》「邪阻城洫」，薛綜注云：「洫，城池。」皆用《韓詩》也。「洫」本字，「淢」假借字。《説文》：「⿸疒或，讀若『溝洫』之『洫』。」「古文『閾』作『闞』。」此淢、洫聲通之理。上公之城方九里，宮方九百步。文王爲西伯，築城于豐，從上公之禮制。武王有天下，率由舊章，故天子城與上公同，此周禮也。詳《緜》篇。「匹」訓「配」，讀若「永言配命」之「配」。○棘，《釋文》作「亟」。《禮記·禮器》引《詩》作「革」。《正義》云：「『棘，急』，《釋言》文。」而《禮記》釋文云：「『革，急』，《釋言》文。」今《釋言》：「悈，急也。」棘、革、悈三字同。欲，《釋文》作「慾」。《禮器》作「猶」，鄭注云：「猶，道也。非必欲急己之道。」《箋》云：「此非以急成從己之欲。」字異義同。遹，《禮記》作「聿」。「聿追來孝」，猶言追孝於前人也。遹，發聲。來，語助。弟一字發聲，弟三字語助，此其句例。「后，君」，《釋詁》文。《傳》訓「烝」爲「君」，又訓「后」爲「君」。《左傳》「不君君矣」、《國語》「爲君必君」、《論語》「信如君不君」，皆上「君」字實，下「君」字虛，與此同。

王公伊濯，維豐之垣。四方攸同，王后維

翰。【傳】濯，大；翰，榦也。 王后烝哉！ 【疏】《箋》云：「公，事也。」《天保》、《靈臺》、《江漢》、《酌》傳皆以「公」爲「事」。「濯，大」，《釋詁》文，《常武》同。《方言》亦云：「濯，大也。荆、吴、楊、甌之閒曰濯。」《棫樸》傳：「倬，大也。」古濯、倬同聲，故倬謂之明，濯亦謂之明；倬謂之大，濯亦謂之大矣。《釋文》引《韓詩》云：「濯，美也。」「大」與「美」義相近。垣，牆也。「維豐之垣」，百堵皆興也。○《版》「大宗維翰」，《傳》：「王者，天下之大宗。翰，榦也。」文義正同。

豐水東注，維禹之績。四方攸同，皇王維辟。【傳】績，業；皇，大也。 皇王烝哉！ 【疏】豐，古「灃」字。《漢書·地理志》：「右扶風鄠，豐水出東南，北過上林苑，入渭。」《水經·渭水》篇：「又東，豐水從南來注之。」酈注引《地説》云：「渭水又東，與豐水會於短陰山内。水所匯處，無他高山異巒，所有唯原阜石激而已。」宋敏求《長安志》引《水經·豐水》逸篇：「豐水出豐谿，西北流分爲二水，一水東北流，又北，交水自東入焉。又北，昆明池水注之。又北，逕靈臺西。又北，至石堨，注于渭。」案渭南諸水唯豐爲大，歷代穿引，禹跡難尋。然諦觀豐水大勢，大抵入渭以入河者也。《漢志》言北流入渭，與《白華》箋「豐、鎬之閒水北流」，皆就豐入渭近者言之。此《箋》謂禹治豐水，使入渭，東注入河，解經「東注」之義，與《禹貢》渭會豐入河義正合。蓋詩陳禹治河之業，豐水東注，則渭南諸水皆東注矣。胡渭《禹貢錐指》據《詩》「東注」之文以爲豐水北流入渭，非禹故道，不免以文害辭。「績，業」，《釋詁》文。《閟宫》「纘禹之緒」，《傳》：「緒，業也。」○《正月》傳云：「皇，君也。」《楚茨》、《皇矣》傳竝云：「皇，大也。」《説文》：「皇，大也。从自、王。自，始也。始王者三皇，大君也。」然則大君謂之皇，故詁訓君謂之皇，亦大謂之皇矣。凡皇天、皇祖、皇考、皇尸皆同。大王，謂武王也。《釋文》：「辟，又音婢亦反，法也。」「皇王維辟」與上章「王后維翰」句法相同。翰爲榦，則辟爲法，當依陸别義爲優。

鎬京辟廱，自西自東，自南自北，無思不服。皇王烝哉！【疏】《郡國志》：「京兆尹長安鎬，在上林苑中。」孟康云：「長安西南有鎬池。」引《古史考》：「武王遷鎬，長安豐亭鎬池也。」《水經·渭水》注：「鎬水上承鎬池於昆明池北，周武王之所都也。自漢武帝穿昆明池於是地，基構淪褫，今無可究。」案今西安府即漢長安縣地。鎬池在長安西，即漢上林苑，地在漢昆明池之北。是武王之所都即於鎬池也。鎬，邑名，與鄗爲常山縣名者不同字。周時渭南豐水猶大，鎬京之水西承豐水，則引豐水爲池，是謂之鎬池，又謂之鎬陂，又別之爲鎬水，皆是豐水別流矣。鎬曰京者，京師也。劉昭《郡國志補注》「杜陵」下引《決録注》云：「鎬在豐水東，豐在鎬水西，相去二十五里。」《箋》云：「豐邑在豐水之西，鎬京在豐水之東。」《説苑・脩文》篇：「是故聖王修禮文，設庠序，陳鐘鼓。天子辟雍，諸侯泮宫，所以行德化。」其下即引此詩。然則此鎬京辟廱，即周立四郊之小學矣。周制小學在郊，殷則大學在郊，《靈臺》辟廱是也。諸侯用殷制，大學在郊，《魯頌》泮宫是也。○王引之《釋詞》云：「『無思不服』，無不服也。思，語詞耳。」案王説是也。《荀子・儒效篇》、《議兵篇》兩引《詩》竝云：「通達之屬，莫不從服。」釋「無思不服」，則以「思」爲語詞明矣。《箋》與《孟子注》皆不以「思」爲語詞。

考卜維王，宅是鎬京。【傳】武王作邑於鎬京。維龜正之，武王成之。武王烝哉！【疏】考，成也。考卜，成卜也。王，武王也。宅，《禮記・坊記》引作「度」，「度」與「宅」通。宅以言作邑也。《傳》云「武王作邑於鎬京」，正釋經文「考卜維王，宅是鎬京」二句之義。《箋》：「武王卜居是鎬京之地。」《禮記》注：「武王卜而謀居此鎬邑。」《王風譜》：「始，武王作邑於鎬京，謂之宗周，是爲西都。」《正義》云：「《文王有聲》云：『宅是鎬京，武王成之。』是武王作邑於鎬京也。」是孔所見之本尚不誤。今各本此《傳》誤入上章。唯李善注《文選・典引》所引《毛詩傳》不誤，今據以訂正。

豐水有芑，武王豈不仕？詒厥孫謀，以燕翼子。【傳】芑，草也。仕，事；燕，安；翼，敬也。武王烝哉！【疏】「芑，草」，未詳。《采芑》傳：「芑，菜。」解之者以爲別物。鄭注《表記》云：「芑，枸檵也。」《廣雅》：「椅乳，苦杞也。」入《草部》。《行露》傳云：「豈不，言有是也。」古仕、士通。士，事也。士謂之事，故仕亦謂之事。《晏子・諫下》篇：「晏子曰：『臣聞明君必務正其治，以事利民，然後子孫享之。』」引《詩》正作「事」。仕讀爲事，其訓古矣。○詒，遺也。「燕，安；翼，敬」，言武王以安敬之謀遺其孫子也。上言謀，下言燕翼；上言孫，下言子，皆互文以就韻耳。《後漢書・班彪傳》：「昔成王之爲孺子，出則周公、召公、大史佚，入則大顛、閎夭、南宫括、散宜生，左右前後，禮無違者。故成王一日即位，天下曠然大平。是以《春秋》：『愛子教以義方，不納於邪。驕奢淫佚，所自邪也。』《詩》云：『詒厥孫謀，以宴翼子。』言武王之謀遺子孫也。」案此引《詩》似以得賢輔佐爲遺謀之事，與文三年《左傳》言子桑之忠、知人舉善亦引此詩合。但武王遺謀不止得賢輔佐，所該者廣也。

卷二十三終

詩毛氏傳疏卷二十四

長洲陳奐學

生民之什詁訓傳弟二十四　毛詩大雅

《生民之什》十篇，六十五章，四百三十三句。

《生民》八章，四章章十句，四章章八句。

《生民》，尊祖也。后稷生於姜嫄，文、武之功起於后稷，故推以配天焉。【疏】此詩專敘后稷始末，以述尊祖之德，而配天之功因是而推。

厥初生民，時維姜嫄。【傳】生民，本后稷也。姜，姓也。后稷之母，配高辛氏帝焉。生民如何？克禋克祀，以弗無子。【傳】禋，敬；弗，去也。去無子，求有子，古者必立郊禖焉。玄鳥至之日，以大牢祠于郊禖，天子親往，后妃率九嬪御。乃禮天子所御，帶以弓韣，授以弓矢，于郊禖之前。履帝武敏，歆攸介攸止。載震載夙，載生載育，時維后稷。【傳】履，踐也。帝，高辛氏之帝也。武，迹；敏，疾也。從於帝而見于天，將事齊敏也。歆，饗；介，大也。攸止，福禄所止也。震，動；夙，早；育，長也。后稷播百穀以利民。【疏】《爾雅》云：「初，始也。」《緜》「民之初生」，《傳》：「民，周民也。」此民亦謂周民。周，有天下之號。文、武起於后稷，而后稷生於姜嫄，故云：「生民，本后稷也。」姜爲姓，《箋》：「姜姓者，炎帝之後，有女名嫄。」字亦作「原」。《史記·周本紀》注引：「《韓詩章句》：『姜，姓；原，字。』或曰：姜原，謚號也。」《傳》文「后稷之母」之上，當奪「姜嫄」二字。姜嫄配高辛氏帝，帝，帝嚳也。《大戴禮·帝繫》篇云：「帝嚳上妃，有邰氏之女也，曰姜嫄氏，産后稷。」〇「禋，敬」，《爾雅·釋詁》文，今字作「諲」。郭云「未詳」，誤。《維清》傳：「禋，祀也。」散文則禋亦祀，對文則禋爲敬。《國語》云：「精意以享禋也。」《説文》：「弗，从韋省。」故弗謂之去，與違謂之去同意。《箋》讀「弗」爲「祓」，云：「祓除其無子之疾而得其福。」即申《傳》「去無子，求有子」也。郊禖，即禖宫。於郊，故謂之郊禖。帝高辛氏已有之，故《傳》云「古者必立郊禖焉」也。周人以帝高辛妃姜嫄立其廟以爲禖宫，故又謂之高禖。《閟宫》傳：「閟，閉也。先妣姜嫄之廟在周，常閉而無事。孟仲子曰：『是禖宫也。』」「玄鳥至之日」以下，皆《禮記·月令》文。《傳》變《月令》高禖言郊禖者，以此詩是帝高辛率姜嫄祈生后稷於禖宫之事，不從周人稱高禖也。《玄鳥》傳亦言郊禖者，義同此。履，所以踐也。因之凡踐皆曰履。姜嫄配高辛氏帝，故知帝爲高辛氏之帝也。「武敏」訓「迹疾」，謂疾趨數發也。郊禖爲祀天之祭，其時高辛氏帝祠於郊禖，姜嫄與后妃九嬪之列，故《傳》云：「從於帝而見于天。」又云「將事齊敏」者，《爾雅》：「齊，疾也。」則齊亦疾也。案《爾雅·釋訓》一篇多經漢人增益。其釋「履帝武敏」句「武，迹也。敏，拇也」，鄭《箋》同《雅》訓。《史記》、《楚辭》、《列女傳》、《春秋繁露》、《白虎通義》、《正義》引《異義》齊魯韓《詩》説竝同。敏，《爾雅》舍人本作「畝」，釋云：「古者姜嫄履天帝之迹於畎畝之中，而生后稷。」亦出三家《詩》，義主感天而生説。毛公作《傳》不從讖緯，最得其正。歆，即末章「上帝居歆」也。《説文》：「歆，神食气也。」神食气曰歆，亦曰饗。「介，大」，《小明》同。《傳》「止」上奪「攸」字，今補。釋「歆」爲「饗」，釋「介」爲「大」，釋「攸止」爲「福禄所止」。據此，則經文當作「歆介攸止」四字。今各本於「歆」下衍一「攸」字。《箋》「心體歆歆然」以解經之「歆」，「其左右所止住」以解經之「介攸止」。鄭雖與毛義異，其所據亦無上「攸」字可證也。《傳》言姜嫄從帝見天，天乃饗其德，大其福禄也。福禄莫大於生子，故下文詳言生后稷之事。〇《爾雅》：「娠、震，動也。」昭元年《左傳》「邑姜方震」，《説文》引作「娠」。「震」與「娠」通。「夙」訓「早」，即總括「先生如達」以下之義也。「育」訓「長」，即總括「實覃實訏」以下之義也。時，是；維，爲也。《傳》云「后稷播百穀以利民」，民即承上文兩「生民」而言也。此八字文理不完，《小箋》據韋昭注《國語》及裴松之注《魏志·杜畿傳》引韋注，稱《毛詩傳》作「后稷，周棄也。勤播百穀以利民，死於黑水之山」，校補十字。

誕彌厥月，先生如達。【傳】誕，大；彌，終；達，生也。姜嫄之子先生者也。不坼不副，無菑無害。【傳】言易也。凡人在母母則病，生則坼副菑害其母，横逆人道。以赫厥靈，上帝不寧。不康禋祀，居然生子。【傳】赫，顯也。不寧，寧也。不康，康也。【疏】「誕，大」，《釋詁》文。「彌，終」，《釋言》文。大者，美大之詞。《傳》訓「達」爲「生」，説者皆不得其解。《載芟》「驛驛其達」，言苗之生驛驛然也。《傳》：「達，射也。」射猶出也。訓「達」爲「射」，與此訓「達」爲「生」，雖隨文立訓，而意義實同。先生如生，如生，而生也。此即「如破，而破」、「如濡，而濡」之例，「如」當作「而」字解。《傳》云「姜嫄之子先生者也」者，釋經「先生」之義。先生謂姜嫄始生，而生謂生后稷。言姜嫄始生子先生后稷，終月而生，初無異也。《傳》釋「彌，終；達，生」者，明終月而生之義。後釋先生者，爲起下之詞。至于始生之易，尚在下文，故下《傳》云：「不坼不副，無菑無害，言易也。」以姜嫄之始生后稷而無坼副菑害之苦，是天生顯靈也。自後人割絶《傳》文，刪去複句，遂不得其讀矣。《箋》讀「如」爲比方之詞，如羊子之易生，絶非《傳》義。○《説文》：「坼，裂也。」引《詩》作「不坼」，隸變作「坼」。俗作「拆」。《説文》引《詩》作「不疈」，「副，判也。籀文作『疈』。」《御覽·人事部》引《史記·楚世家》：「陸終生六子，坼疈而生。」字亦作「疈」。姜嫄生后稷，不坼副，無菑害，是其易生之狀，異乎凡人，此其中有天道焉。「赫」訓「顯」。「以顯其靈」句承上起下。「不寧，寧也」，寧，安也。「不康，康也」，康，樂也。「不」皆發聲。居，猶其也。然，猶是也。案此承上章言姜嫄克禋祀上帝，而上帝亦將安樂其禋祀。其然生子，謂生后稷也。

誕寘之隘巷，牛羊腓字之。【傳】誕，大；寘，置；腓，辟；字，愛也。天生后稷，異之於人，欲以顯其靈也。帝不順天，是不明也，故承天意而異之於天下。誕寘之平林，會伐平林。【傳】牛羊而辟人者，理也。置之平林，又爲人所收取之。誕寘之寒冰，鳥覆翼之。【傳】大鳥來，一翼覆之，一翼藉之，人而收取之，又其理也。故置之於寒冰。鳥乃去矣，后稷呱矣。【傳】於是知有天異，往取之矣，后稷呱呱然而泣。【疏】「誕，大」，上章《傳》同。下文兩「誕」字，下章四「誕」字，誕皆美大之詞也。寘，古作「寘」。「寘，置」，《卷耳》、《伐檀》同。「腓，辟」，《采薇》同。

「字」訓「愛」，言愛護之也。辟，讀「般辟」之「辟」，亦愛護之意。《傳》云「天生后稷，異之於人，欲以顯其靈也」者，此冢釋上章之義。云「帝不順天，是不明也，故承天意而異之於天下」者，此總釋本章之義。帝，高辛氏帝也。帝嚳知姜嫄之生后稷異於凡人，是天意欲顯其靈矣，故置隘巷、平林、寒冰，皆承天意而異之於天下之事。《傳》依經作解，義甚顯白，不若後世橫滋異説，載疑以誣經也。○《車舝》傳：「平林，林木之在平地者也。」《傳》云「牛羊而辟人者，理也。置之平林」者，此冢「牛羊腓字之」句，以釋經「寘之平林」也。云「又爲人所收取之」，以釋經「會伐平林」也。人即伐平林之人。云「大鳥來，一翼覆之，一翼藉之」者，以釋經「鳥覆翼之」也。經言覆，《傳》兼言藉，申補經義。王逸注《楚辭・天問》：「棄之於冰上，有鳥以翼覆薦温之。」藉猶薦温也。云「人而收取之，又其理也。故置之於寒冰」，此又冢「會伐平林」句，以釋經「寘之寒冰」也。先釋鳥覆，後釋置冰，爲承上起下之詞。《傳》有順經之辭而釋之者，亦有逆經之意而釋之者，此其例也。云「於是知有天異，往取之矣」者，言置隘巷而牛羊愛護，寘平林而適人會伐，二者猶理之常有。故更欲顯其異，而置之於寒冰之上。及見大鳥覆藉，則真知有天異可顯於天下。至往取后稷，大鳥既去，意亦冢上二句，以釋經「鳥乃去矣」也。云「后稷呱呱然而泣」，以釋經「后稷呱矣」也。《説文》：「呱，小兒嗁聲。」呱猶呱呱然。《書・咎繇謨》云：「啓呱呱而泣。」

實覃實訏，厥聲載路。誕實匍匐，克岐克嶷，以就口食。【傳】覃，長；訏，大；路，大也。岐，知意也。嶷，識也。

蓺之荏菽，荏菽旆旆，禾役穟穟，麻麥幪幪，瓜瓞唪唪。【傳】荏菽，戎菽也。旆旆然長也。役，列也。穟穟，苗好美也。幪幪然茂盛也。唪唪然多實也。【疏】《説文・㫗部》引《詩》作「𠧟」，今字通俗作「覃」。《廣雅》亦云：「覃，長也。」「訏」訓「大」。篇中「實」字皆當作「寔」。寔，是也。「寔覃寔訏」，言于是長大也。上「寔」訓「于是」，下「寔」爲助詞。猶云「是刈是濩」，于是刈濩也；「是究是圖」，于是究圖也，皆上「是」訓「于是」，下「是」爲助詞，句法一例。「路，大」，《皇矣》同。《箋》云：「是時聲音則已大矣。」「誕寔匍匐」，言大矣，是始能匍匐也。《釋名》云：「匍匐，小兒時也。匍，猶捕也。藉索可執取之地也。匐，伏也，伏地行也。」匍匐，《釋文》亦作「扶服」，同。《説文》：「嶷，小兒有知也。《詩》曰：『克岐克嶷。』」高注《淮南・本經》引《詩》

亦作「嶷」。《小箋》云：「今本《毛詩》作『嶷』，淺人依『岐』字偏旁改之耳。岐、知古音同在十六部，嶷、識古音同在一部。此古於疊韻得訓之大凡也。岐者，山之兩岐也。心之開明似之，故曰知意。嶷者，心口開有所識也，故曰識也。《皇矣》亦『不識』、『不知』竝言。」奐謂岐、知、嶷、識析言也，渾言知、識不別。故《説文》「嶷」解「有知」，識亦知也。就，成也。口食，謂衆口之食也。此言后稷少時便知教民稼穡，故下文即言「蓺之」之事。〇《齊・南山》傳：「蓺，樹也。」《爾雅・釋草》：「荏菽謂之戎菽。」《傳》所本也。菽，《釋文》作「叔」。荏，疑當作「任」。「任」與「戎」皆有「大」義，故《箋》云：「戎菽，大豆也。」大豆爲九穀之一種。《春秋・莊三十一年》：「齊侯來獻戎捷。」《穀梁傳》謂戎爲菽，即本《管子・戒》篇：「北伐山戎，出戎菽布之天下。」郭璞注《爾雅》遂指戎菽爲胡豆。孔仲達駁之，是矣。旆，从㫃，𣎵聲。旆旆，猶𣎵𣎵。《説文》：「𣎵，艸木盛𣎵𣎵然。讀若輩。」長、盛義同也。〇生者曰苗，秀者曰禾，別言也。渾言苗亦得稱禾。禾役者，苗之榦也。《禹貢》：「三百里納秸服。」「秸服」二字連文得義。斷去其稾，又去其穎，謂之秸。帶稃言謂之秸服。栗則脱於糠矣，米則成爲粱矣。孔《傳》云：「秸，稾也。服，稾役。」案僞孔誤解「服」與「役」同義。服爲稾役，此不可解《書》之秸服，而可以證《詩》之禾役。蓋《禹貢》言穎，《生民》言莖。秸者，實也。秸服者，栗之皮也。禾者，苗也。禾役者，稾之皮也。《傳》以「列」訓「役」，「列」謂「梨」之假借字。《廣雅》：「黍穰謂之梨。」《廣韻》：「穰，禾莖。」則禾莖亦爲穰。《正義》列爲行列，失之矣。《爾雅》：「穟穟，苗也。」此《傳》所本也。《説文》：「穟，禾采之皃。」引《詩》作「禾穎穟穟」。「采，或作『穗』。」許本三家《詩》，指采説，不指苗説，與《爾雅》、《毛詩》皆異。《傳》云「苗好美」當作「美好」。《釋文》：「苗美好也。」《正義》：「其苗則穟穟然美好。」可證。〇《大東》傳：「饛，滿簋皃。」幪、饛聲義相近。《廣雅》亦云：「幪幪，茂也。」又云：「菶菶，茂也。」多實者，茂盛之意。《説文・口部》「唪」下及《玉部》「玤」下兩引《詩》作「瓜瓞菶菶」。《玉篇》：「菶菶，多實也。」今《詩》作「唪唪」者，疑非舊本耳。

誕后稷之穡，有相之道。【傳】相，助也。

茀厥豐草，種之黄茂。實方實苞，實種實褎，實發實秀，實堅實好，實穎實栗，【傳】茀，治也。黄，嘉穀也。茂，美也。方，極畝也。苞，本也。種，雝種也。褎，長也。發，盡發也。不榮而實曰秀。穎，垂穎也。栗，其實栗栗然。即有邰家室。【傳】邰，姜嫄之國也。堯見天因邰而生后稷，故國后稷於邰，命使事天，以顯神順天命耳。【疏】「相，助」，《清廟》、《雝》同。《爾雅》：「相，勴也。」勴亦助也。《正義》云：「『茀，治』，《釋詁》文。」今本《爾雅》作「弗」。《釋文》引《韓詩》作「拂」。拂，弗也。上章《傳》：「弗，去也。」「治」與「去」義相近。《湛露》傳：「豐，茂也。」種，當作「穜」，下同。《傳》云「黄，嘉穀」者，嘉穀爲禾之大名。《箋》謂穜黍稷不謂禾。鄭據《聘禮》米禾皆兼黍稷稻粱言之，故以禾稼爲諸穀苗榦大名。但他穀無異名，或可假禾稼以通稱，而禾稼斷不可假稱黍稷。《生民》之黄非黍稷也。已下皆言禾茂美，《還》同。○方，讀若旁，有「普徧」之義。《傳》云「極畝」，蓋即《甫田》詩之「長畝」、《漢志》之「長終畝」是也。苞之言固也。「苞」訓「本」，謂固苗之本。蓋即《甫田》傳之「雝本」、《漢志》之「附苗根」是也。此后稷甽田之制。《漢書·食貨志》：「后稷始甽田，以二耜爲耦，廣尺深尺曰甽，長終畮。一畮三甽，一夫三百甽，而播穜於甽中。苗生三葉以上稍壯，耨隴草，因隤其土以附苗根。」此其義也。穜者，以穀播土之名。《傳》云「雝穜」，此即「雝本」之意。《管子·五行》篇「苗足本」，尹注云：「足，猶擁也。」亦其義也。「實穜」冡上文「實苞」言，苞謂本，則穜爲雝穜，《傳》以申「實苞」之訓也。「雝穜」與《莊子》「雝腫無用」義殊。《正義》誤引之以解爲充肥之皃。《釋文》作「褈穜」，涉《箋》「生不褈」而誤。「褎」訓「長」，謂苗生長也。《説文》：「甹，木生條也。从马，由聲。」褎、甹聲義皆相近。發之爲言舒也。《傳》云「盡發」，言極畝之中苗并發也。秀者，禾作采也。「不榮而實曰秀」，《爾雅·釋草》文。《管子·小問》篇：「隰朋曰：『夫㮚内甲以處謂米也，中有卷城謂稃也，外有兵刃謂芒也。』」然則禾苗發秀，正當成稃作芒米處殻中時，將充滿也。《大田》「既堅既好」，《箋》「堅孰」、「齊好」與此同也。禾秀曰穗，禾末曰穎，穗、穎互稱。垂穎者，「垂」當作「𠂹」。他穀不下𠂹，故穎之名唯禾有之。《書序》：「唐叔得禾，異畝同穎。」張衡《思玄賦》：「嘉禾𠂹穎而顧本。」是其義也。《説文》：「㮚，❶其實下𠂹，故从卤。」則引申之爲嘉穀實皃。《左傳》云：「嘉栗旨酒。」栗猶栗栗然也。《吕覽·任地》篇：「后稷曰：『子能使藁數節而莖堅乎？

❶「㮚」，徐子静本、《清經解續編》本同。經韻樓本《説文解字注》與陳昌治刻《説文解字》竝作「栗」，當據正。

子能使穗大而堅均乎？子能使粟圜而薄糠乎？』」吕言治禾苗生長之節次與《詩》義略同。○《説文·邑部》、《水經·渭水》注、《吕覽·辯土》注、《史記·周本紀》索隱引《詩》皆作「有邰家室」，無「即」字。《白虎通義·京師》篇引《詩》作「台」，漢人作「斄」，竝同。邰，姜嫄國。《説文》：「邰，炎帝之後姜姓所封，周棄外家國。右扶風斄縣是也。」《水經注》：「渭水東逕斄縣故城南，舊邰城也。城東北有姜嫄祠，城西南百步有稷祠，郿之斄亭也。」案漢斄縣，後漢併入郿縣，《郡國志》郿縣之邰亭即《地理志》斄縣地。東晉以後又併入武功縣。古斄城在今陝西乾州武功縣西南二十五里。《傳》云「堯見天因邰而生后稷，故國后稷於邰」者，堯亦高辛氏帝嚳之子，爲后稷異母兄。堯見天生后稷，本始於姜嫄，故即以姜嫄國而封后稷，亦猶帝嚳之順天也。后稷封邰在堯時，《傳》已有明文矣。《箋》：「堯改封於邰，就其成國之家室，無變更也。」《列女傳·母儀》篇：「堯使棄居稷官，更國邰地，遂封棄於邰，號曰后稷。」《史記·劉敬傳》：「周之先自后稷，堯封之邰。」説竝同也。云「命使事天，以顯神順天命」者，《傳》蓋探下三章之意而言。

誕降嘉穀，維秬維秠，維穈維芑。【傳】天降嘉種。秬，黑黍也。秠，一稃二米也。穈，赤苗也。芑，白苗也。**恒之秬秠，是穫是畝。恒之穈芑，是任是負，以歸肇祀。**【傳】恒，徧也。肇，始也，始歸郊祀也。【疏】經言「嘉穀」，《傳》云「嘉穜」，嫌嘉穀爲禾之大名，下文秬秠是黍，穈芑是禾，故以「嘉穜」釋「嘉穀」，渾言之，以兼黍禾也。後人乃因《傳》改經耳。《説文·禾部》及《文選·典引》注引《詩》「誕降嘉穀」可證。《孔叢子·執節》篇：「魏王問子順曰：『昔者上天神異后稷，而爲之下嘉穀，周以遂興。』荅曰：『天雖至神，自古及今，未聞下穀與人也。《詩》美后稷能大教民穜嘉穀，以利天下，故《詩》曰：「誕降嘉穀。」』」《孔叢》僞書，其所據《詩》亦作「嘉穀」。今引《詩》作「嘉穜」者，以誤本改之也。○「秬，黑黍；秠，一稃二米」，《爾雅·釋草》文。《正義》引《春官·鬯人》注：「秬如黑黍，一秠二米。」《説文》：「⿰鬯巨，黑黍也。一稃二米以釀。或从禾作『秬』。」案秬本黑黍之大名，以秬中之一稃二米者釀是謂秬鬯，故小篆作「⿰鬯巨」。《説文》：「秠，一稃二米。」用《爾雅》、毛《傳》文。《鄭志》荅張逸曰：「秬即其皮，稃亦皮也。」然則秠者，凡稃之稱。因之以別一米之秬，而又得爲一稃二米之專稱。單言秬則二米不見，故《鬯人》注必申解之。單言秠則黑黍不見，故必知秠即秬之皮，而後秠因秬得名之義可憭如也。秠，《玉篇》作「秠」。穈，《爾雅》、《說文》皆作「虋」。「虋，赤苗；芑，白苗」，亦《釋草》文。《說文》：「禾，嘉穀也。」「虋，赤苗嘉穀也。」「芑，白苗嘉穀也。」案赤苗、白苗謂禾莖有赤、白二種，本爲苗之名，因爲禾之名。下言虋芑可以任負，則不謂苗矣。郭注《爾雅》云「赤粱粟、白粱粟」，其就已成之禾說猶是也。至宋蘇頌冒爲赤黍、白黍者，大繆。程瑶田云：「黍之苗惟一色，而無赤、白之異。」〇《傳》「恒，徧」下奪「也」字，今補。《釋文》：「恒，本又作『亘』。」《說文》：「椢，竟也。」「亘」古文。椢，《考工記・弓人》「恒角而短」，注：「恒，讀爲椢。椢，竟也。」「竟」與「徧」義近。恒者，「亘」之借字，與《詩》同。任，亦負也。《玄鳥》傳：「何，任也。」「任」與「何」同義。任負猶負何也。「肇，始」，《釋詁》文，《維清》、《小毖》同。案上章《傳》言堯命后稷使事天，此言后稷始行事天之祀。祀爲郊祀者，《郊特牲》云：「郊之祭也，大報天也。」是郊祀即事天矣。歸，歸邰國也。穫畝任負，始歸郊祀，則在秋冬報，非春夏祈矣。此章肇祀與末章后稷肇祀爲祀上帝，文正相應。后稷之祀上帝出於堯命，如周成王命魯公祀帝于郊之例。其在古昔當有明文，今不可得而攷矣。末章之「肇」，《禮記》引《詩》作「兆」，故鄭《箋》讀此「肇」爲「兆五帝於四郊」之「兆」，意據《周禮》「孟春，南郊祈穀，祭感生，帝以后稷配」爲說。但周人祈穀在孟春及孟夏兩月。孟春南郊以后稷配，此人祀后稷，與后稷自祀者不同。詩言后稷自郊祀爲天降嘉穀之祥，故堯命之以事天報本。不得援《月令》祈穀之文以釋此詩之義。下章云「穀孰而謀，陳祭而卜」，《傳》義甚明矣。凡祈穀與祈年不同，祈穀以春播穀而祈秋實也，祈年以報今秋成孰而祈來歲再豐也。

誕我祀如何？或舂或揄，或簸或蹂。釋之叟叟，烝之浮浮。【傳】揄，抒臼也。或簸糠者，或蹂黍者。釋，淅米也。叟叟，聲也。浮浮，氣也。載謀載惟，取蕭祭脂。取羝以軷，載燔載烈。【傳】嘗之日，涖卜來歲之芟；獮之日，涖卜來歲之戒；社之日，涖卜來歲之稼，所以興來而繼往也。穀孰而謀，陳祭而卜矣，取蕭合黍稷，臭達牆屋，既奠而後爇蕭，合馨香也。羝羊，牡羊也。軷，道祭也。傅火曰燔，貫之加於火曰烈。以興嗣歲。【傳】興來歲，繼往歲也。【疏】我，我后稷也。《説文》：「舂，擣粟也。」「舀，抒臼也。」引《詩》作「舀」。《周禮・舂人》注及《儀禮・有司徹》注竝引《詩》作「抌」。「抌」即「舀」之或字。《毛詩》作「揄」者，爲假借字。經言「簸」，《傳》云「簸糠」。《釋文》：「糠，亦作『康』。」《説文》：「糠，穀之皮也。从禾、米，庚聲。或作『康』。」是糠、康一字。今隸變作「康」。康者，米包皮内。簸康者，謂穀既舂後，皮米離脱，則揚去其皮，而米自在箕下也。《説文》云：「箕，簸也。」「簸，揚米去康也。」下文即言蹂米之事。經言「蹂」，《傳》云「蹂黍」，定本作「蹂米」，是也。《箋》：「蹂之言潤也。簸之，又潤溼之，將復舂之，趣於鑿也。」此「潤」當作「撋」，「潤溼」又「煩撋」之譌。《葛覃》傳：「汙，煩也。」《箋》：「煩，煩撋之，用功深。」煩撋者，以手重擦之謂，與「蹂」字從足柔聲義正相近。若云「潤溼」，則米已箸水，豈能再舂之理？蓋《箋》以「撋」釋「蹂」，正申《傳》「蹂米」之義。「復舂趣鑿」亦補足「蹂」訓也。下文乃言淅米之事。《説文》：「釋，漬米也。」釋音擇。釋者，假借字。或古《毛詩》作「釋」，不能肊定也。《傳》云「淅米」者，《士喪禮》「祝淅米于堂」，注：「淅，汏也。」凡米必先漬之而後汏之，是謂之淅，亦謂之釋。今吳俗謂之淘。淘即汏之轉耳。《釋文》：「叟叟，又作『溲溲』。」《爾雅》：「溞溞，淅也。」樊光注引《詩》作「溞溞」。《玉篇》：「溞溞，淅米聲。」「溞溞」即「溲溲」之異文。《禮記・内則》篇：「爲稻粉糔溲之以爲酏。」「糔」當作「溞」，溞、溲同也。《説文》：「烝，火氣上行也。」「烰，烝也。」引《詩》作「烝之烰烰」。《爾雅》：「烰烰，烝也。」浮、烰義近。「炊米」字從火，三家《詩》及《爾雅》作「烰烰」者，本字。《毛詩》「浮浮」則假借也。○「嘗之日」以下，《周禮・肆師》文。《傳》引以證興來繼往之義。嘗、獮皆在秋時，社亦爲秋報，故《良耜》爲秋報社稷。篇末「以似以續」句，與此章末「以興嗣歲」句，《傳》義相同也。《周禮》祀天神南郊，祀地示北郊，兩者皆於郊報祭。堯命后稷祀天報功，其亦報地德可知。《傳》言此以補經義，要非正解經文耳。云「穀孰而謀」，釋經之「載謀」。云「陳祭而卜」，釋經之「載惟」。《爾雅》：「惟，謀也。」謀即謀卜也。「穀孰」括上文任負之事，「陳祭」括上文釋烝之事。穀孰即謀報本，陳祭即卜豐年。是以秋報爲正祭，而冬報亦晐在其中。《周頌・豐年》序云「秋、冬報」，此秋、冬皆有報祭之典。《月令》：「孟冬，大飲烝。天子乃祈來年于天宗，大割祠于公社及門閭。」高誘注《呂覽》云：「祈，求也。求明年於天宗之神。宗，尊也。凡天地四時皆爲天宗，萬物非天不生，非地不載，非春不動，非夏不長，非秋不成，非冬不藏。《書》曰：『禋于六宗。』此之謂也。祠于公社，國社，后土也。」據高説，天宗、公社皆於天地祈來年之祭，亦與《詩傳》合。○《傳》文「取」下奪「蕭祭脂」三字，寫者刪經中複語，而於「蕭」上賸一「取」字。《正義》云：「云『蕭合黍稷，臭達牆屋，既奠而後爇蕭合馨香』，皆《郊特牲》文。」是《正義》本無「取」字可證。案《禮記》言黍稷不言脂，《詩》言脂不言黍稷，互文錯見也。云「蕭合黍稷」，釋「取蕭」二字。云「臭達牆屋」，兼釋「祭脂」二字。云「既奠而後爇蕭合馨香」者，蕭也、脂也、黍稷也三者合馨香。《鳧鷖》傳：「馨，香之遠聞也。」此薦孰時也。《信南山》「取其血膋」，《傳》：「膋，脂膏也。血以告殺，膋以升臭，合之黍稷，實之于蕭，合馨香。」兩詩《傳》義同。又案「取蕭祭脂」句當指宗廟之祭。蓋詩末三章本主郊祀，而此章爲承上起下，故因報祭兼及廟祭一語耳。《豐年》、《良耜》皆秋冬報祭之詩，而竝有「烝畀祖妣」之文，此其義證也。不然，蕭脂已正祭薦孰之節，下文何爲重言道祭往郊也。○《説文》：「羝，牡羊也。」《廣雅》：「羝，雄也。吴羊牡三歲曰羝。」《漢書·蘇武傳》：「匈奴使武牧羝，羝乳乃得歸。」顔注：「羝不當産乳，故設此言，示絶其事。」此即羝爲牡之證。軷即犯軷。《夏官》：「大馭掌馭玉路以祀。及犯軷，王自左馭，馭下祝，登，受轡，犯軷，遂驅之。」鄭注云：「行山曰軷。犯之者，封土爲山象，以菩芻棘柏爲神主，既祭之，以車轢之而去，喻無險難也。」引《詩》家説曰：「將出祖道，犯軷之祭也。」據鄭説，則軷本行山之名，因之行者封土爲山象謂之軷。軷行神之所依，故因之道祭亦謂之軷。《説文》：「軷，出將有事於道，必先告其神，立壇四通，樹茅以依神爲軷。既祭犯軷，轢牲而行爲範軷。《詩》曰：『取羝以軷。』」「範，範軷也。讀與『犯』同。」許與鄭説略同。祭軷必轢牲，詩言取羝，則所轢之牲乃羊耳。杜子春謂轢軷磔犬者，《秋官·犬人》：「凡祭祀，共犬牲。伏、瘞亦如之。」鄭司農注云：「伏，謂伏犬，以王車轢之。」杜本司農説也。故《聘禮》注謂犬、羊竝可用之。《正義》云「天子用犬，此諸侯用羊，禮相變」，不知郊祀正天子禮，不得云「天子不用羊」也。《月令》注：「行在廟門外之西，祀行之禮，北面設主于軷上。」案據鄭説，行軷一事，天子往郊必告祖禰，犯軷當即在廟門外，則詩此句爲祀行，而上句爲告廟，尤可徵信也。若祭軷畢而飲酒曰餞，送行者之禮與此道祭無涉。《瓠葉》傳：「加火曰燔。」傳猶加也。全《詩》中三言「燔炙」，唯此言「燔烈」，烈、炙聲轉而義同。「貫之加於火曰烈」，即《瓠葉》傳「抗火曰炙」

也。燔炙爲郊祭薦孰之事，報畢而祈。故《傳》云：「興來歲，繼往歲也。」

卬盛于豆，于豆于登，【傳】卬，我也。木曰豆，瓦曰登。豆，薦菹醢也。登，大羹也。其香始升。上帝居歆，胡臭亶時？后稷肇祀，庶無罪悔，以迄于今。【傳】迄，至也。【疏】「卬，我」，《匏有苦葉》、《白華》同。《爾雅·釋器》：「木豆謂之豆，瓦豆謂之登。」《傳》所本也。豆，《説文》作「梪」，今通作「豆」。《説文》：「𢍚，禮器也。从廾持肉在豆上。讀若『鐙』同。」「鐙」與「𢍚」音同通假，「登」又「鐙」之省假。桓四年《公羊》注：「豆，祭器名，狀如鐙。」《考工記·旊人》「豆中縣」，注：「縣，縣繩正豆之柄。」《禮記·祭統》篇：「夫人薦豆執校，執醴授之執鐙。」注：「校，豆中央直者也。鐙，豆下跗也。」案豆、鐙制相似。豆下之跗名鐙，則鐙必有足。豆以木，鐙以瓦爲別耳。《天官·醢人》朝事之豆、饋食之豆、加豆之實，皆有菹有醢。《儀禮·特牲禮》：「薦兩豆：葵菹、蝸醢。」是豆薦菹醢也。《聘禮》注：「凡饌，以豆爲本。」賈疏云：「凡設饌，皆先設豆，乃設餘饌。」《公食大夫禮》：「大羹湆不和，實于鐙。」注：「大羹湆，煮肉汁也。大古之羹不和，無鹽菜。」《詩正義》引作「登」，是大羹爲登實也。《特牲禮》：「設大羹湆于醢北。」注：「設之所以敬尸也。」賈疏云：「醢北者，爲薦左。《公食大夫》、《昏禮》大羹湆皆在薦右，此在左者，神禮變於生人。」○上章《傳》：「歆，饗也。」居，語詞。「上帝居歆」，言上帝其饗也，與「上帝既命」、「上帝是依」句同。胡，何；亶，誠；時，善也。「胡臭亶時，后稷肇祀」，言何其芳臭達聞於天，誠無不善者，以后稷之始行郊祀故也。《傳》於上章「肇祀」訓「始郊祀」，「始」字與此章「今」字文正相對。今，今文、武也。周之功，以后稷爲始，而以文、武爲今。篇中皆述后稷郊祀，至文、武於南郊之祀，后稷配天，是《序》推言「尊祖」，非經義所有耳。《箋》云：「后稷肇祀上帝於郊。」又云：「子孫蒙其福，以至於今。」是矣。《禮記·表記》：「子曰：『后稷之祀易富也。其辭恭，其欲儉，其禄及子孫。《詩》曰：「后稷兆祀，庶無罪悔，以迄于今。」』」此言后稷之祀禄及子孫。「兆」與「肇」聲相通。辭恭欲儉，即是《箋》「祀天用瓦豆陶器，質」之義。哀元年《穀梁傳》云：「郊，享道也。貴其時，大其禮。其養牲雖小，不備可也。」亦辭恭欲儉之説也。鄭注《禮記》謂祀后稷於郊以配天解「后稷兆祀」句，與箋《詩》不合。注《禮記》時未治《毛詩》。迄，當作「迄」。「迄，至」，

《釋詁》文，《維清》同。

《行葦》七章，二章章六句，五章章四句。

《行葦》，忠厚也。周家忠厚，仁及草木，故能内睦九族，外尊事黄耇，養老乞言，以成其福禄焉。【疏】《列女傳·辯通》篇：「晉弓工妻曰：『君聞昔者公劉之行乎？羊牛踐葭葦，惻然爲民痛之，恩及草木。』」《文選》班彪《北征賦》、《後漢書·寇榮傳》、《潛夫論·邊議》篇、《德化》篇，漢人承三家舊説，皆以《行葦》爲公劉之詩。

敦彼行葦，牛羊勿踐履。方苞方體，維葉泥泥。【傳】敦，聚貌。行，道也。葉初生泥泥然。戚戚兄弟，莫遠具爾。【傳】戚戚，内相親也。【疏】《説文·立部》：「竴，磊竴，重聚也。」「敦」與「竴」通。《文選》馬融《長笛賦》注引鄭《箋》「團聚貌」，與今本異。「行」訓「道」，行葦，道葦也。履，亦踐也。苞，本也。苞謂本根，體謂枝莖，下言葉也。《傳》云「葉初生泥泥然」，「然」字依《群書治要》補。葉爲初生，則苞體亦爲本枝僝弱之時。方，猶且也。左思《蜀都賦》「總莖柅柅，裛葉蓁蓁」，劉逵注：「柅柅、蓁蓁，茂盛貌也。」李善引《毛詩》作「柅柅」。《廣雅》：「苨苨，茂也。」竝與「泥泥」同。《箋》云：「敦敦然道傍之葦，牧牛羊者毋使躐履拆傷之。❶草物方茂盛，以其終將爲人用，故周之先王爲此愛之，況於人乎？」案此即《序》所謂「周家忠厚，仁及草木」也。○《禮記·大傳》篇：「君有合族之道，族人不得以其戚戚君，位也。」言族人不得與君行戚戚之道，爲君在位故也。與《詩》「戚戚」義同。具，俱也。爾，古「邇」字。「莫遠具爾」與「不遠伊邇」句法一例。《漢書·文三王傳》谷永上疏引《詩》云：「戚戚兄弟，莫遠具爾。」顔師古注云：「戚戚，内相親也。爾，近也。言王之族親情無疎遠，皆昵近也。」案顔説是也。「莫遠具爾」即「内相親」之意，《序》所謂「内睦九族」也。養老之先，必行射禮；諸侯之射也，必先行燕禮。二、三章指燕，四、五章指射，六、七章正言養老之事，《序》所謂「外尊事黄耇」也。

❶「拆」，徐子静本、《清經解續編》本同。明世德堂本《毛詩》、阮刻《毛詩正義》竝作「折」。

或肆之筵，或授之几。【傳】肆，陳也。或陳設筵者，或授几者。肆筵設席，授几有緝御。【傳】設席，重席也。緝御，蹴踖之容也。或獻或酢，洗爵奠斝。【傳】斝，爵也。夏曰醆，殷曰斝，周曰爵。【疏】「肆，陳」，《楚茨》同。《公食大夫·記》：「司宮具几與蒲筵常，緇布純，加萑席尋，玄帛純。」鄭注云：「丈六尺曰常，半常曰尋。必長筵者，以有左右饌也。」是凡筵者大於加席矣。《周禮》「司几筵」注云：「筵，亦席也。鋪陳曰筵，藉之曰席。然其言之筵、席通矣。」詩言肆筵，下文既肆筵又設席，則筵、席通稱。《傳》云「陳設筵」，亦兼設席也。《司几筵》：「王位左右玉几，昨席亦如之。」鄭司農注云：「昨席，於主階設席，王所坐也。」司農意以昨席左彤几爲諸侯之禮，則知天子昨席亦當設左右玉几。下文「授几有緝御」，《傳》本「君在，蹴踖爲敬」，則此授几爲授玉几也。《公食大夫·記》「不授几，無阼席」，注云：「食禮輕，公不坐。」若天子燕飲，其有阼席、授几必矣，几爲尊者設也。《傳》釋「設席」爲「重席」，重席與加席不同。《燕禮》「司宮兼卷重席，設于賓左，東上。卿辭重席，司宮徹之」，注：「言兼卷，則每卿異席也。重席，重蒲筵，緇布純也。徹，猶去也。重席雖非加，猶爲其重累去之，辟君也。」鄭以重席爲重筵，是矣。《禮器》：「天子之席五重，諸侯之席三重，大夫再重。」《鄉飲酒禮》亦云：「賓若有遵者，席于賓東，公三重，大夫再重。」是重席有五重、三重、再重之異，而加席爲最上之席。《鄉飲酒禮》注：「加席，上席也。」《周禮》唯王位加繅席、加次席，有二加席與左右几爲殊禮。其餘只一加席也。《燕禮》「賓無加席」，而重席未嘗不設。《傳》云「重席」者，就賓位而言，「授几」就主位而言也。緝，讀爲戢。戢，聚也。御，進也。聚足而進曰緝御。《曲禮》「堂上接武」，注：「武，迹也。迹相接，謂每移足半躡之。中人之迹尺二寸。」《玉藻》「君與尸行接武」，注：「尊者尚徐，蹈半迹。」緝御猶接武，緝、接疊韻，御、武疊韻。《傳》云「蹴踖之容」者，《論語·鄉黨》篇：「君在，蹴踖如也。」馬融注云：「蹴踖，恭敬貌。」《廣雅》：「跦踖，畏敬也。」「跦」與「蹴」同。〇《傳》釋「斝」爲「爵」，則斝亦爵也。又引《禮記·明堂位》文以證三代之異名。醆，或作「琖」。《明堂位》魯用玉琖，夏爵也。《周禮·大宰》「贊玉爵」，周爵也。斝爲殷爵，亦以玉爲之。《說文》：「斝，玉爵也。」或說，斝受六斗。」鄭司農《鬱人》注：「斝，讀爲稼，畫禾稼也。」據《周禮》、《禮記》斝皆用諸廟中，而《詩》斝則用諸燕，故三家以《行葦》爲公劉詩也。《燕禮》云：「公執觶興，賓進，受虛爵，降，奠于篚，易觶洗。」又云：「賓以旅酬於西階上，射人作大夫長升受旅。賓大夫之右，坐奠觶，拜，執觶興。大夫荅拜。賓坐祭，立飲，卒觶，不拜。若膳觶也，則降，更觶洗。」案此即獻酢後洗奠之禮。

醓醢以薦，或燔或炙。嘉殽脾臄，【傳】以肉曰醓醢。臄，函也。或歌或咢。【傳】歌者，比於琴瑟也。徒擊鼓曰咢。【疏】《爾雅》：「肉謂之醢。」李注云：「以肉作醬曰醢。」《釋名》：「醢多汁者曰醓。醓，瀋也。宋、魯人皆謂汁爲瀋。」《説文》：「䏙，肉汁滓也。」「𥁑，血醢也。《禮》有𥁑醢，以牛乾脯、粱、䴭、鹽、酒也。」《天官・醢人》朝事之豆有醓醢。《釋文》：「本又作『𥂕醢』。」「𥂕」即「𥁑」之譌。今字通作「醓」。以肉作醬謂之醢，肉醬有汁謂之醓醢。醓即醢之汁。《傳》云「以肉曰醓醢」，蓋舉肉不必言肉汁矣。段注《説文》云：「汁即鹽酒所成，醢皆胜物，非有孰汁也。」燔炙，《傳》義見上篇。○《醢人》：「饋食之豆，脾析，蠯醢。」鄭司農注云：「脾析，牛百葉也。」《既夕禮》注：「脾，讀爲『雞脾肶』之『脾』。」《説文》作「膍」，脾、膍音相近。胃薄如葉，碎切之，謂之脾析，亦謂之脾肶，亦謂之百葉。《廣雅》云：「百葉謂之膍胵。」天子、諸侯牛百葉，大夫、士羊百葉。」《説文》：「谷，口上阿也。或作『臄』。」又《马部》：「函，舌也。」段注云：「舌，當『谷』之譌。蓋許以『谷』釋『函』，毛以『函』釋『臄』，義同。《釋文》：『臄，口次肉也。』引《通俗文》云：『口上曰臄，口下曰函。』析言之也。」案豆實之臄，《禮》無明文。唯《少儀》：「羞首者，進喙，祭耳。」嘉肴有臄，其即進喙歟？《集韻・十八藥》：「臄，切肉也。取脾、腎實腸炙之曰臄。❶《詩》：『嘉肴脾臄。』」此或本三家《詩》説。《箋》云：「以脾函爲加，故謂之嘉。」○《燕禮》有升歌、閒歌之樂。《傳》云「歌者，比於琴瑟」，此即指升歌、閒歌言也。《園有桃》「我歌且謠」，《傳》：「曲合樂曰歌，徒歌曰謠。」歌謂正歌，曲合樂，所謂「比於琴瑟」也。「徒擊鼓曰咢」，《爾雅・釋樂》文。歌咢，猶歌謠。歌皆正歌，謠與咢皆非正歌。《傳》既釋「或歌」，又引《爾雅》以釋「或咢」，則經義已兼及無算樂矣。《正義》從王肅所據毛《傳》作「徒擊鼓曰咢」，是也。《釋文》及定本、《集注》作「徒歌曰咢」，誤。《字林》或作「咢」。

❶「腸」，徐子静本、《清經解續編》本同。《宋刻集韻》作「腹」。

敦弓既堅，四鍭既鈞，舍矢既均，【傳】敦弓，畫弓也。天子敦弓。鍭矢參亭，已均中蓺。序賓以賢。【傳】言賓客次序皆賢。孔子射於矍相之圃，觀者如堵牆。射至於司馬，使子路執弓矢出延射，曰：「奔軍之將、亡國之大夫與爲人後者不入，其餘皆入。」蓋去者半，入者半。又使公罔之裘、序點揚觶而語。公罔之裘揚觶而語曰：「幼壯孝弟，耆耋好禮，不從流俗，脩身以俟死，者不？在此位。」蓋去者半，處者半。序點又揚觶而語曰：「好學不倦，好禮不變，耄勤稱道不亂，者不？在此位也。」蓋僅有存焉。【疏】《說文》：「⿰弓𦎧，畫弓也。」隸變作「弴」。《玉篇》：「弴，天子弓也。」弴，本字。《毛詩》作「敦」爲假借字。畫弓，謂「繪畫」之「畫」，非「刻畫」之「畫」。《彤弓》傳：「彤弓，朱弓也。」朱色之弓謂之彤弓，則知敦弓爲設色，非刻文矣。《傳》云「天子敦弓」者，《荀子・大略篇》：「天子彫弓，諸侯彤弓，大夫黑弓，禮也。」敦、彫一聲之轉。彫弓之爲敦弓，猶彫琢之爲敦琢矣。彫者，亦文飾之謂。毛訓正本《荀子》。又何注定四年《公羊傳》云：「禮：天子雕弓，諸侯彤弓，大夫嬰弓，士盧弓。」「雕」與「彫」通。○《傳》云「鍭矢參亭」者，「鍭矢」釋「鍭」，「參亭」釋「鈞」，四字連讀，非以「矢參亭」三字專釋經之「鍭」也。鈞者，「均」之假借字。《考工記》：「矢人爲矢，鍭矢參分，一在前，二在後。」鄭注云：「參訂之而平者，前有鐵重也。」鄭司農注：「一在前，謂箭稾中鐵莖居參分殺一以前。」案凡矢長三尺殺一尺，而翦羽六寸，刃二寸。刃即箭鏑。參亭者，謂一在前，二在後，皆已停均軒輊中也。亭，古「停」字。《弓人》云：「材美，工巧，爲之時，謂之參均。角不勝幹，幹不勝筋，謂之不參均。」參亭，猶參均耳。《爾雅》：「金鍭翦羽謂之鍭。」李注云：「鍭，以金爲箭鏑也。」《既夕・記》：「猴矢一乘，骨鏃，短衛。」注：「生時猴矢金鏃。」蓋以金鏃言從金作「鍭」，以翦羽言從羽作「猴」，實一字也。金鍭所以主中，大射主皮，禮射不主皮。《詩》言鍭矢，其爲大射，不爲禮射，明矣。《傳》云「已均中蓺」，四字亦連讀。「已」釋「既」，而以「均中蓺」申明經義，非以「中蓺」釋「已均」也。次章《傳》「如樹，言皆中也」，均中、皆中同義。《箋》：「蓺，質也。」《賓之初筵》傳：「的，質也。」《說文》：「臬，射埻的也。」《匠人》注：「槷，古文『臬』假借字。」上句言矢體之善，下句言矢發之巧。○序賓，《傳》云「賓客次序」。下章言賢才，則賢爲賢才也。「孔子射於矍相之圃」

以下，皆《禮記・射義》文。引之即以證賓客次序皆賢之義。《傳》文奪「公罔之裘揚觶而語」八字，今依《小箋》補。《儀禮》鄉射、大射，射畢皆行飲酒之禮，飲酒以養老爲重。《箋》云：「周之先王將養老，先與群臣行射禮，以擇其可與者以爲賓。」鄭蓋探末二章養老而言。段氏《經韻樓集》云：「天子諸侯先大射，後養老。《行葦》之射必爲大射。」又云：「古之養老用鄉飲酒之禮，故《禮注》謂養老爲飲酒。古大射、賓射、燕射不外鄉射之禮，故《禮・大射》有『如鄉射之禮』之文。蓋其儀雖多不同，而其爲尊長養老一也。」

敦弓既句，既挾四鍭。【傳】天子之弓，合九而成規。四鍭如樹，【傳】言皆中也。序賓以不侮。【傳】言其皆有賢才也。【疏】「天子之弓，合九而成規」，《夏官・司弓矢》及《考工記》竝有此文。《弓人》：「往體寡，來體多，謂之王弓之屬，利射革與質。」鄭注云：「射深者用直，此又直焉，於射堅宜也。王弓合九而成規，弧弓亦然。天子射侯亦用此弓。」然則王、弧皆天子之弓，爲合九之制，天子大射亦用此弓也。敦弓，即王、弧之弓矣。張衡《東京賦》「彫弓既彀」，薛綜注：「彀，張也。」《釋文》引《說文》作「彀」云：「張弓曰彀。」三家《詩》作「彀」，與《毛詩》作「句」義異。段注《說文》云：「句，讀『倨句』之『句』。此弓倨多句少，言句以見其倨也，不得云『句』即『彀』。」○《說文》：「挾，俾持也。」段注云：「挾，當作『挾』，从二入會意。《禮注》：『方持弦矢曰挾。』謂矢與弦成十字形也。皆自其交會處言之。古文《禮》『挾』皆作『接』。接矢爲本字，挾矢爲假借字。」案《儀禮・大射儀》「司射適次，袒、決、遂，執弓，挾乘矢，於弓外見鏃於弣，右巨指鉤弦，自阼階前曰：『爲政請射。』司射入于次，搢三挾一个，出于次」，此耦射之始也。「三耦既拾取矢，梱之，兼挾乘矢，皆内還，南面揖。公將射，搢三挾一个，升自西階」，此正射之始也。「耦揖，進，坐，兼取乘矢，興，順羽，大夫亦兼取乘矢如其耦，北面，搢三挾一个」，此樂射之始也。燕射儀節略同。詩言「挾四鍭」，即《大射禮》所謂「挾乘矢」。《猗嗟》傳：「四矢，乘矢。」則四鍭猶四矢也。既挾是初射，如樹是卒射。《說文》：「尌，立也。讀若駐。」「樹」與「尌」通。《傳》以「中」釋「樹」。中即中埶也，中埶猶尌立然也。○「侮」有「輕慢」之意。不侮，言不輕慢也。不輕慢，即《傳》所謂「賢才」矣。《箋》云：「不侮者，敬也。其人敬于禮，則射多中。」

曾孫維主，酒醴維醹。酌以大斗，以祈

黄耇。【傳】曾孫，成王也。醹，厚也。大斗，長三尺也。祈，報也。【疏】曾孫謂成王，《信南山》、《維天之命》同。《文選·南都賦》注引《韓詩》：「醴，甛而不泲也。」又舊本《書鈔·酒食部八》作「甛而不泲、少麴多米曰醴」。韓以醴爲汁滓酒。《七月》篇「十月穫稻，爲此春酒，以介眉壽」，《傳》：「春酒，凍醪也。」凍醪即醴。《禮》有稻醴。毛、韓義同也。《傳》詁「醹」爲「厚」。《説文》：「醹，厚酒也。《詩》曰：『酒醴維醹。』」○酌者，「勺」之假借。斗者，「枓」之假借。《説文》：「勺，挹取也。」「枓，勺也。」「杓，枓柄也。」是枓謂之勺，枓柄謂之杓。北斗七星自一至四爲魁，象枓；自五至七爲杓，象枓柄。《大東》云「維北有斗，不可以挹酒漿」，謂枓也。又云「維北有斗，西柄之揭」，❶謂枓柄也。蓋象即取諸大枓也。酌以大斗者，言挹取酒醴用大枓以注尊中。大斗即大枓，枓柄長三尺，其制未聞。《正義》據《漢禮器制度》注「勺五升，徑六寸，長三尺」引爲證。「祈」訓「報」，謂報賓也。此時射畢飲酒，成王爲主人，老者爲賓。主人既獻賓，賓亦酢主人，主人復酌大斗以酌賓，是主人報賓之酢也。《南山有臺》傳云：「黄，黄髮。耇，老也。」

黄耇台背，以引以翼。【傳】台背，大老也。引，長；翼，敬也。壽考維祺，以介景福。【傳】祺，吉也。【疏】黄耇，《傳》見於《南山有臺》矣，故此但釋「台背」爲「大老」。《爾雅》：「鮐背、耇、老，壽也。」大老，猶言大壽也。《箋》云：「台之言鮐也，大老則背有鮐文。」郭注《爾雅》云：「鮐背，背皮如鮐魚。」《詩》作「台」，古「鮐」字也。《閟宮》篇亦作「台背」。○「引，長；翼，敬」，《卷阿》同。「以引以翼」，言長之敬之也。《箋》云：「以禮引之，以禮翼之。在前曰引，在旁曰翼。」「祺，吉」，《爾雅·釋言》文。吉，猶善也。介、景，皆大也，《序》所謂「乞善言以成其福禄」也。

《既醉》八章，章四句。

《既醉》，大平也。醉酒飽德，人有士君子之行焉。【疏】此祭畢而用饗燕之詩。

既醉以酒，既飽以德。【傳】既者，盡其禮，

❶「揭」，原作「楬」，徐子静本、《清經解續編》本同。據本書卷二十《大東》傳疏改。

終其事。君子萬年，介爾景福。【疏】《傳》釋「既」字訓爲「盡」，又訓爲「終」，則全《詩》「終」字多有與「既」同義矣。《葛藟》傳釋「終」爲「已」，已亦既也。盡其禮者，盡其饗燕之禮也。終其事者，享祀爲事之始，則饗燕爲事之終也。《小明》「介爾景福」，《傳》云：「介、景，皆大也。」

既醉以酒，爾殽既將。【傳】將，行也。君子萬年，介爾昭明。【疏】「將，行」，《楚茨》同。昭，亦明也。《時邁》、《臣工》皆曰「明昭」。

昭明有融，高朗令終。【傳】融，長；朗，明也。始於饗燕，終於享祀。令終有俶，公尸嘉告。【傳】俶，始也。公尸，天子以卿，言諸侯也。【疏】「融，長」，《爾雅·釋詁》文。郭注云：「宋、衛、荆、吴之閒曰融。」《東方之日》箋：「日在東方，其明未融。」昭五年《左傳》「明而未融」，服注云：「融，高也。」長、高義亦相近。《爾雅》：「明，朗也。」二字互訓。《説文》：「朖，明也。」今作「朗」。《傳》文「始於饗燕，終於享祀」，「始」、「終」二字疑互譌，當作「終於饗燕，始於享祀」，今本錯亂不可通矣。此章之義，上二句承上二章也，下二句起下二章也。云「終於饗燕」者，以釋經「令終」之義。「既醉以酒，既飽以德」，《傳》：「既者，盡其禮，終其事。」醉酒飽德乃饗燕中事，是終爲饗燕，非爲享祀也。云「始於享祀」者，即釋經「有俶」之義。「令終有俶，公尸嘉告」，《傳》云：「俶，始也。」公尸嘉告乃享祀中事，是始爲享祀，非爲饗燕也。凡祭有正祭，明日之祭爲繹祭，繹有賓尸之禮，禮畢又有饗燕賓客行旅醻之禮。蓋《既醉》一篇爲饗燕賓客而作。言饗燕者，必本始於享祀，此善終者如始也。《楚茨》云：「爲賓爲客，獻醻交錯。禮義卒度，笑語卒獲。神保是格，報以介福，萬壽攸酢。」又云：「爾肴既將，莫怨具慶。既醉既飽，小大稽首，使君壽考。」皆因饗燕以推本於享祀獲福，則《楚茨》三章、六章與此篇詩意正合也。《正義》謂禮以祭爲重，故謂之終；事禮爲終，則與人交接爲始。孔不能釐正錯誤，强爲曲解，失之。「俶，始」，《釋詁》文。○《正義》云：「《白虎通》引曾子曰：『王者宗廟以卿爲尸，射以公爲耦。不以公爲尸，避嫌三公尊近天子，親稽首拜尸，故不以公爲尸。』當時傳記有此説，故知宗廟之尸必以卿也。」案《傳》言天子尸以卿爲之，故曰：「公尸，公君也。」疑《傳》文「言諸侯也」四字，後人據鄭《箋》增入。《正義》云：「《傳》言以卿爲非諸侯者，故又言諸侯入爲卿大夫，以申足《傳》説。」然則《傳》言卿，《箋》言諸侯，孔所據與今本異。《曲禮》疏云：「祭祖則用孫列。天子諸侯雖取孫列，用卿大夫爲之。故《既醉》注：『天子以卿。』鄭《箋》：『諸侯入爲天子卿大夫，故云公尸。』」是《傳》文無此四字，又可證矣。宣八年《公羊》注：「禮：天子以卿爲尸，諸侯以大夫爲尸，卿大夫以下以孫爲尸。」《傳》云「天子以卿」，正與《逸禮》合也。告，讀「嘏以慈告」之「告」。

其告維何？籩豆靜嘉。【傳】恒豆之菹，水草之和也；其醢，陸產之物也。加豆，陸產也；其醢，水物也。籩豆之薦，水土之品也。不敢用常褻味而貴多品，所以交於神明者，言道之徧至也。朋友攸攝，攝以威儀。【傳】言相攝佐者以威儀也。

【疏】《爾雅》：「嘉，善也。」「靜」與「靖」通，靖亦善也。《傳》引《禮記·郊特牲》文，以釋經「籩豆靜嘉」之義。「水草之和」，和，調和也。《禮記》「和」下衍「氣」字，非也。朝事薦腥，饋食薦孰，二者皆爲正祭，則所云「恒豆」者，謂朝事之豆、饋食之豆也。加豆者，謂加豆之實也。《禮記疏》云「《醢人》加豆爲尸食訖酳尸所加之豆」是也。豆皆有菹有醢。《說文》：「菹，酢菜也。」是菹作菜，水草亦可作菹也。《說文》：「醢，肉醬也。」牛、羊、豕之肉皆爲醢，亦陸產之所兼也。云「加豆，陸產」者，若筍菹亦陸所產也。云「其醢，水物」者，若魚爲水物可作醢也。鄭注《周禮》云：「凡醢醬所和，細切爲齏。全物若牒爲菹。齏、菹之稱，醬菜、肉通。」是菹亦醢也。《記》文於菹言水草，於醢言陸產，又於加豆不言菹，於加豆之醢但言水物。凡饌，以豆爲本，故言豆而不及籩，皆互文錯見之例。《記》文正謂天子祭祀之事。毛《傳》引之，亦此意也。鄭注《禮記》以恒豆爲諸侯朝事，加豆爲諸侯饋食。蓋以菹悉用水物，醢悉用陸產，與天子不同爲說。《正義》即本鄭注以申毛《傳》，誤矣。《傳》既引《禮記》文，又云「言道之徧至也」者，《箋》：「政平氣和所致故也。」此鄭申毛也。《正義》謂道之徧而至於水土，亦誤。〇《假樂》傳云：「朋友，謂群臣也。」蓋在正祭爲助祭之群臣，而在繹祭則爲與燕之賓客。此云「朋友」，猶《楚茨》之「賓客」，統繹祭而名之耳。經言「攝」，《傳》云「攝佐」，此益其辭以明其義。《詩述聞》云：「攝，即佐也。襄三十一年《左傳》引此詩，杜預注曰：『攝，佐也。』《白帖》三十四引《詩》：『朋友攸攝，攝以威儀。』『攝，助也。』與《毛詩》義同而文異，蓋本《韓詩》也。」

威儀孔時，君子有孝子。孝子不匱，永

錫爾類。【傳】匱，竭；類，善也。【疏】《瞻卬》篇「威儀不類」，《傳》：「類，善也。」「時」與「類」同義。《頍弁》傳云：「時，善也。」君子孝子，謂成王也。有，語詞。○匱、竭古聲同部，不竭，猶無已也。《禮記·祭統》云：「大孝不匱。博施備物，可謂不匱矣。」又《皇矣》傳云：「類，善也。勤施無私曰類。」此《傳》以「不匱」爲「不竭」即是「博施備物」，以「類」爲「善」即是「勤施無私」。博施、勤施，其意與下章「壼，廣」之義相通，則「不匱」與「類」非有二義也。永，長；錫，予；爾，爾孝子也。言孝子有不竭之善，則祖考之神長予孝子以善也。「永錫爾類」與《楚茨》篇「永錫爾極」句義皆同。隱元年《左傳》：「君子曰：『潁考叔，純孝也。愛其母，施及莊公。《詩》曰：「孝子不匱，永錫爾類。」其是之謂乎？』」施即所謂博施、勤施也。引《詩》以美潁考叔之孝。又成二年《傳》：「賓媚人對晉師曰：『吾子布大命於諸侯，而曰必質其母以爲信，其若王命何？且是以不孝令也。《詩》曰：「孝子不匱，永錫爾類。」若以不孝令於諸侯，其毋乃非德類也乎？』」類亦德也。引《詩》以譏晉人之不孝。兩引《詩》皆義取不匱原有廣施及人之意。孝子有是善，祖考長予之以善，故《國語》謂「不忝前哲」，以釋此詩之「類」也。「類」字皆不作「族類」解。《方言》云：「類，法也。」「法」與「善」義亦相近。

其類維何？室家之壼。【傳】壼，廣也。

君子萬年，永錫祚胤。【傳】胤，嗣也。【疏】《説文·口部》：「壸，宮中道。从口，象宮垣、道上之形。《詩》曰：『室家之壸。』」隸變作「壼」。《爾雅》：「宮中衖謂之壸。」「壸」本爲宮中衖名，引申之則爲廣，廣之言擴充也。《孟子》云：「苟能充之，足以保四海。苟不充之，不足以事父母。」正與此「廣」訓合。《正義》引王肅云：「其善道施於室家而廣及天下。」○《爾雅》：「胤、嗣、續，繼也。」胤爲繼，亦爲嗣，互相爲訓。祚，當依《釋文》作「胙」。《説文》有「胙」無「祚」。《肉部》：「胙，祭福肉也。」因之凡福皆曰胙。胙胤，胤胙也。「永錫胙胤」，言長予子孫以福禄也。孝子對祖考而言，故永錫爲祖考之神長予之。兩「永錫」同。若謂天長予之，則失其義矣。下章「天被爾禄」纔説到天命耳。《周語》晉羊舌肸引此詩而釋之云：「類也者，不忝前哲之謂也。壼也者，廣裕民人之謂也。萬年也者，令聞不忘之謂也。胤也者，子孫蕃育之謂也。單子朝夕不忘成王之德，可謂不忝前哲矣。膺保明德，以佐王室，可謂廣裕民人矣。若能類善物以混厚民人者，必有章譽蕃育之胙，則單子必當之矣。」毛《傳》「類，善」、「由，廣」、「胤，嗣」悉本《國語》立訓，與《昊天有成命》篇同。

其胤維何？天被爾祿。【傳】祿，福也。君子萬年，景命有僕。【傳】僕，附也。【疏】「祿，福」，《釋詁》文。《天保》曰「百祿」，《假樂》曰「百福」；《皇矣》曰「受祿」，《假樂》曰「受福」，是祿、福同也。《六書故》引此《詩》毛傳有「景大也」三字。景命，大命也。僕，讀與「樸」同。《考工記》「輪人欲其樸屬」，鄭司農：「樸，讀如『子南僕』之『僕』。」鄭注云：「樸屬，猶附箸，堅固貌也。」《角弓》傳云：「附，箸也。」

其僕維何？釐爾女士。【傳】釐，予也。釐爾女士，從以孫子。【疏】釐，讀爲賚。《楚茨》傳、《賚》序皆云：「賚，予也。」《正義》引《爾雅》：「釐、予，賜也。」今《釋詁》作「賚、予，賜也」。釐、賚聲同，予、賜義同。爾亦女也，爾、女二字連文。《孟子·盡心》篇：「人能充，無受爾女之實。」此即「爾」、「女」連文之證。《序》云「人有士君子之行」，即指此章末之士而言之也。《繁露·俞序》篇云：「是亦始於麤粗，終於精微，教化流行，德澤大洽，天下之人，人有士君子之行而少過矣。」案董說雖不釋《詩》，而與《詩》義合。毛讀女音汝，鄭讀女如字。《箋》云：「予女以女而有士行者，謂生淑媛，使爲之妃。」與《毛詩序》不合，而與《列女傳·母儀》篇引《詩》義合，蓋鄭用《魯詩》也。《爾雅》：「從，重也。」

《鳧鷖》五章，章六句。

《鳧鷖》，守成也。大平之君子，能持盈守成，神祇祖考安樂之也。【疏】此繹祭賓尸之詩。承上篇由饗燕之終，以推本乎享祀之始，所以完「令終有俶，公尸嘉告」之意也。

鳧鷖在涇，公尸來燕來寧。【傳】鳧，水鳥也。鷖，鳧屬。大平則萬物衆多。爾酒既清，爾殽既馨。【傳】馨，香之遠聞也。公尸燕飲，福祿來成。【疏】《爾雅》：「舒鳧，鶩。鷖，沈鳧。」鷖音施。《詩》之鳧即沈鳧也。《正義》引《義疏》云：「大小如鴨，青色，卑腳，短喙，水鳥之謹愿者也。」《方言》云：「野鳧甚小而好沒水中者，南楚之外謂之鷿鷉，大者謂之鶻蹏。」《楚策》：「小臣之好射鶀鴈，羅鸗。」《集韻》云：「鸗，小鳧也。」

此皆鳧之異名也。《倉頡解詁》云：「鷖，鷗也。一名水鴞。」《周禮・巾車》：「安車，雕面鷖總。」鄭司農注云：「鷖，讀爲『鳧鷖』之『鷖』。鷖總者，青黑色，以繒爲之。」鷖青黑色，陸元恪謂鳧青色，則鷖與鳧形、色皆相似。案五章皆以鳧鷖發端。水鳥之衆多，由大平之所致也。此《傳》云「大平則萬物衆多」，《魚麗》傳亦云：「大平而後微物衆多。」義同。又《魚麗》序：「美萬物盛多，可以告於神明。」《箋》：「告於神明者，於祭祀而歌之。」亦與此詩義合。○《詩小學》云：「按此篇『涇』、『沙』、『渚』、『潨』、『亹』一例，不應『涇』獨爲水名。鄭《箋》：『涇，水中也。』今本誤作『水名』。下文及下章《箋》皆云『水鳥居水中』，承『在涇』爲言。」引《爾雅》「直波爲俓」、《釋名》「水直波曰涇。涇，徑也」，「涇、徑、俓同謂大水中流徑直孤往之波。」奐案「涇，水中也」與下章《傳》「沙，水旁也」、「渚，沚也」、「潨，水會也」、「亹，山絶水也」同一例，此當是《傳》文，非《箋》語。古本《傳》當云：「鳧，水鳥也。大平則萬物衆多。涇，水中也。」《箋》云：「鷖，鳧屬也。水鳥而居水中，猶人爲公尸之在宗廟也，故以喻焉。」今本《傳》於「鳧，水鳥也」下衍「鷖，鳧屬」三字，而又以「涇，水中也」四字攙入《箋》語，皆係轉寫致誤。李善注《文選・西都賦》云：「毛萇《詩傳》曰：『鳧，水鳥。』鄭玄《詩箋》曰：『鷖，鳧屬也。』」據此，知《傳》、《箋》非舊本矣。○《既醉》傳云：「公尸，天子以卿。」燕，燕飲也。正祭之尸，唯祭酒、啐酒而已。繹祭以賓禮事尸，故尸得燕飲之也。寧，安也，言孝子之心安也。每章言「公尸來燕」，又言「公尸燕飲」，是來燕就公尸說，來寧、來宜、來處、來宗、來熏皆就孝子說。《易林・大有》、《夬》：「鳧鷖游涇，君子以寧。履德不愆，福禄來成。」焦以「君子以寧」解「來寧」，得其恉矣。「來」皆詞也。爾，爾孝子也。「爾酒既清」，所謂「清酒既載」也。《賓之初筵》傳：「肴，豆實也。」《生民》篇：「卬盛于豆，于豆于登，其香始升。」此《傳》云「馨，香之遠聞也」者，即所謂「其香始升」也。《樛木》傳：「成，就也。」「福禄來成」，猶云「福履成之」也。履，禄也。「福禄來爲」，猶云「福禄媲之」也。媲，厚也。「福禄來下」，猶云「福禄攸降」也。「福禄來崇」，猶云「福禄申之」也。「來」亦皆助詞。

鳧鷖在沙，公尸來燕來宜。【傳】沙，水旁也。宜，宜其事也。爾酒既多，爾殽既嘉。【傳】言酒品齊多而殽備美。公尸燕飲，福禄來爲。【傳】厚爲孝子也。【疏】《傳》以「水旁」釋「沙」，謂水旁多積散石，非謂水旁名沙也。《説文》云：「沙，水散石也。从水、少。水少沙見。」《爾雅》：「潬，沙出。」沙出即「水少沙見」之謂。今俗評水旁爲水灘，「灘」即「潬」之轉語矣。郭注云：「今河中呼水中沙堆爲潬。」謂潬在水中，乃即瀨也。《説文》：「瀨，水流沙上也。」「瀨」與「潬」不同。○《爾雅》：「宜，事也。」宜謂宜其事。《采蘩》傳云：「事，祭事也。」「朋友攸攝，攝以威儀」，所謂「宜其事」也。云「言酒品齊多而殽備美」，下當有「也」字，今奪。「齊多」釋「多」，「備美」釋「嘉」。上篇《傳》云：「籩豆之薦，水土之品也。不敢用常褻味而貴多品，所以交於神明者，言道之偏至也。」二《傳》意同。爲，造也。孝子，即《既醉》之孝子，亦即《序》「大平之君子」，謂成王也。孝子，對「公尸」之稱。「永錫爾類」、「永錫胙胤」，皆所謂「厚爲孝子」也。

鳧鷖在渚，公尸來燕來處。【傳】渚，沚也。處，止也。爾酒既湑，爾殽伊脯。公尸燕飲，福禄來下。【疏】《采蘩》傳：「沚，渚也。」渚、沚通訓。「處，止」，《江有汜》同。止，讀如「君子至止」之「止」。一説：止，容止也。○《伐木》傳：「以籔曰湑。」又云：「湑，茜之也。」茜讀爲縮。籔、茜皆「去汁滓」之義。《箋》：「湑，酒之泲者也。」《士冠禮》注：「湑，清也。」《内則》注：「清，泲也。」「爾酒既湑」，猶云「爾酒既清」矣。《説文》云：「脯，乾肉也。」

鳧鷖在潨，公尸來燕來宗。【傳】潨，水會也。宗，尊也。既燕于宗，福禄攸降。公尸燕飲，福禄來崇。【傳】崇，重也。【疏】《説文》云：「小水入大水曰潨。《詩》曰：『鳧鷖在潨。』」此許申毛也。《箋》：「潨，水外之高者也。」《正義》云：「水外之地潨然而高，蓋涯涘之中，復有偏高之處。」❶《廣雅》亦云：「潨，厓也。」案潨爲厓，必本三家《詩》義。《傳》、《箋》本無不通。《傳》云「水會」即是衆水相入交會之處，便是水旁厓岸之地。《公劉》傳：「芮，水厓也。」《説文》：「汭，水相入也。」「芮」與「汭」同。水相入謂之汭，亦謂之潨。水厓謂之汭，亦謂之潨，訓異而義得相通。若謂毛、鄭義異，失之矣。○宗、尊雙聲通用，若晉伯宗，《國語》、《穀梁傳》作「伯尊」之例。公尸在廟中則全乎君，故以「尊」詁「宗」也。王肅云：

❶「偏」，徐子静本、《清經解續編》本同。阮刻《毛詩正義》作「偏」。

「尊敬孝子。」即《箋》：「尊主人之意。」然尸以象神，不應尊人，自當以孝子尊公尸爲義優也。《雲漢》「靡神不宗」，「宗，尊也」，二《傳》意同。「既燕于宗」，即承上文爲言。于，于是也。宗者，亦謂孝子之尊公尸。五章每中閒二句皆就孝子能敬養公尸，而公尸克饗以爲説。此雖文變，而義無殊也。「崇，重」，《釋詁》文。《烈祖》「申錫無疆」，《傳》云：「申，重也。」「崇」與「申」義同。

鳧鷖在亹，公尸來止熏熏。【傳】亹，山絶水也。熏熏，和説也。旨酒欣欣，燔炙芬芬。公尸燕飲，無有後艱。【傳】欣欣然樂也。芬芬，香也。無有後艱，言不敢多祈也。【疏】「亹，山絶水」，義未聞。亹者，「釁」之俗字。絶，渡也，猶通也。亹爲山閒通水之處，與首章「涇，水中也」一意。《爾雅·釋厓岸》：「谷者溦。」《水經·滱水》注引《爾雅》作「微」。郭注云：「微，水邊通谷也。」微、亹一聲之轉。《箋》云：「亹之言門也。」《漢書·地理志》「金城郡浩亹」，顔師古云：「亹者，水流夾山岸深若門也。」即引《詩》「鳧鷖在亹」。顔注與鄭《箋》聲讀相同，當本三家舊讀。《續志》「蜀郡湔氏道」，劉昭注云：「《蜀王本紀》曰：『縣前有兩石對如闕，號曰彭門。』」彭門、浩亹亦一聲之轉。○來止，當依《説文》作「來燕」，上四章皆云「來燕」也。《説文》：「醺，醉也。《詩》曰：『公尸來燕醺醺。』」許依字作「醺」，故爲「醉」，其實《詩》義不爲「醉」也。繹祭祭畢，尸既出，其時賓客行旅酬之禮，始有醉酒飽德之事。此云「公尸燕飲」，尚未及旅酬之節，不得言醉。《傳》云「和説」，《祭義》所謂「饗之必樂」也。《大玄·交》：「次四，往來熏熏，得亡之門。」《測》曰：往來熏熏，與神交行也。」與《詩》「熏熏」同。《文選·東京賦》「君臣歡樂，具醉熏熏」，薛綜注云：「熏熏，和説貌。」薛本毛訓。《爾雅》：「欣，樂也。」重言曰欣欣。《正義》云「樂，謂尸之樂」是也。《説文》：「岎，或作『芬』。」《信南山》亦曰「芬芬」。此《傳》云：「芬芬，香也。」首章《傳》云：「馨，香之遠聞也。」兩「香」字同意。言燔炙猶殽也。《士喪禮》：「筮宅，命曰：『度茲幽宅兆基，無有後艱。』」「無有後艱」，蓋當時有此常語。《生民》云：「庶無罪悔，以迄于今。」後即今也，艱猶罪悔也，文義正同。《傳》云「言不敢多祈也」者，所祈止于是而已。《禮器》：「君子曰：『祭祀不祈。』」《莊子·讓王》篇：「時祀盡敬而不祈喜。」喜，福也。《呂覽·誠廉》篇作「不祈福」，文義與《詩》同。

《假樂》四章，章六句。

《假樂》，嘉成王也。

假樂君子，顯顯令德。宜民宜人，受禄于天。【傳】假，嘉也。宜民宜人，宜安民、宜官人也。保右命之，自天申之。【傳】申，重也。【疏】「假，嘉」，《爾雅·釋詁》文。《序》亦以「嘉」詁「假」也。《左傳》：「文三年，公賦《嘉樂》。襄二十六年，晉侯賦《嘉樂》。」《禮記·中庸》篇引《詩》「嘉樂君子」，此以「嘉」詁「假」之證。《維天之命》、《雝》同。《大明》傳云：「嘉，美也。」嘉者，美嘆之詞。「嘉樂」二字不連讀。君子，謂成王也。《廣雅》云：「顯顯，箸也。」《禮記》作「憲憲」，孔疏云：「《詩》本文『憲憲』爲『顯顯』，與此不同者，齊、魯、韓《詩》與《毛詩》不同故也。」○「宜民宜人」句承上「令德」，起下「受天命」。宜民爲宜安民，宜人爲宜官人。《傳》必分釋之者，因末二章皆言成王之能官人，末二句又帶及安民之意，而與凡泛言民人者不同故也。《漢書·董仲舒傳》：「《詩》云：『宜民宜人，受禄于天。』爲政而宜於民者，固當受禄于天。」此三家《詩》，與《毛詩》異。「保右命之」，據上下文義，此「命之」當是「天命之」。《中庸》引《詩》作「佑」而釋之，云：「故大德者必受命。」言受天命也。《大明》「保右命爾」，《傳》：「右，助也。」命亦天命，與此「保命」同。申之，言申之以福禄也。《采叔》「福禄申之」，《傳》亦云：「申，重也。」

干禄百福，子孫千億。穆穆皇皇，宜君宜王。【傳】宜君王天下也。不愆不忘，率由舊章。【疏】《旱鹿》傳云：「干，求也。」禄、福義同。於禄言干，於福言百，互詞也。千億，言子孫衆多也。「干禄百福，子孫千億」二句承上章「自天申之」意。「穆穆皇皇」，又以美成王之令德也。《文王》傳：「穆穆，美也。」《泮水》傳：「皇皇，美也。」《少儀》云：「言語之美，穆穆皇皇。」與此義同。「宜君宜王」，《釋文》作「且君且王」云：「一本『且』作『宜』字。」案作「宜」字是也。「宜民宜人」，兩「宜」字平列。「宜君宜王」，上「宜」字實，下「宜」字作語助，無實義，兩「宜」字不平列。詁訓中多有此例，初不泥於句法也。《傳》云「宜君王天下」，言成王有此穆穆皇皇之令德，固宜君王天下耳。《斯干》：「朱芾斯皇，室家君王。」❶與此「君王」

❶「室家」，原誤倒，徐子靜本、《清經解續編》本同。據本書卷十八《斯干》傳疏、阮刻《毛詩正義》乙正。

同。若經作「且」字，則《傳》言「且君王天下也」，語難通矣。《正義》云：「君、王別文，《傳》并言之者，以其俱有『宜』文，故總而釋之。言宜君者宜君天下，宜王者宜王天下。」《正義》本作「宜」而君、王分解，非《傳》之恉。○《氓》傳：「愆，過也。」《孟子·離婁》篇引《詩》釋之，云：「遵先王之法而過者，未之有也。」《漢書·郊祀志》云：「舊章，先王法度。」又《繁露·郊語》篇云：「舊章者，先聖人之謂文章也。」竝與《孟子》釋《詩》同。

威儀抑抑，德音秩秩。【傳】抑抑，美也。秩秩，有常也。無怨無惡，率由群匹。受福無疆，四方之綱。【疏】《猗嗟》傳訓「抑」爲「美」，重言之曰抑抑，故亦云「美」也。秩，讀「咸秩無文」之「秩」，「秩」有「次弟」之意。重言之曰秩秩。《傳》云「有常」，有典常也，意承上章「率由舊章」爲訓。《爾雅·釋訓》：「抑抑，密也。秩秩，清也。」《箋》用《釋訓》文，或本三家《詩》。○《皇矣》「詢爾仇方」，《傳》：「仇，匹也。」與此「匹」同義。匹亦仇也。《箋》云：「循用群臣之賢者，其行能匹耦己之心。」《繁露·楚莊王》篇：「百物皆有合偶，偶之合之，仇之匹之，善也。」引《詩》云：「無怨無惡，率由仇匹。」案此爲鄭《箋》所本。毛無《傳》。下章釋「朋友」爲「群臣」，則此「群匹」爲「群臣」，《傳》意亦然也。《卷阿》「豈弟君子，四方爲綱」，與此「四方之綱」句義相同。

之綱之紀，燕及朋友。【傳】朋友，群臣也。百辟卿士，媚于天子。不解于位，民之攸塈。【傳】塈，息也。【疏】之綱，承上章。「綱紀」連文，故又言「之紀」也。綱紀，指群臣說。《四月》「滔滔江漢，南國之紀」，《傳》：「其神足以綱紀四方。」又《棫樸》「勉勉我王，綱紀四方」，言文王官人，足爲四方之綱紀。《雲漢》「散無友紀」，亦謂因荒散亂，無朋友之綱紀。義竝同。「之綱之紀，燕及朋友」，言朋友足以綱紀四方，故天子欲燕飲之也。《伐木》、《六月》、《沔水》、《雲漢》皆天子稱臣爲友。《沔水》傳云：「邦人諸友，謂諸侯也。」此云「朋友，群臣也」者，探下言卿士，故不專指諸侯說。○百辟，謂外諸侯也。卿士，謂内諸侯也。《桑扈》之「百辟爲憲」，猶《六月》之「萬邦爲憲」也。《烝民》之「式是百辟」，猶《嵩高》之「式是南邦」也。《雲漢》傳：「群公先正，百辟卿士也。」亦以百辟爲群公、卿士爲先正可證。《思齊》傳云：「媚，愛也。」不，當作「匪」。《烝民》、《韓奕》、《閟宮》、《殷武》皆作「匪解」。匪，不也。

或後人以「匪」訓「不」，遂改經之「匪」字爲「不」字矣。《釋文》作「匪解」，舊本《書鈔・政術部十》引此詩正作「匪解」。「塈，息」，《邶・谷風》同。成二年、昭二十一年、哀五年《左傳》引《詩》皆作「塈」。顔真卿《書郭令公家廟碑》作「民之攸慨」，《集韻・八未》云：「慨，通作『塈』。」案慨者，「塈」之俗字也。《正義》引《爾雅》某氏曰「民之攸呬」，本三家《詩》。呬、塈聲同。塈，息也。息，止也。《生民》傳：「攸止，福禄所止也。」「匪解于位，民之攸塈」，言群臣皆不解於其位，則天下民人同受福禄矣。與首章《傳》云「安民」同意。

《公劉》六章，章十句。

《公劉》，召康公戒成王也。成王將涖政，戒以民事，美公劉之厚於民，而獻是詩也。【疏】召公獻《公劉》，周公陳《七月》；召公相雒，周公營雒，左右成王，二詩共作。

篤公劉，匪居匪康。迺埸迺疆，迺積迺倉。迺裹餱糧，于橐于囊，思輯用光。【傳】篤，厚也。公劉居於邰，而遭夏人亂，迫逐公劉。公劉乃避中國之難，遂平西戎，而遷其民，邑於豳焉。迺埸迺疆，言脩其疆埸也。迺積迺倉，言民事時和，國有積倉也。小曰橐，大曰囊。思輯用光，言民相與和睦以顯於時也。弓矢斯張，干戈戚揚，爰方啟行。【傳】戚，斧也。揚，鉞也。張其弓矢，秉其干戈戚揚，以方開道路去之豳，蓋諸侯之從者十有八國焉。【疏】「篤」訓「厚」。厚者，即《序》云「厚於民」也。匪，不也。康，安也。經言公劉自邰之豳之事，故《傳》先釋居邰遭亂辟難，以釋經不居不安之義。云遷民邑豳，又探下文以總釋去豳之由，亦以美公劉有厚於斯民之道也。《生民》傳：「堯見天因邰而生后稷，故國后稷於邰。」是邰，后稷之舊邦也。至公劉亦國於邰。《白虎通義・京師》篇言「公劉去邰之豳」，與毛《傳》公劉居邰義合。《傳》云「遭夏人亂，辟中國難」者，《史記・劉敬傳》：「周之先自后稷，堯封之邰，積德累善十有餘世。公劉避桀居豳。」《漢書》同。此公劉爲避桀之確證也。又《史記・匈奴傳》：「夏道衰，而公劉失其稷官，變於西戎，邑于豳。其後三百有餘歲，戎狄攻大王亶父，亶父亡走岐下。」《漢書》同。計商祀六百，公劉至大王三百餘歲，此又公劉在夏末商初之確證也。《漢書・古今人表》公劉列於夏末有以也。公劉者，不窋之孫。《周語》云：「昔我先王世后稷，以服事虞、夏。及夏之衰也，棄稷不務，我先王不窋用失其官，而自竄于戎、狄之閒。」《周語》又云：「昔孔甲亂夏，四世而殞。」戴氏震《詩考正》云：「不窋已上，世爲后稷之官，不知凡幾傳之不窋，然後失其官也。《史記・周本紀》：『后稷之興，在陶唐、虞、夏之際，皆有令德。后稷卒，子不窋立。』亦謂最後之爲后稷者卒，其子不窋立也。夏之衰，疑在孔甲時。孔甲之後帝皋、帝發、帝桀，不窋之後鞠、公劉，此代系不甚遠者。」案戴説是矣。不窋及夏衰在孔甲時，公劉遭夏亂乃在帝桀世，亦既章章可考。官，謂王官，后稷之官也。夏都冀州，邰在雍州之西，爲古戎、狄地。竄，匿也。竄于戎、狄者，不窋失王官而匿就邰國，故至公劉初年，尚在於邰耳。昭九年《左傳》：「詹桓伯曰：『我自夏以后稷，魏、駘、芮、岐、畢，吾西土也。』」「駘」與「邰」通。周在夏地，不及邰、岐已北，則終夏之世，尚無豳土可知。公劉乘夏人亂自邰之豳，非失邰也。豳亦非周故有也。周故有邰地，後公劉啓豳土，故《詩》中紀邰、豳風土綦詳。《釋文》引《書大傳》云：「公，爵；劉，名也。」疑公劉爲商之三公，故稱公。受商命，故得張弓矢、秉斧鉞。公劉當日必有佐成湯平攘西戎之功焉。《後漢書・西羌傳》：「后桀之亂，畎夷入居邠岐之閒。成湯既興，伐而攘之。」則毛《傳》所云「公劉平西戎」者，蓋在此時也。要之，唐、虞以來，終夏之世國於邰，夏末商初國於豳。歷公劉、慶節、皇僕、差弗、毀隃、❶公非、高圉、亞圉、公組，❷至古公亶父自豳而岐焉。邰、岐、豳皆屬漢右扶風界内，涇水之南，渭水之北。○治場積穀，是紀居邰事也。《伐木》傳：「餱，食也。」餱糧即糗糧也。《文選》曹子建《應詔詩》注引此《傳》文有「餱糧食也」四字。橐、囊，皆裹糧之器。僖二十八年，「甯子執納橐饘焉」；宣二年，「趙盾見靈輒餓，爲之簞食與肉，寘諸橐以與之」，此橐可裹糧也。《漢書・東方朔傳》「奉一囊粟」，此囊可裹糧也。《史記・陸賈傳》索隱引《詩傳》：「大曰橐，小曰囊。」與今本異。又戴侗《六書故》引毛《傳》作「無底曰橐，有底曰囊」，恐出記憶之誤也。裹餱糧於橐囊，是紀去邰事也。《孟子・梁惠王》篇引《詩》釋之：「居者有積倉，行者有裹

❶「隃」，武英殿本《史記・周本紀》同，《三代世表》作「渝」。

❷「組」，武英殿本《史記・周本紀》作「叔祖類」，《三代世表》作「祖類」。

囊。」趙注云：「乃積穀於倉，乃裹盛乾食之糧於橐囊也。」公劉遷豳，固未嘗失部矣。思，詞也。《傳》以「和睦」訓「輯」，以「顯於時」訓「光」，是民有居者，亦有行者，相與和睦，以爲光顯也。○《傳》訓「戚揚」爲「斧鉞」，戚之爲言迫也。《爾雅》：「越，揚也。」鉞、越皆從戉聲，古祇作「戉」。《説文》：「戚，戉也。」「戉，大斧也。」《淮南子·兵略》篇云：「主親操鉞，持頭，授將軍其柄，曰：『從此上至天者，將軍制之。』」是「鉞」有「發揚」義也。又云：「復操斧，持頭，授將軍其柄，曰：『從此下至淵者，將軍制之。』」是「斧」有「戚迫」義也。可以想像其遺制矣。《王制》云：「諸侯賜弓矢然後征，賜鈇鉞然後殺。」「鈇」與「斧」通。爰，於也。方之言甫也。啓行，開道路也。經言啓行耳，《傳》乃探下章之義而云「去之豳」也。「諸侯之從者十有八國」，《正義》云：「不知出何文。」

篤公劉，于胥斯原，既庶既繁，既順迺宣，而無永嘆。【傳】胥，相；宣，徧也。民無長嘆，猶文王之無悔也。陟則在巘，復降在原。何以舟之？維玉及瑶，鞞琫容刀。【傳】巘，小山別於大山也。舟，帶也。維玉及瑶，言有美德也。下曰鞞，上曰琫，言德有度數也。容刀，言有武事也。【疏】「胥，相」，《緜》同。《禮記》「善相土宜阪險原隰」，是即「相原」義也。庶繁，言人衆多也。「宣，徧」，《爾雅·釋言》文。《皇矣》「王此大邦，克順克比」，《傳》：「慈和徧服曰順。」此詩「既順」即「克順」，則「徧」即「徧服」，「慈和徧服」即上章《傳》所謂「民事時和」、「民與和睦」也。《周語》：「劉康公曰：『寬肅宣惠，君也。寬，所以保本也。肅，所以濟時也。宣，所以教施也。惠，所以和民也。本有保則必固，時動而濟則無敗功，教施而宣則徧，惠以和民則阜。若本固而功成，施徧而民阜，乃可以長保民矣，其何事不徹？』」毛《傳》正本《國語》爲訓。永，長也。嘆，《釋文》、《正義》皆作「歎」。《傳》「無悔」，宋本作「無侮」，非也。《皇矣》「其德靡悔」，彼言文王之德，民無悔恨。此言公劉之德，民亦無長嘆，與文王同也。此紀公劉居部之事。○《説文》無「巘」字，疑《毛詩》本作「獻」。獻原，即《皇矣》之「鮮原」也，此猶「鮮羔」即「獻羔」之例。「獻」或作「巘」，《爾雅》「鮮」或作「⿰山鮮」，山旁皆後人所增，誤正同。《爾雅》：「小山別大山，鮮。」又「重甗，隒。」畫然兩字。《釋名》「鮮」誤爲「甗」，解者即泥「甗」字作解，而以小山別大山與重隒之厓岸組合爲一，其誤始於劉熙之《釋名》，孔仲達遂謂此與《皇矣》義別矣。鮮原，詳《皇矣》篇。其地在岐周之東北，南近於豳，公劉從豳而出所涉之地，故陟巘降原，望北而行，即上章「啓行」之所由徑也。下文玉、瑶、鞞、琫，皆言在塗備武之事。○《小箋》云：「舟，即『𠣘』之假借，故訓爲『帶』。」《傳》文「瑶」上奪「維玉及」三字，依《小箋》補正。《木瓜》「報之以瓊瑶」，《傳》：「瓊瑶，美石。」襍佩，集玉石爲之。「維玉及瑶」，言有玉與石也。《正義》謂瑶是玉之別名，誤。佩有事佩、有德佩，鞞琫容刀事佩，而玉瑶德佩，故《傳》云：「言有美德也。」鞞琫，説詳《瞻彼洛矣》篇。《傳》文「德」字涉上文「美德」而衍。「言有美德」、「言有度數」、「言有武事」文法一例。《正義》云「故云『言有度數』」，是本無「德」字可證。《瞻彼洛矣》傳：「天子玉琫而珧珌，諸侯璗琫而鏐珌，大夫鐐琫而鐐珌，士珕琫而珕珌。」此其度數也。容刀，佩刀也。佩刀以爲容飾，故曰容刀。《瞻彼洛矣》韎韐與鞞琫皆是武事之服飾。公劉遷豳行備武事，故亦有鞞琫容刀之佩也。又《采芑》篇：「服其命服，朱芾斯皇，有瑲蔥珩。」凡兵事，又有蔥珩之佩。此言「維玉及瑶」者，與《采芑》同意。《正義》不得其解。

篤公劉，逝彼百泉，瞻彼溥原，迺陟南岡，乃覯于京。【傳】溥，大；覯，見也。**京師之野，**【傳】是京乃大衆所宜居之也。**于時處處，于時廬旅，于時言言，于時語語。**【傳】廬，寄也。直言曰言，論難曰語。【疏】百泉，未聞。疑近在於豳，此即弟五章「相其陰陽，觀其流泉」也。或謂今三水縣諸泉水當之，俱在涇北者，非是。《傳》訓「溥」爲「大」，《箋》訓「廣」，義同。山脊曰岡，岡即豳山之岡也。豳山在百泉之南，故曰南岡。乃，石經作「迺」。「覯，見」，《抑》同。《爾雅》作「遘」，即五章「既溥既長，既景乃岡，度其夕陽，豳居允荒」也。陟岡覯京，與《定之方中》升虚望楚文義相同。《傳》「是京乃大衆所宜居之也」者，「也」當作「地」，字之壞也。《箋》：「京地乃衆民所宜居之野也。」「野」字理不可通，《御覽·地部二十》引《箋》作「宜居之地」，不誤。可據以訂正矣。《傳》云「是京」承「于京」言。京師爲大衆，云「乃大衆所宜居之地」，謂將營造都邑也。疑此《傳》文當作「是京乃大衆所宜居之地也」十一字，以釋「乃覯于京」句。併傳寫者又誤移在下句耳。京，大也。京地，大地也。周以王者之居稱京師，義取諸此。○《漢書·食貨志》：「在壄曰廬。」何注宣十五年《公羊傳》：「在田曰廬。」《説文》：

「廬，寄也。秋冬去，春夏居。」《呂覽・仲春紀》「耕者少舍」，高誘注云：「皆耕在野，少有在都邑者也。《尚書》：『厥民析散布在野。』」此即所謂「春夏居」也。然則廬者，田中之廬。八家廬井二畝半，春夏所居，故謂廬爲寄也。旅，衆也。在野之衆謂之廬旅，猶在邑之衆謂之里旅。《左傳》「敢煩里旅」，則近市者爲里旅也。其時公劉於大地之野爲大衆定廬舍，行井田法。于時處處者，猶《緜》詩「迺慰迺止，迺左迺右」也；于時廬旅者，猶《緜》詩「迺疆迺理，迺宣迺畝」也，文義正同。《釋文》及定本、《集注》「論難曰語」，《正義》本作「荅難」，非也。《說文》亦云：「直言曰言，論難曰語。」直言者，徒言之而已，不待辨論也。論難者，理有難明，必辨論之不已也。古者處農就田野，言言語語皆謂田野事也。《廣雅》：「言言、語語，喜也。」蓋本三家義。

篤公劉，于京斯依。蹌蹌濟濟，俾筵俾几。既登乃依，乃造其曹，執豕于牢，酌之用匏。【傳】賓已登席坐矣，乃依几矣。曹，群也。執豕于牢，新國則殺禮也。酌之用匏，儉以質也。食之飲之，君之宗之。【傳】爲之君，爲之大宗也。

【疏】「于京斯依」，言於豳之大地，依之以立國也。《楚茨》傳云：「濟濟蹌蹌，言有容也。」《正義》云：「公劉使人爲之設筵，使人爲之設几。賓來就燕，既登席矣，乃依几矣。」又云：「上言筵几，此言登依，則是登筵依几，故云『賓已登席矣，乃依几矣』。」《正義》本《傳》文「登席」下無「坐」字，當據以訂正。席，筵也，謂重席也。几，謂彤几也。登席爲賓，則依几爲主人矣，說詳《行葦》篇。《正義》又引《左傳》說饗禮「設几而不倚」，此或兼食禮，故得依几。案《公食大夫・記》「不授几，無阼席」，鄭注云：「公不坐也。」此言君臣共几席爲燕飲之禮。○《傳》訓「曹」爲「群」，謂群臣。昭十二年《左傳》：「周原伯絞虐，其輿臣使曹逃。」杜注：「曹，群也。」此曹即群臣之證。造，爲也，言爲其群臣設飲食。執豕用匏，是其禮也。《周禮・掌客》：「凡禮賓客，國新殺禮。」國新即新國。公劉新國於豳，執豕爲殺禮。《傳》意本《周禮》爲訓也。《箋》云：「酌酒以匏爲爵。」蓋以一匏離爲二，酌酒於其中，是曰匏爵，亦謂之瓢，《鬯人》「禜門用瓢齎」，鄭注「齎，讀爲齊。取甘瓠，割去柢，以齊爲尊」是也。又謂之巹，《士昏禮》「實四爵、合巹」，注「合巹，破匏」是也。凡郊祭與昏禮器皆用匏，《禮記・郊特牲》注：「此謂大古之禮器。」公劉新國，用大古禮器以燕群賓客，《傳》云「儉以質」，儉謂殺禮，周尚質也。○燕有食飲之禮，食飲猶飲食也。君，謂諸侯也。諸侯君一國，即爲一國之大宗。《版》傳：「王者爲天下之大宗。」王者王天下，即爲天下之大宗。是天子、諸侯皆得稱大宗也。其時公劉爲諸侯，始君豳國，設酒食召族黨，後子孫遵行，以爲收宗睦族之常法。

篤公劉，既溥既長，既景迺岡，相其陰陽，觀其流泉。【傳】既景乃岡，考於日景，參之高岡。其軍三單，度其隰原，徹田爲糧。【傳】三單，相襲也。徹，治也。度其夕陽，豳居允荒。【傳】山西曰夕陽。荒，大也。【疏】景，日景也。《定之方中》「揆之以日」，《傳》：「揆，度也。度日出日入以知東西。」此考日景之灋也。説詳《定之方中》篇。「既景迺岡」句，從上起下之詞。《正義》云：「『考其日景』，❶即上『既溥既長』，以日景考之也。『參之高岡』，即下『相其』、『觀其』，是登岡視之也。」《周語》：「仲山甫曰：『國必依山川。』」○胡承珙《後箋》云：「《傳》以『單』爲對『複』之名。單者，一也，獨也。三單者，即《周禮》『凡起徒役，無過家一人』之謂。蓋止用正卒爲軍，不及其羨，故曰單。三軍，故曰三單。《傳》云『相襲』者，猶言『相代』，則三單之中尚有更休疊上之法，此爲制軍之數。」案胡説與岳州王夫之《詩稗疏》略同。王夫之略放《春秋繁露・爵國》篇「口軍」之説。百畝以食八口，除老弱婦女，率可任者三人，三分而用其一，百畝而賦口軍一，即後世之三丁抽一。相襲，謂上役休罷，更番充伍。此皆足以申明經、《傳》之恉。言公劉之不欲盡民力如此也。隰原，猶原隰，文倒之以協韻耳。《傳》訓「徹」爲「治」。《嵩高》「徹申伯土田」，《傳》亦云：「徹，治也。」《箋》：「治者，正其井牧，定其賦稅。」「徹申伯土疆，以峙其粻」，《箋》：「王使召公治申伯土界之所至。」彼《箋》與《傳》訓同。而唯此《箋》讀「徹」爲「周人百畝而徹」之「徹」，以申明「徹，治」之義，不知毛《傳》言治田不言徹法也。《韓奕》「維禹甸之」，「甸，治也」，《箋》與《傳》訓同，而《信南山》篇「甸」讀爲「四丘爲甸」之「甸」，以申明「甸，治」之義，不知毛《傳》言治山不言丘甸也。鄭説俱非毛義。○「山西曰夕陽」，《爾雅・釋山》文。《湛露》傳：「陽，日也。」山之西夕見日，故曰夕陽。山之東朝見日，故曰朝陽。因之山東爲朝陽，而山西爲夕陽矣。夕陽建國，則豳居在豳山之西。《地理志》：「右扶風栒邑有豳鄉，《詩》豳國，公劉所邑。」

❶「其」，徐子靜本、《清經解續編》本同。阮刻《毛詩正義》作「於」，當據改。

《方輿紀要》：「邠州南有豳山，三水縣東北二十五里有栒邑城，縣西三十里有古豳城。」案豳城即漢之豳鄉，在栒邑縣界中，非栒邑即豳城也。今三水縣在涇北，栒邑在縣東，邠州在涇南，豳山在州南，而公劉豳城猶在豳山之南，南至邰城不及二百里，豳土爲邰之北境。「邠」入《説文·邑部》，則地名作「邠」，山名作「豳」。公劉遷邠爲豳山之邠邑，是不踰涇水，固較然矣。徐廣云：「漆縣東北有豳亭。」今邠州，西漢漆縣地。允，語詞。「荒」訓「大」者，謂即大衆所宜居之地也。

篤公劉，于豳斯館。涉渭爲亂，取厲取鍛。【傳】館，舍也。正絶流曰亂。鍛，石也。止基迺理，爰衆爰有。夾其皇澗，遡其過澗。【傳】皇，澗名也。遡，鄉也。過，澗名也。止旅乃密，芮鞫之即。【傳】密，安也。芮，水厓也。鞫，究也。【疏】《白虎通義·京師》篇引《詩》「于邠斯觀」。《説文》「邠」、「豳」同字。「觀」乃「館」之假借字也。《傳》云「舍」者，「止息」之義，則未有家室也。下文正言營造都邑之事。○「正絶流曰亂」，《爾雅·釋水》文。正，中也。絶，渡也。水就下爲順流，挽上爲逆流，中水而渡，是爲正絶流。《説文》：「亂，不治也。」中水而渡，則水之不治者也。渭水出鳥鼠山，自西而東流入於河。豳當渭之北，厲碫産於渭南諸山，涉渭中渡而取厲碫是爲亂。經作「爲」，《傳》作「曰」，一也。《禹貢》云：「入于渭，亂于河。」梁州貢道浮潛逾河，東北入渭，沿流而東至今華陰縣之渭口西。河水從北而南下，由渭涉河，從蒲州以達帝都，此必中水而渡，故亦爲亂，大禹所名也。《詩》、《書》義同。《中山經》：「陰山、蟲尾之山多礪石。」「厲」與「礪」同。「鍛」乃「碫」之假借字。《傳》訓「鍛」爲「石」，則厲亦石也。《説文》云：「厲，旱石。」「碫，厲石。」厲碫者，斲礱之石也。古者天子廟桷必加密石焉。諸侯則斲之礱之，取厲碫者爲營宗廟也。邰在渭北，涉渭而取厲碫，則渭南亦在邰境。此公劉新遷於豳，而於故都取足材用焉。《周本紀》云：「公劉渡渭取材用。」「止基迺理，爰衆爰有」二句，渾括《緜》詩篇義。止基，基亦止也，《緜》詩云「曰止曰時」也。迺理，《緜》詩云「迺疆迺理」也。衆有，即《緜》詩作廟立社之事。衆有，猶富有也。《箋》以衆謂人，有謂物，「衆有」分釋，恐非經意。且下文「止旅乃密」始言人民耳。○皇澗，未聞。《寰宇記》「寧州真寧縣大陵水」下引《水經注》曰：「大陵、小陵，水出巡河南殊川，西南逕寧陽城，故《豳詩》曰：『夾其皇澗。』」陵水即皇澗矣。今邠寧州在邠州北百四十三里，真寧縣又在州東，中隔涇水。酈以陵水有南流之水即皇澗，恐非是。豳居在豳山之西，皇澗在豳居之東，故曰夾。夾，讀如「夾右碣石」之「夾」。「夾」即「挾」也。《正義》云「皇澗縱，在兩旁而夾之」，則誤以爲山夾水矣。過澗，未聞。遡，讀如「如彼遡風」之「遡」。鄉逆風爲遡，鄉逆流亦爲遡，故兩《傳》皆云：「遡，鄉也。」鄉猶偭也。《三蒼》云：「逆流行水曰泝。」「泝」即「遡」字。過澗當在豳居之西北，兩澗皆出豳山。皇澗逕豳居之東南，流入於渭。過澗逕豳居之西，逆流北入於涇。《正義》云：「過澗横，故在北而鄉之。」是也。○旅，衆也。《傳》訓「密」爲「安」者，言從遷之衆止豳乃安耳。《説文》：「宓，安也。」密、宓聲相近。「芮，水厓」，芮者，「汭」之假借字。《尚書》、《左傳》皆作「汭」。《説文》：「汭，水相入也。」案水相入即水會成厓之處。汭者，外水相入，不謂水之内也。《傳》訓「鞫」爲「究」者，究之爲言曲也。《淇奥》傳：「奥，隈也。」奥，或作「澳」，亦作「隩」。鞫者，「澳」、「隩」之假借。《説文》：「氿，水厓枯土也。」「究」即「氿」之假借。《傳》意釋「芮鞫」爲「水厓之曲」，曲兼有内曲、外曲兩義。《箋》乃分釋「芮，内隩；鞫，外鞫」，而後人遂因此《箋》改《爾雅》「外爲隈」作「外爲鞫」，不知《爾雅》釋「隩」謂與「鞫」聲通則可，而於《大雅》之「芮鞫」初無涉也。又案《周禮・職方氏》「其川涇、汭」，鄭注云：「汭在豳地，《詩・大雅・公劉》曰：『汭坑之即。』」《地理志》：「右扶風汧，芮水出西北，東入涇。《詩》芮阬，雍州川也。」顔注：「阬，讀與『鞫』同。《韓詩》作『芮阬』。」奂謂班用《魯詩》，魯、韓同字。《廣雅》：「坑，隈也。」《説文》之「氿」即「阬」、「坑」之異文。阬爲汭水之曲，與毛《傳》「鞫，究」同義。唯汭爲水名，義稍異。毛《傳》之所謂水厓，或即涇水之厓也。胡渭云：「涇水東南流至邠州長武縣東，芮水自平涼府靈臺縣界流經縣南，而東注于涇。公劉所居故豳城正在二水相會内曲之處。」朱右曾云：「水厓，蓋主過澗而言。公劉崎嶇戎、狄，立國豳谷，境必不廣。且豳城在涇水東，汭水在涇水西。《詩》不言涇，豈得越涇而居芮？此毛《傳》之精，所以勝於《韓詩》也。」二説未知誰是。即，就也。「芮鞫之即」，言從遷衆民依就水厓之曲而徙處此也。《易・益卦》云：「中行告公，從，利用爲依遷國。」

《泂酌》三章，章五句。

《泂酌》，召康公戒成王也。言皇天親有

德，饗有道也。【疏】《藝文類聚·職官部二》：「楊雄《博士箴》云：『公劉挹行潦，而濁亂斯清。官操其業，士執其經。』」案此三家説《泂酌》爲公劉詩也。

泂酌彼行潦，挹彼注茲，可以餴饎。

【傳】泂，遠也。行潦，流潦也。餴，餾也。饎，酒食也。豈弟君子，民之父母。【傳】樂以强教之，易以説安之，民皆有父之尊、母之親。【疏】泂，讀爲迥，假借字也。《爾雅》：「迥，遠也。」「行潦，流潦」，《采蘋》同。《大東》傳：「挹，㪺也。」《廣雅》：「㪺，酌也。」是「挹」與「酌」義同也。《有司徹》注云：「注，猶瀉也。」餴，又作「饙」。《爾雅》：「饙、餾，稔也。」稔，又作「餁」。郭注云：「今呼餐飯爲饙，饙熟爲餾。」孫注云：「蒸之曰饙，均之曰餾。」《説文》：「䭃，滫飯也。或作『饙』、作『餴』。」「餾，飯氣蒸也。」《詩正義》引「蒸」作「流」。《爾雅》釋文引《蒼頡篇》云：「餐，饙也。」案「餾」與「餐」聲義相近，故「饙」、「餾」竝有「餐飯」之義。餐即滫也。「饎，酒食」，《天保》同。《方言》：「糦，孰食也。❶氣孰曰糦。」饎、糦同字。酒食氣孰亦曰饎。餴饎者，謂以水餐酒食也。《箋》云：「可以洪酒食之餴。」○《禮記·表記》篇：「《詩》云：『凱弟君子，民之父母。』凱以强教之，弟以説安之，使民有父之尊，有母之親。」《傳》所本也。凱，俗「豈」字。《傳》「豈」作「樂」、「弟」作「易」者，蓋以訓詁字代之也。各本「母之親」上有「有」字，俗依《禮記》增入，《傳》固不必悉依《禮記》文也。鄭注云：「有父之尊，有母之親，謂其尊親己如父母。」《吕覽·不屈》篇：「惠子曰：《詩》曰：『愷悌君子，民之父母。』愷者，大也。悌者，長也。君子之德長且大者，則爲民父母。」此本三家義，而意則同。

泂酌彼行潦，挹彼注兹，可以濯罍。

【傳】濯，滌也。罍，祭器。豈弟君子，民之攸歸。

【疏】《周禮·大宰》、《宰夫》、《大宗伯》、《小宗伯》、《肆師》竝有「眡滌濯」之文。是「滌濯」連文同義，故《傳》訓「濯」爲「滌」也。「罍，祭器」者，《周禮·司尊彝》：「追享、朝享，其再獻用兩山尊。」鄭司農注云：「山尊，山罍也。」《禮記·明堂位》：「尊用犧、象、山罍。山罍，夏后氏之尊也。」《禮器》：「廟堂之上，罍尊在阼，犧尊在西。君西酌犧、象，夫

❶「孰食」，徐子静本、《清經解續編》本同。《四部叢刊》縮印江安傅氏雙鑑樓藏宋刊本《方言》、戴震《方言疏證》及周祖謨《方言校箋》竝作「熟」。

人東酌罍、尊。」是罍爲祭器矣。又《司尊彝》：「六尊皆有罍，諸臣之所昨也。」鄭司農注云：「罍，臣之所飲也。《詩》曰：『缾之罄矣，維罍之恥。』」案此亦宗廟之罍也。《爾雅》：「彝、卣、罍，器也。小罍謂之坎。卣，中尊也。」郭注云：「罍，形似壺，大者受一斛。」

洞酌彼行潦，挹彼注兹，可以濯溉。【傳】溉，清也。豈弟君子，民之攸塈。【疏】溉，當依《釋文》作「摡」。《匪風》傳：「摡，滌也。」此篇「濯摡」連文，濯爲滌，則摡爲清矣，連言之曰濯摡。《周禮》：「世婦掌祭祀、賓客、喪紀之事，帥女宫而濯摡，爲齍盛。」鄭注云：「摡，拭也。」《爾雅》：「拭，清也。」拭，古作「飾」。清，同「瀞」。《説文》：「瀞，無垢薉也。」案上言濯罍爲滌祭器，此言濯摡則所包者廣，不特祭器矣。何以明之？《特牲饋食禮》：「宗人升自西階，視壺濯及豆籩，反降，東北面告濯具。」注：「濯，摡也。」此士禮也。《少牢饋食禮》：「雍人摡鼎、匕、俎于雍爨，廩人摡甑、甗、匕與敦于廩爨。司宫摡豆、籩、勺、爵、觚、觶。凡洗篚，于東堂下。」注：「凡摡者，皆陳之而後告絜。」此大夫之禮也。天子饋食，禮無明文。首章餴饎則爲饋食可知。二章視滌濯祭器。三章視滌濯祭器，又兼告絜。《傳》云「清」者，清猶絜也。可據特牲、少牢二禮例推，而知《傳》義本諸此。○《假樂》篇「民之攸塈」，《傳》云：「塈，息也。」

《卷阿》十章，六章章五句，四章章六句。

《卷阿》，召康公戒成王也。言求賢用吉士也。

有卷者阿，飄風自南。【傳】興也。卷，曲也。飄風，迴風也。惡人被德化而消，猶飄風之入曲阿也。豈弟君子，來游來歌，以矢其音。【傳】矢，陳也。【疏】《説文》：「卷，厀曲也。」是「卷」有「曲」義。卷阿，曲阿也。《匪風》傳云：「迴風爲飄。」又云：「發發者，非有道之風。」《何人斯》「彼何人斯，其爲飄風」，《傳》云：「飄風，暴起之風。」竝與此「飄風」同。興者，以曲阿爲興起德化之地，以飄風爲惡人。惡人消則賢人道長矣，故王者以德化養育人材爲亟務。此召康公戒成王之意。○君子，謂賢人也。游，優游也。歌，歌舞也。言樂易之君子優游歌舞，以陳其德音，是能以德化者也。來，語詞。此章「矢音」

與末章「矢詩」首尾相應，故《傳》竝訓「矢」爲「陳」也。《韓詩外傳》釋此詩云：「以陳盛德之和而無爲也。」

伴奐爾游矣，優游爾休矣。【傳】伴奐，廣大有文章也。豈弟君子，俾爾彌爾性，似先公酋矣。【傳】彌，終也。似，嗣也。酋，終也。【疏】《說文》：「伴，大皃。」《禮記·大學》篇「心廣體胖」，注：「胖，猶大也。」「胖」與「伴」通，是「伴」有「廣大」義也。《論語·泰伯》篇：「奐乎其有文章。」是「奐」有「文章」義也。汪龍《詩異義》云：「《傳》釋『伴奐』爲『廣大有文章』，《箋》釋『伴奐』爲『自縱弛之意』。《稽古編》謂如鄭解則與『優游』意複，不如毛義之當。但王肅述毛云：『周道廣大而有文章，故君子得以樂易而來游，優游而休息。』獨以『伴奐』指王，而分『游』與『優游爾休』指君子，割截經語，不成文義。又下二章首二句皆指王，不應此獨異，斷非毛旨，因參鄭《箋》而爲之解曰：『廣大而有文章，爾王可得游娱矣。從容而自得，爾王可得休息矣。』廣大有文章，言規模制度宏遠明備，故天下底定，而王得安享大平，所謂『爾游』也。『優游爾休』又承『爾游』而申成之。陳氏此解允合經義。」○俾，當作「卑」，下同。「彌，終」，《生民》同。終，猶盡也。似，讀與「嗣」同。「酋，終」，《爾雅·釋詁》文。注引《詩》作「嗣先公爾酋矣」，是郭所據作「爾酋」，與下章「百神爾主矣」、「純嘏爾常矣」同詞。案有「爾」字似優也。酋，《正義》本作「遒」。《爾雅》釋文云：「郭音遒。」是郭所見《詩》當作「遒」，與《詩正義》同。今《詩》作「酋」者，依《爾雅》也。酋，古「遒」字。《說文》：「遒，迫也。」段注云：「『終』與『迫』義相成。」《箋》云：「嗣先君之功而終成之。」此《箋》申《傳》也。

爾土宇昄章，亦孔之厚矣。【傳】昄，大也。豈弟君子，俾爾彌爾性，百神爾主矣。【疏】土宇，猶言「封畿」也。「昄，大」，《釋詁》文。《抑》傳云：「章，表也。」厚，篤厚也。《長發》四章云：「受小球大球，爲下國綴旒，何天之休。」五章云：「受小共大共，爲下國駿厖，何天之龍。」《傳》以綴旒爲表章、駿厖爲大厚，言法度章明，又能篤厚而行之。文義相同。《孟子·萬章》篇云：「使之主祭，而百神饗之。」所謂「百神爾主」也。

爾受命長矣，茀祿爾康矣。【傳】茀，小也。豈弟君子，俾爾彌爾性，純嘏爾常矣。【傳】嘏，大也。【疏】受命，受天子命爾。「受命長矣」，

《文王》傳云：「我長配天命而行也。」《爾雅》：「茀，小也。」茀、芾聲同，故義通。《傳》緣本句「康」字復對下文「純嘏」字，故以茀祿爲小祿也。《民勞》「汔可小康」，又《禮記・禮運》：「禹、湯、文、武、成王、周公六君子，是謂小康。」鄭注云：「康，安也。言小安者，失之則賊亂將作。」《傳》意本《禮記》，以寓戒成王之意也。《箋》：「茀，福也。」《爾雅》：「祓，福也。」郭注引《詩》「祓祿康矣」，奪「爾」字。鄭依三家《詩》。「嘏，大」，《賓之初筵》同。純，亦大也。常，猶長也。

有馮有翼，有孝有德，以引以翼。【傳】有馮有翼，道可馮依，以爲輔翼也。引，長；翼，敬也。豈弟君子，四方爲則。【疏】《説文》：「凭，依几也。讀若馮。」馮、凭聲同。《傳》釋「馮」爲「道可馮依」。翼，讀《孟子》「輔之翼之」之「翼」。《爾雅》：「孝，享也。」「有孝有德」，言能有享德也。下「有」字爲助詞。「引，長；翼，敬」，《行葦》同。《詩異義》云：「《傳》以馮翼孝德爲賢者之德，引翼，言王當長尊之，恒敬之。此篇本戒王求賢，不及祭事。《箋》易《傳》爲廟中事尸之禮，恐非《詩》意，且與『豈弟君子，四方爲則』不相承接。」

顒顒卬卬，如珪如璋，令聞令望。【傳】顒顒，温貌。卬卬，盛貌。豈弟君子，四方爲綱。【疏】《易・觀》「有孚顒若」，馬注云：「顒，敬也。」重言曰顒顒。《説文・匕部》：「卬，望也。」《孟子》：「望望然去之。」望望即卬卬也。氣盛謂之卬卬，則德盛亦謂之卬卬矣。《傳》於上章「馮翼」爲君子之德不爲君德，則此章「顒顒卬卬」亦爲君子之德不爲君德，顯然明白。《荀子・正名篇》：「有兼聽之明，而無奮矜之容；有兼覆之厚，而無伐德之色。説行而天下正，説不行則白道而冥窮，是聖人之辨説也。」即引此詩。蓋《荀子》亦就在下位君子言之。「無奮矜之容」、「無伐德之色」，經之所謂「顒顒」，《傳》之所謂「温皃」也。「有兼聽之明」、「有兼覆之厚」，經之所謂「卬卬」，《傳》之所謂「盛皃」也。《淮南子・俶真》篇：「聖人呼吸陰陽之氣，而群生莫不顒顒然仰其德以和順。」又《荀子・賦篇》：「卬卬兮天下之咸蹇也。」楊注云：「卬卬，高貌。」竝與《傳》訓義相近。《爾雅・釋訓》釋此詩云：「顒顒卬卬，君之德也。」《箋》因謂王有賢臣切磋，故君有此顒顒卬卬之德。其説與《爾雅》合，與毛《傳》不合。又毛《傳》釋「顒顒」曰「温」，釋「卬卬」曰「盛」，言其德温恭又充盛。是温、盛二義相因，下義即申足上義。顒顒、卬卬之不平列，猶上章馮、翼之不平列矣。《箋》以顒顒指體貌，卬卬指志氣，亦與毛《傳》不合。《説文》：「珪，古文『圭』字。」《釋文》：「聞，本亦作『問』。」《爾雅・釋詁》疏，《荀子・正名篇》，《文選》王融《曲水詩》、史岑《出師頌》注，舊本《書鈔・帝王五》引《詩》皆作「問」。

鳳皇于飛，翽翽其羽，亦集爰止。【傳】鳳皇靈鳥，仁瑞也。雄曰鳳，雌曰皇。翽翽，衆多也。藹藹王多吉士，維君子使，媚于天子。【傳】藹藹，猶濟濟也。【疏】《説文》：「鳳，神鳥也。」靈亦神也。《傳》既釋「鳳皇」爲「靈鳥」，而又申言之云「仁瑞也」者，此即用「修母致子」之義。《正義》云：「《五行傳》及《左氏》説皆云：『貌恭體仁，則鳳皇翔。』言行仁德而致此瑞。毛意用臣之仁以致南方鳳。昭二十九年《左傳》：『水官廢，龍不生得。』彼言臣修水職致東方龍，則毛與左説同。以用臣所致者，皆修母致子應也。」《爾雅・釋鳥》：「鶠，鳳。其雌皇。」《説文》：「鶠，鳥。其雌皇。一曰：鳳皇也。」疑許據《爾雅》「鶠」下無「鳳」字，故以鶠爲鳳皇別名。然其雌爲皇，則鳳爲雄，與《傳》義同也。《爾雅》釋文引《義疏》云：「雄曰鳳，雌曰皇，一名鶠，其雛名鸑鷟。或曰：鳳一名鸑鷟。」《傳》訓「翽翽」爲「衆多」。《箋》云：「翽翽，羽聲也。鳳皇往飛翽翽然，亦與衆鳥集於所止，衆鳥慕鳳皇而來，喻賢者所在，群士皆慕而往仕也。因時鳳皇至，故以喻焉。」案此《箋》申《傳》也。翽翽本爲鳳皇之羽，鳳皇飛則其羽必衆多，又不專指鳳皇矣。《韓詩外傳》：「黃帝服黃衣，戴黃冕，致齋于宫，鳳乃蔽日而至。黃帝降于東階，西向，再拜稽首，曰：『皇天降祉，不敢不承命。』鳳乃止帝東園，集帝梧桐，食帝竹實，没身不去。《詩》曰：『鳳皇于飛，翽翽其羽，亦集爰止。』」鳳蔽日而至，即《説文》所謂「鳳飛，群鳥從以萬數，故『鳳』古作『朋』字」是已。《正義》乃引《尚書・皋陶謨》鄭注、《尚書中候》，以鳳皇來必衆多，似不若《箋》説爲備。○王注《楚辭・九歎》：「藹藹，盛多貌。」此云「猶濟濟」者，亦「盛多」之意。《爾雅》：「藹藹、濟濟，止也。」郭注云：「皆賢士盛多之容止。」《説文》：「藹，臣盡力之美。」竝與《傳》訓同。《思齊》傳云：「媚，愛也。」

鳳皇于飛，翽翽其羽，亦傅于天。藹藹王多吉人，維君子命，媚于庶人。【疏】傳，讀與「附」同。《箋》云：「傅，猶戾也。」

鳳皇鳴矣，于彼高岡。梧桐生矣，于彼朝陽。【傳】梧桐，柔木也。山東曰朝陽。梧桐不生山岡，大平而後生朝陽。菶菶萋萋，雝雝喈喈。【傳】梧桐盛也，鳳皇鳴也。臣竭其力則地極其化，天下和洽則鳳皇樂德。【疏】梧與桐，二木名。《爾雅》云：「櫬，梧。」又云：「榮，桐木。」《說文》云：「梧，梧桐木。一曰：櫬。」又云：「榮，桐木也。」「桐，榮也。」《詩》之梧即一名櫬，一名梧桐。《詩》之桐即一名榮矣。《正義》云：「梧桐可以爲琴瑟，是柔刃之木，故曰柔木。」「山東曰朝陽」，《爾雅·釋山》文。郭注云：「旦即見日，朝陽即高岡之東。」是也。經文「梧桐生矣」即承「于彼高岡」句，故《傳》又申之云：「梧桐不生山岡，大平而後生朝陽。」於梧桐言山岡，於朝陽言大平，互詞。《箋》云：「鳳皇之性，非梧桐不棲。」此以箸鳳皇、梧桐連及之義也。《周語》：「周之興也，鸑鷟鳴于岐山。」三君注云：「鸑鷟，鳳之別名也。《詩》云：『鳳皇鳴矣，于彼高岡。』其在岐山之脊乎？」《曾子天圓》篇云：「鳳非梧不生。」〇《說文》：「菶，艸盛。」「萋，艸盛。」「菶」與「萋」皆本爲艸盛，因之爲木盛，猶芃本爲艸盛，《棫樸》篇爲木盛矣。《詩》言「雝雝鳴鴈」、「雞鳴喈喈」，雝、喈本爲鳥鳴聲。鳳皇亦鳥也。《傳》意以「菶菶萋萋」句承「梧桐生矣」，故云「梧桐盛」。「雝雝喈喈」句承「鳳皇鳴矣」，故云「鳳皇鳴」，又申明其鳴盛之所致。云「臣竭其力則地極其化」者，釋「菶菶萋萋」句。云「天下和洽則鳳皇樂德」者，釋「雝雝喈喈」句。「臣竭其力」、「天下和洽」，亦互詞箸義也。《爾雅》：「藹藹、萋萋，臣盡力也。噰噰、喈喈，民協服也。」郭注云：「梧桐茂，賢士衆，地極化，臣竭忠。鳳皇應德鳴相和，百姓懷附興頌歌。」奐疑此「藹藹」乃「菶菶」之誤。景純即本毛《傳》爲解也。《箋》以上句喻君德盛，下句兼喻臣民和協。

君子之車，既庶且多。君子之馬，既閑且馳。【傳】上能錫以車馬，行中節，馳中法也。矢詩不多，維以遂歌。【傳】不多，多也。明王使公卿獻詩以陳其志，遂爲工師之歌焉。【疏】《四鐵》傳：「閑，習也。」「行中節，馳中法」，《傳》以釋經之「閑馳」。上錫君子以車馬，是上能用賢人也。〇「不多，多」，《桑扈》同。「矢，陳」，《大明》、《皇矣》同。詩者，志之所之也。《傳》以「獻詩陳志」釋經之「矢詩」。公卿，即指賢也。言明王既能用賢，使居公卿之位，而又使獻詩陳志。《周語》：「天子聽政，使公卿至於列士獻詩。」是其義也。歌，樂歌。工師，樂人。譜諸樂歌，爲鑒戒之也。《詩異義》云：「《傳》

意言王能用賢，則在朝公卿皆賢人吉士，使之獻詩陳志，遂爲工歌，令矇瞍賦誦以爲鑒戒。『矢詩』與首章『矢音』同義，故以『不多』爲反辭，言賢人多，其陳戒自多也。《箋》誤解經『矢詩』爲召公自言陳作此詩，因易《傳》以『不多』爲順辭。《疏》又據《箋》此解申《傳》以『不多』爲『多』，謂王能用賢，不復須戒，故以作詩爲煩多。而《公劉》敘下《疏》謂此二句乃召公自言作意，爲《公劉》、《泂酌》、《卷阿》三篇總結，皆非經、《傳》之旨。」

《民勞》五章，章十句。

《民勞》，召穆公刺厲王也。

民亦勞止，汔可小康。惠此中國，以綏四方。【傳】汔，危也。中國，京師也。四方，諸夏也。無縱詭隨，以謹無良。式遏寇虐，憯不畏明。【傳】詭隨，詭人之善、隨人之惡者。以謹無良，慎小以懲大也。憯，曾也。柔遠能邇，以定我王。【傳】柔，安也。【疏】《傳》訓「汔」爲「危」。《箋》：「汔，幾也。」《稽古編》云：「『危』即『近』義，鄭言『幾』，正申毛意，非易《傳》也。《爾雅》：『嘰、幾、烖、殆，近也。蟣，汔也。』幾、蟣、危、汔轉互相通。」《後箋》云：「古人言『幾』每曰『危』。《漢書·宣元六王傳》：『恐無處所，我危得之。』《外戚傳》：『今兒安在？危殺之矣。』此皆以『危』爲『幾』意。昭二十年《左傳》注：『汔，其也。』彼《疏》云：『杜以「幾」、「其」同聲，故以「汔」爲「其」。』蓋杜訓『其』猶鄭言『幾』也。《後漢書·班超傳》引此詩，李賢注亦云：『汔，其也。』要皆與『危』意相同，非有異也。」○詩五章，四章皆言「中國」，唯弟三章言「京師」，故知「中國」爲「京師」也。又弟四章言「四國」，此言「四方」，《皇矣》傳：「四國，四方也。」京師爲中國，故四國、四方爲諸夏也。《長發》傳云：「諸夏爲外。」《苕之華》箋云：「陵苕之幹喻如京師也，其華猶諸夏也，故或謂諸夏爲諸華。華衰則黄，猶諸侯之師旅罷病將敗，則京師孤弱。」此《箋》亦云：「京師者，諸夏之根本。」僖二十八年《左傳》釋《詩》云：「不失賞刑之謂也。」又昭二十年《傳》云：「施之以寬也。」「不失賞刑」即是施寬，此解詩「惠綏」之義也。《淮南子·泰族》篇：「内順而外寧。」「内順」解「惠此中國」句，「外寧」解「以綏四方」句，竝與《傳》義同。○縱，當依《左傳》作「從」。《箋》以「聽」釋「從」，其字不誤也。《説文》云：「詭，責也。」「詭人之善」即「隨人之惡」，詭、隨疊韻連語。《傳》雖分釋而同義也。謹，慎也。詩五章，每章皆以「詭隨」、「寇虐」作對文。《傳》云「慎小以懲大也」者，「慎小」謂上「無從詭隨」二句，「無良」即是「詭隨」，「以謹」即是「無從」也；「懲大」謂下「式遏寇虐」二句。《傳》實爲五章總釋也。解者以「慎小」屬「詭隨」、「懲大」屬「無良」，失其恉矣。《廣雅・釋訓》云：「詭隨，小惡也。」《後漢書・陳忠傳》：「自順帝即位，盜賊竝起，郡縣更相飾匿，莫肎糾發。忠上疏曰：『臣聞輕者重之端，小者大之源，故隄潰蟻孔，氣洩鍼芒。是以明者慎微，智者識幾。《書》曰：「小不可不殺。」《詩》云：「無縱詭隨，以謹無良。」蓋所以崇本絶末，鉤深之慮也。』」案忠言欲禁盜賊，必先慎微，引《詩》上二句以爲謹小慎微之漸，最合《傳》意。《文王》傳云：「遏，止也。」「憯，曾」，《節南山》同。《説文》：「朁，曾也。从曰，兓聲。《詩》曰：『朁不畏明。』」是許所據《毛詩》作「朁」。今《節南山》、《十月之交》、《雲漢》皆作「憯」，非古矣。《釋文》作「慘」，或依《左傳》改也。明，猶法也。不畏明法即是寇虐，言爲政者用以遏止之。《左傳》釋《詩》云：「糾之以猛也。」《傳》云「懲大」即本「糾猛」之義。懲，亦止也。〇柔，《釋文》作「揉」。「柔，安」，《釋詁》文，《時邁》「懷柔」傳同。凡柔嘉、柔惠、輯柔、和柔，「柔」皆訓爲「安」。「柔」與「保」疊韻，故訓相同。能，讀爲而。《漢督郵班碑》作「柔遠而邇」，古如、而通用。遠謂四方，邇謂中國。邇，近也。言安遠方之國，而使與中國相親近也。《中庸》云：「柔遠人，則四方歸之。」即其義。解者竝以「柔遠」、「能邇」對文，非是。《尚書・堯典》：「柔遠能邇，蠻夷率服。」《顧命》：「柔遠能邇，安勸小大庶邦。」《文侯之命》：「柔遠能邇，惠康小民。」皆謂安遠也。定，亦安也。《左傳》引《詩》云：「柔遠能邇，以定我王，平之以和也。」此正取「和遠」之義。

民亦勞止，汔可小休。惠此中國，以爲民逑。【傳】休，定也。逑，合也。無縱詭隨，以謹惛怓。式遏寇虐，無俾民憂。【傳】惛怓，大亂也。無棄爾勞，以爲王休。【傳】休，美也。

【疏】《瞻卬》傳云：「休，息也。」定、息同義。《爾雅・釋言》：「休，戾也。」戾亦定也。《釋詁》：「仇，合也。」古逑、仇聲通。《箋》云：「合，聚也。」《説文》云：「逑，斂聚也。」〇《説文》：「怋，怓也。」「怓，亂也。」《詩》曰：『以謹怋怓。』」段注云：「怋，讀如民。『怋怓』爲連緜字，今誤作『惛』，音呼昆切，則與『惛』無別矣。」案《説文》言亂，謂昏亂也，正用

《傳》訓。今《傳》文衍「大」字，不可通。《箋》：「怋怓，猶讙譁也，謂好争訟者也。」亦申《傳》「亂」字之義。俾，當作「卑」，下同。「休，美」，《破斧》同。此「休」與「汔可小休」不同義。凡一章中用韻，有字同而義不同者，是其例。

民亦勞止，汔可小息。【傳】息，止也。惠此京師，以綏四國。無縱詭隨，以謹罔極。式遏寇虐，無俾作慝。【傳】慝，惡也。敬慎威儀，以近有德。【傳】求近德也。【疏】「息，止」，《殷其靁》、《葛生》、《浮游》同。《箋》云：「罔，無；極，中也。無中，所行不得中正。」然則「以謹罔極」，猶首章云「以謹無良」耳。《論語·顔淵》篇：「樊遲問修慝。子曰：『攻其惡，無攻人之惡，非修慝與？』」是慝爲惡也。《庸·柏舟》傳：「慝，邪也。」惡、邪義相近。《管子·權脩》篇云：「凡牧民者，欲民之正也。欲民之正，則微邪不可不禁也。微邪者，大邪之所生也。微邪不禁，而求大邪之无傷，固不可得也。」此與《傳》「慎小懲大」之義合。○昭二年《左傳》：「叔向曰：『子叔子知禮哉！吾聞之曰：「忠信，禮之器也。卑讓，禮之宗也。」辭不忘國，忠信也。先國後己，卑讓也。《詩》曰：「敬慎威儀，以近有德。」夫子近德矣。』」《傳》云「求近德」，本《左氏》説。「有」爲語助之詞。

民亦勞止，汔可小愒。惠此中國，俾民憂泄。【傳】愒，息；泄，去也。無縱詭隨，以謹醜厲。式遏寇虐，無俾正敗。【傳】醜，衆；厲，危也。戎雖小子，而式弘大。【傳】戎，大也。【疏】「愒」訓「息」，小愒猶小息也。上章《傳》云：「息，止也。」泄者，「渫」之假借字。《説文》、《玉篇》云：「渫，除去也。私列切。」《箋》：「泄，猶出也、發也。」鄭以「泄」爲「抴」，義得相通。「醜，衆；厲，危」，《正義》云：「謂衆爲惡行，以爲危者也。」《箋》：「厲，惡也。」危、惡義相近。「無卑正敗」，《箋》云：「敗，壞也。無使先王之正道壞。」○「戎」訓「大」，弘亦大也。《節南山》傳：「弘，大也。」小子，斥厲王也。王肅云：「在王者之大位，雖小子，其用事甚大也。」

民亦勞止，汔可小安。惠此中國，國無有殘。【傳】賊義曰殘。無縱詭隨，以謹繾綣。式遏寇虐，無俾正反。【傳】繾綣，反覆也。王欲玉女，是用大諫。【疏】《孟子·梁惠王》篇：「賊義者謂之殘。」《荀子·勸學篇》：「害良曰賊。」害良即賊義也。《左傳》言「政猛則民殘，殘則施之以寬」，其下即引詩。惠綏爲施寬之政，此章之「無有殘」，即首章之所謂「綏」也。繾綣猶展轉，反覆猶反側。《廣雅》云：「展轉，反側也。」《何人斯》傳云：「反側，不正直也。」反，覆也。覆，顛覆也。「無卑正反」與「無卑正敗」同意。〇阮元《揅經室集》云：「《説文》『金玉』之『玉』無一點。其加一點者，解云：『朽王也。从王有點。讀若「畜牧」之「畜」。』《詩》『玉女』，『玉』字當是加點之『玉』。玉女者，畜女也。畜女者，好女也。好女者，臣説君也。召穆公言：『王乎，我正惟欲好女，不得不用大諫也。』《孟子》曰：『爲我作君臣相説之樂，其詩曰：「畜君何尤？」畜君者，好君也。』《孟子》之『畜君』與《毛詩》召穆公之『玉女』無異也。後人不知『玉』爲假借字，是以鄭《箋》誤解爲『金玉』之『玉』矣。」

《板》八章，章八句。

《板》，凡伯刺厲王也。【疏】凡，周公之胤，畿内國，入爲王官。《續漢書·郡國志》：「河内郡共有汎亭。」劉昭注云：「凡伯邑。」今河南衛輝府輝縣西南有故凡城，即其地也。

上帝板板，下民卒癉。出話不然，爲猶不遠。【傳】板板，反也。上帝，以稱王者也。癉，病也。話，善言也。猶，道也。靡聖管管，不實于亶。【傳】管管，無所依也。亶，誠也。猶之未遠，是用大諫。【傳】猶，圖也。【疏】板，古作「版」。《後漢書·董卓傳·論》注、《文選》劉峻《辯命論》注引《詩》作「版版」。《傳》以「反」詁「版版」，此單字釋經疊字之例。《爾雅》：「版版，僻也。」僻，《禮記注》作「辟」。「辟」與「反」義相近。《蕩》傳：「上帝，以託君王也。」兩《傳》義同。《傳》先釋「版版」後釋「上帝」，此倒句也。「版版上帝」與「蕩蕩上帝」句法相同。癉，《禮記·緇衣》引作「𤺺」。《爾雅》：「𤺺，病也。」本又作「癉」。《韓詩外傳》云：「悲夫傷哉！窮君之反於是道而愁百姓。」引《詩》作「癉」。《後漢書·李固傳》引《詩》亦作「癉」，云：「刺周王變祖法度，故使下民將盡病也。」〇話，當作「諙」，依字從言，故善言曰話。《抑》「愼爾出話」，《傳》亦云：「話，善言也。」《説文》云：「話，會合善言也。」然，猶是也。不然者，不以善言爲是也。《禮記·大學》篇：「其所令反其所好，而民不從。」所謂「不然」也。「猶」訓「道」。爲道不遠者，言其所行之政令不能遠也。《孟子·盡心》篇：「身不行道，不行於妻子；使人不以道，不能行於妻子。」所謂「不遠」也。管管，疑當作「悹悹」。《廣韻·二十四緩》引《詩傳》云：「悹悹，無所依。」是瀍言所據《詩傳》作「悹悹」。《箋》云：「王無聖人之法度，管管然以心自恣。」案鄭言「以心自恣」，則其字作從心「悹」，不作從竹「管」，與毛《傳》「無所依」之説正相成也。《説文》：「悹，憂也。」《玉篇》、《廣韻》：「悹悹，憂無告也。」今《爾雅》作「懽懽，憂無告」，「懽懽」乃「灌灌」之異文，不應訓「憂無告」，當依希馮、瀍言所據《爾雅》作「悹悹」。「無告」與「無所依」義本相通。「亶，誠」，《祈父》同。《箋》云：「不能用實於誠信之言，言行相違也。」○《爾雅》：「猷，圖也。」「猷」與「猶」同。上文「爲猶」與「出話」對文，「猶」訓爲「道」。此承「靡聖不誠」而「猶」訓爲「圖」，《傳》蓋緣文施訓也。《常棣》傳云：「圖，謀也。」諫，假借字作「簡」。成八年《左傳》：「《詩》曰：『猶之未遠，是用大簡。』行父懼晉之不遠猶而失諸侯也，是以敢私言之。」杜注：「猶，圖也。」襄二十八年《傳》：「榮成伯曰：『遠圖者，忠也。』」

天之方難，無然憲憲。天之方蹶，無然泄泄。【傳】憲憲，猶欣欣也。蹶，動也。泄泄，猶沓沓也。辭之輯矣，民之洽矣。辭之懌矣，民之莫矣。【傳】輯，和；洽，合；懌，説；莫，定也。

【疏】方，有也。然，是也。無然，無是也。憲憲，即「軒軒」之假借。《樂記》：「《武》坐，致右憲左。」「致」同「輊」，「憲」同「軒」，言《武》之坐右厀至地，左足則軒起也。鄭注：「憲，讀爲軒。」又《内則》注：「軒，讀爲憲。」此憲、軒聲通之證，竝與《傳》「欣欣」之義合。欣，古「掀」字。《説文》：「掀，舉出也。虚言切。」段注云：「掀之言軒也。」「蹶」訓「動」，猶擾亂也。此詩之「蹶」與《野有死麕》之「感」、《采芑》之「蠢」、《菀柳》之「蹈」，《傳》皆訓爲「動」，竝有「擾亂」之義。《緜》傳：「蹶，動也。」義攸别。《荀子·解蔽篇》：「辯利非以言是，則謂之詍。」楊倞注：「詍，多言也。《詩》曰：『無然詍詍。』」《説文·口部》：「呭，多言也。」引《詩》作「呭呭」。《言部》：「詍，多言也。」引《詩》作「詍詍」。今詩作「泄泄」，乃「呭詍」之假借字。《孟子·離婁》篇：「《詩》曰：『天之方蹶，無然泄泄。』泄泄，猶沓沓也。事君無義，進退無禮，言則非先王之道者，猶沓沓也。」《孟子》以「沓沓」釋「泄泄」，又以「言非禮義」釋「沓沓」，與《説文》「多言」

之訓合。《傳》義正本《孟子》也。《爾雅》：「憲憲、泄泄，制法則也。」郭注云：「佐興虐政設教令也。」鄭《箋》云：「爲之制法度，達其意，以成其惡。」《箋》本《爾雅》，而與毛《傳》文異而義同，《國語》所謂「厲始革典」也，説見嘉定錢大昕《荅問》。○「輯，和」，《抑》同。《新序·褋事三》作「集」。「洽，合」，《正月》同。洽，讀爲協，襄三十一年《左傳》引《詩》正作「協」。《列女傳·辯通》篇亦作「協」。懌，《釋文》作「繹」。《左傳》及《説苑·善説》篇皆作「繹」。《節南山》傳云：「懌，服也。」服亦説也。「莫，定」，《皇矣》同。辭，辭令也。案此承上句「無然泄泄」而言。《箋》云：「王者政教和説順於民，則民心合定。此戒語時之大臣。」是也。《説苑》：「子貢曰：『出言陳辭，身之得失，國之安危也。《詩》云：「辭之繹矣，民之莫矣。」夫辭者，人之所以自進也。』主父偃曰：『人而無辭，安所用之？昔子産脩其辭，而趙武致其敬；王孫滿明其言，而楚莊以慙；蘇秦行其説，而六國以安；蒯通陳其説，而身得以全。夫辭者，乃所以尊君、重身、安國、全性者也，故辭不可不脩，而説不可不善。』」

我雖異事，及爾同寮。我即爾謀，聽我囂囂。【傳】寮，官也。囂囂，猶謷謷也。我言維服，勿以爲笑。先民有言，詢于芻蕘。【傳】芻蕘，薪采者。【疏】我，凡伯自我也。異事，事異也。爾，女，女憲憲泄泄之大臣也。「寮，官」，《釋詁》文。文七年《左傳》：「荀林父曰：『同官爲寮，吾嘗同寮，敢不盡心乎？』弗聽。爲賦《板》之三章，又弗聽。及亡，荀伯盡送其帑及其器用財賄於秦，曰：『爲同寮故也。』」毛《傳》正用《左》説。今字通作「僚」，《大東》作「僚」。○「囂囂」爲「謷謷」之假借。《十月之交》「讒口囂囂」，《韓詩》作「謷謷」。韓用本字，毛用假借字，此其證。《爾雅》：「敖敖，傲也。」《潛夫論·明忠》篇引《詩》作「敖敖」。「敖」即「謷」之省。《説文》：「謷，不省人言也。」重言曰謷謷。《箋》云：「女反聽我言謷謷然不肎受。」《楚辭·九思》「令尹兮謷謷」，王注云：「謷謷，不聽話言而妄語也。」維，有也。勿，無也。《草蟲》傳：「説，服也。」説爲服，服亦爲説。「我言維服，勿以爲笑」，言我言有可説之道，無爲笑也。○昔曰先民，見《小旻》、《那》傳。賈逵《國語注》云：「先民，古賢人也。」《傳》文「芻蕘，薪采者」，《釋文》「者」下有「也」字。李注《文選》楊雄《羽獵賦》、潘岳《馬汧督誄》、楊注《荀子·大略篇》引竝有「也」字。哀十四年《公羊傳》：「然則孰狩之薪采者也。薪采者，則微者也。」徐彦疏云：「薪采，猶言采薪也。」《周禮・小司寇》：「致萬民而詢焉。」鄭司農注云：「詢，謀也。《詩》曰：『詢于芻蕘。』《書》曰：『謀及庶人。』」

天之方虐，無然謔謔。老夫灌灌，小子蹻蹻。【傳】謔謔然喜樂也。灌灌，猶款款也。蹻蹻，驕貌。匪我言耄，爾用憂謔。多將熇熇，不可救藥。【傳】八十曰耄。熇熇然熾盛也。【疏】

《傳》云「謔謔然喜樂」下「也」字今補。喜亦樂也。謔、樂聲同。《曲禮》：「大夫七十自稱曰老夫。」鄭注云：「老夫，老人稱也。」引《春秋傳》曰：「老夫耄矣。」《説文》：「懽，喜歀也。」「款，意有所欲也。或作『歀』。」《楚辭》「悃悃歀歀」，王注云：「心志純也。」今詩作「灌灌」，假借字。毛意灌讀爲懽，懽與歀聲同。古曰懽懽，今曰歀歀，此以今語通古語也，皆是「懇誠悃切」之意，而與「憂無告」一訓無涉。《説文》「懽」下或引《詩》「老夫懽懽」，今奪，乃轉引《爾雅》：「懽懽，愮愮，憂無告也。」疑徑後人誤改。欵，俗字。小子，㡿厲王也。《爾雅》：「蹻蹻，憍也。」憍即驕也。《新序・褋事五》：「《詩》曰：『老夫灌灌，小子蹻蹻。』言老夫欲盡其謀，而少者驕而不受也。」案三家《詩》亦以「驕」訓「蹻蹻」，與毛訓同。《嵩高》「蹻蹻，壯皃」、《酌》「蹻蹻，武皃」、《泮水》「蹻蹻，言彊盛也」，「蹻蹻」竝有「驕壯」之意，或施之於人，或施之於馬，各隨文通義也。○《抑》傳云：「耄，老也。」渾言之，則耄爲老。析言之，則年八十爲耄也。《詩・行葦》釋文及杜注隱四年、昭元年《左傳》、韋注《周語・楚語》皆云：「八十曰耄。」與此《傳》同。《説文》作「𦒿」，年九十曰「𦒿」。「耄」即「𦒿」之異體。《禮記・曲禮》云：「八十、九十曰耄。」《釋文》作「旄」。《射義》注：「八十、九十曰旄。」「旄」即「耄」之假借字。《左傳》：「劉子語王曰：『諺所謂老將知而耄及之者，其趙孟之謂乎？』」又「穆叔曰：『趙孟將死矣，年未盈五十，而諄諄焉如八、九十者，弗能久矣。』」是八、九十皆得爲耄也。毛《傳》以八十爲耄，則以七十爲耋，見《車鄰》篇。謔，猶謔謔也。「爾用憂謔」，言因女之謔謔然喜樂，用是憂也。○熇熇，《説文繫傳》作「嗃嗃」；《易》「家人嗃嗃」，劉表作「熇熇」，此熇、嗃通用之證。《爾雅》：「謔謔，謞謞，崇讒慝也。」郭注云：「樂禍助虐增譖惡也。」案「謞」即「嗃」字。《傳》訓「謔謔，喜樂；熇熇，熾盛」，與《爾雅》文異而義同。《韓詩外傳》三：「夫重臣群下者，人主之心腹支體也。心腹支體無疾，則人主無疾矣。故非有賢醫，莫能治也。《詩》曰：『多將熇熇，不可救藥。』終亦必亡而已矣。故賢醫用，則衆庶無疾，況人主乎？」《說苑·辯物》篇：「夫死者猶不可藥而生也。悲夫！亂君之治，不可藥而息也。《詩》曰：『多將熇熇，不可救藥。』甚之之辭也。」此三家《詩》，正與《爾雅》釋《詩》合也。

天之方懠，無爲夸毗。【傳】懠，怒也。夸毗，以體柔人也。威儀卒迷，善人載尸。民之方殿屎，則莫我敢葵。【傳】殿屎，呻吟也。喪亂蔑資，曾莫惠我師。【傳】蔑，無；資，財也。

【疏】「懠，怒」，《釋言》文。《釋文》：「懠，疾怒也。」疑陸所據《傳》「怒」上有「疾」字，此增字足義之例也。《廣雅·釋詁》：「懠，愁也。」或本三家《詩》。《爾雅》：「夸毗，體柔也。」《正義》云：「夸毗者，便僻其足，前卻爲恭，以形體順從於人，故云『以體柔人』。」《玉篇·身部》：「躬骳，以體柔人也。」「躬骳」俗字。蓋夸，奢也。毗之言比也。比者，俌也。「夸毗」雙聲連緜字。○迷，迷亂也。《箋》云：「君臣之威儀盡迷亂，賢人君子則如尸矣，不復言語，時厲王虐而弭謗。」《中論·亡國》篇：「今不務明其義，而徒設其禄，可以獲小人，難以得君子。雖强搏執之而不獲已。亦杜口佯愚，苟免不暇，國之安危，將何賴焉？故《詩》曰：『威儀卒迷，善人載尸。』此之謂也。」案徐言「杜口佯愚」以解經「載尸」之義，與《箋》「不復言語」合。《爾雅》：「殿屎，呻也。」依孫、郭注，「呻」下奪「吟」字，爲毛《傳》所本。古曰殿屎，今曰呻吟，是謂之古今義也。《玉篇·口部》：「唸㕧，呻吟也。」《說文》引《詩》作「民之方唸㕧」。段本依《詩》、《爾雅音義》、《五經文字》「㕧」作「吚」。然則三家《詩》有作「唸吚」者爲本字，而《爾雅》、《毛詩》「殿屎」爲假借字。不有《說文》，而「殿屎」之本字不明矣。《采叔》傳云：「葵，揆也。」揆者，度也。○蔑之爲無，猶微之爲無，靡之爲無，莫之爲無，皆取雙聲爲訓。《潛夫論·敘録》「蔑」作「末」，同。《甫田》傳：「茨，積也。」「資」與「茨」通。財，積財也。積財謂之資，與《說文》「積禾謂之穧」同意。無財，言無積畜也。師，衆也。《說苑·政理》篇：「『相亂蔑資，曾莫惠我師』，此傷奢侈不節以爲亂者也。」仁和孫志祖云：「按『相』當爲『喪』字之誤。或引三家異文，《詩攷》失載。」

天之牖民，如壎如篪，如璋如圭，如取如攜。【傳】牖，道也。如壎如篪，言相和也。如璋如圭，言相合也。如取如攜，言必從也。攜無曰益，牖民孔易。民之多辟，無自立辟。【傳】辟，法也。【疏】牖者，「誘」之假借。《野有死麕》傳：「誘，道也。」《説文》：「誘，或『𨗨』字。古文作『羑』。」故「牖里」或作「羑里」矣。伯氏吹壎，仲氏吹篪，有相和之義。璋藏諸侯，圭藏天子，有相合之義。取攜甚便，有必從之義。《箋》云：「王之道民以禮義，則民和合而從之如此。」此申《傳》説也。○攜，即冢上「取攜」句。益，猶加也。無益者，言無有加乎民，以起下「牖民孔易」句。孔易，《傳》所謂「必從」也。《韓詩外傳》五及《禮記・樂記》篇引《詩》皆作「誘」。《韓詩外傳》云：「聖王之教其民也，必因其情而節之以禮，必從其欲而制之以義。義簡而備，禮易而法，去情不遠，故民之從命也速。孔子知道之易行，曰：『《詩》云：「誘民孔易。」』非虚辭也。』」「辟，法」，《雨無正》同。「無自立辟」即無是憲憲、泄泄也。宣九年、昭二十八年《左傳》引《詩》，「亦爲邪辟之世，不可自爲立法」。《傳》義同。

价人維藩，大師維垣，大邦維屏，大宗維翰。【傳】价，善也。藩，屏也。垣，牆也。王者，天下之大宗。翰，榦也。懷德維寧，宗子維城。【傳】懷，和也。無俾城壞，無獨斯畏。【疏】《正義》云：「『价，善』，《釋詁》文。」《説文》：「价，善也。从人，介聲。《詩》曰：『价人維藩。』」「維藩」與下「維屏」同義，故《傳》云：「藩，屏也。」師，衆也。《將仲子》傳：「牆，垣也。」垣、牆同訓。大師爲牆，此即「衆志如城」之意。《荀子・君道篇》：「故君人者，愛民而安，好士而榮。兩者無一焉而亡。《詩》曰：『价人維藩，大師維垣。』此之謂也。」荀意以价人爲士，大師爲民，《傳》義當然也。俗本《荀子》作「介」，《漢書・諸侯王表》亦作「介」。「大邦維屏」與「萬邦之屏」句法同。《桑扈》傳云：「屏，蔽也。」《國策・秦策》：「周，天下之宗室也。」《逸周書・大子晉》篇：「師曠對王子曰：『王子，汝將爲天下宗乎？』」《荀子・彊國篇》：「夫桀、紂，聖王之後子孫也，有天下者之世也，執藉之所存，天下之宗室也。」《正論篇》：「聖王之子也，有天下之後也，執藉之所在也，天下之宗室也。」案宗室，大宗之室。是天子亦稱大宗，故《傳》謂王者爲天下之大宗。「翰，榦」，《桑扈》、《文王有聲》、《嵩高》同。《説文》：「榦，本也。」《文王》傳：「本，本宗也。」○《傳》訓「懷」爲「和」，與《皇皇者華》同。《常棣》傳云：「九族會曰和。」此其義也。寧，安也。宗子，群宗之子也。僖五年《左傳》：「晉侯使士蔿爲二公子築蒲與屈，不慎，寘薪焉。夷吾訴之，公使讓之。士蔿曰：『《詩》云：「懷德惟寧，宗子惟城。」君其脩德而固宗子，何城如之？』」

昭六年，「宋逐華合比，華亥見於左師。左師曰：『女夫也必亡。女喪而宗室，於人何有？人亦於女何有？《詩》曰：「宗子維城，毋俾城壞，毋獨斯畏。」女其畏哉！』」《左》兩引《詩》竝以宗子爲群宗之子矣。《逸周書·皇門》篇：「我聞在昔有國誓王之不綏于卹，乃維其有大門宗子勢臣，罔不茂揚肅德，訖亦有孚，以助厥辟，勤王國王家。」《祭公》篇：「維我後嗣，旁建宗子丕，維周之始并。」案「并」當作「屏」。《周書》宗子與《詩》義亦合。斯，此也。「無獨斯畏」，言無獨以此畏也。此者，承「城壞」而言。《諸侯王表》言周封國制，全引此詩，以爲親親賢賢褒表功德，或用魯說，而與毛義大恉相同。

敬天之怒，無敢戲豫。敬天之渝，無敢馳驅。【傳】戲豫，逸豫也。馳驅，自恣也。昊天曰明，及爾出王。昊天曰旦，及爾游衍。

【傳】王，往；旦，明；游，行；衍，溢也。【疏】昭三十二年《左傳》引《詩》「不敢戲豫」、「不敢馳驅」，「無」即「不」也。《清廟》傳以「不」字釋「無」字。豫，樂也。「逸豫」是「戲豫」之意，「自恣」是「馳驅」之意。自，古「詯」字。《淮南子·主術》篇「所以禁民不得自恣」，高注云：「恣，放恣也。」〇王，讀與「往」同，此謂假借也。賈注《吳語》云：「王，往也。」本《傳》訓也。往，亦出也。「旦」訓「明」。「昊天曰旦」，猶「昊天曰明」耳。「游」有「流」義，故訓「行」。衍，《釋文》作「羨」。「羨」有「餘」義，故訓「溢」。詩中「爾」字皆指助厲王者言，此二「爾」字當同，則昊天亦以託厲王矣。出往行溢，義未聞。

卷二十四終

詩毛氏傳疏卷二十五

蕩之什詁訓傳弟二十五　毛詩大雅

長洲陳奐學

《蕩之什》十一篇，九十二章，七百六十九句。

《蕩》八章，章八句。

《蕩》，召穆公傷周室大壞也。厲王無道，天下蕩蕩，無綱紀文章，故作是詩也。

蕩蕩上帝，下民之辟。【傳】上帝，以託君王也。辟，君也。疾威上帝，其命多辟。【傳】疾病人矣，威罪人矣。天生烝民，其命匪諶。靡不有初，鮮克有終。【傳】諶，誠也。【疏】《爾雅》：「盪盪，僻也。」「盪」與「蕩」同。僻，當作「辟」。古「邪辟」作「辟」。《箋》：「蕩蕩，法度廢壞之皃。」與「辟」義相近。上帝，庰君王，《版》傳同。「辟，君」，《釋詁》文，《殷武》「天命多辟」傳同。疾、威平列。《傳》云「疾病人，威罪人」，《箋》：「疾病人者，重賦斂也。威罪人者，峻刑法也。」辟，邪辟。《箋》云：「其政教又多邪辟，不由舊章。」《説苑・至公》篇：「夫公生明，偏生暗，端慤生達，詐僞生塞，誠信生神，夸誕生惑。此六者，君子之所慎也，而禹、桀之所以分也。《詩》云：『疾威上帝，其命多僻。』言不公也。」三家《詩》上帝亦指君王，與毛訓異義同。○「諶，誠」，《爾雅・釋詁》文。《説文》作「忱」，古諶、忱通。烝，衆也。「其命匪諶」即冢上「其命多辟」句，言天生此天下之衆民，何其政教之不誠也？「靡不有初，鮮克有終」，所謂「不誠」也。《版》「靡聖管管，不實于亶」，《傳》：「亶，誠也。」《版》、《蕩》二詩文義相同。

文王曰咨，咨女殷商。【傳】咨，嗟也。曾是彊禦，曾是掊克，曾是在位，曾是在服。【傳】彊禦，彊梁禦善也。掊克，自伐而好勝人也。服，服政事也。天降滔德，女興是力。【傳】天，君；滔，慢也。【疏】咨，讀爲嗞。《説文》：「嗞，𧪻也。」「嗟」與「𧪻」同。咨、嗞雙聲，咨、嗟亦雙聲。單言曰嗟，亦曰咨，緐言曰咨⿱髟差。《爾雅》：「嗟，咨⿱髟差也。」咨⿱髟差即嗞嗟。《廣韻》：「嗞嗟，憂聲也。」亦曰嗟嗞，「嗞」或作「玆」。《綢繆》傳：「子兮者，嗟玆也。」咨、嗞、玆、子竝字異而義同。《箋》云：「厲王弭謗，穆公朝廷之臣，不敢斥言王之惡，故上陳文王咨嗟殷紂以切刺之。」○《傳》訓「彊」爲「彊梁」、「禦」爲「禦善」，禦，當也。禦善即彊梁，「彊」與「禦」猶「掊」與「克」，雖分釋而實同義。《繁露·必仁且知》篇：「其强足以覆過，其禦足以犯詐。」「强」与「彊」通。下文「彊禦多懟」、《烝民》「不畏彊禦」、《左傳》「所稱彊禦已甚」、「吾軍帥彊禦」竝義同。一曰彊梁，《墨子·魯問》篇「彊梁不材」、《莊子·山木》篇「從其彊梁」、《大玄·彊》「莫不彊梁」，皆古有此語。掊者，「伐」之假借字。《傳》以「自伐」釋「掊」、以「好勝人」釋「克」，「自伐」、「勝人」二義實一意也。《孟子·告子》篇「掊克在位」，趙注云：「掊克，不良也。」此與《傳》義相通。唯《釋文》「掊克，聚斂」之説非《傳》義。《正義》云：「《釋詁》：『服，事也。』且『在服』與『在位』對文，故知服政事，謂非徒備官，又委任之也。」○「天，君」，《釋詁》文。君亦王也。天謂之君，上帝謂之君王，其意一也。《説文》：「牧，牛徐行也。讀若滔。」滔、牧聲義俱近。古「慆慢」作「慢」。慢德，言其德教之慢，即蕩蕩之意也。女，女彊禦掊克之臣也。力，猶疾也。

文王曰咨，咨女殷商。而秉義類，彊禦多懟。流言以對，寇攘式内。【傳】對，遂也。侯作侯祝，靡屆靡究。【傳】作祝詛也。屆，極；究，窮也。【疏】秉，操也。義、類，皆善也。而之言自也。「而秉義類」，言殷商之人自用爲善，所謂「彊禦」也。《抑》傳：「而角，自用也。」彼無角而自用其角，此不善而自用其善，意正相同。《十月之交》傳：「皇父甚自謂聖。」意亦同。《説文》：「懟，怨也。」流言，民之謗言也。對，讀與「遂」同。《皇矣》、《江漢》傳皆訓「對」爲「遂」。《爾雅》：「遂遂，作也。」是「遂」有「作」義。式，用也。「流言以對，寇攘式内」，此承「多懟」而言。民多相怨，則謗言群作，而寇盜攘竊之禍用亂於内矣。《列女傳·孽嬖》篇引《詩》釋之云：「言不善之從内出也。」《召旻》「蟊賊内訌」，《傳》：「訌，潰也。」亦此義也。○祝，讀爲詶。詛，亦詶也。《傳》文「作祝詛也」四字一氣讀。「祝詛」二字以釋經之「祝」字，則「作祝」連文成義。「侯作侯祝」，侯作祝也。侯，維也，猶有也。猶云

「是剥是菹」，是剥菹也；「爰始爰謀」，爰始謀也；「迺宣迺畝」，迺宣畝也；「克禋克祀」，克禋祀也；「匪紹匪游」，匪紹游也。皆以弟一字爲語詞，弟三字爲助詞，此其句例。「屆，極」，《節南山》同。「究，窮」，《鴻雁》同。「靡屆靡究」，言無終極、無窮已也。《箋》云：「王與群臣乖争而相疑，日祝詛求其凶咎無極已。」

文王曰咨，咨女殷商。女炰烋于中國，斂怨以爲德。【傳】炰烋，猶彭亨也。不明爾德，時無背無側。【傳】背無臣，側無人也。爾德不明，以無陪無卿。【傳】無陪貳也，無卿士也。

【疏】炰烋、彭亨，皆疊韻。劉逵注《魏都賦》引《詩》作「咆烋」，《説文繫傳》作「咆哮」，竝同。《箋》云：「炰烋，自矜氣健之皃。」《易·大有》釋文引干寶注云：「彭亨，驕滿皃。」「斂怨以爲德」，怨即上章之「彊禦多懟」也。《箋》云：「斂聚群不逞作怨之人，謂之有德而任用之。」○《禮記·文王世子》篇：「《記》曰：『虞、夏、商、周有師、保，有疑、烝，設四輔及三公，不必備，唯其人。』語使能也。」《書大傳》：「古者天子必有四鄰，前曰疑，後曰承，左曰輔，右曰弼。」此《傳》以「無背」爲「背無臣」、「無側」爲「側無人」者，背謂後也，不言前者，文略；側謂左右也，即四鄰、四輔之説也。昭三十二年《左傳》：「史墨曰：『物生有兩、有三、有五、有陪貳，故天有三辰，地有五行，體有左右，各有妃耦，王有公，諸侯有卿，皆有貳也。』」此《傳》以「陪」爲「陪貳」者，謂三公也；以「卿」爲「卿士」者，謂三公中之孤卿執政之一人也。《韓詩外傳》：「天子有争臣七人，雖無道，不失其天下。昔殷王紂殘賊百姓，絶逆天道，至斮朝涉，刳孕婦，脯鬼侯，醢梅伯。然所以不亡者，以其有箕子、比干之故。微子去之，箕子執囚爲奴，比干諫而死，然後周加兵而誅絶之。故曰：『有諤諤争臣者，其國昌；有默默諛臣者，其國亡。』《詩》曰：『不明爾德，時無背無側。爾德不明，以無陪無卿。』言文王咨嗟，痛殷商無輔弼諫諍之臣而亡天下矣。」《韓詩》與《毛詩》同義。《漢書·五行志中》：「《詩》云：『爾德不明，以亡陪亡卿。不明爾德，以亡背亡仄。』言上不明，暗昧蔽惑，則不能知善惡，親近習，長同類，亡功者受賞，有罪者不殺，百官廢亂。」其引《詩》與今本誤倒。《晉書》亦誤。顔注可證也。

文王曰咨，咨女殷商。天不湎爾以酒，不義從式。【傳】義，宜也。既愆爾止，靡明靡晦，式號式呼，俾晝作夜。【傳】使晝爲夜也。

【疏】《釋文》引《韓詩》云：「飲酒閉門不出客曰湎。」《文選・七命》注、《初學記・器物部》引《薛君章句》云：「齊顔色、均衆寡謂之沈，閉門不出客謂之湎。」案此析言之也，渾言沈、湎同義。《箋》：「天不同女顔色以酒。」《正義》引鄭注《酒誥》云：「飲酒齊色曰湎。」鄭以「顔色」釋「湎」字，本《韓詩》。「義，宜」，《烝民》同。《箋》云：「式，法也。有沈湎於酒者，是乃過也，不宜從而法行之。」○愆，過也。止，威儀容止也。《風雨》傳云：「晦，昏也。」呼，亦號也。《碩鼠》、《賓之初筵》傳竝云：「號，呼也。」崔《集注》作「謼」。《漢書・敘傳》引《詩》作「謼」。俾，《釋文》作「卑」云：「後皆同。」「俾」訓「使」，《緑衣》、《天保》同。「作」訓「爲」，《清人》同。號呼承「既愆爾止」句，「使晝作夜」即承「靡明靡晦」句也。《晏子・襍下》篇：「晏子謂田桓子曰：『無客而飲，謂之從酒。今若子者，晝夜守尊，謂之從酒也。』」與《詩》義正合。《説苑・貴德》篇：「人之鬭，誠愚惑失道者也。《詩》云：『式號式呼，俾晝作夜。』言鬭行也。」此三家義。《荀子・榮辱篇》不引《詩》，當冢上「飲酒無度」而言。

文王曰咨，咨女殷商。如蜩如螗，如沸如羹。【傳】蜩，蟬也。螗，蝘也。小大近喪，人尚乎由行。【傳】言居人上，欲用行是道也。内奰于中國，覃及鬼方。【傳】奰，怒也。不醉而怒曰奰。鬼方，遠方也。【疏】「蜩，蟬」，《小弁》同。《夏小正》：「五月，唐蜩鳴。」《傳》：『唐蜩者，匽也。』」唐、匽，今字皆加虫旁。唐匽，蟬之大者，析言之也。渾言之，則蜩亦名唐蜩，詳《七月》篇。《漢書・五行志中》：「《詩》云：『如蜩如螗，如沸如羹。』言上號令不順民心，虚譁憒亂，則不能治海内。」顔注云：「謂政無文理，虚言蹲沓，如蜩螗之鳴、湯之沸渭、羹之將熟也。」案此謂政令之憒亂，毛意亦然也。○《傳》假「尚」爲「上」，《陟岵》又假「上」爲「尚」，古尚、上聲通。「由」訓「用」，《君子陽陽》同。謂厲王居乎衆人之上，不念禮法，欲用行其道，是以無小大事，日近喪亡也。襄十四年《左傳》：「師曠曰：『天之愛民甚矣，豈其使一人肆於民上，以從其淫而棄天地之性，必不然矣。』」是其義也。此言厲王之無道也。《説文・大部》：「𡚁，壯大也。从三大、三目。二目爲奰，三目爲𡚁，益大也。一曰：迫也。讀若《易》虙羲。《詩》曰：『不醉而怒謂之𡚁。』」《疒部》：「𤸱，滿也。从疒，𡚁聲。」𡚁、𤸱聲義皆近。《淮南・墜形》注引

《詩》作「𡚁」，今隸變作「奰」，奰爲怒。「不醉而怒」，《傳》又申說「怒」之義也。《葛覃》傳：「覃，延也。」「鬼方」與「中國」對文。中國，諸夏之國，則鬼方爲諸夏之外。《史記・楚世家》：「周夷王時，熊渠立三子康、紅、疵爲王。及厲王暴虐，熊渠畏其伐楚，亦去其王。至熊渠之孫熊勇六年，而周人作亂，厲王出奔彘。」案此亦厲王怒延遠方之一證。稽其年歲，尚在諸侯叛周之前。《傳》云「鬼方，遠方」，《抑》「用逷蠻方」，《傳》：「逷，遠也。」兩詩意正同。與高宗伐鬼方指氐羌者異。

文王曰咨，咨女殷商。匪上帝不時，殷不用舊。雖無老成人，尚有典刑。曾是莫聽，大命以傾。【疏】匪，非也。上帝，天也。時，善也、是也。舊，舊章也。「匪上帝不時」，言非天帝之不善是也。與《左傳》云「君與大夫不善是也」句法相同。「殷不用舊」，言殷不用舊章故耳。

文王曰咨，咨女殷商。人亦有言，顛沛之揭，枝葉未有害，本實先撥。【傳】顛仆沛拔也。揭，見根貌。殷鑒不遠，在夏后之世。【疏】顛，讀爲蹎。沛，讀爲跋。「拔」與「跋」通。《說文》：「蹎，跋也。」「跋，蹎也。」蹎跋，本字；顛沛，假借字。馬注《論語・里仁》篇云：「顛沛，偃仆也。」「顛沛」蓋古語。《傳》文「顛仆沛拔也」五字當作「顛沛，顛仆沛拔也」七字。與上《傳》「彊禦，彊梁禦善也」、《賓之初筵》傳「號呶，號呼呶讙也」，皆是統箸古語、再釋古義同一文法。今《傳》奪「顛沛」二字，當補正。「揭，見根兒」，《釋文》作「根見」。根見者，其根可見也。《韓子・解老》篇：「樹木有曼根，有直根。直根者，書之所謂柢也。柢也者，木之所以建生也。曼根者，木之所以持生也。」若其根可見，則本先撥矣。《傳》以「根見」釋「揭」字，探下文「本撥」爲訓。《韓詩外傳》：「根淺則枝葉短，本絕則枝葉枯。《詩》曰：『枝葉未有害，本實先撥。』言禍福自己出也。」《列女傳・孽嬖》篇引《詩》「撥」作「敗」，字異義同。○《漢書・劉向傳》：「《詩》曰：『殷鑒不遠，在夏后之世。』亦言湯以桀爲戒也。聖帝明王常以敗亂自戒，不諱廢興。」《韓詩外傳》云：「夫明鏡者，所以照形也。往古者，所以知今也。故夏之所以亡者，而殷爲之。殷之所以亡者，而周爲之。故殷可以鑒於夏，而周可以鑒於殷。」引《詩》作「鑒」，與「監」同。

《抑》十二章，三章章八句，九章章十句。

《抑》，衛武公刺厲王，亦以自警也。【疏】《抑》與《賓之初筵》皆衛武公入相於周而作也。《史記·十二諸侯年表》：「武公和元年，宣王之十六年。至平王十三年而卒。」《衛世家》：「武公和四十二年，犬戎殺周幽王。武公將兵往佐周平戎，甚有功，周平王命武公爲公。五十五年，卒。」據《史記》，平王始命武公爲公，武公於厲王時未爲諸侯。幽王時雖諸侯，不聞爲周卿士，則入相於周，斷在平王之世。入相而作《賓之初筵》刺幽王，作《抑》刺厲王，兩詩皆作於平王時，而《序》云「刺厲王」者，本作詩之意而言，取「殷鑒不遠」之義，因遂坿於《蕩》篇後。《正義》以爲追刺厲王，是矣。《正義》引《楚語》：「昔衛武公年九十有五矣，有箴儆於國曰：『自卿以下，至於師長士，❶苟在朝者，無謂我耄而舍我。』於是乎作《懿》以自儆。」案「懿」即「抑」也，「抑」爲假借字。「儆」與「警」通。武公作《抑》已在耄年，詩作於平王之世，其一證也。《序》云「亦以自警」者，與《國語》合。《賓之初筵》韓詩序云「飲酒悔過」，則亦爲自警而作。兩詩意正同。

抑抑威儀，維德之隅。人亦有言，靡哲不愚。【傳】抑抑，密也。隅，廉隅也。靡哲不愚，國有道則知，國無道則愚。庶人之愚，亦職維疾。哲人之愚，亦維斯戾。【傳】職，主；戾，罪也。【疏】「抑抑，密」，《爾雅·釋訓》文。《傳》文「廉」下從《正義》本補「隅」字。「隅，廉隅」與《静女》「静，貞静」、《楚茨》「度，法度」同其句例。《箋》云：「人密審於威儀抑抑然，是其德必嚴正也。古之賢者道行心平，可外占而知内，如宫室之制，内有繩直，則外有廉隅。」此鄭申毛之訓也。又《禮記·儒行》篇云：「近文章，砥厲廉隅。」〇「國有道則知，國無道則愚」，《論語·公冶長》文，《傳》引之以釋經「靡哲不愚」句。《瞻卬》傳：「哲，知也。」厲王無道，故無哲人而不愚也。《韓詩外傳》：「比干諫而死，箕子曰：『知不用而言，愚也。殺身以彰君之惡，不忠也。二者不可，然且爲之，不祥莫大焉。』❷遂被髮佯狂而去。君子聞之曰：『勞矣

❶「士」，徐子静本、《清經解續編》本同。阮刻《毛詩正義》無此字。

❷「祥」，原作「詳」，據中國書店影印武林愛日軒刻本、徐子静本、中華書局點校本許維遹《韓詩外傳集釋》卷六改。

箕子，盡其精神，竭其忠愛。見比干之事免其身，仁知之至。』《詩》曰：『人亦有言，靡哲不愚。』」《箋》言「賢者皆佯愚，不爲容貌，如不肖然」，蓋本韓以明毛也。「職，主」，《悉蟀》、《十月之交》同。《箋》云：「衆人性無知，以愚爲主，言是其常也。」案鄭以「是其常」釋經「維疾」二字。「疾」無「常」義，疑鄭所據《詩》不作「疾」，「疾」當爲「夷」字之誤也。《皇矣》、《瞻卬》傳竝云：「夷，常也。」夷、戾入韻，古同部。疾、戾古不同部。《爾雅》：「戾，辠也。」古罪、辠通用。《箋》云：「賢者而爲愚，畏懼於罪也。」

無競維人，四方其訓之。有覺德行，四國順之。【傳】無競，競也。訓，教；覺，直也。訏謨定命，遠猶辰告。【傳】訏，大；謨，謀；猶，道；辰，時也。敬慎威儀，維民之則。【疏】「無競，競」，《執競》傳同。昭元年《左傳》引：「《詩》曰『無競惟人』，善矣。」《左》亦以「無」爲發聲。又哀二十六年《傳》引《詩》而釋之：「若得其人，四方以爲主人。」謂得賢人。《烝民》、《烈文》傳皆云：「訓，道也。」教、道義相近。《禮記・緇衣》引《詩》「覺」作「梏」。王注《楚辭・九歎》訓「覺」爲「較」。何注隱六年《公羊傳》云：「古者諸侯有較德。」案較德即覺德。《爾雅》：「梏、較，直也。」竝字異而義同。《箋》訓「覺」爲「大」，用《列女・魯義姑姊傳》義。《繁露・郊祭》篇釋《詩》訓「覺」爲「箸」，皆本三家，而意實相通。○「訏」訓「大」。「謨，謀」，《爾雅・釋詁》文。成十三年《左傳》：「劉康公曰：『民受天地之中以生，所謂命也。是以有動作禮義威儀之則，以定命也。能者養以之福，不能者敗以取禍。』」案詩此章承首章「抑抑威儀，維德之隅」爲言，則「定命」當依《左》爲說。《傳》訓「遠猶」爲「遠道」、「辰告」爲「時告」，言賢人能以遠大之道時警告之也。襄三十一年《傳》：「衛北宮文子曰：『《詩》云：「敬慎威儀，惟民之則。」民所不則，以在民上，不可以終。有威而可畏謂之威，有儀而可象謂之儀。君有君之威儀，其臣畏而愛之，則而象之，故能有其國家，令聞長世。臣有臣之威儀，其下畏而愛之，則而象之，故能守其官職，保族宜家。順是以下皆如是，是以上下能相固也。』」

其在于今，興迷亂于政。顛覆厥德，荒湛于酒。女雖湛樂從，弗念厥紹。罔敷求先王，克共明刑。【傳】紹，繼；共，執；刑，法也。【疏】《箋》云：「于今，謂今厲王也。」《邶・谷風》傳：「惛，興也。」「興」與「惛」同義。《箋》謂「尊尚小人」，義亦相近。「顛覆厥德，荒湛于酒」，即《蕩》篇所云「天不湎爾以酒，不義從式」也。女，女厲王也。《民勞》「玉女」指厲王，與此同。《釋詞》云：「雖，維也。古雖、維聲通。《書・無逸》篇云：『惟耽樂之從。』文義正與此同。」「紹，繼」，《釋詁》文。罔，無也。無，不也。《爾雅》：「拱，執也。」共，古「拱」字。「刑，法」，《文王》、《我將》同。

肆皇天弗尚，如彼泉流，無淪胥以亡。【傳】淪，率也。夙興夜寐，洒埽廷内，維民之章。【傳】洒，灑；章，表也。修爾車馬，弓矢戎兵，用戒戎作，用逷蠻方。【傳】逷，遠也。【疏】肆，故、今也，義見《緜》、《思齊》傳。《爾雅》：「尚，右也。」「右」通作「祐」。《易・无妄》傳：「天命不祐。」義與此同。「淪，率」，《雨無正》同。《釋詞》云：「無，發聲。『無淪胥以亡』，淪胥以亡也。言皇天弗尚，禍亂日生，如泉水之流，滔滔不返，周之君臣，將相率而底於敗亡也。」〇「洒，灑」，《山有樞》同。章，讀同彰，故《傳》訓「表」也。《雨無正》傳云：「戎，兵也。」戒，讀如《左傳》「季氏戒都車」之「戒」。「逷，遠」，《釋詁》文。《潛夫論・勸將》篇引《詩》作「逖」。《説文》：「逖，遠也。古文作『逷』。」《蕩》傳「鬼方」爲「遠方」，意與此同。案此言厲王無道，以致亡國。凡長民者，急宜修理内政，扞禦外難，共相警戒。從此以下爲自警之詞。

質爾人民，謹爾侯度，用戒不虞。【傳】質，成也。不虞，非度也。慎爾出話，敬爾威儀，無不柔嘉。白圭之玷，尚可磨也。斯言之玷，不可爲也。【傳】話，善言也。玷，缺也。【疏】「質，成」，《天保》、《緜》同。成，平也。質、成、平一義之申。人民，當作「民人」，《爾雅》注引《詩》「質爾民人」，《説苑・修文》篇「告爾民人」，《鹽鐵論・世務》篇「誥爾民人」，皆作「民人」可證。告、誥，三家《詩》義。侯，維也，語詞。《傳》云「不虞，非度」者，虞，度也。古不、非同。言有平治民人之責者，宜皆謹女之度，以戒非度也。《書・微子》云：「卿士師師非度。」《周語》「念前之非度」，韋注云：「度，法也。」竝與《傳》「非度」同。〇「話，善言」，《版》同。字當作「䛡」。《箋》云：「言，謂教令也。柔，安；嘉，善也。」玷，俗「㓠」字。《説文》：「㓠，缺也。」引《詩》作「㓠」。《緇衣》引《詩》作「玷」。《召旻》「曾不知其玷」，《箋》：「玷，缺也。」「玷」行而「㓠」廢矣。《論語・先進》篇「南容三復白圭」，江都汪中云：「白圭，不辭。今《論語》奪『之玷』二字。《大戴禮・衛將軍文子》篇、《史記・仲尼弟子列傳》皆云：『一日三復白圭之玷。』」磨，俗「摩」字。

無易由言，無曰苟矣，莫捫朕舌，言不可

逝矣。【傳】莫，無；捫，持也。無言不讎，無德不報。【傳】讎，用也。惠于朋友，庶民小子。子孫繩繩，萬民靡不承。【疏】《君子陽陽》傳云：「由，用也。」《小弁》「君子無易由言」，《箋》亦訓「由」爲「用」。苟，讀如「不苟訾」之「苟」。《韓詩外傳》云：「無類之説，不贊之辭，君子慎之。」是其義。《傳》訓「莫捫」爲「無持」者，持猶止持也。《説文》：「捫，撫持也。」撫持即止持。逝者，往也。言無有止持我之舌者，則言不可徑往而不返矣。《説苑·叢談》篇云：「口者關也，舌者機也，出言不當，四馬不能追也。口者關也，舌者兵也，出言不當，反自傷也。」是其義。○讎，由聲同。由謂之用，故讎亦謂之用。《説文》：「用，可施行也。」無言不用者，言無有言而不施行也。此結上文「慎爾出話」之意。「無德不報」，言無有德及於民，而民不報以相勸也。《禮記·表記》：「子曰：『以德報德，則民有所勸。以怨報怨，則民有所懲。』」即引此詩。○《假樂》傳：「朋友，謂群臣。」《國語》所云「自卿以下，至于師長士」皆是也。時武公在王朝，則朋友爲王朝之群臣矣。小子，謂厲王也。篇中四言「小子」皆指厲王。惠，愛也。「惠于朋友，庶民小子」，言施愛道於朋友，下及庶民，而上即以告教小子也。下文云「子孫」冡「小子」，「萬民」冡「庶民」。子孫，厲王爲人之子孫也。《螽斯》傳云：「繩繩，戒慎也。」《韓詩傳》云：「承，受也。」言爲人子孫能戒慎其德，則萬民其承受之也。《釋文》：「靡不承，一本『靡』作『是』。」《箋》：「天下之民不承順之乎？言承順也。」《箋》不爲「靡」字作解，則鄭所據作「是」字。《釋詞》云：「不，語詞。不承，承也。《爾雅》：『是，則也。』『萬民是不承』則承順之矣，不須加『乎』字以足之。」

視爾友君子，輯柔爾顔，不遐有愆。【傳】輯，和也。相在爾室，尚不愧于屋漏。無曰不顯，莫予云覯。【傳】西北隅謂之屋漏。覯，見也。神之格思，不可度思，矧可射思。【傳】格，至也。【疏】友君子，即上章所云「朋友」也。「輯，和」，《版》同。遐，遠；愆，過也。不，發聲。「不遐有愆」與「不瑕有害」句法正同。此言友君子德加於民而能和顔遠過者，皆其闇修之所昭箸，故下文即本承事如祭之禮，以考驗其德行。《荀子》所謂「行微無怠者」也。○相，視也。愧，唐石經作「媿」。《説文》：「愧，或『媿』字。」「西北隅謂之屋漏」，《爾雅·釋宫》文。《傳》引之以證詩「屋漏」之義。古者有設祭西北隅之禮。《特牲饋食禮》：「佐食徹尸薦、俎、敦，設于西北隅，几在南，厞用筵，納一尊。佐食闔牖户，降。」鄭注云：「厞，隐也。不知神之所在，或諸遠人乎？尸謖而改饌，爲幽闇，庶其饗之，所以爲厭飫。《少牢饋食禮》曰：『南面，如饋之設。』此所謂當室之白，陽厭也。」《少牢下》篇：「卒饃，有司官徹饋，饌於室中西北隅，南面，如饋之設，右几，厞用席。」注云：「此於尸謖改饌當室之白。厞，隐也。古文『厞』作『茀』。」《曾子問》注云：「當室之白，謂西北隅，得户明者也。明者曰陽。」又云：「祭成人，始設奠於奧，迎尸於前，謂之陰厭；尸謖之後，改饌於西北隅，謂之陽厭。」奂案厭者，安也。西北隅爲神主之所安藏。文二年《穀梁疏》云：「麋信引衛次仲曰：『宗廟主皆用栗，祭訖，則内於西壁埳中，去地一尺六寸。』」昭十八年《左疏》云：「每廟木主皆以石函盛之，當祭，則出之。事畢，則納於函，藏於廟之北壁之内，所以辟火災也。」引《白虎通義》「納之西壁」，或云西壁，或云北壁，其義同也。《士虞禮》：「祝反，入徹，設于西北隅，如其設也，几在南，厞用席。」何休成三年《公羊傳注》云：「因新入宫，易其西北角。」《穀梁傳》云：「喪主於虞，吉主於練。於練焉壞廟，壞廟之道，易檐可也，改塗可也。」是士虞而納主，諸侯練而納主，皆在廟室之西北隅，其後常祭祭末改饌亦於此處矣。《爾雅》「屋漏」之義，郭璞云：「未詳。」孫炎云：「屋漏者，當室之白，日光所漏入。」孫本鄭《禮》注作解。舍人云：「古者徹屋西北，厞以炊浴，汲者訖而復之，古謂之屋漏也。」劉熙《釋名》云：「禮，每有親死者，輒撤屋之西北隅薪，以爨竈煮沐，供諸喪用。時若值雨則漏，遂以名之也。」《喪大記》：「甸人取所徹廟之西北厞薪，用爨之。」疏云：「謂正寢爲廟，神之也。」案此即劉與舍人所本。但《喪大記》謂新死者撤正寢西北厞隱之處，非即廟室中之西北隅，不得掍而爲一。且劉以「雨漏」作解，尤爲迂遠。《箋》云：「屋，小帳也。漏，隱也。禮，祭於奧既畢，改設饌於西北隅而厞隱之處，此祭之末也。」《正義》謂：「『漏，隱』，《釋言》文。」今《爾雅》作「陋」，「漏」即「陋」之假借。《釋名》：「帷，屋也。以帛依板施之，形如屋也。」「屋」即「幄」之假借。鄭意以詩之「屋」蓋即《儀禮》之「席」也，詩之「漏」即《儀禮》之「厞」也。《士虞》疏云：「厞用席，謂以席爲障，使之隱。」《箋》説爲長。《禮記・中庸》篇：「君子之所不可及者，其唯人之所不見乎？」即引此詩。是屋漏爲人所不見之地。君子之所不可及者，其用力正在此也。《傳》訓「覯」爲「見」，義本《中庸》。曾子言「十目所視」，亦此謂也。○「格，至」，《釋詁》文。《雲漢》、《泮水》傳：「假，至也。」《玉篇》：「假，至也。洛，至也。」《方言》：❶「假、佫，至也。邠、唐、冀、兗之間或曰假，或曰佫。」今《說文·彳部》「假，至也」下失去「佫」篆矣。格，即「佫」之假借字。《思齊》、《清廟》竝訓「射」爲「厭」。此舉神之如在，以觀友君子修誠之功，故《中庸》引《詩》而釋之云：「夫微之顯，誠之不可揜如此夫！」

辟爾爲德，俾臧俾嘉。淑慎爾止，不愆于儀。不僭不賊，鮮不爲則。【傳】女爲善，則民爲善矣。止，至也。爲人君止於仁，爲人臣止於敬，爲人子止於孝，爲人父止於慈，與國人交止於信。僭，差也。投我以桃，報之以李。彼童而角，實虹小子。【傳】童，羊之無角者也。而角，自用也。虹，潰也。【疏】辟，法也。爾，女也。「女爲善」，釋經「辟爾爲德」句，《傳》爲全《詩》「爾」字通訓也。俾，使也。臧、嘉，皆善也。「民爲善」，釋經「俾臧俾嘉」句。淑，善；慎，誠也。「止，至」，《泮水》同。止，讀爲「在止于至善」之「至」。「爲人君止於仁」五句，《禮記·大學》文，《傳》引之以釋經「止」字之義。儀，威儀也。《廣雅》：「僭，差也。」本毛訓。「淑慎爾止」二句承「辟爾爲德」，即二章所云「敬慎威儀」也。「不僭不賊」二句承「俾臧俾嘉」，即二章所云「維民之則」也。昭元年引此詩而釋之云：「能爲人則者，不爲人下矣。」則亦法也。「投我以桃，報之以李」二句，借桃李投報以結上文「無德不報」之意。《箋》云：「此言善往則善來，人無行而不得其報也。」《墨子·兼愛下》篇：「《大雅》之所道，曰：『無言而不讎，無德而不報。投我以桃，報之以李。』即此言愛人者必見愛也，而惡人者必見惡也。」《鹽鐵論·和親》篇釋《詩》亦云：「未聞善往而有惡來者。」竝與《箋》義合。○「彼」與上文數「爾」字作對文，彼，謂助厲王虐之人。《蕩》篇之「彊禦」、「掊克」皆是也。羊之無角者曰童。宣八年《公羊傳》云：「而者何？難也。」《傳》以「自用」釋經「而」字之義。而，詞之難也。用，以也。自用，猶言自以爲有角耳。即《蕩》傳「彊梁禦善」、「自伐勝人」之義，謂彼幼稺無知之人，自恃其剛力，改常易度，未有不傾覆我國家者也。「彼童而角」與「衆稺且狂」句義正同。虹，讀爲訌，此假借字也。《召旻》傳：「訌，潰也。」《爾雅》：「虹，潰也。」顧野王本作「訌」。小子，㡿厲王也。《民

❶「言」，原作「傳」，《清經解續編》本同。據中國書店影印武林愛日軒刻本、徐子靜本、戴震《方言疏證》、周祖謨《方言校箋》改。

勞》：「戎雖小子，而式弘大。」《版》：「老夫灌灌，小子蹻蹻。」彼兩詩「小子」皆㡿厲王，此以下皆爲刺厲王之詞。

荏染柔木，言緡之絲。温温恭人，維德之基。【傳】緡，被也。温温，寬柔也。其維哲人，告之話言，順德之行。【傳】話言，古之善言也。其維愚人，覆謂我僭，民各有心。【疏】《巧言》傳云：「荏染，柔意也。柔木，椅、桐、梓、漆也。」《定之方中》篇：「樹之榛栗，椅桐梓漆，爰伐琴瑟。」然則柔木，中琴瑟之木也。《說文》云：「吴人解衣相被謂之緡。」《方言》云：「吴、越之閒，脱衣相被謂之緡緜。」是「緡」有「被」義。絲者，八音之琴瑟也。被絲，猶言安弦耳。《傳》云「温温，寬柔也」，「也」當作「皃」，《荀子注》作「皃」。《小宛》「温温恭人」，《傳》：「温温，和柔皃。」義各有當也。《荀子·不苟篇》：「君子寬而不優，廉而不劌，辯而不争，察而不激，寡立而不勝，堅彊而不暴，柔從而不流，恭敬謹慎而容，夫是之謂至文。」即引此詩。《傳》以「寬柔」詁「温温」，正用其師說。《南山有臺》傳云：「基，本也。」木被絲而適用，人本德以成行，其理一也。○話，當爲「詁」，字之誤也。《釋文》引《說文》作「告之詁言」，云：「詁，故言也。」是陸所見《說文》據《詩》作「詁言」，可據以訂正。毛以「古之善言」釋「詁」，許以「故言」釋「詁」，古、故、詁三字同義也。《烝民》「古訓是式」，《傳》：「古，故也。」古訓即故訓，故訓猶詁言也。襄二年《左傳》引《詩》「告之話言」，字亦誤。上章《傳》云：「僭，差也。」

於乎小子，未知臧否。匪手攜之，言示之事。匪面命之，言提其耳。借曰未知，亦既抱子。【傳】借，假也。民之靡盈，誰夙知而莫成？【傳】莫，晚也。【疏】王逸《楚辭敘》：「詩人怨主刺上，曰：『嗚呼小子，未知臧否。匪面命之，言提其耳。』風諫之語，于斯爲切。仲尼論之，以爲大雅。」是漢人竝謂小子㡿厲王矣。「未知臧否」，即下章所謂「夢夢」也。「示之事」、「提其耳」，即下章所謂「誨爾諄諄」也。○「借」訓「假」，與「藉」同。《漢書·霍光傳》光議廢昌邑王引《詩》「藉曰未知，亦既抱子」，其字正作「藉」。盈，滿也。靡盈，言財用不滿足也。「莫，晚」，《東方未明》同。凡文易曉者，不傳。易曉而嫌涉它義，則或傳之。如「莫捫」之「莫」訓「無」，「莫成」之「莫」訓「晚」，一篇之中字同訓異，故特箸明，以別兩「莫」字不同義，此其例也。誰，誰厲王也。早知晚成，言政教之無常也。

昊天孔昭，我生靡樂。視爾夢夢，我心慘慘。誨爾諄諄，聽我藐藐。【傳】夢夢，亂也。慘慘，憂不樂也。藐藐然不入也。匪用爲教，覆用爲虐。借曰未知，亦聿既耄。【傳】耄，老也。【疏】爾，女厲王也。《爾雅·釋訓》：「夢夢，亂也。」又「儚儚，惛也。」夢、儚義相近。此《傳》本《爾雅》夢夢爲亂。《正月》「視天夢夢」，《傳》：「王者爲亂夢夢然。」兩詩《傳》義正同。我，我親戚之臣也，若召公、凡、芮之屬。慘慘，當作「懆懆」，千到反。慘讀七敢反，則不入韻矣。詳《月出》篇。懆懆，憂也。《傳》云「憂不樂」者，緣上文「我生靡樂」立訓，言憂我生之不樂懆懆然也。《爾雅》：「慘慘，愠也。」字亦當作「懆懆」。○《説文》：「諄，告曉之孰也。」重言之曰諄諄。《中庸》注作「忳忳」，《書大傳》作「訰訰」，竝與「諄諄」同。《爾雅》：「邈邈，悶也。」舍人注云：「憂悶也。」《正義》引《爾雅》作「藐藐」。「匪用爲教，覆用爲虐」，《傳》所謂「藐藐然不入」也。「不入」與「憂悶」義相因也。「借曰未知，亦聿既耄」，言假謂王年尚幼，未知其道，宜聽用老臣之言，今反謂其老耄而舍之，是即「聽我藐藐」之意也。案此章與《版》四章同意。《傳》訓「耄」爲「老」，與彼《傳》「八十曰耄」，兩詩《傳》義亦正同。《周語》：「周景王謂伶州鳩曰：『爾老耄矣，何知？』」

於乎小子，告爾舊止，聽用我謀，庶無大悔。天方艱難，曰喪厥國。取譬不遠，昊天不忒。回遹其德，俾民大棘。【疏】舊，讀如「率由舊章」之「舊」。「曰喪厥國」，《釋文》引《韓詩》作「聿」，古「曰」與「聿」通。忒，變也。回遹，邪辟也。棘，急也。

《桑柔》十六章，八章章八句，八章章六句。

《桑柔》，芮伯刺厲王也。【疏】《漢書·地理志》：「左馮翊臨晉有芮鄉，故芮國。」案此周之芮，在河西。與商之芮，鄰於虞，在河東者不同地。今陝西同州府朝邑縣，即周芮伯國。《書序》疏引《世本》云：「姬姓。」厲王時芮伯，芮良夫也。文元年《左傳》引此篇弟十三章，以爲周芮良夫之詩。詩爲芮良夫所作，《傳》有明文矣。又《潛夫論·遏利》篇亦曰：「周厲王好專利，芮良夫諫而不入，退賦《桑柔》之詩以諷。」三家《詩》亦謂芮良夫刺厲王。

菀彼桑柔，其下侯旬。捋采其劉，瘼此下民。【傳】興也。菀，茂貌。旬，言陰均也。劉，爆爍而希也。瘼，病也。不殄心憂，倉兄填兮。【傳】倉，喪也。兄，滋也。填，久也。倬彼昊天，寧不我矜。【傳】昊天，斥王者也。【疏】興者，《隰桑》篇「隰桑有阿，其葉有難」，《傳》：「阿然美皃，難然盛皃，有以利人也。」桑葉美盛，其庇陰有以利人。今捋采之，則木葉希疏不均，無足以庇陰，是不能利人且病人矣。以喻下民之病困由於王政之侵刻也。「菀」訓「茂」，《菀柳》同。侯，維也。《傳》以「陰均」詁「旬」。《祭義》注：「陰，讀爲『依蔭』之『蔭』。」《爾雅》：「洵，均也。徇，偏也。」樊光本「徇」作「袀」。古旬聲、勻聲通。陰均者，言依蔭普徧也。宣二年《左傳》「舍于翳桑」，杜注：「翳桑，桑之多蔭翳者。」義與此同。《芣苢》傳「捋」、「采」皆訓「取」。《武》傳云：「劉，殺也。」謂殺削枝葉也。《釋文》：「爆爍，本又作『暴樂』。」《爾雅·釋詁》：「毗劉，暴樂也。」毛《傳》本《爾雅》釋經「劉」字，而必益其義云「暴樂而希」者，暴樂猶剝落，即希疏之意也。《爾雅》釋經「劉」字，而又必益其辭云「毗劉」者，蓋毗之言庇也。殺削枝葉曰劉。枝葉可庇人，而殺削之不能庇，是曰毗劉。樊光本「毗」作「庇」訓「蔭」，得其理矣。「瘼，病」，《四月》同。○殄，絶也。倉、喪疊韻爲訓。滋，古祇作「兹」。《常棣》、《召旻》傳竝訓「兄」爲「兹」。「填，久」，《瞻卬》同。《爾雅》：「塵，久也。」古「填」與「塵」通。《箋》云：「民心之憂無絶已，喪亡之道滋久長。」是也。《甫田》傳：「倬，明皃。」「倬彼昊天」，猶《抑》云「昊天孔昭」耳。「昊天，斥王者」，《瞻卬》同。《鴻雁》傳云：「矜，憐也。」

四牡騤騤，旟旐有翩。【傳】騤騤，不息也。鳥隼曰旟，龜蛇曰旐。翩翩，在路不息也。亂生不夷，靡國不泯。民靡有黎，具禍以燼。【傳】夷，平；泯，滅也。黎，齊也。於乎有哀，國步斯頻。【傳】步，行；頻，急也。【疏】《傳》云「騤騤，不息」，謂馬行不息騤騤然也。《北山》篇「四牡彭彭」，《傳》：「彭彭然不得息。」皆所謂「朝夕從事，王事靡盬」也。《烝民》傳：「騤騤，猶彭彭也。」《周語》引《詩》，韋注云：「騤騤，行貌。」義同。「鳥隼曰旟，龜蛇曰旐」，《出車》傳同。旟旐者，戎車之所建也。翩，猶翩翩也。韋注云：「翩翩，動摇不休止之意。」義亦同。《傳》云「翩翩，在路不息」，則「騤騤，不息」亦在路矣。《釋文》作「偏」，「本亦作『翩』」。」案此二章及三、四章皆刺王暴虐，以致絫用兵革，無有止息也。○「夷」訓「平」。不平，即亂也。成十六年《左傳》：「國人曰：『若之何？憂猶未弭。』而又討我寡君，以亡曹國社稷之鎮公子，是大泯曹也。」杜注云：「泯，滅也。」是「泯」有「滅」義。滅，殘滅也。黎、齊疊韻爲訓。《荀子・王制篇》：「先王惡其亂也，故制禮義以分之，使有貧富貴賤之等，足以相兼臨者，是養天下之本也。《書》曰：『維齊非齊。』此之謂也。」《管子・正世》篇：「治莫貴於得齊。齊不得，則治難行。故治民之齊，不可不察也。」竝與《傳》「齊」訓同。齊，猶治也。民靡有齊，言民無有能齊之者也。具，俱也。燼，當依《釋文》作「藎」。《箋》：「災餘曰藎。」《方言》：「藎，餘也。」《詩小學》云：「《說文》作『𤇾』。」「步，行」，《白華》同。行，道也。頻者，「瀕」之隸省。《說文》：「顰，涉水顰戚。」急、戚義相近。「戚」與「促」同。「瀕」字當是「顰」字之假借。「國步斯顰」，言亂泯禍藎，國道其日促急也。「顰」訓「急」，即是弟四章「孔棘」之意。《說文》：「矉，恨張目也。」引《詩》作「矉」，此三家義。

國步蔑資，天不我將。靡所止疑，云徂何往。【傳】疑，定也。君子實維，秉心無競。誰生厲階？至今爲梗。【傳】競，彊；厲，惡；梗，病也。【疏】《版》傳云：「蔑，無也。資，財也。」《四牡》傳云：「將，養也。」天，昊天，斥王者也。我，我民也。不我將，言不養我也。疑，當即「礙」之省假。《說文》：「礙，止也。」疑、礙同聲，定、止同義。《儀禮・鄉射》注：「疑，止也。」《爾雅》：「疑，戾也。」「疑」與「戾」亦雙聲義近，故疑謂之止，亦謂之定，猶戾謂之止，亦謂之定也。《雨無正》「靡所止戾」，《傳》：「戾，定也。」文義正同。徂，亦往也。「云徂何往」，重言反覆之，以盡其義，全《詩》中多有此句例。○君子，謂古之長民者也。實，當作「寔」。寔維，是爲也，或在句首，或在句末，皆同。《定之方中》傳云：「秉，操也。」「競，彊」，《烈文》同。無，發聲。《抑》、《執競》傳皆云：「無競，競也。」「君子寔維，秉心無競」，言君子之所爲，其操心甚彊固也。《孟子・盡心》篇云：「其操心也危。」誰，誰厲王也。「厲，惡」，《正月》、《瞻卬》同。《說文》：「寎，臥驚病也。从㾓省，丙聲。」《廣雅》：「寎，病也。」梗從㪅聲，㪅從丙聲，病亦從丙聲，聲義竝同。斥厲王兵革不息，大惡於民，終見困病。昭二十四年《左傳》：「楚子爲舟師以略吴疆。吴人踵楚，而邊人不備，遂滅巢及鍾離而還。沈尹戌曰：『亡郢之始，於此在矣。』」引：「《詩》曰：『誰生厲階？至今爲梗。』其王之謂乎？」杜注云：「梗，病也。」《左傳》言楚王用兵亡國，即引此詩，亦其義也。

憂心慇慇，念我土宇。我生不辰，逢天僤怒。【傳】宇，居；僤，厚也。自西徂東，靡所定處。多我覯痻，孔棘我圉。【傳】圉，垂也。

【疏】《正月》傳云：「慇慇然痛也。」「宇」訓「居」，土亦居也。《緜》傳土、宇皆爲居。土宇，猶邊垂也。「僤」與「單」同，故單謂之厚，僤亦謂之厚。厚怒，猶重怒也。定，止也。處，居也。「靡所定處」，猶言「靡所止居」耳。《箋》云：「痻，病也。」《説文》云：「愍，痛也。」《説文》有「愍」無「痻」，有「悴」無「瘁」，有「悝」無「瘇」，有「宊」無「疚」，有「悹」無「痯」，則「痻」、「瘁」、「瘇」、「疚」、「痯」即「愍」、「悴」、「悝」、「宊」、「悹」之或字。《邶·柏舟》「覯閔既多」，《傳》：「閔，病也」。痻、閔義同。「圉，垂」，《爾雅·釋詁》文。《召旻》「我居圉卒荒」，《傳》亦云：「圉，垂也。」棘，急也。「孔棘我圉」，猶云我邊垂甚急耳。此倒句以就韻。○案《史記·秦本紀》：「秦仲立三年，周厲王無道，諸侯或叛之，西戎反王室，滅犬丘、大駱之族。」《後漢書·西羌傳》：「厲王無道，戎、狄寇掠，乃入犬丘，殺秦仲之族。王命伐戎，不克。」又《東夷傳》：「厲王無道，淮夷入寇。王命虢仲征之，不克。」凡此，皆厲王時所有邊垂之禍，見諸史策可攷者如此。《箋》易「圉」作「禦」云：「甚急矣，我之禦寇之事。」或本三家，而與《傳》實無異也。《正義》以爲《傳》、《箋》異，失之。

爲謀爲毖，亂況斯削。【傳】毖，慎也。告爾憂恤，誨爾序爵。誰能執熱，逝不以濯？【傳】濯，所以救熱也。禮，所以救亂也。其何能淑，載胥及溺。

【疏】《説文》云：「慮難曰謀。」「毖，慎」，《釋詁》文。《小毖》「毖後患」，《傳》亦云：「毖，慎也。」慎者，慎用禮也。況，當作「兄」。首章「倉兄填兮」，《傳》云：「兄，兹也。」「爲謀爲毖，亂兄斯削」二句，承上三章而言。凡有國家者，爲靖謀，爲劼毖，當今日兵亂日兹，邊垂生患，尤亟思有以救之也。下文「告爾憂恤」四句冡「爲謀爲毖」言，「其何能淑」二句冡「亂兄斯削」言。○爾，女，女厲王也。恤，亦憂也。憂恤，即指上三章用兵禍亂之事。《箋》訓「序爵」爲「次序賢能之爵」。又《天官·大宰》：「以八柄詔王馭群臣：一曰爵，以馭其貴。」注：「爵，謂公、侯、伯、子、男、卿、大夫、士也。《詩》云：『誨爾序爵。』言教王以賢否之弟次也。」《傳》意當同。《傳》云「救亂」，宋本「救」作「捄」。《正義》云：「以濯救熱，喻以禮救亂。」《正義》作「救」，不誤。襄三十一年《左傳》衛北宫文子引《詩》而釋之云：「禮之於政，如熱之有濯也。濯以救熱，何患之有？」案此《傳》所本也。《孟子·離婁》篇：「今也欲無敵於天下而不以仁，是猶執熱而不以濯也。」亦引此詩。《孟子》言仁即《左傳》之言禮。《正義》云：「必賢人乃能行禮，故《箋》云『治國之道當用賢』，以申足《傳》意。」是也。《墨子·尚賢中》篇：「爵位不高，則民不敬也；蓄禄不厚，則民不信也；政令不斷，則民不畏也。故古聖王高予之爵，重予之禄，任之以事，斷予之令。夫豈爲其臣賜哉？欲其事之成也。《詩》曰：『告女憂卹，誨女予鬱。孰能執熱，鮮不用濯？』則此語古者國君諸侯之不可以不執善承嗣輔佐也，譬之猶執熱之有濯也，將休其手焉。」王念孫《墨子襍志》云：「『鬱』爲『爵』之譌。兩『爾』字皆作『女』，『序』作『予』，『誰』作『孰』，『逝』作『鮮』，『以』作『用』，所見《詩》有異文也。『善』上『執』字衍。」案鄭《箋》及趙注《孟子》竝解經「濯」爲「濯手」，與《墨子》合。○淑，善也。胥，相也。「其何能淑，載胥及溺」，言今之爲政者不能以禮治國，即不能以善治國，將相入於溺亡也。《孟子》：「苟不志於仁，終身憂辱，以陷於死亡。」即引此詩。民歸仁，君不志仁，將陷民於死亡矣。《韓詩外傳》：「令民相伍，有罪相伺，有刑相舉，使構造怨仇，而民相殘，傷和睦之心，賊仁恩，害士化，所和者寡，欲敗者多，於仁道泯焉。」亦引此詩。溺，謂民陷溺，即上文所謂「民靡有黎，具禍以燼」也。趙岐注《孟子》、王肅述毛竝以爲君臣陷溺。趙注云：「刺時君臣何能爲善乎，但相與爲沈溺之道也。」王肅與趙注同。鄭《箋》同。

如彼遡風，亦孔之僾。民有肅心，荓云不逮。好是稼穡，力民代食。【傳】遡，鄉；僾，唈；荓，使也。力民代食，代無功者食天禄也。稼穡維寶，代食維好。【疏】「遡，鄉」，《公劉》同。鄉，今之「向」字。《文選》謝莊《月賦》注引《毛詩傳》：「遡，向之也。」與今本異。「僾，唈」，《爾雅·釋言》文。《荀子·禮論》「悒詭唈僾能無時至焉」，楊注云：「唈僾，气不舒，憤鬱之貌。」單言僾，絫言唈僾，故《爾雅》、毛《傳》竝以「唈」釋經之「僾」也。《説文繫傳》引《詩》作「亦孔之㤅」。「㤅」本字，「僾」假借字。唈，古衹作「邑」。肅，敬也。荓，讀爲𢔁。《説文》：「𢔁，使也。」《釋文》：「荓，或作『拼』。」《爾雅》：

「拼，使也。」或疑《詩》本作「拼」。《集韻》云：「拼，使也。或作『伻』、『迸』，古作『平』、『苹』，通作『抨』。」而無「荓」字可證。又《爾雅》：「抨，使也。」郭注云：「皆見《詩》。」是三家《詩》有作「抨」也。逮，及也。鄉風孔僾，以喻民重稼穡之事，而不及時者，有使之然也。○鄭《箋》於此章「好是稼穡」、「稼穡維寶」作「家嗇」，云：「居家吝嗇。」下章「稼穡卒痒」始作「稼穡」解。王肅讀此章兩言「家嗇」爲「稼穡」，與下章「稼穡」一例，則「家嗇」爲「稼穡」之壞字。如「曰予不戕」，王以爲「臧」之壞字，竝與鄭訓不同。今細繹經、《傳》文義，依王說作「稼穡」是也。《傳》云「代無功者食天禄」，釋經「代食」之義。王肅云：「當好知稼穡之艱難，有功力於民，代無功者食天禄。」「有功力於民」釋經「力民」之義，以述明《傳》意也。《韓詩外傳》：「晉平公之時，藏寶之臺燒。公子晏子獨奉束帛而賀公曰：『自今已往，請藏於百姓之閒。』」引《詩》曰：「稼穡維寶，代食維好。」《韓詩》作「稼穡」，其明證矣。「稼穡維寶」，因民之所利而利之也。「代食維好」，民之所好好之也。欲刺王用好利之小人，故先陳此告誨之詞。

天降喪亂，滅我立王。降此蟊賊，稼穡卒痒。哀恫中國，具贅卒荒。靡有旅力，以念穹蒼。【傳】贅，屬；荒，虚也。穹蒼，蒼天。【疏】

滅，殘滅；我，我中國也。此即弟二章「亂生不夷，靡國不泯」之意。立王，義未聞。或謂天之所立謂之立王。「滅我立王」，言殘滅之道本由於王也。一說：立，古「位」字，如《小宗伯》「掌神位」，「故書『位』作『立』」之比。「滅我立王」，《瞻卬》篇云「我位孔貶」，文義與之同也。《韓詩外傳》：「里克對魏文侯曰：『數戰而數勝，夫差所以自喪於干遂。』」引《詩》：「天降喪亂，滅我立王。」毛、韓意當同也。此責王之詞。○蟊賊，以喻貪殘之人也。《正月》傳：「痒，病也。」《思齊》傳：「恫，痛也。」中國，國中也。「贅」訓「屬」，贅、屬一聲之轉，如《孟子》「屬其耆老」，《書大傳》作「贅」之例。《說文》云：「屬，連也。」案《傳》文「荒，虚」，《正義》無釋，則孔所據毛《傳》無此訓矣。「具贅卒荒」承上文「降此蟊賊，稼穡卒痒」言之，猶云「饑饉薦臻」耳，不作「空虚」解也。《召旻》篇「我居圉卒荒」，亦承上文「瘨我饑饉」言之，言我邊竟盡饑饉，亦不作「空虚」解也。彼《箋》：「荒，虚也。」《正義》云：「『荒，虚』，《釋詁》文。唯某氏本有『荒』字，其諸家《爾雅》則無之。」然則訓「荒」爲「虚」鄭義，疑後人依鄭誤增此「荒虚」二字。○力，與上章「力民代食」同義。《北山》「旅力方剛，經營四方」，《傳》：「旅，衆也。」「靡有旅力」，言今無有一力於民者也。「穹蒼，蒼天」，《爾雅·釋天》文。穹，窮也，大也。窮大之蒼謂之穹蒼。《黍離》傳：「蒼天，以體言之。據遠視之蒼蒼然，則稱蒼天。」「以念穹蒼」，即《黍離》篇所云「悠悠蒼天」之意也。《韓詩外傳》云：「民勞思迭，治暴思仁，刑危思安，國亂思天。」引《詩》：「靡有旅力，以念穹蒼。」毛、韓義同。

維此惠君，民人所瞻。秉心宣猶，考慎其相。【傳】相，質也。維彼不順，自獨俾臧，自有肺腸，俾民卒狂。【疏】惠，順也。秉，操也。猶，道也。「相」訓「質」，讀如「質爾民人」之「質」。質，成也。弟三章云「君子實維，秉心無競」，即此義也。《吕覽·知度》篇：「人主自智而愚人，自巧而拙人。」高注云：「自智，謂人愚。自巧，謂人拙。」即引此詩。案高以「自獨俾臧」爲「自智」、「自巧」，而以「俾民卒狂」爲「愚人」、「拙人」，《傳》義或然也。

瞻彼中林，甡甡其鹿。【傳】甡甡，衆多也。朋友已譖，不胥以穀。人亦有言，進退維谷。【傳】谷，窮也。【疏】中林，林中也。《説文》：「甡，衆生竝立之皃。」重言之，則衆多曰甡甡。《五經文字》：「兟，色巾反。見《詩》。」《玉篇》：「兟兟，衆多皃。」是三家《詩》有作「兟兟」者也。林中之鹿甡甡然衆多，以喻賢者皆群退而窮處。《假樂》傳云：「朋友，群臣也。」譖，當作「僭」。《釋文》：「本亦作『僭』。」僭，差也。穀，善也。言群臣過差，不相與成於善道，是不能處朝廷也。○谷、鞫同聲，故鞫謂之窮，谷亦謂之窮。《韓詩外傳》：「家石他曰：『嗚呼！生亂世，不得正行。劫乎暴人，不得全義。悲夫！』乃進盟以免父母，退伏劍以死。其君聞之者曰：『君子哉，安之命矣。』」又「楚申鳴曰：『受君之禄，避君之難，非忠臣也。正君之法，以殺其父，又非孝子也。行不兩全，名不兩立，悲夫！若此而生，亦何以示天下之士哉？』遂自刎而死。」兩引《詩》曰：「進退惟谷。」《韓詩》亦謂進退兩窮，與毛義同。《晏子·問下》篇：「晏子曰：『且嬰聞君子之事君也，進不失忠，退不失行。不苟合以隱忠，可謂不失忠。不持利以傷廉，可謂不失行。』叔向曰：『善哉！《詩》有之曰：「進退維谷。」其此之謂與？』」「谷」讀爲「穀」，訓「善」，與毛、韓義異。

維此聖人，瞻言百里。【傳】瞻言百里，遠

慮也。維彼愚人，覆狂以喜。匪言不能，胡斯畏忌。【疏】「瞻言百里」，蓋古有此語。《周語》：「古人有言曰：『兄弟讒鬩，侮人百里。』」韋注云：「百里，喻遠也。」《傳》文「遠慮」上奪「言」字。言遠慮者，以釋經義。《論語·衛靈公》篇云：「人無遠慮，必有近憂。」《韓詩外傳》云：「由此觀之，聖人能知微矣。」即引此詩。遠慮，猶知微也。覆，反也。狂，即「俾民卒狂」之「狂」。「覆狂以喜」，言使民反入於狂而猶自以喜，此愚人之所爲也。愚人，謂助厲王虐者。下文「忍心」、「不順」、「貪人」皆是也。○「匪言不能，胡斯畏忌」，匪，非也。言非言之不能，何其畏忌而不言也？《周語》：「厲王得衛巫，使監謗者。以告，則殺之。國人不敢言，道路以目。」案此即畏忌不言之事。忌，猶憚也。《儀禮·士虞·記》：「夙興夜處，小心畏忌。」昭二十五年《左傳》：「爲刑罰威獄，使民畏忌，以類其震曜殺戮。」竝與此「畏忌」同。

維此良人，弗求弗迪。【傳】迪，進也。維彼忍心，是顧是復。民之貪亂，寧爲荼毒。【疏】「迪，進」，《爾雅·釋詁》文。「弗求弗迪」，言不干進也。「維此良人，弗求弗迪。維彼忍心，是顧是復」，此良人則無干進之志，彼忍心之人，惟是瞻顧反復無常德也。上章云「維此聖人，瞻言百里」，言聖人有遠慮，而愚人但知自喜用事。下章云「維此良人，作爲式穀。維彼不順，征以中垢」，言良人爲善，而彼不順之人則惟闇冥是行也。文義相同。○荼，苦菜。因之凡苦曰荼。荼毒即是亂。《周語》：「大子晉曰：『《詩》曰：「四牡騤騤，旟旐有翩。亂生不夷，靡國不泯。」又曰：「民之貪亂，寧爲荼毒。」夫見亂而不惕，所殘必多。其飾彌章，民有怨亂，猶不可遏。』」又《荀子·儒效篇》：「凡人莫不欲安榮而惡危辱，故唯君子爲能得其所好，小人則日徼其所惡。」亦引此詩，是其義也。《周語》：「厲王虐，國人謗王。召公告王曰：『民不堪命矣。』王弗聽。於是國人莫敢出言。三年，乃流王于彘。」案此三年，即厲王之三十七年也。厲王之亡，亡自國人，故芮伯遠慮先知，乃作此危激之詞。寧，猶胡也。「寧爲荼毒」與「胡爲虺蜴」句同。

大風有隧，有空大谷。【傳】隧，道也。維此良人，作爲式穀。維彼不順，征以中垢。【傳】中垢，言闇冥也。【疏】《說文》無「隧」字，疑古本作「遂」。《初學記·天部上》引《詩》作「遂」。《潛夫論·遏利》篇：「言是大風也，必將有遂。」其所據《詩》當亦作「遂」可證。《白駒》「在彼空谷」，《傳》：「空，大也。」是空亦大也。「遂」訓「道」，道，行也。大風，喻不順之人。大風行於空大之谷，猶不順之行闇冥也。下章以大風喻貪人。《箋》：「大風之行有所從而來，必從大空谷之中。喻賢愚之所行，必由其性。」❶鄭意下文良人與不順之人竝言，故以賢愚爲喻。不知章義但説不順之人而連及良人，猶上二章因言愚人而及聖人、因言忍心之人而及良人耳。○式，用；穀，善。言良人之作爲皆用以善道也。「穀」與「垢」相對成義。《箋》：「征，行也。」《説文》：「垢，濁也。」中垢者，内濁不清之謂。《相鼠》傳云：「無禮義者雖居尊位，猶爲闇昧之行。」闇冥即闇昧也。《韓詩外傳》云：「故曰：以明扶明，則升于天。以明扶闇，則歸其人。兩瞽相扶，不傷牆木，不陷井穽，則其幸也。《詩》曰：『惟彼不順，往以中垢。』闇行也。」毛、韓義同，「往」疑「征」之誤。

大風有隧，貪人敗類。【傳】類，善也。聽言則對，誦言如醉。匪用其良，覆俾我悖。【傳】覆，反也。【疏】貪人，好利之人也。《史記·周本紀》：「厲王即位三十年，好利，近榮夷公。芮良夫諫厲王，不聽，卒以榮公爲卿士用事。王行暴虐侈傲，國人謗王。召公諫。三十四年，王益嚴，國人莫敢言，道路以目。三年，乃相與畔，襲厲王。厲王出奔於彘。」案詩「貪人」即指榮公之屬。《史記》載芮良夫諫用榮公在三十年。《國語》亦載其事。而此詩之作，猶在榮公爲卿士後，其去流彘之年不甚相遠。「類」訓「善」。敗類爲敗善，善謂善人，即上章所云「良人」也。《左傳》：「秦伯曰：『孤實貪，以禍夫子。』」正釋詩「貪人敗類」也，是其義。○聽言，指貪人。誦言，指良人。王聞貪人聽從之言，則對荅如流，而聞良人莊誦之言，則懵然若醉酒，不省人事。《韓詩外傳》云：「古之謂知道者曰先生，何也？曰：猶言先醒也。不聞道術之人，則冥於得失，不知亂之所由。眊眊乎，其猶醉也。昔郭君出郭，謂其御者曰：『子知吾且亡乎？』御者曰：『然。』曰：『何不以諫也？』御者曰：『君喜道諛而惡至言，臣欲進諫，恐先郭亡，是以不諫也。』郭君作色而怒，御轉其辭曰：『君之所以亡者，大賢。』」引《詩》曰：「聽言則對，誦言如醉。」毛、韓意同也。匪，猶不也。良，謂良人也。篇中三

❶「必」，徐子静本、《清經解續編》本同。阮刻《毛詩正義》作「各」。

「覆」、一「復」、一「反」，字義皆同，故云：「覆，反也。」《説文》：「誖，亂也。」「悖」與「誖」通。此刺王不用良人，而信用此好利之徒，反使我民誖亂若是也。

嗟爾朋友，予豈不知而作。如彼飛蟲，時亦弋獲。既之陰女，反予來赫。【傳】赫，炙也。【疏】此章承上四章而言。王信用匪人，以致下民謀亂，故呼女朋友而嗟告之也。予，我也，芮伯自我也。作，爲也。飛蟲，喻衆民。弋獲，弋取攫獲，喻貪忍，即下文所謂「炙」也。之，猶是也。《蝃蝀》傳訓「之」爲「是」，此其義。陰，即首章《傳》所云「陰均」也。女，女民也。《釋文》及定本、《集注》毛《傳》皆作「炙」。《説文》：「赫，大火皃。」「赫」訓「炙」，其引申之義也。炙，猶侵削之也。《箋》「距人謂之赫」，鄭讀「赫」爲《莊子》「以梁國嚇我」之「嚇」，與毛不同。「既之陰女，反予來赫」，言我欲是庇陰女衆民，乃當時執政者反予之志，是侵削之也。此推本民亂之由，以生下二章之意。

民之罔極，職涼善背。【傳】涼，薄也。爲民不利，如云不克。民之回遹，職競用力。【疏】《傳》以「薄」詁「涼」。全《詩》中「薄」字皆語詞，無實義，則「涼」亦爲語詞矣。「民之罔極，職涼善背」，罔極，猶無良也。職，主也。言民之無良，唯主以違背爲善也。《箋》：「涼，信也。」非《傳》義。《説文》：「𣨼，事有不善言𣨼也。」亦非詩義。克，勝也。回遹，邪辟也。言上之人爲民所不利，如恐不勝，是以民之邪辟，主彊用力而爲不善也。

民之未戾，職盜爲寇。【傳】戾，定也。涼曰不可，覆背善詈。雖曰匪予，既作爾歌。【疏】「戾」訓「定」，未定，亂未定也。民亂未定，主爲盜寇。《國語》：「芮良夫曰：『匹夫專利，猶謂之盜。』」即其義。蓋篇末皆説民之作非，即上章「民之貪亂，寧爲荼毒」之意。王肅述毛皆主民言，是也。下民禍亂若此，則上之失政可知矣。「涼曰不可，覆背善詈」，謂民不可，則反背而善詈之。「涼曰」猶「薄言」，皆語詞，無實義。「匪」與「非」同。非，違也。既，猶終也。爾，女也，女厲王也。「雖曰匪予，既作爾歌」，此芮伯自明其歌詩以諷刺厲王也。

《雲漢》八章，章十句。

《雲漢》，仍叔美宣王也。宣王承厲王之烈，内有撥亂之志，遇烖而懼，側身脩行，欲銷去之。天下喜於王化復行，百姓見憂，故作是詩也。【疏】《春秋》「仍叔之子」，《穀梁傳》作「任叔」。黄帝二十五子有任姓。古仍、任通。其地無攷。

倬彼雲漢，昭回于天。【傳】回，轉也。王曰於乎！何辜今之人？天降喪亂，饑饉薦臻。【傳】薦，重；臻，至也。靡神不舉，靡愛斯牲。圭璧既卒，寧莫我聽。【疏】《棫樸》傳云：「倬，大也。」舊本《書鈔·天部二》引《韓詩》作「對彼雲漢」，注曰：「宣王遭旱仰天也。」王念孫云：「對，當爲『菿』。《爾雅》：『菿，大也。』倬、菿聲義皆同。」雲漢，天河也。「回」訓「轉」，讀如「水轉流」之「轉」。古者天子登靈臺而望，書雲物，備水旱，故宣王於時仰望天河，而憂懼旱烖也。〇王，宣王。辜，罪也。何罪今之人，今之人何罪也。「薦，重」，《節南山》同。「薦」通作「荐」，《繁露·郊祀》篇引《詩》作「荐」。「臻，至」，《泉水》同。襄二十二年《左傳》「不虞荐至」，郭注《爾雅》引《易》「水荐至」，是薦臻即荐至也。不舉，不舉祭也。《王制》：「山川神祇，有不舉者爲不敬。」鄭注云：「舉，猶祭也。」牲，禱牲也。天地用牛，日月山川以下用羊。圭璧，禮神之玉也。《説文》：「瓏，禱旱玉也。爲龍文。」然則禱旱有玉矣。《周禮·大宗伯》六玉用諸六宗，《典瑞》及《考工記》「玉人之事」皆命侯常祀之圭璧，而不及禱祭之玉，與此圭璧異也。《節南山》傳：「卒，盡也。」徧祭群神，故云「既盡」，下章《傳》所謂「索鬼神而祭之」也。昭十八年《左傳》云：「卜筮走望，不愛牲玉。」與此詩義正同。寧，胡也。聽，讀「神之聽之」之「聽」。

旱既大甚，蘊隆蟲蟲。【傳】蘊蘊而暑，隆隆而雷，蟲蟲而熱。不殄禋祀，自郊徂宫。上下奠瘞，靡神不宗。【傳】上祭天，下祭地，奠其禮，瘞其物。宗，尊也。國有凶荒，則索鬼神而祭之。后稷不克，上帝不臨。耗斁下土，寧丁我躬。【傳】丁，當也。【疏】《正義》云：「『温』字定本作『蘊』。」《釋文》：「蘊，本又作『煴』。」疑「煴」即「温」之誤，「蘊」即「蕰」之俗。《毛詩》古字作「温」，謂「蕰」之假借字。「蕰積」之爲「温積」，猶《小宛》箋「蕰藉」之爲「温藉」矣。《釋文》引《韓詩》作「鬱」，《爾雅》：「鬱，氣也。」郭注云：「鬱然氣出。」「蕰隆」之爲「鬱隆」，猶《素冠》篇「蕰結」之即「鬱結」矣。《傳》云「暑」，亦謂暑氣也。《淮南子·天文》篇：「季春三月，豐隆乃出，以將其雨。」注：「豐隆，雷也。」此豐隆謂雷聲之大。詩言隆隆，非大雷也。《箋》云：「隆隆而雷，非雨雷也。雷聲尚殷殷然。」此即《漢書・劉向傳》所謂「無雲而雷」也。蟲蟲，《爾雅》作「爞爞，熏也」，郭注云：「旱熱熏炙人。」《釋文》引《韓詩》作「烔烔，音徒冬反」。《衆經音義》卷四引《埤倉》云：「烔烔然熱皃。」《廣韻》引《字林》云：「熱氣烔烔。」用《韓詩》也。又《華嚴經音義》下《如來出現品之二》引《韓詩傳》曰：「烔，謂燒草傳火燭盛也。」據此，則《韓詩》「鬱隆烔烔」指燔柴祭天而言，與毛説絶異。《廣雅》：「烔，爇也。」張用韓義。然《釋文》於「鬱」下云「與毛同」，而「烔」下又不詳韓義，未審其實。《説文・火部》：「烔，光也。」無「烔」字。○殄，絶也。不殄，不絶也。《爾雅》：「畛，致也。」郭注云：「見《詩傳》。」疑此詩之異文。「不畛禋祀」，致禋祀也。不，發聲。郭或據三家《詩傳》耳。《大宗伯》：「以禋祀祀昊天上帝。」「自郊徂宮」，自郊宮也。徂，語詞。《禮器》「魯人將有事於上帝，必先有事於頖宮」，「頖宮，或爲郊宮」。《覲禮》：「祭天燔柴。」《祭法》：「燔柴於泰壇，祭天也。」宮猶壇也。《月令》：「仲夏，命有司爲民祈祀山川百源，大雩帝，用盛樂。」鄭注云：「雩，吁嗟求雨之祭也。雩帝，謂爲壇南郊之旁，雩五精之帝，配以先帝也。《春秋傳》曰：『龍見而雩。』雩之正，當以四月。凡周之秋三月之中而旱，亦備雩禮以求雨，因箸正雩此月，失之矣。天子雩上帝，諸侯以下雩上公。周冬及春夏雖旱，禮有禱無雩。」奂謂詩因旱而禮祀郊宮，正是雩上帝之事，故篇中言上帝、言昊天、言昊天上帝，皆謂雩祭也。《箋》以郊宮爲二宮，爲宗廟，徂宮爲從郊而至宗廟，不知此章不及宗廟。董仲舒引此詩二章在《郊祀》篇可證。○《傳》云「上祭天」，承上文而言。「下祭地」，祭天必兼祭地耳。上下謂天地，奠瘞指上下。《梁書・許懋傳》引毛《傳》云：「上祭天，下祭地。奠其幣，瘞其物。」案此與今本作「奠其禮」不同。幣，謂帛也。奠其幣但以帛爲奠，而知「祭天，燔牲與玉」之説誣也。物，毛物，謂牲體也。祭地而瘞其物，則知「埋玉」之説亦誣也。一説今本《傳》作「禮」不誤，「禮」、「物」二字互文。奠不專指祭天，而瘞則專指祭地。《覲禮》：「祭地，瘞。」《爾雅》：「祭地曰瘞埋。」《祭法》：「瘞埋於泰折，祭地也。」金鶚云：「《禮運》：『列祭祀，瘞繒。』繒爲幣帛。瘞爲帛，則奠亦宜爲帛也。祭天，帛宜燔，而云『奠』者，帛必尊之而後燔於柴上也。毛《傳》未嘗言牲玉，孔《疏》以牲玉釋之，非也。《郊特牲》疏引《韓詩内傳》：『天子奉玉，升柴，加于牲上。』」金誠齋辨之矣。「宗，尊」，《鳧鷖》同。「靡神不宗」，猶云「靡神不舉」也。《周禮・大司徒》「以荒政十有二聚萬民，十有一曰索鬼神」，鄭司農注云：「索鬼神，求廢祀而修之。《雲漢》之詩所謂『靡神不舉，靡愛斯牲』者也。」毛《傳》本《周禮》，故仲師即本《詩》以爲說。《覲禮》：「祭山丘陵，升。祭川，沈。」《大祝》「掌六祈，四曰禜」，鄭司農注云：「禜，日月星辰山川之祭也。《春秋傳》曰：『日月星辰之神，則雪霜風雨之不時，於是乎禜之；山川之神，則水旱癘疫之災，於是乎禜之。』」杜注昭元年《左傳》云：「有水旱之災，則禜祭山川之神。《周禮》『四曰禜祭』，爲營欑用幣以祈福祥。」《祭法》：「雩宗，祭水旱也。」鄭注云：「宗，當爲『禜』，字之誤也。雩禜，水旱壇也。」然則「索鬼神」，其即《周禮》之「禜祭」歟？《後漢書·順帝紀》：「詔曰：『分禱祈請，靡神不禜。』」錢大昕《攷異》云：「『靡神不宗』之『宗』，三家《詩》必有作『禜』者。」○后稷南郊配天，故禋祀上帝又吁嗟后稷也。克，能也。王肅謂「不能福佑我」，是也。臨以言降佑也。《繁露·郊祀》篇云：「宣王自以爲不能乎后稷，不中乎上帝，故有此災。」中者，得也。不得即不臨之意，非謂臨爲中也。西京舊儒尚知此古訓之法。耗，俗「秏」字。《繁露》及《玉篇·禾部》引《詩》皆作「秏」。《釋文》及《後漢書·竇皇后紀》注引《韓詩》：「秏，惡也。」惡，音「好惡」之「惡」。《箋》：「斁，敗也。」《六書故》引作《傳》文，非也。《說文》「殬」訓「敗」，則「斁」即「殬」字。《繁露》作「射」，古射、斁通。其字作「斁」，其義毛當訓「厭」也。「丁，當」，《釋詁》文。

旱既大甚，則不可推。兢兢業業，如霆如雷。【傳】推，去也。兢兢，恐也。業業，危也。周餘黎民，靡有孑遺。【傳】孑然遺失也。昊天上帝，則不我遺。胡不相畏？先祖于摧。【傳】摧，至也。【疏】《說文》：「推，排也。」去猶排也。《小旻》傳：「兢兢，戒也。」恐、戒義相近。「業業，危」，《爾雅·釋訓》文。《大玄·差》：「次七，累卵業業，懼貞安。《測》曰：累卵業業，自危作安也。」是「業業」爲「危」矣。《召旻》「兢兢業業」箋同。○《正義》云：「孑然，孤獨之貌。言靡有孑遺，謂無有孑然得遺漏。定本及《集注》皆云：『孑然遺失也。』俗本有『無』字者，誤也。」案有「無」字者是也。《小箋》云：「『靡有孑遺』，無孑然遺失也。『失』同『佚』。」《孟子·萬章》篇引《詩》而釋之云：「信斯言也，是周無遺民也。」「靡有孑遺」是無遺民之義。民困饑饉，餓死無存，此是極盡之詞耳。《方言》、《廣雅》皆云：「孑，餘也。」靡孑遺，即無餘遺。毛《傳》「無孑然遺失」，其意亦同。

鄭《箋》云：「周之衆民多有死亡者矣，幸其餘無有孑遺者，[1]言又餓病也。」趙注云：「志在憂旱災。民無孑然遺脱不遭旱災者，非無民也。」鄭、趙箋注乃孟子「以意逆志」則可，不得據此以釋《詩》辭。績溪胡紹勳《四書拾義》説。[2]○《女曰雞鳴》傳：「問，遺也。」則遺亦問也。畏，畏天也。「摧，至」，《釋詁》文。《方言》云：「摧，至也。摧，楚語。」先祖，謂文、武也。文、武於周較后稷爲親。「胡不相畏？先祖于摧」，言欲覬冀先祖之神，庶幾其至以救此裁耳。下章云「父母先祖，胡寧忍予」，言父母先祖，何竟忍予而不顧我也。皆反覆其詞，以箸其憂裁之情。

旱既大甚，則不可沮。赫赫炎炎，云我無所。大命近止，靡瞻靡顧。【傳】沮，止也。赫赫，旱氣也。炎炎，熱氣也。大命近止，民近死亡也。群公先正，則不我助。父母先祖，胡寧忍予？【傳】先正，百辟卿士也。先祖文、武爲民父母也。【疏】「沮，止」，《巧言》同。赫赫，盛也，言旱氣之盛也。《説文》：「焅，旱气也。苦沃切。」赫、焅聲相近，或許本三家也。《大田》傳：「炎火，盛陽也。」火爲陽，則炎爲盛，是炎炎爲熱氣之盛也。《爾雅》：「炎炎，熏也。」《雒誥》云：「無若火始燄燄。」「燄」與「炎」通。《釋文》據《傳》「熱」下無「氣」字。《玉篇》：「赫，旱也。」似希馮所據「旱」下亦無「氣」字。止，至也。近止，近至也。《列女傳》續篇：「知天道之不祐，示以大期。」即《傳》所謂「民近死亡」也。○《傳》文「先正」上奪「群公」二字，「百辟卿士」釋經之「群公先正」，非以「百辟卿士」但釋經之「先正」也。《假樂》「之綱之紀，燕及朋友。百辟卿士，媚于天子」，百辟爲諸侯。《桑扈》、《烝民》、《烈文》「百辟」同。故《傳》意以百辟謂群公，群公即辟公；卿士謂先正，正，長也。《書·文侯之命》篇：「亦惟先正克左右昭事厥辟。」鄭注云：「先正，謂公卿大夫也。」又《禮記·緇衣》篇：「《詩》云：『昔吾有先正，其言明且清，國家以寧，都邑以成，庶民以生。誰能秉國成？不自爲正，卒勞百姓。』」此與《節南山》「尹氏大師，秉國之均」文義相同，則先正爲卿士也。案此詩言雩祀，當祀先世之諸侯卿士在王畿内者。《司巫》注云：「雩，旱祭也。天

[1] 「幸」，徐子静本、《清經解續編》本同。明世德堂本《毛詩》及阮刻《毛詩正義》竝作「今」。

[2] 「績」，原作「積」，據中國書店影印武林愛日軒刻本、徐子静本改。

子於上帝，諸侯於上公之神。」《國語》、《説苑》及《五經異義》皆有公侯祀百辟百神之文。然則諸侯不祀上帝，而天子又得兼祀百辟卿士，故《月令》：「仲夏，命百縣雩祀百辟卿士有益於民者，以祈穀實。」百縣，《詩正義》引作「百官」。此即天子兼祀之義。《箋》云：「百辟卿士，雩祀所及者。」鄭即本《月令》以申《傳》，是矣。○《傳》云「先祖文武爲民父母也」九字爲一句，奪複句經文「父母先祖」四字耳。《正義》云：「於民則爲父母，於周則爲先祖，故言『先祖文、武』。以其爲民父母，故稱『父母』。欲見先祖、父母爲一，故先解先祖。必知先祖唯文、武者，以此詩所訴皆所祭之神，周立七廟，親廟四，非受命立功，不足偏訴。上章已言后稷，明此唯文、武耳。」胡，何也。寧，亦何也。《盤庚》云：「乃祖乃父乃斷棄女，不救乃死。」此即「忍予」之義也。

旱既大甚，滌滌山川。【傳】滌滌，旱氣也。山無木，川無水。旱魃爲虐，如惔如焚。我心憚暑，憂心如熏。【傳】魃，旱神也。惔，燎之也。憚，勞；熏，灼也。群公先正，則不我聞。昊天上帝，寧俾我遯。【疏】滌滌，猶脩脩也。《中谷有蓷》傳：「脩，且乾也。」《鴟鴞》傳：「修修，敝也」。聲義相近。《説文》：「蔋，艸旱盡也。」引《詩》作「蔋蔋」，徒歷切。《玉篇》引《詩》作「蓧蓧」，云：「本亦作『滌』。」「蓧」疑「蔋」之譌。徒歷一切正讀如「盪滌」之「滌」。古攸聲、叔聲皆在尤幽部。叔之平聲同修。滌滌之爲蔋蔋，《小弁》「踧踧」即《爾雅》之「儵儵」，其理一也。《傳》云「山無木，川無水」，依經言也；《説文》云「艸旱盡」，依字言也。艸盡則水竭可知。《晏子·諫上》篇：「夫靈山固以石爲身，以草木爲髮。天久不雨，髮將焦，身將熱。」《説苑·辯物》篇亦有斯語。○《後箋》云：「《藝文類聚》引韋昭《毛詩荅問》曰：『《雲漢》之詩「旱魃爲虐」，《傳》：「魃，天旱鬼也。」』據此，似《傳》本作『旱鬼』。《説文》：『魃，旱鬼也。』即用毛《傳》。《後漢書·皇甫規傳》注毛《傳》已作『旱神』，與今本同。」《山海經》：「大荒之中，有山名不句，有黄帝女妭，本天女也。黄帝下之殺蚩尤，不得復上，所居不雨。」郭注：「妭，音如『旱魃』之『魃』。」《玉篇》「妭」下引《文字指歸》云：「女妭秃無髮，所居之處天不雨也。」案「妭」與「魃」同。古者求雨以女巫，其即祓除女妭之意歟？《釋文》及定本作「惔」，《正義》本作「炎」，而「燎」下皆無「之」字。《詩小學》云：「《後漢書·章帝紀》章懷注引《韓詩》『如炎如焚』。《説文》云：『炎，燎也。』蓋毛亦作『炎』也。上文『赫赫炎炎』，本或作

『惔惔』，是其明證。」憚，讀爲癉。《大東》、《小明》傳皆云：「癉，勞也。」勞，憂勞也。《韓詩》「苦也」，《箋》「猶畏也」，義竝相近。《説文·中部》：「熏，火煙上出也。从中，从黑。中黑，熏象。」《傳》以「熏」爲「灼」，隨經訓也。灼，焦灼也。○《詩述聞》云：「聞，猶恤問也。與《葛藟》篇『亦莫我聞』同。」寧，猶胡也。俾，當作「卑」。「寧卑我遯」，與「胡卑我瘨」句同。

旱既大甚，黽勉畏去。胡寧瘨我以旱，憯不知其故。祈年孔夙，方社不莫。昊天上帝，則不我虞。敬恭明神，宜無悔怒。【傳】悔，恨也。【疏】《後漢書·蔡邕傳》：「宣王遭旱，密勿祇畏，無以或加。」三家《詩》「黽勉」作「密勿」也。《箋》云：「瘨，病也。」《召旻》「瘨我饑饉」，《箋》同。《釋文》：「瘨，《韓詩》作『疹』，云：『重也。』」憯，當作「朁」，朁，曾也。言何病我以旱，曾不知其何故也。○《噫嘻》序：「春夏祈穀于上帝也。」又《月令》：「孟冬，天子乃祈來年於天宗，大割祠於公社及門閭。」此祈年之祭也。《甫田》「以社以方」，《傳》：「社，后土也。方，迎四方氣于郊也。」此方社之祭也。二者以言其不廢常祀也。《詩述聞》云：「虞，猶撫有也。《廣雅》曰：『虞，有也。』『則不我虞』，猶言『亦莫我有』也。其四章曰『群公先正，則不我助』，助猶虞也，故《廣雅》又曰：『虞，助也。』」○明神，《釋文》作「明祀，本或作『明神』」。案作「明神」者，依《箋》誤改。《箋》云：「我心肅事明神如是。」蓋言敬祀於神如是，非鄭所據《毛詩》本作「明神」也。《文選》張衡《東京賦》「爰敬恭於明神」，李善注引《毛詩》作「敬恭明神」。陸機《荅張士然詩》：「駕言巡明祀，致敬在祈年。」江淹襍體《袁大尉從駕詩》：「恭絜由明祀，肅駕在祈年。」李注又兩引《毛詩》作「敬恭明祀」。可知唐時既有此兩本，而陸、江所云，正用《詩》辭，可爲作「明祀」之確證。《北堂書鈔·禮儀部九》引《毛詩》作「明祀」，陳禹謨本改「明神」矣。此詩云「明祀」，《楚茨》及《信南山》詩皆云「祀事孔明」，其義正同。敬恭明祀者，即上文所謂「祈年孔夙，方社不莫」也。「悔，恨」，《傳》爲全《詩》「悔」字通訓，不必限於首見也。黃公紹《韻會》引《説文》云：「悔，恨也。」

旱既大甚，散無友紀。鞫哉庶正，疚哉冢宰。趣馬師氏，膳夫左右。【傳】歲凶，年穀不登，則趣馬不秣。師氏弛其兵，馳道不除，祭祀不縣，膳夫徹膳，左右布而不修，大夫不食粱，士飲酒不樂。靡人不周，無不能止。【傳】周，救也。無不能止，言無止不能也。瞻卬昊天，云如何里。

【疏】《說文》：「散，襍肉也。」引申「散」有「襍亂」之義。《假樂》「之綱之紀，燕及朋友」，《傳》：「朋友，群臣也。」天子燕飲群臣，自有一定之綱紀。汪龍《詩異義》引《周禮・掌客》：「凡禮賓客，凶荒殺禮。」爲此章《傳》義，與《假樂》篇義合。奐竊謂此云「友」即朋友，「紀」即綱紀，與《假樂》同，而用義自別。散無友紀者，言朋友本有一定之綱紀，今爲凶荒，各自殺禮，是即「無友紀」也。散者，即無友紀之謂，非謂天子燕群臣而凶荒殺禮也。「歲凶，年穀不登」以下，皆《傳》釋「散無友紀」之義。《禮記・曲禮下》篇：「歲凶，年穀不登，君膳不祭肺，馬不食穀，馳道不除，祭事不縣；大夫不食粱，士飲酒不樂。」襄二十四年《穀梁傳》：「大侵之禮，君食不兼味，臺榭不塗，弛侯，廷道不除，百官布而不制，鬼神禱而不祀，此大侵之禮也。」此與毛《傳》詳略不同。或毛公兼引《禮記》、《穀梁傳》隨經作訓。抑別有成文，不可攷也。○鞫，窮也。庶，衆；正，長，謂六官之長也。疚，本或作「宄」。宄，貧也。此「冢宰」爲宰夫，與《周禮》大宰不同。大宰在庶正之中，則冢宰爲其屬矣。《十月之交》「家伯維宰」，鄭司農以爲宰夫。趣馬、師氏、膳夫已見《十月之交》篇。左右，統大夫、士而言也。「鞫哉」、「宄哉」即下章「昭假無贏」之意。其所以既鞫且宄者，爲諸臣助王憂裁，出祿餼以振貸飢饉之黎民，即以起下文「靡人不周，無不能止」也。周，讀與「救」同。《論語・雍也》篇：「君子周急不繼富。」《孟子・萬章》篇：「君之於民也，固周之。」「周」皆「救」也。《箋》易「周」爲「賙」。「賙」字見《周禮・鄉師職》「賙萬民之囏阨」，鄭司農云：「賙，讀爲『周急』之『周』。」《大司徒職》「五黨爲州，使之相賙」，杜子春云：「賙，當爲『糾』。」案周、賙古今字，故先鄭、杜皆不從「賙」。許君作《說文》亦不錄「賙」。《毛詩》多古文，祇作「周」，爲「救」之假借字，不必改「賙」也。止，猶已也。王肅述毛云：「無不能而止者，其發倉廩，散積聚，有分無，多分寡，無敢有不能而止者。言上下同也。」○《箋》云：「里，憂也。」《十月之交》傳云：「里，病也。」憂、病同義。《釋文》：「本亦作『𤸎』。」《說文》有「悝」無「𤸎」，「里」爲古文假借字。

瞻卬昊天，有嘒其星。【傳】嘒，衆星貌。大夫君子，昭假無贏。【傳】假，至也。大命近止，無棄爾成。何求爲我，以戾庶正。【傳】

戾，定也。瞻卬昊天，曷惠其寧。【疏】《正義》云：「以『嘒』文連『星』，故爲星皃。」《小星》正義引此《傳》亦但云「星皃」，無「衆」字。《釋文》有「衆」字。《小星》「嘒彼小星」，《傳》云：「嘒，微皃。小星，衆無名者。」《説文》：「嘒，小聲也。」引《詩》「有嘒其星」。蓋微小者必衆多。《玉篇》：「嘒，衆星皃。」與此《傳》同，而其字作「暳」，未詳。○假，讀爲徦。《方言》、《説文》皆云：「徦，至也。」《泮水》同。爾，爾大夫君子也。王肅云：「大夫君子，公卿大夫也。昭其至誠於天下，無敢有私贏之而不敢散。大夫君子所以無私贏者，以民近死亡，當賑救之，以全汝之成功。」案王説申毛，是也。我，宣王自我也。「戾，定」，《雨無正》、《桑柔》同。「何求爲我，以戾庶正」，言今我求雨，何獨爲我躬？亦欲以定庶正救裁之成功而已。宣王初年，在廷諸臣若尹吉甫、仲山甫、召虎、方叔之倫，俱在庶正之列，必有助王祈禱振救之者，故詩末二章皆言其諸臣勤勞。可想見宣王初年，君與臣一德，愛念百姓，雖承厲之亂，而復箸中興，此《序》所謂「百姓見憂」也。○惠，愛也。寧，安也。言君臣愛百姓如此，天何不愛而安之。《瞻卬》云：「瞻卬昊天，則不我惠。孔填不寧，降此大厲。」

《崧高》八章，章八句。

《崧高》，尹吉甫美宣王也。天下復平，能建國，親諸侯，褒賞申伯焉。【疏】申，申侯也。申伯者，申侯受命爲侯伯也。篇中所敘命召伯城謝，以及錫命之美、餞禮之盛、入國之喜樂，申侯爲侯伯，不爲二伯。鄭《箋》謂申伯以賢入爲周卿士，則申侯兼二伯之職矣。鄭説非也。此詩當作於《采芑》南征之後，在宣王中興初年。

崧高維嶽，駿極于天。維嶽降神，生甫及申。【傳】崧，高皃。山大而高曰崧。嶽，四嶽也。東嶽岱，南嶽衡，西嶽華，北嶽恒。堯之時，姜氏爲四伯，掌四嶽之祀，述諸侯之職。於周則有甫、有申、有齊、有許也。駿，大；極，至也。嶽降神靈和氣，以生申、甫之大功。維申及甫，維周之翰。【傳】翰，榦也。四國于蕃，四方于宣。【疏】崧，《禮記》及《韓詩外傳》、《初學記》引《詩》皆作「嵩」。「山大而高曰崧」，《爾雅·釋山》文。《釋文》：「崧，又作『嵩』。」「嵩」即「崇」之或體。崧，俗字也。漢人以大室爲崇高山，應劭《風俗通義》遂誤以《詩》之「嵩高」爲中嶽矣。經言

「嶽」，《傳》言「四嶽」。《書・堯典》云：「歲二月，東巡守，至于岱宗，柴。望秩于山川，肆覲東后。五月，南巡守，至于南岳，如岱禮。八月，西巡守，至于西岳，如初。十有一月，北巡守，至于北岳，如西禮。」案嶽、岳一字。天子巡守四方，見諸侯於嶽下。四方，故四嶽。《般》序：「巡守而祀四嶽河海也。」《傳》：「高山，四嶽也。」二《傳》義同。云「東嶽岱」者，《禹貢》：「海岱惟青州。海岱及淮惟徐州。」青東至海，西至岱。徐北至岱，南至淮。是岱在《禹貢》青、徐二州界中。《職方氏》：「河東曰兖州，其山鎮曰岱山。」周之岱并入於兖矣。山名曰岱，岱爲四嶽之長，故《尚書》謂之「岱宗」。在三嶽之東，故《爾雅》謂之「東嶽」。亦爲域中山之最大，故《閟宮》謂之「大山」。《漢書・地理志》：「泰山郡博岱山，在西北。」今在山東泰安府附郭泰安縣北五里，漢博縣地，此東嶽也。云「南嶽衡」者，《禹貢》：「荆及衡陽惟荆州。」荆北及荆山南至衡山之陽。《職方氏》：「正南曰荆州，其山鎮曰衡山。」周以漢北爲豫，漢南爲荆，而南及衡陽，與夏同也。《地理志》：「長沙國湘南，《禹貢》衡山在東南荆州山。」今在湖南衡州府衡山縣西北三十里，漢湘南縣地，此南嶽也。漢以霍山爲南嶽，故漢人皆舉霍山。《廣雅》：「天柱謂之霍山，峋嶁謂之衡山。」稚讓釋「五嶽」舉霍山，而衡山不列於五嶽，據漢而言。云「西嶽華」者，《禹貢》：「華陽、黑水惟梁州。西傾、朱圉、鳥鼠，至于大華。」華即大華也。梁東自河西之華，西北至于黑水。周無梁州，而以嶓冢之東并入豫州，岷山之南并入雍州，故華山在豫州。《職方氏》：「河南曰豫州，其山鎮曰華山。」《地理志》：「京兆尹華陰大華山，在南豫州山。」班《志》不云「梁州山」，以大華在雍、梁之閒，故不從《禹貢》而從《職方》矣。後漢華陰屬弘農郡，今在陝西同州府華陰縣南十里，此西嶽也。云「北嶽恒」者，《禹貢》大行、恒山在冀州域内，恒水所出也。《職方氏》：「正北曰并州，其山鎮曰恒山。」《地理志》：「常山郡上曲陽恒山，在西北并州山。《禹貢》恒水所出，東入滱。」今在直隸定州曲陽縣西北百四十里，漢置上曲陽縣，此北嶽也。漢避文帝諱，改「恒山」爲「常山」。

○《周語》云：「堯用伯禹，共之從孫四嶽佐之，胙以天下，賜姓曰姒，氏曰有夏。胙四嶽國，命爲侯伯，賜姓曰姜，氏曰有吕。此一王四伯，唯能釐舉嘉義，以有胤在下，守祀不替其典。」案《傳》義正本《國語》四伯主掌四嶽之祀，述諸侯之職。堯之時，炎帝後姜姓爲之，伯夷其一伯也。堯之四伯，猶周之二伯。《下泉》傳：「諸侯有事，二伯述職。」周制分天下以爲左右，二伯分主東西，以領八州之方伯。左伯率東方諸侯，右伯率西方諸侯，此「二伯述職」也。堯時以四伯掌四嶽，分主東西南北，以領十二州之牧伯，行述職之事，則四伯自在王官，故《堯典》「帝曰咨四岳」，咨四伯也；「咨十有二牧」，咨十二州之牧伯也。《正義》謂四嶽如牧伯，誤矣。《傳》云「於周則有甫、有申、有齊、有許也」者，《周語》云：「齊、許、申、呂由大姜。」又云：「申、呂雖衰，齊、許猶在。」此亦《傳》義所本也。甫即呂，呂爲姜姓始封之國。申亦夏、商舊國。齊、許則皆周封之國。宣王之世，四國猶存。詩言錫命申伯耳，申、甫連言，猶之申、呂連言。而《傳》又連及齊、許更推廣之。申之先祖主嶽之祀，自堯迄周，歷千餘年。《傳》乃探下「生申」句以發明篇端高嶽之義也。駿，大；極，至，所謂高也。○神，神靈也。云「嶽降神靈和氣，以生申、甫之大功」者，《傳》又探下四句立義。「于蕃」、「于宣」，即其大功也。鄭注《孔子閒居》篇甫、申爲仲山甫及申伯。仲山甫，樊侯也。《後漢書・張衡傳》：「申伯、樊仲，實幹周邦。」此皆三家異説，而「翰」之爲「榦」，義則同也。「四國于蕃，四方于宣」，于，爲也。言爲蕃四國，爲宣四方也。《箋》云：「四國有難，則往扞禦之，爲之蕃屏。四方恩澤不至，則往宣暢之。」

亹亹申伯，王纘之事。于邑于謝，南國是式。【傳】謝，周之南國也。王命召伯，定申伯之宅。登是南邦，世執其功。【傳】召伯，召公也。登，成也。功，事也。【疏】《文王》傳：「亹亹，勉也。」王，宣王也。《釋文》：「纘，《韓詩》作『踐』，云：『踐，任也。』」《中庸》「踐其位」，「踐，或爲『纘』」。此纘、踐聲通之理。《潛夫論》引《詩》作「薦」，聲亦近。《韓奕》云：「王親命之，纘戎祖考，無廢朕命。」文義正同。○《説文》：「邑，國也。」古邑、國通稱。「于邑于謝」，言爲國於謝也。《周禮》以東都王畿爲土中，在東畿之南，故《傳》以謝爲周之南國。《鄭語》：「史伯曰：『當成周者，南有申、呂。』」是也。此《傳》云：「謝，周之南國也。」《黍苗》傳云：「謝，邑也。」謝本爲周南國之邑，至宣王之世遷都於此，《傳》意可互見也。《潛夫論・志氏姓》篇：「申城在南陽宛北序山之下，故《詩》云：『亹亹申伯，王薦之事。于邑于序，南國爲式。』」古謝、序聲通。蓋謂宣王封申伯於序，在今漢南陽郡宛縣北序山之下也。漢人又謂之北筮山。《漢書・地理志》：「南陽郡宛，故申伯國，有屈申城。縣南有北筮山。」然則漢宛縣申伯故國，縣南有北筮山，此即宣王所封之謝，較舊都近南。謝在宛縣南，不在宛縣北矣。顧祖禹《方輿紀要》

云：「河南南陽府南陽縣附郭，周申國，宛縣今府治。」又云：「申城，府北二十里。《括地志》：『南陽縣北有申城，周宣王舅所封。』」此由誤讀《潛夫論》，以「宛北」連文，遂謂申城在南陽縣北。顧氏實沿《括地志》之謬。又《紀要》：「南陽府唐縣謝城，相傳周申伯徙封于此。又河南信陽州羅山縣縣西北六十里有謝城，古申伯所都。」劉昭注《續志》引《荆州記》：「棘陽縣東北百里有謝城。」《水經·溮水》注：「謝水出謝城北，城周迴側水，申伯之都。世祖封樊重少子爲謝陽侯即此。」朱右曾以爲此皆《世本》所云。任姓之謝或在此，以爲申伯之都，非是。「南國是式」，猶下章云「式是南邦」也。《箋》云：「式，法也。」○《傳》以召伯爲召公者，謂召伯爲天子之三公出爲二伯也。召公，召穆公也。宅，居也。《烝民》「王命仲山甫，城彼東方」，《傳》：「東方，齊也。古者諸侯之居逼隘，則王者遷其邑而定其居，蓋去薄姑而遷於臨菑也。」彼詩言宣王命仲山甫爲齊遷邑定居，與此詩言宣王命召穆公爲申遷邑定居，皆是建國親侯之美政。《小雅·黍苗》篇正言其事。「登，成」，《爾雅·釋詁》文。《黍苗》云「召伯成之」，又云「召伯有成」，是其義也。宣十二年《穀梁傳》云：「績，功也。功，事也。」與《傳》訓同。

王命申伯，式是南邦。因是謝人，以作爾庸。【傳】庸，城也。**王命召伯，徹申伯土田。**【傳】徹，治也。**王命傅御，遷其私人。**【傳】御，治事之官也。私人，家臣也。【疏】《爾雅》：「仍，因也。」「因」亦通訓「仍」。謝人，謝邑之人也。庸，讀爲墉，古文假借字。《皇矣》、《韓奕》、《良耜》傳皆云：「墉，城也。」「徹，治」，《公劉》同。《江漢》「錫山土田」，《傳》：「諸侯有大功德，賜之名山土田附庸。」此言「土田」者，亦宣王之所錫也。○《書·牧誓》篇：「我友邦冢君，御事：司徒、司馬、司空。」孔《傳》云：「治事三卿。」《大誥》、《酒誥》、《梓材》、《召誥》、《雒誥》等篇言「御事」皆爲諸侯治事之臣，此《傳》以「治事之官」釋經文之「御」，正與《書》義合也。《臣工》「嗟嗟臣工」、「嗟嗟保介」。《傳》：「工，官也。」凡大國三卿命於天子，皆有職司於王室，故天子得以敕之命之。傅御，猶保介也。諸侯之上大夫、卿亦兼孤，故《春秋》陽處父爲大傅，士會將中軍爲大傅。《箋》以傅御謂家宰，《正義》用《箋》申《傳》，失之。私人，即傅御之私人。傅御爲諸侯之臣，故《傳》以私人爲家臣矣。《禮記·玉藻》：「大夫私事使，私人擯則稱名。」鄭注云：「士臣於大夫者曰私人。」《儀禮·士相見》注云：「家臣稱私。」《有司徹》注云：「私人，家臣，己所自謁除也。大夫言私人，明不純臣也。」此皆私人爲大夫家臣之證。《正義》謂申伯私家之臣，亦失之。《十月之交》云「皇父孔聖，作都于向。擇三有事，亶侯多藏」、「擇有車馬，以居徂向」，文義相同。

申伯之功，召伯是營。有俶其城，寢廟既成，既成藐藐。【傳】俶，作也。藐藐，美貌。王錫申伯，四牡蹻蹻，鉤膺濯濯。【傳】蹻蹻，壯貌。鉤膺，樊纓也。濯濯，光明也。【疏】「俶，作」，《爾雅·釋詁》文。《傳》於《既醉》之「俶」訓「始」，而此「俶」訓「作」者，「有俶其城」，猶上章云「以作爾庸」也。《緜》傳「君子將營宫室，宗廟爲先，廐庫爲次，居室爲後」，故作城必及寢廟也。「藐藐，美」，亦《釋詁》文。《説文》作「𢡃」，重言之曰𢡃𢡃，通作「藐藐」。「既成藐藐」句束上起下，上文皆言召伯定宅之事，下文則敘申伯入謝也。○《泮水》傳：「其馬蹻蹻，言彊盛也。」「壯」即「彊盛」之義。《韓奕》言王錫韓侯有鉤膺，皆所以錫命侯伯也。「鉤膺，樊纓」，《采芑》同，説詳《采芑》篇。云「濯濯，光明也」者，路車之樊以纓爲飾，光明，言其飾也。《周禮·巾車》：「金路，鉤，樊纓，以賓，同姓以封。」此錫申伯鉤膺，或於賓饗用之，故下章遣申伯路車，爲封異姓之象路與？

王遣申伯，路車乘馬。【傳】乘馬，四馬也。我圖爾居，莫如南土。錫爾介圭，以作爾寶。【傳】寶，瑞也。往迈王舅，南土是保。【傳】迈，己也。申伯，宣王之舅也。【疏】「乘馬，四馬」，即承上章之四牡言也。《韓奕》云：「韓侯出祖，其贈維何？乘馬路車。」文義相同。郭注《爾雅》引《詩》「介」作「玠」。《説文》：「玠，大圭也。」「介」與「玠」通。《考工記》：「玉人之事，命圭九寸謂之桓圭。」《長發》傳：「桓，大也。」「介」與「桓」竝有「大」義。公所執桓圭於鎮圭爲小，而視信圭、躬圭則爲大。王肅云「桓圭九寸，諸侯圭之大者，所以朝天子」是也。故桓圭亦稱介圭矣。命申伯錫介圭，與《韓奕》介圭以入覲，皆是上公九命作伯之禮。《爾雅》：「珪大尺二寸謂之玠。」《爾雅》玠圭即天子之鎮圭，與《詩》介圭不同。《箋》乃誤合爲一耳。《春官·大宗伯》稱公執桓圭居六瑞之一，此即《傳》訓「寶」爲「瑞」之義也。○迈，各本作「近」，今訂正。《小箋》云：「迈，己也。『己』與『忌』同。《大叔于田》傳曰：『忌，辭也。』此《傳》謂迈者，『己』之假借。《箋》申之曰：『己，辭也。讀如「彼記之子」之「記」。』《王風》『彼其之子』，《箋》曰：『其，或作「記」，或作「己」，讀聲相似。』《鄭風》鄭箋曰：『忌，讀如「彼己之子」之「己」。』蓋其、記、己、忌、迈五字同，詞之助也。己，作『戊己』字，今本《毛詩》此及《王風》、《鄭風》作『已止』字，誤。又鄭釋毛云：『己，辭也。』今本仍作『迈』，誤。經、傳『迈』誤作『近』，則自唐然矣。惟宋廖氏本作『迈』。」奐案《箋》「迈，辭也」，「辭」當作「詞」，此亦申毛，不必改「己」字。「往迈王舅」，言王舅往耳。「迈」爲句中語助。詩曰王舅，曰王之元舅，故知申伯爲宣王之舅也。宣王之母姜姓，於《傳》無聞。

申伯信邁，王餞于郿。【傳】郿，地名。申伯還南，謝于誠歸。王命召伯，徹申伯土疆。以峙其粻，式遄其行。【疏】再宿曰信。郿，地名，《傳》不詳其所在。《箋》云：「時王蓋省岐周，故于郿云。」《江漢》篇「于周受命」，《箋》：「岐周，周之所起，爲其先祖之靈，故就之。」是宣王命召公必於岐周，則其命申伯亦猶然也。郿在岐周之南，故受命還謝爲所餞道矣。《地理志》：「右扶風郿縣。」今據《方輿紀要》郿縣在陝西鳳翔府東南百四十里，而故郿城在縣東北十五里，岐山縣在府東五十里，而岐陽廢縣在縣東北五十里。以此覈之，則郿地在岐周之南，相去不過五六十里。古者餞必在近郊也。《箋》云：「還南者，北就王命于岐周而還反也。謝于誠歸，誠歸于謝也。」○《釋文》：「時，本又作『峙』。」《爾雅》：「峙，具也。」「峙」乃「峙」之俗。又「粻，糧也」，郭注云：「今江東通言粻。」案此仍冢上四章命召伯定宅，而以敘申伯載糧就道也。下章正言歸謝之事。

申伯番番，既入于謝，徒御嘽嘽。【傳】番番，勇武貌。諸侯有大功，則賜虎賁。徒御嘽嘽，徒行者、御車者嘽嘽喜樂也。周邦咸喜，戎有良翰。不顯申伯，王之元舅，文武是憲。【傳】不顯申伯，顯矣申伯也。文武是憲，言有文有武也。【疏】《爾雅·釋訓》：「番番，勇也。」《傳》乃益其義云「勇武」。《秦誓》「番番良士」，孔《傳》云：「勇武番番之良士。」義與此同。「番番」與「嘽嘽」竝指從申伯入謝者說，故《傳》又申釋「勇武」爲虎賁之士也。《魯語》：「天子有虎賁，習武訓也。諸侯有旅賁，禦灾害也。」又《楚語》：「衛武公在輿，有旅賁之規。」是諸侯有旅賁也。天子有虎賁，又有旅賁。諸侯但有旅賁，有大功則賜虎賁。《周禮·序官》：

「虎賁氏，下大夫二人，虎士八百人。旅賁氏，中士二人。」鄭注云：「不言徒曰虎士，則虎士徒之選有勇力者。」是虎賁與虎賁氏不同。虎賁氏，官名也。虎士，即虎賁也。《繁露・爵國》篇：「公侯賢者爲州方伯，錫斧鉞，置虎賁百人。」《書大傳》：「有功者，天子一賜以車服弓矢，再賜以鬱鬯，三賜以虎賁百人，號曰命諸侯。命諸侯，得專征者。鄰國有臣弑其君、孽代其宗者，弗請于天子征之，而歸其地于天子可也。」《說苑・修文》篇與《大傳》同。《左傳》襄王策命晉侯爲侯伯，賜之虎賁三百人。案此即「元戎十乘」之制也。《司馬法》：「革車一乘，士十人，徒二十人，甲士十人。」十乘則虎賁百人。兼車徒二十人，十乘則虎賁三百人，其制一也。「既入于謝」，《楚辭・七諫》注引《詩》「謝」作「徐」，或三家字通，而遂誤以徐偃王爲申伯後也。徒，徒行者；御，御車者，《黍苗》同，故《傳》訓亦同。《采芑》、《常武》「嘽嘽」，《傳》訓「衆」、「盛」，此云「喜樂」者，探下文「周邦咸喜」而釋之也。《樂記》云：「其樂心感者，其聲嘽以緩。」又云：「嘽諧、慢易、繁文、簡節之音作，而民康樂。」是「嘽嘽」有「喜樂」之義。○戎，大也。翰，即首章云「維周之翰」也。翰，榦也。「不顯申伯」與「於赫湯孫」句同。不、於，皆發聲。元舅，大舅也。憲，法也。「文武是憲」，言申伯既有文德又有武功，足爲法於天下也。《六月》傳：「有文有武。」二《傳》意同。僖三十年《左傳》：「周公閱曰：『國君，文足昭也，武可畏也，則有備物之饗，以象其德；薦五味，羞嘉穀，鹽虎形，以獻其功。』」

申伯之德，柔惠且直。揉此萬邦，聞于四國。吉甫作誦，其詩孔碩。其風肆好，以贈申伯。【傳】吉甫，尹吉甫也。作是工師之誦也。肆，長也。贈，增也。【疏】柔，安也。惠，順也。《小明》傳：「正直爲正，能正人之曲曰直。」《韓奕》訓「庭」爲「直」，即本此「且直」爲訓。《說文》無「揉」字。《釋文》：「揉，本亦作『柔』。」《箋》云：「四國，猶言四方也。」○是詩尹吉甫所作，故《傳》云：「吉甫，尹吉甫也。」《序》箋云：「尹，官氏。」《潛夫論・志氏姓》篇亦云：「尹者，本官名也。」詳《常武》篇。云「作是工師之誦也」者，以釋經「作誦」之義。是，是詩也。《烝民》箋：「吉甫作此工歌之誦。」「作誦」，猶言「作歌」也。《潛夫論・三式》篇：「周宣王時，輔相大臣以德佐治，亦獲有國，故尹吉甫作封頌二篇。」疑三家《詩》此及《烝民》「誦」作「頌」字。碩，大也。「肆」訓「長」，「長」讀上聲。《烝民》「穆如清風」，《傳》：「清微之風，化養萬物者也。」二《傳》義同。「贈，增」，《正義》、崔《集注》本皆同。「其詩孔碩」句是吉甫自陳作誦之意，「其風肆好」句是美申伯之詞。崔靈恩云：「增益申伯之美。」

《烝民》八章，章八句。

《烝民》，尹吉甫美宣王也。任賢使能，周室中興焉。

天生烝民，有物有則。民之秉彝，好是懿德。【傳】烝，衆；物，事；則，法；彝，常；懿，美也。天監有周，昭假于下。保茲天子，生仲山甫。【傳】仲山甫，樊侯也。【疏】「烝，衆」，《東山》同。《禮記·大學》云：「物有本末，事有終始。」物即事也。又云：「致知在格物，物格而后知至。」《樂記》云：「人生而靜，天之性也。感於物而動，性之欲也。物至知之，然後好惡形焉。」蓋已形之好惡，物在情一邊；未形之好惡，物在性一邊。物之本，即事之始也。「則，法」，《六月》同。「彝，常」，《爾雅·釋詁》文。《孟子·告子》篇及《潛夫論·德化》篇引《詩》作「夷」。《皇矣》、《瞻卬》皆假「夷」爲「彝」。「懿」與「抑」聲通，皆有「美」義，故全《詩》多假「抑」爲「懿」也。孟子言性善，以才之善、仁義禮智之心爲説，引：「《詩》曰：『天生蒸民，有物有則。民之秉夷，好是懿德。』孔子曰：『爲此詩者，其知道乎？故有物必有則，民之秉夷也，故好是懿德。』」案孟子引孔子釋《詩》以證性善，不涉情一邊也。物即才也，則即仁、義、禮、智也。有是才，必有是仁、義、禮、智，此之謂「有物有則」，俱就性一邊説。毛《傳》訓「物」爲「事」，事與才同聲同義，意以「才」訓「物」恐人不易曉，故謂物爲事。《文王》篇「上天之載，無聲無臭」，《傳》：「載，事也。」兩「事」字義同。法，猶範也。毛《傳》多引《孟子》文，此毛意亦必用《孟子》義也。常，德性也。民之秉，好性善也。《韓詩外傳》引《詩》而釋之云：「言民之秉德以則天也。」詩上二句「天命之謂性」，下二句「率性之謂道」也，故孔子以爲知道矣。趙岐注《孟子》用《韓詩》，而以「人法天」解「有則」句，誤用韓義。○監，視也。假，至也。「保茲天子，生仲山甫」，言由天保之，自天生之也。《韓詩外傳》云：「子曰：『不知命，無以爲君子。』言天之所生，皆有仁義禮智順善之心。不知天之所以命生，則無仁義禮智順善之心。無仁義禮智順善之心，謂之小人。故曰：『不知命，無以爲君子。』《小雅》曰：『天保定爾，亦孔之固。』言天之所以仁義禮智，保定人之甚固也。」觀《韓詩》，可以明「保」、「生」之義矣。○《傳》云「仲山甫，樊侯」，樊國侯爵，東都畿内諸侯，入爲天子卿士者也。《國語》稱「樊仲山甫」，又稱「樊穆仲」。仲山甫，字；穆仲，謚。《國語》：「陽有樊仲之官守焉。」陽，《左傳》作「陽樊」，又作「南陽」，服虔云：「樊仲山之所居，故名陽樊。」《潛夫論・志氏姓》篇云：「封於南陽。南陽者，在今河内。」《郡國志》：「河内郡修武，故南陽。」《方輿紀要》云：「河南懷慶府濟源縣西南十五里陽城，古陽樊也。」案樊在東畿河北，故曰陽樊。在晉國之南，故又曰南陽。又《地理志》：「南陽郡宛縣，申伯國。」《潛夫論》：「宛西三十里有吕城。」「吕」或作「甫」，故鄭注《禮記》以仲山甫爲甫侯。蓋三家《詩》誤以樊封之南陽即在漢之南陽郡耳。❶

仲山甫之德，柔嘉維則。令儀令色，小心翼翼。古訓是式，威儀是力。天子是若，明命使賦。【傳】古，故；訓，道；若，順；賦，布也。【疏】德，懿德也。二章即承上章「民之秉彝，好是懿德」，言仲山甫有此美德也。柔，安；嘉，美；儀，容儀；色，顔色。《文王》傳云：「翼翼然恭敬也。」成十三年《左傳》云：「劉子曰：『民受天地之中以生，所謂命也。是以有動作禮義威儀之則，以定命也。能者養以之福，不能者敗以取禍。』」正與詩義同。○「古，故」，《日月》同。「訓，道」，《烈文》同。「古，故」、「訓，道」，皆《釋詁》文也。《列女傳・賢明》篇引《詩》作「故」。《箋》云：「故訓，先王之遺典也。」《説文》云：「古，故也。从十口，識前言者也。」「訓，説教也。」字又作「詁」。《抑》傳云：「詁，言古之善言也。」古、故、詁三字同。式，用也，法也。《周語》：「樊穆仲説魯侯曰：『賦事行刑，必問於遺訓，而咨於故寔。』」然則仲山甫能用法古訓者矣。《箋》云：「力，猶勤也。」勤威儀者，恪居官次，不解于位也。」「若，順」，《釋言》文，《閟宫》同。賦，讀爲敷，《小旻》傳云：「敷，布也。」

王命仲山甫，式是百辟。纘戎祖考，王躬是保。【傳】戎，大也。出納王命，王之喉舌。【傳】喉舌，冢宰也。賦政于外，四方爰發。【疏】仲山甫，天子之二伯也。「式是百辟」，爲天下諸侯作

❶「南」，原作「高」，據中國書店影印武林愛日軒刻本、徐子静本改。

式，《王制》所謂「八伯各以其屬屬於天子之老」是也。《韓奕》「纘戎祖考」，《傳》云：「戎，大也。」○「喉舌，冢宰」，謂喉舌乃冢宰之職，非謂喉舌爲官名也。冢宰，即《周禮》之天官冢宰，與《書》納言不同官也。唐、虞納言，周爲内史，漢爲大司農，王莽更爲納言，非冢宰也。漢尚書爲少府屬官，後漢以太傅上公録尚書事，故《後漢書·李固傳》云：「今陛下之有尚書，猶天之有北斗也。斗爲天喉舌，尚書亦爲陛下喉舌。斗斟酌元氣，運平四時，尚書出納王命，賦政四海。」李固謂尚書權尊埶重，借用《詩》「喉舌」之義，而與《傳》云「冢宰」究是不同。《魏志·王肅傳》：「疏云：『唐、虞納言，猶今尚書也，以出内帝命而已。漢成帝始置尚書五人，公卿尚書各以事進。』」亦與《傳》異。

肅肅王命，仲山甫將之。【傳】將，行也。邦國若否，仲山甫明之。既明且哲，以保其身。夙夜匪解，以事一人。【疏】「將」訓「行」，行，行命也。明，明命也。《韓詩外傳》云：「牧者所以開四目、通四聰也。」引《詩》曰「邦國若否，仲山甫明之」，是其義。牧，即《周禮》「九命作牧」也。○《漢書·董仲舒傳》云：「彊勉學問，則聞見博而知益明；彊勉行道，則德日起而大有功。《詩》曰：『夙夜匪解。』《書》云：『茂哉茂哉。』皆彊勉之謂也。」又云：「周道衰於幽、厲。至于宣王，思昔先王之德，興滯補獘，明文、武之功業，周道粲然復興，詩人美之而作，上天祐之，爲生賢佐，後世稱誦，至今不絶，此夙夜不解行善之所致也。」董説與弟六章《傳》義合。

人亦有言，柔則茹之，剛則吐之。維仲山甫，柔亦不茹，剛亦不吐。不侮矜寡，不畏彊禦。【疏】《方言》云：「茹，食也。」矜，當作「鰥」。矜寡，昭元年《左傳》引《詩》作「鰥寡」。彊禦，《漢書·王莽傳》作「彊圉」，「圉」與「禦」通。

人亦有言，德輶如毛，民鮮克舉之。我儀圖之，【傳】儀，宜也。維仲山甫舉之，愛莫助之。【傳】愛，隱也。衮職有闕，維仲山甫補之。【傳】有衮冕者，君之上服也。仲山甫補之，善補過也。【疏】《四驖》傳云：「輶，輕也。」惠棟《易微言》云：「如毛，猶微也。《荀子·不苟篇》曰：『夫誠者，君子之所守也，而政事之本也。唯所居以其類至。操之則得之，舍之則失之。操而得之則輕，輕則獨行，獨行而不舍，則濟矣。』楊倞注云：『持至誠也而得之，則易舉也。《詩》曰：「德輶如毛。」』又《彊國篇》曰：『積微，月不勝日，時不勝月，歲不勝時。凡人好敖慢小事，大事至，然後興之務之。如是，則常不勝夫敦比於小事者矣。是何也？則小事之至也數，其縣日也博，其爲積也大；大事之至也希，其縣日也淺，其爲積也小。故善日者王，善時者霸，補漏者危，大荒者亡。故王者敬日，霸者敬時。僅存之國，危而後戚之。亡國至亡而後知亡，至死而後知死。亡國之禍敗，不可勝悔也。霸者之善箸焉，可以時託也。王者之功名，不可勝日志也。財物貨寶，以大爲重。政教功名反是，能積微者速成。《詩》曰：「德輶如毛，民鮮克舉之。」此之謂也。』楊倞注云：『引之以明積微至箸之功。』」案儀，當爲「義」。《釋文》云：「毛作『義』，鄭作『儀』。」則陸所據本作「義」矣。《蕩》傳：「義，宜也。」訓同。○《爾雅》：「薆，隱也。」郭注云：「見《詩》。」或三家《詩》作「薆」矣。《静女》「愛而不見」，《説文》作「僾」，郭注《方言》作「薆」。《説文》：「薆，蔽不見也。」《玉篇》：「曖，隱也。」竝字異而義同。「愛」爲古文假借字。凡隱蔽謂之愛，隱微亦謂之愛。《傳》訓「愛」爲「隱」，《爾雅》：「隱，微也。」《説文》：「微，隱行也。」言仲山甫能舉積微之德，隱行而莫能助也。《荀子·解蔽篇》：

「處一之危，其榮滿側。養一之微，榮矣而未知。故《道經》曰：『人心之危，道心之微。』危微之幾，惟明君子而後能知之。」又云：「夫微者，至人也。至人也，何彊？何忍？何危？故濁明外景，清明内景。聖人縱其欲，兼其情，而制焉者理矣。夫何彊、何忍、何危，故仁者之行道也，無爲也。聖人之行道也，無彊也。仁者之思也恭，聖人之思也樂，此治心之道也。」又《堯問篇》：「堯問於舜曰：『我欲致天下，爲之柰何？』對曰：『執一無失，行微無怠，忠信無勸，而天下自來。執一如天地，行微如日月，忠誠盛於内，賁於外，形於四海，天下其在一隅邪，夫有何足致也？』」竝與《傳》「愛，隱」之義合。《易微言》云：「毛公用師説，故訓『愛』爲『隱』。鄭氏不明古義，改訓爲『惜』。七十子衰，而大義乖。康成大儒，猶未免矣。」○衮，詳《九罭》篇。經言「衮」，《傳》言「衮冕」。衮爲衣，冕爲垂九旒，是君之最上服也。衮職，《司隸校尉魯峻碑》作「緄職」。《玉篇》：「緄，織成章也。」本三家《詩》義。《周禮·典同》鄭大夫讀「硍」爲「衮冕」之「衮」，此「衮」與「昆」聲相通之證。宣二年《左傳》：「士季曰：『《詩》曰：「衮職有闕，惟仲山甫補之。」能補過也。君能補過，衮不廢矣。』」案晉靈公繼文、襄之業，主盟中夏，爲周之上公，是靈有衮矣，故云「能補過，衮不廢」。《傳》所本也。衮職，謂臣職也。有闕補之，即蔓隱莫助之意。

仲山甫出祖，四牡業業，征夫捷捷，每懷靡及。【傳】言述職也。業業，言高大也。捷捷，言樂事也。四牡彭彭，八鸞鏘鏘。王命仲山甫，城彼東方。【傳】東方，齊也。古者諸侯之居逼隘，則王者遷其邑而定其居，蓋去薄姑而遷於臨菑也。【疏】出祖，祭道神。仲山甫以冢宰而出祖，故云：「言述職也。」《下泉》傳云：「諸侯有事，二伯述職。」述職有考績黜陟之事，有功德於民者加地進律，故下文言城齊而遷邑定居也。〇業業，猶奕奕。此及《采薇》云「四牡業業」，《車攻》、《韓奕》云「四牡奕奕」。《爾雅》：「業，大也。奕，大也。」業、奕一語之轉，故大謂之業，重言曰業業，猶大謂之奕，重言曰奕奕矣。《采薇》傳：「業業然壯也。」高大者，「壯」之意。壯亦大也。征夫，行人。《傳》義見《皇皇者華》篇。《小雅》歌文王爲西伯，率諸侯而朝聘乎紂，征夫謂諸侯之使臣。此言仲山甫爲二伯，方岳述職，亦必有當方諸侯使臣馳驅周咨之事，文義正相同。云「捷捷，言樂事也」者，征夫樂此述職之事捷捷然也。《玉篇》引《詩》作「倢倢」。「每懷靡及」，《皇皇者華》傳云：「每，雖；懷，和。」靡及，自謂無及也。鏘鏘，當依《釋文》作「將將」。〇「城彼東方」，《傳》即探下章「徂齊」爲訓，故云：「東方，齊也。」齊在鎬京之東，去薄姑，遷臨菑，是即城齊之事。而《傳》又先引古王者遷邑之制，以明其城齊之所由也。昭九年《左傳》：「武王克商，蒲姑、商、奄，吾東土也。」服注云：「蒲姑，齊也。」《漢書・地理志》：「周成王時，蒲姑氏與四國共作亂，成王滅之，以封師尚父，是爲大公。」《破斧》傳云：「四國，管、蔡、商、奄也。」此四國外又有薄姑氏，共爲作亂，成王滅薄姑，封尚父，齊遂有薄姑之地，而都實在臨菑。《地理志》：「齊郡臨淄，師尚父所封。」臨菑，名營丘。《禮記・檀弓》云：「大公封於營丘。」《史記・齊世家》云：「武王封師尚父於齊營丘。成王時，得征伐，爲大國，都營丘。五世至哀公時，紀侯譖之周，周烹哀公，而立其弟靜，是爲胡公。胡公徙都薄姑，而當周夷王之時。哀公之同母少弟山怨胡公，乃與其黨率營丘人襲攻殺胡公而自立，是爲獻公。獻公元年，盡逐胡公子，因徙薄姑，都治臨菑。」案《世家》言胡公都薄姑，至獻公即都臨菑。獻公當周夷王世，不當宣王世，與毛《傳》不合。孔仲達以爲遷之言未必實，是矣。哀公既烹，齊或削地，故胡公徙薄姑，《世家》云：「周宣王二年，齊獻公子武公壽卒，子厲公無忌立。厲公暴虐，故胡公子復入齊。齊人欲立之，乃與攻殺厲公。胡公子亦戰死。齊人乃立厲公子赤爲君，是爲文公，而誅殺厲公者七十人。文公十二年卒，子成公脱立。成公九年卒，子莊公購立。」武、厲、文、成、莊五公皆當宣王世。文能定厲之亂，其時或有錫命復都臨菑、宣王命山甫城齊之事，則《傳》云「去薄姑而遷於臨菑」者，宜在齊文公時。然書缺有閒矣，載疑可也。薄、蒲，菑、淄通用。薄姑在臨菑北。

四牡騤騤，八鸞喈喈。仲山甫徂齊，❶式遄其歸。【傳】騤騤，猶彭彭也。喈喈，猶鏘鏘也。遄，疾也。言周之望仲山甫也。**吉甫作誦，穆如清風。**【傳】清微之風，化養萬物者也。**仲山甫永懷，以慰其心。**【疏】《桑柔》「四牡騤騤」，《傳》云：「騤騤，不息也。」《北山》「四牡彭彭」，《傳》云：「彭彭然不得息。」《説文》：「騤，馬行威儀也。」引《詩》曰：「四牡騤騤。」《箋》云：「彭彭，行皃。」行謂之騤騤，亦行謂之彭彭。不息謂之騤騤，亦不息謂之彭彭。是騤騤猶彭彭矣。《鼓鐘》篇一章「鼓鐘將將」，二章「鼓鐘喈喈」，《傳》亦云：「喈喈，猶將將也。」鐘聲謂之將將，亦謂之喈喈。鸞聲謂之將將，亦謂之喈喈。故二《傳》訓同。《箋》云：「鏘鏘，鳴聲。」謂鳴鸞聲也。《烈祖》箋云：「鸞在鑣，四馬則八鸞。」

○「遄」訓「疾」。歸，歸周也。云「言周之望仲山甫」者，庾旉所謂宰相不得久在外也，故望其疾歸耳。《箋》云：「望之，故欲其用是疾歸。」鄭亦申成《傳》也。《漢書·杜欽傳》：「仲山甫異姓之臣，無親於宣，就封於齊。」鄧展以爲《韓詩》。《隸釋》載孟郁《修堯碑》云：「天生仲山甫，翼佐中興。宣王平功，遂受封于齊。」又《潛夫論·三式》篇亦云：「此言申伯、山甫文德致升平，而王封以樂土，賜以盛服也。」竝用韓義。而《爾雅·釋詁》篇：「齊，疾也。」郭璞引《詩》「仲山甫徂齊」，則訓「疾」，亦本三家。或是魯義歟？蓋《嵩高》封申伯，故《序》云：「建國親侯。」《烝民》仲山甫封齊，故《序》云：「任賢使能。」一爲外諸侯，一爲內諸侯，兩詩文義顯然，讀詩者往往連文言之。《韓詩外傳》言「申伯、仲山甫輔相宣王」，「申伯、仲山甫竝順天下，匡救邪失」。《後漢書·張衡傳》：「申伯、樊仲，實榦周邦。」又《劉陶傳》：「周宣用申甫以濟夷、厲之荒。」皆合兩詩爲說。解詩者知仲山甫以樊侯入爲卿士，是矣。據此，申伯亦當以

❶「徂」，原作「且」，據中國書店影印武林愛日軒刻本、徐子静本、明世德堂本《毛詩》、阮刻《毛詩正義》改。

外諸侯而爲卿士。知申伯出封於謝邑，是矣。據此，仲山甫亦當就封於齊。因又誤以仲山甫謂即甫侯。古甫、吕通。甫侯即吕侯，則又誤以仲山甫爲出封於漢之南陽郡。一誤再誤，而不可終極也。《毛詩》所以獨行歟！〇穆，美也。穆如，猶美然也。清風，正形容仲山甫之有美德，故《傳》釋「清風」爲「清微之風」。又申之爲「化養萬物者」，直陳其布政述職之功、風動教化之美，所以隱括其作誦義也。《繁露·天容》篇：「告之以政令，而化風之清微。」義與此《傳》同。永，長；懷，思；慰，安也。言仲山甫能長思吉甫作誦之意，於以安其心。

《韓奕》六章，章十二句。

《韓奕》，尹吉甫美宣王也。能錫命諸侯。【疏】韓，韓侯；奕，猶奕奕也。宣王命韓侯爲侯伯奕奕然大，故詩以「韓奕」名篇。此詩當在《六月》北伐後而作。

奕奕梁山，維禹甸之。有倬其道，韓侯受命。【傳】奕奕，大也。甸，治也。禹治梁山，除水災。宣王平大亂，命諸侯。有倬其道，有倬然之道者也。受命，受命爲侯伯也。王親命之，纘戎祖考，無廢朕命。夙夜匪解，虔共爾位。【傳】戎，大；虔，固；共，執也。朕命不易，榦不庭方，以佐戎辟。【傳】庭，直也。【疏】《説文》：「奕，大也。」重言之曰奕奕。奕奕者，篇端美大之詞，非謂形容梁山高大。《書·禹貢》云：「壺口治梁及岐。」此《傳》訓「甸」爲「治」之義也。《漢書·地理志》：「左馮翊夏陽，故少梁，《禹貢》梁山在西北，龍門山在北。」案梁山在今陝西同州府韓城縣西北，即漢縣夏陽地。梁與龍門俱在河西，二山比近，故《禹貢》道河紀至于龍門，冀州既載紀治梁，梁即吕梁也。疏九河，以暢下流之歸，而闢龍門，鑿吕梁，以決上流之勢，最爲治水急切之功。禹隨山道河，自東而西，由壺口而龍門，由梁而岐。梁山治，周都鎬京之北土盡成沃野。《小雅》：「信彼南山，維禹甸之。」終南山在鎬京之南，渭北之山既治，渭南之原隰亦得墾辟成耕。一在鎬南之山，一在鎬北之山，兩詩立言，義正相同。梁山在王畿東北交界處，又爲韓侯歸國之所經，故尹吉甫美宣王錫命韓侯，章首即以禹治梁山、除水災比況宣王平大亂、命諸侯，與《信南山》以禹比曾孫成王者，其《傳》意亦正同也。

鄭《箋》據《漢志》梁山在夏陽西北，而誤以梁山爲韓國之山，韓侯爲晉所滅之韓。近儒能辨韓侯爲近燕之韓，復據《水經・濕水》注「水逕良鄉縣之北界，歷梁山南，高梁水出焉」即爲此詩「奕奕梁山」之證，則又誤梁山爲近燕矣。梁自夏陽之梁山，韓自北國之韓侯，解者膠泥一處，齟齬難通。○倬，讀爲「焯見三有俊心」之「焯」。《傳》云「有倬然之道也」者，言宣王有知人之明，故韓侯受命也。《釋文》引《韓詩》作「晫」，「晫」即「焯」之異體。《說文》：「焯，明也。」《甫田》傳：「倬，明皃。」倬、焯聲同。莊元年《穀梁傳》：「禮有受命，無來錫命。」范注云：「《周禮・大宗伯職》曰：『王命諸侯，則儐之。』是來受命。」案此即「受命」之義。《傳》云「受命爲侯伯也」者，《周禮》「九命作伯」，在外州者稱侯伯，在王官者稱二伯，其數則皆九命。而侯伯屬二伯者，統於天子八州八伯。韓侯爲侯伯，蓋作幽州伯也。○「戎，大」，《緜》、《思齊》、《民勞》、《烝民》、《江漢》、《烈文》傳竝同。祖考，謂韓侯之先祖也。「虔，固」、「共，執」竝《爾雅・釋詁》文。《文選》張衡《西京賦》注引《韓詩章句》云：「榦，正也。」「庭」訓「直」，正曲爲直也。方，四方也。「榦不庭方」，言四方有不直者則正之，侯伯得專征伐也。隱十年《左傳》云：「君子謂鄭莊公：『於是乎可謂正矣，以王命討不庭，不貪其土，以勞王爵，正之體也。』」詩義正同。戎，大；辟，君。「以佐戎辟」，猶云以佐天子耳。此皆王親命韓侯之辭。

四牡奕奕，孔脩且張。韓侯入覲，以其介圭，入覲于王。【傳】脩，長；張，大；覲，見也。王錫韓侯，淑旂綏章，簟茀錯衡，玄衮赤舄，鉤膺鏤鍚，鞹鞃淺幭，鞗革金厄。【傳】淑，善也。交龍爲旂。綏，大綏也。錯衡，文衡也。鏤鍚，有金鏤其鍚也。鞹，革也。鞃，軾中也。淺，虎皮淺毛也。幭，覆式也。厄，烏蠋也。【疏】奕奕，四馬長大之皃。脩，長；張，大，猶《六月》篇之「脩廣」也，故《傳》訓同。「覲，見」，《爾雅・釋詁》文。秋見曰覲，因之凡見皆曰覲。介圭，詳《嵩高》篇。《覲禮》「乃朝，以瑞玉，有繅。侯氏入門右，坐奠圭，再拜稽首」，《記》曰：「奠圭于繅上。」此侯伯則介圭也。上言韓侯之來覲，下言王所賜車服。《覲禮》：「天子賜侯氏以車服，迎于外門外，再拜。路先設，西上，路下四，亞之。重賜無數，在車南。」鄭注引《采菽》詩云：「君子來朝，何錫予之？雖無予之，路車乘馬。又何予之？玄衮及黼。」義與此同。○「淑，善」，《關雎》

同。「交龍爲旂」，《出車》同，詳《出車》篇。《箋》云：「善旂，旂之善色者也。」淑旂，旂也。綏章，旐也。《出車》、《采芑》竝言「旂旐央央」，《傳》：「央央，鮮明皃。」即《箋》所謂「善色者」也。《公羊注》云：「加文章曰旂。」《釋文》：「綏，本又作『緌』。」《禮記注》：「綏，當爲『緌』。讀如『冠蕤』之『蕤』。」是「緌」爲正字矣。今字通作「綏」。「綏章」連文，與《六月》「帛茷」連文同義。「茷」與「旆」同。章、帛，皆謂縿也。以旆繼帛曰帛旆，以綏繫於縿末，加爲文章，是曰綏章。《六月》傳：「旆，繼旐者也。」僖二十八年《左傳》：「亡大旆之左旃。」旐亦通帛，故得旃稱。《傳》云「大綏」，即大旆也。《周禮》又謂之大麾，《春官·巾車》：「掌王五路：玉路，建大常；金路，建大旂；象路，建大赤；革路，建大白；木路，建大麾。」案常爲天子之旗。大旂，交龍爲旂也。大赤，周正色，鳥隼爲旟也，《曲禮》「行前朱鳥」、《吴語》「赤旟」、《明堂位》「周之大赤」是也。大白，殷正色，熊虎爲旗也，《少儀》「大白不入廟門」、《司馬灋》「旗章，殷以虎，尚威」、《明堂位》「殷之大白」是也。大麾，夏正色，龜蛇爲旐也，《爾雅》「緇廣充幅長尋曰旐。緇，黑色」、《檀弓》「綢練，設旐，夏也」、《明堂位》「夏后氏之綏」是也。旐有不旆者。有繼旐者曰旆。《明堂位》之綏即此詩之綏。毛《傳》以綏爲大綏，《周禮》以綏爲大麾，皆有繼旐者也。旆、綏、麾三字竝聲轉而義得相通。《車攻》傳云：「天子發，抗大綏。諸侯發，抗小綏。」綏有大小，所以別尊卑，亦唯天子、諸侯有綏，亦可見天子、諸侯始有旆也。天子大綏用諸田獵，與《巾車》「大麾以田」合。諸侯田用小綏，而錫命有大綏。王命韓侯爲追貊之長，故以大綏錫之，與《巾車》「大麾以封蕃國」合。金榜《禮箋》謂大麾爲旐，大綏即大麾，其説良是。繼旐，説見《六月》篇。〇「簟茀錯衡」，此謂路車也。「錯衡，文衡」，《采芑》同，詳《采芑》篇。《采叔》傳云：「玄衮，卷龍也。」《狼跋》傳云：「赤舄，人君之盛屨也。」《箋》云：「鉤膺，樊纓也。」詳《采芑》篇。有金鏤其錫，是曰鏤錫。《箋》：「眉上曰錫，刻金飾之，今當盧也。」《巾車》注：「錫，馬面當盧。」桓二年《左傳》注：「錫，在馬額。」《説文》：「鍚，馬頭飾也。」引《詩》作「鍚」。《玉篇》：「鍚，鏤鍚，馬面飾。錫，同上。」《急就篇》亦作「鍚」。《巾車》：「玉路，錫，樊纓。金路，鉤，樊纓。」賈疏云：「上得兼下，玉路直言錫，兼有鉤。」然則玉路有錫有鉤，而金路有鉤無錫。此《周禮》説也。《詩》言封同姓用金路，有鉤膺，又有鏤錫者，或以侯伯加敷？非玉路賜韓侯也。〇《正義》引《説文》亦云：「鞟，革也。獸皮治去其毛曰革。」「鞹」與「鞟」同。《儀禮·士喪下》篇《記》疏引毛《傳》「鞃，式中」，與「幭，覆式」一例，今字通作「軾」。《説文》：「鞃，車軾也。《詩》曰：『鞹鞃淺幭。』讀若穹。」《韻會》作「車軾中靶」，奐謂「靶」當作「鞔」。「鞔」即今之「幫」字，「穹」與「鞔」聲義皆相近。《釋名》：「鞹，因。與下輿相聯箸也。」鞹鞃者，以革幫車式中，所謂鞹也。《小戎》作「茵」。又《小戎》傳云：「文，虎皮。」此《傳》釋「淺」爲「虎皮淺毛」，是淺與文同物也。《釋文》：「幭，本作『篾』。」《曲禮》「素篾」注：「或爲『幦』。」《説文》引作「犬幦」。《少儀》、《玉藻》、《既夕·記》皆作「幦」，竝字異義同。先儒謂之覆笭，而此云「覆式」者，《傳》蓋以幭爲式上所覆之皮，與笭當車前者異物。《禮記·玉藻》篇：「禮不盛，服不充，故大裘不裼，乘路車不式。」不式者，無覆式也。路車無覆式，則非路車有覆式可知。《傳》意以此詩淺幭非路車之制，故不以爲覆笭之幦，而以覆式之皮言之。解者直謂式爲笭，誤矣。覆式曰鞃幭者，借稱耳。詳《小戎》篇。○鞗，當作「鋚」。鞗革，詳《蓼蕭》篇。厄者，衡下之軥。《説文》：「軶，轅前也。」「軥，軶下曲者。」渾言之，衡、軶同體。析言之，軶爲衡下曲軥也。衡之長容兩服，軶叉兩服馬之頸，故謂之兩軶，《輈人》注「衡任，謂兩軶之閒」是也。亦謂之兩軥，襄十四年《左傳》「射兩軥而還」，服注「車軶兩邊叉馬頸者」是也。「軶」本字，「厄」假借字，今通作「厄」。《既夕·記》：「今文作『厄』。」與詩同。《傳》云「烏噣」，依《釋文》訂正。作「烏蠋」者，誤。《釋名》：「馬曰烏啄。下向叉馬頸，似烏開口向下啄物時也。」《小爾雅》：「衡，扼也。扼上者謂之烏啄。」「扼」即「軶」字，「啄」與「噣」通。金厄，謂以金飾烏噣也。《正義》用《爾雅》「厄，烏蠋」蟲名爲説，大謬。《詩》既有簟茀又有淺幭，既有錯衡又有金厄，此所謂「重賜無數」者歟？

韓侯出祖，出宿于屠。【傳】屠，地名也。顯父餞之，清酒百壺。【傳】顯父，有顯德者也。其殽維何？炰鼈鮮魚。其蔌維何？維筍及蒲。【傳】蔌，菜殽也。筍，竹也。蒲，蒲蒻也。其贈維何？乘馬路車。籩豆有且，侯氏燕胥。【疏】《烝民》云「仲山甫出祖」，仲山甫爲二伯，韓侯爲侯伯，故兩詩皆有出祖祭道神之事。「屠，地名」，無攷。《説文》「左馮翊郃陽縣有𨞇亭」，一作「𨞇陽亭」，許不引《詩》。𨞇亭非即屠地，漢郃陽縣去鎬尚遠。或謂即韓侯所宿之屠地，非是。《傳》云「顯父，有顯德者」，《逸周書·成開》、《本典》篇竝有「顯父登德」之文，《傳》所本也。《泉水》

傳：「祖而舍軷，飲酒於其側曰餞，重始有事於道也。」出祖、飲餞雖是兩事，總在一時，飲酒於其側，即在行道之旁祭畢而飲酒也。祖而舍軷，行者之事；飲酒乃送行者之事，即此「清酒百壺」是也。案昭十六年《左傳》「鄭六卿餞宣子於郊」，此餞在郊之明證。天子侯國，宿餞遠近異禮。《地官・遺人》：「凡國野之道，十里有廬，廬有飲食；三十里有宿，宿有路室，路室有委；五十里有市，市有候館，候館有積。」鄭注云：「宿，可止宿，若今亭，有室矣。」《周禮》之「宿」，與《詩》之「出宿」同。《泉水》篇言宿、餞不同地，先出宿，而後飲餞。侯伯近郊十五里，遠郊三十里。出宿在近郊，則飲餞自在遠郊。遠郊尚近，在三十里也。若王國，遠郊百里，近郊五十里。此詩言出宿于屠，當在近郊以內，即三十里「宿有路室」之宿，其飲餞自在近郊五十里，故五十里有候館。然則顯父之餞韓侯，必在五十里候館中矣。《嵩高》「申伯信邁，王餞于郿」，郿在岐周之近郊，亦明證也。《正義》云「餞訖然後出宿。今出宿之文在飲餞之上者，示行不留」，失之。○蔌，作「蔌」者，非。殽，當作「肴」。《賓之初筵》傳云：「肴，豆實也。」炰鼈，詳《六月》篇。《箋》云：「鮮魚，中膾者也。」《天官・醢人》饋食、加豆皆有魚醢。《爾雅・釋器》：「菜謂之蔌。」郭注云：「菜茹之總名。見《詩》。」此釋《詩》之「蔌」也。豆實有醢有菹，醢謂肉，菹謂菜。《傳》云「蔌，菜肴」，正對上肴爲肉肴而言。《醢人》：「加豆之實：深蒲、筍菹。」蔌有蒲有筍，則蔌爲豆實明矣。又《醢人》「羞豆：糝食」，鄭司農注：「菜餗蒸。」賈疏云：「若今煑菜，謂之蒸菜也。」案餗者，「蔌」之假借字。《說文》：「鬻，鼎實。惟葦及蒲。陳留謂鍵爲鬻。或作『餗』。」鬻、餗同字。鬻，鼎實；蔌，豆實，許宗毛，不應與毛乖異。疑「惟葦及蒲」四字經後人竄改。《傳》云「筍，竹」不辭，疑「竹」下有奪字。《釋文》：「筍，又作『笋』。」《爾雅》：「筍，竹萌也。」或今《傳》「筍竹也」三字係後人所增，而又脫「萌」字耳。《醢人》「加豆之實：箈菹、筍菹」，鄭注：「箈，箭萌。筍，竹萌。」案箈之爲言細小也。箈爲小竹，則筍爲大竹矣。《王風・揚之水》傳：「蒲，草也。」此《傳》釋「蒲」爲「蒲蒻」，謂蒲草之本也。《醢人》「加豆之實：深蒲、醓醢」，鄭司農注云：「深蒲，蒲蒻入水深，故曰深蒲。」《齊民要術》卷九引《義疏》云：「蒲，深蒲也。《周禮》以爲菹，謂蒲始生，取其中心入地者蒻，大如匕柄，正白，生噉之，甘脆。」是蒲蒻與深蒲一矣。《考工記・輪人》鄭注：「今人謂蒲本在水中者爲弱。」「弱」與「蒻」通。又《醢人》注謂「深蒲，蒲始生水中子」。然《說文》蒲子可以爲平席，不云作菹也。

○《嵩高》傳：「贈，增也。」《箋》云：「贈，送也。王既使顯父餞之，又使送以車馬，所以增厚意也。❶人君之車曰路車，所駕之馬曰乘馬。」案鄭不言顯父贈者，爲人臣者無外交之義也。《左傳》云：「入有郊勞，出有贈賄。」且，詞也。「籩豆有且」，言有籩有豆也。凡諸侯覲王稱侯氏。謂韓侯爲侯氏者，此亦君對臣之詞。胥，皆也。燕胥，皆燕也，以示君有餘惠。

韓侯取妻，汾王之甥，蹶父之子。【傳】汾，大也。蹶父，卿士也。韓侯迎止，于蹶之里。【傳】里，邑也。百兩彭彭，八鸞鏘鏘，不顯其光。諸娣從之，祁祁如雲。韓侯顧之，爛其盈門。【傳】祁祁，徐靚也。如雲，言衆多也。諸侯一取九女，二國媵之。諸娣，衆妾也。顧之，曲顧道義也。【疏】妻，適妻也。凡諸侯即位，受命取妻。《白虎通義·爵》篇引《韓詩內傳》：「諸侯世子三年喪畢，上受爵命於天子。」此詩言韓侯受命、韓侯入覲，則亦喪畢受爵命也。文二年《左傳》云：「凡君即位，好舅甥，修昏姻，娶元妃以奉粢盛，孝也。孝，禮之始也。」此詩言「韓侯取妻」、「韓侯迎止」，則亦即位取元妃也。《傳》訓「汾王」爲「大王」者，厲王，宣王之父，故謂之大王。《正義》引王肅云：「大王，王之尊稱。蹶，氏；父，字。」案蹶父爲卿士，未詳所聞。《易林·井》云：「大夫祈父，無地不涉。爲吾相土，莫如韓樂。可以居止，長安富有。」三家以《詩》之蹶父蓋任祈父司馬之職歟？迎，親迎也。諸侯親迎，在宣王時，禮尚不廢。「里，邑」，《爾雅·釋言》文。《周禮·載師》「以小都之田任縣地」，鄭注云：「小都，卿之采地。四百里爲縣。」蹶父爲王卿士，當受采地於縣內。里，其都邑也。《鵲巢》傳：「百兩，百乘也。諸侯之子嫁於諸侯，送、御皆百乘。」《載驅》傳：「彭彭，多皃。」鏘鏘，《釋文》作「將將」。《大明》「不顯其光」，《傳》云：「顯其光輝。」義與此同。○《大田》傳「祁祁」爲「徐」，此又益其義云「徐靚」也。「靚」與「靜」同。《敝笱》「齊子歸止，其從如雲」，《傳》：「如雲，言盛也。」衆多即盛。云「諸侯一取九女，二國媵之」者，所以申明「衆多」之意。《春秋》：「成八年，衛人來媵。九年，晉人來媵。十年，齊人來媵。」《左傳》以衛、晉媵共姬爲禮，則齊媵爲非禮。《公羊傳》三國來媵，非禮也。又莊十九年《公羊傳》：

❶「增」，徐子靜本、《清經解續編》本同。阮刻《毛詩正義》作「贈」。

「媵者何？ 諸侯娶一國，則二國往媵之，以姪娣從。 姪者何？ 兄之子也。 娣者何？ 女弟也。 諸侯壹聘九女，諸侯不再娶。」女弟，「女」字今據《詩正義》補。《公羊》亦以二國媵爲禮，三國媵爲非禮，與《左》合。 諸侯於所取之國，適夫人之外，有媵、有姪娣。 二國往送女，又各有媵、有姪娣，共九女。 唯何休注《公羊》據《禮》適夫人之下但有姪娣，左右各有媵、有姪娣，與《漢書·五行志》劉向説、《白虎通義·嫁娶》篇、《列女·明德馬后傳》所云「八妾」合。 九女中有適，與毛《傳》不同。 一取九女，天子皆然。《思齊》經、《傳》可稽也。 然《公羊注》、《列女傳》、《白虎通義》載或説，及《漢書·王莽傳》、《後漢書·荀爽傳》皆謂天子一取十二女。 蔡氏《獨斷》、鄭注《檀弓》以十二女爲夏制，則八妾宜非周制。 西漢先儒往往襍用異禮，不若毛《傳》之精且核矣。 九女皆不聘，故《傳》釋「諸娣」爲「衆妾」。 獨舉娣者，娣又爲貴妾之統稱。 先釋下句「如雲」，後釋上句「諸娣」，或疑有誤倒。 ○經言「顧」，《傳》云「曲顧道義」者，《列女傳》：「齊孝公迎華氏之長女孟姬於其父母，三顧而出，親授之綏，自御輪三，曲顧姬輿，遂納於宫。」《白虎通義》：「必親迎，御輪三周，下車曲顧者，防淫泆也。」高誘注《淮南·氾論》云：「蒼梧繞乃孔子時人，以妻美好，推與其兄。 於兄則愛矣，而違親迎曲顧之義。」此皆所謂曲顧也。 道義，「義」讀如字。《韓詩外傳》云：「賢者精氣闐溢而後傷，時不可過也。 不見道端，乃陳情欲，以歌道義。」昭二十六年《穀梁傳》云：「至自齊道義，不外公也。 至自會道義，不外公也。」是古有「道義」之語。

蹶父孔武，靡國不到。 爲韓姞相攸，莫如韓樂。【傳】姞，蹶父姓也。 孔樂韓土，川澤訏訏，魴鱮甫甫，麀鹿噳噳，有熊有羆，有貓有虎。【傳】訏訏，大也。 甫甫然大也，噳噳然衆也。 貓，似虎淺毛者也。 慶既令居，韓姞燕譽。

【疏】《箋》云：「相，視；攸，所也。 蹶父甚武健，爲王使於天下，國國皆至，爲其女韓侯夫人姞氏視其所居，韓國最樂。」《箋》與焦延壽《易林·井》合，本三家，毛意或同也。 姞，黄帝之後十二姓之一。《傳》釋「姞」爲「蹶父姓」，則韓侯夫人姞姓矣。 訏，大也，重言之曰訏訏。 甫，大也，重言之曰甫甫。《易林·離》云：「魴鱮詡詡。」「詡詡」與「甫甫」聲亦相近。《釋文》：「噳，本又作『麌』。」《吉日》傳：「鹿牝曰麀。❶

❶ 「牝」，原作「牡」，徐子静本同。 據本書卷十七《吉日》篇傳疏、阮刻《毛詩正義》與《毛詩傳義類·釋獸弟十八》改。

麌麌，衆多也。」麌，字之誤。《爾雅・釋獸》：「虎竊毛謂之虦貓。」《傳》云「淺毛」，竊即淺也。《説文》：「虎竊毛謂之虦苗。从虎，戔聲。竊，淺也。」《説文》無「貓」字，古字本作「苗」。苗爲虎屬，似虎而淺毛者，別其名曰苗，重其名曰虦苗。《郊特牲》「迎貓迎虎」，貓亦虦苗也。○《箋》云：「慶，善也。蹶父既善韓之國土，使韓姞嫁焉而居之，韓姞則安之，盡其婦道，有顯譽。」案成九年《左傳》：「季文子如宋致女，復命，公享之。賦《韓奕》之五章。」此大夫致女反馬復命而賦《詩》者，即取慶居燕譽之義也。

溥彼韓城，燕師所完。【傳】師，衆也。以先祖受命，因時百蠻。王錫韓侯，其追其貊，奄受北國，因以其伯。【傳】韓侯之先祖，武王之子也。因時百蠻，長是蠻服之百國也。追、貊，戎、狄國也。奄，撫也。實墉實壑，實畝實藉。【傳】實墉實壑，言高其城、深其壑也。獻其貔皮，赤豹黄羆。【傳】貔，猛獸也。追、貊之國來貢，而侯伯總領之。【疏】溥，大也。韓侯九命作伯，改營城邑，故大之也。《水經・聖水》注引王肅云：「今涿郡方城縣有韓侯城，世謂之寒號城，非也。」《括地志》云：「方城故城在幽州固安縣南十里。」今固安縣在順天府西南，則韓城在燕國南矣。《傳》訓「師」爲「衆」者，燕衆猶云燕人也。王肅云：「燕，北燕國。」《漢書・地理志》：「廣陽國薊，故燕國，召公所封。」《方輿紀要》云：「北直順天府府治東有薊城，古燕都也。《記》曰：『武王克商，封帝堯之後于薊。』其後燕并薊地，遂都於薊，以城西北有薊邱而名。」奂案召公封燕以山爲名，其後併薊，當在成王之世。武庚之叛，東夷八國竝興。成王既誅武庚及八國，以奄益魯，以薄姑益齊，以薊益燕，三國爲三公，故皆得就上公之封，開方五百里。燕之并薊正在斯時，不必疑堯後之薊爲黎矣。宣王時燕人爲韓築城，燕、韓皆在周幽州域内。完者，讀如「繕完葺牆」之「完」也。○《傳》釋「先祖」云「韓侯之先祖，武王之子」者，謂武王之子爲韓侯始封之先祖。然則韓侯爲武穆矣。周有二韓，一爲姬姓之韓，襄二十九年《左傳》：「叔侯曰：『霍、楊、韓、魏，皆姬姓也。』」是也。一爲武穆之韓，僖二十四年《左傳》：「富辰曰：『邘、晉、應、韓，武之穆也。』」《國語・鄭語》：「史伯曰：『武王之子，應、韓不在。』」是也。武王克商，舉姬姓之國四十人，則姬姓之韓當受封於武王之世。其後爲晉所滅，以賜大夫韓萬。《續漢書・郡國志》「河東郡河北縣有韓亭」，即姬姓韓國地。武穆之韓封自成王之世，至西周之季尚存，其國在《禹貢》冀州之北，故得總領追、貊北國，載諸《詩》篇，章章可攷。酈道元《水經注・聖水》篇：「聖水東逕方城縣故城，又東南逕韓城東，《詩・韓奕》章曰：『溥彼韓城，燕師所完。』王錫韓侯，其追其貊，奄受北國。」」王符《潛夫論・志氏姓》篇：「昔周宣王有韓侯，其國也近燕，故《詩》云：『普彼韓城，燕師所完。』」又《五德志》篇：「韓，武之穆也。韓，姬姓也。」其辨武穆、姬姓爲二韓，尤足徵信。鄭《箋》以武穆之韓即是晉滅姬姓之韓，誤合爲一。杜注《左傳》、韋注《國語》皆沿其說。姬姓韓在河東，而後之言輿地者，梁山在夏陽西北，遂以今河西韓城縣隋始置者，指爲韓侯古城，則謬之謬也，學者不可不辨。○以，猶用也。「以先祖受命」，言韓侯先祖亦受命爲周侯伯，故用其禮，因以策命韓侯。《傳》云「長是蠻服之百國也」者，以釋經「時百蠻」之義。時，是也。長，讀上聲，謂韓侯爲蠻服百國之長。蠻服，北方之蠻服也。《周禮・職方氏》：「王畿之外有九服，侯、甸、男、采、衛、蠻、夷、鎮、蕃。」《大行人》：「衛服之外謂之要服，九州之外謂之蕃國。」鄭注：「要服，即蠻服。」《書・康誥》言侯、甸、男、采、衛。《巾車》：「革路，封四衛。木路，封蕃國。」鄭注亦云四衛爲蠻服以内矣。《禹貢》：「五百里要服，三百里夷。五百里荒服，三百里蠻。」夏時甸、侯、綏、要、荒五服連王畿，故夷、蠻即在要、荒。要服、荒服皆九州域也。周制除王畿外建九服，蠻服弟六服，在九州内，其夷服、鎮服、蕃服皆戎、狄國，在九州外。易祓云：「王畿千里，兩面各五百里，自方五百里之侯服至方五百里之蕃服，每面各二百五十里。所異者，《周官》王畿不在九服内，與《禹貢》不同。其餘弼服盡同。」胡渭作《禹貢錐指》從易祓説，以爲千年不破之疑。然則蠻服去王城止二千里耳。周制王畿以雒邑爲土中，五畿五百里，每服二百五十里，六服一千五百里，連王城二千里。今河南府至順天府一千八百里。韓在順天府南百三四十里。古里短，今里長。韓在蠻服，道里可稽。易祓之説，真足以發毛《傳》之微矣。云「因時百蠻」者，從韓本國言也。下文云「其追其貊」者，命之爲侯伯，則夷、鎮、蕃三服皆韓所總領故也。○《説文》：「貊，北方豸種。」追，未聞。疑追貊即濊貊，追、濊聲相近。孔晁注《逸周書・王會》篇：「穢，韓穢，東夷別種。」服虔注《漢書・武帝紀》：「穢貊，在辰、韓北，高句驪沃沮之南，東窮於大海。」此即鄭《箋》所謂「追貊爲玁狁所逼，稍稍東遷」者歟？周時追貊在荒服之中，故《傳》云：「戎、狄國也。」《周語》云：「戎、狄，荒服。」《傳》訓「奄」爲「撫」者，《爾雅》：「奄、撫，有之也。憮，有也。」「撫」與「憮」通。「奄」訓「撫」，又訓「有」也。伯，侯伯也。《箋》云：「實，當作『寔』。趙、魏之東，實、寔同聲。寔，是也。」《傳》訓「墉」爲「城」，與《皇矣》、《良耜》同。云「深其壑」者，壑即池。《孟子·公孫丑》篇「城非不高也，池非不深也」，是其義。藉，讀「藉田」之「藉」，《箋》云：「藉，稅也。」案此謂燕衆築城之事，是墉是壑猶《嵩高》篇云「以作爾庸」、「有俶其城」也；是畝是藉猶《嵩高》篇云「徹申伯土田」、「徹申伯土疆」也，句義正同。〇《禮記·曲禮》篇「前有摯獸，則載貔貅」，鄭注云：「貔貅，亦摯獸也。」引《書》曰：「如虎如貔。」《傳》云「貔，猛獸」者，猛、摯同也。《爾雅》：「貔，白狐，其子豰。」此貔爲貍類。而陸機《義疏》：「貔，似虎，一名白狐。」是以《爾雅》之貔謂即《詩》之貔矣。獻，猶貢也。韓侯爲幽州伯，在蠻服中，雖追貉荒裔，皆其統轄，故《傳》云「追、貉之國來貢，而侯伯總領之」也。《周語》：「穆王征犬戎，得四白狼、四白鹿。自是荒服不至。」賈逵注云：「白狼、白鹿，犬戎之職貢也。」此即荒服貢皮之證，與詩義合。《職方氏》云：「凡邦國，小大相維。王設其牧，制其職，各以其所能；制其貢，各以其所有。」

《江漢》六章，章八句。

《江漢》，尹吉甫美宣王也。能興衰撥亂，命召公平淮夷。【疏】召公，召虎也。《後漢書·東夷傳》：「厲王無道，淮夷入寇，王命虢仲征之，不克。宣王復命召公伐而平之。」此即平淮夷事。宣王承厲王之烈，淮夷正彊盛，命召虎平淮夷，尹吉甫作詩以美之，《江漢》之詩是也。召虎既平淮夷，遂作詩以戒宣王，《常武》之詩是也。淮夷不一國，而徐爲淮夷之大國，故於《江漢》言淮夷，而於《常武》特舉一徐國。徐方平，而淮夷諸國胥平，兩詩正是一時一事。宣王次江漢之水厓，命將伐東國。詩人遂以如江如漢狀武夫威武，取「江漢」命篇。達於淮浦，亦由江漢而東而北。解者據鄭《箋》「從江、漢循流而下」，遂誤以《魯頌》淮夷在淮北，而此淮夷在淮南，以言輿地，未審矣。攷淮夷在《禹貢》徐州之域，東及海，南至淮，其地皆有淮夷。周改夏之徐州爲青州，其分界與《禹貢》同，則周之淮夷亦在淮北，不在淮南也。《書序》云：「武王崩，三監及淮夷叛。」《逸周書·作雒》篇云：「二叔及殷、東、徐、奄及熊盈以略。」昭元年《左傳》：「周有徐、奄。」賈逵、杜預注竝云：「徐，即淮夷。」徐在淮而尤大，故舉其國則曰徐，舉其地則曰淮夷。徐在東，故毛《傳》謂之東國，又謂之東夷。《柴誓》伯禽之世，「徂兹，淮夷、徐戎竝興」。淮夷即東夷，徐戎爲郤戎，其時與魯作難之淮夷，不知其徐與否也。要之，春秋以前，吴、楚未興，徐最彊大。至春秋，齊桓公霸，諸侯東略淮夷之地，徐即諸夏，故《春秋》進之，遂有次匡救徐之師。直至魯昭公十三年，楚靈王會于申，而徐子、淮夷竝書於經。後即尋爲吴滅。此淮夷與徐分合之大較也。

江漢浮浮，武夫滔滔。匪安匪遊，淮夷來求。【傳】浮浮，衆彊貌。滔滔，廣大貌。淮夷，東國在淮浦，而夷行也。既出我車，既設我旟，匪安匪舒，淮夷來鋪。【傳】鋪，病也。【疏】「江漢浮浮，武夫滔滔」，《傳》：「浮浮，衆彊皃。滔滔，廣大皃。」經、《傳》各本皆誤。當作「江漢滔滔，武夫浮浮」，「滔滔，廣大皃。浮浮，衆彊皃。」此因經文錯誤，而又顛倒《傳》文也。「江漢滔滔」，猶《四月》篇「滔滔江漢」，彼《傳》云「滔滔，大水皃」，此《傳》云「廣大皃」，義正相同。《風俗通義・山澤》篇引《詩》「江漢陶陶」，正即此「江漢滔滔」之異文，是其證。《角弓》「雨雪浮浮」，《傳》：「浮浮，猶瀌瀌也。」《清人》：「麃麃，武皃。」《碩人》：「鑣鑣，盛皃。」盛皃謂之鑣鑣，猶衆皃謂之浮浮矣。武皃謂之麃麃，猶彊皃謂之浮浮矣。此浮浮爲形容武夫之衆彊，與下章「洸洸」同義也。余友王引之説同而較詳。武夫，猶《常武》之言虎臣也。○遊，當作「游」。匪，猶不也。游，敖游也。《常武》傳云：「匪紹匪游，不敢繼以敖游也。」「東國在淮浦」者，即本下篇「率彼淮浦」、「截彼淮浦」以立言，則平淮夷即是征徐國，《傳》已有明文矣。「而夷行」者，淮浦本屬青州，而其行成爲夷俗，故謂之淮夷。若杞，夏餘即東夷；郯，近魯費，孔子爲學在四夷，杞、郯皆東國而目爲夷。淮夷其猶是也。秦不用周禮，《穀梁》狄之，此《春秋》之志也。「淮夷來求」，「求」讀如《左傳》「固敵是求」之「求」。《常武》二章云：「率彼淮浦，省此徐土，不留不處，三事就緒。」是其義也。○出車、設旟即冢上「淮夷來求」句。《常武》傳云：「舒，徐也。」「淮夷來鋪」，「鋪」讀爲「痡」。《卷耳》傳：「痡，亦病也。」《常武》三章云：「徐方繹騷，震驚徐方，如雷如霆，徐方震驚。」是其義也。「來」皆語詞。案此首章正言平淮夷之事，下二章又從淮夷以極武功之被及四方也。

江漢湯湯，武夫洸洸。【傳】洸洸，武貌。經營四方，告成于王。四方既平，王國庶定。

時靡有爭，王心載寧。【疏】《載驅》傳云：「湯湯，大皃。」「洸洸」訓「武」，《邶・谷風》同。《爾雅》：「洸洸，武也。」舍人本作「潢潢」，《古文苑》注作「僙僙」，《鹽鐵論・繇役》篇作「潢潢」，《玉篇・走部》：「趪趪，武皃。」竝字異而義同。

江漢之滸，王命召虎。【傳】召虎，召穆公也。式辟四方，徹我疆土。匪疚匪棘，王國來極。于疆于理，至于南海。【疏】滸，水厓。江漢之水厓，即周南國之地。「召虎，召穆公」，《正義》引《世本》云：「穆公是康公之十六世孫。」穆公諫弭謗在厲王時，已在三公矣。《箋》云：「王於江漢之水上命召公。」案鄭《箋》此説必有依據，於兩篇詩義無不脗合。《春秋經・僖十五年》：「公會齊侯，次于匡。公孫敖帥師及諸侯之大夫救徐。」蓋諸侯次匡，大夫將兵，即此意也。「王命召虎」，言王既命召虎平淮夷，而又命其鎮撫南國也。〇《文選・上林賦》注及《衆經音義》兩引《韓詩傳》：「辟，除也。」《召旻》傳：「辟，開也。」開、除義相近。《嵩高》傳：「徹，治也。」《箋》云：「疚，病；棘，急；極，中也。」《國語》「撫征南海，訓及諸夏」，韋注云：「南海，群蠻也。」又《左傳》：「楚子曰：『君處北海，寡人處南海。』」竝與詩「南海」同。南海，指荆蠻。宣王命方叔南征荆蠻，又建封申伯於謝邑，以厭鎮之。《嵩高》篇「王命召伯，徹申伯土田」、「王命召伯，徹申伯土疆」，此詩所云，正言其事。汲郡古文：「宣王五年，伐荆蠻。六年，平淮夷。七年，命申伯。」然則召穆公爲申伯定宅，自在既平淮夷之後。《紀年》僞書，閒有依據。

王命召虎，來旬來宣。文武受命，召公維翰。【傳】旬，徧也。召公，召康公也。無曰予小子，召公是似。肇敏戎公，用錫爾祉。【傳】似，嗣；肇，謀；敏，疾；戎，大；公，事也。【疏】「旬，徧」，《爾雅・釋言》文。今《爾雅》作「徇」、「侚」、「袀」。張揖《字詁》云：「徇，今巡。」則稚讓讀作「巡」也。宣，讀「四方于宣」之「宣」。《鴻雁》傳：「宣，示也。」「來旬來宣」，言徧示功德於四方也。來，亦語詞。此二句承上章而言。下文皆敘功成勞來之事。〇《傳》嫌召公與《序》召公一人，故召虎爲召穆公，而召公爲召康公也。《箋》云：「召康公，名奭，召虎之始祖也。」《白虎通義・王者不臣》篇：「《禮服傳》曰：『子得爲父臣者，不遺善之義也。』《詩》云：『文武受命，召公維翰。』召公，文王子也。」班亦以召公爲召康公。

其云「文王子」，當從《魯詩》說。翰，讀「維周之翰」之「翰」。《嵩高》傳：「翰，榦也。」〇「似」訓「嗣」，嗣猶繼也。《韓詩外傳》：「《傳》曰：『予小子，使爾繼邵公之後，受命者必以其祖命之。』」韓意釋《詩》「予小子」爲宣王自謂，毛意亦然也。「無曰予小子，召公是似」，言爾無以予小子之故，惟爾祖召公之是嗣也。《甘棠》序：「召伯之教，明於南國。」穆公能疆理南海，即是嗣康公之事。《正義》云：「『肇，謀；戎，大；公，事』，皆《釋詁》文。孔安國《論語注》云：『敏，行之疾也。』《地官·師氏》三德有敏德，是敏爲識解之疾也。」《釋文》：「肇，《韓詩》云：『長也。』」毛、韓訓異意同。《後漢書·宋弘傳》注引《詩傳》作「功」，「功」與「公」通。「用錫爾祉」，祉，福也，即下章所云「錫山土田」是也。

釐爾圭瓚，秬鬯一卣，告于文人。【傳】釐，賜也。秬，黑黍也。鬯，香草也。築煑合而鬱之曰鬯。卣，器也。九命，錫圭瓚、秬鬯。文人，文德之人也。錫山土田，于周受命，自召祖命。【傳】諸侯有大功德，賜之名山土田附庸。虎拜稽首，天子萬年。【疏】《烈祖》傳：「賚，賜也。」「釐」與「賚」通。圭瓚，以玉爲之，詳《旱鹿》篇。「秬，黑黍」，《生民》同。「鬯，香草」，《正義》引《禮緯》有秬鬯之草，《中候》有鬯草生郊，皆謂鬱金之草」是也。《傳》鬯既爲香草，又申釋「鬯」字之義。築煑謂鬱草，合謂黑黍，言築煑鬱草，又合黑黍釀作酒，是曰鬯也。鬯必兼鬱，謂鬱積而條暢也。《周禮·鬯人》「共秬鬯」不及鬱，而《鬱人》「和鬱鬯」不及秬，不得謂鬱鬯之鬯不合秬，即不得謂秬鬯之鬯不和鬱矣。鄭司農《鬯人》注：「鬯，香草。」《肆師》「及果，築鬻」，❶注：「築煑，築香草，煑以爲鬯。」《說文》：「𩰪，黑黍也。一稃二米以釀。或从禾作『秬』。」「鬯，以𩰪釀鬱艸，芬芳攸服，以降神也。」先鄭及許竝治《毛詩》，同毛義。《白虎通義·攷黜》篇：「秬者，黑黍，一稃二米。鬯者，以百艸之香鬱金合而釀之，成爲鬯。」班亦與毛不異。鄭康成泥周人鬯、鬱分官，以爲和香草者爲鬱鬯，不和者爲秬鬯，恐非是。《鬱人》賈疏引：「《王度記》云：『天子以鬯，諸侯以薰，大夫以蘭芝，士以蕭，庶人以艾。』此等皆以和酒。諸侯以薰，謂未得圭瓚之賜，得賜則以鬱耳。《王度記》『天子以鬯』及《禮緯》云『鬯草生庭』，皆是鬱金之草，以其和鬯酒，因號爲鬯草也。」

❶「鬻」，徐子静本、《清經解續編》本同，阮刻《周禮注疏》作「鬻」，當據改。

賈説得之。「卣，器」，《爾雅·釋器》文。李巡注云：「卣，鬯之器也。」《釋文》：「卣，本或作『攸』。」《鬯人》「廟用脩」，鄭司農注：「脩，器名。」案「卣」即「𠧪」之隸變。《説文》「𠧪，讀若調。」攸、脩、調、𠧪同尤幽部。《書·文侯之命》「用賚爾秬鬯一卣」、僖二十八年《左傳》「襄王賜晉文公秬鬯一卣」，竝與詩同。《旱鹿》傳亦云：「九命，然後錫以秬鬯、圭瓚。」《韓詩外傳》：「《傳》曰：『諸侯之有德，天子錫之。一錫車馬，再錫衣服，三錫虎賁，四錫樂器，五錫納陛，六錫朱户，七錫弓矢，八錫鈇鉞，九錫秬鬯。』」引《詩》曰：「釐爾圭瓚，秬鬯一卣。」韓義同。○文人，即下文「召祖」。對召虎則稱召公爲召祖，對文武則稱召公爲文人。《清廟》「濟濟多士，秉文之德」，《傳》亦云「執文德之人」。凡爲文武楨榦之臣者，皆可謂文德之人也。末章云「矢其文德，洽此四國」，亦謂召康公有文德，以輔佐文、武，而召穆公作成之。《傳》以「文德之人」釋「文人」，其義憭然矣。《文侯之命》「追孝于前文人」，亦與《詩》「文人」同。又《書·雒誥》篇：「伻來毖殷，乃命寧予以秬鬯二卣，曰明禋，拜手稽首休享。予不敢宿，則禋于文王、武王。」案秬鬯二卣，一以告文王，一以告武王也。《詩》言秬鬯一卣耳，但告始祖廟，不得偏告群廟。○《王制》云：「凡四海之内九州，名山、大澤不以封，其餘以爲附庸、閒田。」又云：「天子之縣内，名山、大澤不以朌，其餘以禄士，以爲閒田。」是則名山、大澤、附庸、閒田皆不以封諸侯。諸侯有大功德則賜之，《閟宫》云「乃命魯公，俾侯于東，錫之山川，土田附庸」是也。土田即閒田。畿内無附庸，有大功德則亦賜之以山澤閒田。召穆公畿内諸侯，故詩但錫土田不及附庸。《傳》每引成文，往往連類及之，而於經實無當也。《正義》謂土田即附庸，汪龍庳其非矣。一説，《正義》云「定本、《集注》毛《傳》皆有『附庸』二字」，則本固有無此二字者矣。《傳》承經義，言名山，不及大澤，因召在岐山之陽，不及大河也，則《傳》非全引成文可知。兩説皆足以明經、《傳》，姑具存焉。《箋》云：「周，岐周也。自，用也。宣王欲尊顯召虎，故如岐周，使虎受山川土田之賜命，用其祖召康公受封之禮。岐周，周之所起，爲其先祖之靈，故就之。拜稽首者，受王命策書也。臣受恩無可以報謝者，稱言使君壽考而已。」

虎拜稽首，對揚王休，作召公考，天子萬壽。明明天子，令聞不已。矢其文德，洽此四國。**【傳】**對，遂；考，成；矢，弛也。**【疏】**《禮記·祭統》篇：「悝拜稽首，曰：『對揚以辟之。』」鄭注亦云：「對，遂也。」義與《傳》同。「考」訓「成」。「作召公考」，謂虎能爲召公成王休故事也。《箋》云：「休，美；作，爲也。虎既拜而荅王策命之時，稱揚王之德美。君臣之言，宜相成也。王命召虎用召祖命，故虎對王，亦爲召康公受王命之時對成王命之辭，謂如其所言也。如其所言者，『天子萬壽』以下是也。」〇《詩述聞》云：「明、勉一聲之轉，故古多謂勉爲明，重言之則曰明明。《爾雅》曰：『亹亹，勉也。』鄭注《禮器》曰：『亹亹，猶勉勉也。』亹亹、勉勉、明明亦一聲之轉。『明明天子，令聞不已』，猶言『亹亹文王，令聞不已』也。《漢書・楊惲傳》『明明求仁義』、『明明求財利』，《董仲舒傳》『明明』作『皇皇』，是其證也。」聞，舊本《書鈔・帝王部七》引《詩》作「問」。「矢，弛」，《釋詁》文。弛，各本作「施」，唯宋本作「弛」，是也。「矢其文德」，《禮記・孔子閒居》、《繁露・竹林》引《詩》「弛其文德」，此即矢、弛同字之理。「弛」與「施」聲通而義自別。弛者，寬緩；施者，敷陳。若上句「矢其文德」作「施」字解，則與「洽此四國」「洽」字義複。《禮記》云：「張而不弛，文、武弗能也。弛而不張，文、武弗爲也。一張一弛，文、武之道也。」此即《詩》「弛」字之義。洽，讀爲協。《孔子閒居》引《詩》作「協」，洽、協同聲。

《常武》六章，章八句。

《常武》，召穆公美宣王也。有常德以立武事，因以爲戒然。

赫赫明明，王命卿士，南仲大祖，大師皇父，整我六師，以脩我戎。【傳】赫赫然盛也，明明然察也。王命南仲於大祖，皇父爲大師。既敬既戒，惠此南國。【疏】「赫赫然盛，明明然察」，盛者，謂宣王中興强盛；察者，謂有知人之明察也。「王命卿士，南仲大祖」，《傳》云「王命南仲於大祖」，言王於大祖廟命南仲爲卿士也。宣王時召虎爲卿士，今命虎平淮夷，故特命南仲爲卿士，若春秋時有左卿士、右卿士居二伯之職者也。《白虎通義・爵》篇：「封諸侯於廟者，示不自專也，明法度皆祖之制也，舉事必告焉。《詩》云：『王命卿士，南仲大祖。』《禮・祭統》曰：『古者明君爵有德必於大廟，君降，立於阼階南，南向，所命北面，史由君右執策命之。』」毛、魯義同。「大師皇父」，《傳》云「皇父爲大師」，言王命此皇父爲大師，亦必於大祖廟也。《王制》：「有發，則命大司徒教士以車甲。」鄭注云：「乘兵車衣甲之儀。有發，謂有軍師發卒。」是皇父爲大司徒而兼大師也。《箋》云：「大師者，公兼官也。」周人以后稷爲大祖。大祖廟即大廟，二昭二穆咸在焉。此謂在鎬都時。○六師，六軍。《瞻彼洛矣》、《棫樸》傳皆云：「六師，天子六軍。」《周禮》「大司馬，凡制軍，王六軍」，鄭司農注即引此詩。六軍，軍賦之大數，其調發之制不必六軍盡出。「大師皇父，整我六師，以脩我戎」，言王命皇父整軍習戎也。《六月》傳云：「先教戰，然後用師。」至用師命將，則程伯休父爲大司馬也。《周禮注》引《詩》「敬」作「儆」。宣王既於鎬都蒐軍實，乃移師次於江漢之滸，故云「既敬既戒，惠此南國」也。

王謂尹氏，命程伯休父，左右陳行，戒我師旅。率彼淮浦，省此徐土。【傳】尹氏，掌命卿士。程伯休父，始命爲大司馬。浦，厓也。不留不處，三事就緒。【傳】誅其君，弔其民，爲之立三有事之臣。【疏】《傳》云「尹氏，掌命卿士」者，尹氏爲掌命卿士之官，猶師氏、保氏、旅賁氏、虎賁氏，官皆稱氏矣。《書·大誥》篇：「肆予告我友邦君，越尹氏、庶士、御事。義爾邦君，越爾多士、尹氏、御事。」孔疏云：「尹氏，即官也。」《逸周書·和寤》、《武寤》篇「尹氏八士」，即《周禮·序官》「大史、小史，中士八人」也。《左傳》尹氏以官爲族，而與尹氏爲大史者不同。解之者概以尹氏爲周世族大夫，失之矣。「命程伯休父」，《傳》云「程伯休父，始命爲大司馬」者，《楚語》：「重、黎氏世敘天地，而别其分主者也。其在周，程伯休父其後也。當宣王時，失其官守，而爲司馬氏。」此《傳》所本也。《續漢書·郡國志》：「雒陽有上程聚，古程伯休父之國。」案上篇云「江漢之滸，王命召虎」，其時，宣王次於江漢之水上，命召穆公爲大將，又命程伯休父爲大司馬。上篇爲吉甫作詩，故篇中敘召穆公。此篇爲召穆公作詩，故篇中止敘程伯休父。皆指平淮夷之事，天子出師，軍帥非一人也。《大司馬之職》：「乃陳車徒如戰之陳，皆坐。群吏聽誓于陳前，斬牲，以左右徇陳，曰：『不用命者斬之。』」又云：「若大師，則掌其戒令。」鄭注云：「大師，王出征伐也。」此皆大司馬之事，與詩義合。○《説文》：「浦，瀕也。」「瀕，水厓人所賓附也。」瀕亦厓。《左傳》荒浦、庸浦，浦皆厓也。《海内東經》：「淮水入海淮浦北。」《水經·淮水》：「東至廣陵淮浦縣，入於海。」淮浦縣漢屬臨淮郡，今淮安府安東縣，淮水經縣南入海，即漢淮浦縣也。《詩》之淮浦未即漢之淮浦。凡旁淮之厓皆謂淮浦，非即入海處。率，循也。循淮水之厓而省視徐土，則淮浦猶在徐之西，不在徐之東。今安東去泗州幾四百餘里。《漢書·地理志》：「臨淮郡，徐故國，盈姓。」杜注僖三年《左傳》：「徐國在下邳僮縣東南華亭。」姚培謙云：「《括地志》：『徐城縣西四十里有大徐城，即古徐國也。』今江南鳳陽府泗州北八十里有古徐城，相傳爲徐偃王築。」案《周禮·職方氏》：「正東青州，其川淮、泗。」《海内東經》：「泗水入淮陰北。」《水經·淮水》「東北至下邳淮陰縣西，泗水從西北來」，酈注云：「泗在淮北。」然則淮北即泗北矣。徐臨淮水，即於夷蠻。上篇言淮夷，徐亦與焉。徐爲淮夷之大國，故此篇特揭明之。《爾雅》云：「省，察也。」淮浦在徐之境，故云「徐土」也。○留，古「劉」字。《武》傳云：「劉，殺也。」處，猶安止也。《傳》意以「誅其君」釋經之「留」，「弔其民」釋經之「處」，兩「不」字皆發聲也。《十月之交》傳：「擇三有事，有司國之三卿。」與此「三事」同。大國三卿皆命於天子，故云「爲之立三有事之臣」也。《閟宫》傳：「緒，業也。」就業者，謂三卿皆有職司於王室故也。《王制》巡守之禮，「革制度衣服者爲畔，畔者君討」，鄭注云：「討，誅也。」蓋其時徐僭號稱王，宣王次江漢水上，本是省方興伐之事，爲此誓戒豫告與？

赫赫業業，有嚴天子。王舒保作，匪紹匪遊。【傳】赫赫然盛也，業業然動也。嚴然而威。舒，徐也。保，安也。匪紹匪遊，不敢繼以敖遊也。徐方繹騷，【傳】繹，陳；騷，動也。震驚徐方。如雷如霆，徐方震驚。【疏】「赫赫然盛」，《傳》已見首章。首章命將出師，此則用兵誅亂，故兩云「赫赫」以別言之。盛者，謂軍容之盛。「業業然動」，動謂動作也。「有嚴天子」，嚴然天子也。有，發聲。《六月》傳訓「嚴」爲「威」，與此「嚴」同。《周語》云：「夫兵戢而時動，動則威。」即其義也。上篇云「匪安匪游，淮夷來求」、「匪安匪舒，淮夷來鋪」，《傳》：「鋪，病也。」案兩詩文義正同。舒、徐聲義相近，故《傳》訓「舒」爲「徐」，此「舒」字即上篇「匪舒」之「舒」。遊，當作「游」。「游」字即上篇「匪游」之「游」。《傳》訓「保」爲「安」者，亦即本上篇兩「安」字作訓也。《爾雅》：「紹，繼也。」云「不敢繼以敖游也」者，上「匪」字與「不」同義，則下「匪」字爲語助耳。宣王次江漢水上，故云「王舒保作」也。於江漢水上命召穆公出師，故云「匪紹匪游」也。下文即言淮夷告病之事。○《傳》訓「繹」爲「陳」，與《車攻》、《賚》訓同義別。陳，讀爲「軍陳」之「陳」。陳，古「敶」字。《説文》：「敶，列也。」「⿵冂丙」下云：「讀若『軍敶』之

『敶』。」「騷，動」，《爾雅·釋詁》文。《説文》：「慅，動也。」騷、慅聲同。動，讀如「上軍未動」之「動」。其時宣王已命將行師至于淮浦，徐國必有敢拒大邦者。「徐方繹騷」，言未戰而徐方之軍陳已動亂失次矣。下文即承「繹騷」之義而申言之。「震驚徐方，如雷如霆」，言王旅之震驚徐方如雷如霆也。「徐方震驚」，言徐方見王旅之衆盛而震驚也。

王奮厥武，如震如怒。進厥虎臣，闞如虓虎。【傳】虎之自怒虓然。鋪敦淮濆，仍執醜虜。【傳】濆，厓；仍，就；虜，服也。截彼淮浦，王師之所。【傳】截，治也。【疏】武，即《序》所謂「武事」也。「如震如怒」，《釋文》：「一本兩『如』字皆作『而』。」《箋》作「而」，「而震而怒」，而震怒也。震，動也。言王奮發用武而動怒也。「震怒」連文。《皇矣》云「王赫斯怒，爰整其旅」，文義相同。進，猶先也。虎臣，即虎賁氏，啓行之元戎也。説見《六月》篇。《説文》：「虓，虎鳴。」「唬，虎聲。」《風俗通義·正失》篇引《詩》作「哮虎」。虓、唬、哮三字聲竝相近。「闞」與「眈」同。闞如，闞然也，如即然也。《傳》云「自怒」，與《版》之「自恣」、《抑》之「自角」、《蕩》之「自伐」同。自，古「詯」字。《説文》：「詯，膽氣滿聲在人上。从言，自聲。讀若反目相睞。荒内切。」○鋪，《釋文》引：「《韓詩》作『敷』云：『大也。』」敦，讀如《左傳》「敦陳整旅」之「敦」。《韓詩》云：「敦，迫也。」《箋》：「敦，當作『屯』。」《文選》楊雄《甘泉賦》：「敦萬騎於中營兮，方玉車之千乘。」李注云：「敦，與『屯』同。」引王逸《楚辭注》：「屯，陳也。」義竝相近。《説文》：「濆，水厓也。」《汝墳》正義引此詩作「淮墳」。《廣雅》：「墳，厓也。」「濆」與「墳」通。《爾雅》：「仍，因也。」《説文》：「因，就也。」「仍」、「因」皆可訓「就」。《説文·毌部》：「虜，獲也。」「服」與「獲」同意。服，威服也。「仍執醜虜」，言就其繹騷震驚，執其醜衆而威服之也。云「截，治」者，言平治之也。

王旅嘽嘽，如飛如翰，如江如漢，如山之苞，如川之流。【傳】嘽嘽然盛也。疾如飛，摯如翰。苞，本也。緜緜翼翼，不測不克，濯征徐國。【傳】緜緜，靚也。翼翼，敬也。濯，大也。【疏】《説文》：「單，大也。从吅、甲，吅亦聲。」「吅，讀若讙。」故從單聲字皆有「盛大」之義。《采芑》傳：「嘽嘽，衆也。」衆、盛義相近。如飛，《傳》云「疾如飛」。如翰，《傳》云「摯如翰」，「摯」與「鷙」同。「如江如漢」，借江漢之廣大，以形其軍容之强盛，亦前篇之意也。「苞」訓「本」，本猶基也。《箋》云：「其行疾自發舉，如鳥之飛也。翰，其中豪俊也。江漢，以喻盛大也；山本，以喻不可驚動也；川流，以喻不可禦也。」○《釋文》：「緜緜，《韓詩》作『民民』。」《大戴禮·勸學》篇「無緜緜之事者，無赫赫之功」，緜緜，《荀子》作「惛惛」。《說文》：「𥨸𥨸，不見也。」段注云：「緜緜、民民，皆謂密也，即『𥨸𥨸，不見』之意。」《傳》云「靚」者，「靚」與「静」同。《爾雅》：「密，静也。」「翼翼，敬」者，謂諸臣持事能敬也。《文王》傳：「翼翼，恭敬也。」與此同。「不測不克」，不，語詞。謂深測攻克也。「濯，大」，《文王有聲》同。《箋》云：「既服淮浦矣，今又以大征徐國，言必勝也。」案鄭說非也。鄭分伐淮夷、伐徐爲兩事，不知淮夷之國徐爲大，伐淮夷即是伐徐。二章云「率彼淮浦」，其下即云「省此徐土」；三章三言「徐方」；四章言「淮濆」又言「淮浦」，其時徐國必有興師禦兵於淮浦者。淮浦之禦兵既已敗散至此，則大征徐國，入其國都爾。

王猶允塞，徐方既來。【傳】猶，謀也。徐方既同，天子之功。四方既平，徐方來庭。【傳】來王庭也。徐方不回，王曰還歸。【疏】《爾雅》：「猷，謀也。」「猷」與「猶」同。謀，當讀如《春秋傳》「謀元帥」、「謀東略」之「謀」。此蓋承上章言之。其命將帥也，其動衆之威也，其行軍之敬也，皆出王謀也。《燕燕》傳云：「塞，實也。」鄭注《考靈耀》云：「道德純備謂之塞。」《漢書·嚴助傳》引：「《詩》曰：『王猶允塞，徐方既來。』言王道甚大，而遠方懷之也。」三家《詩》「王猶」爲「王道」，與毛不異。《荀子·君道》、《議兵》及《韓詩外傳》引《詩》竝義相同。○《傳》釋「來庭」爲「來王庭」者，以言徐方之朝正於王也。《箋》云：「回，猶違也。還歸，振旅也。」蓋宣王既北伐玁狁，南伐荆蠻，然後興師東服，大伐淮徐。徐在穆王時僭號稱王，其負固不服已非一日。至徐方來于王庭，則四方既平也。上篇云：「經營四方，告成于王。四方既平，王國庶定。」文義正同。房喬《晉書·庾旉傳》：「古者三公坐而論道，不以方任嬰之。惟周室大壞，宣王中興，四夷交侵，救急朝夕，然後命召穆公征淮夷。《詩》云：『徐方不回，王曰還歸。』宰相不得久在外也。」柳宗元《獻平淮夷雅》亦云：「周宣王時，稱中興，平淮夷。」則《江漢》、《常武》，晉、唐人二詩爲一時事，當是古說如此。

《瞻卬》七章，三章章十句，四章章八句。

《瞻卬》，凡伯刺幽王大壞也。【疏】《瞻卬》、《召旻》皆凡伯刺幽王詩，與刺厲王不是一人。蓋畿内之伯世爲王官，若鄭武公、莊公相繼爲卿士也。

瞻卬昊天，則不我惠。孔填不寧，降此大厲。【傳】昊天，斥王也。填，久；厲，惡也。邦靡有定，士民其瘵。蟊賊蟊疾，靡有夷屆。罪罟不收，靡有夷瘳。【傳】瘵，病；夷，常也。罪罟，設罪以爲罟。瘳，愈也。【疏】「昊天，斥王」，《桑柔》同。惠，愛也。「填，久」，《桑柔》同。「厲，惡」，《正月》、《桑柔》同。定，止也。「瘵，病」，《菀柳》同。「蟊賊蟊疾」，與《召旻》「蟊賊内訌」義同。「夷，常」，《皇矣》同。屆，極也。《小明》傳：「罟，網也。」此云「罪罟，設罪以爲罟」者，言設置刑罪而羅致之，如罟網之設也。《召旻》「天降罪罟」，義竝同。「瘳，愈」，《風雨》同。《箋》云：「天下騷擾，邦國無有安定者，士卒與民皆勞病，其爲殘酷痛病於民，如蟊賊之害禾稼然，爲之無常，亦無止息時。施刑罪以羅網天下而不收斂，爲之亦無常、無止息時。此目王所下大惡。」案「極」、「愈」竝有「止已」之義，故《箋》以「無止息時」申成《傳》也。

人有土田，女反有之。人有民人，女覆奪之。此宜無罪，女反收之。彼宜有罪，女覆説之。【傳】收，拘收也。説，赦也。【疏】《爾雅》：「土，田也。」是田亦土也。覆，亦反也。《雨無正》、《桑柔》傳竝云：「覆，反也。」云「收，拘收也」者，謂拘執而收入之也。《後漢書·劉瑜傳》：「瑜曰：『人無罪而覆入之。』」三家《詩》以「反收」爲「覆入」，與《毛詩》訓同。「説」與「釋」古字相通，故《傳》訓「説」爲「赦」。《後漢書·王符傳》、《潛夫論·述赦》篇引《詩》「女反脱之」，是三家《詩》「覆」作「反」也。

哲夫成城，哲婦傾城。【傳】哲，知也。懿厥哲婦，爲梟爲鴟。婦有長舌，維厲之階。亂匪降自天，生自婦人。匪教匪誨，時維婦寺。【傳】寺，近也。【疏】「哲，知」，《釋言》文，今字通作「智」。《郊特牲》云：「婦人，從人者也。夫也者，以知帥人者也。」今婦曰「哲婦」，婦不從人，夫亦不以知帥人，國家之敗恒必由之。《晏子·諫上》篇引《詩》而釋之云：「今君不思成城之求，而惟傾城之務，國之亡日至矣。」哲婦，庳褒姒也。傾城，喻亂國也。〇《烝民》傳：「懿，美也。」謂褒姒美而不德。《說文》：「梟，不孝鳥也。」「睢，䳆也。籀文作『鴟』。」凡鴟類甚多。《說文》於「舊」下云：「睢舊，或作『鵂』。」此即《爾雅》「怪鴟」也。李善注《文選·演連珠》引：「《淮南子·主術》篇云：『鴟夜撮蚤察分豪末，晝出瞋目而不見丘山。』高誘曰：『鴟鵂謂之老菟。』」《莊子·秋水》篇作「鴟鵂」。是鴟一名鴟鵂也。《箋》：「梟、鴟，惡聲之鳥。」與《四月》傳「鷙、鳶，貪殘之鳥」句法相同。梟、鴟，二鳥名，亦作「鴟梟」，《史記·賈誼傳》「鸞鳳伏竄兮，鴟梟翱翔」是也。詩人以梟鴟喻褒姒。《箋》云：「長舌，喻多言語。」《大戴禮·本命》篇：「婦有七去：口多言，爲其離親也。」盧注即引此詩。《桑柔》「誰生厲階」，《傳》云：「厲，惡也。」義與此同。寺，古文「侍」。《傳》云「近」者，言暱近也。《論語》云：「唯女子與小人爲難養也，近之則不孫。」

鞫人忮忒，譖始竟背。【傳】忮，害；忒，變也。豈曰不極，伊胡爲慝？如賈三倍，君子是識。婦無公事，休其蠶織。【傳】休，息也。婦人無與外政，雖王后猶以蠶織爲事。古者天子爲藉千畝，冕而朱紘，躬秉耒。諸侯爲藉百畝，冕而青紘，躬秉耒。以事天地山川社稷先古，敬之至也。天子諸侯必有公桑、蠶室，近川而爲之，築宮，仞有三尺，棘牆而外閉之。及大昕之朝，君皮弁、素積，卜三宮之夫人、世婦之吉者，使入蠶于蠶室，奉種浴于川，桑于公桑，風戾以食之。歲既單矣，世婦卒蠶，奉繭以示于君，遂獻繭于夫人。夫人曰：「此所以爲君服與？」遂副褘而受之，少牢以禮之。及良日，后、夫人繅，三盆手，遂布于三宮夫人、世婦之吉者，使繅，遂朱綠之，玄黃之，以爲黼黻文章。服既成矣，君服之以祀先王先公，敬之至也。【疏】《說文》：「𥷺，窮治罪人也。」今字通作「鞫」。「忮，害」，《雄雉》同。《說文》、《玉篇》人部引《詩》作「伎」，伎、忮聲同。《閟宮》箋：「忒，變也。」本《傳》訓也。害變者，謂殘害變亂也。譖，讒言也。背，猶違也。「譖始竟背」，與《巧言》「譖始既涵」句法相同。極，至也。至，猶善也。胡，何也。慝，惡也。言窮治罪人，殘害變亂，數進讒言，始終違背，所謂慝也。「豈曰不極，伊胡爲慝」，言人豈不欲善，何爲作惡若此也？曰、伊，皆語詞。○《易·説卦傳》：「爲近利市三倍。」《管子·小問》篇：「桓公曰：『來工若何？』管子對曰：『三倍，不遠千里。』」與詩「三倍」同。《箋》云：「識，知也。賈物而有三倍之利者，小人所宜知也。君子反知之，非其宜也。」「休，息」，《釋詁》文。《荀子·大略篇》云：「君子息焉，小人休焉。」是休、息義同也。《傳》云「婦人無與外政，雖王后猶以蠶織爲事」者，「事」即經之「事」字，「蠶織爲事」即公事也。「無與外政」，此《傳》申説經義，非以釋經之「無公事」也。玩《傳》中「雖」字、「猶以」字，其意可見。《箋》云：「今婦人休其蠶桑織紝之職，而與朝廷之事。」亦是補明經義，以申《傳》説也。《列女傳·母儀》篇引：「《詩》曰：『婦無公事，休其蠶織。』言婦人以織績爲公事者也，休之非禮也。」毛與三家初無二意也。「古者」以下，皆《禮記·祭義》篇文，《傳》引之以明婦以蠶織爲公事之義。言王后者，所以刺褒姒也。又類及天子藉田者，所以兼刺幽王之不識公事也。

天何以刺？何神不富？舍爾介狄，維予胥忌。【傳】刺，責；富，福；狄，遠；忌，怨也。

不弔不祥，威儀不類。人之云亡，邦國殄瘁。【傳】類，善；殄，盡；瘁，病也。【疏】天，亦㡿王也。與下章「天之降罔」同。何以，何爲也。刺、責皆從朿聲，故《傳》云「刺，責」也。責者，責求備人也，今隸變作「責」。富、福皆從畐聲，《郊特牲》云：「富也者，福也。」「何神不富」，何神而弗福我乎？言王之慢神也。爾，猶此也。狄，讀爲逷。《抑》傳：「逷，遠也。」《説文》：「逖，遠也。古文作『逷』。」《易·渙》：「上九，渙其血，去逖出，无咎。」《象傳》云：「渙其血，遠害也。」是逖、逷皆遠也。《抑》作「逷」者，仍古文。此及《泮水》作「狄」者，用古文假借。《説文》：「忌，憎惡也。」與「怨」義相近。《正義》云：「毛讀狄爲逖，故爲遠也，則『介』當訓爲『大』，不得與《箋》同也。忌者，相憎怨之言，故以忌爲怨也。王肅云：『舍爾大道遠慮，反與我賢者怨乎？』」案《正義》依王申《傳》，蓋探下文「人之云亡，邦國殄瘁」，故以經之「予」字爲「我賢者」，《傳》意當然也。○弔，祥，皆善也。「類，善」，《皇矣》、《既醉》、《桑柔》同。人，善人也。「殄，盡」，《釋詁》文。「瘁，病」，《雨無正》同。《漢書·王莽傳》引《詩》作「邦國殄顇」，「顇」與「瘁」同。《北山》「或盡瘁事國」，《傳》云：「盡力勞病。」彼《傳》

以「盡」、「瘁」平列，則此詩「殄」、「瘁」亦平列。襄二十六年《左傳》引《詩》釋之云：「無善人之謂也。」

天之降罔，維其優矣。【傳】優，渥也。人之云亡，心之憂矣。天之降罔，維其幾矣。【傳】幾，危也。人之云亡，心之悲矣。【疏】罔，古「網」字。「天之降罔」，猶言「天降罪罟」耳。優，讀爲瀀，此假借字也。《説文》：「瀀，澤多也。」引《詩》「既瀀既渥」。今《信南山》詩亦假借作「優」。云「渥」者，《簡兮》傳：「渥，厚也。」「幾，危」，《釋詁》文。《説文》：「幾，殆也。」危、殆義相近。

觱沸檻泉，維其深矣。心之憂矣，寧自今矣。不自我先，不自我後。藐藐昊天，無不克鞏。【傳】藐藐，大貌。鞏，固也。無忝皇祖，式救爾後。【疏】《采叔》傳云：「觱沸，泉出皃。檻泉，正出也。」此詩蓋以檻泉之深喻心之憂也。寧，猶胡也。言我心之憂，胡不自我之先後而自今也。《正月》云：「父母生我，胡俾我瘉？不自我先，不自我後。」文義正同。《傳》云「藐藐，大皃」，皃，《釋文》作「也」。《箋》：「藐藐，美也。」「藐」訓「美」，又訓「大」，義相近也。《方言》：「藐，廣也。」郭注云：「藐藐，曠遠貌也。」「藐」同「懇」。「鞏，固」，《釋詁》文。《小宛》傳云：「忝，辱也。」皇祖，謂文、武也。後，謂今也。《列女傳·仁智》篇引《詩》「无忝爾祖，式救爾訛」，與《毛詩》異。

《召旻》七章，四章章五句，三章章七句。

《召旻》，凡伯刺幽王大壞也。旻，閔也，閔天下無如召公之臣也。

旻天疾威，天篤降喪。瘨我饑饉，民卒流亡，我居圉卒荒。【傳】圉，垂也。【疏】旻天，庳王也。「旻天疾威」，猶「疾威上帝」耳。《蕩》傳云：「疾病人矣，威罪人矣。」《箋》云：「天，庳王也。瘨，病也。」「圉，垂」，《桑柔》同。《爾雅》：「果不孰爲荒。」荒亦饑饉也。《韓詩外傳》云：「一穀不升謂之䭕，二穀不升謂之饑，三穀不升謂之饉，四穀不升謂之荒，五穀不升謂之大侵。大侵之禮，君食不兼味，臺榭不飾，道路不除，百官補而不制，鬼神禱而不祠。此大侵之禮也。《詩》曰：『我居御卒荒。』此之謂也。」「御」與「圉」通。

天降罪罟，蟊賊内訌。【傳】訌，潰也。昏椓靡共，潰潰回遹，實靖夷我邦。【傳】椓，夭椓也。潰潰，亂也。靖，謀；夷，平也。【疏】《傳》云「訌，潰」，潰者，亂也。《説文》：「訌，讃也。《詩》曰：『蟊賊内訌。』」「讃，中止也。」「潰」與「讃」同。中止，猶言内讃也。《箋》云：「訌，争訟相陷入之言也。」《玉篇》「争」作「諍」。「諍訟陷入」亦是「内讃」之意。訌，《抑》篇假借作「虹」字。昏，僮昏也。《傳》以「夭椓」釋「椓」，《正月》篇「天夭是椓」，夭椓者，殘害侵削之謂，合二字成義。但《正月》言天，故《傳》以夭屬君而椓屬在位者，語雖分釋，而義實合解也。此云「夭椓」自當專指在位者而言。靡，不也。不共，言不共職事也。《文選・文賦》注引《韓詩》薛君章句云：「靡，好也。」疑即此「靡共」之義。或爲《烈文》「封靡」義者，非也。〇《説文》：「憒，亂也。」「潰」與「憒」同。《説文》「襛」下引《爾雅》「襛襛禬禬」。段注引：「《潛夫論》云『佪佪潰潰』，蓋用《爾雅》文。」是「潰」又通作「禬」也。《小旻》傳云：「回邪，遹辟也。」《傳》訓「靖夷」爲「謀平」，夷，當讀如《左傳》「芟夷蘊崇之」之「夷」。《箋》云：「皆謀夷滅王之國。」《廣雅》：「夷，滅也。」

臯臯訿訿，曾不知其玷。【傳】臯臯，頑不知道也。訿訿，窳不供事也。兢兢業業，孔填不寧，我位孔貶。【傳】貶，隊也。【疏】「臯」即「嘷」之省。《説文》：「嘷，咆也。譚長作『獋』。」《周禮・大祝》「來瞽，令臯舞」，鄭注云：「臯，讀爲『卒嘷呼』之『嘷』。」此臯、嘷聲通之證。《爾雅》：「臯臯，刺素食也。」頑不知道者，即是素食之事。《左傳》云：「心不則德義之經爲頑。」「嘷」與「頑」義相近也。《爾雅》：「訿訿，莫供職也。」《傳》用《雅》訓，而又益其義云「窳」者，《爾雅》：「窳，勞也。」郭注云：「勞苦者多惰窳。」《小旻》傳：「訿訿然不思稱乎上。」是即「惰窳」之意也，亦即「莫供職」之事也。二《傳》辭異而意同。《説文》云：「呰，窳也。」「訿」與「呰」同。《正義》云：「窳字從宀，音眠。」今《説文》收入穴部，未審仲達所據也。《抑》傳云：「玷，缺也。」「缺」與「闕」通。〇《雲漢》「兢兢業業」，《傳》云：「兢兢，恐也。業業，危也。」《瞻卬》「孔填不寧」，《傳》云：「填，久也。」《説文》：「貶，損也。」「㝵，傾覆也。杜林説以爲『貶損』之『貶』。」隊者，「傾覆」之意。「我位孔貶」，言我王之位甚矣其隊也。《十月之交》傳云：「高岸爲谷，深谷爲陵，言易位也。」是其義。

如彼歲旱，草不潰茂，如彼棲苴。【傳】潰，遂也。苴，水中浮草也。我相此邦，無不潰止。【疏】「潰，遂」，《小旻》同。遂，猶成也，就也。《箋》云：「『潰茂』之『潰』當作『彙』。彙，茂皃。」《箋》易字而與《傳》無二義也。《靈樞經·癰疽》篇：「草蘆不成。」《廣雅》：「蘆，草也。」「蘆」與「苴」同。《傳》云「水中浮草」，但釋經「苴」字，不釋「棲」字。《箋》「如樹上之棲苴」，以申補《傳》。《楚辭·九章》「草苴比而不芳」，王注云：「生曰草，枯曰苴。」是其義。《正義》謂苴棲水上，「棲」有「浮」義，失《傳》之指矣。○相，視也。潰，亂也。止，語詞。《箋》云：「無不亂者，言皆亂也。《春秋傳》曰：『國亂曰潰，邑亂曰叛。』」

維昔之富，不如時。【傳】往者富仁賢，今也富讒佞。維今之疚，不如茲。【傳】今則病賢也。彼疏斯粺，胡不自暜？職兄斯引。【傳】彼宜食疏，今反食精粺。暜，廢；兄，茲也。引，長也。【疏】「維昔之富，不如時。維今之疚，不如茲」，時，是也。茲，此也。言昔之富如是，今之疚如此也。此皆就賢者一邊説，則經中兩「不」字皆語詞。《傳》云「往者富仁賢」釋上句，云「今則病賢也」釋下句。疚，病也。《釋文》云：「疚，字或作『宊』。」《傳》必於上句下句閒，必先箸「今也富讒佞」一句者，所以申明經文病賢之由，而又以探下文「彼疏斯粺」而爲言也。○彼，彼讒佞也。程瑶田《九穀考》云：「凡經言疏食者，稷食也。《論語》『疏食菜羹』即《玉藻》『稷食菜羹』。《左傳》『粱無麤有』，麤對粱而言。《魯語》『食粟食麤』，麤對粟而言，稷之謂也。」奂案詩之「疏」正言稷。《曾子天圓》篇云：「無禄者稷饋，稷饋者無尸。」是古賤者食稷也。彼之者，賤之之詞也。粺，鄭《箋》指糲米一斛舂爲九斗之粺。然一斛舂九斗之粺與糲米校，糲米爲疏，而粺則未爲精也。稻繫米八斗而舂爲六斗大半斗曰粲，禾黍繫米八斗而舂爲七斗曰侍御，精之至矣。「粺」與「疏」對文，疏爲稷，粺其禾黍歟？禾別曰稗，黍別爲穄。《文選·七啓》「芳菰精稗」，李善注云：「『稗』與『粺』通。」《傳》云「彼宜食疏，今反食精粺」，所謂「今富讒佞」也。「暜，廢」，《楚茨》同。廢，猶退也。《周禮·大宰》「七曰廢，以馭其罪」，此《傳》「廢」字之訓也。職，主也。《傳》訓「兄引」爲「茲長」。「職兄斯引」，言其獨主禄茲長也。下章云

「溥斯害矣，職兄斯弘」，言其遺害主茲長也。《常棣》「兄也永歎」，《傳》：「兄，茲也。永，長也。」《桑柔》「倉兄填兮」，《傳》：「兄，滋也。填，久也。」「茲」與「滋」同。凡云「兄」者，皆「滋益」之詞。兄永、兄填、兄引、兄弘，竝連文得義，故此及《常棣》、《桑柔》傳「茲也」，「也」字當衍。

池之竭矣，不云自頻。【傳】頻，厓也。泉之竭矣，不云自中。【傳】泉水從中以益者也。溥斯害矣，職兄斯弘，不烖我躬。【疏】「瀕」訓「厓」，厓，水厓。《箋》：「瀕，當作『濱』。」《列女傳》作「濱」。瀕、濱古今字，説詳《采蘋》篇。俗省作「頻」。《傳》云「泉水從中以益者」，釋經「泉自中」之義。益，古「溢」字。「自」訓「從」，與《皇矣》同。言池竭自厓，泉竭自中耳。不、云，皆語詞，猶「薄言」、「維曰」皆語詞也。池瀕、泉中對文，中猶内也。中爲内，故《箋》以厓爲猶外，言池竭喻王政之亂由外無賢臣，泉竭喻王政之亂由内無賢妃。《列女傳》續篇引：「《詩》云：『池之竭矣，不云自濱。泉之竭矣，不云自中。』成帝之時，舅氏擅外，趙氏專内，其自竭極，蓋亦池泉之勢也。」鄭《箋》正本三家《詩》以申明毛義也。○溥，大也。弘，大也。不烖，烖也，「不」亦語詞。

昔先王受命，有如召公，日辟國百里，今也日蹙國百里。【傳】辟，開；蹙，促也。於乎哀哉，維今之人，不尚有舊。【疏】《關雎》正義云：「《詩》有六字一句者，『昔者先王受命，有如召公之臣』之類是也。」據此，則經文少三字。《序》云「閔天下無如召公之臣」，「召公」下亦有「之臣」二字。先王，謂宣王也。召公，謂召穆公也。辟，古「闢」字，故《傳》云「辟，開」也。昔者宣王受命中興，復文、武之竟土，輔佐之者有如此召公之臣，是以日辟國百里。《江漢》篇云：「江漢之滸，王命召虎，式辟四方，徹我疆土。匪疚匪棘，王國來極。于疆于理，至于南海。」《鹽鐵論·地廣》篇亦云：「周宣王辟國千里。」是其事也。蹙，當作「戚」，訓「促」，《小明》同。○尚，讀與「上」同。「維今之人，不尚有舊」，言乃今之人，不上用舊臣也。案此章以「昔先王」、「今之人」對文，與六章「昔富」、「今疚」對文同意。昔爲往昔，今爲今時。上《傳》云「往者富仁賢，今也富譏佞」，召公之臣仁賢也。富仁賢，尚有舊也。不富仁賢而富譏佞，不尚有舊也。文義本是一貫，則經言「昔先王」，不必遠舉文、武時明矣。召穆公在厲王之朝作《蕩》詩，凡伯作《版》詩，詩云「老夫灌灌」，又云「匪我言耄」，則厲王時之凡伯已爲耆舊老臣。厲王流彘，召穆公有立宣王之大功，而凡伯之後亦世入爲王官。至幽王之末年，政又大壞。宣、幽之際，皆其所見所聞者，故慨念昔宣之盛、今幽之衰，乃作此詩以刺之。

卷二十五終

詩毛氏傳疏卷二十六

長洲陳奐學

清廟之什詁訓傳弟二十六　毛詩周頌

《清廟之什》十篇，十章，九十五句。

【疏】頌者，皆祭祀之詩，作於成功之後，而其事或涉於成功之先。其中有周公營雒邑所行祭祀之禮，亦有在鎬京制作之禮，故説有不同，謂此也。周大師譜《詩》入樂，但謂之「頌」，不繫「周」字。後《詩》在魯，魯有《魯頌》；又有《商頌》，遂加「周」以别之。《左傳》吴札請觀周樂，爲之歌《頌》。吴札曰：「五聲和，八風平，節有度，守有序，盛德之所同也。」此歌《頌》者，美文王、武王、成王盛德，皆同歌《周頌》，非并魯、商而歌之也。杜預謂「《頌》有殷、魯，故曰盛德之所同」，劉炫規之，是矣。

《清廟》一章八句。

《清廟》，祀文王也。周公既成雒邑，朝諸侯，率以祀文王焉。【疏】雒邑，今作「洛」，非。《釋文》作「雒」。案此祀文王於清廟之樂歌也。周公朝諸侯明堂之位於居攝之六年，在宗周鎬京，見《逸周書·明堂》篇。此乃在雒邑東都畿内，故《箋》以成雒邑謂在居攝五年時。其時周公祀文王於國之南陽，《孝經》所謂「宗祀文王於明堂，以配上帝」，作《我將》之詩。又祀文王於路寢大廟，以行特祀之禮，作《清廟》之詩。《書大傳》云：「《清廟》升歌者，歌先人之功烈德澤也，故欲其清也。其歌之呼也，曰：『於穆清廟。』於者，歎之也。穆者，敬之也。清者，欲其在位者徧聞之也。故周公升歌文王之功烈德澤。苟在廟中嘗見文王者，愀然如復見文王。」《書傳》與《詩序》合。漢人劉向、王褒、蔡邕、高誘、鄭玄皆謂《清廟》歌文王不及武王，無異説。《書·雒誥》篇：「予以秬鬯二卣，曰明禋。拜手稽首休享。予不敢宿，則禋于文王、武王。」凡郊祭稱禋。禋文、武，以文、武合祭明堂也。此《祭法》「祖文王而宗武王」之事也。又「祭歲，文王騂牛一，武王騂牛一。

王賓，殺禋，咸假，❶王入大室裸。」王肅注：「大室，清廟中央之室。」此合祭文、武於大廟也。《書大傳》云：「大廟之中，繽乎其猶模繡也。天下諸侯之悉來進受命周公，而退見文、武之尸者，千七百七十三諸侯，皆莫不磬折玉音，金聲玉色，然後周公與升歌而弦文、武。諸侯在廟中者，伋然淵其志，和其情，愀然若復見文、武之身，然後曰：『嗟子乎！此蓋吾先君文、武之風也夫！』及執俎抗鼎執刀執匕者負牆而歌，憤于其情，發于中，而樂節文，故周人追祖文王而宗武王也。孔子曰：『吾于《雒誥》也，見周公之德。』蓋周公制作禮樂，祖有功而宗有德。祖文宗武，皆有配天之祭，故於升歌共歌《清廟》之詩。唐人杜牧云：「周公居攝，祀文、武于清廟，作此歌文、武之德。」是謂也。文、武可以合祭於明堂，豈文、武不可以合祭於清廟乎？然祭文、武當在居攝七年之末，而祀文王，歌《清廟》，猶在前年矣。《逸周書·作雒》篇：「乃位五宮：大廟、宗宮、考宮、路寢、明堂，咸有四阿。」孔晁注云：「大廟，后稷廟。二宮，祖考廟，考廟也。路寢，王所居也。明堂，在國南者也。」案此大廟即昭穆之大廟，與《明堂月令》左右个之大廟不同，故孔以爲后稷廟。祖考廟，文王廟也。考廟，武王廟也。周公成雒邑時，文王尚在祖考宮。大平告文王，故特設奠於路寢大廟，爲崇也。若合食於后稷大廟，是褻也。故知此詩爲專祀文王而作。路寢大廟，即《明堂月令》左右个中央之大廟。《大戴禮·盛德》篇：「或以爲明堂者，文王之廟。」《通典》引《周禮》、《孝經》説、鄭注《樂記》竝以文王之廟爲明堂制者，蓋本諸此也。試更即周人廟制而詳言之。《禮緯·稽命徵》、《孝經緯·鉤命決》竝云：「唐、虞五廟，親廟四，始祖廟一。夏四廟，至子孫五。殷五廟，至子孫六。」是夏以前皆五廟，殷以契爲大祖，而成湯爲受命王，不毁，故六廟。而《吕覽·諭大》篇引《商書》云：「五世之廟，可以觀怪。」不數成湯。此五廟之制，從古昭然。莊三年《公羊傳》：「魯子曰：『請後五廟，以存姑姊妹。』」徐彦疏云：「紀爲附庸，而得有五廟者，舊説云：此諸侯之禮故也。」是諸侯雖附庸國，亦五廟矣。五廟之説，實本於五服之親，故《喪服小記》：「王者禘其祖之所自出，以其祖配之，而立四廟。」鄭注云：「四廟，高祖以下，與始祖而五。」蓋廟數同於喪服，以一己而上推之，爲父、祖、曾、高；以一己而下推之，爲子、孫、曾、玄，所謂「親親，以三爲五，以五爲九」也，

❶「假」，徐子静本、《清經解續編》本同。阮刻《尚書正義》作「格」，二字通。

所謂「五服之親」也。四廟，四親廟也。王者立四親廟，猶一己而上推之，爲父、祖、曾、高也。四親廟而以一始祖不遷之廟統領之，猶一己而下推之，則爲子、孫、曾、玄也。五廟義生於五服，百王不改也。周制天子七廟，見《禮記・王制》、《曾子問》、《禮器》、《祭法》等篇。《大戴禮・三本》、《荀子・禮論》、《穀梁・僖十五年傳》竝同。《祭法》言七廟有二祧，諸侯無二祧，止五廟。《王制》三昭三穆，中四親廟爲二昭二穆，二祧爲一昭一穆，與大祖而七。此周七廟兼二祧昭穆之説也。盧子榦、鄭康成《禮記注》皆以二祧爲文王、武王之祧。孔疏引《白虎通義》「周以后稷、文、武特七廟」。何注成六年《公羊傳》：「禮，天子諸侯立五廟，受命始封之君立一廟，至于子、孫，過高祖，不得復立廟。周家祖有功，尊有德，立后稷、文、武廟，至於子、孫，自高祖已下而七廟。」《漢書・韋玄成傳》：「周之所以七廟者，以后稷始封，文王、武王受命而王，是以三廟不毀，與親廟四而七。」此爲盧、鄭注所本。然韋、班、何以文、武爲受命不毀，當在應毀不毀之後。而言不數二祧，而亦未嘗以二祧爲文、武廟。「二祧」雖一見於《祭法》，當亦爲周公所定之制。《周禮・小宗伯》「辨廟祧之昭穆」，廟謂五廟，祧謂二祧，皆有昭穆。是周公時已有祧矣。《守祧》：「掌守先王、先公之廟祧，其遺衣服藏焉。若將祭事，❶則各以其服授尸。」先王爲廟，先公爲祧。王之服如尸之服，故《司服》「享先王衮冕，享先公鷩冕」，是祧與廟不同享也。《守祧》又云：「其廟，則有司脩除之；其祧，則守祧黝堊之。」是祧與廟不同掌也。《隸僕》「掌五寢之埽除糞灑之事」，五寢即五廟。七廟惟祧無寢，是二祧與五廟不同地也。臨海金鶚《天子四廟辨》云：「《周官》爲周公所作。在成王時，大王、王季、文王、武王爲四親廟，諸盩、亞圉爲二祧。后稷爲周大祖，推以配天，雖不追王，亦得稱先王，必不以先公稱之。」引：「《周官》『守祧，奄八人』，注：『天子七廟，三昭三穆。』賈疏：『通姜嫄爲八廟。』廟一人，故八人。以爲在周公制禮之時已有七廟之明證。成王之時，文、武在四親廟中，安得以爲二祧？文、武居二祧，在穆王、共王之時。文、武爲世室，又在懿王、孝王之時。」奂案誠齋説最有根據。后稷於周爲大祖，不遷，此廟而非祧也。先儒或以后稷爲先公之祧，或以文、武爲先王之祧，則三祧而非二祧，既與《祭法》二祧在五廟外者不合。或以文、武爲二祧，而又合后稷三

❶「事」，徐子静本、《清經解續編》本同。阮刻《周禮注疏》作「祀」。

廟不毁，又與《祭法》二祧爲壇墠者不合。皆誤以祧爲不遷不毁之義，而不知祧亦遷毁者也。昭穆毁，故四親廟及二祧皆毁。二祧不與於五廟之數，七廟兼二祧言者，此通祧稱廟，崇大之辭也。周公所制禮也，文、武宗亦不與於五廟之數。七廟兼文、武言者，此始受命王不毁之義也。然文、武應毁不毁，猶在制禮之後，而非周公時豫設也。周公時，文、武尚居四親廟；共王已後，當遷文、武居二祧；懿王已後，當遷而不毁，以文、武爲世室，亦不與於五廟之數。五廟在路寢之東，二祧無攷。世室即大室，亦即路寢之大廟大室。先公之遷主藏於大祖廟，先王之遷主藏於大廟大室，《白虎通義》所謂「主祏納之西壁」是已。文、武爲始受命王，當遷而不毁，故即以大廟大室爲文、武之主廟。文、武二王實合爲三代三王之一。前堂曰大廟，爲文王廟。中央曰大室，爲武王廟。猶如魯以周公廟稱大廟，魯公廟稱大室，同在一處。《魯頌》所以有「白牡騂剛」合祭之文。魯用王禮，此其制也。文、武廟不毁，此即韋玄成所謂「文王、武王受命而王，不毁」之義。文、武親盡，不更立廟，此即韋玄成所謂「始受命而王，祭天，以其祖配，而不爲立廟」之義。事雖行於周公之後，然必本湯爲受命而王不毁，亦因殷而制禮，且與周公明堂、清廟皆有合祭文、武之禮。蓋實有先行之者矣。天子吉禘在路寢明堂，《左傳》云：「天子有事于文、武，惠王喪終之吉禘也。」路寢大廟爲文、武廟，明堂，其南堂也。此亦周人中葉文、武同廟之一證。下士祖禰共廟，共廟則必合祭。在禮，下不嫌與上同也。或謂《曾子問》廟有二主。孔子舉齊桓作僞主，藏祖廟，爲二主，非禮。是僞主與廟主爲二主，非一廟二主合祭也。不得援引以爲説。廟制又互見《魯頌》、《商頌》。

於穆清廟，【傳】於，歎辭也。穆，美也。肅雝顯相。【傳】肅，敬；雝，和；相，助也。濟濟多士，秉文之德。【傳】執文德之人也。對越在天，駿奔走在廟。【傳】駿，長也。不顯不承，無射於人斯。【傳】顯於天矣，見承於人矣，不見厭於人矣。【疏】「於，歎辭」，《文王》同。「穆，美」下，從《釋文》補「也」字。《吕覽·至忠》篇「可謂穆行矣」、《淮南子·原道》篇「物穆無窮」，高注竝云：「穆，美也。」《箋》云：「清廟者，祭有清明之德者之宫也。」《漢書·韋玄成傳》：「《清廟》之詩，言交神之禮無不清静。」潁子容《春秋釋例》：「肅然清静謂之清，廟行禘祫，敘昭穆謂之大廟。」蔡邕《明堂月令論》：「取其宗祀之貌則曰清廟，取其正室之貌則曰大廟。」引《左傳》「内部大鼎于大廟」，下言「清廟茅屋」；《明堂位》「禘祀周公于大廟」，下言「升歌《清廟》」，以爲清廟即大廟。《明堂位》「大廟，天子明堂」，大廟即明堂，亦曰大寢。《月令》「於東曰青陽大廟，於南曰明堂大廟，於中央曰大廟大室，於西曰總章大廟，於北曰玄堂大廟」，鄭注以大寢東堂、大寢南堂、大寢西堂、大寢北堂釋之。此即天子之路寢也。路寢方三百步。路，亦大也。凡大祭祀，行諸大寢，故又謂之大廟，在路門之内、王宫之中央。《吕覽・慎勢》篇：「古之王者擇天下之中而立國，擇國之中而立宫，擇宫之中而立廟。」是其謂矣。○「肅，敬；雝，和」，《何彼襛矣》同。「相，助」，《生民》、《雝》同。《文王》傳云：「濟濟，多威儀也。」秉，操也，把也。「秉」訓「執」，義相近也。《傳》以文德爲助祭之士有文德者，昭三十二年《左傳》：「昔成王合諸侯城成周，以爲東都，崇文德焉。」劉炫以爲崇文德之教，義與《傳》同。「對越」猶「對揚」，「對越在天」與「對揚王休」同意。《江漢》傳云：「對，遂也。」《爾雅》云：「越，揚也。」在天，言文王在上也。「駿，長」，《雨無正》同。長，讀平聲。○《傳》云「顯於天矣，見承於人矣」，則以「不」爲發聲。不顯，顯也；不承，承也。「不」或作「丕」。《孟子・滕文公》篇引《書》曰：「丕顯哉，文王謨！丕承哉，武王烈！」《釋詞》云：「顯哉、承哉，贊美之詞。丕，發聲。」是也。「無射於人斯」，「於」當作「于」。凡《詩》用字之例，經作「于」不作「於」，作「無」不作「毋」，作「維」不作「唯」。維、唯，無、毋，于、於偶爾閒出，或相傳古本字不畫一，抑轉寫錯誤，不能肊定也。《傳》以「不厭」釋「無射」，「無」與「不」同義也。《大雅》序云：「《皇矣》，美周也。天監代殷莫若周，周世世修德莫若文王。」所謂「顯於天」也。《序》云：「《下武》，繼文也。武王有聖德，復受天命，能昭先人之功焉。」《文王有聲》，繼伐也。武王能廣文王之聲，卒其伐功也。」兩「繼」字即此詩「承」字。《權輿》傳：「承，繼也。」所謂「見承於人」也。《序》云：「《靈臺》，民始附也。文王受命，而民樂其有靈德以及鳥獸昆蟲焉。」所謂「不見厭於人」也。皆是頌文王之詞。

《維天之命》一章八句。

《維天之命》，大平告文王也。【疏】《書・雒誥》篇《大傳》云：「周公攝政六年，制禮作樂；七年，致政。」《維天之命》，制禮也。《維清》，作樂也。《烈文》，致政也。三詩類列，正與《大傳》節次合。然則《維天之命》當作於六年之末矣。《雒誥》：「周公曰：『王肇稱殷禮，祀于新邑，咸秩無文。』」鄭注云：「周公制禮樂既成，不使成王即用周禮，仍令用殷禮者，欲待明年即政告神受職，然後班行周禮。班訖，始得用周禮，故告神且用殷禮也。」鄭謂周禮行於七年致政之後，是也。《箋》以告大平爲禮未成時，在居攝五年之末，未是。詩云：「我其收之。」又云：「曾孫篤之。」自在制禮後語矣。

維天之命，於穆不已。於乎不顯，文王之德之純。【傳】孟仲子曰：「大哉！天命之無極，而美周之禮也。」純，大也。假以溢我，我其收之。【傳】假，嘉；溢，慎；收，聚也。駿惠我文王，曾孫篤之。【傳】成王能厚行之也。【疏】《釋文》引《韓詩》云：「維，念也。」《文選》歐陽建《臨終詩》注引《薛君章句》云：「惟，念也。」「惟」與「維」通。《詩譜》載孟仲子作「於穆不似」，「似」與「已」通。「大哉」二句，《傳》引孟仲子語以總釋經義。云「天命之無極」釋天之命不已，云「美周之禮」釋「文王之德」。大者，即「純」字之義。美者，即「穆」字之義。於天命言大，於周禮言美，皆互詞也。言文王有光顯之德，崇效乎天，其所行周禮，亦如天命之運行不已。文王之德大，一如天之大。《禮記·中庸》篇：「《詩》云『維天之命，於穆不已』，蓋曰天之所以爲天也。『於乎不顯，文王之德之純』，蓋曰文王之所以爲文也，純亦不已。」《箋》云：「命，猶道也。天之道於乎美哉，動而不止，行而不已，純亦不已也。於乎不光明與？文王之施德教之無倦已，美其與天同功也。」案鄭意本《中庸》以申明《傳》義。「純，大」下「也」字今補。「純，大」，《爾雅·釋詁》文。《説文》：「奄，大也。」「純」與「奄」同。經言德，《傳》言禮。昭二年《左傳》：「韓宣子觀書於大史氏，見《易象》與《魯春秋》，曰：『周禮盡在魯矣，吾乃今知周公之德，與周之所以王也。』」杜注云：「《易象》、《春秋》，文王、周公之制。」是德即禮也。《左傳》《易象》、《春秋》爲周禮，鄭《箋》六官之職爲周禮，其義一也。《正義》引趙注《孟子》云：「孟仲子，孟子從昆弟學於孟子者也。」又引鄭《詩譜》云：「孟仲子者，子思弟子。蓋與孟軻共事子思，後學於孟軻。」《釋文》云：「一云子夏傳曾申，申傳魏人李克，克傳魯人孟仲子，孟仲子傳根牟子，根牟子傳趙人孫卿子，孫卿子傳魯人大毛公。」然則孟仲子亦學於《詩》者也，故此及《閟宮》傳兩引其説。○《傳》訓「假」爲「嘉」，與《假樂》、《雝》同。「溢，慎」，《釋詁》文。舍人注云：「溢，行之慎也。」「假以溢我」，言以嘉美之道戒慎於我也。襄二十六年《左傳》作「何以恤我」。《說文》及《廣韻》作「誐以謐我」，「誐」與「嘉」聲通。誐者，本字；假，何，皆同聲假借字。謐者，本字；溢、恤，皆同聲假借字。「收，聚」，《釋詁》文。《箋》云：「溢，盈溢之言也。以嘉美之道饒衍與我，我其聚斂之以制法度，以大順我文王之意，謂爲周禮六官之職也。《書》曰：『考朕昭子刑，乃單文祖德。』」《正義》引鄭注《雒誥》云：「成我所用明子之法度者，乃盡明堂之德。明堂者，祀五帝大皡之屬，爲用其法度也。周公制禮六典，就其法度而損益用之。」又引《雒誥》「承保乃文祖受命民」，鄭注云：「文祖者，周曰明堂。」《大戴禮·盛德》篇云：「明堂，天法也。禮度，德法也。」又云：「德法者，御民之本也。冢宰之官以成道，司徒之官以成德，宗伯之官以成仁，司馬之官以成聖，司寇之官以成義，司空之官以成禮。」此以六官六政爲明堂大法，鄭說所本也。鄭箋《詩》「溢」爲「盈溢」、「饒衍」，與《傳》義異。其言聚斂制度，正足以發明《傳》義。《周語》：「晉隨武子歸，乃講聚三代之典禮，修執秩，以爲晉法。」講聚，《左傳》作「講求」。汪遠孫云：「求者，『逑』之假借。《說文》：『逑，斂聚也。』」案收、逑聲本相近。講聚、收聚，義正相同。《箋》釋「駿惠」爲「大順」，《傳》義亦當然也。○《序》云「大平告文王」，《鳧鷖》序稱「大平之君子」即指成王，故《傳》以「曾孫」爲成王也。成王雖是文王之孫，告文王，所以告先王，故不妨通稱「曾孫」也。云「成王能厚行之也」者，《釋文》本無「行」字。厚，猶惇也，謂惇用文王之典禮。「篤」訓「厚」，《椒聊》、《大明》、《公劉》傳皆云：「篤，厚也。」《楚辭·天問》：「帝何竺之？」「篤」與「竺」通。《箋》云：「曾，猶重也。自孫之子而下事先祖皆稱曾孫。是言曾孫，欲使後王皆厚行之，❶非維今也。」鄭意亦以曾孫爲成王，兼指後王說，乃申《傳》義而推廣之。

《維清》一章五句。

《維清》，奏《象舞》也。【疏】《象》，文王樂。象文王之武功曰「象」，象武王之武功曰「武」。《象》有舞，故云「象舞」。《箋》云：「《象舞》，象用兵時刺伐之舞，武王制焉。」胡承珙《後箋》云：「鄭謂武王所制者，武王之作《象舞》，其時似但有舞耳。考古人制樂，聲、容固宜兼備，然亦有徒歌、徒舞者。三百篇皆可歌，不必皆有舞，則武王制

❶「厚」，原作「後」，據中國書店影印武林愛日軒刻本、徐子静本、《清經解續編》本與阮刻《毛詩正義》改。

《象舞》時，殆未必有詩。成王、周公乃作《維清》以爲《象舞》之節，歌以奏之。」案胡説詩周公作，是矣。襄二十九年《左傳》：「吴公子札觀周樂，見舞《象箾》、《南籥》者。」賈、服、杜注竝以《象》爲文王之樂。此《象》謂舞，不謂詩也。《禮記·文王世子》、《明堂位》、《祭統》、《仲尼燕居》皆言「下管《象》」，猶之「下管《新宫》」耳。此《象》謂詩，不謂舞也。制《象舞》在武王時，周公乃作《維清》以節下管之樂，故《維清》亦名《象》。《周頌》首三篇《清廟》、《維天之命》、《維清》皆文王詩，如《周南》之《關雎》、《葛覃》、《卷耳》，《召南》之《鵲巢》、《采蘩》、《采蘋》，《小雅》之《鹿鳴》、《四牡》、《皇皇者華》，《大雅》之《文王》、《大明》、《緜》，亦皆文王詩，周公用之宗廟朝廷，燕飲盟會。《四牡》傳云：「周公作樂，以歌文王之道，❶爲後世法。」是其義也。《清廟》爲升歌之樂章，《維清》爲下管之樂章。唯《周頌》之不用《維天之命》，猶《召南》之不用《草蟲》耳。論詩編樂自有制度，則知《維清》即《象》。《象》爲文王樂，《維清》爲文王詩，昭然不疑矣。《後箋》云：「鄭注《禮記》概以《象》爲《周頌》之《武》。然《記》文『管《象》』之下又別云『舞《大武》』、『舞《大夏》』，則所謂『下管《象》』者，非《大武》之詩，當即此文王之《象》。若《仲尼燕居》之『下管《象》、《武》，《夏籥》序興』，亦當以《象》爲文王之樂，與上『升堂歌《清廟》』對。曰《武》曰《夏》，即所謂『朱干玉戚以舞《大武》，八佾以舞《大夏》』者。鄭注亦以《象》爲《大武》，非是。」

維清緝熙，文王之典。【傳】典，法也。肇禋，【傳】肇，始；禋，祀也。迄用有成，維周之禎。【傳】迄，至；禎，祥也。【疏】清，清静也。《文王》篇「穆穆文王，於緝熙敬止」，《傳》云：「緝熙，光明也。」清静光明，是謂文王之德也。《爾雅》：「典，經也。」《説文》：「典，五帝之書也。从册在丌上，尊閣之也。莊都説：『典，大册也。』」其引申之義，書可爲法，故典謂之法。法必有常，故《我將》傳「典」又謂之「常」。《箋》云：「文王有征伐之法，受命七年五伐也。」此鄭用《書大傳》之文，以申明《傳》「法」字之訓也。○《箋》云：「文王受命，始祭天而枝伐也。《周禮》：『以禋祀祀昊天上帝。』」《正義》引《中候·我應》「枝伐弱勢」鄭注云：「先伐紂之枝黨，以弱其勢，若崇侯之屬。」是孔申明鄭説，枝伐即指伐崇。案文王伐崇在受命六年，七年而崩。《繁露·四祭》篇：「文王受命則郊，郊

❶「道」，原作「詩」，據本書卷十六《四牡》傳改。

乃伐崇。」又《郊祀》篇：「文王受天命而王天下，先郊乃敢行事，而興師伐崇。」兩引《棫樸》之詩。此是三家《詩》義。然「是類是禡」祭天伐崇之事，見於《皇矣》篇，三家《詩》説未爲無據。「肇」訓「始」，《生民》「以歸肇祀」，《傳》亦云：「肇，始也，始歸郊祀也。」彼篇但言祀，故《傳》云「郊祀」。此篇經言禋，禋者祭天之名，故《傳》以「祀」詁「禋」，則禋祀之爲郊祀，無庸箸矣。后稷爲堯之上公，得始行郊祀。文王爲紂之上公，亦得始行郊祀。兩者事相同。此篇象文王之武功，是以鄭本三家《詩》郊伐之説，以補明經義耳。毛意亦然也。○「迄，至」，《生民》同。「肇，始」、「迄，至」文義相對，言文王始行禋祀，至武王伐紂，用能有此成功也。《釋文》「禎」作「祺」，「徐邈云本又作『禎』，與崔本同」。《正義》云：「定本、《集注》『祺』字作『禎』。」則《正義》亦作「祺」矣。《正義》引某氏《詩》作「維周之祺」，《後箋》云：「考《爾雅》某氏注引《詩》『天立厥妃』、『俾爾亶厚』、『民之攸呬』之類，皆與毛異字，蓋多出於三家。此詩亦或三家作『祺』，《毛詩》自作『禎』耳。」案《説文》：「禎，祥也。」正用毛訓。杜牧《上周相公書》云：「《象》者，象武王伐紂刺伐之法。此乃文王受命，七年五伐，留戰陳刺伐之法遺之武王，武王用以伐紂而有天下。致之清平，爲周家之禎祥。」引《詩》作「禎」。此唐人以《象》爲《武》。《墨子・三辨》、《繁露・質文》、《白虎通義・禮樂》等篇皆有此説，而其引《詩》作「禎」，蓋用毛義也。《箋》：「征伐之法，乃周家得天下之吉祥。」鄭以「乃」字代「維」字，義見《文王》傳。

《烈文》一章十三句。

《烈文》，成王即政，諸侯助祭也。【疏】此成王即政，諸侯助祭文、武之樂歌也。周公攝政七年，致政成王。七年者，成王在位之七年。周公致政，成王即政矣。《雒誥》：「王在新邑烝，祭歲，文王騂牛一，武王騂牛一。」鄭注云：「歲，成王元年正月朔日也。以朝享之後用二特牛祫祭文王、武王於文王廟。」案改元雖非西京舊説，而用二特牛祭文、武，與《詩》義正合。文王廟即清廟。合祭文、武，亦歌《清廟》之詩。成王初即政，與諸侯共享大平，於其來助祭也，以申敕之，令無忘文、武之德。又歌《烈文》之詩，事非兩時，而義各有當。此詩乃專謂諸侯助祭而作耳，故《詩譜》、《正義》引服虔注《左傳》云：「《烈文》，成王初即雒邑，諸侯助祭之樂歌。」是其義矣。

烈文辟公，錫茲祉福。【傳】烈，光也。文

王錫之。惠我無疆，子孫保之。無封靡于爾邦，維王其崇之。【傳】封，大也。靡，累也。崇，立也。念茲戎功，繼序其皇之。【傳】戎，大；皇，美也。無競維人，四方其訓之。不顯維德，百辟其刑之。於乎前王不忘！【傳】競，彊也。訓，道也。前王，武王也。【疏】「烈，光」，《爾雅·釋詁》文。辟公，庤諸侯也。錫，讀「陳錫哉周」之「錫」。文王造周，故《傳》云「文王錫之」也。《御覽·禮儀部三》引《傳》有「也」字，今奪。《白虎通義·瑞贄》篇云：「『烈文辟公，錫茲祉福』，言武王伐紂定天下，諸侯來會，聚於京師受法度也。」三家《詩》謂頌美武王，義異；而以辟公爲諸侯，則意同也。襄二十一年《左傳》：「祁奚曰：『《詩》曰：「惠我無疆，子孫保之。」《書》曰：「聖有謨勳，明徵定保。」夫謀而鮮過，惠訓不倦者，叔向有焉，社稷之固也。』」此引《詩》以「惠訓」釋「惠」、「不倦」釋「無疆」、「社稷之固」釋「子孫保」，經意蓋言諸侯皆能訓順我周，故長保其子孫世世獲福也。「封」與「豐」聲同，故《傳》訓「大」，《殷武》同。云「靡，累」者，「累」當作「纍」。「靡」爲「羈靡」之「靡」，「纍」爲「纍洩」之「纍」，故「胥靡」爲罪人也。《白虎通義·誅伐》篇：「《詩》云：『毋封靡于爾邦，惟王其崇之。』此言追誅大罪也。或盜天子土地，自立爲諸侯，絶之而已。」案三家《詩》以「封靡」爲「大罪」，與毛訓同。維，猶乃也。王，謂文王也。「崇」訓「立」，謂更立之以繼世也。承上文「錫茲祉福」而言。無以有大罪之故，乃亦爲之建立邦國。此舉文王錫福之尤箸者，而特揭之也。文王時，諸侯有大罪者，莫如崇侯虎。《皇矣》云「是致是祔」、「是絶是忽」，絶忽，罪施於崇虎；致祔，德及其先世。即其事也。○「戎」訓「大」。「功」與「公」同。故詁訓「功」、「公」皆爲「事」。國之大事，在祀與戎也。《閔予小子》傳云：「序，緒也。」繼緒，言武王繼文王伐崇之緒也。「皇，美」，《釋詁》文，《執競》同。案「念茲戎功，繼序其皇之」二句，上承文王，下起武王，作轉戾之詞。《清廟》、《維天之命》、《維清》三詩篇中皆專頌文王，此詩篇中則兼美武王。是周公歸政之後合祭文、武之事。「繼序」與末句「不忘」文意相應，與《閔予小子》「繼序」、「不忘」連文同辭。《武》云：「嗣武受之，勝殷遏劉，耆定爾功。」《賚》云：「我應受之，敷時繹思，我徂維求定。」皆武王繼文王之緒，文義相同。《正義》依王肅以王爲武王，不得不以繼序指諸侯，大違經、《傳》之恉矣。《傳》云「競，彊」，「無」發聲。人，謂賢人也。《論語》、《左傳》竝云：「武王有亂，十人訓道。」《烝民》同。《抑》傳「訓」爲「教」者，各隨文釋也。不顯，顯也。刑，法也。《禮記·中庸》篇：「是故君子不賞而民勸，不怒而民威於鈇鉞。《詩》曰：『不顯惟德，百辟其刑之。』」此引《詩》謂武王戢干戈、櫜弓矢矣。鄭注以爲諸侯法文王之德，非《毛詩》義也。於乎，《大學》引《詩》作「於戲」。不忘，謂没世不忘也。《正義》云：「成王之前唯武王耳，故知前王武王。」

《天作》一章七句。

《天作》，祀先王先公也。【疏】此時享廟祧之樂歌也。《周禮·守祧》：「掌守先王、先公之廟祧。」先王爲廟，先公爲祧。其在成王時，后稷爲大祖廟，最尊。大王、文王爲二昭，王季、武王爲二穆，最親。此五廟皆先王廟也。諸盩，即祖紺，爲一昭。亞圉爲一穆。此二祧爲先公廟也。《中庸》云：「周公成文、武之德，追王大王、王季，上祀先公以天子之禮。」祀先公而别立二祧，不與於五廟數中，故《禮記·喪服小記》及《周禮·隸僕》但言四廟五寢，而《王制》、《祭法》等篇所云「七廟」實兼二祧。此周公時七廟之説也。《國語》：「祭公謀父諫穆王曰：『日祭、月祀、時享、歲貢、終王，先王之訓也。』」《五經異義》：「古《春秋》左氏説云：『時享爲二祧。』」《漢書·韋玄成傳》劉歆釋《國語》亦云：「二祧則時享。」是時享有先公矣。

天作高山，大王荒之。【傳】作，生；荒，大也。天生萬物於高山，大王行道，能大天之所作也。彼作矣，文王康之。彼徂矣，岐有夷之行。【傳】夷，易也。子孫保之。【疏】「作，生」，《采薇》同。「荒，大」，《悉蟀》、《公劉》同。《傳》云「天生萬物於高山」者，以釋「天作高山」句。高山生萬物，是即天之所作也。云「大王行道，能大天之所作也」者，以釋「大王荒之」句。「大」作「安」，字之誤。《箋》云「能尊大之」、《正義》云「長大此天所生」，《箋》、《疏》不誤，今據以訂正。《晉語》：「叔詹曰：『「天作高山，大王荒之」，荒，大之也。大天所作，可謂親有天矣。』」此毛《傳》所據之本。《箋》云：「高山，謂岐山也。」「作」與上「作」字同義。康，安也。「彼作矣，文王康之」，言天所生之萬物，而文王又能以安之也。《荀子·王制篇》：「天之所覆，地之所載，莫不盡其美，致其用。上以飾賢良，下以養百姓而安樂之。夫是之謂大神。《詩》曰：『天作高山，大王荒之。彼作矣，文王康之。』此之謂也。」此引《詩》「康」訓「安樂」，言安樂覆載之萬物，與《國語》釋《詩》同。毛多用荀說，意當然也。○徂，往也。言民所歸往也。「夷」訓「易」。《說苑・君道》篇：「夫事寡易從，法省易因，故民不以政獲罪也。大道容衆，大德容下。聖人寡爲，而天下理矣。詩人曰：『岐有夷之行，子孫其保之。』」《韓詩外傳》云：「《傳》曰：『易簡，而天下之理得矣。』又曰：『忠易爲禮，誠易爲辭，賢人易爲民，工巧易爲材。』」亦引此詩。《後漢書・西南夷傳》朱輔疏引《詩傳》曰：「岐道雖僻，而人不遠。」李賢注引《韓詩》薛君章句云：「徂，往也。夷，易也。行，道也。彼百姓歸文王者皆曰：岐有易道，可歸往矣。易道，謂仁義之道而易行，故岐道阻險而人不難。」案朱輔引《詩》「彼徂矣」作「彼徂者矣」，「者」通用，無關經義。唯毛《傳》最略，得此數說。可以發明「夷，易」之詁矣。《箋》云：「《易》曰：『乾以易知，坤以簡能。易則易知，簡則易從。易知則有親，易從則有功。有親則可久，有功則可大。可久則賢人之德，可大則賢人之業。』以此訂大王、文王之道，卓爾與天地合德。」鄭正用《韓詩》義。但《韓詩》專指文王，不兼指大王。蓋大王雖是遷岐之君，而治岐之道無如文王。篇末不應兼及大王。

《昊天有成命》一章七句。

《昊天有成命》，郊祀天地也。【疏】此「冬至圜丘，夏至方丘」祀天地之樂歌也。《周禮・大司樂》：「冬日至，於地上之圜丘奏之，若樂六變，則天神皆降。夏日至，於澤中之方丘奏之，若樂八變，則地示皆出。」鄭注云：「此皆禘大祭也。天神則主北辰，地祇則主崑崙。」《禮記・禮器》：「爲高必因丘陵，爲下必因川澤。」注云：「冬至祭天於圜丘之上，夏至祭地於方澤之中。」又「因天事天，因地事地」，注云：「天高，因高者以事也。地下，因下者以事也。」鄭亦本《大司樂》而言之矣。《大宗伯》「以禋祀祀昊天上帝」，注云：「昊天上帝，冬至於圜丘所祀天皇大帝。」又「以蒼璧禮天」，注云：「此禮天以冬至，謂天皇大帝在北極者也。」《祭法》「周人禘嚳而郊稷」，注云：「此禘謂祭昊天於圜丘也。祭上帝於南郊曰郊。」韋注《魯語》同。《爾雅・釋天》云：「禘，大祭也。」禘在郊上，故禘爲最大之祭。禘嚳，非配稷也。圜丘，非南郊也。昊天上帝，非上帝也。《司服》：「王之吉服：祀昊天上帝，服大裘而冕。」圜丘之祀，以冬日至時服大裘，則所祀者昊天上帝也。《大司樂》不言禘而以爲禘，《祭法》不言圜丘而以爲圜丘。鄭說固融貫極矣。《大司樂》注以圜丘祀天，方丘祀地，二者皆爲禘。而《祭法》之禘，注但言圜丘，而方丘之爲禘亦當該在其中。圜丘、方丘皆在郊，故《祭法》謂之禘，經、《傳》皆謂之郊。《國語》又以「禘」、「郊」連言之，《周語》：「禘郊之事，則有全烝。」《魯語》：「天子日入，監九御，使絜奉禘郊之粢盛。」《楚語》：「天子禘郊之事，必自射其牲，天子親舂禘郊之盛。」與《表記》「天子親耕，粢盛、秬鬯，以事上帝」合。此禘郊爲祭天矣。《楚語》「禘郊不過繭栗」，與《王制》「祭天地，牛角繭栗」合。此禘郊并爲祭天地矣。臨海金鶚辨之甚詳。然則詩言昊天，即所謂昊天上帝也。《序》言天地，即所謂祀天圜丘、祀地方丘也。圜丘、方丘鄭注謂之禘，而此《序》言「祀天地」謂之郊。南郊之祀，郊也，而《小記》、《大傳》謂之禘，鄭注謂之郊。蓋禘、郊、祖、宗皆祭天之事，對文則別，散文則通。禘、郊通稱，亦猶祖、宗通稱焉耳。周人於孟春南郊之祀以后稷配，《思文》之詩是也。於冬至圜丘之禘以帝嚳配，此《昊天有成命》之詩是也。后稷立大祖廟，又以配天。帝嚳無廟，但有石室，藏於大廟大室，於兩日至出以配天，親疏遠近之義也。禘本兼天地，故詩言天而《序》兼言地，則圜丘、方丘皆歌此詩可知。圜丘以嚳配，則方丘亦以嚳配又可知。《曲禮下》：「天子祭天地。」孔疏云：「《孝經緯》后稷爲天地之主。」則后稷配天南郊，又配地北郊。周人以嚳配圜丘，亦當配方澤是矣。孔仲達泥此《序》之爲郊而不爲禘，遂以爲南郊、北郊不爲圜丘、方丘，則周人於南北郊既歌《思文》又歌《昊天有成命》，而於冬至圜丘、夏至方丘兩大禘無詩。后稷配天有詩，帝嚳配天無詩，遂使周公制禮，一代典章，殘闕茫如，非細故也。且南郊稱上帝，不稱昊天，此其義證也。詩中但述文、武之功德不及帝嚳，與《雝》篇追述文、武而不及后稷同意。且帝嚳之祖，其神甚遠，止歌《詩》以配天，不必援《詩》不涉嚳一語以爲疑也。金鶚云：「始封之祖固是后稷，而世系之遠祖，則帝嚳也。嚳又有聖德，故圜丘以之配天。冬至爲陽生之始，故祭天而以世系之遠祖配。夏正，孟春爲一歲之始，祭天而以肇封之始祖配。子月在寅月先，遠祖在始祖先，其配祭各有所當。鄭氏以禘爲圜丘、方丘之祭，卓識自超千古。而注《大宗伯》昊天上帝以爲天皇大帝，注《大司樂》以爲天神主北辰，注《月令》皇天以爲北辰耀魄寶，本於《春秋緯·文耀鉤》、《元命苞》；崑崙之説，本於《地統書》、《括地象》，亦是緯書。此鄭氏之失也。」

昊天有成命，二后受之。【傳】二后，文、武也。成王不敢康，夙夜基命宥密。於緝熙，單厥心，肆其靖之。【傳】基，始；命，信；宥，寬；密，寧也。緝，明；熙，廣；單，厚；肆，固；靖，和也。【疏】昊天，昊天上帝也。《漢書·匡衡傳》：「昔者成王之嗣位，思述文、武之道，以養其心。休烈盛美皆歸之二后，而不敢專其名。是以上天歆享，鬼神祐焉。」匡學《齊詩》，亦二后爲文、武也。受之，受天命也。○《噫嘻》篇「噫嘻成王」，《傳》云：「成王，成是王事也。」與此「成王」同。鄭《箋》、韋注、賈逵、唐固説皆同。康，安；「不敢康」，不敢安也。夙夜，早夜也。「基，始」，《爾雅·釋詁》文。《禮記·孔子閒居》引《詩》作「其」，鄭注：「《詩》讀『其』爲『基』，聲之誤也。基，謀也。」此三家義。命、信同在真臻部，以疊韻爲訓。始信者，《檀弓》所謂「未始信於民而民信之」也。宥、寬義同。《淇奧》傳云：「寬能容衆。」密，《新書》作「謐」，同。《爾雅》：「密、寧，静也。」郭注云：「見《詩傳》。」《孔子閒居》注：「密，静也。」是三家《詩》有訓「密」爲「静」也。密、寧、静三字同義。《爾雅》：「翌，明也。」《説文》作「昱」。緝、昱古同聲，故「緝」亦訓爲「明」。《説文》：「巸，廣頤也。」巸、熙同。《傳》釋「緝」爲「明」、釋「熙」爲「廣」，「廣」與「光」通。《爾雅》：「緝熙，光。」《文王》傳：「緝熙，光明。」其義一也。「單，厚」，《國語》作「亶」。古亶、單通。《爾雅》：「肆，故也。」《後箋》云：「故，當讀如《孟子》『天下之言性則故而已矣』，『故者，以利爲本』。《文言》曰：『利者，義之和也。』毛《傳》假『固』爲『故』，竝非『堅固』之謂。」胡説是也。《書·般庚》「自作不靖」、《多方》「自作不和」，是「靖」與「和」同義也。○《周語》：「叔向謂單子曰：『語説《昊天有成命》，頌之盛德也。其詩曰：「昊天有成命，二后受之。成王不敢康，夙夜基命宥密。於緝熙，亶厥心，肆其靖之。」是道成王之德也。成王，能明文昭、能定武烈者也。夫道成命者而稱昊天，翼其上也。二后受之，讓於德也。成王不敢康，敬百姓也。夙夜，恭也。基，始也。命，信也。宥，寬也。密，寧也。緝，明也。熙，廣也。亶，厚也。肆，固也。靖，和也。其始也，翼上德讓，而敬百姓。其中也，恭儉信寬，帥歸於寧。其終也，廣厚其心，以固和之。始於德讓，中於信寬，終於固和，故曰成王。』」案毛《傳》詁訓悉本《國語》。《國語》引《詩》以首二句言文武之受天命，以下五句皆言成王紹承王業之事。與《我將》篇「我其夙夜，畏天之威，于時保之」末三句就主祀之人説文義正同。然則美周成王誦者，乃自引《詩》者口中語，與

《詩》中「成王不敢康」句本無干涉也。《新書・禮容》篇云：「宥謐者，寧也，億也。命者，制令也。基者，經也，勢也。夙，早也。康，安也。后，王也。二后，文王、武王。成王者，武王之子、文王之孫也。文王有大德而功未就，武王有大功而治未成。及成王承嗣，仁以臨民，故稱昊天焉。不敢怠安，蚤興夜寐，以繼文、武之業，布文陳紀，經制度，設犧牲，使四海之内懿然葆德，各遵其道，故曰有成。承順武王之功，奉揚文王之德，九州之民，四荒之國，謌謡文武之烈，絫九譯而請朝，致貢職以供祀，故曰二后受之。方是時也，天地調和，神民順億，鬼不厲祟，民不謗怨，故曰宥謐。成王質仁聖哲，能明其先，能承其親，不敢惰懈，以安天下，以敬民人。」賈釋《詩》雖訓詁不悉依《國語》，而與《國語》文義無不合。蓋《周頌》一篇，其閒有營雒、致政，先後不同，如《思文》郊祀后稷，《我將》宗祀文王，皆在周公攝政五年治雒邑時。后稷謂祖，文王謂宗，爲配天之祭。六年制作禮樂，七年致政於成王，遂以后稷謂大祖，南郊配。文王謂祖，武王謂宗，明堂配。又周與殷皆出自帝嚳，周用殷禘嚳之禮，於圜丘配。此在致政之後之禮，故《昊天有成命》，説者或謂成王祭祀之詩。

《我將》一章十句。

《我將》，祀文王於明堂也。【疏】此宗祀文王配天之樂歌也。《孝經》：「孝莫大於嚴父，嚴父莫大於配天，則周公其人也。昔者周公郊祀后稷以配天，宗祀文王於明堂，以配上帝。」《孝經》與《詩序》正合。《思文》后稷配天，《我將》文王配天，皆是周公攝政五年治雒中事。《逸周書・作雒》篇乃位五宮，明堂居其一，孔晁注云：「明堂，在國南者也。」此正言周公治雒築明堂，其時宗文王不宗武王，故詩但歌文王也，《孝經》所謂嚴父配天也。宗文猶行武王之事，若宗武竟行成王之事。宗文，辟成王也。《禮記・樂記》：「武王克殷，祀乎明堂，而民知孝。」此武王之祀，非行宗祀之禮，故鄭注云：「文王之廟爲明堂制。」則不以爲《孝經》、《詩序》爲一祀矣。《祭法》「祖文王而宗武王」，鄭注云：「祭五帝五神於明堂曰祖、宗。祖、宗通言爾。」《祭法》言宗武王，注又引《孝經》宗文王以爲證。韋昭《魯語注》云：「此與《孝經》異也。周公初宗文王，後更祖文王而宗武王。」韋説是矣。周人以文、武爲祖、宗。宗廟之禘，禘於清廟；祖宗之禘，禘於明堂，是其制也。明堂之説，金榜《禮箋》最爲明晰。其言云：「漢以來言明堂者，人各異説，由未辨於其地，以王居聽政之明堂與合諸侯之明堂溷而一之也。所謂王居聽政之明堂即路寢，路寢，大寢也。」引《月令》、《考工記》、《大戴禮記·盛德》等篇：「路寢五室之制，夏后、殷、周一也。夏曰世室，殷曰重屋，周曰明堂，所謂合諸侯之明堂。于《周官經·司儀》及《覲禮》見宮壇之制，于《明堂位》見階門之位。《大戴禮記·朝事義》則兼舉之。《司儀職》曰：『將合諸侯，則令爲壇三成，宮，旁一門。』《覲禮》曰：『諸侯覲于天子，爲宮，方三百步，四門，壇十有二尋，深四尺，加方明于其上。天子出拜日于東門之外，反視方明，禮日于南門外，禮月與四瀆于北門外，禮山川丘陵于西門外。』《盛德》篇曰：『明堂者，所以明諸侯尊卑。其宮方三百步，在近郊。』《明堂位》曰：『昔者周公朝諸侯于明堂之位，天子負斧依，南鄉而立。三公，中階之前，北面東上。諸侯之國，阼階之東，西面北上。諸伯之國，西階之西，東面北上。諸子之國，門東，北面東上。諸男之國，門西，北面東上。九夷之國，東門之外，西面北上。八蠻之國，南門之外，北面東上。六戎之國，西門之外，東面南上。五狄之國，北門之外，南面東上。九采之國，應門之外，北面東上。四塞之國，世告至。此周公明堂之位也。』此爲壇爲宮謂之明堂，無室廟个之制。惟四面表其門則不殊。南門之前又表正門，亦謂之應門。《覲禮》於祀方明言反，則出拜日爲出其宮門可知。方明之祀配以受命之王。古文《尚書·伊訓》：『伊尹祀于先王，誕資有牧方明。』《漢書》援之而曰：『言雖有成湯、大丁、外丙之服，以冬至越茀祀先王于方明，以配上帝。』《孝經》：『宗祀文王于明堂，以配上帝。四海之内各以其職來祭。』殷、周典禮相沿之可稽者若此。《書》『禋于六宗』，説者釋爲上下四方之宗，後代不聞。祀六宗，方明蓋其遺象，宗祀之名所由昉也。巡狩，則方岳之下覲其方之群后，亦曰明堂。《孟子》書：『齊宣王曰：「人皆謂我毁明堂。」』《史記》：『泰山東北趾，古時有明堂處。』鄭君知《月令》室廟个之爲大寢，又以五室之明堂在國之陽，以宗祀爲祀五帝。榜謂古者神祇皆兆祀。《小宗伯》『兆五帝于四郊』，未聞祀于五室之堂。兆祀五帝，配以五人帝、五人神，未聞更配以文王。昔儒所以致誤者，《月令》、《考工》言明堂詳矣，不知其即路寢。因近郊及四岳明堂之名最著，遂以室廟个之制加之。而《周官》、《儀禮》爲宮爲壇之明堂，其名轉不可考。於是路寢、明堂異名同實，王朝之明堂與近郊之明堂同名殊制，均失其傳矣。」案金説是也。明堂有二解，故凡經典中必連類以記之。《明堂位》「周公朝諸侯于明堂之位。七年，致政於成王」，下文乃言「季夏六月，以禘禮祀周公於大廟」。《覲禮》「天子設斧依於户牖之閒，左右几。天子衮冕，負斧依」，下文乃言「諸侯覲於天子，爲宫，方三百步，四門」。《周禮·司儀職》言「將合諸侯，則令爲壇三成，宫，旁一門。詔王儀：南鄉見諸侯」，下文乃言「王燕，則諸侯毛」，及廟中將幣之禮。《大戴禮·盛德》篇云：「明堂者，古有之也。凡九室，一室而有四户八牖，三十六户，七十二牖。以茅蓋屋，上圓下方。」此記《月令》之明堂也。云：「明堂者，所以明諸侯尊卑。外水曰辟廱。列南蠻、東夷、北狄、西戎，其宫方三百步。在近郊，近郊三十里。」此記《明堂位》之明堂也。故經中兩言明堂者，以別之。又云：「或以爲明堂者，文王之廟也。朱草日生一葉，至十五日，生十五葉，十六日一葉落，終而復始也。周時德澤洽和，蒿茂大以爲宫柱，名蒿宫也。此天子之路寢也。不齊不居其室。」此亦記《月令》之明堂也。又《朝事義》篇云「天子率諸侯而朝日于東郊，所以教尊尊也。退而朝諸侯。爲壇三成，宫，旁一門。天子南鄉見諸侯，土揖庶姓，時揖異姓，天揖同姓，所以別親疏外内也。公侯伯子男各以其旂就其位」，此謂明堂位。云「及其將幣也，公于上等，侯伯于中等，子男于下等，所以別貴賤，序尊卑也。奠圭降拜，升，成拜，明臣禮也。奉國地所出重物而獻之，明臣職也。肉袒入門而右，以聽事也。明臣禮、臣職、臣事，所以教臣也」，此謂廟。又云「率而祀天于南郊，配以先祖，所以教民報德不忘本也」，此謂宗祀明堂。云「率而享祀于大廟，所以教孝也」，此謂祀大廟。然則經典中或明堂、大廟竝設，或壇、廟竝舉，以古者路寢宫壇同制故也。天子大朝諸侯必於郊，故其壇謂之明堂。路寢，大廟之南堂，覲諸侯，故亦謂之明堂。巡狩方岳之下，會同諸侯，故又謂之明堂。《易》曰：「聖人南面而立，❶鄉明而治。蓋取諸此也。」祀天必在郊，故配天之祭在明堂，專祖之祭在大廟。

我將我享，維羊維牛，維天其右之。【傳】將，大；享，獻也。儀式刑文王之典，日靖四方。伊嘏文王，既右饗之。【傳】儀，善；刑，法；典，常；靖，謀也。我其夙夜，畏天之威，于時保之。【疏】我，我周公祀文王時也。下「我」爲助詞。《烈祖》「以假以享」，《傳》：「假，大也。」《箋》：「享，獻也。」

❶「立」，徐子静本、《清經解續編》本同。阮刻《周易正義》作「聽天下」。

文義與此同。「維羊維牛」，與「自羊徂牛」句義正相同。此即《緇衣》傳先小後大之謂也。《周禮・羊人》賈疏云：「祭天用犢，其日月以下有用羊者。故《我將》詩『惟牛惟羊，惟天其祐之』，彼亦據日月以下及配食者也。」案賈説是矣。唯所引與今本不同，或係轉寫誤倒，恐不足依據。「祐」與「右」同。《爾雅》：「尚，右也。」則右亦尚也。右饗，猶云「尚饗」也。詩言「天」，《孝經》言「上帝」，一也。《祭法》「祖宗」鄭注以爲明堂配天之祭，其識卓矣。又本《孝經緯》文王爲五帝之宗，遂謂文王配五帝，并謂武王配五神。不知《月令》五帝、五神兼主祭地神祇，非所謂配天也。金鶚辨之甚晰。〇「儀」與「義」通。《文王》傳：「義，善也。」「刑」訓「法」。「典，常」，《釋詁》文。《維清》傳：「典，法也。」典謂之常，又謂之法，猶《爾雅》則謂之常，又謂之法；刑謂之常，又謂之法；範謂之常，又謂之法；矩謂之常，又謂之法；律謂之常，又謂之法。散文，常、法通訓也。此篇「刑」爲「法」，乃「典」爲「常」矣。昭六年《左傳》引《詩》曰：「儀式刑文王之德，日靖四方。」服注云：「言善用法文王之德，日日謀安四方。」此注與《文王》篇「儀刑文王」句同。杜預、王肅皆從服説。「靖，謀」，《小明》、《召旻》同。《箋》云：「靖，治也。」《菀柳》「俾予靖之」，《傳》：「靖，治。」《箋》：「靖，謀。」兩義相近。伊，發語詞。「嘏」與「假」同。嘏，大也。王肅云：「善用法文王之常道，日謀四方，維天乃大文王之德，既佑助而歆饗之。」案王説是也。上二句文王之法天，下二句天既右饗文王之德，皆以言文王之克配乎上帝也。〇夙，早也。早夜去明尚早，所謂逮闇而祭也。《采蘩》篇亦以「夙夜在公」爲不失職。《雒誥》云「予小子夙夜毖祀」，皆其義。時，是也。保，讀「天保定爾」之「保」。保，安也。案此言天常眷右我周，能保安天命之意。文十五年《左傳》引《詩》而釋之云：「不畏于天，將何能保？」又《孟子・梁惠王》篇云：「樂天者保天下，畏天者保其國。」亦引此詩。蓋周公治雒祀文王，其制禮後兼祀武王，皆歌此詩，故趙岐《孟子注》云：「言成王尚畏天之威，故能安其大平之道。」此或本三家義。合祭文、武，於周公致政之年而言之也。

《時邁》一章十五句。

《時邁》，巡守告祭柴望也。【疏】此武王巡守告祭天之樂歌也。《書序》云：「武王伐殷，往伐歸獸，識其政事。」案「獸」與「狩」古字通用。「獸識其政事」，《史記・周本紀》作「行狩記政事」。事雖行於武王，而詩自作於成王耳。《白虎通義・巡守》篇云：「何以知大平乃巡守？以武王不巡守，至成王乃巡守也。」三家《詩》說如此。《正義》以爲其言違，是矣。

時邁其邦，昊天其子之，實右序有周。薄言震之，莫不震疊。懷柔百神，及河喬嶽。允王維后。【傳】邁，行；震，動；疊，懼；懷，來；柔，安；喬，高也。高嶽，岱宗也。明昭有周，式序在位。【傳】明矣知未然也，昭然不疑也。載戢干戈，載櫜弓矢。我求懿德，肆于時夏。允王保之。【傳】戢，聚；櫜，韜也。夏，大也。

【疏】「邁」訓「行」，邁邦，巡行邦國也。天子適四方，有燔柴祭天之禮，故詩稱「昊天其子之」也。右，助也。序，讀《禹貢》「即敘」之「敘」。薄、言，皆語詞。「震」訓「動」，《爾雅》云：「動，作也。」疊者，「慴」之假借字。《爾雅》：「慴，懼也。」《說文》：「慴，懼也。讀若疊。」疊、慴聲同，故慴謂之懼，疊亦謂之懼矣。《後漢書・李固傳》：「《周頌》曰：『薄言振之，莫不震疊。』此言動之於內，而應於外者也。」案「振」與「震」同。動內釋「薄言震之」句，應外釋「莫不震疊」句。《韓詩外傳》云：「孔子曰：『善乎晏子，不出俎豆之間，折衝千里。《詩》曰：實右序有周，薄言震之，莫不震疊。』」亦謂動內應外，而與《毛詩》義未嘗不合也。《後漢書》注引《韓詩章句》云：「薄，辭也。振，奮也。莫，無也。震，動也。疊，應也。美成王能奮舒文、武之道而行之，則天下無不動而應其政教。」《韓詩》以奮舒釋上句，動應釋下句，亦與《毛詩》合。言此詩爲美成王，則三家褋說也。○「懷，來」，《釋言》文。「柔，安」，《民勞》同。《釋文》：「柔，本亦作『濡』，俱訓『安』。」《北堂書鈔・禮儀九》引《毛詩》作「懷濡百神」，是所據「亦作」本也。百神，群神也。《堯典》云：「徧于群神。」河爲大川，《堯典》云：「望秩于山川。」「喬，高」，《伐木》同。《傳》既釋「喬」爲「高」，更申之云「高嶽，岱宗也」者，蓋舉東嶽以該南、西、北三嶽也。《般》傳高山爲四嶽矣。《堯典》云：「東巡守，至于岱宗。」鄭注《王制》云：「岱宗，東嶽也。」《荀子・禮論篇》：「天能生物，不能辨物也。地能載人，不能治人也。宇中萬物生人之屬，待聖人然後分也。」《淮南子・泰族》篇：「聖人者，懷天心聲，然能動化天下者也。故精誠感於內，形氣動於天，則景星見，黃龍下，祥鳳至，醴泉出，嘉穀生，河不滿溢，海不溶波。」其下皆引此詩。竝足以明毛《傳》「來安」之義也。王，武王也。《文王有聲》傳：「后，君也。」○《傳》云「明矣知未然也」者，釋經「明」字。云「昭然不疑也」者，釋經「昭」字。言此者，武王伐紂遲久之義也。《韓詩外傳》云：「《詩》曰：『明昭有周，式序在位。』言各稱職也。」《外傳》又云：「百王之法，若別黑白。應當世之變，若數三綱。行禮要節，若運四支。因化之功，若推四時。天下得序，群物安居，是聖人也。」又云：「上賢使能而等級不踰，折暴禁悍而刑罰不過，百姓曉然皆知夫爲善於家，取賞於朝也；爲不善於幽，而蒙刑於顯。夫是之謂定論。」其下亦引此詩，與《荀子・王制篇》同。其釋「明昭」之義，與《毛詩》未嘗不合。《箋》云：「以其有俊乂用次弟處位。」解「式序在位」句，用《韓詩》義。《箋》又云：「天其子愛之，右助次序其事，謂多生賢知，使爲之臣。」解「實右序有周」句，亦本《韓詩》義。《傳》意或然也。《禮記・樂記》云：「武王克殷反商，封王子比干之墓，釋箕子之囚，使之行商容而復其位。庶民弛政，庶士倍祿。」鄭注云：「行，猶視也。使箕子視商禮樂之官，賢者所處，皆令反其居也。」此所謂「式序在位」也。○「戢，聚」，《桑扈》同。「櫜，韜」，《彤弓》同。《樂記》：「倒載干戈，包之以虎皮，將帥之士使爲諸侯，名之曰建櫜。」與詩「載櫜」同。懿，美也。《昊天有成命》傳：「肆，固也。」此「肆」字亦當訓爲「固」。時，是；于時，于是也。「夏，大」，《權輿》、《皇矣》同。宣十二年《左傳》：「夫文，止戈爲武。武王克商，作《頌》曰：『載戢干戈，載櫜弓矢。我求懿德，肆于時夏，允王保之。』」釋之云：「夫武，禁暴、戢兵、保大。」又云：「暴而不戢，安能保大？」《周語》引周文公之《頌》而釋之云：「明利害之鄉，以文修之，使務利而避害，懷德而畏威，故能保世以滋大。」案戢兵修文以解「載戢」「載櫜」二句，保即「允王保之」，大即「肆于時夏」，故《傳》訓「夏」爲「大」，正本内、外《傳》說。又《鹽鐵論・論菑》篇：「兵者，凶器也。甲堅兵利，爲天下殃。以母制子，故能久長。聖人法之，厭而不陽。」其下亦引此詩。「陽」與「揚」通。久長亦即保世滋大之意也。此皆西京舊說。

《執競》一章十四句。

《執競》，祀武王也。

【疏】《周禮・鍾師》注：「吕叔玉云：『《肆夏》、《繁遏》、《渠》，皆《周頌》也。《肆夏》，《時邁》也。《繁遏》，《執傹》也。《渠》，《思文》也。』」案「傹」與「競」同。此或出三家《詩》。《時邁》「肆于時夏」、《思文》「陳常于時夏」，兩詩皆言夏，而中閒廁《執競》一篇，故遂以三詩配《國語》「三夏」。鄭注云「《九夏》皆詩篇名，樂崩而亡，頌不能具」，則不以吕説爲然。而箋《詩》兩言

「夏」仍作《九夏》解，非《毛詩》義也。

執競武王，無競維烈。不顯成康，上帝是皇。【傳】無競，競也。烈，業也。不顯乎其成大功而安之也。顯，光也。皇，美也。自彼成康，奄有四方，斤斤其明。【傳】自彼成康，用彼成安之道也。奄，同也。斤斤，明察也。鐘鼓喤喤，磬筦將將，降福穰穰。降福簡簡，威儀反反。既醉既飽，福禄來反。【傳】喤喤，和也。將將，集也。穰穰，衆也。簡簡，大也。反反，難也。反，復也。【疏】《釋文》引《韓詩》云：「執，服也。」《烈文》傳：「競，彊也。」「無競，競也」，《抑》同。「烈，業」，《釋詁》文，《武》同。《傳》文「不顯乎其成大功而安之也」之上，當有複句經文「不顯成康」四字。《爾雅》：「康，安也。」「成大功而安之」，以釋經「成康」二字。此即《武》篇云「勝殷遏劉，耆定爾功」也。「安」與「定」義相近。「不顯」之「不」與「無競」之「無」皆語詞，發聲。反言之曰「不顯」，《傳》順經言之云「不顯乎」，正言之則曰「顯」。《傳》又申之云：「顯，光也。」《文王》傳：「不顯，顯也。顯，光也。」則「不」爲語詞矣。「皇，美」，《烈文》同。《傳》云「用彼成安之道」，「用」釋「自」字。《唐・羔裘》、《緜》傳皆云：「自，用也。」用猶施也。「成安之道」，謂成大功而安之之道也。《爾雅》：「弇，同也。」「奄」與「弇」通。《皇矣》「奄有四方」，《傳》：「奄，大也。」「同」、「大」隨文立訓，又義互相足也。同有四方者，猶云「四方攸同」耳。《爾雅》：「斤斤，察也。」《傳》益其辭則曰「明察」。「斤」與「昕」聲義相近，故《漢書・律曆志》云：「斤者，明也。」〇《爾雅》：「鍠鍠，樂也。」《漢書・禮樂志》、《説文》引《詩》作「鍠鍠」，與《爾雅》同。今《詩》作「喤喤」者，假借字。《有瞽》篇亦作「喤喤」。云「和」者，謂鐘與鼓聲相應和。《荀子・富國篇》：「撞鐘擊鼓而和。《詩》曰：『鐘鼓喤喤。』」《釋文》：「筦，亦作『管』。」《説文》：「蹡，行皃。」引《詩》曰：「管磬蹡蹡。」《荀子》作「管磬瑲瑲」。竝字異而義同。先管後磬，與今本《毛詩》異也。《毛詩》「將將」，當即「蹡蹡」之古文假借。《傳》云「集」者，謂諸工會集也。《爾雅》：「集，會也。」《墨子・非樂上》篇「飲食將將」，亦「會集」之意。《爾雅》：「穰穰，福也。」《傳》云「衆」者，亦謂降福之衆多也。《簡兮》傳：「簡，大也。」重言之則曰「簡簡」，《爾雅》：「簡簡，大也。」《鹽鐵論・論菑》篇：「周文、武尊賢受諫，敬戒不殆，純德上休，神祇相況。《詩》云：『降福瀼瀼，降福簡簡。』」案詩專頌武王，而此兼及文王者，三家《詩》連稱之，非合祭文、武也。「瀼」與「穰」同。○《傳》釋「反反」爲「難」者，難，古「儺」字。《竹竿》傳：「儺，行有節度也。」襄三十一年《左傳》云：「進退可度，周旋可則，容止可觀，謂之有威儀。」此即「儺」之義也。《賓之初筵》「威儀反反」，《傳》：「言重慎也。」《箋》云：「順習之皃。」重慎、順習竝與「儺」義相近。《潛夫論》引此詩作「板板」。「既醉既飽」，所謂「既醉以酒，既飽以德」也。《我行其野》傳：「復，反也。」反、復互相訓。此云「復」者，「復」與「複」通。「福禄來反」與「福禄來崇」句同。《鳧鷖》傳：「崇，重也。」《箋》云：「君臣醉飽，禮無違者，以重得福禄也。」《箋》以「重」字釋「反」字，深得毛意。《潛夫論・巫列》篇引《詩》釋之云：「此言人德義美茂，神歆享醉飽，乃反報之以福也。」王仲任讀「反」與「返」同，又以「醉飽」屬神歆享言，恐非毛恉。《韓詩外傳》云：「明君修禮以齊朝，正法以齊官，平政以齊下，然後節奏齊乎朝，法則度量正乎官，忠信愛刑平乎下。如是，百姓愛之如父母，畏之如神明。是以德澤洋乎海內，福祉歸乎王公。」又云：「道得則澤流群生，而福歸王公。澤流群生，則下安而和。福歸王公，則上尊而榮。百姓皆懷安和之心，而樂戴其上。夫是之謂下治而上通。」竝引此詩，毛意或然也。

《思文》一章八句。

《思文》，后稷配天也。【疏】此南郊祀天之樂歌也。后稷爲周始封之祖，故既立爲大祖廟，而又於南郊之祀配天。《生民》序云：「文、武之功起於后稷，故推以配天。」是也。《孝經》：「昔者周公郊祀后稷以配天。」《祭法》「周人郊稷」，鄭注云：「祭上帝于南郊曰郊。」《魯語》：「展禽曰：『周人郊稷。』」韋注與鄭同。《書・召誥》篇：「若翼日乙卯，周公朝至于雒，用牲于郊，牛二。」牛二者，帝牛一，稷牛一也。《逸周書・作雒》篇：「周公設丘兆于南郊以祀上帝，配以后稷。」是正謂周公在雒祀天，始行后稷配天之事，與《孝經》合。其後遂以南郊配稷爲定禮。又與《祭法》、《魯語》合也。《禮記・喪服小記》：「王者禘其祖之所自出，以其祖配之，而立四廟。」《大傳》：「禮，不王不禘。王者禘其祖之所自出，以其祖配之。諸侯及其大祖。」又《儀禮・喪服傳》：「諸侯及其大祖，天子及其始祖之所自出。」案天子之始祖即諸侯之大祖，諸侯無配天之祭，故及大祖而止。天子大祖廟共四親廟爲五廟，而更得配享於郊，故《孝經》、《左傳》、《禮記・郊特牲》皆言郊，而《小記》、《大傳》則謂之禘。凡禘、郊、祖、宗，四者皆天子配天之大祭。鄭康成以《祭法》之禘爲冬至圜丘之祭，郊爲夏正南郊之祭，而《小記》、《大傳》之禘則又謂禘即郊，祖即后稷，以其祖配即是后稷配天之義。宣三年《公羊傳》：「郊則曷爲必祭稷？王者必以其祖配。」此鄭本《公羊》作解，其説卓矣。金鶚云：「《荀子》『王者天大祖』、董子『天地者，先祖之所自出爲天矣』、《郊特牲》『萬物本乎天，人本乎祖，此所以配上帝也。郊之祭也，大報本反始也』，此即『禘其祖之所自出，以其祖配』之注腳也，又是禘即郊之確證。『萬物本乎天』，此『禘其祖之所自出』之注腳也。『人本乎祖，所以配上帝』，此『以其祖配』之注腳也。《小記》、《大傳》言禘，此言郊，是禘即郊之證也。」金鶚又云：「『配』字古與『妃』通。《爾雅》：『妃，合也，匹也，對也。』《釋名》：『配，輩也。』然則配享之人必相對相匹而後可。至於以人神配享天地，蓋以天、地、人參爲三才，聖人與天、地合其德，故可以配之也。」《正義》云：「《國語》：『周文公之爲《頌》曰：「思文后稷，克配彼天。」』是此篇周公所自歌也。后稷之配南郊，與文王之配明堂，其義一也。《我將》主言文王饗其祭祀，不説文王可以配上帝。此篇主言后稷有德可以配天，不説后稷饗其祭祀。」奂謂兩《序》之作，一時之事。於《我將》言宗文王，而不言配天；於《思文》言配天，而又不言郊后稷。言饗祀而配天可見，言配天而饗祀亦可知。孔謂經有異，故《序》不同，非也。《噫嘻》正義引《書傳》曰：「祀上帝于南郊，所以報天德。」《郊特牲》注引《易説》曰：「三王之郊，一用夏正。」此南郊在夏正正月也。《昊天有成命》爲冬至圜丘祀天之詩，而《序》云「郊祀天地」，則知夏至方澤亦歌其詩。此詩《序》但稱配天不及配地，配天在南郊，既歌此詩，則配地當在北郊，亦當同歌此詩。金鶚云：「王肅謂方丘即北郊，後儒多從王説。不知澤中方丘非人所爲，而北郊則爲壇以祭，謂之泰折，其地不在澤中。又泰折定在正北近郊，而方丘則無定處。且方丘祭以夏至，不必卜日。而北郊則必卜日。《大宰》『祀五帝，卜日』下云：『祀大神示，亦如之。』大神謂天，大示謂地，則南北郊皆必卜日矣。」

思文后稷，克配彼天。立我烝民，莫匪爾極。【傳】極，中也。貽我來牟，帝命率育。【傳】牟，麥；率，用也。無此疆爾界，陳常于時夏。【疏】思，詞也。文，文德也。烝，衆也。「極，中」，《氓》、《園有桃》同。成十六年《左傳》：「申叔時曰：『民生厚而德正，用利而事節，時順而物成，上下和睦，周旋不逆，求無不具，各知其極。故《詩》曰：「立我烝民，莫匪爾極。」』」《周語》：「芮良夫曰：『夫王人者，將導利而布之上下者也，使神人百物無不得其極。故《頌》曰：「思文后稷，克配彼天。立我烝民，莫匪爾極。」』」杜預、韋昭注竝謂后稷能有立民之道，無不得其中正，與《傳》訓同。《書・皋陶謨》「烝民乃粒」，粒者，「立」之假借字，故《史記・夏本紀》作「衆民乃定」也。〇《傳》釋「牟」爲「麥」，則經中「來」字爲語詞。《谷風》「伊余來塈」，「塈，息也」；《四牡》「將母來諗」，「諗，念也」；《車舝》「德音來括」，「括，會也」；《桑柔》「反予來赫」，「赫，嚇也」；《江漢》「淮夷來鋪」，「鋪，病也」，《傳》皆以「來」爲語詞，無實義。則「來牟」不連讀矣。「貽我來牟」，貽，《説文》作「詒」，不誤。詒，遺也。我，我烝民也。后稷教民稼穡，樹蓺五穀。言麥者，五穀之一也。麥曰牟，疊言之曰牟麥，《孟子・告子》篇云「麰麥」是也。《説文》及趙岐注引《詩》皆作「麰」。《毛詩》作「牟」，「牟」爲「麰」古文假借字。鄭《箋》云：「武王渡孟津，白魚躍入于舟，出涘以燎，後五日，火流爲烏，五至，以穀俱來，此謂『遺我來牟』。」《臣工》箋云：「於美乎赤烏以牟麥俱來，故我周家大受其光明，謂爲珍瑞，天下所休慶也。」鄭以詩之「牟」即《書》之「穀」。但此詩頌后稷不及武王，《箋》不若《傳》義爲長。鄭以「來」爲「行來」之「來」，然亦不以「來」爲「麥」也。《説文》云：「來，周所受瑞麥來麰，一麥二鏠。象芒刺之形。天所來也，故爲『行來』之『來』。《詩》曰：『詒我來麰。』」「麰，來麰，麥也。」「䅘，齊謂麥䅘也。」案「䅘」即「來」。許作《説文》始以「來麰」爲麥名。來麰，《漢書・楚元王傳》引《詩》作「釐麰」。劉向説：「釐麰，麥也。始自天降。」來麰、釐麰二字成義，許、劉相同，許治毛而不廢三家也。毛不言瑞麥，與三家《詩》異。李善注《典引》引《薛君章句》云：「⿱敄麥，大麥也。」「⿱敄麥」與「麰」同。趙岐注《孟子》云：「麰麥，大麥。」麰爲大，則來爲小。《廣雅・釋草》：「大麥，麰。小麥，麳。」其説不古。《正義》云：「《釋詁》：『率、由，自也。』『由』、『自』俱訓爲『用』，故『率』爲『用』也。」案《君子陽陽》傳：「由，用也。」《唐・羔裘》、《緜》傳：「自，用也。」是率、由、自三字訓同。「帝命率育」，育，讀如「五穀孰而民人育」。育，養也，言天命用此牟以養民人也。〇界，《釋文》作「介」訓「大」，非也。介，古「界」字。《文選・魏都賦》注引《韓詩章句》云：「介，界也。」《爾雅》：「疆、界，垂也。」無此疆爾界者，言后稷布種之功，盡天下之疆界，無有此爾也。常，典也。于時，于是也。夏，大也。「陳常于時夏」，言周家陳典大法，肇始后稷也。

卷二十六終

詩毛氏傳疏卷二十七

臣工之什詁訓傳弟二十七　毛詩周頌

長洲陳奐學

《臣工之什》十篇，十章，一百六句。

《臣工》一章十五句。

《臣工》，諸侯助祭遣於廟也。【疏】廟，大祖廟也。大祖廟，后稷之廟。天子藉田在祈穀後，郊而後耕也。外諸侯來朝者適遇其時，亦必與其事，故九推之諸侯即助祭之諸侯。於其歸也，遂歌詠其事，以遣之於廟。其戒敕臣工保介者，即所以戒敕諸侯，故詩次於《思文》、《噫嘻》閒焉。

嗟嗟臣工，敬爾在公。王釐爾成，來咨來茹。【傳】嗟嗟，敕之也。工，官也。公，君也。嗟嗟保介，維莫之春，亦又何求？如何新畬？於皇來牟，將受厥明。明昭上帝，迄用康年。【傳】田二歲曰新，三歲曰畬。康，樂也。命我衆人，庤乃錢鎛，奄觀銍艾。【傳】庤，具；錢，銚；鎛，鎒；銍，穫也。【疏】《傳》以「嗟嗟」爲戒敕之聲，與《烈祖》「嗟嗟」不同義也。《周語》：「宣王不藉千畝，虢文公曰：『農祥晨正，日月氐于天廟，土乃脈發。先時九日，王乃使司徒咸戒公卿、百吏、庶民。先時五日，王即齊宫，百官御事，各即其齊三日。』」案天子爲藉千畝，諸侯爲藉百畝。天子藉田先期咸戒，則諸侯藉田亦當先期咸戒矣。《傳》云「敕之」者，正言其事。《説文》：「敕，誡也。」《書·皋陶謨》篇：「俊乂在官，百寮師師，百工惟時。」《傳》：「寮、工，皆官也。」《版》傳云：「寮，官也。」此《傳》云：「工，官也。」皆與《書》義同。又《酒誥》篇：「越獻臣百宗工。」又惟殷之迪，諸臣惟工。」皆以「臣工」連言。臣工，諸侯之臣有職司於王室者，諸侯之命卿也。「公，君」，《爾雅·釋詁》文。敕臣工敬君事也。釐，予；咨，謀；茹，度也。言王予爾諸侯共成大平，爾臣工亦於是而謀度之。來，猶是也。「來咨來茹」，猶云是究是度也。《楚茨》「時萬時億」，猶是萬是億也；《桑扈》「之屏之翰」，猶是屏是翰也。來、時、之同聲，故三字竝與「是」字同義。〇「保介」無《傳》。《呂覽・孟春紀》：「是月也，天子乃以元日祈穀于上帝。乃擇元辰，天子親載耒耜措之，參于保介之御閒。率三公、九卿、諸侯、大夫躬耕帝藉田，天子三推，三公五推，卿、諸侯、大夫九推。」高誘注云：「措，置也。保介，副也。御，致也。擇善辰之日，載耒耜之具於藉田，致于保介之閒施用之也。」又云：「禮以三爲文，故天子三推，謂一發也。《國語》曰：『王耕一發，班三之。』班，次也。謂公卿大夫各三。其上公三發，卿九發，大夫二十七發也。」案高注以「保介」爲「副」，當是相傳古訓。副，天子之副。即下文三公、九卿、諸侯、大夫也。天子躬耕，則三公以下爲副；諸侯躬耕，則三卿以下爲副。毛《傳》爲臣工作解，即不爲保介作解。「嗟嗟保介」，猶云「嗟嗟臣工」耳，則臣工、保介爲諸侯藉田時皆所率耕之人矣。乃鄭於注《禮》箋《詩》「保介」爲「車右勇力之士，被甲執兵」者。然《月令》言親耕秉耜，無庸更有被甲之人守視耕器。況詩言爲農祈年，於被甲執兵之人尤無干涉。又何庸嗟嗟敕之乎？當依高注以「保介」爲「副」，與毛《傳》訓「臣工」爲「官」正合。又與《國語》言藉畝先期咸戒公卿百吏亦無不合。〇「田二歲曰新，三歲曰畬」，此《釋地》文也。《六書故》「畬」下引《爾雅》作「二歲曰新」，無「田」字，與此《傳》同。今《爾雅》「新」下衍「田」字，云：「田一歲曰菑，二歲曰新田，三歲曰畬。」《易・无妄》馬融注：「菑，田一歲也。畬，田三歲也。」《詩正義》引鄭《易注》同。《禮記・坊記》注：「田一歲曰菑，二歲曰畬，三歲曰新田。」案《易注》是而《禮注》非也。《説文》：「畬，三歲治田也。」《易》釋文引《説文》「畬，二歲」亦非。孫炎云：「菑，始災，殺其草木也。新田，新成柔田也。畬，和也，田舒緩也。」郭璞云：「今江東呼初耕地反草爲菑。」《説文》：「菑，不耕田也。」不耕爲菑，猶休不耕者爲萊。「菑」與「萊」聲相近也。鄭《箋》讀「俶載」爲「熾菑」，初耕未能柔孰，必以利耜發田，與「田一歲菑」合。新謂耕二歲者，畬謂耕三歲者。《易》董遇注：「悉耨曰畬。」蓋至三歲悉可耕耨矣。此詩新畬就耕田説，若《采芑》新菑就休耕之田説，故有可采之芑，立文自有不同。皇，美；牟，麥也。春、夏皆有祈穀之文。夏祈麥實，故言牟。且牟者，后稷之所詒，爲周家王業實基乎此也。受，受福於上帝也。明，猶明明然也。明矣知未然也，昭然不疑也。迄，至也。「康，樂」，《悉蟀》同。《孟子・梁惠王》篇云：「樂歲終身飽。」〇《説文》「錢」、「鎛」下引《詩》作「庤」，《考工記》注引作「待」。《爾雅》：「峙，具也。」「庤」與「偫」、「峙」同。《説文》云：「錢，銚也，古田器。」此本《傳》訓。《説文》又云：「鎛，一曰：田器。」《良耜》「其鎛斯趙」，《箋》云：「以田器刺地。」《傳》訓「鎒」者，亦田器也。鎒，「槈」之或字，今通作「耨」。《管子·禁藏》篇：「推引銚耨以當劒戟。」《輕重己》篇：「銚耨當劒戟。」《輕重乙》篇：「一農之事，必有一耜、一銚、一鐮、一鎒、一椎、一銍，然後成爲農。」《莊子·外物》篇：「春雨日時，草木怒生，銚鎒於是乎始脩。」案錢、鎛、銚、鎒，古今田器異名，故《傳》以「銚」、「鎒」詁「錢」、「鎛」也。《傳》詁「銍」爲「穫」者，艾亦穫也。《大東》傳：「穫，艾也。」艾之爲穫，見於《大東》，此可不傳矣。《良耜》傳：「挃挃，穫聲也。」銍者，「挃」之假借。《禹貢》「二百里納銍」，《傳》：「銍，刈，謂禾穗。」銍亦挃也。《吕覽·上農》篇「因胥歲不舉銍艾，數奪民時」，言不鎒穫，則奪民時矣。與詩「銍艾」同。《周語》：「廩于藉東南，鍾而藏之，而時布之于農。稷則徧戒百姓，紀農協功，耨穫亦如之。民用莫不震動，恪恭于農，修其疆畔，日服其鎛，不解于時。」案詩於章末言命衆人以耨穫者，與《國語》「徧戒百姓，紀農協功」同。詩敕臣工保介以及衆人，猶《國語》王使司徒咸戒公卿、百吏下至庶民也，文義皆無不合。

《噫嘻》一章八句。

《噫嘻》，春夏祈穀于上帝也。【疏】《噫嘻》，春夏祈穀之樂歌也。《禮記·月令》：「孟春，天子乃以元日祈穀于上帝。」此春祈穀也。《月令》但言祈穀，與《孝經》「周公郊祀后稷以配天」者不同。周人於南郊祀天，以后稷配，是主報而不主祈。祈穀亦郊祭。然祈禱之禮輕，不以后稷配，又主祈而不主報。魯爲侯國，損於天子，故春、秋之郊皆爲祈穀。以后稷配天，故亦謂之郊。桓五年《左傳》：「凡祀，啓蟄而郊。」又襄七年《傳》：「孟獻子曰：『夫郊祀后稷，以祈農事也。是故啓蟄而郊，郊而後耕。』」祀后稷，謂配天也。祈農事，謂祈穀也。合報、祈爲一祭，魯禮非周禮也。《左疏》引何休《膏肓》，據《孝經》，后稷配天非即祈穀上帝，分爲兩祭。而此詩《正義》引鄭《箴膏肓》云：「《孝經》主説周公孝以必配天之義，本不爲郊祀之禮出，是以其言不備。」遂據《月令》、《左傳》獻子語，是郊天與祈穀爲一祭。案何説是也。《祭法》禘、郊、祖、宗四大祭皆不見於《月令》。《祭法》郊稷，郊之正祭也，祈穀非郊之正祭可知。故《詩·思文》既爲配天樂歌，此詩又爲祈穀樂歌，明是兩祭。斯亦祈穀非配天之確證矣。《月令》：「仲夏，命有司爲民祈祀山川百源，大雩帝，用盛樂。乃命百縣，雩祀百辟卿士有益於民者，以祈穀實。」此夏祈穀也。鄭注云：「《春秋傳》曰：『龍見而雩。』雩之正，當以四月。凡周之秋三月之中而旱，亦脩雩禮以求雨，因著正雩此月，失之矣。」案鄭説是也。鄭據桓五年《左傳》，以四月爲雩月之正，至五月以後爲因旱而祈雨。故此詩《箋》亦引《左傳》「龍見而雩」，以爲即夏祈穀。蓋雩者，本旱求之名。四月順豐年，逆時雨，寧風旱，故以此月之雩爲先祈正祭。《月令》大雩箸於五月者，此亦猶《穀梁傳》言郊自正月至于三月皆可郊者爲盡時説耳。是五月大雩爲旱求之祭，然亦祈穀實之事，故云「以祈穀實」也。雩，正祭；大雩，旱祭。雩用樂，大雩用盛樂。《春秋經》常雩不書，秋三月書大雩者凡二十，皆是因旱而急求，非雩月之正也。《説文》：「雩，夏祭樂于赤帝，以祈甘雨也。雩或作『𦏺』。雩，舞羽也。」許亦據四月之雩不用盛樂言也。鄭注云：「天子雩上帝，諸侯以下雩上公。」定元年《穀梁傳》：「請乎應上公。古之神人有應上公者，通乎陰陽，君親帥諸大夫道之而以請焉。」此魯雩上公也。《月令》雩帝，此周雩上帝也。春因郊而祈穀，夏則雩爲祈穀，皆當在孟月祭天。其祭地在仲月，義箸《載芟》篇。

噫嘻成王，既昭假爾。【傳】噫，歎也。嘻，敕也。成王，成是王事也。率時農夫，播厥百穀。駿發爾私，終三十里。亦服爾耕，十千維耦。【傳】私，民田也。言上欲富其民而讓於下，欲民之大發其私田耳。終三十里，言各極其望也。

【疏】《釋文》：「噫，作『意』，又作『噫』。」《正義》：「嘻，敕也。」《釋文》作「嘻，和也」，「和」是「敕」之誤。噫，慨歎之詞。嘻，戒敕之詞。噫嘻，疊韻連緜字。哀十四年《公羊傳》：「顔淵死，子曰：『噫！』」何注云：「噫，咄嗟貌。」襄三十年《左傳》：「或叫于宋大廟，曰：『譆譆，出出。』鳥鳴于亳社，如曰『譆譆』。」「嘻」與「譆」同。王，王事也。凡國之大事在農，農事即王事。故《傳》云：「成王，成是王事也。」昭，明；假，至也。○率，用；時，是也。《文選·東都賦》注引：「《韓詩》『帥時農夫，播厥百穀』，薛君云：『穀類非一，故言百也。』」「率」、「帥」古字通用。駿，大也。發，讀如「句庛則利發」之「發」。《箋》：「發，伐也。」《匠人》注：「甽土曰伐，伐之言發也。」私，私田，對公田言之，故《傳》云「民田」也。大發民之私田，言此者，爲富民讓下之道。《鹽鐵論·取下》篇云：「『浚發爾私』，上讓下也。」此説與毛氏義合，其訓古矣。「浚」與「駿」通。終之爲言極也。《傳》云「言各極其望也」者，上欲望民之富，今私田三十里以大發之，是謂各極其望也。亦，發聲。維，其也。「十千維耦」，其耦十千也。《甫田》傳：「十千，言多也。」鄭注《周禮》以鄉遂不用井畫采地，畫之爲井，《遂人》、《匠人》分爲二法。程瑶田《溝洫考》云：「『駿發爾私』，是不畫井，無公田之證也。耦曰十千，是萬夫之證也。里曰三十，是萬夫之田方三十三里又少半里，舉成數之證也。此《遂人》之不爲井田確有明證。」奂案詩言藉田也。藉田在郊。天子藉田千畝，千畝適合十夫之地。此亦鄉遂中用《遂人》十夫，不用《匠人》九夫之事。《周語》：「宣王不藉千畝，虢文公述古者藉田之制云：『王耕一發，班三之，庶人終于千畝。』」韋注：「王耕一發，一耜之發也。耜廣五寸。二耜爲耦。一耦之發，廣尺、深尺。三之，下各三其上也。王一發，公三，卿九，大夫二十七也。終，盡耕之也。」高注《吕覽》同。三十里十千耦，即千畝也。「終三十里」，即終于千畝也。《傳》云「大發私田，各極其望」，實依《周語》「庶人盡耕」爲説。《月令》言天子躬耕，帝藉即在祈穀之後，與《詩序》「祈穀上帝」亦正合。天子鄉遂無公田，而亦藉民力。

《振鷺》一章八句。

《振鷺》，二王之後來助祭也。【疏】二王，夏、殷之王也。《正義》云：「《郊特牲》曰：『王者存二代之後，猶尊賢也。尊賢不過二代。』《書傳》曰：『天子存二王之後，與己三，所以通三統，立三正。』鄭《駁異義》云：『言所存二王之後者，命使郊天，以天子禮祭其始祖，受命之王自行其正朔服色。此之謂通天三統。』是言王者立二王後之義也。」

振鷺于飛，于彼西雝。【傳】興也。振振，群飛皃。鷺，白鳥也。雝，澤也。我客戾止，亦有斯容。【傳】客，二王之後。在彼無惡，在此無斁。庶幾夙夜，以永終譽。【疏】振飛，猶奮翼。鷺不一鳥，故《傳》則重言之曰「振振」。《有駜》「振振鷺」，《傳》亦云：「振振，群飛皃也。」「鷺，白鳥」，《有駜》同。《説文》云：「邕，四方有水自邕成池者。」《水經注》：「四方有水爲雍。」《周禮》「雍氏」注：「雍，爲隄防止水者也。」凡止水處曰邕，假借字作「雝」。「雍」即「雝」之隸變。鷺飛于雝，與「鶴鳴于皋」同。皋、雝皆爲水鳥所居，故竝訓爲「澤」。

《說文・川部》「巛」下引《左傳》「川雝爲澤」，此《傳》所本也。詩以鷺之在澤興客之朝周。賓位在西，故曰「西」。《後漢書・邊讓傳》注引《韓詩》「振鷺于飛，于彼西雍」，《薛君章句》云：「鷺，潔白之鳥也。西雍，文王辟雍也。言文王之時，辟雍學士皆潔白之人也。」案《韓詩》以雝爲文王辟廱，恐非是。蓋此詩作於周公制禮之後，則辟廱在國中之澤宮，而與文王辟廱之在郊用殷制者不同處也。韓與毛異。○《序》言「二王之後」，故《傳》以「客」爲「二王後」也。戾，至也。斯，此也，此鷺也。言客有此絜白之容也。《禮記・中庸》篇：「是故君子動而世爲天下道，行而世爲天下法，言而世爲天下則。遠之則有望，近之則不厭。《詩》曰：『在彼無惡，在此無射。庶幾夙夜，以永終譽。』君子未有不如此而蚤有譽於天下者也。」案「在彼」指遠，「在此」指近。《箋》：「在彼，謂居其國。在此，謂其來朝。」與《中庸》釋《詩》合。《後漢書・列女・曹世叔妻傳》注引《韓詩》亦作「射」，「射」與「斁」通。夙夜，早夜也。永、終，皆長也。「以永終譽」，猶云「以介景福」耳。《後漢書・崔駰傳》「終」作「衆」，「衆」假借字。《箋》云：「譽，聲美也。」《呂覽・審分》篇云：「譽流乎無止。」

《豐年》一章七句。

《豐年》，秋冬報也。【疏】此秋冬報之樂歌也。

《後箋》云：「曹放齋《詩説》謂季秋大饗明堂，秋祭四方，冬祭八蜡，天地百神無所不報。今一以《序》及經證之，似當以曹氏之説爲近。《噫嘻》序言『春夏祈穀』，此言『秋冬報』，明是一祈一報相對爲義。彼言上帝，而此不言何神者，考祈穀之郊主祀上帝，而百神亦當從祀。《左傳》載孟獻子曰：『啓蟄而郊，郊而後耕。』是魯郊正所謂祈穀之郊。《春秋》每卜郊不吉猶三望。《左傳》或曰：『望，郊之細也。』或曰：『望，郊之屬也。』可見祈穀之郊并及方望。至夏雩，則《月令》於雩帝之外，兼及百辟卿士。《噫嘻》序但言上帝，舉其重者耳。此秋冬報祭，亦必自上帝百神，凡有功於穀實者，徧祭之，而皆歌此詩。《月令》：『季秋，大饗帝。孟冬，祈來年于天宗，大割祠于公社及門閭，臘先祖、五祀。』鄭注皆以爲蜡。《郊特牲》云：『蜡者，合聚萬物而索饗之。』可見秋冬之報所祭甚廣，故《序》不指言何神。但經文首稱『豐年』，則其爲百穀報成之祭，義甚箸明，故《傳》亦不言何祭。又《月令》『大饗帝』下云『嘗，犧牲告備於天子』，鄭注：『嘗者，謂嘗群神。天子親嘗帝，使有司祭於群神。」可見『嘗』不定是廟祭之名。推之『孟冬，大飲烝』下即言天宗、公社諸祭，鄭注雖以烝爲升俎。然高誘注《淮南・時則訓》即以此烝爲冬祭。《楚語》觀射父曰：『日月會于龍狵，土氣含收，天明昌作，百嘉備舍，群神頻行。國於是乎烝嘗，家於是乎嘗祀。』夫龍狵乃建亥之月，何以言嘗祀？竊意秋冬報祀，取『嘗新』、『烝衆』之義，亦名『嘗烝』，與廟祀之秋嘗、冬烝同名而異實。《箋》以『報』爲『嘗烝』，豈亦謂四時之外別有嘗烝歟？」

豐年多黍多稌，亦有高廩，萬億及秭。【傳】豐，大；稌，稻也。廩，所以藏齍盛之穗也。數萬至萬曰億，數億至億曰秭。爲酒爲醴，烝畀祖妣，以洽百禮，降福孔皆。【傳】皆，徧也。

【疏】《易・豐・彖傳》及《説卦傳》皆云：「豐者，大也。」《方言》云：「凡物之大貌曰豐。」又云：「趙、魏之郊，燕之北鄙，凡大人謂之豐人。《燕記》曰：『豐人杼首。』燕、趙之閒言圍大謂之豐。」《傳》訓「豐」爲「大」，豐年，大年也。「稌，稻」，《爾雅・釋草》文。郭注云：「今沛國呼稌。」《説文》：「沛國謂稻曰稬。」是以黏者爲稌矣。《周禮・食醫》「牛宜稌」，鄭司農注云：「稌，稉也。」是又以不黏者爲稌矣。蓋稻、稌皆大名也。○《周語》「廩于藉東南，鍾而藏之」，韋注云：「廩，御廩。」《春秋・桓十四年》公羊傳：「御廩者何？粢盛委之所藏也。」《穀梁傳》：「甸粟而内之三宫，三宫米而藏之御廩。」《周禮》「廩人」注云：「藏米曰廩。」案廩藏米，《傳》云「藏齍盛之穗」，《黍離》傳：「穗，秀也。」然則高廩其露積歟？《甫田》傳：「器實曰齊，在器曰盛。」「齍」與「齊」同。《伐檀》、《楚茨》傳皆云：「萬萬曰億。」此即「數萬至萬」也。阮元《校勘記》云：「『數億至億』，此《正義》本也。《正義》云：『數億至億曰秭，於今數爲然。』定本、《集注》皆云：「數億至萬曰秭」。』《釋文》云：『數億至萬曰秭，一本作「數億至億曰秭」。』考《伐檀》、《楚茨》傳『億』字毛用今數，則此《傳》自亦是今數，當以《正義》本爲長。」案阮説是也。舊本《北堂書鈔・歲時部四》引《毛詩傳》與定本、《集注》同。《説文》云：「數億至億曰秭。」是今數，宗毛訓也。《爾雅》：「秭，數也。」郭注云：「今以十億爲秭。」是以古數説秭。秭即兆也。《衆經音義》卷六引《算經》：「黄帝爲法，數有十等，謂億、兆、京、垓、壤、秭、溝、澗、正、載。及其用也有三，謂上、中、下。下數十萬曰億，中數百萬曰億，上數萬萬曰億。」此秭在弟六等，十萬起數，數至秭，則已過於數億至億矣，與古數不合。《廣韻》「秭」字下引《風俗通義》：「千生萬，萬生億，億生兆，兆生京，京生秭，秭生垓，垓生壤，壤生溝，溝生澗，澗生正，正生載。載，地不能載也。」此以萬起數，數至秭，秭爲萬萬，則又不及於今數矣。漢末諸家之説，不足取爲經訓。《釋文》引《韓詩》云：「陳穀曰秭。」〇《載芟》箋云：「烝，進；畀，予；洽，合也。進予祖妣，謂祭先祖、先妣也。以洽百禮，謂饗燕之屬。」《説文》：「皆，俱詞也。」「偏」與「俱」義相近。偏，讀爲「徧爲爾德」之「徧」。《説苑·貴德》篇釋此詩云：「聖人之於天下也，譬猶一堂之上也，有一人不得其所者，則孝子不敢以其物薦進。」此即「徧」字之義。

《有瞽》一章十三句。

《有瞽》，始作樂而合乎祖也。【疏】王者始起，未制作之時，取先王之樂與己同者，假以風化天下。天下大同，乃自作樂。故武王有天下，未致大平，樂器未具。至成王之世，始克大同，迺作己樂，樹羽縣鼓，皆先王所未有也。是在周公攝政六年時。《箋》云：「合者，大合諸樂而奏之。」

有瞽有瞽，在周之庭。設業設虡，崇牙樹羽，應田縣鼓，鞉磬柷圉。【傳】瞽，樂官也。業，大版也，所以飾栒爲縣也，捷業如鋸齒，或曰畫之。植者爲虡，衡者爲栒。崇牙，上飾，卷然，可以縣也。樹羽，置羽也。應，小鞞也。田，大鼓也。縣鼓，周鼓也。鞉，鞉鼓也。柷，木椌也。圉，楬也。既備乃奏，簫管備舉。喤喤厥聲，肅雝和鳴，先祖是聽。我客戾止，永觀厥成。【疏】《傳》云「瞽，樂官」，此即《周官》之大師、小師矣。《周語》：「瞽獻曲。瞽、史教誨。瞽告有協風至。」韋注云：「瞽，樂師。」又云：「樂大師。」是「瞽」爲「樂官」之義。凡宿、縣皆陳樂於堂下。「在周之庭」，言周始作樂也。〇《爾雅·釋器》：「大版謂之業。」《傳》本《爾雅》，又申明「業」字之義爲鋸齒畫飾也。《靈臺》傳亦云：「業，大版也。」《箋》：「設大版於上，刻畫以爲飾。」《正義》引孫炎注：「業，所以飾栒，刻版捷業如鋸齒也。」《説文》：「版，判也。」「業，大版也，所以飾縣鐘鼓。捷業如鋸齒，以白畫之，象其鉏鋙相承也。」竝與毛《傳》同。段注云：「栒以縣鐘鼓，業以覆栒爲飾，其形刻之捷業然如鋸齒，又以白畫之，分明可觀，故此大版名曰業。業之爲言齾也。許説本毛。毛《傳》『或曰畫之』，『或曰』二字乃『以白』二字之譌。」《傳》云「植者爲虡，衡者爲栒」，《靈臺》同。云「崇牙，上飾」者，謂業上飾也。《烈文》傳：「崇，立也。」業爲栒之上飾，崇牙又爲業之上飾。業爲平版，作鋸齒形，以白畫之。崇牙爲業上曲然高聳處，以縣鐘磬，故云：「卷然，可以縣也。」《卷阿》傳：「卷，曲也。」是鐘磬縣於崇牙，不縣於業。牙大齒小，上下相承。業畫齒，崇牙非畫也。解之者以牙與齒爲一，則崇牙爲畫文，失之。詩有業，又有崇牙。《靈臺》有業，又有樅。《傳》亦必分釋之，其爲二物明矣。羽，緌羽飾也。《集韻》：「翿，筍虡飾。」引《爾雅》：「髦謂之翿。」今《釋言》作「旄」。旄、髦皆羽也。經言「樹」，《傳》言「置」。樹之爲言侸也，置之爲言植也。《方言》：「樹植，立也。燕之外郊、朝鮮洌水之閒，凡言置立者謂之樹植。」樹羽，周禮也。《明堂位》云：「殷之崇牙，周之璧翣。」《詩》謂之樹羽，《禮記》謂之璧翣，其義一也。疑「璧」乃「壁」之誤。壁，當讀如「壁材」之「壁」，壁即栒上之版，翣即羽也。謂於壁四角緌羽以爲飾，是曰壁翣也。亦曰置翣，《檀弓》：「周人牆置翣。」又「置翣，周也。設崇，殷也。」《說文》：「翣，棺羽飾也。」此雖喪飾，而殷設崇，周置翣，其質文增益之數大略相同。鄭緣《喪大記》有「畫翣」「載圭」之文，遂以解璧爲載璧、翣爲畫翣，其下又緌以五采羽，則更於樹羽之外增益璧翣矣。依漢制度言之，恐與古不合。○應，應鼓也。《周禮·小師》「擊應鼓」、《禮記·禮器》篇「應鼓在東」、《爾雅·釋樂》「小者謂之應」，是應爲小鼓也。《傳》云「小鞞」，「鞞」乃「鼙」之借字。《大射儀》：「應鼙在其東，南鼓。」鄭注云：「應鼙，應朔鼙也。先擊朔鼙，應鼙應之。鼙，小鼓也。在東，便其先擊小後擊大也。」《投壺》篇魯鼓、薛鼓之圖，注云：「圜者擊鼙，方者擊鼓。」案應鼙在東面，以應西面之朔鼙，故謂之應。又先擊小鼓乃擊大鼓，小鼓爲大鼓先引，故亦謂之應。《傳》以「小鼙」釋「應」，即指應鼙言也。不言朔鼙，經文不備也。《說文》云：「鼙，騎鼓也。」跨馬爲騎，鼙有四足揞箸於地，若人之跨馬然，故曰騎鼓。《明堂位》注云：「足，謂四足也。」則應即夏后氏足鼓也。○《傳》以「應」、「田」連文，應爲小鼙，故田爲大鼓矣。《爾雅》「鼖」、「應」同釋，《說文》亦「鼖」、「鼙」連篆，皆其義。鼖，亦作「賁」，《靈臺》傳：「賁，大鼓也。」賁、田皆爲大鼓。應即應鼙，在東。縣鼓即鞉，在西。詩人作句，以田次於應、縣鼓之閒，蓋田即《儀禮》之建鼓也。《儀禮·大射儀》云：「樂人宿縣于阼階東，建鼓在阼階西，南鼓。一建鼓在其南，東鼓。一建鼓在西階之東，南面。」案諸侯三面縣，謂之軒縣，三面皆一建鼓。周庭設四面縣，謂之宮縣，則四面必皆一建鼓。田之爲言陳也。田田相承，亦陳陳相應也。鄭注云：「建鼓，建猶樹也。以木貫而載之，樹之跗也。」賈疏云：「今之建鼓則殷法也。」又謂之楹鼓，《明堂位》「殷楹鼓」，鄭注云：「楹謂之柱，貫中上出也。」則田即殷人楹鼓也。《鼓人》：「以路鼓鼓鬼享。」詩爲大祭祀，宿縣則田，大鼓即路鼓也。路鼓、建鼓，説見《靈臺》篇。《正義》以田爲縣鼓，失之矣。郭注《爾雅》、鄭注《周禮》、《禮記》竝引《詩》作「應𨎤縣鼓」。《周禮・大師》、《小師》「鼓𨎤」，鄭司農兩云：「𨎤，小鼓。」《説文・申部》：「朄，擊小鼓，引樂聲也。」𨎤亦應之類。應、𨎤皆謂小鼓。《箋》改「田」作「𨎤」，當本三家《詩》説。〇《傳》云「縣鼓，周鼓也」者，縣鼓即鞉鼓。《那》「置我鞉鼓」，《傳》：「鞉鼓，樂之所成也。夏后氏足鼓，殷人置鼓，周人縣鼓。」此《禮記・明堂位》文，《那》傳本之以證殷人鞉鼓爲置鼓之義，而又推言周人鞉鼓爲縣鼓之義。《商頌》殷制，故曰置。《周頌》周制，故曰縣。此殷因夏，周因殷，所損益可知也。《傳》以縣鼓爲周鼓，則應、田承二代之典物矣。周人以夏后氏足鼓爲應鼙、朔鼙，以殷人置鼓爲建鼓，而唯鞉鼓周乃改變二代足、置之制，別設一縣。《小師》「掌教鼓鼗」，《眡瞭》、《瞽矇》「掌播鼗」。魯用天子樂，其官有播鼗武，蓋重之也。古者鐘、磬縣，鼓皆不縣，故《考工記》梓人爲簨虡，但有鐘磬而無鼓。周鼓亦不皆縣，唯鼗鼓乃縣之。《大射儀》云：「鼗倚于頌磬，西紘。」紘猶縣也。東西兩肆皆有磬、鐘、鎛，建鼓自北而南陳之，則西肆不得多設一器。鼗在西肆頌磬之西，而特縣之，所以象西方功成。《禮器》云：「廟堂之下，縣鼓在西。」此其義證也。鄭注：「紘，編磬繩也。設鼗於磬西，倚于紘也。」解「紘」爲「編磬繩」，失之。又《明堂位》注：「縣，縣之簨虡也。」鄭不解「縣鼓」爲「鞉鼓」，則所謂「縣之簨虡」者，其意指小鼙之屬。然縣於簨虡，擊小鼓以應大鼓，艱於擊應。又《那》箋鞉雖不植，貫而摇之，亦植之類。《大射》注：「鼗，如鼓而小，有柄。」《小師》注：「鼗，如鼓而小，持其柄摇之，旁耳還自擊。」後儒説鼗悉依鄭説。《爾雅》云：「大鼗謂之麻，小者謂之料。」鼗有大小，或鄭所據其小者歟？《釋文》：「鞉，亦作『鼗。』」《爾雅》釋文：「鼗，本或作『鞀』，同。」《説文》：「鞀，遼也。或作『鞉』，又作『𪔛』。籀文作『磬』，同。」案今字《詩》作「鞉」，《書》、《禮》、《爾雅》作「鼗」，《月令》作「鞀」，竝字異義同。鞉即承上文縣鼓而言。《傳》云「鞉，鞉鼓也」者，即本《那》篇「置我鞉鼓」而言也。鞉鼓，俗本作「小鼓」者，誤。《書・皋陶謨》篇：「下管鼗鼓，合止柷敔。」《周禮》：「小師掌教鼓鼗、柷、敔。瞽矇掌播鼗、柷、敔。」《爾雅・釋樂》亦以柷、敔、鼗爲節樂之器，故每連而言之。《大司樂》宗廟之中，路鼓路鼗。詩之田即路鼓，則詩之鞉，其路鼗矣？○上文設業虡，編磬在其中矣。此言磬者，謂特磬也。《那》「依我磬聲」，《箋》云：「磬，玉磬也。玉磬尊，故異言之。」❶玉磬見《明堂位》及《魯語》，《書》謂之「鳴球」。鄭注云：「鳴球，玉磬也。」《爾雅》：「大磬謂之毊。」《大戴禮・三本》篇：「縣一磬而尚拊搏。」大磬特縣，所以配鎛鐘者也。《書》「戛擊」，《明堂位》作「揩擊」，古説皆以爲柷敔。柷敔在堂下，則玉磬亦在堂下可知。鄭注《書》玉磬合堂上之樂者，謂玉磬倚于堂廉，與堂上之歌相應，非謂玉磬爲設於堂上也。凡四面縣，東西二鎛皆南陳，其特磬當設於北方。《白虎通義・禮樂》篇云：「一説：磬在西北方。」是也。《鄉飲酒禮》：「笙入堂下磬南，北面立。」此磬亦特磬也。君賜之樂，則大夫有特磬。《記》曰：「磬，階閒縮霤，北面鼓之。」注：「縮，從也。霤以東西爲從。」是大夫特磬在庭北，笙入在其南。《大射儀》無特磬者，辟射位也。諸侯大夫皆有特磬。《郊特牲》擊玉磬爲諸侯僭禮，然則唯天子用玉耳。大夫閒歌，特磬以應之。天子無笙閒有下管，亦特磬以應之，而編磬亦應之。鞉所以節下管，故此篇及《那》皆「鞉磬」連文也。○「柷」爲「椌」，以今名通古名之例。疑《傳》文「木」字當衍。《説文》：「椌，柷樂也。」「柷樂，木椌也，所以止音爲節。」許依椌從木故謂之木椌耳。「柷」下「樂」字亦當衍。郭注《爾雅》云：「柷如漆桶，方二尺四寸，深一尺八寸，中有椎，柄連底，挏之令左右擊。止者，其椎名。」《風俗通義》及《廣雅》竝云：「柷，方三尺五寸。」圉，《書》、《禮》及《爾雅》皆作「敔」。圉者，「敔」之假借字。《淮南子・俶真》篇：「騎蜚廉而從敦圄。」「圄」與「敔」同。郭注《爾雅》云：「敔如伏虎，背上有二十七鉏鋙，刻以木，長尺擽之。」柷敔，《禮記・樂記》及《荀子・樂論》作「椌楬」，故《傳》訓「圉」爲「楬」也。鄭注《明堂位》云：「揩擊，謂柷、敔，皆所以節樂者也。」《玉篇・手部》：「揳擊柷敔，所以止樂也。本亦作『戛』。」《爾雅》：「所以鼓柷，謂之止。所以鼓敔，謂之籈。」李注云：「擊柷之椎名謂止，戛敔之木名謂籈。樂之初，擊柷以作之。樂之將末，戛敔以止之。」《白虎通義・禮樂》篇：「柷敔者，終始之聲，萬物之所生也。陰

❶「言」，原脱，徐子静本、《清經解續編》本同。據明世德堂本《毛詩》、阮刻《毛詩正義》、本書卷三十《那》傳疏補。

陽順而復，故曰柷。承順天地，序迎萬物，天下樂之，故樂用柷。柷，始也。敔，終也。」案此皆就柷作敔止爲説。《風俗通義》引《禮・樂記》「用柷止音爲節」，與《説文》同，而不及敔。《釋名》：「敔，衙也。衙，止也，所以止樂也。」鄭注《尚書》：「敔狀如伏虎，背上刻之，所以鼓之以止樂。」而又不及柷。奂謂柷、敔皆止樂之器。鼓柷謂之止，止音爲柷也。鼓敔謂之籈，籈之爲言禁也。《説文》：「敔，禁也。」禁亦止也。柷謂之椌，椌猶控也。《大叔于田》傳：「止馬曰控。」其義也。敔謂之楬，楬猶遏也。《説文》：「遏，微止也。讀若桑蟲之蝎。」其義也。顧希馮以爲柷、敔皆止樂，當有師承矣。《書》云：「合止柷、敔。」合，合樂也。合樂則柷，敔以止之。解之者乃謂合柷止敔，遂有始柷終敔之説，恐非古義。○「既備乃奏」，《箋》謂「既備」爲縣畢已，「乃奏」爲金作。是「既備」承上文，而「乃奏」起下文也。凡奏皆金奏也。《説文》：「簫，參差管樂，象鳳之翼。」「管，如篪，六孔，十二月之音，物開地牙，故謂之管。」《通典》引蔡氏《月令章句》云：「簫，編竹，有底，大者二十三管，小者十六管；長則濁，短則清。以蠟蜜實其底而增減之則和。管者，形長尺，圍寸，有孔無底。」鄭《箋》及《小師》注皆云：「簫，編小竹管，如今賣飴餳者所吹也。管，如篴，併而吹之。」高注《淮南》、《吕覽》云：「管，一孔，似篴。簫，今之歌簫。」案《爾雅》：「大簫謂之言，小者謂之筊。大管謂之簥，其中謂之篞，小者謂之篎。」是簫、管皆有大小。高、鄭則就其小者言耳。簫管，《儀禮》謂之蕩，蕩之爲言大也。當依蔡説就其大者言之爲是。金鶚云：「金奏下管樂之大者，笙入閒歌樂之小者，故天子、諸侯有金奏下管而無閒歌，大夫、士有笙入閒歌而無金奏下管，此其等差也。燕禮有金奏升歌下管、笙入合樂，而無閒歌。有笙入者，諸侯燕大夫，故即以大夫樂樂之，非諸侯之正樂也。徧考諸經，皆無天子、諸侯用笙閒之説。」又云：「堂上所歌，皆風、雅、頌之《詩》，堂下笙管金奏非《詩》也。」案誠齋説天子諸侯有金奏下管而無笙入閒歌，明辨晳矣。然以爲下管非《詩》，竊非也。昭二十五年《左傳》：「宋公享昭子，賦《新宫》。」則《新宫》爲《詩》，有明文矣。諸侯升歌《鹿鳴》，下管《新宫》，見於《燕禮・記》及《大射儀》。天子樂禮既亡，而以魯用天子樂推之，其於祀大廟也，升歌《清廟》，下管《象》，見於《明堂位》及《祭統》。《新宫》、《象》皆《詩》。《象》即《維清》也。凡《詩》爲歌，歌者在上，笙管皆在下。笙入閒歌，其堂上歌《詩》，堂下以笙和之。下管亦有《詩》，其堂上歌《詩》，堂下以管合之，故言下管即以包笙、閒二者矣。《鄉飲酒禮》、

《鄉射禮》、《燕禮》皆有笙無管，《大射儀》有管無笙，唯《燕禮・記》下管《新宫》，笙入三成。此《記》管、笙竝有，與經不合。云「備舉」者，言下管之樂盡舉也。《執競》傳云：「喤喤，和也。」《振鷺》傳云：「客，二王之後。」《書・臯陶謨》篇云：「祖考來格，虞賓在位，《簫韶》九成。」正與詩義同。

《潛》一章六句。

《潛》，季冬薦魚，春獻鮪也。【疏】《禮記・月令》：「季冬，命漁師始漁，天子親往，乃嘗魚，先薦寢廟。」此冬薦魚也。《月令》：「季春，薦鮪于寢廟。」又《周禮・𩾍人》：「春獻王鮪。」《夏小正》：「二月，祭鮪。」此春獻鮪也。《魯語》云：「古者大寒降，土蟄發，水虞於是乎講罛罶，取名魚，而嘗之廟，❶行諸國。」案冬、春之際皆取魚嘗廟，正與《序》義合。

猗與漆沮，潛有多魚。【傳】漆、沮，岐周之二水也。潛，糝也。有鱣有鮪，鰷鱨鰋鯉。以享以祀，以介景福。【疏】《那》傳云：「猗，歎詞。」《國語》「猗兮違兮」，韋注云：「猗，歎也。」「猗與」，猶「猗兮」也。漆、沮，詳《緜》篇。《傳》云「岐周之二水」者，岐周爲文王政治新邦，周人於享祀時薦，作爲樂歌，遂以漆、沮二水發端，國雖邑鎬京，而禮必稱岐周。《孟子・梁惠王》篇云：「昔者文王之治岐也，澤梁無禁，故潛有多魚也。」潛，《韓詩》作「涔」。《禹貢》「沱潛」，《夏本紀》作「沱涔」，此潛、涔聲通之證。糝，《釋文》所據舊《詩傳》作「槮」。《爾雅・釋器》：「槮謂之涔。」李巡、孫炎、郭璞竝訓「積柴」，作木旁參。唯舍人云：「以米投水養魚爲涔。」舍人本《爾雅》作米旁參。以米養魚，非古義也。諸家皆依字偏旁爲説。竊謂其字作「糝」，訓爲「蓄水養魚」。不必改作「槮」，亦不必訓作「投米」也。《説文・网部》：「罧，積柴水中以聚魚也。」《木部》：「栫，以柴木雝水也。」《江賦》「栫澱爲涔」，栫、涔亦聲之轉。《淮南子・説林》篇：「罛者扣舟，罩者抑之，罾者舉之。」高注：「罛，以柴積水中以取魚。扣，擊也。魚聞擊舟聲藏柴下壅而取之。罛，讀沙糝。今兖州人積柴水中捕魚爲罛，幽州名之爲涔也。」武進莊逵吉云：「罛，據《爾雅》、《説文》當作『罧』。」案莊説是也。《淮南子》與《説

❶「廟」，徐子静本、《清經解續編》本同。《四部備要》本與上海古籍出版社點校本《國語》作「寢廟」。

文》正合。積柴聚魚，其字正作「罧」。《釋文》引《韓詩》云：「涔，魚池。」亦是「圍聚捕取」之義，與「積柴」之説亦未嘗不合。《説文》云：「涔，漬也。」「涔」本字，「潛」假借字。「罧」正字，「槮」假借字。○《碩人》傳：「鱣，鯉也。鮪，鮥也。」此《箋》云：「鱣，大鯉也。鮪，鮥也。」鄭因下有鯉，故謂鱣爲大鯉，以別言之。《四月》「鱣鮪」，《傳》亦謂之大魚矣。《箋》云：「鰷，白鰷也。」《説文》：「鯈，鯈魚也。」「鰷」即「鯈」之俗。《爾雅》：「鮂，黑鰦。」郭注云：「即白鯈魚。江東呼爲鮂。」《魚麗》傳云：「鱨，揚也。」《箋》云：「鰋，鮎也。」《魚麗》傳同。郭注《爾雅》云：「鯉，今赤鯉魚也。」

《雝》一章十六句。

《雝》，禘大祖也。【疏】此時禘后稷之樂歌也。

《爾雅》云：「禘，大祭也。」大祭，猶殷祭。凡禘有三：禘天於圜丘也，禘地於方丘也，禘人鬼於宗廟也。宗廟之禘有二：吉禘與時禘也。吉禘者，終王大禘也。時禘者，四時大禘也。吉禘爲三年喪畢之祭，時禘則爲四時宗廟之祭。吉禘有新主，時禘則主大祖。吉禘在路寢大廟，時禘則於大祖廟。吉禘及郊宗石室，時禘則止毀廟、未毀廟。吉禘爲百王通義，時禘則夏、殷爲夏禘，居四時祭之一，周乃改夏禘爲夏礿，又於四時時享之外，行三年祫而五年禘。《閟宮》傳云：「夏禘則不礿，秋祫則不嘗，唯天子兼之。」此即時享外有祫又有禘之義也。《詩》言禘有二：「《雝》，禘大祖也」，時禘也；「《長發》，大禘也」，吉禘也；「《昊天有成命》，郊祀天地也」，此雖曰郊，實亦是禘。郊祀天地，禘祀天地也。説者或以禘爲宗廟之禘，而不知有天地之禘，則《祭法》、《國語》禘郊祖宗之禮廢矣。或以禘但爲喪畢之禘，而不知有四時之禘，則《大宗伯》、《大司樂》六享六樂之禮亡矣。《序》云「禘大祖」，大祖，后稷也。周以文、武爲受命之祖，以后稷爲肇封之祖，立后稷爲大祖廟，故唯后稷稱大祖。《周禮·大司樂》：「於宗廟之中奏之，若樂九變，則人鬼可得而禮。」注：「人鬼則主后稷。」《王制》：「天子七廟，三昭三穆，與大祖之廟而七。」注：「七者，大祖及文王、武王之祧，與親廟四。大祖，后稷。」然則鄭亦謂大祖爲后稷矣。《王制》疏云：「鄭説禘大王、王季以上遷主，祭於后稷之廟，其坐位乃與祫相似。其文、武以下遷主，若穆之遷主，祭於文王之廟，文王東面，穆主皆北面，無昭主；若昭之遷主，祭於武王之廟，武王東面，其昭主皆南面，無穆主。又祭親廟四，其四時之祭惟后稷、文、武及親廟四也。」案據鄭説已極淹貫。古者夏立五廟，禹爲大祖，故其禘在大祖廟。諸侯以始封之君爲大祖廟，同夏制也。殷、周以契、稷始封爲大祖，而湯與文、武受命之王與大祖竝尊，廟皆不毁。《周禮·守祧》注云：「先公之遷主藏於后稷廟，先王之遷主藏於文、武廟。」又據《春秋》，魯有禘於群廟之禮，遂自圓其説，以爲時享及五廟、二祧，時禘及毁廟、四親廟，亦各禘於其廟，毁主藏於后稷、文、武三廟中，故此三廟皆行禘禮。先公遷主於后稷合食，先王遷主於文、武合食，以視祫之皆在大祖廟合食者不同。此就文、武應毁不毁時言之，鄭説可補經義之未備。要不可以論周公制禮之初。《韓詩内傳》云：「禘取毁廟之主，皆升食於大祖。」《通典》引逸《禮》云：「禘于大廟禮，毁廟之主升合食，而立二尸。」又云：「獻昭尸如穆尸。」又云：「毁廟之主，昭共一牢，穆共一牢，祝稱孝子、孝孫。」《王制》疏引逸《禮》又云：「禘皆升食于其祖，劉歆、賈逵、鄭衆、馬融皆以爲然。」是諸家或本古制，統吉禘、時禘而言。或舉侯邦，雖言禘而實即祫，故説禘者往往不及文、武。然即援此，可徵周禮制作之遺意。此詩本禘后稷之詩也，獻昭尸，故「假哉皇考」也。獻穆尸，故「既右烈考」也。祝辭稱孝子，故「綏予孝子」也。詩與逸《禮》義正脗合，特詩不言毁廟爲異焉耳。周以后稷配天爲郊祭，以后稷主宗廟爲禘祭，以文昭武穆未毁廟爲合食以祭。其後遂定禘爲五年一祭，此周公制禮也。《箋》云：「大祖，謂文王。」非也。劉昫《舊唐書·禮儀志》引《白虎通義》：「文王爲大祖，武王爲大宗。」此爲鄭所本。不知祖文宗武爲明堂配天之祭，不聞於宗廟稱文爲大祖、武爲大宗，且文王既不得與后稷同稱大祖，成王時文王尚居親廟，豈得於文王廟特禘？《箋》失之矣。

有來雝雝，至止肅肅。相維辟公，天子穆穆。於薦廣牡，相予肆祀。【傳】相，助也。廣，大也。假哉皇考，綏予孝子。宣哲維人，文武維后。燕及皇天，克昌厥后。綏我眉壽，介以繁祉。【傳】假，嘉也。燕，安也。既右烈考，亦右文母。【傳】烈考，武王也。文母，大姒也。【疏】《思齊》傳：「雝雝，和也。肅肅，敬也。」「相，助」下「也」字今補。《清廟》「肅雝顯相」，《傳》云：「相，助也。」義同。辟公，謂諸侯也。天子，謂成王也。《文王》傳云：「穆穆，美也。」《漢書·劉向傳》：「當此之時，武王、周公繼政，朝臣和於内，萬國驩於外，故盡得其驩心，以事其先祖。《詩》曰：『有來雝雝，至止肅肅。相維辟公，天子穆穆。』言四方皆以和來也。」案劉承上文而言武王，非謂武王作此詩也。云「事其先祖」，則爲禘后稷可知。又《韋玄成傳》：「立廟京師之居，躬親承事，四海之内，各以其職來助祭。尊親之大義，五帝三王所共不易之道也。」亦引此詩。云「立廟京師」，則其爲時禘宗廟可知。三家與毛不異也。於，讀如字。「廣，大」，《六月》同。廣牡，猶言大牡。《周禮・充人》「碩牡則贊」，碩亦大也。《楚茨》、《行葦》傳皆云：「肆，陳也。」〇「假」訓「嘉」。《箋》云：「嘉哉皇考，㡿文王也。」綏，讀「以綏後禄」之「綏」。綏，安也。孝子，亦㡿成王也。宣哲，明哲也。《六月》、《嵩高》傳：「有文有武。」《文王有聲》傳云：「后，君也。」燕，讀「以燕翼子」之「燕」。《文王有聲》傳云：「燕，安也。」義同。昌，文王諱。《禮記・曲禮》「廟中不諱」，鄭注云：「爲有事於高祖，則不諱曾祖以下，尊無二也。於下，則諱上。」然則此詩有事於后稷，故不爲文王諱，是其義也。《正月》傳云：「繁，多也。」〇《傳》云「烈考，武王也」者，此禘后稷，文王爲昭尸，武王爲穆尸，故詩人既歌皇考又歌烈考，皇考爲文王，則烈考爲武王矣。《祭法》「周人祖文王而宗武王」，鄭注云：「祖、宗，通言爾。《孝經》曰：『宗祀文王于明堂，以配上帝。』」韋注《魯語》云：「稷，周始祖也。祖文王而宗武王。與《孝經》異者，周公初時亦祖后稷而宗文王，至武王雖承文王之業，有伐紂定天下之功，其廟不可毀，故先推后稷以配天，而後更祖文王而宗武王也。」《書大傳》亦云：「故周人追祖文王而宗武王。」蓋祖文宗武，壇位之祀；昭文穆武，廟禘之禮也。云「文母，大姒也」者，周歷世修德，莫如文王；歷世有賢妃之助，又莫如文母。言文母不言邑姜，文不具也。《春秋・僖八年》：「秋七月，禘于大廟，用致夫人。」此諸侯禘致夫人之新主。是有父主，必有母主矣。文二年《穀梁》疏：「麋信引衛次仲云：『宗廟主皆用栗。右主八寸，左主七寸，廣厚三寸。若祭訖，則内於西壁埳中，去地一尺六寸。右主，謂父也。左主，謂母也。』」《襍記》「男子祔於王父則配」，注：「配，謂并祭王母。」此謂女子無廟，祔於男子合食也。《祭統》：「鋪筵，設詷几，爲依神也。」注：「詷之言同也。祭者以其妃配，亦不特几也。」此謂男有尸，女無尸，同几，《少牢》所謂「以某氏配，尚饗」是也。王引之《詩述聞》云：「《傳》以文母爲大姒者，以上文皇考是文王，則文母當爲大姒，非謂因文王而稱文母也。《列女傳・母儀傳》：❶『大姒仁而明道，思媚大姜、大任，旦夕勤

❶「列」，原作「烈」，據《文選樓叢書》本《列女傳》、中國書店影印武林愛日軒刻本、徐子静本改。

勞，以進婦道。大姒號曰文母。』然則『文母』之稱，專美大姒之文德明矣。《漢書・元后傳》：『大皇大后當爲新室文母大皇大后。』《後漢書・鄧騭傳》：『伏惟和熹皇后，聖善之德，爲漢文母。』《何敞傳》：『伏惟皇大后秉文母之操。』皆本《周頌》爲義。《漢書・杜鄴傳》：『雖有文母之德，必繫於子。』顔師古注曰：『文母，文王之妃大姒也。』劉奉世、胡三省則皆以爲文王之母大任，其意蓋謂文王之妃當稱文后，不當稱文母，故改爲大任，以成『文母』二字之義。不知文母爲文德之母，不因文王而稱之也。」案王説是也。《杜鄴傳》所云「雖文母之德，必繫於子」，正本此詩先武王後大姒之義。

《載見》一章十四句。

《載見》，諸侯始見乎武王廟也。【疏】成王之世，武王廟爲禰廟。武王主喪畢入禰廟，而諸侯於是乎始見之，此其樂歌也。

載見辟王，曰求厥章。【傳】載，始也。龍旂陽陽，和鈴央央。鞗革有鶬，休有烈光。【傳】龍旂陽陽，言有文章也。和在軾前，鈴在旂上。鞗革有鶬，言有法度也。率見昭考，以孝以享。【傳】昭考，武王也。享，獻也。以介眉壽，永言保之，思皇多祜。烈文辟公，綏以多福，俾緝熙于純嘏。【疏】《爾雅》：「哉，始也。」古載、哉聲通。辟，君；君王，謂成王也。《墨子・尚同中》篇云：「《周頌》道之曰：『載來見彼王，聿求厥章。』則此語古者國君諸侯之以春秋來朝聘天子之廷，受天子之嚴教，退而治國，政之所加，莫敢不賓。當此之時，本無有敢紛天子之教者。」《墨子》釋《詩》「章」讀「舊章」，此古説也。曰、聿字通。○龍旂，交龍爲旂也。陽陽，龍旂皃，故《傳》云：「言有文章也。」隱五年《左傳》「昭文章」，杜注云：「車服旌旗。」是矣。「和在軾前」，鈴之在軾前者也。詳《蓼蕭》篇。《爾雅・釋天》「有鈴曰旂」，李注云：「以鈴箸旐端。」桓二年《左傳》：「鈴，昭其聲也。」杜注云：「鈴在旂，動有鳴聲。」《説文》云：「旂，旗有衆鈴以令衆也。」「鈴，令丁也。」案交龍旂有九鈴箸旐端，旂有衆鈴也；令丁爲鈴，動有鳴聲也。郭璞謂縣鈴於竿頭，則與古説乖矣。詩上句言龍旂，下句言鈴，《傳》云「鈴在旂上」，則鈴在龍旂之上，與凡稱旂爲旌旗總名者不同。故《庭燎》、《采叔》、《泮水》等篇皆云「言觀其旂」，但辨旂之色，不及旂之聲，與此有別。央央，狀和鈴之聲，與訓「鮮明」者不同。《吕覽・古樂》篇「其音英英」，高注云：「英英，和盛之貌。」與此「央央」同。鞗，當作「鋚」。《蓼蕭》傳云：「鋚革，轡首垂也。」《釋文》：「鶬，本又作『鎗』。」《正義》本亦作「鎗」。《説文》、《玉篇》引《詩》皆作「瑲」，竝同。「言有法度」，《簡兮》傳云：「言能治衆，動於近，成於遠也。」《烈文》傳云：「烈，光也。」○《思文》傳：「率，用也。」《序》言「諸侯始見乎武王廟」，故《傳》知昭考爲武王。「享，獻」，《天保》、《我將》同。永，長；言，我也。思，詞也。皇，天也。義竝見《文王》篇。言我武王長保天命，天乃予以多福也。「思皇多祜」，與「思皇多士」句法相同。辟公，謂諸侯也。俾，《釋文》作「卑」。緝熙，光明也。純，嘏，皆大也。

《有客》一章十二句。

《有客》，微子來見祖廟也。【疏】《箋》云：「成王既黜殷命，殺武庚，命微子代殷後，既受命，來朝而見也。」

有客有客，亦白其馬。【傳】殷尚白也。亦，亦周也。有萋有且，敦琢其旅。有客宿宿，有客信信。言授之縶，以縶其馬。【傳】萋且，敬慎貌。一宿曰宿，再宿曰信。欲縶其馬而留之。薄言追之，左右綏之。既有淫威，降福孔夷。【傳】淫，大；威，則；夷，易也。【疏】《傳》云「殷尚白也」者，《檀弓》「殷人尚白，戎事乘翰」，鄭注云：「翰，白色馬也。」引《易》曰：「白馬翰如。」是殷馬用白也。云「亦，亦周也」者，僖二十四年《左傳》：「皇武子曰：『宋，先代之後也，於周爲客。』」案《傳》中「周」字即用《左傳》「於周爲客」之義，故經「亦白」二字，《傳》乃先釋「白」後釋「亦」，上承「有客」句，下起「萋且」句，言微子亦於周廟助祭耳。《白虎通義・王者不臣》篇：「不臣二王之後者，尊先王，通天下之三統也。《詩》云：『有客有客，亦白其馬。』謂微子朝周也。」《魯詩》亦謂客爲微子，與《毛詩》序、傳合。《獨斷》亦同。○萋且，猶踧踖，雙聲連緜字。《傳》云「敬慎」，此即助祭祼將之事。《箋》云：「其來威儀萋萋且且，盡心力於其事。」是也。敦琢，猶雕琢。旅，衆也。衆者，此即《臣工》篇之「臣工」、「保介」也。《箋》云：「選擇衆臣卿大夫之賢者與之朝王，言敦琢者，以賢美之，故玉言之。」亦是「其人如玉」之義也。莊三年《左傳》：「凡師，一宿爲舍，再宿爲信，過信爲次。」案「一宿爲舍」即「一宿曰宿」也。《九罭》傳亦云：「再宿曰信。」《爾雅》：「有客宿宿，言再宿也。有客信信，言四宿也。」郭注云：「再宿爲信。重言之，則知四宿。」《白駒》傳：「縶，絆也。」縶爲絆馬之索，授之縶即授之索也。因之以索絆馬亦爲之縶，縶其馬即絆其馬也。縶馬，所以留客，故《傳》云「欲縶其馬而留之」也。○薄、言，皆語詞。《箋》云：「追，送也。」既，猶終也。「淫，大」，《爾雅·釋詁》文。淫從㸒聲，㸒從壬聲，故詁訓「壬」、「任」、「淫」三字竝有「大」義。「威，則」，《釋言》文。威從戌聲，「威」與「則」雙聲。《廣雅·釋言》：「威，德也。」「威」與「德」亦雙聲。則、德義相近。《箋》云：「既有大則，謂用殷正朔，行其禮樂如天子。」此申《傳》訓也。「夷，易」，《節南山》、《天作》同。

《武》一章七句。

《武》，奏《大武》也。【疏】詩以「武」命篇，《序》云「《大武》」，猶《大夏》、《大濩》耳。《周禮》、《禮記》、《左傳》皆言「舞《大武》」，則《大武》爲樂舞。《箋》云：「《大武》，周公作樂所爲舞也。」《後箋》云：「《箋》言周公所作，即此《武》詩。又言所爲舞者，以《周頌》惟《維清》及此《序》言奏，是既歌此詩，即爲此舞。但《維清》箋言《象舞》武王所制，則似武王時已象文王之伐而爲舞，周公乃爲歌詩作樂而奏之於廟。《大武》則似樂歌、樂舞皆成王時周公所作。《獨斷》謂《大武》周武所定，蓋本《左傳》『武王克商，作《武》』之語。而《國語》引此，以爲周文公之《頌》。且經云『於皇武王』、云『耆定爾功』，必非武王時所作。意此亦同《維清》，其舞作於武王時，詩則周公所定，至此乃合詩與舞而奏之與？」

於皇武王，無競維烈。【傳】烈，業也。允文文王，克開厥後。嗣武受之，勝殷遏劉，耆定爾功。❶【傳】武，迹；劉，殺；耆，致也。【疏】於，歎詞。皇，美也。《執競》篇「執競武王，無競維烈」，《傳》亦云：「烈，業也。」武王之業，莫彊乎伐商誅紂。宣十二年《左傳》云：「《武》曰：『無競維烈。』撫弱耆昧，以務烈所，可也。」「撫弱耆昧」即是伐商誅紂之事。○嗣武，猶言「繼

❶「定爾」，原誤乙，據阮刻《毛詩正義》改正。

序」、「纘緒」耳。「武」訓「迹」，迹者，道也。言武王繼文王之道，而卒其伐功也。《下武》篇「昭兹來許，繩其祖武」，彼言武王繩祖之武，此言武王嗣文之武，文義同，故《傳》訓亦同。「劉，殺」，《爾雅·釋詁》文。王引之《書述聞》云：「咸者，滅絶之名。《説文》曰：『伐，絶也。讀若咸。』聲同而義亦相近，故《君奭》曰：『誕將天威，咸劉厥敵。』咸劉，皆滅也，猶言『遏劉』、『虔劉』也。《逸周書·世俘》篇及《漢書·律曆志》引《武成》篇竝云：『咸劉商王紂。』與此同。」案王説是也。《詩》之「遏劉」即《書》之「咸劉」，皆合二字一義。《長發》「武王載發，有虔秉鉞。如火烈烈，則莫我敢曷」，《傳》：「曷，害也。」「遏」與「曷」通，則此「遏」字亦當訓爲「害」。下句「耆」字即承「遏劉」爲説。詩言伐商誅紂，《箋》乃本止戈爲武之義，解「遏劉」爲「止殺」，夾在中閒，於上下文義不貫矣。《爾雅》：「厎，致也。」郭注云：「見《詩傳》。」耆、厎聲義相同。《左傳》：「《汋》曰：『於鑠王師，遵養時晦。』耆昧也。」杜注云：「耆，致也。」案經「耆」字即是「耆昧」之「耆」。《釋文》引《韓詩》云：「耆，惡也。」言武王惡紂而誅伐之，與毛訓異意同。《箋》：「耆，老也。」義異。

○《左傳》云：「楚子曰：『武王克商，作《武》。其卒章曰：『耆定爾功。』其三曰：『鋪時繹思，我徂惟求定。』其六曰：『綏萬邦，屢豐年。』」左以此篇爲《武》之卒章，《賚》爲《武》之三章，《桓》爲《武》之六章。《賚》、《桓》皆紀武王用武事也。杜注云：「此三、六之數與今《詩》頌篇次不同。蓋楚樂歌之次弟。」《後箋》云：「杜謂楚樂歌次弟，亦未必然。楚子明言克商作《頌》，自必用當時《周頌》之次。其與後世不同，不必推及未删定以前。即如《左正義》引沈氏難云：『今《頌》篇次，《桓》第八，《賚》第九。』而《周頌譜》疏所次，則《桓》在二十九，《賚》在三十。是六朝篇次又與鄭《譜》不同。況未經秦火時乎？所謂『可與惼論，難與精悉』者也。」

卷二十七終

詩毛氏傳疏卷二十八

閔予小子之什詁訓傳弟二十八　毛詩周頌

長洲陳奐學

《閔予小子之什》十一篇，十一章，百三十七句。

《閔予小子》一章十一句。

《閔予小子》，嗣王朝於廟也。【疏】《箋》云：「嗣王者，謂成王也。除武王之喪，將始即政，朝於廟也。」《獨斷》同。匡衡學《齊詩》，亦以此詩爲武王喪畢。案其時已克殷、踐奄、誅管蔡矣。鄭意以喪畢而東征，故箋《詩》主未誅管、蔡説，與《豳風·鴟鴞》等篇毛義不合。王肅述毛剥鄭，并以此爲周公致政後之樂歌，恐又不然矣。曰「嗣王」，新辟之詞也。曰「朝於廟」，免喪之詞也。曰「謀」、曰「進戒」、曰「求助」，遭變之詞也。此及《小毖》四篇皆事在周公居攝三年，於後六年作樂，乃追敘而歌之。

閔予小子，遭家不造，嬛嬛在疚。【傳】閔，病；造，爲；疚，病也。於乎皇考，永世克孝。念茲皇祖，陟降庭止。【傳】庭，直也。維予小子，夙夜敬止。於乎皇王，繼序思不忘。【傳】序，緒也。【疏】小子，成王也。《鴟鴞》「鬻子之閔斯」，與此「閔」字義同，故《傳》竝云：「閔，病也。」「造」訓「爲」，《箋》：「造，猶成也。」「爲」與「成」義相近。「遭家不造」，猶《鴟鴞》篇取子毁室之意也。嬛嬛，《説文》引《詩》作「煢煢」。哀十六年《左傳》「煢煢余在疚」，《説文》作「嬛嬛」，與今本皆互易。《文選·寡婦賦》注引《韓詩》作「惸惸余在疚」。是「嬛嬛」之讀爲「煢煢」，猶「惸惸」之讀爲「煢煢」，皆於雙聲通用。《説文·宀部》：「㝌，貧病也。」引《詩》作「㝌」。《疒部》無「疚」字。據此，則《毛詩》當作「㝌」矣。《雲漢》「疚哉冢宰」，「本或作『㝌』」。《召旻》「維今之疚不如茲」，「字或作『㝌』。」皆其證。㝌謂之貧，又謂之病，合言之曰貧病，猶瘽謂之勞，又謂之病，合言之曰勞病，其義同也。○皇考，武王也。「念」字承「永世克孝」句，謂武王能念文王陟降之德。皇祖，文王也。「庭，直」，《大田》、《韓奕》同。止，詞也。「陟降庭止」，猶言直上直下耳。《文王》篇「文王陟降」，《傳》：「言文王上接天，下接人也。」直、接一意。此及《訪落》、《敬之》三言「陟降」，義竝同。《箋》云：「念此君祖文王，上以直道事天，下以直道治民，言無私枉。」鄭於「直」字下雖增「道」字以成義，而其解「陟降」就文王說，與《傳》同也。《漢書·匡衡傳》：「昔者成王之嗣位，思述文、武之道以養其心，休烈盛美皆歸之二后，而不敢專其名。是以上天歆享，鬼神祐焉。其《詩》曰：『念我皇祖，陟降廷止。』言成王常思祖考之業，而鬼神佑助其治也。」匡穉圭解「陟降」就上天歆享者說，與《毛詩傳》不同。○《爾雅》：「敘，緒也。」「序」與「敘」通。繼緒，猶纘緒。《閟宮》「纘禹之緒」，《傳》：「緒，業也。」緒、業一義之引申。「思」爲句中語助，無實義。《釋詞》云：「『繼序思不忘』，繼緒不忘也。《烈文》曰：『於乎前王不忘。』無『思』字。」

《訪落》一章十二句。

《訪落》，嗣王謀於廟也。

訪予落止，率時昭考。於乎悠哉，朕未有艾。將予就之，繼猶判渙。【傳】訪，謀；落，始；率，循；時，是；悠，遠；猶，道；判，分；渙，散也。維予小子，未堪家多難。紹庭上下，陟降厥家。休矣皇考，以保明其身。【疏】「訪，謀」，《爾雅·釋詁》文。謀者，謀於廟也。予，我，成王自我也。「落，始」，《釋詁》文。始者，始即政也。《傳》文「時，是」、「率，循」誤倒。《箋》云：「循是明德之考。」《正義》云：「『率，循』、『時，是』皆《釋詁》文。」是所據本作「率，循；時，是」，依經作訓。今據以訂正。《載見》傳云：「昭考，武王也。」「悠，遠」，《釋詁》文。遠，讀「任重而道遠」之「遠」。《小旻》傳云：「艾，治也。」「猶」訓「道」。繼道者，謂繼昭考之道也。「判渙」，疊韻連緜字。判從半聲，故云「分」也。《易·說卦傳》：❶「說而後散之，故受之以《渙》。渙者，散也。」❷王肅云：「將予就繼先人之道業，乃分散而

❶「說」，徐子靜本、《清經解續編》本同。案疑爲「序」之誤，以下引文見於阮刻《周易正義·序卦傳》，當據正。

❷「散」，徐子靜本、《清經解續編》本同。阮刻《周易正義·序卦傳》作「離」。

去，言己才不能繼。」《正義》用王述毛，是也。《漢書・翟義傳》王莽詔：「惟經蓺分析，王道離散，漢家制作之業獨未成就。」此與《詩》義合。○《江漢》傳「紹」訓「繼」，此「紹」亦爲「繼」，探下言皇考，則知所繼者爲武王之繼文王也。《閔予小子》篇「於乎皇考，永世克孝。念茲皇祖，陟降庭止」，《傳》：「庭，直也。」案此末四句與上篇四句一意。「紹庭上下」，言武王繼文王直上直下之道也。「陟降厥家」，言武王紹陟降之道以定厥家也。陟降即是上下。「陟降厥家」與「未堪家多難」，兩「家」字相應，下句所以完上句「紹」字之義。休，美也，美能紹此道也。《正義》云：「上言昭考，此言皇考，皆斥武王也。」《烝民》篇云：「既明且哲，以保其身。」《書・雒誥》篇云：「王若曰：『公，明保予沖子。』」保明猶明保也。

《敬之》一章十二句。

《敬之》，群臣進戒嗣王也。

敬之敬之，天維顯思，命不易哉。無曰高高在上，陟降厥士，日監在茲。【傳】顯，見；士，事也。維予小子，不聰敬止。日就月將，學有緝熙于光明。佛時仔肩，示我顯德行。【傳】小子，嗣王也。將，行也。光，廣也。佛，大也。仔肩，克也。【疏】「顯，見」，《釋詁》文。與全《詩》之「顯」與「光」同義者有攸別也。見，猶視也。思，語詞。易，讀去聲。僖二十二年《左傳》釋此詩云：「先王之明德，無不難也，無不懼也。」「無不難」解「不易」，此古義也。陟降，上接天，下接人也。《傳》訓「士」爲「事」者，事即敬也。陟降厥事，此就敬天者一邊，承「無曰」語氣説下。「日監在茲」，此就天之所命一邊，承「高高在上」語意説下。若以「陟降」指天之上下，失《傳》之恉矣。《漢書・郊祀志》匡衡奏議引：「《詩》云：『毋曰高高在上，陟降厥士，日監在茲。』言天之日監王者之處也。」匡學《齊詩》，其釋此「陟降」與釋《閔予小子》「陟降」皆指天説。○《閔予小子》、《訪落》「小子」無《傳》，嗣王所自稱，義易明也。此爲群臣進戒之詞，《傳》嫌稱群臣，故特釋之云：「小子，嗣王也。」「將」訓「行」。《淮南子・脩務》篇引《詩》，高注云：「言爲善者日有所成就，月有所奉行。」亦以「月將」爲「月行」也。《文王》傳：「緝熙，光明也。」《昊天有成命》傳：「緝，明也。熙，廣也。」「廣」即「光」字。明廣，即明光，《雒誥》云「明光于上下」是也。案光明、明光義本無甚區別。然此詩既言「光明」，則「緝熙」不當同《文王》傳訓「光明」，當同《昊天有成命》傳，以「明廣」釋之。《傳》云：「光，廣也。」與《昊天有成命》訓「熙」爲「廣」，兩「廣」字正是一意。廣亦大也，故明廣爲明大，明大謂之緝熙。廣明爲大明，大明謂之光明。「學有緝熙于光明」，言學自明而大，以至於大明也。若以「緝熙」訓「光明」，則「光明于光明」文義難通。説《詩》者不可失諸固也。○《説文》：「㚕，大也。从大，弗聲。」「佛」訓「大」者，「㚕」之假借字。《韓詩外傳》及《説苑·君道》引《詩》作「弗」，亦假借字。《傳》云「仔肩，克也」者，《説文》：「仔，克也。」《爾雅》：「肩，克也。」是仔謂之克，肩謂之克，仔肩謂之克，猶左謂之助，右謂之助，左右謂之助。詁訓中有此分合同義之例。《箋》：「仔肩，任也。」任亦克也。「佛時仔肩」，《書》所謂「遺大投艱於朕身」也。示，古「視」字。我，我天下也。《緐露·身之養重於義》篇云：「聖人事明義，以炤燿其所闇，故民不陷。《詩》云：『示我顯德行。』此之謂也。先王顯德以示民，民樂而歌之以爲詩，説而化之以爲俗，故不令而自行，不禁而自止，從上之意，不待使之，若自然矣。」案董釋《詩》以「示我顯德」逗，「行」字句，或漢時師讀如此也。

《小毖》一章八句。

《小毖》，嗣王求助也。

予其懲而，毖後患。莫予荓蜂，自求辛螫。【傳】毖，慎也。荓蜂，摩曳也。肇允彼桃蟲，拚飛維鳥。【傳】桃蟲，鷦也。鳥之始小終大者。未堪家多難，予又集于蓼。【傳】堪，任；予，我也。我又集于蓼，言辛苦也。」【疏】《箋》：「懲，艾也。」《釋文》引《韓詩》：「懲，苦也。」韓探下「辛螫」爲訓。今俗「而」連下讀。《正義》云：「我其懲創於往時而。」又云『予其懲而』，明是有事可創。」是唐人於「而」字句絶也。「毖，慎」，《桑柔》同。《民勞》傳云：「以謹無良，慎小以懲大也。」義略同。蜂，當作「夆」。摩，當作「𢫦」。《爾雅·釋訓》：「甹夆，𢫦曳也。」《傳》所本也。荓夆，雙聲。𢫦曳，雙聲，今俗所謂「扯曳」是也。《説文》：「𢔎，使也。」「𢓭，使也。」段注云：「𢔎𢓭，蓋『甹夆』之正字。𢫦曳者，使之也。」《桑柔》傳云：『荓，使也。』」辛螫，《釋文》引《韓詩》作「辛赦」，云：「赦，事也。」辛事，謂辛苦之事也。毛義當同。○「桃蟲，鷦」，《爾雅・釋鳥》文。《説文》：「鷦鷯，桃蟲也。」蓋桃之爲言兆也，兆，小也。鷦即鷦鷯。竝取「小」爲義。《箋》云：「鷦之所爲鳥，題肩也。或曰：鴟鴞。」《韓詩》説鴟鴞即蛥鳩，故或説鷦與鴟鴞爲一鳥。今本《箋》作「或曰鴞」，定本、《集注》作「或曰鴟」，皆非完本矣。《正義》云：「按《月令》注：『征鳥，題肩，齊人謂之擊征，或曰鷹。』題肩是鷹之别名，與鴞不類。諸儒皆以鷦爲巧婦，與題肩又不類也。三者爲一，其義未詳。」奐謂「鴟鴞，鸋鴂」、「桃蟲，鷦」，《爾雅》、毛《傳》區别甚明。鴟鴞小鳥，故或評之爲鷦；以其鳥編巢攻緻，故又評之爲巧婦。而説者遂以桃蟲爲巧婦，失之遠矣。《傳》云「鳥之始小終大者」，當日目驗桃蟲之狀。《正義》引《義疏》云：「今鷦鷯是也。微小於黄雀，其雛化而爲鵰，故俗語鷦鷯生鵰。」《易林》亦謂「桃蟲生雕」。或曰：布穀生子，鷦鷯養之。案此與《傳》説略同，而始小終大，未之驗也。拚，疑當作「翻」。《文選》陸機《贈馮文熊詩》、劉琨《荅盧諶詩》，注引《毛詩》皆作「翻」。又謝瞻《張子房詩》注引《薛君章句》：「翻，飛皃。」是其證。「肇」訓「始」，《生民》、《維清》同。「始小」釋「肇允彼桃蟲」句，「終大」釋「翻飛維鳥」句。言始者彼桃蟲之小鳥，後乃翻然飛爲大鳥。此亦慎小懲大之意也。允，語詞。○《爾雅》：「堪，勝也。」「任」與「勝」義相近。《傳》訓「予」爲「我」。我，成王自我也。篇中三「予」字同。蓼，讀爲瘳。瘳，病也。言辛苦者，引申義也。《逸周書・柔武》篇「以匡辛苦」，孔注云：「辛苦，窮也。」一説蓼味辛，故云「言辛苦」。《楚辭》東方朔《七諫・怨上》篇「蓼蟲不知徙乎葵菜」，王注：「言蓼蟲處辛烈，食苦惡，不能知徙於葵菜，食甘美，終以困苦而癯瘦也。」洪興祖《補注》云：「蓼，辛菜也。《魏都賦》云：『習蓼蟲之忘辛。』李善引《楚辭》：『蓼蟲不知從乎葵藿。』」案此云「蓼蟲」，或本三家《詩》有桃蟲集蓼之説與？

《載芟》一章三十一句。

《載芟》，春藉田而祈社稷也。【疏】此春祈社稷之樂歌也。天子有王社、王稷，又有大社、大稷。大社、大稷與天下群姓共之也，在王宫路門内之右。王社、王稷在郊，爲境内之民人祀之。天子藉田千畝在南郊，社稷之壝與藉田相近也。祈穀之祭上帝於夏正月，后土於夏二月。后土爲社，詩兼言稷者，爲五穀，因重之也。《獨斷》

云：「天子社稷土壇方廣五丈，諸侯半之。社、稷二神同功，故同堂别壇，俱在未位。」

載芟載柞，其耕澤澤。千耦其耘，徂隰徂畛。【傳】除草曰芟，除木曰柞。畛，埸也。侯主侯伯，侯亞侯旅，侯彊侯以，有嗿其饁。思媚其婦，有依其士。【傳】主，家長也。伯，長子也。亞，仲、叔也。旅，子弟也。彊，彊力也。以，用也。嗿，衆貌。士，子弟也。有略其耜，俶載南畝。播厥百穀，實函斯活。驛驛其達，有厭其傑。厭厭其苗，緜緜其麃。【傳】略，利也。達，射也。有厭其傑，言傑苗厭然特美也。麃，耘也。載穫濟濟，有實其積，萬億及秭。爲酒爲醴，烝畀祖妣，以洽百禮。有飶其香，邦家之光。有椒其馨，胡考之寧。【傳】濟濟，難也。飶，芬香也。椒，猶飶也。胡，壽也。考，成也。匪且有且，匪今斯今，振古如兹。【傳】且，此也。振，自也。【疏】《説文》：「芟，刈艸也。」《秋官》「柞氏」注：「柞，除木之名。」竝與《傳》訓同。澤澤，《正義》作「釋釋」，引《釋訓》：「釋釋，耕也。」舍人注：「釋釋，猶藿藿，解散之意。」今《爾雅》作「郝郝」。釋者，本字。《出車》傳：「塗，凍釋也。」是「釋」有「解散」義也。《良耜》箋云「千耦其耘，❶輩作尚衆。」也隰者，田耕之處。《爾雅》、毛《傳》皆云：「下溼曰隰。」隰謂下溼可耕也。凡《簡兮》、《山有扶蘇》、《山有樞》、《晨風》、《四月》「山隰」，《皇皇者華》、《常棣》、《信南山》、《黍苗》「原隰」，《公劉》「隰原」，《車鄰》「阪隰」，皆以二者竝言分别高下，則「隰畛」猶是也。埸，《釋文》作「易」。古「彊埸」多作「易」，《説文》無「埸」字可證。《遂人》「十夫有溝，溝上有畛」，注：「畛容大車。」《説文》：「畛，井田閒陌也。」井田閒陌可容大車，則其道之平易可知，故《傳》以「易」釋「畛」也。《信南山》「疆易翼翼」，《傳》：「易，畔也。」易，今亦作「埸」。「徂隰徂畛」，猶云「而隰而畛」也。古徂、且同聲，且、而同義，故且謂之而，徂亦謂之而矣。詩蓋以兩「載」字、兩「徂」字、六「侯」字皆疊用之爲語詞。〇主，即一家受田之人也。古者二十受餘夫之

❶「耦」，原作「耕」，據中國書店影印武林愛日軒刻本、徐子静本改。

田，三十授一夫之田，六十歸田於公。大凡三十取室生子，子年三十，父年必六十，是父歸田乃子受田矣。《傳》云「家長」爲一夫家之長也。伯亞，即餘夫也。伯爲長子，則亞爲仲、叔。《曲禮》「二十曰弱」，是二十以前爲弱，二十以後爲彊。彊則受以餘夫之田二十五畝，爲百畝四分之一也。《漢書·食貨志》：「農民户一人已受田，其家衆男爲餘夫，亦以口受田如比。」是也。旅，即餘夫之未受田者也。《傳》云「旅，子弟」與下文「士，子弟」同義。未滿二十，若子、若弟，任饁耘之作，亦食家長受田百畝之税，故大約有八口五口也。「侯彊侯以」句總上文出耕之事。《傳》云「彊，彊力；以，用」，謂皆能用力也。《説文》：「嗿，聲也。《詩》曰：『有嗿其饁。』」案《説文》當作「衆聲」也。嗿字從口，故云「衆聲」。毛釋經義，故云「衆皃」。《思齊》傳云：「媚，愛也。」《箋》云：「依之言愛也。」「士，子弟」，《正義》云：「婦、士俱是行饟之人。《七月》『同我婦子』，子即此之士也。」思，詞也。蓋此篇「思媚」與「有依」對文，思猶有也。《桑扈》、《絲衣》「思柔」與「其觩」對文，思猶其也；《采薇》、《出車》「來思」與「往矣」對文，思猶矣也。「思」皆爲語詞。

○略，讀爲䂮，假借字也。《説文》：「𠜂，籀文作『䂮』。」「䂮」有「銛利」之義。《爾雅》云：「剡、䂮，利也。」剡，《大田》詩作「覃」。䂮，《詩正義》及顔師古《匡謬正俗》引《爾雅》皆作「略」。《玉篇》：「䂮，今作『略』。」剡，覃，䂮、略，竝聲同通用。《箋》云：「函，含也。活，生也。」《小星》韓詩傳：「實，有也。」「實」與「有」同義。「播厥百穀，實函斯活」，與《大田》篇「播厥百穀，既庭且碩」句義相同。《爾雅》：「繹繹，生也。」《詩正義》作「驛驛」。舍人注云：「穀皆生之貌。」正釋詩「驛驛其達」句。驛、繹同。驛驛謂之生，則達即生也。《生民》傳：「達，生也。」此訓「達」爲「射」者，「射」有「剡出」之義。《儀禮·既夕·記》「設依撻焉」，「今文『撻』作『銛』。」撻之爲銛，猶達之爲射矣。射亦生也。《文選·甘泉賦》注引《韓詩章句》：「繹繹，盛皃。」訓異意同。厭，古「懕」字。《傳》文「傑」字當衍，《傳》蓋以「特」訓「傑」也。《説文》：「稖，禾舉出苗也。」《玉篇》：「稖，長禾也。」「傑」與「稖」同。《箋》：「厭厭其苗，衆齊等也。」《玉篇》：「稖稖，苗美也。」《廣韻》、《集韻》皆作「愔愔」，即「厭厭其苗」之異文。如《湛露》「厭厭」，《韓詩》作「愔愔」也。昭元年《左傳》「是穮是蓘」，杜注：「穮，耘也。」《甫田》傳：「耘，除草也。」除草謂之耘，亦謂之穮。《詩》作「麃」，古文假借字。《爾雅》：「緜緜，麃也。」今作「穮」。緜緜，《釋文》引《韓詩》作「民民」，云：「衆皃。」毛、韓訓異意同。王肅云：「芸者，其衆緜緜然不絶也。」《釋文》本《傳》「耘」作「芸」。○《傳》「濟濟」爲「難」，與《執競》「反反」爲「難」同。難，古「儺」字，謂穫之者衆，必依次而行，有均齊不絶之皃，是即「濟濟」之義也。《節南山》傳：「實，滿也。」《豐年》傳：「數萬至萬曰億，數億至億曰秭。」《賓之初筵》正義引《載芟》傳：「百禮，言多。」今無此文，未知何據。 飶，《楚茨》、《信南山》作「苾」。飶、苾同也。《傳》云「芬香」，香，《釋文》作「芳」。《説文》：「飶，食之香也。」引《詩》「有飶其香」。食謂黍稷，言黍稷芬芬，蓋主祭祀而言也。「椒」與「飶」同義，故《傳》云：「椒，猶飶也。」《鳧鷖》傳云：「馨，香之遠聞也。」《正義》引：「《周書·謚法》『保民耆艾曰胡』，是胡爲壽也。」「考」訓「成」。《信南山》、《行葦》皆云「壽考」，又祖考、皇考、昭考，考皆成也。《謚法》云：「考，成也。」案此言享祀獲福，與《楚茨》首章同意。○「且」與「此」一聲之轉。《北風》、《君子陽陽》、《褰裳》箋皆訓「且」爲「此」，實本此篇《傳》訓。「匪且有且」，言不期有此，而今適有此也。此者，指上文洽禮獲福而言。「匪今斯今」，言不始於今，而其見於今也。《有駜》篇「自今以始，歲其有」，《傳》：「歲其有年也。」文義正同。「振」訓「自」，猶《中庸》「示」改爲「寘」、《内則》「祇」或作「振」。《易》「振恒」，《説文》作「榰恒」。《説文》：「寘，从真聲，讀若資。」皆依雙聲立訓之例。 振古，即自古，自古猶自昔也。《爾雅》云：「振，古也。」《詩》言「振古」，故謂「振」爲「古」。毛不然者，必兼求乎聲訓矣。《箋》：「振，亦古也。」正用《釋言》文。「振古」承「匪今斯今」句，「如兹」承「匪且有且」句。兹，亦此也。解者皆失之。

《良耜》一章二十三句。

《良耜》，秋報社稷也。【疏】此秋報社稷之樂歌也。《白虎通義》云：「歲再祭之何？春求秋報之義也。故《月令》：『仲春之月，擇元日，命民社。』《援神契》曰：『仲秋穫禾，報社祭稷。』」候官陳壽祺云：「『仲秋』，舊作『仲春』，誤。引《月令》以證春求，引《援神契》以證秋報。『獲』與『穫』古通。」

畟畟良耜，俶載南畝。播厥百穀，實函斯活。或來瞻女，載筐及筥。其饟伊黍，其笠伊糾，其鎛斯趙，以薅荼蓼。【傳】畟畟，猶測測也。笠，所以禦暑雨也。趙，刺也。蓼，水草也。荼蓼朽止，黍稷茂止。穫之挃挃，積之栗栗。

其崇如墉，其比如櫛，以開百室。【傳】挃挃，穫聲也。栗栗，衆多也。墉，城也。百室盈止，婦子寧止。殺時犉牡，有捄其角。以似以續，續古之人。【傳】黄牛黑脣曰犉。社稷之牛角尺。以似以續，嗣前歲、續往事也。【疏】《爾雅》云：「畟畟，耜也。」《釋文》：「字或作『稷稷』。」《楚茨》傳：「稷，疾也。」《説文》：「畟，治稼畟畟進也。」疾、進義相近。《周禮·雉氏》注：「耜之，以耜測凍土剗之。」測即測測也。「畟」與「測」古聲相同。　饟，猶饁也。《箋》：「豐年之時，雖賤者猶食黍。」《正義》云：「賤者食稷耳。」案《大戴禮·天圓》篇：「無禄者稷饋，稷饋者無尸。」是庶人食稷，豐年則亦食黍也。《無羊》言蓑笠，《都人士》言臺笠，二者平列，故《傳》別之云：「笠，所以禦暑。」其實笠以禦暑，亦以禦雨，故此《傳》云：「笠，所以禦暑雨也。」糾，猶糾糾也。《葛屨》傳：「糾糾，猶繚繚也。」《臣工》傳云：「鎛，鎒也。」《荀子·賦》「箴頭銛達而尾趙繚者邪」，楊倞注云：「趙，讀爲掉。掉，繚長皃。言箴尾掉而繚也。」「趙繚」之「趙」與此「趙」字同。《傳》云「刺」，讀「刺草之臣」之「刺」。《士相見禮》注：「刺，猶剗除也。」《考工記》注及《集韻》引「其鎛斯掤」，本三家《詩》。《説文·蓐部》：「薅，披田艸也。从蓐，好省聲。或作『茠』。」引《詩》作「茠」。《爾雅》：「荼，委葉。」郭引《詩》作「以茠荼蓼」。《正義》云：「荼亦穢草，非苦菜也。」引王肅注：「荼，陸穢。」《爾雅》：「薔，虞蓼。」《説文》：「蓼，辛菜，薔虞也。」「薔虞，蓼也。」許讀《爾雅》以「薔虞」爲句，與某氏、孫、郭三家以「虞蓼」爲句者不同。王肅云：「蓼，水草。」孫炎注亦謂澤之所生，竝與《傳》同。「荼蓼朽止，黍稷茂止」，言草朽而苗茂也。黍稷，以晐百穀也。《生民》「茀厥豐草，穜之黄茂」，《傳》：「茀，治；茂，美也。」文義相同。案「畟畟良耜」十二句言耕田之事。〇《爾雅》：「挃挃，穫也。」《傳》所本也。《説文》：「挃，穫禾聲。《詩》曰：『穫之挃挃。』」《釋名》作「銍銍」，云：「斷禾穗聲也。」挃、銍聲義相近。《爾雅》：「栗栗，衆也。」《傳》所本也。《説文》：「稸，積禾也。」「積，聚也。」「秩，積也。《詩》曰：『稸之秩秩。』」稸、積、秩、栗皆聲轉而義得相通。哀二年《公羊傳》「戰于栗」，一本作「秩」，是栗栗即秩秩矣。「墉」訓「城」，《皇矣》、《韓奕》同。《箋》云：「百室，一族也。」百室者，出必共洫閒而耕，入必共族中而居，又有祭酺合醵之歡。」《正義》云：「《遂人》注：『百夫，一酇之田。』爲六遂之法。族在六鄉，而引彼者，《小司徒》注云：『鄉之田制與遂同。』故舉酇之制以言族也。」「百室盈止，婦子寧止」，盈，滿也。寧，安也。《鹽鐵論・力耕》篇釋《詩》云：「衣食者，民之本。稼穡者，民之務也。二者修，則國富而民安也。」案「穫之挃挃」七句言豐年之事。○「黃牛黑脣曰犉」，《無羊》同。《信南山》「從以騂牡，享于祖考」，《傳》：「周尚赤，用騂也。」是宗廟用騂牡，而社稷用犉牡，黃淺於赤也。《箋》：「捄，角皃。」《說文》：「觓，角皃。」引《詩》作「觓」。「捄」與「觓」通。經言角，《傳》知爲牛角者，以言犉牡也；知爲社稷之牛者，以此詩爲報社稷也。「社稷之牛角尺」，《禮記・王制》篇文。《王制》：「祭天地之牛角繭栗，宗廟之牛角握，賓客之牛角尺。」仁和孫志祖《讀書脞録》云：「『賓客』二字即『社稷』之譌。《王制》蓋以『祭』字貫下三句也。若『賓客』，則不得言祭也。《禮器》『牲不及肥大』，《疏》謂『郊牛繭栗，宗廟角握，社稷角尺，各有所宜』。是《禮疏》所據作『社稷』不譌。《詩疏》引《禮緯・稽命徵》云：『宗廟、社稷角握。』僖三十一年《公羊傳》何注：『祭天牲角繭栗，社稷、宗廟角握，六宗、五嶽、四瀆角尺。』是何用《禮緯》說，與《王制》異，而亦不及『賓客』可證。」案孫說是也。桓八年《公羊》注：「禮，天子之牲角握，諸侯角尺。」而《秋官・掌客》注：「凡賓客則皆角尺。」即用古《禮》說「諸侯角尺」之義。今本《王制》或引此而誤耳。《繁露・郊事對》引《王制》作「賓客」，亦誤。似，讀與「嗣」同。續亦嗣也。《傳》訓「以似」謂「嗣前歲」，「以續」謂「續往事」，言嗣續前歲已往之事也。《生民》「以興嗣歲」，《傳》：「興來歲、繼往歲也。」二《傳》意同。《正義》云：「嗣、續俱是繼前之言，故爲嗣前歲、續往歲之事，前、往一也，皆求明年使續今年，據明年而言，故謂今年爲前、往。」孔說是也。古之人田祖、田畯皆是也。《春官・籥師》：❶「凡國祈年于田祖，龡《豳雅》，擊土鼓，以樂田畯。」《甫田》傳：「田祖，先嗇也。」鄭司農注云：「田畯，古之先教田之官者。」案「殺時犉牡」四句正言秋報之事。

《絲衣》一章九句。

《絲衣》，繹賓尸也。高子曰：「靈星之尸也。」【疏】案此繹祭賓尸之樂歌也。《爾雅・釋天》：「繹，又祭也。周曰繹，商曰肜，夏曰復胙。」是繹者，周又祭

❶「師」，徐子静本、《清經解續編》本同。案疑爲「章」之誤，以下引文見於阮刻《周禮注疏・春官・籥章》，當據正。

之名。《春秋》：「宣八年，六月辛巳，有事于大廟，仲遂卒于垂。壬午，猶繹。」《公羊傳》：「繹者何？祭之明日也。」何注云：「天子諸侯曰繹，大夫曰賓尸，士曰宴尸。」《儀禮・有司徹》注云：「上大夫既祭儐尸於堂之禮，若下大夫祭畢禮尸於室中無別，行儐尸於堂之事，天子諸侯之祭明日而繹。」《箋》云：「天子諸侯曰繹，以祭之明日。卿大夫曰賓尸，與祭同日。」案「賓」與「儐」同。《有司徹》爲大夫賓尸之禮，《絲衣》乃爲天子賓尸之詩。繹祭以賓禮事尸，謂之賓尸，天子至大夫同也。故《楚茨》傳云：「繹而賓尸及賓客。」此天子稱賓尸。《魯語》：「繹不盡飫則退。」此大夫亦稱繹。統言不別耳。○高子以爲「靈星之尸也」者，《史記・封禪書》：「或曰：周興而邑邰，立后稷之祠，至今血食天下。於是高祖制詔御史：『其令郡國縣立靈星祠，常以歲時祠以牛。』」張守節《正義》引《漢舊儀》云：「五年，脩復周家舊祠，祀后稷於東南，爲民祈農報厥功。夏則龍星見而始雩。龍星左角爲天田，右角爲大庭。❶天田爲司馬，教人種百穀爲稷。靈者，神也。辰之神爲靈星，故以壬辰日祠靈星於東南，金勝爲土相也。」據《漢舊儀》則靈星爲雩祭之星。《左傳》「龍見而雩，當夏正四月」，此雩之正祭。《禮記・月令》：「仲夏，大雩」爲雩之盡時。《月令》：「命有司爲民祈祀山川百源，大雩帝，用盛樂。乃命百縣，雩祀百辟卿士有益於民者，以祈穀實。」鄭注云：「雩，吁嗟求雨之祭也。雩帝，謂爲壇南郊之旁，雩五精之帝，配以先帝也。」又云：「百辟卿士，古者上公若句龍、后稷之類也。天子雩上帝，諸侯以下雩上公。」《祭法》「雩宗，祭水旱也」，鄭注云：「宗，當爲『禜』。雩禜，亦謂水旱壇也。」蓋周人南郊與啓蟄而郊爲兩祭。南郊以后稷配，春祈穀即不以后稷配，而夏祈穀爲雩祭，又以后稷配，鄭注所謂「雩配先帝」也。至諸侯雩上公，上公中亦祀后稷。漢高帝令郡國、縣立靈星祠，即后稷祠，漢沿周制也。《逸周書・作雒》篇：「設丘兆于南郊以祀上帝，配以后稷。」此謂南郊后稷配天也。又云：「日月星辰，先王皆與食。」孔晁注：「先王爲后稷。」案「日月星辰」四字本作「農星」二字。祭農星，后稷配食，此「雩配先帝」之義也。農星即靈星。雩亦祈穀，故謂之農星。而蔡邕《獨斷》「靈星，火星，大火之次，中有房星」，故張晏注《漢書》遂誤以靈星爲農祥。王充《論衡・明雩》篇：「《春秋左氏傳》曰『啓蟄而雩』，又曰『龍見而雩』，啓

❶「大」，徐子静本、《清經解續編》本同。武英殿本《史記》作「天」。

蟄、龍見，皆二月也。春二月雩，秋八月亦雩。春祈穀雨，秋祈穀實。當今靈星，秋之雩也。春雩廢，秋雩在，故靈星之祀，歲雩祭也。」不知雩者，夏祈之祭。秋不雨，亦常行之，故漢祭靈星爲秋雩。王説以爲春雩廢，此亦誤沿農祥晨正之説矣。《淮南子·主術》篇：「君人之道，其猶靈星之尸也。儼然玄默，而吉祥受福。」高誘注引《詩》曰：「公尸燕飲，在宗載考。」此引《詩》有誤。《鳧鷖》四章云：「公尸來燕來宗，既燕于宗，福禄攸降。公尸燕飲，福禄來崇。」其意以此公尸爲靈星之尸。《箋》：「祭社稷山川之尸。」高、鄭皆本三家《詩》説。然《鳧鷖》乃繹祭之詩，公尸爲宗廟之尸，社稷山川不聞繹祭。《論衡》又云：「歲氣調和，災害不生，尚猶而雩。今有靈星，古昔之禮也。況歲氣有變，水旱不時，人君之懼，必痛甚矣。雖有靈星之祀，猶復雩，恐前不備，彤繹之義也。」王説靈星爲復雩之祀，與《月令》合，當是相傳古義。然繹者，明日又祭之名，不得謂復雩之號，此又誤沿三家《詩》説矣。要之，周家舊祠本有靈星，古者祭必有尸，故有靈星之尸，祀亦歌《絲衣》，與《載芟》、《良耜》同爲祈報之詩。《序》引高子説者，以博異聞也。《鄭志·荅張逸》云：「高子之言，非毛公後人箸之。」奐疑高子即高行子，《孟子》稱高子論《小弁》之詩，《小弁》傳引其説。《韓詩外傳》又稱高子與孟子論衛女之《詩》，則與此高子當是一人，習於《詩》者，故《毛詩序》與《傳》皆有高子。陸德明《釋文》：「徐整云：『子夏授高行子，高行子授薛倉子，薛倉子授帛妙子，帛妙子授河閒人大毛公。』」

絲衣其紑，載弁俅俅。【傳】絲衣，祭服也。紑，絜鮮貌。俅俅，恭順貌。自堂徂基，自羊徂牛，鼐鼎及鼒。【傳】基，門塾之基。自羊徂牛，言先小後大也。大鼎謂之鼐，小鼎謂之鼒。兕觵其觩，旨酒思柔。不吴不敖，胡考之休。【傳】吴，譁也。考，成也。【疏】麻衣朝服，絲衣則祭服也。《士冠禮》：「爵弁服，纁裳，純衣。」注：「純衣，絲衣也。」蓋餘衣皆用布，唯冕與爵弁服用絲耳。《玉篇》：「紑，鮮絜皃。」其所據《傳》作「鮮絜」。《説文》：「紑，白鮮衣皃。《詩》曰：『素衣其紑。』」徐璈云：「皮弁服，故素衣也。」《通典·禮四》引劉向《五經通義》：「靈星爲立尸，故云：『絲衣其紑，會弁俅俅。』《傳》言王者祭靈星，公尸所服之衣也。」案《淇奥》「會弁如星」，弁爲皮弁，與此作「會弁」同。又絲衣尸服，不謂祭服，皆出三家異説。《爾雅·釋言》：「俅，戴也。」郭注引《詩》「戴弁俅俅」。《釋訓》：「俅俅，服也。」注：「謂戴弁服。」《説文》：「俅，冠飾也。」引《詩》亦作「戴弁」。《箋》：「載，猶戴也。」《毛詩》作「載」，載，語詞也。弁俅俅，謂弁者俅俅然恭順也。《公羊注》云：「必繹者，尸屬昨日配先祖食，不忍輒忘，故因以復祭祀，則無有誤。敬慎之至。」此與《傳》云「恭順」義合。古順、慎通。《傳》絲衣爲祭服，則知弁爲爵弁。《箋》云：「弁，爵弁。」是也。《箋》又謂「爵弁，士服。繹禮輕，使士」，此説恐非。古者冕、弁通稱。《文王》傳周冕即周弁。《司服》：「凡弔事，弁絰服。」《弁師》「韋弁、皮弁、弁絰」，弁即玄冕。天子「祭群小祀則玄冕」，繹禮輕，故不服袞以下服，但服玄冕。經上句言絲衣，謂玄也。下句言弁，謂冕也。絲衣、爵弁爲士之尊服，天子服玄冕，亦不妨稱弁也。○《有司徹》「埽堂」，注：「爲儐尸新之。」此繹祭賓尸事於堂也。《傳》云「基，門塾之基」者，《爾雅》：「門側之堂謂之塾。」一門凡四塾，門塾之基，廟門内塾之基也。《郊特牲》：「繹之於庫門内，失之矣。」焦循《宫室圖》云：「明日之祭在廟門内，繹在庫門之内爲失，失在庫門，不在門内也。」案祊在正日，繹在明日。祊必先索神於廟門内，繹不索神，故先埽堂，而後及基。堂在内，基在外。鄭以祊、繹一祭，故《禮器》「爲祊乎外」注引《詩》「自堂徂基」，堂爲門堂，基爲堂基，堂、基指一處，而箋《詩》亦然，非毛義也。經先羊後牛，故云：「言先小後大也。」《説苑・尊賢》篇引：「《詩》曰：『自堂徂基，自羊徂牛。』言以内及外，以小及大也。」《韓詩外傳》三亦引此詩，而釋之云：「以小成大。」此當有奪文。劉子政學《魯詩》，兼習《韓詩》，《説苑》正用《外傳》，内外指堂基，而小大指羊牛，與毛義正同。其故未聞也。兩「徂」字當讀爲「且」，爲句中語助之詞。且，猶而也。「自堂徂基」，言自堂而基也；「自羊徂牛」，言自羊而牛也。《韓詩外傳》作「自羊來牛」，「來」亦語詞也。《箋》訓「徂」爲「往」，亦失之。○《爾雅》：「鼎絶大謂之鼐。」此與《傳》説同也。《説文》：「鼐，鼎之絶大者。」段注云：「絶大，謂函牛之鼎也。《九家易》曰：『牛鼎，受一斛；羊鼎，五斗；豕鼎，三斗。』」《説文》又云：「《魯詩》説：『鼐，小鼎。』」案《魯詩》家蓋以上句先羊後牛，本句又先鼐後鼒，則鼐鼎爲載羊之鼎，遂有此説。但上句堂、基、羊、牛以内、外、小、大作儷耦，至本句變文，自當以《爾雅》、毛《傳》爲正解。韓亦當同毛也。《爾雅》：「圜弇上謂之鼒。」此與《傳》異，而實同也。《傳》以「鼐」、「鼒」

對稱，鼐大而鼒小，《爾雅》乃詳說其形也。《箋》：「鼎圜弇上謂之鼒。」《正義》云：「《釋器》文。孫炎曰：『鼎斂上而小口者。』以《傳》直言小鼎，不說其形，故取《爾雅》文以足之。」是也。《說文》亦云：「鼒，鼎之圜掩上者。《詩》曰：『鼐鼎及鼒。』俗作『鎡』。」「掩」與「弇」通。○《卷耳》「我姑酌彼兕觥」，《傳》：「兕觥，角爵也。」《七月》「稱彼兕觥」，《傳》：「兕觥，所以誓衆也。」則兕觥爲獻酬賓客之爵。繹祭行旅酬，故設兕觥焉。《楚茨》篇云：「爲豆孔庶，爲賓爲客。獻酬交錯，禮儀卒度。」即其義也。觩，當依《釋文》作「觓」。觓，角皃。《釋詞》云：「思，句中語助也。」不吳，《釋文》、定本作「吳」，《正義》作「娛」。《史記・孝武紀》引《詩》作「不虞」。虞，或本三家《詩》。「娛」與「虞」同。《毛詩》作「吳」。《泮水》箋：「吳，譁也。」正用此《傳》訓。《方言》：「吳，大也。」《說文・夨部》：「吳，大言也。」竝與「譁」義相近。不敖，《史記》引作「不驁」。蓋敖之爲驁，猶吳之爲虞也。不吳者，言不讙譁也。不敖者，言不敖慢也。「胡，壽；考，成」，《傳》已見上篇，此重釋「考」爲「成」，立義自異。胡，何也。何，何不也。「胡考之休」，言何不成休也。《史記》引《詩》而言曰：「今鼎至甘泉，光潤龍變，承休無疆。」

《酌》一章九句。

《酌》，告成《大武》也。言能酌先祖之道，以養天下也。【疏】《維天之命》禮成告文王，此樂成告武王。樂莫大於《大武》，故云：「告成《大武》也。」《儀禮》、《禮記》皆言舞《勺》，則樂有舞矣。「酌」與「勺」同。《後箋》云：「養，即經中『養』字。《傳》訓『養』爲『取』，《序》『養天下』即取天下。《大武》之功，在於取天下。此告成《大武》之詩，而篇名『酌』者，言酌時之宜，所謂湯伐桀、武王伐紂時也。曰『酌先祖之道』者，先祖謂文王。文王之道，三分有二而不取。武王酌其時，八百會同，則取之。《孟子》曰：『取之萬民不悅，則勿取，文王是也。取之而萬民悅，則取之，武王是也。』《序》以《大武》之取天下爲能酌文王之道，即此意也。稱『先祖』者，據成王作《頌》時言之耳。《春秋繁露・質文》篇云：『周公輔成王，成文、武之制，作《汋樂》以奉天。』此『汋』即『酌』也。《漢書・董仲舒傳》：『虞氏之樂莫盛于《韶》，于周莫盛于《勺》。曰奉天者，不過言革命所以順天。言其盛者，以周之武功爲極盛耳。』《禮樂志》云：『周公作《勺》，言能酌先祖之道也。』此正與《毛詩序》同。《白虎通義・禮樂》篇云：『周樂曰《大武》、《象》，周公之樂曰《勺》，合曰《大武》。』此或出三家《詩》。然亦足證此《序》言『告成《大武》』，故有『合曰《大武》』之語。至蔡邕《獨斷》、應劭《風俗通》亦皆言『酌先祖之道』，知《序》義之來古矣。」

於鑠王師，遵養時晦。【傳】鑠，美；遵，率；養，取；晦，昧也。時純熙矣，是用大介。我龍受之，蹻蹻王之造。【傳】龍，和也。蹻蹻，武貌。造，爲也。載用有嗣，實維爾公。【傳】公，事也。允師。【疏】「鑠，美」，《爾雅·釋詁》文。王，武王也。「遵」訓「率」，「率」與「⿺辶率」同。「養」訓「取」者，《月令》「群鳥養羞」，注：「羞，謂所食。」則養羞猶言取食也。《禮記·射義》篇「養諸侯而兵不用」，猶言「不用師，徒曰取」也。《荀子·君子篇》「論法聖王，則知所貴矣。論知所貴，則知所養矣」，猶言知所取法也。《孟子·告子》篇「舍其梧檟，養其樲棘」，猶言舍梧檟而取樲棘也；「養其一指，而失其肩背」，猶言取一指而失肩背也；「爲其養小以失大」，猶言取小失大也。「於己取之而已矣」，趙岐注云：「皆在己之所養。」養爲取，則取爲養，皆其義證。宣十二年《左傳》：「晉隨武子曰：『兼弱攻昧，武之善經也。』」其下即引：「《汋》曰：『於鑠王師，遵養時晦。』耆昧也。」杜注云：「耆，致也。致討於昧。」案耆昧即攻昧。《傳》訓「晦」爲「昧」，義本《左傳》。《武》篇云：「耆定爾功。」此詩爲告成《大武》，故章首發端本《武》篇而言。《韓詩外傳》兩引此詩，而釋之云：「言相養者之至於晦也。」又《武》篇《韓詩》訓「耆」爲「惡」。此《箋》謂「文王事紂，養是闇昧之君以老其惡」，當用韓義，而《武》篇之「耆」又不從《韓詩》。〇純，大也。熙，廣也。介，亦大也。王肅云：「於乎美哉，武王之用衆也。率以取是昧，謂誅紂定天下以除昧也，於是道大明，是用有大大，❶言大平也。」《正義》用王申《傳》，《傳》意或然也。「龍，和」，《長發》同。龍之爲和，識者皆不得其解。《書·牧誓》：「今予發惟恭行天之罰。」段氏《尚書撰異》云：「《史記》、《漢書》皆作『共』，或作『龔』。《漢書·敘傳》：『龔行天罰，赫赫明明。』《文選》鍾士季《檄蜀文》：『命授六師，龔行天罰。』班固《東都賦》：『龔行天罰，應天順

❶「用」，原作「周」，據中國書店影印武林愛日軒刻本、徐子静本、《清經解續編》本與阮刻《毛詩正義》改。

人，斯乃湯、武之所以昭王業也。』又《秦和鐘銘》：『龔夤天命。』」案《尚書》「龔」字，其義皆可訓爲「和」。自俗人改「龔」爲「恭」，則失其義矣。《詩》之「龍」即「龔」之古文假借字。《傳》云：「龍，和也。」凡應天順人謂之和。言我周協和伐商，遂受天命有天下。與《書》所云「武王龔行天之罰」，其義正同。《大明》「篤生武王，保右命爾，燮伐大商」，《傳》：「燮，和也。」其意亦正同。○《傳》於《版》「蹻蹻」訓「驕」，《嵩高》「蹻蹻」訓「壯」，此云「武皃」，各隨文訓。「造」訓「爲」。王之爲，言武王之爲武也。載，猶乃也。實，當作「寔」。寔維，是爲也。「公」訓「事」，「事」即伐殷之事。「載用有嗣，寔維爾公」，《武》篇所云「嗣武勝殷」也。

《桓》一章九句。

《桓》，講武類禡也。桓，武志也。【疏】《正義》云：「《桓》詩者，講武類禡之樂歌也。謂武王將欲代殷，陳列六軍，講習武事，又爲類祭于上帝，爲禡祭於所征之地。治兵祭神，然後克紂。至周公、成王大平之時，詩人追述其事而爲此歌焉。」奐案《書》「類于上帝」文在「巡守」之先，《周禮·肆師》「類造上帝」記在「師甸」之後。至《肆師》、《甸祝》、《大司馬》「表貉」，諸家以爲貉即禡祭，皆爲四時田獵設祭。是巡狩、大甸獵皆有類禡。《序》云「講武」，則不獨施於出征矣。蓋武王克紂代殷，出征類禡。其後大平告成，講武事而類禡，當亦以此爲樂歌歟。云「桓，武志也」者，《正義》云：「桓者，威武之志。言講武之時，軍功皆武，故取『桓』字名篇也。」

綏萬邦，婁豐年。天命匪解，桓桓武王，保有厥士，于以四方，克定厥家。於昭于天，皇以閒之。【傳】士，事也。閒，代也。【疏】綏，猶和也。婁，數也。宣十二年《左傳》引《頌》曰：「綏萬邦，婁豐年。」而釋之云：「和衆、豐財，謂武七德之二事也。」《泮水》傳云：「桓桓，威武皃。」「士」訓「事」。《箋》云：「我桓桓有威武之武王，則能安有天下之事。」是也。四方爲外，家爲內。《漢書·匡衡傳》：「陛下聖德純備，莫不修正，則天下無爲而治。《詩》云：『于以四方，克定厥家。』《傳》曰：『正家而天下定矣。』」匡稚圭治《齊詩》，而《毛詩》義亦同也。○「閒，代」，《爾雅·釋詁》文。「皇」字緊承「天」字。《文王》傳云：「皇，天也。」「於昭于天，皇以閒之」，言武王之德昭箸於天，故天以武王代殷也。《皇矣》序云：「天監代殷莫若周。」此其義矣。《箋》訓「皇，君」，謂「紂爲天下之君」，於上下文義頗覺迂曲。《正義》用王肅申毛云：「於乎周道乃昭見於天，故用美道代殷定天下。」王以「用美道」釋「皇」，增字成義，亦非的解。

《賚》一章六句。

《賚》，大封於廟也。賚，予也。言所以錫予善人也。【疏】《論語·堯曰》篇云：「周有大賚，善人是富。」《書序》云：「武王既勝殷，邦諸侯，班宗彝，作《分器》。」《史記·殷本紀》作「封諸侯」，古邦、封通也。

文王既勤止，我應受之，敷時繹思。

【傳】勤，勞；應，當；繹，陳也。我徂維求定，時周之命，於繹思。【疏】「勤，勞」，《爾雅·釋詁》文。《傳》「勞」下當有「也」字。宣十一年《左傳》：「郤成子曰：『吾聞之，非德，莫如勤。非勤，何以求人？能勤，有繼。其從之也。《詩》曰：「文王既勤止。」文王猶勤，況寡德乎？』」勤皆勞也。《文王》篇「亹亹文王」，《傳》：「亹亹，勉也。」「勞」與「勉」義近。○我，我武王也。「應，當」，《下武》同。「我應受之」與《武》「嗣武受之」句義相同。敷，宣十二年《左傳》引《詩》作「鋪」。敷、鋪，皆布也。《傳》云「繹，陳」者，陳讀如《文王》「陳錫哉周」之「陳」。王肅云：「文王能有布陳大利以賜予人。」與《序》言「錫予善人」正合。此謂武王錫予，即是行文王陳錫之事也。徐幹《中論·爵祿》篇：「先王將建諸侯而錫爵祿也，必於清廟之中陳金石之樂，宴賜之禮，宗人擯相，內史作策也。」即引此《頌》，而釋之云：「由此觀之，爵祿者，先王之所重也，非所輕也。」案徐偉長漢末靈帝時人，其解《詩》猶能發明《序》、《傳》之恉矣。徂，往也，往伐殷也。定，安也。與《武》「耆定爾功」之「定」義同。受命敷繹，重言之者，周以文王官人爲法也。

《般》一章七句。

《般》，巡守而祀四嶽河海也。般，樂也。

【疏】《正義》、《集注》本有「般樂也」三字，今誤入《箋》者，非也。《酌》、《桓》、《賚》三《序》皆申説名篇之義，例與之同。《般》與《時邁》皆巡守之詩。《時邁》告祭天，《般》則望祀山川也。

於皇時周，陟其高山，嶞山喬嶽，允猶翕

河。【傳】高山，四嶽也。墮山，山之墮。墮，小者也。翕，合也。敷天之下，裒時之對，【傳】裒，聚也。時周之命。【疏】皇，美也。《序》言「巡守而祀四嶽」，故《傳》釋「高山」爲「四嶽」也。《嵩高》傳云：「嶽，四嶽也。東嶽岱，南嶽衡，西嶽華，北嶽恒。」亦謂巡守四嶽也。若周雍鎮之嶽，爲畿内望祭，非巡守而祀，故《傳》但言四嶽，而不言五嶽。五嶽見於《周禮・大宗伯》「以血祭祭五嶽」、《大司樂》「四鎮五嶽崩，令去樂」。「五嶽」之名，《爾雅・釋山》具有二説。前説云：「河南華，河西嶽，河東岱，河北恒，江南衡。」後説云：「泰山爲東嶽，華山爲西嶽，霍山爲南嶽，恒山爲北嶽，嵩高爲中嶽。」《史記・封禪書》、《漢書・郊祀志》、《白虎通義》引《尚書大傳》、《説苑・辨物》篇、《風俗通義・山澤》篇、何休《公羊・隱八年》注竝同後説。《説文・山部》從古稱，易「嵩高」爲「大室」，其解亦不異後説。鄭康成《大宗伯》注用《爾雅》後説，而《大司樂》注本《爾雅》前説，説自兩岐，鄭亦不全用舊解矣。奐竊謂統大地言曰四嶽，并畿内言曰五嶽。《爾雅・釋地》：「河南曰豫州。」《爾雅》豫州之域從河南以至漢水，改《禹貢》西河南面之地并入於豫，則大華屬豫而不屬雍。説者以爲此殷制。然九州可改，四嶽不移，殷都在冀，四嶽仍從夏制。《周禮・職方》西南輿地同殷，四嶽亦當從殷制。《職方氏》「雍州山鎮曰嶽山」，王引之以「山」爲衍字。鄭注云：「嶽，吴嶽也。」《漢書・地理志》：「吴山在右扶風汧縣西，古文以爲汧山。」《續漢書・郡國志》：「汧縣有吴嶽，本名汧。」是《職方》之嶽即《禹貢》之汧。周都豐鎬，改汧爲嶽，實始於周。嶽者，山之尊稱。周於王畿近西之高山名爲嶽，以一嶽配四嶽，不聞以雍鎮之嶽呼爲西嶽，并不得以豫鎮之華改爲中嶽可知也。天子祭天下名山大川，王畿所望祭之山尤尊，故亦有嶽稱。《王制》云「五嶽視三公」是也。❶ 五嶽并數雍嶽。至巡守述職之所有事，仍數四嶽而不數雍嶽。或曰：周公營邑成周，故大室爲中嶽，以配四嶽，故曰五嶽。此更非也。《周禮》作於周公居攝之六年，而成雒邑在居攝五年。職方氏所掌辨九服之邦國必依土中定畿制，而九州山鎮亦必依土中定州域。《職方》山鎮不及大室，昭四年《左傳》司馬侯言大室又列於四嶽之外，皆其明證也。邵晉涵《爾雅正義》據此，以爲五嶽有嶽山而無大室，其説

❶「視」，原作「祀」，據中國書店影印武林愛日軒刻本、徐子静本、《清經解續編》本與阮刻《禮記正義》改。

甚確。又以爲《爾雅》前説釋《周禮》五嶽之名，末後説爲漢初傳《爾雅》者增益其文。金鶚駁之云：「四嶽歷代不變，中嶽隨帝都而移。堯都平陽，舜都蒲阪，禹都晉陽，皆在冀州之域，故竝以霍大山爲中嶽。殷湯都西亳，在豫州之域，故以嵩高爲中嶽。周武王都鎬，在雍州之域，故以嶽山爲中嶽。迨平王東遷雒邑，與殷都同在豫州，嵩高正在畿内，又在四嶽之中，而嶽山淪於戎狄，故因殷制以嵩高爲中嶽也。秦、漢以後，古禮不明，特沿晚周之制，故五嶽之名不改。」案金誠齋據《禹貢》「至于岳陽」、「至于大岳」皆指霍大山，遂謂唐、虞、夏以霍大山爲中嶽；據《爾雅》「河西嶽」、《職方》「雍鎮曰嶽山」，遂謂西周以嶽山爲中嶽，因又謂《爾雅》「嵩高爲中嶽」定爲殷及東周之號。但嵩高山《禹貢》謂之外方，《左傳》謂之大室。《史記·封禪書》：「武帝以三百户封大室奉祠，命曰崇高邑。」《漢書·郊祀志》云：「封崈高爲之奉邑。」則「嵩高」之名始於漢武，《禹貢》、《職方》皆但言嶽。《封禪書》、《郊祀志》於《堯典》四嶽之下增益其文曰：「中嶽，嵩高也。」《地理志》云：「潁川郡崈高，武帝置以奉大室山，是爲中嶽。」則嵩高中嶽之稱始於漢武。郭璞云：「霍山今在廬江灊縣西，即天柱山。」漢武帝以衡山遼曠，因讖緯皆以霍山爲南嶽，故移其神於此。今其土俗人皆呼之爲南嶽。則改衡爲霍，亦始於漢武。《爾雅》末後説邵二雲以爲增益無疑。漢帝信讖緯，議封禪，漢廷諸臣媿美本朝，故司馬遷、劉向、班固、許慎、應劭、何休説四嶽者，往往益嵩高中嶽以配五嶽之尊，恪遵時制，不敢游移。要不可與論古也。毛《傳》言四嶽，而因及五嶽，乃詳證之如此。○嶞，字又作「墮」。此山名，爲「嶞」，不爲「墮」。《傳》釋經「嶞山」之義云「山之嶞」，本《爾雅·釋山》「巒山，嶞」之文，而更申明「嶞」之義云「嶞，小者也」者，如小豬爲[犭+隋]、魚子爲鰖之例。山嶞乃大山旁落之小山也。《玉篇》：「嶞，小山也。」《説文》：「巒，山小而鋭。」「嶞，山之嶞嶞者。从山，憜省聲。讀若相推落之墮。」許於嶞讀若相推落之墮，相推落是即嶞之形狀，蓋於音箸義也。「氏」篆下云：「巴蜀山名岸脅之旁箸欲落𡐖者曰氏。」此巴蜀方語。謂山岸旁脅狀欲落𡐖者爲氏，亦即「嶞」之引申義，故許説與「嶞」篆下同。禮方祀高嶽而嶞必連屬祭之者，猶若登大山禪梁父也。今解之者「嶞」爲「隋圜」之「隋」，因以《爾雅》之「巒」亦爲「山形狹長」。豈天子巡守必取山形之狹而長者乃設祭之乎？則説之謬者矣。《正義》又以《傳》文「嶞嶞」爲疊字，更不得其句解。「墮山」與「喬嶽」對文，嶞山爲小山，喬嶽爲域中大山。《時邁》傳云：「喬，高也。」「翕」訓

「合」。「允猶翕河」，言猶合河而祭之。允，語詞耳。凡祭山必及川，先河後海，言河以晐海也。東嶽在東河之東，南嶽在南河之南，西嶽在西河之西，北嶽在兩河之間。巡守至嶽，必合河而望祭之。《公羊傳》云：「天子有方望之事，無所不通。」《覲禮》云：「禮日於南門外，禮月與四瀆於北門外，禮山川丘陵於西門外。祭天，燔柴。祭山丘陵，升。祭川，沈。祭地，瘞。」此天子巡守四嶽，隨方向祭有祭州瀆之禮也。《箋》解「翕河」謂「祭者合九爲一」。但九河當東嶽望祭之內，不及彼三嶽矣。○裒，當爲「捊」，辨見《常棣》篇。《傳》云「聚」者，「秩序」之意也。《正義》云：「徧天之下山川，皆聚其神於是，配而祭之，能爲百神之主。德合山川之靈，是周之所以受天命由此也。」《釋文》於「時周之命」下有「於繹思」三字，云：「《毛詩》無此句，齊、魯、韓《詩》有之。今《毛詩》有者，衍文也。崔《集注》本有，是採三家之本。崔因有，故解之。」

卷二十八終

詩毛氏傳疏卷二十九

駉詁訓傳弟二十九　毛詩魯頌

長洲陳奐學

《駉》四篇，二十三章，二百四十三句。【疏】《駉》四篇皆魯詩。周武王定天下，封其弟周公旦於魯，居上公之職，未就國。後成王滅三監，封元子伯禽得受上公之地，封疆方五百里。今山東兖州府曲阜縣，魯所都也。孔子魯人，仍魯大師之舊《詩》，録《魯頌》，猶修魯《春秋》之義焉爾。

《駉》四章，章八句。

《駉》，頌僖公也。僖公能遵伯禽之法，儉以足用，寬以愛民，務農重穀，牧于駉野，魯人尊之，於是季孫行父請命于周，而史克作是頌。【疏】案：命，當讀如「侯伯七命」之「命」。初，伯禽就封魯，本大國。至春秋時，爲次國。閔公又遭慶父之亂，宗國顛覆。齊桓公救而存之，遂立僖公。僖公從伯主討淮夷，能復伯禽之業，如大國之制。魯人尊其教，於是有大夫季孫行父者往周請命。謂請命，非謂請作《頌》也。行父請命與史克作《頌》是兩事。史克作《頌》謂作《駉》篇，非謂作《魯頌》四篇也。《唐風·無衣》：「美晉武公也。武公始并晉國，其大夫爲之請命乎天子之使，而作是詩也。」一章云：「豈曰無衣七兮？」二章云：「豈曰無衣六兮？」七命以七爲節，六命以六爲節。晉武公始并晉國，大夫爲之請命，作《無衣》。魯僖公能復舊制，大夫爲之請命，作《駉》。兩詩《序》義正同也。魯《詩》獨稱《頌》者何？仍舊史也。録之，念周公也。魯周公之後，有可以繼周而王者，魯也。僖公以前未嘗無詩，僖公以後未嘗無詩，其録僖公者何？僖值周惠王、襄王時，王以莊終，伯以齊始，《春秋》：「十六年，春，公子季友卒。其冬，公會齊侯于淮。十七年，冬，齊侯小白卒。十八年，春，宋公伐齊。夏，師救齊。」《穀梁傳》云：「善救齊也。」僖有伐淮夷之功，一時史臣皆得歌頌其功。行父，友之孫，相繼爲魯命卿。三年喪畢，有職司於王室，故得往周爲君請命，則可以繼齊而伯者，僖公也。孔子曰：「齊一變，至於魯；魯一變，至於道。」蓋覬之也。其以《駉》爲《頌》首者，何也？魯僖、衛文皆繫齊桓所存之國。衛文務材訓農，季年有三百乘之多，故詩人美之云：「騋牝三千。」魯僖亦能復千乘之制，備六閑之教，其事略相等。僖爲魯中興之君，魯又爲諸姬之宗，故聖人於《駉》尤致意焉。史克，大史克也，《國語》作「里革」。

駉駉牡馬，在坰之野。【傳】駉駉，良馬腹幹肥張也。坰，遠野也。邑外曰郊，郊外曰野，野外曰林，林外曰坰。薄言駉者，有驈有皇，有驪有黃，以車彭彭。【傳】牧之坰野則駉駉然。驪馬白跨曰驈，黃白曰皇，純黑曰驪，黃騂曰黃。諸侯六閑，馬四種，有良馬，有戎馬，有田馬，有駑馬。彭彭，有力有容也。思無疆，思馬斯臧。【疏】《釋文》：「駉，古熒反。《説文》作『驍』，又作『駫』，同。」《玉篇》：「駫，駉同。」是古本《詩》作「駫駫牡馬」。《説文》「駫」下云：「駫，馬肥盛也。从馬，光聲。」引《詩》作「駫駫」，此《毛詩》也。又「驍」下云：「驍，良馬也。从馬，堯聲。」引《詩》作「驍驍」，此三家《詩》也。《釋文》：「牡馬，茂后反。《草木疏》云：『騭馬也。』《説文》同。本或作『牧』。」《正義》本作「牧馬」云：「定本『牧馬』字作『牡馬』。」《家訓·書證》篇：「江南書皆爲『牝牡』之『牡』，河北本悉爲『放牧』之『牧』。」案江南多舊本，古《毛詩》本作「牡馬」，不誤。牡馬，謂壯大之馬，猶四馬之稱四牡，不必讀爲「牝牡」之「牡」也。駫駫是形容牡馬之狀，若作「牧馬」，則與「駫駫」義隔矣，當從《釋文》爲長。《釋文》本即江南舊本也。《傳》云「駫駫，良馬腹幹肥張也」者，「腹幹肥張」正釋「駫駫」之義，而必言「良馬」者，「良馬」對「駑馬」而言，本《周禮》以爲説。《泂酌》傳：「泂，遠也。」「坰」與「泂」聲義相同。「邑外曰郊」四句，《傳》引《爾雅·釋地》文。《爾雅》：「邑外謂之郊，郊外謂之牧，牧外謂之野，野外謂之林，林外謂之坰。」今本《爾雅》增「郊外謂之牧」一句，不知野即牧，非野外更有牧地。毛於此及《野有死麕》、《燕燕》、《干旄》傳、《鄭風·叔于田》箋竝云：「郊外曰野。」又《野有曼草》傳：「野，四郊之外。」皆不云「牧」，有足證矣。《書·粊誓》篇云：「魯人三郊三遂。」郊，鄉之界也。邑，近郊三鄉之地。郊，遠郊三遂之地。野，猶周之甸削。林、坰，猶周之縣都。析言之，有邑、郊、野、林、坰之異。其實四郊之外直達林、坰，猶王畿六遂之地直達縣都，統謂之野也。故雖名爲坰，而《傳》仍以「遠野」釋之。《說文·冂部》：「邑外謂之郊，郊外謂之野，野外謂之林，林外謂之冂，象遠界也。古文作『冋』，或作『坰』。」此《毛詩》也。又《馬部》：「駉，牧馬苑也。从馬，回聲。《詩》曰：『在駉之野。』」此三家《詩》也。牧馬苑謂之駉，與毛《傳》坰野爲遠野字義皆異。「薄言駉者」，《傳》「牧之坰野則駉駉然」，「駉」皆當作「駫」，駫猶駫駫也。此《傳》冡上句「在坰之野」言之，坰之野是放牧之處，故《傳》云「牧之坰野」。《序》亦云「牧于坰野」。後人遂依《序》、《傳》有「牧」字改首句「牡馬」爲「牧馬」，不知《序》、《傳》乃申明經義，不必經有「牧」字明矣。薄、言，皆語詞。○「驪馬白跨曰驈」，《爾雅·釋畜》文。郭注云：「驪，黑色跨髀閒。」《釋文》引《蒼頡篇》云：「跨兩股閒也。」是驪馬黑馬，以黑色馬而唯跨白者別其名爲驈也。「黄白曰皇」，《東山》同。《說文》引作「騜」，俗誤字。「純黑曰驪」，純者，「黗」之假借。純亦黑也。《檀弓》：「夏后氏尚黑，戎事乘驪。」鄭注云：「馬黑色曰驪。」《閟宫》傳：「騂，赤也。」此《傳》云：「黄騂曰黄。」謂黄馬而帶騂色者是曰黄。下《傳》云：「赤黄曰騂。」謂赤馬而帶黄色者是曰騂。黄騂，赤黄色，黄赤有深淺，非有襍毛也。《正義》云：「騂爲純赤色。『黄騂曰黄』，黄而微赤。『赤黄曰騂』，赤而微黄。」是已。而又言「黄騂，謂黄有襍赤者」，則誤矣。《傳》文「馬四種，有良馬」，「良馬」當作「種馬」，疑涉上「良馬」致誤。《周禮》：「校人掌王馬之政，辨六馬之屬，種馬一物，戎馬一物，齊馬一物，道馬一物，田馬一物，駑馬一物。凡頒良馬而養乘之：乘馬一師四圉；三乘爲皁，皁一趣馬；三皁爲毄，毄一馭夫；六毄爲廄，廄一僕夫；六廄成校，校有左右。駑馬三良馬之數，麗馬一圉，八麗一師，八師一趣馬，八趣馬一馭夫。天子十有二閑，馬六種；邦國六閑，馬四種；家四閑，馬二種。」案此《傳》所本也。《周禮》六種以種、戎、齊、道、田五者爲良馬，其一爲駑馬。四種則以種、戎、田三者爲良馬，其一爲駑馬。不得以種馬獨擅良馬之稱矣。《傳》引此六閑四種之制，以美僖公牧馬之盛耳，非詩四章分屬四種如孔仲達之說也。《周禮疏》：「趙商云：『邦國六閑，馬四種，爲二千五百九十二匹。』謂三良一良四百三十二匹，三良千二百九十六匹。駑三，其一種亦千二百九十六匹，故合爲二千五百九十二匹。」案趙商本鄭仲師四匹爲乘，則自乘至廄之數也。《詩》美衛文「騋牝三千」，舉成數耳。○《傳》文「有力」

二字當衍。此云「彭彭，有容也」，下章《傳》云「伾伾，有力也」。彭彭言馬容之盛，伾伾言馬力之彊，其分章屬意如是也。今各本涉下章《傳》文誤衍「有力」耳。凡《詩》言「彭彭」，皆謂其儀容之盛。《出車》篇「出車彭彭」，《傳》：「彭彭，四馬皃。」彭彭，猶騯騯也。《説文》：「騯騯，馬盛也。」《烝民》篇「四牡彭彭」，又「四牡騤騤」，《傳》：「騤騤，猶彭彭也。」《説文》：「騤騤，馬行威儀也。」《載驅》篇「行人彭彭」，《傳》：「彭彭，多皃。」多亦盛也。《大明》之「四騵彭彭」、《韓奕》之「百兩彭彭」，皆是多、盛之意。《説文》：「彭，鼓聲也。」重言之，則聲盛謂之彭彭，亦儀盛謂之彭彭，竝與「有容」之義相近。《御覽·獸部五》引「彭彭，有容也」，無「有力」二字可證。思，詞也。斯，猶其也。「無疆」、「無期」，頌禱之詞。「無斁」、「無邪」，又有勸戒之義焉。「思」皆爲語助。臧，善也。以言馬之善也。「思馬斯臧」與「於萬斯年，則百斯男」、「于胥斯原，有秩斯祜」上一字爲語助，❶此其句例。解者俱以「思」爲「思慮」之「思」，失之。

駉駉牡馬，在坰之野。薄言駉者，有騅有駓，有騂有騏，以車伾伾。【傳】蒼白襍毛曰騅，黄白襍毛曰駓，赤黄曰騂，蒼祺曰騏。伾伾，有力也。思無期，思馬斯才。【傳】才，多材也。

【疏】「蒼白襍毛曰騅」，《釋畜》文。《大車》傳：「菼，騅也，萑之初生者也。」郭注《爾雅》謂在青白之閒。蒼白即青白。菼色如騅，則知騅爲青白馬矣。《説文》：「騅，蒼黑襍毛。」「驄，青白襍毛。」此二篆「黑」、「白」字互譌。驄爲青黑，則騅乃蒼白可知。「黄白襍毛曰駓」，《釋畜》文。郭注云：「今之桃華馬。」上章《傳》「黄白曰皇」，謂黄馬發白色也。黄馬發白色而有異毛襍廁者，別其名謂之駓也。此篇之騅、駓、駰、騢，《鄭風》之鴇，凡言襍毛者，同其義例。「赤黄曰騂」，説見上章。《説文·馬部》無「騂」字。《釋文》：「蒼祺，字又作『騏』。」《正義》作「蒼騏曰騏」。案「祺」誤字，「蒼騏」當作「蒼綦」，與《小戎》「駕我騏馵」，《傳》「騏，騏文」，《正義》作「騏，綦文」同。綦，蒼艾色。馬有蒼艾色之文，故蒼綦謂之騏。蒼綦猶綦文也。騏馬，白馬也。《文選》陸士衡《挽歌詩》「駸駸策素騏」，素者，白也。李善注乃引此《傳》作「蒼白曰騏」，當是轉寫記憶之譌。若《傳》作「蒼

❶「祜」，原作「祐」，據中國書店影印武林愛日軒刻本、徐子静本改。

白」，則爲青馬發白色矣，非是。○《説文》：「伾，有力也。」重言之則曰伾伾。《楚辭·招魂》：「敦脄血拇，逐人駓駓些。」王注云：「駓駓，走皃。」《韓詩》「駓駓騃騃」，《薛君章句》云：「趨曰駓駓。」竝與此「伾伾」同。材，當爲「才」字之誤。《傳》以「多才」釋經之「才」，非謂「才」爲「材」也。《叔于田》序：「叔多才而好勇。」《盧令》箋：「才，多才。」皆其證。

駉駉牡馬，在坰之野。薄言駉者，有驒有駱，有駵有雒，以車繹繹。【傳】青驪驎曰驒，白馬黑鬣曰駱，赤身黑鬣曰駵，黑身白鬣曰雒。繹繹，善走也。思無斁，思馬斯作。【傳】作，始也。

【疏】「青驪驎曰驒」，《釋畜》文。《釋文》：「驎，亦作『甐』。」《爾雅》釋文：「作『粼』，或作『驎』。」郭注云：「色有深淺斑駁隱粼，今之連錢驄。」《詩正義》引郭注作「隱甐」。案粼、甐同，「驎」俗字也。《説文》云：「驒，青驪白鱗，文如鼉魚。」許以「白鱗」解《爾雅》、毛《傳》之「粼」，而又申名「驒」之義爲「馬文如鼉魚」也。鼉、驒疊韻。《詩》、《爾雅》釋文俱引《韓詩》及《字林》云：「驒，白馬黑髦也。」此疑元朗涉毛《傳》「白馬黑鬣爲駱」而誤爲「驒」。且《字林》本《説文》，《説文》言「驒」言「駱」竝與毛同也。《有駜》傳：「青驪曰駽。」是青驪爲駽。青驪色而有白鱗文者爲驒也。「白馬黑鬣曰駱」，《四牡》同。「赤身黑鬣曰駵」，《小戎》同。《正義》云：「今人猶謂此爲駵馬也。」高注《吕覽·孟夏紀》：「騂馬黑尾曰駵。」蓋騂，赤也。駵爲赤馬，其色仍以赤身得名。或言黑鬣，或言黑尾，無大異也。《正義》云：「『黑身白鬣曰雒』，則未知所出。檢定本、《集注》及徐音皆作『雒』字，而俗本多作『駁』字，其字定當爲『雒』。」案《爾雅》：「雒，鵋鶀。」舍人注：「謂鵂鶹也。南陽名鉤鵅。」《説文·隹部》：「雒，鵋欺。」《鳥部》：「鵅，烏鸔。」雒、鵅不同鳥，而鵅有烏稱，則雒亦黑色之鳥可知。《傳》云「黑身爲雒」必有依據。謂馬爲雒，猶謂馬爲鵅也。《釋文》：「雒，本或作『駱』。」疑「駱」乃「鵅」字之誤。○《釋文》：「繹繹，崔本作『驛驛』。」古繹、驛通。《傳》云「善走」，當從《釋文》本作「善足」爲長。《車攻》傳：「田獵齊足，尚疾也。」《説文》：「騛，馬逸足者也。」「駃，馬有疾足也。」竝與此「善足」同。曾釗《詩異同辨》云：「作，當與《易》『震爲作足』同義。王劭曰：『馬行，先作弄其四足。』毛以『始』訓『作』，意亦當爾。《箋》：『作，謂牧之，使可乘駕。』亦與毛義相成。蓋馬先作弄四足者，正是調習之狀。《秦風》『載獫猲驕』，《箋》：『載，始也。謂達其搏噬，始成之也。』以『始』爲『調習』，正與此同。」案曾説是也。《説苑·指武》篇：「造父、王良不能以敝車、不作之馬趨疾而致遠。」亦與「調習」義同。

駉駉牡馬，在坰之野。薄言駉者，有駰有騢，有驔有魚，以車祛祛。【傳】陰白襍毛曰駰，彤白襍毛曰騢，豪骭曰驔，二目白曰魚。祛祛，彊健也。思無邪，思馬斯徂。【疏】「陰白襍毛曰駰」，《皇皇者華》同。「彤白襍毛曰騢」，《釋畜》文。《正義》云：「舍人曰：『赤白襍毛，今赭馬名騢。』郭璞云：『彤，赤也。即今赭白馬。』」案郭解「彤白」亦謂赤馬發白色者也。《釋文》引《説文》云：「赤白襍色，文似鰕魚。」「色」當作「毛」。文似鰕魚爲騢，與「文似鼉魚爲驒」同用疊韻爲訓。《文選》顔延之《赭白馬賦》注引劉芳《毛詩義證》：「彤白襍毛曰駁。彤，赤也，即赭白也。」此謂彤白猶騂白，故騢、駁可通稱。《正義》云：「驔，《爾雅》無文。《釋畜》云：『四骹皆白，驓。』無『豪骭白』之名。《傳》言『豪骭白』者，蓋謂豪毛在骭而白長名爲驔也。驓則四骹襍白而毛短，故與驔異也。」奂案今本《詩》、《爾雅》皆誤，唯《説文》不誤。《爾雅》：「驪馬黄脊，騽。」《釋文》云：「騽，《説文》作『驔』。」《説文》：「驔，驪馬黄脊。讀若簟。」是驪馬黄脊爲驔，而騽非驪馬黄脊也。《釋文》又云：「今《爾雅》本亦有作『驔』者，與《説文》合。」則知作「騽」之本非矣。《爾雅》：「四骹皆白，驓。」郭注云：「骹，膝下也。」《説文》無「驓」字。「驓」乃「騽」之誤。《説文》：「騽，馬豪骭也。」「骭，骹也。」「骹，脛也。」《淮南子·俶真》篇「易骭之一毛」，高注：「骭，自膝以下、脛以上也。骭讀『閈牧』之『閈』。」然則毛《傳》之「骭」即《爾雅》之「骹」。《穆天子傳》「天子之豪馬、豪牛」，郭注：「豪，猶髦也。《山海經》云：『髦馬如馬，足四節皆有毛。』」郭謂豪馬即髦馬，足四節皆有毛，故爲豪。此可證毛《傳》之「豪骭」即《爾雅》「四骹皆白」之義。是豪骭謂之騽，初不謂之驔也。今《爾雅》「騽」既誤作「驓」，而《詩》「騽」又誤作「驔」，《玉篇》、《廣韻》遂合「驔」、「騽」二字兩義併説，不可爲訓。又案《正義》所據毛《傳》「豪骭」下有「白」字，《説文》無「白」字。《釋文》：「毛云：『一目白曰魚。』《爾雅》云：『一目白，瞯。二目白，魚。』」是陸所據毛《傳》作「一目」，與《爾雅》作「二目」不同。《正義》引舍人注及《説文·馬部》「騆」下皆云：「二目白，魚。」毛《傳》本《爾雅》，則陸所據作

「一目」非也。王引之《爾雅述聞》云：「自『驕白，駁』以下皆言馬之毛色。『一目白，瞯。二目白，魚』者，謂一目毛色白曰瞯，二目毛色白曰魚。不言『毛』者，承上文諸『毛』字而省。猶之『黑脣，駩。黑喙，騧』，謂脣與喙邊之毛色也。下文説牛云『黑眥，牰』，亦謂目眥邊之毛色，義與『一目白』、『二目白』同。郭注『二目白，魚』云：『似魚目也。』此亦誤以爲馬目中白，與上文言毛色者不倫。且魚死則目珠色白，生時固不爾也。」○祛祛，唐石經作「袪袪」。王引之《説詹諸》：「其行夫夫，當作『去去』。」案去去猶言袪袪也。袪袪，狀馬行；去去，狀詹諸行。竝有「彊健」之意。《文選》殷仲文詩注引《韓詩章句》：「袪，去也。」此「袪」即「去」之證。《箋》云：「徂，猶行也。牧馬使可走行。」

《有駜》三章，章九句。

《有駜》，頌僖公君臣之有道也。

有駜有駜，駜彼乘黃。【傳】駜，馬肥彊貌。馬肥彊則能升高進遠，臣彊力則能安國。夙夜在公，在公明明。振振鷺，鷺于下。鼓咽咽，醉言舞，【傳】振振，群飛貌。鷺，白鳥也。以興絜白之士。咽咽，鼓節也。于胥樂兮。【疏】《説文》：「駜，馬飽也。」《箋》云：「喻僖公用臣，先致其禄食。」許、鄭意同。乘黃，四黃馬。駜者，群臣所乘四黃馬之皃。《傳》云「肥彊」，就字訓以借喻經義。《箋》云「致禄食」，又以申《傳》義也。《漢書・李尋傳》：「馬不伏歷，不可以趨道。士不素養，不可以重國。」又《潛夫論・班禄》篇：「君以臣爲基，然後高能可崇也。馬肥，然後遠能可致也。」義竝與《傳》同。夙夜，早夜也。早夜於公所，是即「明明」之義。明明，猶勉勉也。《禮記・玉藻》云：「朝辨色始入。」○鷺，鷺羽，鷺羽所以爲舞。持鷺以舞，與鼓相應。《宛丘》云「坎其擊鼓，值其鷺羽」，此其義也。詩以燕舞起義，亦即以鷺鳥生興，故《傳》義已見《振鷺》篇。而此重發《傳》者，將以明其興義也。「鷺，白鳥，興絜白之士」，則馬肥彊亦是興，可互見也。肥彊喻有材也，絜白喻有德也。凡言「興」者，例皆發《傳》於首章首句，而唯《南有嘉魚》不發《傳》於首章，此又不發《傳》於首句，皆其變例，以見《傳》之言「興」固有通於上下者矣。咽咽，《采芑》、《那》篇作「淵淵」。咽、淵，如姻、婣相通之例。《釋文》：「咽，本又作『鼘』。」《傳》

云「鼓節」，謂舞以鼓爲節也。言，語詞。于，發聲。《桑扈》傳云：「胥，皆也。」「于胥樂兮」，言君臣皆樂也。

有駜有駜，駜彼乘牡。夙夜在公，在公飲酒。【傳】言臣有餘敬，而君有餘惠也。振振鷺，鷺于飛。鼓咽咽，醉言歸，于胥樂兮。【疏】燕主於飲酒，推夙夜之心，以飲酒於公所，是「臣有餘敬」也。在於公所飲酒以樂群臣，是「君有餘惠」也。《序》所謂「君臣有道」也。《傳》文「惠」下補「也」字。

有駜有駜，駜彼乘駽。【傳】青驪曰駽。夙夜在公，在公載燕。自今以始，歲其有。【傳】歲其有豐年也。君子有穀，詒孫子，于胥樂兮。【疏】「青驪曰駽」，《爾雅·釋畜》文。驪者，黑色。郭注云：「今之鐵驄也。」《説文》云：「駽，青驪馬。」又云：「絹，繒如麥稍。」「稍，麥莖也。」是麥莖色青黑，故繒色如稍謂之絹，亦馬色如稍謂之駽矣。駽、絹、稍竝聲同而義通。○燕，燕飲酒也。首章「夙夜在公，在公明明」合二句一意，二章飲酒，三章燕，又從在公而推言之，此篇例也。詩以始、有、子爲韻。唐石經於「有」下增「年」字，而轉寫者更於《傳》文「年」上增「豐」字，皆俗誤，不可從。《甫田》「自古有年」，《箋》：「自古者豐年之法如此也。」《豐年》箋：「豐年，大有年也。」《公羊傳》：「大有年何？大豐年也。」皆謂有年爲豐年。則於「有」下增「豐」爲衍字矣。定本、《集注》皆云「歲其有年」，無「豐」字可證。《載馳》篇「不能旋反，不能旋反我思」、《齊南山》篇「必告父母，必告父母廟」、《黄鳥》篇「不可與明，不可與明夫婦之道」及此篇「歲其有，歲其有年也」，皆經義未明，《傳》乃補明之，以足其義。句例相同。君子，謂僖公也。穀，善也。

《泮水》八章，章八句。

《泮水》，頌僖公能修泮宮也。【疏】五章云：「既作泮宮，淮夷攸服。」

思樂泮水，薄采其芹。【傳】泮水，泮宮之水也。天子辟廱，諸侯泮宮。言水則采取其芹，宮則采取其化。魯侯戾止，言觀其旂。其旂茷茷，鸞聲噦噦。【傳】戾，來；止，至也。言觀其旂，言法則其文章也。茷茷，言有法度也。噦噦，言其聲也。無小無大，從公于邁。【疏】經中或言「泮宮」，或言「泮」，故《傳》以「泮宮」釋「泮」。泮宮有水曰泮水。《靈臺》傳：「水旋丘如璧曰辟廱。」辟廱四面有水，泮宮則當半於天子也。《箋》及《白虎通義》、《通典·禮十三》引劉向《五經通義》竝云：「南通水。」《説文》云：「西南爲水，東北爲牆。」所聞異也。酈注《水經·泗水》篇：「魯共王殿之東南，即泮宮也。宮中有臺，臺南水，東西一百步，南北六十步。臺西水，南北四百步，東西六十步。」酈所目驗泮宮遺趾與《説文》合。《禮記·王制》篇：「天子命之教，然後爲學。小學在公宮南之左，大學在郊。天子曰辟廱，諸侯曰頖宮。」《傳》所本也。鄭注云：「此小學、大學，殷之制。」案殷制大學在郊，《靈臺》辟廱是也。周制天子大學在國，小學在郊，《文王有聲》辟廱是也。天子郊學、國學各四。諸侯用殷制，小學在國，大學在郊，各一。《鄉射禮·記》「於郊則閭中」，注：「於郊，謂大射也。大射於大學。」此諸侯大學在郊之義證矣。《明堂位》篇：「米廩，有虞氏之庠也。序，夏后氏之序也。瞽宗，殷學也。頖宮，周學也。」魯路寢明堂與周同制，於路寢明堂四門外亦得立四代之學。唯天子四門之學總爲辟廱，故瞽宗亦稱西廱。若魯唯周學稱頖宮，則其餘三代之學不必皆依頖宮形也。此魯國學之制也。《禮器》篇：「魯人將有事於上帝，必先有事於頖宮。」注：「頖宮，郊之學也。《詩》所謂頖宮也。字或爲『郊宮』。」蓋周四郊之學亦總爲辟廱。魯郊近於周郊，不必四郊設四學。或亦從殷制，諸侯大學在郊者止有一泮宮，亦不四郊皆設泮宮也。此魯郊學之制也。「頖」與「泮」通。《魯頌》泮宮與《禮器》頖宮同處，而與《明堂位》頖宮爲異處。泮宮在郊，其遠近未聞也。魯有國學，有郊學，國外郊内又有州黨之學，若矍相之圃之類。此州長、黨正爲主人，而魯侯所不至者也。魯侯之所至者，泮宮也。云「言水則采取其芹，宮則采取其化」者，此總釋之也。菜供飲酒，鴞懷好音，其用驗已。《采叔》箋云：「芹，菜也。可以爲菹。」○戾，亦至也。「止」訓「至」，則「戾」爲「來」矣。「魯侯戾止」，言僖公來至泮宮也。觀其旂者，旂有文章等級之度，國人觀之，樂取以爲法則也。茷茷，《釋文》作「伐伐」。「伐」即「茷」之省。茷茷，讀爲「胡不旆旆」之「旆」。《采叔》「其旂淠淠」，《傳》：「淠淠，動也。」淠淠亦即旆旆。云「言有法度」者，動有文章也。《文選·東京賦》注引《毛詩》「鸞」作「鑾」。《説文》：「鉞，車鑾聲也。从金，戉聲。《詩》曰：『鑾聲鉞鉞。』」徐鉉云：「今俗作『鐬』。」段注云：「疑古《毛詩·泮水》本作『鉞鉞』，後乃變爲『鐬』字。許所據作

『鉞』，戉聲，辛律切。變爲『鐬』，呼會切。」奐案《集韻・十四泰》：「鉞、鐬、噦三同，呼外切。《説文》：『車鑾聲也。』引《詩》『鑾聲鉞鉞』。」是丁度所據《説文》引《詩》作「鉞鉞」也。今《詩》作「噦噦」，《庭燎》篇同。邁，行也。小大從公，言從行者衆也。

思樂泮水，薄采其藻。魯侯戾止，其馬蹻蹻。其馬蹻蹻，其音昭昭。載色載笑，匪怒伊教。【傳】其馬蹻蹻，言彊盛也。色，温潤也。

【疏】藻，聚藻，見《采蘋》傳。「蹻」有「矯拂」之義。《皇矣》傳：「茀茀，彊盛也。」馬彊盛謂之蹻蹻，猶車彊盛謂之茀茀也。音，聲也。《孟子・盡心》篇：「賢者以其昭昭使人昭昭。」趙注云：「賢者治國，法度昭昭，明於道德，是躬化之道可也。」案與此「昭昭」同。色，讀「令儀令色」之「色」。《傳》云「温潤」，蓋古語。《邶・谷風》箋：「君子洸洸然，潰潰然，無温潤之色。」

思樂泮水，薄采其茆。【傳】茆，鳧葵也。

魯侯戾止，在泮飲酒。既飲旨酒，永錫難老。順彼長道，屈此群醜。【傳】屈，收；醜，衆也。

【疏】茆，各本誤作「茆」。《釋文》「徐音柳」是也。《周禮・醢人》有茆菹。《説文》：「茆，鳧葵也。」引《詩》作「茆」。又「虊，鳧葵也。」《廣雅》：「虊、茆，鳧葵也。」《齊民要術》引《義疏》云：「茆與荇菜相似，葉大如手，赤圓。有肥者箸手中，滑不得停也。莖大如箸，皆可生食，又可瀹，滑美。江南人謂之蓴菜，或謂之水葵。」《釋文》引鄭小同説與《義疏》同。蓴即虊也。《管子・五行》篇「卯菱」，尹知章注云：「卯，鳧葵，早春而生也。」「卯」亦「茆」之譌。〇飲酒，以言饗也。《説文》云：「饗，鄉人飲酒也。」「廱，天子饗飲辟廱。」「泮，諸侯饗䠶之宫。」「侯，春饗所䠶侯也。」此鄉人飲酒饗之本義。引申之，凡飲酒皆曰饗。天子饗飲於辟廱，諸侯饗飲於泮宫，其禮同也。春，入學，釋菜。詩詠采菜，正謂僖公行春饗之禮。而不言射者，文不備也。飲酒必遂養老。《禮記・文王世子》篇：「適東序，釋奠於先老，遂設三老、五更、群老之席位焉。適饌省醴，養老之珍具，遂發咏焉。退脩之，以孝養也。」《周禮・黨正》：「以禮屬民而飲酒于序，以正齒位。」此皆飲酒養老之禮。《行葦》云「曾孫維主，酒醴維醹。酌以大斗，以祈黄耇」，所謂「既飲旨酒」也。又云「黄耇台背，以引以翼，壽考維祺，以介景福」，所謂「永錫難老」也。順，猶遂也。長道，謂尊長養老之道也。《行葦》傳云：「引，長也。」義亦同。屈，古「詘」字。誳即詘也。

《爾雅》：「屈、收，聚也。」「屈」訓「聚」，亦訓「收」，轉相爲訓。「醜，衆」，《緜》同。《文王世子》篇：「凡語于郊者，必取賢斂才焉。或以德進，或以事舉，或以言揚。曲藝皆誓之，以待又語。三而一有焉，乃進其等，以其序，謂之郊人，遠之。於成均，以及取爵於上尊也。」注：「天子飲酒於虞庠，則郊人亦得酌於上尊以相旅。」案衆即旅，收即取賢斂才。《釋文》引《韓詩》云：「屈，收也。收斂得此衆聚。」王肅亦云：「斂此群衆。」蓋本韓以述毛，是也。此章未及伐淮夷之事。

穆穆魯侯，敬明其德。敬慎威儀，維民之則。允文允武，昭假烈祖。【傳】假，至也。靡有不孝，自求伊祜。【疏】《爾雅》：「穆穆，敬也。」「假，至」，《雲漢》同。烈祖，伯禽爲魯有功烈之祖也。《詩述聞》云：「孝，本作『𡥈』。《說文》：『𡥈，效也。从子，爻聲。』『效』與『傚』同。經文作『𡥈』而訓爲『傚』，故《箋》云：『無不法傚之者。』《釋文》、《正義》所見本已誤爲『孝』，是以張參《五經文字》失收『𡥈』字也。『靡有不𡥈』，謂僖公無事不法傚其祖，非謂國人傚僖公也。當承『昭假烈祖』爲義。」

明明魯侯，克明其德。既作泮宮，淮夷攸服。矯矯虎臣，在泮獻馘。淑問如皋陶，在泮獻囚。【傳】囚，拘也。【疏】明明，猶勉勉也。前四章言脩泮宮之化，後四章言伐淮夷之功。「既作泮宮，淮夷攸服」，此冡上生下之詞。《春秋》：「僖十三年，夏，公會諸侯于鹹。」《左傳》：「會于鹹，淮夷病杞。」故「十六年，冬，公會諸侯于淮。」《傳》：「會于淮，謀鄫且東略也。」「十七年，秋九月，公至自會。」《傳》：「書曰：至自會，猶有諸侯之事焉。」案淮夷病杞又病鄫，于鹹、于淮皆齊桓公兵車之會，而僖公與焉。淮之會於十六年之冬十二月，而「至自會」在十七年秋九月。其時齊侯先歸，留魯侯與諸侯以爲東略之謀，則僖公自有伐淮夷之事。淮夷在魯東南，世與魯爲難，故周公、伯禽之世尚有淮夷竝興，伯禽征討之，後或爲魯屬國。僖公又能征伐淮夷，故詩人歌以美之。昭二十七年《左傳》：❶「晉范獻子曰：『季氏甚得其民，淮夷與之。』」是淮夷與魯，固畔則爲難，服則聽從者也。〇《爾雅》：「矯矯，勇也。」《釋文》：「矯，本亦作『蹻』。」《版》、《嵩高》、《酌》

❶「二」，原作「三」，徐子静本、《清經解續編》本同，據阮刻《春秋左傳正義》與楊伯峻《春秋左傳注》改。

皆作「蹻」。《箋》云：「蹻蹻，武皃。」即本《酌》傳也。《皇矣》傳云：「不服者殺而獻其左耳曰馘。」此「囚」訓「拘」者，「囚」與「馘」對文，馘謂已死，囚謂生者，生拘之，問其辭也。《王制》：「出征執有罪，反，釋奠于學，以訊馘告。」《禮記》言訊馘告學，《詩》言囚馘獻泮宮，其事正同。

濟濟多士，克廣德心。桓桓于征，狄彼東南。烝烝皇皇，不吳不揚。【傳】桓桓，威武貌。烝烝，厚也。皇皇，美也。揚，傷也。不告于訩，在泮獻功。【疏】《爾雅》：「桓桓，威也。」《傳》本之，而益其辭云「威武皃」，《桓》箋同。《書·牧誓》篇「尚桓桓」，《說文》作「尚狟狟」。「桓」皆「狟」之假借字。《瞻卬》傳：「狄，遠也。」《抑》傳：「逷，遠也。」古狄、逷聲通。「狄彼東南」，與《書》「逷矣西土之人」句法一例。《釋文》引《韓詩》作「鬄」，訓「除」；《箋》作「剔」，訓「治」，從韓義也。《箋》云：「東南，斥淮夷。」○烝烝然厚，皇皇然美，此《傳》承上「克廣德心」爲訓，言多士之厚美，即本僖公之德心也。《絲衣》傳云：「吳，譁也。」《車攻》「之子于征，有聞無聲」，《傳》：「有善聞而無讙譁之聲。」是即「不吳」之義也。《漢衛尉衡方碑》引《詩》作「不虞」。虞者，「吳」之假借字。王肅解「吳」爲「過誤」，非是矣。不揚，《漢碑》引《詩》作「不陽」，揚、陽皆假借字。《釋文》所據《傳》作「瘍」，王肅所據《傳》作「傷」，瘍、傷義相近。不譁，言不讙譁也。不傷，言不傷害也。鄭讀「揚」如字，則與「讙譁」義複矣。告者，「鞫」之假借字。《文王世子》「告于甸人」，注：「告，讀爲鞫。」與此「告」字同。鞫，亦作「簕」。《說文》：「簕，窮治罪人也。」「不告于訩」，言不窮治凶惡，唯在柔服之而已。

角弓其觩，束矢其搜。【傳】觩，弛貌。五十矢爲束。搜，衆意也。戎車孔博，徒御無斁。既克淮夷，孔淑不逆。式固爾猶，淮夷卒獲。【疏】觩，俗字。《釋文》作「斛」。「斛」與「朻」讀聲相似，有「下垂」之義，故《傳》云「斛，弛皃」也。《荀子·議兵篇》云：「負服矢五十个。」此《傳》所本也。《正義》引無「服」字，與《漢書·刑法志》同。案周制獄訟坐成罰以束矢，其束矢之數，未識與《詩》束矢同否。鄭注《秋官·大司寇》從《尚書》、《左傳》「賜諸侯一弓百矢」爲說。韋注《齊語》及高注《淮南·氾論》竝從《射禮》「三發四矢，共十二矢」爲說。然二者皆非《詩》之束矢矣。《說文》云：「搜，衆意也。」《廣雅》云：「搜，衆也。」竝本毛訓。○傅，猶衆也。徒，徒行者。御，御車者。斁，厭也。無斁，言不厭倦也。淑，善也。不逆，言率從也。固，安也，定也。猶，謀也。獲，亦克也。

翩彼飛鴞，集于泮林。食我桑黮，懷我好音。【傳】翩，飛貌。鴞，惡聲之鳥也。黮，桑實也。憬彼淮夷，來獻其琛。元龜象齒，大賂南金。【傳】憬，遠行貌。琛，寶也。元龜尺二寸。賂，遺也。南，謂荆、揚也。【疏】經言飛，故「翩」爲「飛皃」。「鴞，惡聲之鳥」，《墓門》同。詳《墓門》篇。《孟子·滕文公》篇：「南蠻鴃舌之人，非先王之道。」趙注云：「其舌之惡如鴃鳥。」案鴞聲比南楚，與鴃舌指南蠻同義。《孟子》即本此詩意也。泮林，泮宮之林也。「集于泮林」，所謂「出于幽谷，遷于喬木」也。黮，《氓》作「葚」。《説文》云：「葚，桑實也。」又云：「黮，桑葚之黑也。」凡桑實孰，色黑，故字又從黑。《淮南子·主術》篇：「問瞽師曰：『黑何若？』曰：『黮然。』」是黮爲黑也。《匪風》傳：「懷，歸也。」《日月》傳：「音，聲也。」歸我以好聲，用夏變夷也。○《釋文》：「憬，《説文》作『懬』，音獷。」《文選·齊故安陸昭王碑文》注引《韓詩》作「獷」，《薛君章句》云：「獷，覺寤之皃。」今《説文·瞿部》引《詩》作「穬」，《心部》「懬」下不引《詩》，而「憬」下引《詩》云：「憬，覺悟也。」其字同毛，其義同韓。段注以爲淺人竄改，疑不能明也。《玉篇》：「憬，遠行皃。」蓋希馮所據《毛詩》已如此。「琛，寶」，《爾雅·釋言》文。《正義》「寶」作「圭」，誤。魯之淮夷，猶周之蕃服也。《大行人》：「九州之外謂之蕃國，世壹見，各以其所貴寶爲摯。」○元，大也。《漢書·食貨志》「元龜爲蔡」，如淳注：「説謂蔡國出大龜也。」又《食貨志》：「元龜岠冉長尺二寸，公龜九寸以上，侯龜七寸以上，子龜五寸以上。」孟康注：「冉，龜甲緣也。岠，至也。度背兩邊緣尺二寸也。」《白虎通義·蓍龜》篇引《禮三正記》云：「天子龜長一尺二寸，諸侯一尺，大夫八寸，士六寸。龜陰，故數偶也。」舊本《北堂書鈔·政術部五》引毛《傳》「尺二寸」上有「長」字。長尺二寸，是魯用天子龜也。《説文》亦云：「賂，遺也。」案此言淮夷既服，而聲教所被，雖荆、揚之遠，亦來大遺元龜、象齒與金也。「大賂」二字句屬上下，與「韋顧既伐，昆吾夏桀」，「既伐」二字句屬上下，文法相同。荆、揚貢金三品，大龜、齒革皆荆州産。《傳》云「南，謂荆、揚也」者，就物産之地爲言，其意實指荆楚也。僖公時，荆楚已兼有《禹貢》揚州之域，在魯之南。《閟宮》六章云：「淮夷蠻貉，及彼南夷，莫不率從。莫敢不諾，魯侯是若。」《傳》：「南夷，荆楚也。」詩義正同。

《閟宮》八章，二章章十七句，一章十二句，一章三十八句，二章章八句，二章章十句。

《閟宮》，頌僖公能復周公之宇也。【疏】七章云：「復周公之宇。」

閟宫有侐，實實枚枚。【傳】閟，閉也。先妣姜嫄之廟在周，常閉而無事，孟仲子曰：「是禖宫也。」侐，清淨也。實實，廣大也。枚枚，礱密也。赫赫姜嫄，其德不回，上帝是依。【傳】上帝是依，依其子孫也。無災無害，彌月不遲，是生后稷。降之百福，黍稷重穋，稙稺菽麥。【傳】先種曰稙，後種曰稺。奄有下國，俾民稼穡。有稷有黍，有稻有秬。奄有下土，纘禹之緒。【傳】緒，業也。【疏】《説文》：「閟，閉門也。」「閉，闔門也。」「闔，閉也。」是閟、閉、闔同義。《采蘩》傳：「宫，廟也。」《傳》探下言，「赫赫姜嫄」，故「宫」爲「先妣姜嫄廟」。《生民》傳：「姜嫄，后稷之母，配高辛氏帝焉。」《周禮·大司樂》「以享先妣」，鄭注云：「先妣，姜嫄也。周立廟，自后稷爲始祖，姜嫄無所妃，是以特立廟而祭之。」案周享先妣在天神、地示、四望山川之下，先祖之上，則先妣尊於先祖，故先祖爲后稷，先妣爲后稷母姜嫄。《斯干》「似續妣祖」，《箋》亦云：「妣，先妣姜嫄也。」蓋周人以后稷爲大祖，立廟，更於孟春南郊配天；帝嚳爲遠祖，尊，不立廟，特於冬至圜丘之禘配天。以爲后稷親而帝嚳尊也。周家歷世有聖母，功起后稷，必推本於姜嫄，尊親之至，理應立廟。但帝嚳無廟，姜嫄既不得援《春秋經》「禘于大廟，用致夫人」之禮，以婦人祔於男子，同帝嚳在圜丘；后稷有廟，姜嫄亦不得援《春秋經》惠公仲子、僖公成風之例，以母繫子，同后稷以合食，故特爲姜嫄别立廟。「守祧，奄八人」賈疏云：「天子七廟，通姜嫄爲八廟，廟一人，故八人。」此姜嫄别廟之證也。于是后稷有母，而帝嚳有妃；后稷非無父，亦姜嫄非無夫矣。此周禮也。魯無圜丘之禘，不禘嚳。雖得郊祀后稷，然祈穀非南郊，無后稷廟，亦不立姜嫄廟。《傳》云「在周」，以言廟不在魯也。周人時祭不及姜嫄。據《月令》仲春祀高禖，有「天子親往」之文，則姜嫄每歲止此一祭，故

《傳》云：「常閉而無事。」高禖有宮，是曰禖宮。蓋禖宮始於上古。《説文》：「禖，祭也。」《御覽・禮儀部八》引《五經異義》：「王者一歲七祭天。仲春，后妃郊禖。禖亦祭天也。」高注《吕覽・仲春紀》云：「祭其神於郊謂之郊禖。」據此，則禖宮當在郊，故《生民》、《玄鳥》傳謂之郊禖。帝高辛之世已有之，故《生民》傳云：「古者必立郊禖焉。」是也。其後立廟，遂爲高辛妃廟，故《月令》謂之高禖。周祀姜嫄，猶之殷祀簡狄也。《傳》引孟仲子云「是禖宮也」者，所以證明周人姜嫄廟爲禖宮之義，在周不在魯也。清浄，《釋文》作「清静」。《説文》：「侐，静也。」《傳》釋「實實」爲「廣大」，末章「松桷有舄」，「舄，大皃」，義同。釋「枚枚」爲「礱密」，謂礱且密也。《春秋・莊二十四年》：「春，刻桓宮桷。」《穀梁傳》云：「禮，天子之桷，斲之，礱之，加密石焉。諸侯之桷，斲之，礱之。大夫，斲之。士，斲本。」《國語》及《書大傳》竝有此文。閟宮爲先妣廟，在周，故《傳》就天子廟桷言之也。《釋文》引《韓詩》：「枚枚，閒暇無人之皃。」蓋韓必連「實實」作訓，以狀其常閉，與毛義異。○《大明》傳云：「回，違也。」上帝，天也。《傳》探下文釋「依」爲依姜嫄之子孫，子謂后稷，孫謂大王以下至僖公。《生民》云：「上帝不寧，居然生子。」又云：「上帝居歆，以迄于今。」即其義也。彌，終也。不遲，言易也。○《七月》傳：「後孰曰重，先孰曰穋。」凡黍、稷、菽、麥皆有先後穜孰之異，經於黍、稷言重穋，菽、麥言稙穉；《傳》又於重穋言孰，義箸於《七月》。而此稙穉言先穜後穜，皆互詞以見者也。《釋文》引《韓詩》：「稙，長稼也。穉，幼稼也。」汪遠孫云：「先穜即長，後穜即幼。毛、韓似異而實同。『穜』作『種』，非。」俾，《釋文》作「卑」，云：「下皆同。」《箋》云：「秬，黑黍也。」案既有黍，又有黑黍，猶《内則》飯既有黍，又有白黍。白黍以别於上黍之爲黄黍也。黑黍以别於上黍之爲白黍也。黄黍者，穈也，穄也。《爾雅》：「業，緒也。」緒、業轉相訓。纘，繼也。「纘禹之緒」，言禹有平治水土之業，后稷繼而起教民稼穡也。

后稷之孫，實維大王。居岐之陽，實始翦商。【傳】翦，齊也。至于文武，纘大王之緒。致天之届，于牧之野。無貳無虞，上帝臨女。【傳】虞，誤也。敦商之旅，克咸厥功。王曰叔父，建爾元子，俾侯于魯。大啓爾宇，爲周室輔。【傳】王，成王也。元，首；宇，居也。

【疏】「翦，齊」，《爾雅・釋言》文。《小宛》傳：「齊，正也。」

翦爲齊，齊又爲正，此一義引申例也。實始正商者，言大王自豳徙居岐陽，克匡戎狄，以守衛中國，即其正商室之事，是大王之緒也。至于文王受命已後，武王受命已前，皆「纘大王之緒」也。《爾雅》：「翦，齊也。翦，勤也。」二訓竝釋《詩》。毛《傳》本「翦，齊」立訓，「齊」義可兼「勤」義也。《箋》及《周禮》「翦氏」注「翦商」爲斷商，《說文》作「戩商」爲滅商，許、鄭本三家《詩》。○《節南山》、《蕩》傳：「屆，極也。」《箋》：「屆，殛也。」古極、殛通。「致天之屆」，猶云「致天之罰」耳。此已下始言武王滅商之事。無貳，義見《大明》篇。虞，讀與「誤」同。無虞，言無敢過誤也。「敦商之旅」，猶云「裒荆之旅」也。《殷武》傳：「裒，聚也。」《行葦》傳：「敦，聚皃。」敦、裒同義。咸，讀爲「咸劉厥敵」之「咸」。《書述聞》云：「咸者，滅絶之名。《說文》：『㦰，絶也。讀若咸。』『咸』與『減』古字通。文十七年《左傳》曰：『克減侯宣多。』謂滅絶也。」案詩「克咸」與《左傳》「克減」同。克，勝也。減，亦滅絶也。「克減厥功」，即《武》所謂「勝殷遏劉，耆定爾功」也。《箋》云：「伐紂，周公又與焉，故述之以美大魯。」○《箋》云：「叔父，謂周公也。」周公爲成王之叔父，故王爲成王也。「元，首」，《釋詁》文。元，大也。首子，猶大子矣。魯公伯禽爲周公首子，凡、蔣、邢、茅、胙、祭皆餘子。「宇，居」，《緜》、《桑柔》同。定四年《左傳》：「子魚曰：『昔武王克商，成王定之，選建明德，以藩屏周。故周公相王室，以尹天下，於周爲睦。因商奄之民，命以伯禽而封於少皞之虛。』」案少皞之虛爲武王初封之地。後成王踐奄，益之以商奄，於是魯大啓其居。奄、龜、蒙、荒、大東爲周室輔也。

乃命魯公，俾侯于東，錫之山川，土田附庸。周公之孫，莊公之子，龍旂承祀，六轡耳耳。春秋匪解，享祀不忒。【傳】周公之孫，莊公之子，謂僖公也。耳耳然至盛也。皇皇后帝，皇祖后稷。【疏】侯，侯伯也。錫之，成王錫之山川、土田，附庸，皆成王之命魯公也。《左傳》云：「分之土田陪敦。」是其事矣。周初封大國百里，其次七十里，其次五十里。周公作《周禮》，更建邦國，公方五百里，侯方四百里，伯方三百里，子方二百里，男方百里。《周禮》鄭仲師注以爲半皆附庸，而鄭康成則以爲附庸不在其中。《明堂位》：「封周公於曲阜，地方七百里。」注云：「上公之封，地方五百里，加魯以四等之附庸，方百里者二十四，并五五二十五，積四十九，開方之得七百里。」又《地官·大司徒》注云：「凡諸侯爲牧、正、帥、長，及有德者乃有附庸，爲其有禄者當取焉。公無附庸，侯附庸九同，伯附庸七同，子附庸五同，男附庸三同。進則取焉，退則歸焉。魯於周法不得有附庸，故言錫之也。地方七百里者，包附庸以大言之也。附庸二十四，言得兼此四等矣。」賈疏申之云：「凡有功進地，侯受公地附庸九同，伯受侯地附庸七同，子受伯地附庸五同，男受子地附庸三同。魯本五百里，四面各加百里，四五二十，即二十同；四角又各百里爲四同，故附庸二十四。魯兼侯、伯、子、男四等之附庸，以開方知之也。」〇周公至莊公十七君，至僖公十八君，而曰「孫」者，自孫以下皆稱孫也。「龍旂承祀，六轡耳耳。春秋匪解，享祀不忒」，案此四句指廟祭言。龍旂，上公之旂畫以交龍也。魯春秋享祀，載龍旂，郊建大常。《正義》云：「《異義》古《毛詩》説以此『龍旂承祀』爲郊祀者，自是舊説之謬。」是也。承，讀如「大糦是承」之「承」。耳耳，猶爾爾。《載驅》「垂轡爾爾」，❶《傳》：「爾爾，衆也。」「盛」與「衆」同義。《玉篇》：「緝，六轡盛皃。」緝，俗字。文二年《左傳》引《詩》，杜注云：「忒，差也。」〇「皇皇后帝，皇祖后稷」，案此二句指郊祭言。《箋》：「皇皇后帝，謂天也。」天即所郊祭之天。故《明堂位》注云：「昊天上帝，魯不祭。」《御覽·禮儀部》：「《五經異義》引賈逵説曰：『魯無圜丘方澤之祭者，周兼用六代之禮樂，魯用四代。其祭天之禮，亦宜損於周，故二至之日不祭天地也。』」賈、鄭説同。《祭法》：「周人禘嚳郊稷。」魯不禘嚳，而猶郊稷，故南郊祀天亦配后稷。其實魯郊與周郊亦不盡同。魯南郊、祈穀爲一祭，故於郊爲祀后稷，而亦祈農事，在夏正正月爲郊之正時。説詳《噫嘻》篇。

享以騂犧，是饗是宜，降福既多。【傳】騂，赤；犧，純也。周公皇祖，亦其福女。秋而載嘗，夏而楅衡。白牡騂剛，犧尊將將。毛炰胾羹，籩豆大房，萬舞洋洋。【傳】諸侯夏禘則不礿，秋祫則不嘗，唯天子兼之。楅衡，設牛角以楅之也。白牡，周公牲也。騂剛，魯公牲也。犧尊，有沙飾也。毛炰，豚也。胾，肉也。羹，大羹、鉶羹也。大房，半體之俎也。洋洋，衆多也。孝孫有慶，俾爾熾而昌，俾爾壽而臧。保彼東方，魯邦是常。不虧不崩，不震不騰。三壽作朋，

❶「驅」，原作「馳」，徐子静本、《清經解續編》本同，據阮刻《毛詩正義》與本書卷八《載驅》傳疏改。

如岡如陵。【傳】震，動也。騰，乘也。壽，考也。公車千乘，朱英緑縢，二矛重弓。【傳】大國之賦千乘。朱英，矛飾也。縢，繩也。重弓，重於鬯中也。公徒三萬，貝胄朱綅。【傳】貝胄，貝飾也。朱綅，以朱綅綴之。烝徒增增，戎狄是膺，荆舒是懲，則莫我敢承。【傳】增增，衆也。膺，當；承，止也。俾爾昌而熾，俾爾壽而富。黄髮台背，壽胥與試。俾爾昌而大，俾爾耆而艾。萬有千歲，眉壽無有害。【疏】《傳》訓「騂」、「犧」爲「赤」、「純」，《箋》云：「其牲用赤牛純色，與天子同也。」《繁露・郊事對》：「臣湯問仲舒：『魯祭周公用白牡，其郊何用？』臣仲舒對曰：『魯郊用純騂犅。周色上赤，魯以天子命郊，故以騂。』」案此與《傳》訓合。「享以騂犧」三句冡上章郊祀帝稷而言。「周公皇祖」，此倒句，猶云皇祖后稷耳。二句冡上章春秋享祀而言。下文因極陳僖公祀周公於大廟之事。《明堂位》「孟春，祀帝于郊，配以后稷」，下言「以禘禮祀周公」。《祭統》「外祭郊社」，下言「内祭大嘗禘」。詩亦先言郊祀后稷，下言禘祀周公。皆是成王康周公之禮也。《詩》與《禮記》文義正同。○嘗，四時祭名，《天保》篇「禴祠烝嘗，于公先王」是也。經言嘗，《傳》乃云「諸侯夏禘則不礿，秋祫則不嘗，唯天子兼之」者，禘、祫亦四時祭名也。《春官・大宗伯》「以肆獻祼享先王，以饋食享先王」，鄭注云：「肆獻祼、饋食在四時之上，則是祫也，禘也。」《司尊彝》「凡四時之閒祀、追享、朝享」，鄭司農注云：「追享、朝享，謂禘祫也。在四時之閒，故曰閒祀。」此天子於四時之祭之外，兼有禘祫二祭也。何休文二年《公羊注》：「禮，天子特禘、特祫，諸侯禘則不礿，祫則不嘗。」又桓八年注：「天子四祭四薦，諸侯三祭三薦。」何解與毛義同。然則禘祫者，即《周禮》之所謂「閒祀」耳。昔儒論禘祫聚訟紛然，其實祇辨吉、時兩事而已。今即毛《傳》義而申明之。《傳》云「夏禘礿，秋祫嘗」，則禘祫時祭，非吉祭可知。凡經典多言禘，少言祫，言禘必連言嘗。《中庸》云：「明乎禘、嘗之義。」《祭統》云：「禘、嘗之義大。」又云：「魯内祭有大嘗、禘。」嘗爲四時祭之一，禘爲四時大祭之一。於夏則言禘，於秋則言嘗。言禘，知禘爲四時大祭；亦言嘗，知禘乃四時之一祭也。祫唯見於《公羊》、《穀梁》及《曾子問》，大抵皆吉祫，非時祫。然《公羊傳》云：「五年而再殷祭。」韋玄成、何休、鄭玄皆以爲一祫一禘。此蓋於吉祫之後，新主入親廟行其常祀而言之，是四時有祫矣。《漢書》匡衡告謝廟毁云：「天子閒歲而祫。」謂時祫也。則知謂有禘無祫，與禘祫一祭二名。以時祭而混入於吉祭之説者，皆非也。《傳》云諸侯禘祫不礿嘗，天子禘祫又礿嘗，則禘祫非四時常祭可知。《藝文類聚》、《初學記》、《太平御覽》竝引《五經異義》：「三歲一祫，此周禮也。五歲一禘，疑先王之禮也。」文疑有誤奪，當云：「三歲一祫，五歲一禘，此周禮也。三歲一禘，疑先王之禮也。」三歲一禘，吉祭也，百王之通義，故云：「先王之禮也。」三歲一祫，五歲一禘，時祭也。夏、殷之未備，故云：「此周禮也。」當三年則祫，當五年則禘，較時祭爲大也。《説文》云：「春祭曰祠。」「礿，夏祭也。」「禘，諦祭也。《周禮》曰：『五歲一禘。』」❶「祫，大合祭先祖親疏遠近也。《周禮》曰：『三歲一祫。』」許以「祠」、「礿」、「禘」、「祫」連篆，則皆謂時祭可知。是固以《説文》爲定論矣。《説苑·脩文》篇言四時常祭之外，亦云：「三歲一祫，五年一禘。」可見西京舊説悉有師承，則知以三年喪畢之禘祫，而誤爲時祭；三年祫、五年禘本爲四時之殷祭，而又或誤爲吉祭者，又非也。《傳》云夏禘、秋祫，則禘祫定以夏秋可知。《明堂位》言季夏六月禘周公。《襍記》四月故禘在孟夏，獻子改爲孟秋行禘，故譏其失禮。此禘在孟夏之證也。孟夏禘，孟秋祫，獻子改爲孟秋禘，則廢一祫祭矣。天子諸侯之有禘必有祫，祫當在孟秋也。《通典·禘祫上》引崔靈恩説：「禘以夏者，以審諦昭穆序列尊卑。夏時陽在上，陰在下，尊卑有序，故大。次第而祭之，故禘者，諦也，第也。祫以秋者，以合聚群主。其禮最大，必秋時萬物成熟，大合而祭之。祫者，合也。」此即本毛《傳》禘屬夏、祫屬秋之義也。若吉禘、吉祫，本無定月。《周禮·鬯人》疏引賈逵、服虔説「三年終禘，遭烝嘗則行祭禮」，則與時禘時祫其禮有定時者不同。天子吉禘行於路寢大廟，《長發》是也。時禘時祫行於大祖廟，《雝》是也。諸侯特祀即吉禘，合食有吉祫及時禘時祫，悉行於大祖廟。諸侯大祖廟即大廟也。魯參用天子禮，故吉禘在新宫；其吉祫及時禘時祫皆行於路寢大廟。《詩》傳可攷也。詩言「秋而載嘗」，「載」與「再」通。載嘗者，既行秋祫，再行秋嘗也，故《傳》言「諸侯秋祫則不嘗」。禘、祫竝重，故《傳》先言「夏禘則不礿」，探下文「夏而楅衡」句而爲言也。「秋而載嘗」，知五廟皆享也。「夏而楅衡」，知大廟特禘也。則經于秋言嘗而不

❶「一」，原作「曰」，徐子静本、《清經解續編》本同。據經韻樓本《説文解字注》、陳昌治刻《説文解字》與本書卷三十《長發》傳疏改。

及祫，于夏雖不明言禘，而實行禘而又不及礿。《傳》乃補經義以申明之。衡，古「横」字。楅衡者，謂以横木偪束之。《傳》但云「設牛角」而不言横木者，文義易明耳。《説文》：「楅，以木有所逼束也。《詩》曰：『夏而楅衡。』」《地官・封人》：「凡祭祀，飾其牛牲，設其楅衡。」鄭司農注云：「楅衡，所以楅持牛也。謂夕牲時。」案鄭與許竝同毛義。祭前夕之牛必設楅衡者，即《穀梁傳》「展觓角而知傷」之意。杜子春解「楅衡」以爲「持牛令不得抵觸人」，豈是謂歟？此言祭夕飾牲，下文乃正説禘事。〇文十三年《公羊傳》：「周公用白牡，魯公用騂犅。」此《傳》所本也。《説文》云：「犅，特也。」詩作「剛」，即「犅」之假借字，犅爲特。於白言牡，於騂言特，互詞也。《檀弓》：「殷人尚白，牲用白。周人尚赤，牲用騂。」鄭注云：「騂，赤類。」是白、赤皆純色。何注《公羊》謂騂犅爲赤脊之牲，則其色非純矣。案此詩上言夏禘，下言犧尊房俎及萬舞之樂，皆是康周公禮。而詩言白牡必兼言騂剛者，祀周公亦以祀魯公也。魯用天子禮樂，故魯與周可比而論之。《禮記・明堂位》言魯公祀周公於大廟，知此大廟非周公廟也。周公於時爲魯禰廟。魯公以夏禘奉禰廟主祀大廟，與周公奉文王考廟主祀清廟，其禮相同。魯之大廟猶周之清廟也。《明堂位》「大廟，天子明堂」，此明堂爲路寢明堂，即大廟之前堂也。魯大廟與天子路寢明堂同制。周制，天子親廟四，與大祖廟而五，與二祧而七。諸侯止五廟，無二祧，魯亦無二祧，而立出王廟。如二王後，周以后稷爲大祖，魯以文王爲大祖，大祖不遷不毁。周文王、武王皆爲受命之王，魯周公、魯公皆爲受封之君，亦不遷不毁。然周至懿王之世，立文王爲文世室；孝王之世，立武王爲武世室。前此未有也。《魯世家》：「周公旦，子魯公伯禽，子考公酋，弟煬公熙，子幽公宰，弟魏公濆，子厲公擢。」五世服盡，臣子一例其廟遷毁。魯自魏公之世，周公之主當遷於大廟，故即以大廟爲周公廟，不毁。厲公之世，魯公之主當遷於大廟，故即以大廟大室爲魯公廟，不毁。大廟，路寢大廟也。大室，路寢大室也。宗廟毁主，藏於廟室之西壁。周公、魯公不毁，故遂以路寢大廟爲周公廟，路寢大室爲魯公廟。此魯廟制之大凡也。不則魏、厲已後别立大廟、大室，則魯有七廟矣。不立大廟祀周公、大室祀魯公，則周、魯皆遷毁矣。大廟之祀周公，不始於遷毁之日，而實始於受封之時。但受封周公尚在親廟，因禘而升祀大廟。至當遷毁之後，則其主奉於大廟，則大廟之祀周公，在成王之時；以大廟之奉周公主，乃在魏、厲之後。《春秋經》桓二年，納郜大鼎于大廟，臧哀伯諫證之以「清廟茅屋，昭其儉德」，則大廟即清廟也。《穀梁傳》以爲受賂而退以事其祖，以周公爲弗受，則此大廟爲周公廟也。天子吉禘在路寢明堂，諸侯謂之特祀，在新主廟，故閔二年始僭吉禘之稱，而於莊公新廟，不於大廟。文二年，有事于大廟，僭行天子吉禘在明堂之禮，故《春秋》書「有事」，公、穀皆以爲大祫。此僭禮之失，故孔子曰：「魯之郊禘，非禮也。周公其衰矣！」亦謂周公之弗受也。周公至僖十八世，魯公至僖十七世。《明堂位》：「魯公之廟，文世室也。武公之廟，武世室也。」孔疏云：「按成六年立武宫，公羊、左氏竝譏之不宜立也。又武公之廟立在武公卒後，❶其廟不毁在成公之時。此《記》所云：『美成王褒崇魯國而已。』云『武公之廟，武世室』者，作《記》之人，因成王褒魯，遂盛美魯家之事。因武公其廟不毁，遂連文而美之，非實辭也。」奂案《記》文當作「魯公之廟，世室也」。此因周有文世室，又有武世室，故遂以武公之廟足其數。此失當成公立武宫之世，遂以改竄《明堂位》之文耳。世室，夏之明堂。重屋，殷之明堂。世室亦爲大室。《春秋》「文十三年秋，大室屋壞」，《左傳》杜預注云：「大室，大廟之室。」孔疏云：「《左氏》先師賈、服等皆以爲大廟之室也。」《漢書·五行志中》：「《春秋經》：『大事于大廟，躋釐公。』《左氏》説曰：『大廟，周公之廟，饗有禮義者也。』釐雖愍之庶兄，嘗爲愍臣，臣子一例不得在愍上。又未三年而吉禘，前後亂賢父聖祖之大禮。故是歲自十二月不雨，至于秋七月。後年，若是者三，而大室屋壞矣。前堂曰大廟，中央曰大室。屋，其上重屋尊高者也，象魯自是陵夷，將墮周公之祀也。」引《穀梁》、《公羊》經曰：「世室，魯公伯禽之廟也。周公稱大廟，魯公稱世室。」然則前堂大廟爲周公廟，中央大室爲魯公廟。《左氏》先師舊説信有明證矣。周公受封不之魯，魯公雖始受封，而實出自周公，故祀不偏重。周、魯之在魯，猶文、武之在周也。魯之禘、祫，周、魯合祭於大廟大室，猶文、武合祭於清廟明堂也。故曰：「魯，王禮也。」《明堂位》言禘周公，《詩》言祀周公亦祀魯公，皆所以頌僖公能修廟祀之禮。迨僖公子文公不於大廟聽朔，浸致大室屋壞，魯公廟壞，則周公之廟亦因之而不修。故孔子録僖公詩有以也。此因詩言合祭周、魯，而因詳證魯國廟祭之制如此。又案襄十二年《左傳》：「凡諸侯之喪，同姓於宗廟，同宗於祖廟。魯爲諸姬，臨於周廟；爲邢、凡、蔣、茅、胙、祭，臨於

❶ 上「公」字，原作「宫」，據中國書店影印武林愛日軒刻本、徐子静本、《清經解續編》本與阮刻《禮記正義》改。

周公之廟。」杜預注云：「宗廟，所出王之廟。祖廟，始封君之廟。周廟，文王廟。周公之廟，即祖廟也。」杜元凱注甚見明晰。文王爲魯大祖，故廟爲宗廟，此即《王制》昭穆之大祖廟也。周公爲魯始封之祖，故廟爲祖廟。祖廟，周公大廟，此即《月令》左右个之大廟也。《周禮》：「天府掌祖廟之守藏。凡國之玉鎮、大寶器，藏焉。若有大祭、大喪，則出而陳之。既事，藏之。」鄭司農即引《顧命》「王崩，陳寶於西序、東序、西房、東房」行事之見於經者以爲證。又與《左傳》「納郜大鼎於大廟，臧哀伯諫置賂器」者合。是周大廟亦稱祖廟矣。解之者往往於昭穆及左右个兩制不明，則大祖廟與大廟混而合之，宗廟與路寢併而同之，是不可以不辨。路寢，詳見下。○犧、沙聲同。沙，讀爲娑，假借字也。《傳》云「有沙飾」，疑「沙」下奪「羽」字。《正義》云：「此《傳》言犧尊有沙羽飾。」是《正義》本有「羽」。《明堂位》「尊用犧、象、山罍」，注：「犧尊，以沙羽爲畫飾。」鄭同毛説，亦有「羽」，皆可證。《周禮·司尊彝》：「春祠、夏禴，其朝踐用兩獻尊。」鄭司農注云：「獻，讀爲犧。犧尊，飾以翡翠。」翡翠即羽也。《鄭志》：「張逸問曰：『犧，讀如沙。沙，鳳皇也。不解鳳皇何以爲沙？』荅曰：『刻畫鳳皇之象於尊，其形婆娑然。或有作「獻」字者，齊人之聲誤耳。』」《禮器》「犧尊」疏、「布冪」疏引鄭云：「畫尊作鳳羽婆娑然，故謂娑尊也。」案此鄭注即《鄭志》沙爲鳳皇。其實沙爲羽之狀，非必謂鳳皇也。《禮記述聞》引《莊子·天地》篇「百年之木，破爲犧尊」、《淮南子·俶真》篇「百圍之木，斬而爲犧尊」，則犧尊木質，而畫以沙羽爲飾。阮諶以爲牛飾，王肅以爲牛形，悉爲臆説。《執競》傳云：「將將，集也。」集猶合作也。犧尊，朝踐之尊，始祭而合作之將將然也。王肅「將將」訓「美盛」，失之。炰，當作「炮」，《釋文》：「蒲包反。」與《六月》、《韓奕》之「炰」音甫九反者別也。《瓠葉》傳：「毛曰炮。」單言炮，連言毛炮。《傳》云「豚」者，《封人》「歌舞牲及毛炮之豚」，《傳》所本也。鄭注云：「毛炮豚者，爓去其毛而炮之。」《周禮》作「炮」，不誤。《禮運》「捭豚」注：「捭肉加於燒石之上。」鄭讀「捭」爲「擘」。《鹽鐵論·散不足》篇亦云：「古者焷豚以相饗。」「焷」與「捭」同。祭用毛炮豚，即上古捭豚之遺意也。《曲禮》「左殽右胾」，殽爲豆實，則胾爲籩實。《鄉射·記》：「薦，脯用籩，五膱，祭半膱，横于上。」「古文『膱』爲『胾』。」是胾在籩也。《天官·籩人》朝事之籩有膴，加籩有膴。《説文》：「胾，大臠也。」大臠即膴也。胾，乾物；羹，濡物。胾羹猶脯醢也。《傳》謂「胾」爲「肉」，肉，乾肉也。「羹」爲「大羹、鉶羹」者，《亨人》「祭祀，共大羹、鉶羹」，《傳》所本也。大羹實於瓦豆，説見《生民》篇。《爾雅》：「肉謂之羹。」《廣雅》：「羹謂之湆。」則羹者，肉湆之名。不加菜和爲大羹，加以菜和爲鉶羹。菜謂之芼，故又謂之鉶芼。《公食・記》：「鉶芼，牛藿、羊苦、豕薇，皆有滑。」《特牲・記》：「鉶芼用苦若薇，皆有滑，夏葵冬荁。」《采蘋》釋文引鄭注云：「鉶，三足兩耳，有蓋，和羹之器也。」《明堂位》：「俎用梡嶡。」又云：「俎，有虞氏以梡，夏后氏以嶡，殷以椇，周以房俎。」《詩》稱周器，故言「大房」；《記》稱四代之器，故言「俎有梡嶡」。《傳》云「半體之俎也」者，《周語》：「禘郊之事，則有全烝；王公立飫，則有房烝。」蓋房之言旁也。全烝，全體之俎，則房烝爲半體之俎，故《左傳》謂之體。薦天地用全，而宗廟用房也。飫即饗，饗亦行於廟也。凡宗廟舞，諸侯以羽。唯天子兼以干。《萬舞》有干有羽也。《春秋》：「宣八年夏，六月辛巳，有事于大廟。壬午，猶繹。《萬》入，去籥。」此周公廟用《萬》也。「昭十五年，二月癸酉，有事于武宫。籥入。」此群廟不用《萬》也。詩爲祀周公，故萬舞矣。《傳》云「洋洋，衆多也」者，《明堂位》：「朱干玉戚，冕而舞《大武》。皮弁素積，裼而舞《大夏》。」《祭統》：「朱干玉戚以舞《大武》，八佾以舞《大夏》。」此爲舞數衆多也。《韓詩傳》：「萬，大舞也。」○孝，享也。孝孫，享祀之孫，謂僖公也。逸《禮》：「禘于大廟，祝稱孝子孝孫。」慶，猶福也。案此已下皆嘏辭也。「震，動」，《生民》、《時邁》同。「騰，乘」，《十月之交》同。不動，無敢動摇也。不乘，無敢乘陵也。《傳》釋「壽」爲「考」，三考，義未聞。疑「考」乃「老」之誤。張衡《東京賦》：「降至尊以訓恭，送迎拜乎三壽。」薛綜注云：「三壽，三老也。」又《新序・襍事五》：「《詩》曰：『壽胥與試。』美用老人之言以安國也。」下章「壽」，三家《詩》釋爲「老」，則與此「三壽」爲「三老」義同。《箋》云：「三壽，三卿也。」應是申成毛訓。《椒聊》傳：「朋，比也。」古比方、比合不分上去聲。「三壽作朋」，意謂君與臣合德也。○「公車千乘」，此賦兵之車數也。《司馬法》有二説：一説云：「九夫爲井，四井爲邑，四邑爲丘。丘十六井，有戎馬一匹，牛三頭，是曰匹馬丘牛。四丘爲甸，甸六十四井。出長轂一乘，馬四匹，牛十二頭，甲士三人，步卒七十二人，戈楯具備，謂之乘馬。」一説云：「六尺爲步，步百爲畝，畝百爲夫，夫三爲屋，屋三爲井，井十爲通。通爲匹馬，三十家，士一人，徒二人。通十爲成，成百井，三百家，革車一乘，士十人，徒二十人。十成爲終，終千井，三千家，革車十乘，士百人，徒二百人。十終爲同，同方百里，萬井，三萬家，革車百乘，士千人，徒二千人。」案前一説甸出一乘，因是而推，則四甸爲縣，出十乘；四縣爲都，出百乘。後一説成出一乘，終出十乘，同出百乘，與《漢書·刑法志》同。何休宣十五年《公羊》注：「十井共出兵車一乘。」包咸《論語·學而》注：「方里爲井，十井爲乘。百里之國，適千乘也。」是爲一乘起十井，一同出千乘。而不知周初大國百里賦止百乘，其後益封方五百里，於是大國車千乘矣。《論語》「道千乘之國」，謂成國也。井、邑、丘、甸、縣、都出賦法通成、終、同出軍法。説者混爲一制，非也。千乘亦有二説：一説以一乘七十五人計之，千乘當有七萬五千人。一説以一乘三十人計之，千乘當有三萬人。出軍之千乘與出賦之千乘本自不同。如以出軍當出賦，則千乘三萬人，僅充二軍爲次國，不足充三軍爲大國。《傳》云「大國之賦千乘」，賦，出賦也。《楚語》：「國馬足以行軍，公馬足以稱賦。」此軍與賦不同術也。魯所出之賦千乘，人數當餘羨於三軍，不當退減爲二軍，致不合大國三軍之號，理甚明也。「昭八年秋，蒐于紅」，《左傳》：「自根牟至于商、衛，革車千乘。」此謂魯蒐軍實也。《明堂位》：「成王封，地方七百里，革車千乘。」此謂魯車大數也。皆出賦而非出軍，固有此七萬五千人之多也。《禮記·坊記》「制國不過千乘」，《疏》引《五經異義》云：「公車千乘，謂大總計地出軍也。公徒三萬，謂鄉遂兵數也。」許叔重説得之矣。《傳》云「朱英，矛飾」者，探下句「二矛」爲訓。《清人》「二矛重英」，《傳》：「重英，矛有英飾也。」彼言英，此言朱英，則英飾謂朱也。飾縣毛羽，其色朱。《正義》謂絲纏而朱染之，非是。「縢，繩」，《小戎》同。緑縢，弓飾也。弓納諸韔而繩之，緑，其飾也。二矛，詳《清人》篇。重弓，二弓。云「重於鬯中」者，即《小戎》篇所謂「交韔」也。鬯，讀與「韔」同。○「公徒三萬」，此出師之軍數也。徒，即《司馬法》「徒二人」、「徒二十人」、「徒二百人」、「徒二千人」也。鄭《箋》以三萬爲三軍。《正義》引《鄭志》荅臨碩謂此爲二軍。有此兩解。案三萬二軍，是也。詩意先言賦，後言軍，千乘爲賦，三萬爲軍，故重弓言備豫之事，而貝胄言從戎之飾，文義顯然。蓋家、賦、軍、徒四事實用遞減之法。甸六十四井，通上、中、下地。率之定受田二百八十八家，計可任者二家五人，凡七百二十人，出長轂一乘，甲士三人，步卒七十二人。是於家任之人定賦，約十而用一。一乘七十五人，千乘七萬五千人，三軍三萬七千五百人。是於賦乘之人定軍，約二而用一。二軍二萬五千人，是於軍興起徒，約三而用二。故古者比年簡徒，三年簡車，臨陳行師亦復選徒治兵。《周禮》：「天子六鄉、六軍，六卿掌之。大國三鄉、三軍，三卿掌之。次國二鄉、二軍，二卿掌之。小國一鄉、一軍，一卿掌之。」此定軍之制也。出師不必盡行，故大國三軍三卿，其一卿一軍留守，二卿二軍出征伐。襄十一年《公羊傳》云：「三軍者何？三卿也。作三軍，何以書？譏。何譏爾？古者上卿、下卿、上士、下士。」《繁露·爵國》篇云：「諸侯大國四軍。」此謂卿爲帥，士爲佐，故有四軍之號。其實諸侯大國止有二軍耳。《穀梁》「作三軍」，《傳》云：「古者天子六師，諸侯一軍。作三軍，非正也。」「昭五年，舍中軍」，《傳》云：「貴復正也。」舍中軍爲復正，《穀梁》亦謂魯當用二軍。公、穀《傳》皆就魯出師之制言之。何休隱五年《公羊傳》注云：「禮，天子六師，方伯二師，諸侯一師。」「六師」三見於《詩》。莊十六年《左傳》：「王使虢公命曲沃伯以一軍爲晉侯。」此諸侯一軍之證也。《詩》言「公徒三萬」，此方伯二軍之證也。《齊語》：「萬人爲一軍。公帥中軍，國子高子帥二軍。」三軍三萬人，雖是變古，然亦通率方伯二軍之制爲之。《傳》云「貝飾」，謂以貝爲飾。《穆天子傳》：「朱帶貝飾三十。」與此「貝飾」同。云「以朱綅綴之」者，《説文》：「綅，綫也。」「綫，縷也。古文作『線』。」朱綅，謂以染朱之綫綴貝於胄。《正義》則誤爲綴甲也。○「增增，衆」，《爾雅·釋訓》文。郭注云：「衆，夥之貌。」《下武》、《賚》傳皆云：「應，當也。」《史記·建元以來侯者年表》引《詩》「戎狄是應」。《孟子》作「膺」，趙注：「膺，擊也。」丁公著作「應」。膺、應聲同，當、擊義同。《沔水》傳：「懲，止也。」《史記》引《詩》「荆舒是徵」。徵，古「懲」字。「承」與「懲」亦聲同，故懲謂之止，承又謂之止。《箋》云「天下無敢禦」之「禦」，亦當也、止也。案下二章頌僖公伐淮夷及荆楚，此章先追美周公伐功，與《殷武》篇述成湯時氐羌享王同其篇例。《小雅·漸漸之石》「刺幽王，戎、狄叛之，荆、舒不至」，則周初之戎、狄、荆、舒率服可知也。僖公唯從齊伐荆，若戎、狄與舒，未嘗有事。孔仲達疑不能明，要誤於鄭謂夸美僖公耳。《孟子·滕文公》篇引此詩，而釋之云：「周公方且膺之。」又云：「是周公所膺也。」此其明證矣。舊分章自「享以騂犧」以下三十八句爲一章，章首從祀帝祀稷説起，因而享祀大廟，備陳魯以天子禮祀周公，工祝致告於僖公作嘏。下又極陳兵賦之大，征伐之美，工祝又致神之意，再作嘏。此皆在廟中美周公，不頌僖公也。觀舊分章，知古説之不可易。○「萬有千歲，眉壽無有害」，皆嘏孝孫之辭。《少牢禮》工祝嘏主人之辭：「眉壽萬年，勿替引之。」亦此意也。

泰山巖巖，魯邦所詹。奄有龜蒙，遂荒

大東，至于海邦，淮夷來同。【傳】詹，至也。龜，山也。蒙，山也。荒，有也。莫不率從，魯侯之功。【疏】泰，當作「大」。《釋文》作「大山」，《韓詩外傳》、《説苑・襍言》篇引《詩》作「大山」。《説文》：「岱，大山也。」巖巖，當作「嚴嚴」。《節南山》傳：「嚴嚴，積石皃。」大山，積石之最高大者也。「詹，至」，《采緑》同。至者，言所至境也。魯邦在大山之陽。詹，《韓詩外傳》、《説苑》作「瞻」。《風俗通義・山澤》篇、《初學記・地部》引《詩》皆作「瞻」，義異。《續漢書・郡國志》：「泰山郡博有龜山。」《水經・汶水》注：「龜山在博縣北一十五里。昔夫子望山懷操，故《琴操》有《龜山操》焉。山北即龜陰之田，《春秋》『定公十年，齊人來歸龜陰之田』是也。」案今山東泰安府新泰縣西南有龜山。哀十七年《左傳》「公會齊侯，盟于蒙」，杜注云：「故蒙陰城。」《漢書・地理志》：「泰山郡蒙陰，《禹貢》蒙山在西南。顓臾國在蒙山下。」然則《論語》之東蒙即蒙山矣。今蒙陰縣在山東沂州府。○《傳》云「荒，有」者，「荒」與「幠」通。《爾雅》：「幠，有也。」郭注引《詩》作「幠」。葉鈔《釋文》引《韓詩》作「巟，至也」，《箋》「荒，奄也」，義竝相近。大東，魯東境。海邦，即魯東境之極邊。《左傳》：「管敬仲曰：『齊大公所履，東至于海。』」猶此意也。服淮夷，詳《泮水》篇。《箋》云：「魯侯，謂僖公。」

保有鳧繹，遂荒徐宅，至于海邦。淮夷蠻貊，及彼南夷，莫不率從。【傳】鳧，山也。繹，山也。宅，居也。淮夷蠻貊，蠻貊而夷行也。南夷，荆楚也。莫敢不諾，魯侯是若。【傳】若，順也。【疏】鳧山在今鄒縣西南。《漢書・地理志》：「魯國騶，故邾國。繹山在北。」案邾，魯附庸國，故繹山在魯宇也。邾，後改爲鄒，或作「騶」。繹，俗作「嶧」，與《禹貢》嶧陽爲葛嶧山者不同。繹山在今山東兖州府鄒縣東南。徐，讀爲𨛜。《説文》：「魯東有𨛜城。」段注云：「《周禮・雍氏》注：『伯禽以王師征徐戎。』劉本『徐』作『𨛜』。《魯世家》：『頃公十九年，楚伐我，取徐州。』徐廣曰：『徐州在魯東。』是楚所取之徐州即𨛜地。《書序》曰：『徐夷竝興，東郊不闢。』徐蓋𨛜也。」案此即徐、𨛜聲通之義矣。「宅，居」，《皇矣》同。徐宅，𨛜戎之舊居。○《傳》文「淮夷」下各本奪「蠻貊」二字，今補。《江漢》傳云：「淮夷，東國，在淮浦而夷行也。」以釋經之「夷」字。此《傳》云「淮夷蠻貊，蠻貊而夷行也」，以釋經之「夷蠻貊」三字。今轉寫者不知經文複句之例，因謂「鑾貉」重文，删去二字，以致文義不明。淮上之國不與華同，故庳之曰夷。淮夷在魯東南，故更以「南蠻」、「東貉」評之也。《傳》云「南夷，荆楚也」者，楚亦夷也，居中國之南方。《鄭志》荅趙商云：「楚交中國而近南夷，末世夷行，故謂之夷也。」《殷武》傳：「荆楚，荆州之楚國也。」僖四年《春秋經》：「公會齊侯，伐楚，次于陘。楚屈完來盟于師，盟于召陵。八月，公至自伐楚。」此僖公伐荆楚事也。「若，順」，《烝民》同。順，讀《國語》「諸侯稱順焉」之「順」。

天錫公純嘏，眉壽保魯。居常與許，復周公之宇。【傳】常、許，魯南鄙、西鄙。魯侯燕喜，令妻壽母。宜大夫庶士，邦國是有。既多受祉，黄髮兒齒。【疏】純、嘏，皆大也。眉壽，言常也。《卷阿》云：「純嘏爾常矣。」常，魯南鄙。《箋》云：「常，或作『嘗』。在薛之旁。《春秋》『魯莊公三十一年，築臺于薛』是與？周公有嘗邑，所由未聞也。六國時，齊有孟嘗君食邑於薛。」杜預《左傳注》云：「薛，魯地。」《史記·越世家》：「願齊之試兵南陽莒地，以聚常、郯之境。」《索隱》云：「常，蓋田文所封邑。」案今山東兗州府滕縣東南有薛城，周滕國在今滕縣西南，而薛城又在今滕縣東南，常邑近薛，是爲魯之南境也。《齊語》：「齊桓公反魯侵地棠、潛。」《管子·小匡》篇「棠」作「常」。不審即《魯頌》之常，抑《春秋》之棠歟？許，魯西鄙。《箋》云：「許，許田也，魯朝宿之邑。」《括地志》：「許田，在許州許昌縣南四十里有魯城，周公廟在城中。」案今河南許州中隔陳、衛，成王營雒邑時以爲周朝宿邑。許田在魯之西，而周公朝宿在焉。是即魯之西境也。鄭與魯易假許田在隱、桓之世，則許田久屬於鄭。疑魯南鄙之常自莊、閔而後或又屬於齊，故頌僖公復故宇，乃就故宇極邊邑言之耳。孔仲達謂僖公得許田而《春秋》闕漏，恐不然矣。《傳》以常、許爲魯南鄙、西鄙，鄭不得明文，遂以許爲許田，而又推本薛旁之嘗即《詩》之常邑，皆以申《傳》。而仲達爲易《傳》，亦非。《晏子·襍上》篇：「景公伐魯傅許，得東門無澤。」是魯有許邑矣。然齊在魯東北，不應起師伐魯西邑，與許爲西鄙不合。《緜》傳云：「宇，居也。」○《箋》云：「燕，燕飲也。令，善也。僖公燕飲於内寢則善其妻，壽其母，謂爲之祝慶也。與群臣燕則欲與之相宜，亦祝慶也。是有，猶常有也。兒齒，亦壽徵。」案兒，古「齯」字。《爾雅》云：「黄髮、齯齒，壽也。」

徂徠之松，新甫之柏，是斷是度，是尋是尺，松桷有舄。【傳】徂徠，山也。新甫，山也。八尺曰尋。桷，榱也。舄，大貌。路寢孔碩，新廟奕奕。【傳】路寢，正寢也。新廟，閔公廟也。奚斯所作，孔曼且碩，萬民是若。【傳】有大夫公子奚斯者作是廟也。曼，長也。【疏】徠，唐石經作「來」。《水經·汶水》注：「汶水西南流逕徂徠山西，山多松柏，《詩》所謂『徂徠之松』也。《鄒山記》曰：『徂徠山在梁父、奉高、博三縣界，亦曰尤徠之山。』」案徂徠山在今泰安府東南，新甫山在今新泰縣西北，漢武帝改稱宫山。度，古「剫」字。「八尺曰尋」，《説文》云：「周制，寸、尺、咫、尋、常、仞諸度量，皆以人之體爲法。」「尋，度人之兩臂爲尋，八尺也。」《爾雅·釋宫》：「桷謂之榱。」《傳》所本也。《説文》云：「桷，榱也。椽方曰桷。」「周謂之榱，齊魯謂之桷。」舄者，「席」之假借字。《禹貢》「海濱廣席」，《夏本紀》、《地理志》皆作「廣舄」，此舄、席聲通之證也。《説文》：「席，卻屋也。」段注云：「卻屋者，謂開拓其屋，使廣也。俗作『斥』、作『㡿』。《文選·魏都賦》注引《蒼頡篇》云：『㡿，大也。』」○《傳》云「路寢，正寢也」，《殷武》傳亦云：「寢，路寢也。」兩詩皆於篇末亟言修治路寢之事。劉向《説苑·修文》篇：「《春秋》曰：『壬申，公薨于高寢。』《傳》曰：『高寢者何？正寢也。曷爲或言高寢，或言路寢？曰：諸侯正寢三，一曰高寢，二曰左路寢，三曰右路寢。高寢者，始封君之寢也。二路寢者，繼體君之寢也。其二何？曰：子不居父之寢，故二寢。繼體君世世不可居高祖之寢，故有高寢。名曰高也，路寢其立奈何？高寢立中，路寢左右。』《春秋》曰：『天王入于成周。』《傳》曰：『成周者何？東周也。』然則天子之寢奈何？曰：亦三。承明繼體守文之君之寢，曰左右承明路寢。謂之承明何？曰：承乎明堂之後者也。故天子諸侯三寢立而名實正，父子之義章，尊卑之事別，大小之德異矣。」案此《春秋》魯定公十五年之《傳》也。路寢，十二室之總稱。其路寢之中即大廟，始封君之主在焉，故謂之始封君之寢。繼體之君疾病薨喪，不在此也。左居東，即青陽大廟，故謂之左路寢。右居西，即總章大廟，故謂之右路寢。前南堂爲明堂，承乎明堂之後，故路寢又謂之承明。魯與周同制，此必積古舊説。路寢居宫之中央，右社稷而左宗廟，故經言路寢必連及新廟也。劉向《别録》：「社稷宗廟在路寢之西。」又云：「左明堂辟雝，右宗廟社稷。」何休注桓二年《公羊傳》云：「質家右宗廟，上親親。文家右社稷，尚尊尊。」然則劉子政所言蓋殷制也。殷宗廟在路寢之西，周宗廟在路寢之東，則宗廟在路門内路寢之左，此其義證。故《魯語》云：「合神事於内朝。」是也。上公九命，國家宫室以九爲節，城方九里，宫方九百步。三乘之得三百步者九，與天子宫城之制同。前有門朝，後有寢市，各三百步者三。路寢制如明堂，方三百步，其左右亦各三百步，五廟竝列可容也。《夏官》：「隸僕掌五寢之埽除糞洒之事。」鄭注：「五寢，五廟之寢也。《詩》云『寢廟繹繹』，相連貌也。前曰廟，後曰寢。」《吕覽·季春紀》及《淮南子·時則》篇「薦鮪于寢廟」，高注：「前曰廟，後曰寢。《詩》云『寢廟奕奕』，言相連也。」《獨斷》云：「《頌》曰『寢廟奕奕』，言相連也。」案凡五廟之制，前廟後寢。《毛詩》「新廟奕奕」，三家《詩》作「寢廟繹繹」。奕奕，高大；繹繹，相連。作「奕奕」者，據毛以改三家也。《毛詩》作「新廟」，《傳》云「閔公廟」，與《穀梁傳》新宫爲禰宫者同。以僖公爲閔公後而連及之，特舉五寢廟之一耳，與三家《詩》實無異也。唯鄭《箋》以爲姜嫄廟。○《傳》文「有大夫公子奚斯者」，上奪複句經文「奚斯所作」四字，當依《小箋》補正。奚斯，公子奚斯，即魯大夫公子魚也。《傳》中「廟」字，《小箋》改從「詩」字。「奚斯所作」，「所」字不上屬。所作，猶作誦、作詩，與《節南山》、《巷伯》、《嵩高》、《烝民》末章文法皆同。《文選·兩都賦》「奚斯頌魯」，李注引《韓詩》薛君章句曰：「是詩公子奚斯所作也。」毛與韓不異。偃師武虚谷援楊子《法言》、《後漢書·曹褒傳》、《班固傳》及諸石刻之文《度尚碑》、《大尉劉寬碑》、《綏民校尉熊君碑》、《費汎碑》、《楊震碑》、《沛相楊統碑》、《曹全碑》、《張遷表》一一可證。説詳段氏《經韻樓集》。案段説是也。鄭意《魯頌》四篇皆史克所作，故解「奚斯所作」爲監作新廟，與毛、韓異。不知史克作《駉》，奚斯作《閟宫》。史克見《左傳》，在文公十八年。至宣公世尚存，見於《國語》。奚斯見於閔公二年，故文公二年《傳》已引《閟宫》之詩，則奚斯作《閟宫》必在史克作《駉》之前，此其顯證矣。《嵩高》「其詩孔碩，其風肆好」，《傳》云：「肆，長也。」曼、肆訓同。《文選》王褒《四子講德論》注引《韓詩》薛君章句亦云：「曼，長也。」

卷二十九終

詩毛氏傳疏卷三十

長洲陳奐學

那詁訓傳弟三十　毛詩商頌

《那》五篇，十六章，百五十四句。

【疏】《那》五篇皆商詩。堯之時，契封於商，湯有天下，仍舊號焉。今陝西商州是其地。魯大師有《商頌》，故孔子得録之也。

《那》一章二十二句。

《那》，祀成湯也。微子至于戴公，其閒禮樂廢壞，有正考甫者，得《商頌》十二篇於周之大師，以《那》爲首。【疏】成湯功成，作《大濩》之樂。繼世子孫祀其先祖，作此樂歌也。《國語》閔馬父之言曰：「昔正考父校商之名《頌》十二篇於周大師，以《那》爲首。」是爲子夏作《序》之源流也。《左傳》稱正考父佐戴、武、宣，則正考父爲戴公時大夫。戴公當周宣王時。宣王中興，修禮樂，正考父得以考校而録《商頌》十二篇。自幽王之末，六代禮樂又遭廢壞。孔子録《詩》僅得五篇，附諸《周頌》之末，所以學殷存宋，備三統之文，仍大師之舊，而非自孔子删之也。《史記·宋世家》：「襄公之時，其大夫正考父美之，故追道契、湯、高宗殷所以興，作《商頌》。」《集解》云：「《韓詩章句》亦美襄公。」司馬貞駁之矣。古甫、父通。

猗與那與，置我鞉鼓。【傳】猗，歎辭。那，多也。鞉鼓，樂之所成也。夏后氏足鼓，殷人置鼓，周人縣鼓。奏鼓簡簡，衎我烈祖。湯孫奏假，綏我思成。【傳】衎，樂也。烈祖，湯有功烈之祖也。假，大也。鞉鼓淵淵，嘒嘒管聲。既和且平，依我磬聲。【傳】嘒嘒然和也。平，正平也。依，倚也。磬，聲之清者也，以象萬物之成。周尚臭，殷尚聲。於赫湯孫，穆穆厥聲。庸鼓有斁，萬舞有奕。【傳】於赫湯孫，盛矣湯爲人子孫也。大鐘曰庸。斁斁然盛也，奕奕然閑也。我有嘉客，亦不夷懌。自古在昔，先民有作。温恭朝夕，執事有恪。【傳】夷，説也。先王稱之曰自古，古曰在昔，昔曰先民。有作，有所作也。恪，敬也。顧予烝嘗，湯孫之將。【疏】猗、於一聲之轉。歎謂之於，下加一言則曰於乎，亦歎謂之猗，下加一言則曰猗與。猗、於爲歎詞，與、乎皆語詞。歎，美歎也。辭，當作「詞」。「那，多」，《桑扈》同。云「多」者，美歎成湯多武功以定天下也。《周禮》：「戰功曰多。」鞉鼓節下管之樂，《書》云「下管鞉鼓」，其義證也。詩於章首言鞉鼓，下文又言「鞉鼓淵淵，嘒嘒管聲」，是鞉鼓節樂，故《傳》云：「樂之所成也。」足鼓，今《禮記》誤倒，《正義》及《有瞽》正義引皆不誤。置鼓，《禮記》作「楹鼓」，《繁露》作「程鼓」。程、楹古聲同。《詩》作「置」，《傳》依經字言也。置之爲言樹也。《禮記注》：「楹謂之柱，貫中上出也。」是「置」與「楹」同義也。《箋》：「置，讀曰植。」《禮記注》及《廣雅》曹憲注引《詩》作「植」。《毛詩》作「置」，或三家《詩》作「植」。夏足、殷置、周縣，《傳》引《禮記·明堂位》文以明三代鞉鼓之制。有虞氏有鞉鼓，其制未聞也。《有瞽》傳云：「縣鼓，周鼓也。鞉，鞉鼓也。」周人以鞉鼓爲縣鼓。此詩言殷制，鞉鼓爲置鼓，殷改夏之足鼓，周又改殷之置鼓。然《儀禮·大射儀》設建鼓，周亦未嘗不用置鼓。所易爲縣者，唯鞉鼓耳。鄭解詩鞉與鼓爲二，直謂殷人之鼓皆置，而周人之鼓皆縣，毛《傳》、《禮記》皆不合。篇中兩言鞉鼓，兩言鼓，鼓即四面建鼓也。《執競》傳云：「簡簡，大也。」四面建鼓閒作，其聲大也。「衎，樂」，《南有嘉魚》同。烈，功烈也。詩祀成湯，故烈祖爲湯有功烈之祖，是《傳》明以「烈祖」指湯。《正義》則云「美湯之先公」，誤也。烈祖爲湯，湯孫爲湯後世之孫。湯孫猶孝孫也。「假」訓「大」。綏，安；成，平也。言湯孫奏此《大濩》之樂以樂我烈祖，安享我大平之福也。思，語詞。案此節言陳樂奏樂，下文即本此而申言之。○「鞉鼓淵淵」，《説文》引作「鼘鼓鼘鼘」，《廣雅》：「鼘鼘，聲也。」《采芑》傳：「淵淵，鼓聲也。」淵淵，借字。《有駜》作「咽咽」，亦借字。管，堂下管樂也。鞉鼓淵淵然，管則嘒嘒然。和，言其應節之聲和也。管，即簫也。《大射儀》云：「簫在建鼓之閒。」又云：「乃管《新宫》三終。」鄭注：「管，謂吹簫以播《新宫》之樂。」賈疏引《禹貢》注：「簫，大竹也。」諸侯下管《新宫》，天子下管《象》，於商未聞也。」「平」訓「正」，《何彼襛矣》同。今本《傳》文「正」下衍「平」字，宜删。《周語》：「聲應相保曰和，細大不踰曰平。」此即「既和且平」之義也。「依」訓「倚」。《大射儀》云：「鼗倚于頌磬西，紘。」周人縣鼗於頌磬之西，殷人當置鞉於頌磬之西。《傳》實本《禮經》爲訓也。《鼓鐘》傳：「笙磬，東方之樂。」此《傳》云：「磬，聲之清者也，以象萬物之成。」其意指頌磬爲西方象成之樂言之，而不明言西者所該，又不專指頌磬一器也。《眡瞭》：「掌播鼗，擊頌磬、笙磬。」是播鼗而笙磬亦無不應之者。天子有金奏下管之樂，金奏擊鎛，有編鐘以應之，則知下管擊磬亦有編磬以應之也。又《孟子·萬章》篇：「集大成也者，金聲而玉振之也。金聲也者，始條理也。玉振之也者，終條理也。」金爲鎛鐘，玉爲特磬。金奏鼓鎛鐘，樂之始；下管擊玉磬，樂之終。終猶成也。鄭注《中庸》云：「振，猶收也。磬以節下管之樂，是謂之玉振。」與《詩》義亦合。《箋》云：「磬，玉磬也。玉磬尊，故異言之。」鄭謂磬爲玉磬，足以補明《傳》義矣。《考工記·梓人》：「其聲清揚而遠聞，則於磬宜。」《白虎通義·禮樂》篇：「磬者，夷則之氣也，象萬物之成也。其氣清，故曰磬。有貴賤焉，有親疏焉，有長幼焉。此三者行，然後王道得。王道得，然後萬物成。天下樂之，故樂用磬也。」竝與《傳》義同。「周尚臭，殷尚聲」，此《禮記·郊特牲》文也。《傳》引之以爲殷尚聲之證。「周尚臭」，類及之。與上文言殷置鼓而周縣鼓連及之同其例耳。蓋湯、武皆以武功定天下，天下大平，乃更制作焉。故《傳》每舉殷、周以見今古改革之大端也。《郊特牲》：「殷人尚聲，臭味未成，滌蕩其聲，樂三闋，然後出迎牲。聲音之號，所以詔告於天地之閒也。」孔疏云：「尚聲，謂先奏樂也。臭味未成，謂未殺牲也。滌蕩，謂摇動也。闋，止也。奏樂三偏止，乃迎牲入，殺之。言鬼神在天地之閒，聲是陽，故用樂之音聲號呼告於天地之閒，庶神明聞之而來，是先求陽之義也。」奐謂奏樂三止者，金奏也，升歌也，下管也。下管爲弟三節。三聲告止，然後殺牲入祭，此殷人尚聲。《繁露·質文》篇云：「先用玉聲而後亨。」○赫爲盛，穆穆爲美，正是贊歎成湯之樂，所以終殷人尚聲之義，其閒不應及祀成湯之人。《傳》釋此「湯孫」謂「湯爲人子孫」者，言先王作樂崇德，所以克盡其爲人子孫之道，以爲後世子孫法也。《箋》易《傳》「湯孫」爲「大甲」。《正義》從王肅，以經三「湯孫」皆謂「湯爲人子孫」，以爲終篇述湯生存之事，與《序》「祀成湯」義有乖。且《烈祖》、《殷武》之「湯孫」又作何解乎？《傳》必有本而云然，不得執一端以該全經也。庸，讀爲鏞，古文假借字。鏞爲大鐘，則鼓爲大鼓。《靈臺》「賁鼓維鏞」，《傳》：「賁，大鼓也。鏞，大鐘也。」義與此同。經言斁，《傳》云斁斁。《廣雅》：「驛驛，盛也。」《文選・甘泉賦》注引《韓詩章句》：「繹繹，盛貌。」斁、驛、繹竝同。盛者，謂聲樂盛也。《賓之初筵》「籥舞笙歌」，《傳》：「秉籥而舞，與笙歌相應。」此言「庸鼓有斁，萬舞有奕」，則《萬舞》與庸鼓相應矣，故特盛之也。《萬舞》以干羽，見《簡兮》傳。何注昭二十五年《公羊傳》云：「《大夏》，夏樂也。周所以舞夏樂者，王者始起，未制作之時，取先王之樂與己同者，假以風化天下。天下大同，乃自作樂。取夏樂者，與周俱文也。王者舞六樂于宗廟之中，舞先王之樂，明有法也。舞己之樂，明有制也。」案六舞唯《大武》、《大濩》爲武舞，餘先王樂爲文舞。周舞以《大武》爲己樂，以《大夏》爲先王樂。商以《大濩》爲己樂，其用先王樂或亦用《大夏》，經無明文可證也。《大濩》武舞，用干；先王樂文舞，用羽。此詩言《萬舞》之義也。經言奕，《傳》云奕奕。《墨子・非樂上》篇：「《萬舞》翼翼，章聞于天。」「翼翼」與「奕奕」同。奕奕，閑。又《采薇》傳：「翼翼，閑。」奕、翼一聲之轉，故竝有「閑」訓。閑者，謂舞容也。《傳》於《十畝之閑》「閑閑」爲「往來」，《皇矣》「閑閑」爲「動摇」，竝與舞容義近。此自「鞉鼓淵淵」至「萬舞有奕」八句，皆極陳殷樂之盛美，《有瞽》云「既備乃奏，簫管備舉，喤喤厥聲，肅雝和鳴，先祖是聽」是也。「我有嘉客」已下八句，《有瞽》云「我客戾至，永觀厥成」是也。○「夷，説」，《風雨》同。懌，亦説也。《版》傳：「懌，説也。」「亦不夷懌」，亦夷懌也。不，語助。《釋文》作「繹」。《傳》「自古」各本作「在古」，誤。《魯語》：「其輯之亂曰：『自古在昔，先民有作。温恭朝夕，執事有恪。』先聖王之傳恭，猶不敢專稱曰自古。古曰在昔，昔曰先民。」毛《傳》正用《國語》。韋注用毛《傳》作「自古」，今據以訂正。《小旻》傳亦云：「古曰在昔，昔曰先民。」云「有作，有所作也」者，作，作敬，所謂傳恭也。韋注云：「有作，言先聖人行此恭敬之道久矣，不敢言創之於己，乃云受之於先古也。」《爾雅》：「恪，敬也。」《説文》：「愙，敬也。」愙、恪古今字。○烝嘗，時祭也。將，大也，謂祀事大也。

《烈祖》一章二十二句。

《烈祖》，祀中宗也。【疏】《箋》云：「中宗，殷王大戊，湯之玄孫也。有桑穀之異，❶懼而脩德，殷道復興，故表顯之，號爲中宗。」《正義》云：「《異義》：《詩》魯説，丞

❶「穀」，原作「榖」，據徐子静本、阮刻《毛詩正義》改。

相匡衡以爲殷中宗，周成、宣王皆以時毀。」案匡衡學《齊詩》，則齊、魯説同。鄭注《王制》：「殷六廟，契及湯與二昭二穆。」蓋二昭二穆四親廟，與契大祖廟爲五廟。湯受命王，其廟應毀而不毀，故殷人六廟。然則中宗應毀矣。詩篇末云「顧予烝嘗」，烝嘗，時祭，及四親廟。此爲祀中宗親廟之樂歌也。

嗟嗟烈祖，有秩斯祜。申錫無疆，及爾斯所。【傳】秩，常；申，重也。既載清酤，賚我思成。亦有和羹，既戒既平。鬷假無言，時靡有争。綏我眉壽，黄耉無疆。【傳】酤，酒；賚，賜也。戒，至；鬷，總；假，大也。總大無言無争也。約軧錯衡，八鸞鶬鶬。以假以享，我受命溥將。自天降康，豐年穰穰。來假來享，降福無疆。【傳】八鸞鶬鶬，言文德之有聲也。假，大也。顧予烝嘗，湯孫之將。【疏】《箋》云：「重言嗟嗟，美歎之深。」上篇《傳》「烈祖」謂「湯有功烈之祖」，則此「烈祖」同也。「秩，常」，《賓之初筵》同。《箋》云：「祜，福也。」「申」訓「重」，「重」下「也」字今補。《烈文》篇「錫兹祉福，惠我無疆」，彼《傳》言文王錫子孫以無疆之祉福，此言成湯重錫子孫以無疆之常福，文義正同。「及爾斯所」，猶云「以迄于今」也。〇《傳》訓「酤」爲「酒」。清酤，《信南山》、《旱鹿》謂之「清酒」。「既載清酤」，猶云「清酒既載」也。「賚，賜」，《爾雅・釋詁》文。成，平也。「賚我思成」冡上文「申錫」之意，言烈祖成湯賜我子孫有此大平也。《閟宫》傳云：「羹，大羹、鉶羹也。」大羹不和五味。和五味實於鉶，謂之鉶羹，則和羹爲鉶羹也。《説文》：「鬻，五味盉鬻也。」引《詩》作「鬻」，小篆作「羹」。案「亦有」與「既載」對文，言既載清酒，亦有和羹也。鄭《箋》以和羹喻諸侯有和順之德。杜預注昭二十年《左傳》言中宗與賢者和齊可否，其政如羹。此皆泥於《晏子》引《詩》釋「和羹」之義。不知《晏子》借「和羹」之「和」比況君臣之和，而詩意本無關設喻也。《爾雅》：「艐，至也。」郭音屆。《節南山》箋：「屆，至也。」艐、屆、戒三字聲義相通。《傳》訓「戒」爲「至」者，言神靈之來至也。平，和平也。「既戒既平」，猶云「神之聽之，終和且平」也。鬷，讀與「總」同，假借字也。《東門之枌》箋：「鬷，總也。」《禮記》作「奏」，鬷、奏雙聲。假，《左傳》作「嘏」。嘏者，本字；假者，假借字。《傳》既分釋之，而又總釋之云「總大無言無争也」者，言承祭之孝孫與助祭之諸侯能總集大衆，無有言語，無有争訟，美其心平而德和。《禮記·中庸》篇：「故君子不動而敬，不言而信。」引《詩》曰：「奏假無言，時靡有争。」所謂敬信者，亦是無言無争之極至矣。綏，安也。眉壽、黄耇，皆壽徵。言安我以無疆之福壽也。此自「既載清酤」至「黄耇無疆」正言祀事。○「約軝錯衡」，詳《采芑》篇。鸞，當作「鑾」。《采芑》「瑲瑲，聲」、《庭燎》「將將，鑾鑣聲」，彼《傳》但就鑾聲言之。此《傳》「鶬鶬」就諸侯助祭言之，故云：「言文德之有聲也。」《清廟》「濟濟多士，秉文之德」，《傳》：「執文德之人。」與此「文德」同。假，讀爲嘏，故訓「大」。「以假以享」，與「我將我享」句同。將享、假享，皆謂大享。享，獻也。溥、將，皆大也。《臣工》「迄用康年」，《傳》云：「康，樂也。」《執競》傳云：「穰穰，衆也。」來享，唐石經作「饗」，誤。「來假來享」，猶云「以假以享」也。湯孫，指祀中宗者説。中宗爲湯之玄孫，則祀中宗，湯猶在親廟之列。本諸湯者，猶章首稱「烈祖」之意云爾。

《玄鳥》一章二十二句。

《玄鳥》，祀高宗也。【疏】《箋》云：「祀，當爲『祫』。祫，合也。高宗，殷王武丁，中宗玄孫之孫也。有雊雉之異，又懼而脩德，殷道復興，故亦表顯之，號爲高宗云。崩而始合祭於契之廟，歌是詩焉。古者君喪，三年既畢，禘於其廟，而後祫祭於大祖廟。明年春，禘于群廟。自此之後，五年而載殷祭。❶一禘一祫，《春秋》謂之大事。」案鄭《箋》未祫祭先禘廟，《釋文》以爲此是「後本」，與《禘祫志》不同者，固以「後本」爲定論矣。《周禮·鬯人》疏亦以練後遷廟而祭新主解始禘，引《穀梁傳》「于練焉壞廟」爲證。又何注閔二年《公羊傳》云：「禘之于新宫。」然則鄭蓋自用其師説耳。《士虞·記》：「死三日而殯，三月而葬，遂卒哭。將旦而祔，則薦。卒辭曰：『哀子某，來日某，隮祔爾于爾皇祖某甫，尚饗。』明日，以其班祔，曰：『適爾皇祖某甫，以隮祔爾孫某甫，尚饗。』」士於未祔設祭禮亦然也。此《箋》本諸侯禘祫以爲言也。諸侯三年喪畢，特祀新主，《春秋》僭稱之爲禘。禘而後祫，於大祖入親廟而行時祫時禘，與五廟同。天子三年喪畢，大禘於路寢大廟，猶諸侯特祀新宫，唯典較重大耳。禘畢而祫，與諸侯同。鄭意《殷武》祀高宗，爲專祀親廟之詩；《玄鳥》祀高宗，爲祫祭大祖廟之詩，故遂改《序》「祀」字當爲「祫」字。

❶ 「載」，徐子静本、《清經解續編》本同。阮刻《毛詩正義》作「再」。

天命玄鳥，降而生商。【傳】玄鳥，鳦也。春分，玄鳥降。湯之先祖有娀氏女簡狄，配高辛氏帝，帝率與之祈于郊禖而生契，故本其爲天所命以玄鳥至而生焉。宅殷土芒芒，古帝命武湯，正域彼四方。方命厥后，奄有九有。【傳】芒芒，大貌。正，長；域，有也。九有，九州也。商之先后，受命不殆，在武丁孫子。武丁孫子，武王靡不勝。【傳】武丁，高宗也。勝，任也。龍旂十乘，大糦是承。邦畿千里，維民所止，肇域彼四海。【傳】畿，疆也。四海來假，來假祁祁。景員維河，殷受命咸宜，百禄是何。【傳】景，大；員，均；何，任也。【疏】玄鳥，一名鳦，又名燕，詳《燕燕》篇。昭十七年《左傳》：「玄鳥氏，司分者也。」《禮記·月令》：「仲春之月，玄鳥至。」《傳》云「春分，玄鳥降」以釋經「玄鳥降」之義。簡狄，帝嚳之妃，契之母也。有娀氏，簡狄母家之國名。高辛氏帝，謂帝嚳也。禖，禖宮，祈子之宮也。簡狄於玄鳥至之日因祈禖而生契，契爲湯之先祖，堯始封於商，後爲湯有天下之號。《傳》釋此以明經天命生商之義也。帝高辛率妃簡狄祈禖生契，《生民》傳言率妃姜嫄祈禖生后稷，自是一時之事。在帝高辛世已有郊禖之宮。周人立姜嫄廟爲禖宮，殷人或立簡狄廟爲禖宮也。鄭注《月令》云：「高辛氏之世，玄鳥遺卵，娀簡吞之而生契，後世以爲媒官嘉祥，❶而立其祠焉。」據此，則禖宮始於殷世矣。鄭注《禮記》與《毛詩傳》不同。至箋《詩》亦不言郊禖生契，其意亦不從《毛詩傳》也。《續漢書·禮儀志》注引《月令章句》：「玄鳥感陽而至，其來主爲孚乳蕃滋，故重其至日，因以用事契母簡狄。蓋以玄鳥至日，有事高禖而生契焉。故《詩》曰：『天命玄鳥，降而生商。』」此與毛義合。○《閟宮》傳：「宅，居也。」《書序》云：「自契至于成湯八遷。」成湯始遷居亳，其後盤庚五遷，治亳之殷地，即成湯舊居；武丁徂亳，亦從成湯舊居。詩爲祭武丁而作，故推本乎天命生商之始，必以居殷土而言之也。襄四年《左傳》「芒芒禹迹，畫爲九州」，杜注云：「芒芒，遠貌。」「大」與「遠」義相近。古，自古也。武湯爲古，則武丁爲今也。帝，天也。「正」訓「長」，長猶常也。《説文》或、域一字。或謂

❶「世」，徐子静本、《清經解續編》本同。阮刻《禮記正義》作「王」。

之有，域亦謂之有也。殷土，邦畿内；四方，邦畿外。「方命厥后」，方，四方；后，君也。言天於四方乃命武湯爲天下君也。奄有，猶荒有也。《文選》潘勖《册魏公九錫文》注引《韓詩》「奄有九域」，《薛君章句》云：「九域，九州也。」此「九有」即爲「九域」之假字矣。《爾雅・釋地》：「兩河閒曰冀州，河南曰豫州，河西曰雝州，漢南曰荆州，江南曰楊州，濟河閒曰兖州，濟東曰徐州，燕曰幽州，齊曰營州。」孫炎、郭璞竝謂此蓋殷九州之制。○王肅謂先后爲成湯，是也。鄭讀「殆」爲「懈怠」，王訓「危殆」則非也。《序》就廟號稱高宗，詩人祫祀作歌，稱武丁。殷尚質，或以名也。此已下皆歌高宗之德。「在武丁孫子」，猶云「在孫子武丁」，倒句之以就韻耳。王肅用《那》傳釋「湯孫，善爲人子孫」以釋此經，謂美高宗武丁善爲人之子孫，其述毛是。而《箋》則以爲武丁之孫子，恐非《傳》義。《爾雅》：「勝，克也。」「任」與「克」義同。《説文》：「任，保也。」案篇中曰武湯、曰后、曰先后、曰武王，皆謂湯也。《長發》傳：「武王，湯也。」於此篇「武王」不傳者，以上言「武湯」，則此「武王」爲湯易明矣。「商之先后，受命不殆，在武丁孫子」，言商湯受天命無有懈怠，以傳至武丁孫子也。「武丁孫子，武王靡不勝」，言武丁爲湯之孫子，於武湯王天下之業，亦無不保任之也。經上三句從湯下及高宗，下二句又從高宗上及湯，皆所以頌高宗之能繼湯而受命也。「靡不勝」與「不殆」同義。《箋》以勝爲勝伐，而以武王爲高宗之孫子有武功、有王德於天下者。但詩頌高宗，不應專美其子孫，《箋》非《傳》義。《正義》云：「此武丁爲人之子孫，能行其先祖武德之王道，威德盛大，無所不勝任之。」孔亦當用王肅説。王以武王指湯，是也。《覲禮》：「侯氏載龍旂。」十乘，元戎十乘也。《説文》：「饎，或作『糦』。」《特牲饋食禮》注：「古文『饎』作『糦』。」《天保》、《泂酌》傳皆云：「饎，酒食也。」《釋文》引《韓詩》云：「大糦，大祭也。」鄭改《序》文「祀」爲「祫」，其本《韓詩》歟？○《説文》云：「畿，天子千里地。以逮近言之，則言畿。」《周禮・大司馬》「九畿」，「故書『畿』爲『近』。」鄭司農注云：「近，當言畿。」畿、近聲之轉。《王制》「千里之内曰甸」，是古者以千里之内曰甸，亦曰畿也。《傳》訓「畿」爲「疆」，言王畿之疆界也。千里，以開方而言之也。「肇域彼四海」，肇，始；域，有也。王肅云：「殷道衰，四夷來侵。至高宗，然後始復以四海爲境域也。」《爾雅》云：「九夷、八狄、七戎、六蠻，謂之四海。」此殷之四海也。《箋》云：「假，至也。」祁祁，衆多也。「景」與「京」通。京爲大，故景亦爲大也。員，讀爲圓。《説文》：「圓，圜全也。」讀若員。」《管子》有《地員》篇，地員即土均。《周禮・廋人》「正校人員選」，員選即均齊，是員爲均也。《傳》釋「景員」爲「大均」，與《長發》「幅隕」爲「廣均」訓雖同，而意實異。《長發》廣均承上文「禹敷下土方」而言，此大均承上文「四海來假，來假祁祁」而言。蓋高宗都景亳，在冀州域内，三面距河，故詩人言四海之朝貢來至于河者，乃大均也。《禹貢》「楊州錫貢沿于江海」，《夏本紀》、《地理志》皆云：「錫貢均江海。」馬融本亦作「均」，云：「均，平也。」馬治古文《尚書》，則今、古文皆作「均」矣。《詩》、《書》義同。咸宜，言皆合義也。古宜、義通用。隱三年《左傳》：「君子曰：『宋宣公可謂知人矣。立穆公，其子饗之，命以義夫。《商頌》曰：「殷受命咸宜，百禄是何。」』」是「宜」爲「義」也。又昭七年，子産曰：「古人有言曰：『其父析薪，其子弗克負何。』施將懼不能任其先人之禄，其況能任大國之賜？」案《傳》訓「何」爲「任」，正本《左傳》。何，俗作「荷」。

《長發》七章，一章八句，四章章七句，一章九句，一章六句。

《長發》，大禘也。【疏】大禘，吉禘也。殷人無二祧，其時禘於大祖廟，而又居四時時享之一。於其禘也，不謂之大。天子、諸侯崩薨皆在路寢，其栗主亦在路寢。三年喪終之祭，諸侯謂之特祀，天子謂之大禘。禘畢而祫於大祖廟，天子諸侯皆謂之大祫。殷人以契爲大祖，未於大祖廟行大祫禮，先特祀新主於路寢大廟，此即終王之吉禘也。於其禘也，較時禘爲大。《序》云「大禘」，則非時禘矣。《周語》「終王」，韋昭注云：「終，謂終世也。」《漢書・韋玄成傳》：「劉歆議曰：『大禘則終王，德盛而游廣，親親之殺也。彌遠則彌尊，故禘爲重矣。』」《御覽・禮儀部》引《五經異義》：「古《春秋左氏》説：古者禘及郊宗石室。」《通典・禮九・禘祫上》晉博士徐禪引許慎舊説：「終者，謂孝子三年喪終，則禘於大廟以致新死者也。」《説文》云：「禘，諦祭也。《周禮》曰：『五歲一禘。』」又云：「祏，宗廟主也。《周禮》有郊宗石室。」案五歲禘爲時禘，三歲禘爲喪終之禘。宗廟主藏於大廟之室。禘、郊、祖、宗四者皆配天大祭，則迎其主，設奠於圜丘南郊明堂，若喪終之禘，即於路寢大廟出主而陳之以合食。時禘止及毀廟，大禘則及禘郊祖宗。晉裴楅云：「是爲郊宗之上，復有石室之祖。虞、夏、殷、周皆如是也。」《曾子問》：「老聃曰：『天子崩，國君薨，則祝取群廟之主而藏諸祖廟，禮也。卒哭成事，而后主各反其廟。」此即《王制》所謂「喪三年，不祭。唯祭天地、社稷，爲越紼而行事」也。天子、諸侯崩薨，親廟之主皆藏諸祖廟。天子七月而葬，九月卒哭。三年喪畢，乃出陳之天子祖廟即路寢大廟也。是親廟偏禘於大廟矣。《通典》引逸《禮》曰：「禘于大廟，毀廟之主升合食。」是毀廟亦行禘於大廟矣。《春秋》：「文二年八月丁卯，大事于大廟，躋僖公。」魯行大祫不於大祖廟，而於大廟，是僭天子路寢大禘之禮。然亦可見天子大禘自在路寢也。汲郡《紀年》：「康王三年，定樂歌，吉禘于先王。」此謂成王三年喪終吉禘。成王崩，喪皆行於路寢，《書・顧命》篇有明文可證。喪畢之禘，當亦在路寢。后稷、文、武之主毀廟未毀廟皆於路寢合食，故統言之曰先王。又《春秋傳》：「僖七年冬，閏月，惠王崩。九年夏，王使宰孔賜齊侯胙，曰：『天子有事于文、武。』」此謂惠王三年喪終吉禘。周人大禘禘文、武。明堂者，大廟之前堂也；大室者，大廟之中央室也，文、武栗主在焉，故曰「有事於文武」也。知周即知殷矣。《箋》云：「大禘，郊祭天也。《禮記》曰：『王者禘其祖之所自出，以其祖配之。』是謂也。」鄭意以周況殷。契爲殷之大祖，南郊以契配天，猶稷爲周之大祖，南郊以稷配天，故遂以此大禘爲南郊祀契之詩。但《周禮・内司服》賈疏引《白虎通義》：「《周官》：『祭天，后夫人不與。』」而詩首章先言有娀。《盤庚》言大享功臣從祀，鄭注：「大享，謂烝嘗。」而郊天無功臣從享之文。乃詩末章并及伊尹，似皆不合。元和惠棟《禘説》定爲吉禘成湯之詩。❶奂竊謂殷人以成湯爲受命之王，五世當遷，其主納於路寢大廟，而即以爲成湯專廟，故後王新主行大禘禮，必以成湯爲禘主，猶之周人後王新主亦以文、武爲禘主，周固因於殷也。故篇中述湯受命功德綦詳，或亦祀高宗之詩，上篇爲大祫，而此篇爲大禘歟？而詩又何不一及高宗也？《禮》無明文，宜從蓋闕之例。

濬哲維商，長發其祥。洪水芒芒，禹敷下土方。外大國是疆，幅隕既長。【傳】濬，深；洪，大也。諸夏爲外。幅，廣也。隕，均也。有娀方將，帝立子生商。【傳】有娀，契母也。將，大也。契生商也。【疏】「濬，深」，《爾雅・釋言》文。《傳》「濬，深」下當有「也」字。長，猶常也。「洪，大」，《釋詁》文。《玄鳥》傳：「芒芒，大皃。」芒芒，猶湯湯也。方，四

❶ 上「禘」字，原作「諦」，據中國書店影印武林愛日軒刻本、徐子靜本改。

方。外，邦畿之外。《傳》云「諸夏爲外」者，禹有天下曰夏，故畿内爲夏，畿外爲諸夏也。《説文》：「幅，布帛廣也。」引申之，凡廣皆曰幅。《玄鳥》傳：「員，均也。」隕、員，皆「圓」之假借字。《箋》云：「隕，當作『圜』。圜，謂周也。」《越語》「廣運百里」，「廣運」即「廣均」之義。「幅隕既長」，言其疆之廣大均平而又能久長也。○《傳》釋經有娀爲契母，則子爲契。帝，高辛氏帝嚳也。「將」訓「大」，謂長大也。契母有娀氏女簡狄長大，配高辛氏帝，生子契，佐禹有功，堯立國於商。後湯有天下，仍其始封之舊號，故云「有娀方將，帝立子生商」也。殷人禘嚳、大禘，禘主皆合食。祭天，后夫人不與。大禘，則先妣有娀當亦合食。《史記·殷本紀》云：「桀敗於有娀之虚。」蓋桀都河南，有娀與桀都相去當不甚遠。《淮南子·墬形》篇：「有娀在不周之北。」高誘注云：「娀，讀如『嵩高』之『嵩』。」案嵩高山在河南，於聲求義，高説自得諸師讀。張守節謂有娀當在蒲州北，此由桀都安邑之説而誤。鄭注《書·堯典》云：「商國在大華之陽。」《括地志》云：「商州東八十里商洛縣，本商邑。古之商國帝嚳之子契所封也。」司馬貞以爲商即相土所居商丘，亦誤。

玄王桓撥，受小國是達，受大國是達。率履不越，遂視既發。【傳】玄王，契也。桓，大；撥，治；履，禮也。相土烈烈，海外有截。【傳】相土，契孫也。烈烈，威也。【疏】《國語·周語》：「玄王勤商，十有四世而興。」《魯語》：「自玄王以及主癸，莫若湯。」《荀子·成相篇》：「契玄王，生昭明。居于砥石，遷于商，十有四世，乃有天乙是成湯。」是玄王爲契矣。高注《淮南》、賈注《國語》竝同。《漢書·禮樂志》以契玄王爲二人。《白虎通義·瑞贄》篇引《詩》以玄王爲湯，皆非也。桓楹即大楹，桓圭爲大圭，是「桓」有「大」訓。《説文》、《廣雅》竝詁「撥」爲「治」，與《傳》同。《釋文》：「撥，《韓詩》作『發』。發，明也。」大治，大明，毛、韓意同。時契爲堯司徒，居二伯之職，故小大之國，皆其總領也。達，通也。「履，禮」，《東方之日》同。《漢書·宣帝紀》、《蕭望之傳》、《説苑·復恩》篇引《詩》，皆作「禮」。禮，本字；履，假借字。率禮不越，率，用也，言用禮立教而不踰越也。「遂視既發」，發，行也，言巡視述職已行其教也。《孟子·滕文公》篇云：「使契爲司徒，教以人倫，父子有親，君臣有義，夫婦有別，長幼有序，朋友有信。放勳曰：『勞之來之，匡之直之，輔之翼之，使自得之，又從而振德之。』」其此詩之謂與？殷人郊契大禘，郊主亦合食。○《殷本紀》：「契卒，子昭明立。昭明卒，子相土立。」襄九年《左傳》：「陶唐氏火正閼伯居商丘，相土因之。」杜注云：「相土，契孫，商之祖。」《漢書・五行志》謂「相土，商祖，契之曾孫」，非也。「烈烈，威」，《釋訓》文。《常武》傳云：「截，治也。」《箋》云：「截，整齊也。」相土居夏后之世，承契之業，入爲王官之伯，出長諸侯，其威武之盛烈烈然，四海之外率服，截爾整齊。」案相土，殷之祧祖也。大禘，祧祖皆合食。

帝命不違，至于湯齊。【傳】至湯與天心齊。湯降不遲，聖敬日躋。昭假遲遲，上帝是祗。帝命式于九圍。【傳】不遲，言疾也。躋，升也。九圍，九州也。【疏】帝，天也。違，回也。不違，無回德也。《車攻》傳：「同，齊也。」則齊亦同也。云「至湯與天心齊」者，言天命無回德之心，至於湯乃同於天。是湯有王天下之德也。《禮記・孔子閒居》引《詩》，鄭注讀「湯齊」爲「湯躋」。躋，升也，湯升爲君。此三家義。○不遲，即疾之意。《晉語》：「《商頌》曰：『湯降不遲，聖敬日躋。』降，有禮之謂也。」《箋》云：「湯之下士尊賢甚疾。」與《國語》解「湯降不遲」句合。《傳》意亦然也。《傳》訓「躋」爲「升」者，《文選・閒居賦》注引《韓詩》云：「言湯聖敬之道上聞於天。」韋昭《國語注》同。《大戴禮・衛將軍文子》篇亦云：「湯恭以恕，是以日躋也。」竝與《毛詩》訓合。《禮記注》「日躋」作「日齊」。齊，莊也。或本三家義。《雲漢》傳：「假，至也。」「昭假遲遲」，言湯之明明德於天下者至遲遲也。王肅述毛訓「假」爲「至」，是也。遲遲以言不疾也。《箋》云：「遲遲然，言急於己而緩於人。」《禮記注》云：「至于民遲遲然安和。」此三家義，未審毛義然不也。○祗，敬也。「上帝是祗」，言敬是上帝也。九圍，猶九域也。《傳》云「九州」，説見《玄鳥》篇。式，法也。「帝命式于九圍」，言上帝命湯王天下，爲九州所觀法。

受小球大球，爲下國綴旒，何天之休。【傳】球，玉；綴，表；旒，章也。不競不絿，不剛不柔，敷政優優，百禄是遒。【傳】絿，急也。優優，和也。遒，聚也。【疏】《傳》文「球玉」二字疑依《箋》改竄。《釋文》：「球，美玉也。」《書・禹貢》注及《禮記・玉藻》注皆云：「球，美玉也。」美玉謂之球，故小球、大球爲小玉、大玉。小共、大共爲所執搢小球、大球，鄭義非毛訓也。古《毛詩》當作「捄」，後人或依鄭讀改作「球」耳。《廣雅》：「拱、捄，法也。」王引之《述聞》以爲三家《詩》義。奂謂《毛詩》亦皆訓爲「法」。法有小大，猶政有小大。承上文「式于九圍」而言。《傳》訓「共」爲「法」，義箸下章，則上章同義不傳，此其例。古綴、表同義連文。《曾子制言中》篇：「言爲文章，行爲表綴於天下。」《晏子·外篇》：「行表綴之數。」《呂覽·不屈》篇：「或操表掇以善睎望，❶若施者，其操表掇者也。」「掇」與「綴」通。此皆「綴」爲「表」之義。《正義》云「『綴，表』，未聞」，疎矣。《玉篇·田部》引《詩》作「畷流」云：「畷，表也。本亦作『綴』。」葉鈔本《釋文》作「綴流」。古冕旒、旌旒本作「流」。流所以章物，故引申之即有「章明」之義，章亦表也。《抑》「維民之章」，《傳》：「章，表也。」《荀子·臣道篇》：「《傳》曰：『斬而齊，枉而順，不同而壹。』《詩》曰：『受小球大球，爲下國綴旒。』此之謂也。」荀謂斬焉枉焉不同焉而齊之而順之而壹之，此即章明法度之謂也。毛爲荀之弟子，故《傳》訓多依師説。鄭《箋》訓「綴」爲「結旒」，取喻於旌旗：「與諸侯會同，結定其心，如旌旗之旒綴箸於縿。」鄭注《郊特牲》引《詩》作「畷郵」，孔疏云：「言成湯施布仁政，爲下國諸侯在畷民之處所，使不離散。」解《詩》各依字作訓，義本三家。○《玄鳥》傳云：「何，任也。」競，彊也。彊，彊梁也。《説文》：「絿，急也。」本《傳》訓。急，急疾也。「敷」與「布」通。「優優，和」，《爾雅·釋訓》文。成二年《左傳》引：「《詩》曰：『布政優優，百禄是遒。』子實不優而弃百禄，諸侯何害焉？」又昭二十年引：「《詩》曰：『布政優優，百禄是遒。』和之至也。」《説文》：「憂，和之行也。《詩》曰：『布政憂憂。』」案古憂愁作「𢝊」，優和作「憂」。許據《詩》作「憂憂」，本字；作「優優」，假借字。《廣雅》：「憂憂，行也。」蓋本三家。遒，讀爲揫。《説文》引《詩》作「揫」，云：「束也。」《爾雅》：「揫，聚也。」揫即揫。《破斧》箋：「遒，斂也。」斂亦聚也。《説文》又云：「揂，聚也。」遒、揂同。

受小共大共，爲下國駿厖，何天之龍。

【傳】共，法；駿，大；厖，厚；龍，和也。

敷奏其勇，不震不動，不戁不竦，百禄是總。

【傳】戁，恐；竦，懼也。【疏】《書序》「《九共》九篇」，馬融注云：「共，法也。」與《傳》訓同。高誘注《淮南子·本經》篇云：「蛩，讀《詩》『受小拱』之『拱』。」則詩「共」字古本或作「拱」。「駿」訓「大」，大猶廣也。《爾雅》：「厖，大也。」《詩正義》引：「厖，厚也。」或所見本異也。《説文》：「厖，石大也。」

❶「睎」，徐子静本、《清經解續編》本同。《諸子集成》本《吕氏春秋》、許維遹《吕氏春秋集釋》竝作「晞」。

「厖」有「大」義，厚亦大也。綴旒、駿厖皆二字平列同義。《傳》訓爲表章、大厚，義竝相近。表章者，言法度章明；大厚者，言章明之法度又能篤厚而行之也。《荀子・榮辱篇》：「先王案爲之制禮義以分之，使有貴賤之等，長幼之差，知賢愚能不能之分，皆使人載其事，而各得其宜，然後使慤禄多少厚薄之稱。是夫群居和一之道也。故曰：『斬而齊，枉而順，不同而一。』《詩》曰：『受小共大共，爲下國駿蒙。』此之謂也。」《大戴禮・衛將軍文子》篇引《詩》作「恂蒙」，竝字異義同。○「龍，和」，《酌》同。「和」與上章「休」同意。《箋》易《傳》作「寵」。吴江潘眉云：「『不震不動，不戁不竦』二句當在『敷奏其勇』之上，與上章一律。」案《家語・弟子行》篇引《詩》「不戁不悚，敷奏其勇」，是王肅本不誤，此亦一證。《大戴禮》「龍」作「寵」，句有誤奪，疑出後人改之也。《釋文》：「敷，本作『傅』。」《大戴禮》作「傅」。敷、傅聲同。震，亦動也。「不震不動」，言不震作動摇也。《爾雅》：「戁，竦懼也。」《說文》戁、竦，皆敬也。戁謂之敬，又謂之恐；竦謂之敬，又謂之懼。恐亦懼也。「不戁不竦」，不恐懼也。總，亦聚也。《釋文》：「總，本又作『緵』。」《烈祖》傳：「緵，總也。」

武王載旆，有虔秉鉞。如火烈烈，則莫我敢曷。【傳】武王，湯也。旆，旗也。虔，固；曷，害也。

苞有三蘖，莫遂莫達，九有有截，韋顧既伐，昆吾夏桀。【傳】苞，本；蘖，餘也。有韋國者，有顧國者，有昆吾國者。【疏】《殷本紀》：「於是湯曰：『吾甚武，號曰武王。』」是武王爲湯也。「旆，旗」，經、《傳》疑皆誤。旆，當作「伐」，如《詩・六月》「帛茷」、《左傳》「綪茷」、《爾雅》「繼旐曰茷」，今字皆改作「旆」，則此詩「旆」字本作「伐」。「伐」誤爲「茷」，又改爲「旆」耳。《荀子・議兵篇》引《詩》作「武王載發」，影元鈔本《韓詩外傳》亦作「發」。《說文》、《玉篇》作「坺」。「發」、「坺」皆「伐」之假借字。今本經誤作「旆」，因又於《傳》文增「旆旗也」三字。不知「繼旐曰旆」，《傳》義見於《六月》。旗爲九旗統稱，不得以繼旐之旆獨擅旗名，明矣。《釋文》於「旆」下不云「旗也」，或唐初毛《傳》尚不誤。《箋》云「於是有武功，有王德，及興師出伐」，鄭所據《毛詩》作「伐」。今《箋》「興師出伐」上亦誤衍「建旆」二字矣。「虔，固」，《韓奕》同，謂其用兵之固也。「曷，害」，《菀柳》同。《荀子》及《漢書・刑法志》引《詩》作「遏」，「遏」與「曷」同。《淮南子・覽冥》篇：「武王左操黄鉞，右秉白旄，瞋目而撝之，曰：『余任天下，誰敢害吾意者？』」與《傳》「害」訓同。○「苞，本」，指夏桀。劉德注《漢書・敘傳》引《詩》作「包有三枿」。《爾雅》：「枿，餘也。」「枿」與「蘖」同。餘者，讀爲「杞夏餘」之「餘」。三蘖，指韋、顧、昆吾三國。《釋文》引《韓詩》云：「蘖，絶也。」毛、韓訓異而意同。「莫遂莫達」，不遂達也。《大明》「天位殷適，使不挾四方」，《傳》：「挾，達也。」義與此同。《玄鳥》傳云：「九有，九州也。」截，治也。「九有九截」，言湯征伐以治九州也。《晉書・樂志》「四廂樂歌，九域有截」，本《韓詩》。○韋，豕韋。襄二十四年《左傳》：「范宣子曰：『昔匄之祖在商，爲豕韋氏。』」昭二十九年《傳》：「蔡墨曰：『陶唐氏後有劉累，事夏孔甲，夏后嘉之，賜氏曰御龍，以更豕韋之後，遷於魯縣，范氏其後也。』」此豕韋爲劉累也。《鄭語》：「史伯曰：『祝融後八姓，豕韋爲商伯矣。彭姓豕韋，則商滅之矣。』」此豕韋爲彭姓也。夏初豕韋爲彭姓。孔甲以封劉累，累遷魯縣，復封彭姓。商初豕韋亦彭姓，湯伐之而繼興，故彭姓之後爲商伯。尋爲商滅，乃封劉累之子孫。自夏世累遷魯縣之後，范匄之祖在商爲豕韋氏之先，其閒豕韋皆彭姓爲君。《箋》云：「韋，豕韋，彭姓。」是也。今河南衛輝府滑縣東南五十里有廢韋城。○《鄭語》：「祝融後八姓，己姓顧。」《箋》云：「顧，己姓也。」哀二十一年《左傳》：「公及齊侯、邾子盟于顧。」即此地。今山東曹州府范縣東南有顧城。《漢書・古今人表》作「鼓」。○《鄭語》：「昆吾爲夏伯，己姓昆吾。」顧、昆吾同姓也。昆吾國，即衛帝丘，帝顓頊之虚。夏后相亦居茲乎？在相爲寒浞子澆所滅，而少康邑諸綸。是衛本相都。夏道既衰，昆吾作伯，當在相滅之後。昆吾居衛亦必當在相滅之後，則昆吾居衛在後，而居許乃在先也。昭十二年《左傳》：「楚之皇祖伯父昆吾，舊許是宅。」服注云：「昆吾曾居許地。」是也。或謂昆吾遷許在封衛後，至湯伐時，昆吾在許，誤也。今直隸大名府開州州治是其地。○《書序》：「伊尹相湯伐桀，升自陑，遂與桀戰于鳴條之野。」湯既勝夏，欲遷其社，不可。夏師敗績，湯遂從之，遂伐三朡，俘厥寶玉。湯歸自夏，至于大坰。湯既黜夏命，復歸于亳。」孔《傳》以爲桀都安邑，後儒皆依孔説。臣瓚注《漢書・地理志》云：「吳起對魏武侯曰：『昔夏桀之居，左河濟，右大華，伊闕在其南，羊腸在其北。』」河南城爲值之。又《周書・度邑》篇曰：『武王問大公曰：「吾將因有夏之居，南望過于三塗，北瞻望于有河。」』有夏之居，即河南是也。」近儒金鶚考《水經》伊水過伊闕，中至洛陽縣南，北入於洛，洛水東過洛陽縣南，又東北過鞏縣東，又北入于河。《國語》「伊洛竭而夏亡」，則桀時事也。以爲桀都在今河南府洛陽縣之一證。奐案夏、商之際，昆吾最强盛，顧在其東，豕韋在其西，俱在漢東郡界内連屬密邇。湯伐韋、顧，鋤其與黨，而昆吾已成孤國之形，斷非望西南而征許州也。湯爲諸侯時居南亳，即今河南歸德府附郭商邱縣地。《書疏》載或説陳留平邱縣有鳴條亭，即今河南開封府陳留縣地。洛陽在商邱之西北，必徑陳留。陳留當即古桀都之西郊也。湯自商邱舉師，桀必自洛陽出兵相迎，故於陳留交戰。《書序》云「戰于鳴條之野」，猶武王與紂戰于坶之野耳。《夏本紀》以爲桀走鳴條，非實録也。湯雖戰勝，桀國未亡，故《序》云「遷社，不可」也。桀因敗績，西走定陶。定陶，故三朡國，故《序》云「湯從之伐三朡」也。開州在定陶北，擊柝相聞，昆吾與桀遂同日滅也。于是夏桀已亡，湯歸商邱即天子位，故《序》云「湯歸自夏，復亳」也。此因言桀都洛陽，而於湯伐情形可攷之如此。

昔在中葉，有震且業。【傳】葉，世也。業，危也。允也天子，降予卿士。實維阿衡，實左右商王。【傳】阿衡，伊尹也。左右，助也。【疏】葉從枼聲，枼從世聲，故葉、世同訓。震，動也。業，猶業業，《雲漢》傳：「業業，危也。」義與此同。中世，湯之前世也。《殷武》正義云：「《孟子》云：『湯以七十里。』契爲上公，當爲大國，過百里。湯之前世，有君衰弱，土地減削，故至於湯時止有七十里耳。」案此即中世震危之義也。○經、傳多言伊尹，少言阿衡，故《傳》以「伊尹」釋「阿衡」也。《説文》「伊」下云：「殷聖人阿衡。」説本毛《傳》。《漢書·王莽傳》：「伊尹爲阿衡，周公爲大宰。」采伊尹、周公稱號，加公爲宰，衡位上公。此與《箋》合。阿衡爲官名，則伊尹或爲氏號矣。《殷本紀》索隱引《孫子兵書》及《墨子》、《楚辭》竝云：「伊尹名摯。」《爾雅》：「左、右，亮也。」「助」與「亮」同義。《書序》云：「召公爲保，周公爲師，相成王，爲左右。」《書大傳》云：「堯爲天子，舜爲左右。」又云：「小師，取小學之賢者登之大學，大師，取大學之賢者登之天子。天子以爲左右。」竝與詩「左右」同。《箋》云：「商王，湯也。」何休注文二年《公羊傳》云：「禘所以異於祫者，功臣皆祭也。」

《殷武》六章，三章章六句，二章章七句，一章五句。

《殷武》，祀高宗也。【疏】詩中始終敘高宗法成湯之事功，亦祀高宗之樂歌也。

撻彼殷武，奮伐荆楚。罙入其阻，裒荆之旅。【傳】撻，疾意也。殷武，殷王武丁也。荆楚，荆州之楚國也。罙，深；裒，聚也。有截其所，湯孫之緒。【疏】古滑泰字作「達」，讀如撻。「達」與「疾」義相近。《釋文》引《韓詩》：「撻，達也。」「撻」即「達」之假借字，毛、韓意同。高宗都亳，殷則稱殷，撻伐則稱武，故《傳》謂殷武爲殷王武丁也。云「荆楚，荆州之楚國也」者，荆，州名；楚，國名。《詩》中或稱荆，或稱荆楚，一也。莊十年《穀梁傳》：「荆者，楚也。聖人立必後至，天子弱必先叛。」僖四年《公羊傳》：「楚有王者則後服，無王者則先叛。」武丁先世荆楚叛殷，至此乃疾伐之也。○罙，即「突」之隸變。《説文·穴部》：「突，深也。」本毛。又《网部》「罙」下引《詩》「罙入其阻」，本三家。《箋》云：「罙，冒也。」鄭於字同毛，而義用三家。若《閟宫》字從「翦商」，訓從「戩商」之例。罙，式針反。《釋文》「面規反」，誤也。裒，即「捊」字，説見《常棣》篇。《傳》云「聚」者，有「保聚」之義。旅，衆也。《常武》傳所謂誅其君而弔其民也。所，兵所也。截，治；緒，業也。湯孫，謂武丁也。武丁爲湯之孫，故曰湯孫。首章言武丁伐業，本其意於烈祖成湯也。下文因追敘成湯之業。

維女荆楚，居國南鄉。【傳】鄉，所也。昔有成湯，自彼氐羌，莫敢不來享，莫敢不來王，曰商是常。【疏】居，猶其也。「鄉，所」，《采芑》同。《夏小正傳》云：「鄉者何也？鄉其居也。」是「所」與「居」同義。○上言荆楚，下言氐羌，互詞，皆謂成湯時也。《吕覽·異用》篇云：「湯見祝網者置四面，收其三面，置其一面。漢南之國聞之，曰：『湯之德及禽獸矣。』四十國歸之。」《新書·匈奴》篇亦云：「湯祝網而漢陰降。」案漢南之國即荆楚也。《漢書·匡衡傳》言成湯懷鬼方，《蕩》傳：「鬼方，遠方也。」氐羌，西方最遠之國。湯懷鬼方，則氐羌在其中矣。《漢書·五行志》：「武丁外伐鬼方，以安諸夏。」《後漢書·西羌傳》：「武丁征西戎鬼方，三年乃克。故其詩曰：『自彼氐羌，莫敢不來王。』」范曄謂《易·既濟》高宗所伐鬼方即《詩》之氐羌。李注《文選》楊雄《趙充國頌》引《世本注》云：「鬼方，於漢則先零戎。」先零亦爲西零。漢臨羌西北塞外有僊海鹽池，莽曰鹽羌，即今甘肅青海地。此鬼方爲西戎之證。《賈捐之傳》亦云：「武丁地西不過氐羌。」此就三家《詩》説。武丁亦有事於氐羌也。《海内經》、汲冢《古文》及孔晁注《逸周書・王會》篇竝謂氐、羌爲一種。唯《吕覽・義賞》篇「氐羌之民，其虜也」，高誘云：「氐與羌二種，夷民。」案高説是也。《漢書・地理志》：「金城郡臨羌、破羌。隴西郡羌道、氐道。廣漢郡甸氐道、剛氐道。蜀郡湔氐道。」又《西南夷傳》：「夜郎、滇、邛都、莋都、冉駹、白馬，皆氐類也。」蓋自秦隴之西北，北連匈奴，若今鞏昌、蘭州、臨洮、河州、岷州，皆古西羌所居。青海之羌，其一也。而秦隴之西南，南近巴蜀，若今階州以西至松潘廳，古西氐所居。羌在古雍州西北，氐在雍州西南。漢時去古未遠，其分郡縣畫然而不亂。氐種實近《禹貢》梁州之域。殷之九州并梁於雍，故《詩》以氐、羌竝言之。○《周語》云：「賓服者享，荒服者王。」時享終王，先王之制也。」商者，湯有天下之號。

天命多辟，設都于禹之績。歲事來辟，勿予禍適，稼穡匪解。【傳】辟，君；適，過也。

【疏】「辟，君」，《蕩》同。《箋》云：「來辟，猶來王也。」承上章立訓。王肅讀「來辟」爲「邪辟」之「辟」，非《傳》義。○適，讀爲謫。《北門》傳：「謫，責也。」《説文》：「謫，罰也。」桓十八年《左傳》注：「謫，遣也。」義竝相近。《釋文》引《韓詩》：「適，數也。」數，當讀如《左傳》「數吴不德」之「數」。毛、韓訓相近。「適」訓「過」，禍亦過也。禍適猶譴責也。勿予譴責者，《中庸》云：「送往迎來，嘉善而矜不能，所以柔遠人也。」「稼穡匪解」，《箋》謂「敕以勸民稼穡非可解倦」。《臣工》篇諸侯助祭遣於廟，其詩云：「嗟嗟保介，維莫之春。亦又何求，如何新畬？」即此意也。

天命降監，下民有嚴。不僭不濫，不敢怠遑。命于下國，封建厥福。【傳】嚴，敬也。不僭不濫，賞不僭、刑不濫也。封，大也。【疏】《節南山》傳：「監，視也。」嚴，讀爲儼。《爾雅》：「儼，敬也。」《荀子・儒效篇》：「嚴嚴乎其能敬己也。」楊倞注：「嚴，或爲儼。」《傳》云「敬」者，言天之命在視下民，湯於是敬天之命，以施愛於下民也。○《抑》傳云：「僭，差也。」襄二十六年《左傳》：「聲子曰：『善爲國者，賞不僭而刑不濫。賞僭則懼及淫人，刑濫則懼及善人。若不幸而過，寧僭無濫。與其失善，寧其利淫。無善人，則國從之。《商頌》有之曰：「不僭不濫，不敢怠皇。命于下國，封建厥福。」此湯所以獲天福也。』」案《詩》言「不僭不濫」，《左傳》釋之以「賞不僭刑不濫」，毛《傳》正本《左傳》也。又哀五年《傳》引：「《商頌》曰：『不僭不濫，不敢怠皇。』命以多福。」《左傳》兩引《詩》皆作「怠皇」。「獲天福」、「命以多福」，皆渾括「命于下國，封建厥福」二句之辭。《後漢書·黄瓊傳》云：「《詩》詠成湯之不怠遑。」遑，俗字。「封，大」，《烈文》同。

商邑翼翼，四方之極。【傳】商邑，京師也。赫赫厥聲，濯濯厥靈。壽考且寧，以保我後生。【疏】《傳》謂商邑猶周之京師。《白虎通義·京師》篇：「夏曰夏邑，殷曰商邑，周曰京師。」《説文》：「邑，國也。」商邑即商國，爲邦畿内。四方，爲邦畿外。《民勞》「惠此中國，以綏四方」，《傳》：「中國，京師也。四方，諸夏也。」文義正同。李賢《後漢書注》引《韓詩》文云：「翼翼然盛也。」左思《魏都賦》「翼翼京室」，翼翼亦盛大之義。極，中也。中，土中也。「商邑翼翼，四方之極」，言成湯都亳，宅四方之中，以箸聲靈之盛大也。《詩述聞》載《後漢書·樊準傳》、《後魏書·甄琛傳》、《白帖》七十六兩引《韓詩》及荀悦《漢紀·元帝紀》載匡衡疏引《齊詩》竝云：「京邑翼翼，四方是則。」鄭《箋》兼用三家義。○《生民》傳：「赫，顯也。」重言曰赫赫。《文王有聲》傳：「濯，大也。」重言曰濯濯。保，安也。後生，後世所生之子孫。《漢書》匡衡疏引《詩》而釋之云：「此成湯所以建至治，保子孫，化異俗，而懷鬼方也。」案自二章至五章皆美湯之伐國都亳，末章頌高宗，與首章相應。

陟彼景山，松柏丸丸。是斷是遷，方斲是虔。松桷有梴，旅楹有閑，【傳】丸丸，易直也。遷，徙；虔，敬也。梴，長貌。旅，陳也。寢成孔安。【傳】寢，路寢也。【疏】《文選·洛神賦》「陵景山」，李善注稱《河南郡圖》曰：「景山在緱氏縣南七里。」攷今河南偃師縣有緱氏城，縣南二十里有景山，即此詩之景山也。昭四年《左傳》云：「商湯有景亳之命。」蓋亳，湯都名。西亳有景山，亦稱景亳。《楚語》云：「昔殷武丁能聳其德，至于神明，以入于河，自河徂亳。」湯、武丁同都河南，詩詠「陟彼景山」，此即自河而徂亳也。《説文》：「丸，圜也。」易直者，圜之意。○「遷」訓「徙」。「是斷是遷」，言斷景山松柏，遷徙之，以供材用，猶之公劉徙豳，而涉渭以取厲鍛也。「虔」與「劫」聲義相近。《傳》云「敬」者，探下文作寢立訓。《緜》「作廟翼翼」，虔爲敬，猶翼翼爲敬也。方斲是虔者，言或斷爲桷，或斲爲楹，皆持事能敬也。《白帖·松柏類》引《詩》作「埏」，段氏説「埏」即「挻」之俗字。《説文·木部》引《詩》作「梴」，淺人羼入者也。《手部》「挻，長也」正用《商頌》傳。《閟宮》傳云：「桷，榱也。」堂高數仞，則榱題數尺，故云「長皃」也。旅，讀爲臚。《賓之初筵》傳亦云：「旅，陳也。」《逸周書·作雒》篇：「乃位五宮，咸有旅楹。」孔注：「旅，列也。」「陳」與「列」同義。《明堂位》「刮楹」，鄭注：「刮，刮摩也。」刮摩猶礱密。刮楹、旅楹皆明堂之制。《文選·魏都賦》「旅楹閑列」，注引《韓詩章句》云：「閑，大也。」○《傳》釋「寢」爲「路寢」，《閟宫》傳：「路寢，正寢也。」桓譚《新論》云：「商人謂路寢爲重屋。」《漢書·五行志》云：「前堂曰大廟，中央曰大室。屋，其上重屋，尊高者也。」《考工記》：「殷人重屋，周人明堂。」然則重屋、明堂、大廟、大室、路寢、正寢，皆異名而同實者也。殷路寢大廟爲成湯大廟，其南堂爲明堂。魯路寢大廟爲周公大廟，其南堂亦如天子明堂，故《魯頌》頌僖公營宫室必修治路寢。兩詩之義正同。大祭大饗于此，告朔行政亦于此，故蔡邕《明堂月令論》謂此爲大教之宫矣。《孔子三朝記·少閒》篇云：「成湯受天命，咸合諸侯，作八政，命于總章。服禹功，以修舜緒，爲副于天，粒食之民昭然明視。民明教通于四海，海之外肅慎。北發渠搜，氐羌來服。成湯既崩，殷德小破。二十有二世，乃有武丁即位。開先祖之府，取其明法，以爲君臣上下之節。殷民更服，近者說，遠者至，粒食之民昭然明視。」惠棟《明堂大道録》謂祖府即明堂天府，是也。案《三朝記》言武丁開祖府，《詩》言高宗築路寢，正是一事，與此篇詩意亦正脗合。孔，甚也。「寢成孔安」，言路寢既成而甚安也。近說遠至，所謂「甚安」也。

卷三十終

釋毛詩音

〔清〕陳奂 撰

序

三代同文而不同音，古韻書久亡，六書諧聲，韻書之權輿也；《詩》三百篇，韻書之經緯也。大毛公生周季，去古近，作《故訓傳》，與三百篇韻甚諧也。由韻以知音，因音以求義。奐之作爲《詩疏》也，明其義也。而《詩》音之釋，惡可已也？《詩》用古文，故多通借。《傳》義顯箸者，識之以讀字，猶漢人「讀爲」之例也。《傳》義隱略者，表之以本義字，猶漢人訓詁字代之例也。又有但取乎音，以正其讀，曰音某字、曰音如某字，此猶雙聲、疊韻之紐也。同韻而侈斂焉，音之變也。異韻而輕重焉，音之轉也。南北之殊也，古今之變也，一字而數義也，數義有數音也。執古音不兼通今音，不可與言音也；泥今音而反昧古音，不可與言《詩》也。《詩》音之釋，惡可已也？撰《毛詩音》，依《詩》「四始」分作四卷。陳奐釋。

釋毛詩音卷一

陳奐碩甫氏撰

國　風

周　南

《關睢》關，古音「管」，今浙西人如此讀。《經典釋文》云：「睢，依字且邊隹。且，音子餘反。」奐案「字」即呂忱《字林》也。大毛公悉置《序》於衆篇之首，與韓嬰《詩序》同。**后妃**妃，配同。今音芳非反，同部之音變也。**風之始也，所以風天下。**風，凡聲。古風化、風動無二音，如下文「風，風也」、《北風》傳「虛，虛也」、《緇衣》序「善善之功」、《大叔于田》「乘乘馬」、「乘乘黄」，詁訓中多有此例，古音有正無變，又無輕、重、緩、急之異。**志之**鄭注《周禮・保章氏》云：「志，古文『識』。」**比**《釋文》：「必履反。」**興**平聲，沈重云：「許甑反。」**雅**《禮記・緇衣》引《尚書・君雅》音牙。《集韻》收魚韻。**頌**容。其本義作「容」，經假借作「頌」。凡經假借字，即用本義字箸明之。後放此。**㓝政**㓝罰从井，刑到从开开，今字淆亂。**《麟趾》**俗「止」字。**《鵲巢》**鵲，《説文解字》作「誰」。**是以《關睢》**句。《關睢》，篇名。連下讀者，非。**淑女**「淑」同「俶」，今字假借作「淑」。**窈窕**疊韻。窈音如幺，《説文》云：「窕，讀若挑。」**在河**河，大河也。周南、庸、王、鄭、魏皆濱大河。《莊子》釋文云：「北人名水皆曰河。」此後代之通稱。**州**俗作「洲」。《方言》：「三輔謂之淤。」蓋聲讀「州」如「淤」也。**逑**音仇。《小雅》箋：「仇，讀曰⿰車斗。」此猶「州讀曰淤」，皆方俗之音轉。凡古諧聲多斂少侈，有同部字而與今音侈斂不同者，謂之音變；異部者，則謂之音轉。**參差**雙聲。參，音如「縿」，又音「人參」之「參」。差，音如「瑳」，又音「等差」之「差」。按諸聲音無不和諧。蓋文字始於語言，矢口成辭，總不離乎疊韻、雙聲者近是。**荇**《説文》作「莕」。**展轉**疊韻。展，㠭聲，隸作「展」。俗加車旁。

芼現。《説文》：「現，擇也。讀若苗。」鍾酒鍾作「鍾」，鐘鼓作「鐘」。今經典鐘鼓字多假「鍾」爲之。樂之樂，古音「㦝」，平聲。與芼韻。《溱洧》謔、藥，《揚之水》鑿、襮、洪，《晨風》櫟、駮，《南有嘉魚》罩，《正月》沼、炤、虐、殽，《隰桑》洪、板、虐、謔、蹻、耄、熇、藥、昭、懆、藐、教，《韓奕》到韻。段氏《六書音均表》云：「弟二部樂、籥、翯、綽、較、虐、謔、藥、鑿、洪、櫟、駮、的、翟、濯、翯、躍、蹻、熇、藐、削、溺等字，繹三百篇皆平聲。」《傳》鳥摯而有別《釋文》：「摯，本亦作『鷙』，音至。」案「別」音「夫婦有別」之「別」。大毛公作《傳》與經各卷，今併《傳》於經後者，從其朔也。説樂説，音悦。《毛詩》作「説」。幽閒古「嫺」字。匹配。音轉，相通。流，求。諧聲，同部。凡詁訓，每於疊韻、雙聲得之。同部疊韻也，異部雙聲也。不知音者，不可與言學。共荇菜共，古「供」字。事宗廟《周頌》釋文云：「廟，本又作『庿』，古今字也。」案庿，古文；廟，今文，謂之古今字。覺音較。鍾鼓之樂樂，禮樂也。

《葛覃》「蕈」之隸變。高注《淮南·原道》云：「潯，讀『葛覃』之『覃』。」案覃、潯皆在侵韻，漢末尚如此讀。瀚濯瀚，「瀚」之隸變。《釋文》云：「本又作『浣』，户管反。」案《説文》瀚、浣一字。濯，音如「白石濯濯」之「濯」。則可以歸句。施《傳》讀「移」。凡本義字見於《傳》者，箸明曰讀。後放此。也聲、多聲同在戈歌部。《毛詩》「施」，《韓詩》作「延」，又作「延曼」解，入元寒，聲轉義殊矣。中谷「欲」字从此。灌樌。喈喈諧。江有誥《詩經韻讀》云：「音飢。」《風雨》、《出車》、《卷阿》同。莫莫平、入通用。刈《釋文》作「艾」。《韓詩》云：「刈，取也。」案今本疑從韓改毛，《毛詩》皆以「艾」爲「刈」字。濩鑊。濩，假借；鑊，本義字。借本義字以明假借，若東漢人，必曰「濩，讀爲鑊」矣。凡古人用字寬緩，不知本義字，無由識其假借。詁訓有轉注，有從假借以轉注。絺希聲，讀如「黹」。綌合聲，讀如「膝」。斁《禮記·緇衣》作「射」，爲假借。《大戴禮·投壺》命射辭，射、莫韻。汙于聲，哀都切。害曷。否段氏《毛詩傳小箋》云：「凡經典『然否』字古衹作『不』，後人改加口耳。」寧「寍」同。父母母，古音如「某」，與否韻，在十五海。今展轉音變，同一母聲，每在海韻，悔、晦在隊韻，敏在軫韻，晦、痗在厚韻。然以古諧聲諧之，則同諧聲者必同部，此古今音變之異。《傳》煩辱吴志忠云：「即『撊潯』，古字借用。」移鄭注《禮記・表記》云：「移，讀如『禾氾移』之『移』。」禾氾移，謂禾之茂盛也。覃爲延曼，則移爲茂盛。茂盛貌古祇作「皃」，後竝同。搏黍搏，音博。黄鳥啄粟，故名搏黍。《釋文》「徒端反」，非也。叢《釋文》云：「俗作『藂』，一本作『最』。」《小箋》以爲「冣」字，才句反。賁之賁，或「鬻」字。厭古祇作「猒」。紞音酖。紘綖《説文》：「紘，或作『紭』。」古音弓。綖，古祇作「延」。副褘副，讀如富，《召南》謂之被，首飾也。褘，韋聲。《周禮・内司服》注：「褘衣，謂畫翬。」釋音者遂以爲軍聲，音煇矣。此古今之音轉也。

《卷耳》卷，幷聲。《説文》：「幷，讀『書卷』。」平聲。詖《説文》：「古文以爲『頗』字。」頗，偏也。」頃筐頃，古「傾」字。筐，古祇作「匡」。寘从穴。大千反。俗从宀。崔嵬《爾雅》「厜㕒」。此脂、歌音轉。《小雅・谷風》同。虺隤虺，兀聲，許偉切，音變也。隤，杜回切。崔嵬、虺隤皆疊韻。姑《説文》作「夃」，音同。罍或「櫑」字，畾亦聲。段氏《説文注》云：「畾者，『靁』之省。凡許言畾聲，皆靁省聲也。魯回切。」兕古文「𠑿」字。徐姊切。隸作「光」。觥《釋文》作「觵」。《説文》云：「觥，俗『觵』字。」砠《説文》作「岨」。瘏《爾雅》釋文云：「《詩》作『屠』。」案「屠」或「瘏」字。吁當作「盱」，同「忏」。《傳》：「采采，事采之也。」采、事同部。苓耳苓，音如「憐」。畚《説文》：「畚，从甾，弁聲。」今音布忖切。姑，且。同部。永，長。同部。《傳》凡五見。脊音迹。玄馬病則黄當作「馬病則玄黄」。玄黄雙聲成義也。凡《傳》文錯譌字句，既詳於疏，茲不備載。

《樛木》樛、朻同。妬石聲。俗作「妒」。葛藟藟从艸。依緣於木，則字作「櫐」。郭注《中山經》：「音耒。」葛藟一艸，猶山櫐、虎藟之比。纍平聲。「纍絏」音上，非古也。樂只「只」與「旨」異部。凡通用假借，取諸同部者多，取諸異部者少。福古音如「逼」。履讀「禄」。其字作「履」，其意爲「禄」。同部假借，此其例也。綏妥聲。妥亦平。縈《釋文》作「帶」，即「縈」之俗。

《螽斯》螽，音「蠑」，平聲。言若《螽斯》句。《螽斯》，《詩》篇名也。奂曾在京師汪户部喜筍家見《纂圖互注課讀本》四字作句，知昔蒙師尚明句讀。詵詵音莘。振振《説文》：「謓，讀若『振』。」薨薨《廣韻》有「薨」字，此後出之字。薨薨，取其聲相似，本無其字也。《釋文》：「呼弘反。」繩繩黽聲。黽音「忙」。揖揖《書・堯典》「揖五瑞」，徐邈音「集」。蟄蟄《釋文》：「徐音直立反。」蓋讀如「什」也。徐即徐邈。《傳》：「螽斯，蚣蝑。」斯，衍字。詳疏。蚣蝑，一名舂黍，皆雙聲。

《桃夭》之所致夊聲。鰥民古「鰥」與「矜」通用。夭夭《説文》作「枖枖」。夭、枖，古今字也。灼灼焯。華郭注《爾雅》云：「今江東呼華爲荂，音敷。」郝懿行曰：「《廣雅》已有『花』字。」室家家，古音如「姑」。蕡音墳。蓁蓁音臻。《傳》盡以爲宜《釋文》：「盡，津忍反。」則「盡」爲「藎」字矣。凡「盡心力」等字放此。

《兔罝》兔，《釋文》作「菟」，假借字。肅肅古音如「修」。肅肅、赳赳同在幽部。又兔、罝、武、夫四字同在模部。王氏念孫云：「夫聲與聲之相應，若水之從水，火之從火，其在詩之中，若風之入竅而無所不達，故古人之詩隨處可以用韻。非但用之句末，如後人作五七言之例已也。」椓《周禮》「涿壺氏」，鄭注云：「涿，擊之也。」音篤。丁丁古「朾」字，音頂。赳赳丩聲。《説文》：「讀若『鐈』。」干讀「扞」。《釋文》：「舊户旦反。」中逵《韓詩》作「馗」。馗、逵同字，音若仇。仇音求。《傳》弋俗作「杙」，《爾雅》：「樴謂之弋。」樴、弋同部。扞古「敦」字。《書・文侯之命》：「扞我于艱。」《説文》作「敦」。制斷音「是斷是度」之「斷」。

《芣苢》不、目同部。苢，隸作「苡」。掇都括切。捋音「捋采其劉」之「捋」。袺音結。襭《釋文》作「擷」。襭、擷一字，胡結反。《傳》非一辭《小箋》云：「辭，當作『詞』。《説文》作『詈』。凡文辭作『辭』，凡形容及語助、發聲作『詈』。」馬舄《説文》：「舄，篆文『誰』字。」懷妊宋本作「任」，是。扱衽《禮記・曲禮》注：「扱，讀曰吸。」《釋文》：「初洽反。」則讀若「插」矣。

《漢廣》古廣、光通用。休思作「息」，誤。蓋「休」與「求」韻也。泳隸變作「漾」。永古「羕」字。方古「舫」字。《邶・谷風》同。翹翹堯聲。錯音「交道」。秣末聲。蔞郭云：「力侯反。」案《禮記・檀弓下》「蔞翣」，注：「《周禮》『蔞』作『柳』。」侯、尤合也。駒一作「驕」，與「蔞」合韻。《傳》上涑音聳。泭樊光《爾雅》本作「柎」，音桴。襍也襍，集聲兼會意。

《汝墳》坋。伐「茷」字从此。條音《禹貢》「厥木惟條」之「條」。枚音微。榦曰枚，謂其枝之微弱者也。惄《韓詩》作「愵」。叔、弱同尤幽部。調飢調，讀朝。肄蘖。遐棄《説文》：「棄，古文作『弃』。」今唯《左傳》作「弃」，讀入聲。與肄爲韻。《六書音均表》云：「第十五部古有入聲而無去聲。陸瀍言定韻之前，無去不可入。至瀍言定韻之後，而謹守者不知古四聲矣。」奐案段氏以爲古有平、上、入而無去，孔廣森《聲韻表》以爲有平、上、去而無入。孔就今人北音無入不去，不可以定古音也。近江有誥《唐韻四聲正》以爲古有四聲。段氏悉依六書諧聲繹之以三百篇，細意審情，則古無四聲，確不可易。魴魚魴，音旁。赬貞聲。《説文》經、赬一字。燬《釋文》云：「字書作『焜』。楚人名火曰燥，齊人曰燬，吴人曰焜。」案毁聲、尾聲皆微灰部。《傳》：「遵，循。」同部。調，朝。朝，舟聲，與周同部。燬，火。同部。火亦在灰部。

《麟之趾》麟，一作「麐」。趾，《釋文》作「止」。于嗟「于」同「吁」。定音「定之方中」之「定」，平聲。《集韻・十五青》「唐丁切」有「定」字。同姓生聲。《春秋》「蔡公，孫姓」，本作「生」。《杕杜》與菁、睘韻。

召　南召公封召邑，猶周公封周邑也。《漢書・古今人表》：「召公，周同姓。」《白虎通義》爲文王子，不合。

《鵲巢》夫人之德夫，音扶。《考工記》：「夫人以勞諸侯。」夫人，謂后也。積行平聲，古無去。絫功絫，俗作「累」。尸鳩尸，俗作「鳲」。鳩，九聲。御訝，音如吾。與居韻。平聲。又《黍苗》御與旅、處韻，《行葦》御與斝韻，上聲。凡古人聲緩，一字數音。居，古聲亦可作上聲。不可執今音而繩古音也。《傳》秸鞠雙聲。《爾雅》

「吉匊」，俗加鳥。今《爾雅》字多俗。《尸鳩》同。

《采蘩》隷作「蘩」。沼《正月》「魚在于沼」，平聲。澗《考槃》「澗」，《韓詩》作「干」。被髲。僮僮童聲。祁祁讀遲。《傳》皤蒿皤，番聲，如蕃。皤、蘩同部。音薄波反者，非古也。蒿，高聲。于，於。同部。渚者聲，如豬。草古字作「屮」。早也早，《釋文》作「蚤」，古文假借字。

《草蟲》喓喓《說文》不録。趯趯讀躍。今湖州尚有「趯趯」之語，徒弔切。喓喓、趯趯一韻也，草、阜一韻也，蟲、螽一韻也。古人用韻之例，自不徒施於句末也，隨處有然。阜螽《釋文》：「音婦終。」案阜，「𠂤」之隷作。沖沖《說文》：「沖，讀若『動』。」動亦平聲。降胡冬切。《釋文》云：「户江反。」此冬、江同部之理。古人聲緩，不若後世等韻。蕨厥聲。惙惙與啜同音。說說、悦古今字。薇微聲。悲非聲。夷古「侇」字，後同。《傳》常羊音倘徉，疊韻。躍音跳，平聲。蘻樊聲。衝衝童聲。作「衝」，非。覯，遇。同侯部。遇，音如偶。

《采蘋》蘋顰聲，省作「頻」。濱古作「瀕」。今《北山》亦作「濱」。《召旻》箋：「瀕，當作『濱』。」則東漢時已盛行「濱」字矣。潦寮聲。僚、燎同。筥《方言》作「篆」。《說文》：「方曰匡，圓曰篆。」聲竝同。湘鬺。式羊反。錡奇聲。《破斧》錡與吪韻。釜从金，父聲，省作釜。牖下音户，上聲。齊古「齋戒」如此作。《傳》大蓱《爾雅》音瓶。匡匡、涯古今字。亨烹，俗。亨、享皆亯字，與湘同部。芼之芼，沈音毛。

《甘棠》尚聲，如堂。蔽芾蔽，音如鼈。芾，朩聲。二字疊韻。翦《釋文》云：「《韓詩》作『剗』，初簡反。」茇犮聲。《說文》作「废」。愒音遏。憩，俗字。所說脱。案此三章伐茇、敗愒、拜說皆入聲。凡它部諧聲有同平入，唯脂部入聲則無有，故講韻家皆以月、曷、末、鎋、薛畫出入聲，又以祭、泰、夬、廢畫出去聲。段氏入爲平委，準諸他部皆然，故以配脂部之入，不別畫出。

《行露》彊暴古當作「虣」，今通作「暴」。厭浥雙聲。厭，古「壓」字。露路聲。《書·洪範》「無有作惡」與路韻。夙夜夜，古音如牙，與露韻。《葛生》之居、《雨無正》之夫、《蕩》之呼，竝與夜韻。《六書音均表》入魚部平聲類。雀小聲。《說文》云：「讀與爵同。」穿《說文》：「穿，通也。从牙在穴中。昌緣切。」案此等會意字，不關諧聲。女無家《釋文》：「女，音汝。」下皆同。案汝亦女聲。我訟訟，公聲，與墉、從韻。《列女傳・召伯申女・頌》「遂至獄訟」，與容、從韻。《集韻・三鍾》有「訟」字。《傳》溼意溼，俗作「濕」。速，召。同部。獄，埆。同部。埆，當作「确」。純帛純，屯聲，束也。《釋文》作「紂」，依鄭改。

《羔羊》皮皮，从爲聲。爲，古音如譌。𥿋隸作「素」，音蘇。《箸》與箸、華韻。五紽《釋文》作「它」，古「佗」字，音拖。委蛇雙聲。《君子偕老》作「委佗」，《韓詩》「逶迤」。它聲、也聲皆在戈麻部。革音急。五緎徐音域。《說文》作「黬」。《傳》數《小箋》云：「讀『數罟』之『數』。下同。」行可從迹從，如字。迹者，道也。從迹，謂順道也。縫殺古「粲」字。徐所例反。

《殷其靁》殷，讀《夏小正》「殷其有聲」之「殷」，音隱。靁，籀文「雷」字。勸以義也《釋文》云：「本或無『以』字，下句始有。」不遑古衹作「皇」。後竝同。《傳》：「息，止。」同部。處，居。同部。古作「処凥」。

《摽有梅》摽，音受。《說文》：「受，讀若《詩》：『摽有梅。』」案許叔重據《毛詩》作「摽」，於「受」下引《詩》以證其同音通假之例。受，平小切。梅，《韓詩》作「楳」，古作「某」，與《終南》、《墓門》「梅，枏」異木。實三音「人參」之「參」，古讀如此。塈摡。《傳》隋落隋即陊，徒果切。今，急辭。今、急皆从及，平、入同聲。

《小星》嘒彗聲。《曲禮》：「策彗。」雖醉反。《雲漢》「嘒」同。寔讀「是」。寔、是同聲，寔、實不同聲。昴丣聲，如矛。衾今聲。裯周聲。《傳》五噣《爾雅》：「噣謂之栁。」《史記・律書》作「濁」，讀若「觸」。昴，畱。丣、丣皆尤部，而音殊。襌古衹作「單」。

《江有汜》巳聲。美媵朕聲。適音敵。俗作

「嫡」。江沱它聲。與池别。悔悔，每聲。每，母聲。在之部。故此及《皇矣》、《生民》之「悔」，《伯兮》、《十月之交》之「痗」，《風雨》、《蕩》之「晦」，《盧令》之「鋂」，《終南》、《尸鳩》、《四月》之「梅」，《緜蠻》、《瞻卬》之「誨」，《沔水》、《江漢》、《玄鳥》之「海」，《甫田》、《生民》之「敏」，竝在之部。古同諧聲，則用韻必同部。其嘯《説文》作「歗」。與《中谷有蓷》、《白華》同。音如蕭。《傳》水枝音汥。作「岐」者，非。

《野有死麕》籀文「麇」字。惡無禮惡，平聲。善惡、好惡無二音。白茅矛聲。《易・泰》：「拔茅。」鄭讀苗。《士相見禮》：「草茅之臣。」古文作「草苗」。苞包。上聲。凡《斯干》、《生民》之「苞」，《權輿》、《楚茨》、《苕之華》之「飽」，《瓠葉》之「炮」，皆與「缶」同，平聲，則讀如浮。如《春秋》「包來」，即浮來也。誘《説文》：「或『羑』字。」與久切。」樸樕樸，《爾雅》釋文作「樸」，僕聲。樕，軟聲，音速。疊韻字。純束純，音如屯。脱脱兑聲。《禮記・檀弓》注：「奪，或爲『兑』。」入聲。脱、帨、吠爲韻。吠，古音如「犮」。感古「撼」字。帨《説文》帨、帥一字。帥、率同聲。龙《釋文》：「美邦反。」《傳》裹果聲。絜清。絜，俗作「潔」。清，沈音淨。誘，道。同部。舒，徐。同部。

《何彼襛矣》襛，音醲。《韓詩》作「茙」，音狨。車服車，《釋文》：「韋昭曰：『古皆音尺奢反，後漢以來始有『居』音。」唐棣隶聲。《釋文》云：「《字林》大内反。」《常棣》同。曷盍。如「曷旦」作「盍旦」。釣勺聲，多嘯切。音之變也。伊讀維。音之轉。緡昏聲。武巾切。俗作「緡」。《傳》戎戎古「茙」字。移當作「棣」。詳疏。適齊侯適，音「王事適我」之「適」。緡，綸。同部。綸，侖聲。《爾雅・釋草》：「綸似綸。」古頑反。音之轉也。

《騶虞》《漢書・東方朔傳》「騶牙」，《墨子》「鄒吾」，聲相近。純被純，同「奄」。《説文》：「奄，大也。」茁讀出。葭古音胡。葭，魚部，今入麻，猶家，魚部，今入麻。發登聲。五豝古音捕，平聲。五豵徐在容反。《傳》：「葭，蘆。」同部。牝匕聲。徐扶死反。

邶

國邶，音背。邶、背皆北聲。

《柏舟》汎凡聲。耿耿《説文》：「耿，烓省聲。烓，讀若冂，古杏切。」隱慇。微我「微」與「非」同部。敖《説文》：「敖，出游也。从出、放。五牢切。」游俗作「遊」。匪鑒「匪」同「非」，下同。凡訓「非」訓「不」者眡此。鑒，監聲。《釋文》作「監」。茹音如倶，《烝民》同。《集韻・八語》：「茹，忍與切。」愬朔聲。怒上聲。高注《吕覽》十一：「怒，讀如『强弩』之『弩』。」棣棣逮。不可選算。與轉、卷韻。轉，从專聲。鬈，亦卷聲。《六書音均表》第十四部：「元、寒、桓、删、山、仙，三百篇皆用平聲。」悄悄肖聲。閔文聲。《鴟鴞》與勤韻。侮徐音茂。《常棣》借「務」爲「侮」字。静竫。凡「安静」字作「竫」。辟古「擗」字。《禮》言「擗踊」。摽音《左傳》「無不摽」之「摽」。迭《韓詩》作「戜」，音秩。《傳》儆儆音警。與耿同在庚部。度也古量度、法度無二音。儼然儼，《釋文》：「本或作『嚴』。」拊心《釋文》：「拊，音撫。」

《緑衣》黄裏里聲。黄裳尚聲。女所治女，如字。治，平聲，《玉篇》：「除之切。」俾無訧俾，古袛作「卑」。沈必履反。訧，尤聲，如飴。凄《釋文》：「七西反。」實獲實，當作「寔」。今本《毛詩》「寔」多作「實」，或依《韓詩》改。《傳》閒色閒，今去聲。

《燕燕》差池疊韻。《説文》佚「池」字。野予聲，如與。頡頏吉亢，雙聲。凡亢聲字皆平。佇古袛作「宁」。《釋文》作「竚」，「竚」即「宁」之俗。「宁」同「箸」，如「朝宁」即「朝箸」。《齊風》讀平。南《説文》：「南，羊聲。」羊讀若飪，在侵部。塞淵塞，當作「寋」，先則切。淵，𣶒聲，音因。《周禮》「姻」作「婣」。慎音誠。《説文》：「慎，古文作『昚』。」昚，見《書》。勖从力，冒聲，音茂。俗作「勗」。《集韻・五十候》莫候切不收「勖」字。勖收一屋，勗收三燭。《類篇》仞勖、勗爲二字矣。《釋文》：「凶玉反。」今音非古音。《傳》乙俗作「鳦」。《玄鳥》同。將，行。同部。《傳》凡八見。戴嬀嬀，爲聲，在歌部。《書・堯典》曰：「釐降二女于嬀汭。」此嬀爲陳姓之始。瘞當作

「實」。

《日月》逝折聲。古讀故。寧不「寧」與「寍」不同。《説文》：「寧，願詞也。从丂，寍聲。」凡訓安者，不同義。顧徐音古。相好《書·鴻範》「無有作好」，《説文》引作「𢼸」。段注云：「讀如『狃』。『好』之古音讀如『朽』，是以《尚書》叚『𢼸』爲『好』也。」案好，上聲，與冒、報韻。冒如茂，報如褒。不述當作「遹」，音聿。《傳》：「逝，逮。」同部。疊韻。胡，何。雙聲。

《終風》侮慢嫚。笑楊承慶《字統》始造「笑」字。《集韻》、《類篇》皆仍其誤。見《説文·竹部》注。浪音浪蕩。悼綽、罩、倬皆卓聲。古音如逃。霾貍聲。冐來冐，俗作「肯」。來，古音如「釐」，故釐、賚字通。曀壹聲。疐躓。《釋文》作「疌」。疌，音躓，不應與曀韻，譌字也。曀曀《説文》引作「⿰土壹⿰土壹」。曀冡上文而誤。《傳》跆也跆，當作「⿰去欠」。

《擊鼓》用兵江云：「榜平聲。」文仲將古將帥平聲。鏜與「鼞」同。漕古作「曹」，「䡛」之隸變，音囚。

《泉水》、《載馳》竝與悠、憂韻。《周禮·酒正》注云：「糟，音聲與『莤』相似。」南行音杭。凡唐韻字，今轉入庚韻。孫子仲中聲。與宋與，讀「於」。《説文》：「宋，讀若送。」古平今多變去。不我以音與。爰从叉，于聲，故爰與于竝爲語詞。喪亡聲。契闊疊韻。契，同「挈」。闊，活聲。説音「語説」之「説」。《氓》同。偕老音姥。與手韻。洵《魯語》「洵涕」，即泫涕。此在真先，同部之變。《韓詩》作「夐」，呼縣反，則由真轉入元寒矣。此古今音之不同。信音伸。《唐韻四聲正》云：「古唯讀平聲。」《傳》：「洵，遠。」雙聲。「夐」與「遠」疊韻。

《豈風》豈，古「愷」字，俗作「凱」。慰於胃切。吹古音如瑳。《蘀兮》與和韻。母氏古氏、是通。劬劬。令人令，平聲。浚《釋文》：「音峻。」《干旄》「浚郊」同。晛晥疊韻。「晛」同「𪰂」。《説文》無「晥」字。《傳》長養疊韻。叡古文作「睿」，以芮切。

《雄雉》不恤《毛詩》作「恤」不作「卹」，《尚書》作「卹」不作「恤」，此用字界畫不可逕同者也。泄泄俗作

「洩」。詒俗作「貽」。伊讀維。展亶。德行音杭。與臧韻。凡德行與行路、行列皆平聲，非若後人分析繁碎。顧氏炎武《唐韻正》録至數百事，竝無讀去聲。忮韋昭音洎，與支聲不同部。不臧俗作「藏」。《傳》：「詒，遺。」之脂雙聲。

《匏有苦葉》「苦」同「枯」。涉「𣦸」之隸省。厲古「濿」字，讀如烈。瀰當作「濔」，音沔。鷕《釋文》：「以水反。作以小者，誤也。」《集韻·五旨》内有此字。軌九聲。與牡韻。《釋文》：「舊龜美反。」是唐以前本作「軌」字矣。雝雝邕聲。鴈厂聲。姚信《易注》引《詩》作「鳱」。旭日《釋文》云：「《説文》讀若『好』。《字林》呼老反。案此舊音也。徐邈音許九反。」今《類篇》、《集韻》作「許元」，《釋文》作「許袁」，「九」誤「元」，「元」又誤「袁」，紕謬極矣。妻平聲，今音娶。泮判。招招蘇林注《漢書·五行志》：「以招人過。招，音翹。」《集韻·四宵》祁堯切有「招」字。卬郭注《爾雅》云：「卬，猶姎也。語之變耳。」須古「䇓」字。《傳》瓠《七月》借「壺」字，聲同。渡古祇作「度」。膝當作「厀」，音如七。淫泆《氓》釋文作「佚」，音逸。漬音骴。大昕《説文》：「昕，讀若希。」段注云：「文、微二韻之合。」散枚聲。隸作「散」，失其音矣。號召疊韻。《北山》同。

《谷風》谷，《小雅》釋文：「音穀。」黽勉雙聲。三家作「密勿」。葑封聲。今吴人音轉「葑」爲「⿰魚普⿰魚孚」之「⿰魚孚」。菲非聲。莫違音如依。畿機。荼音舒。鄭注《考工記》云：「荼，古文『舒』。」是也。今俗作「茶」字，入麻韻。薺音霽。宴《頍弁》同。它篇皆作「燕」，用假借字。如弟弟與薺韻。《蝃蝀》指，《載驅》濟、濔，《陟岵》偕、死，《常棣》韡，《蓼蕭》泥、豈，《旱鹿》濟，《行葦》爾、几韻。《六書音均表》以此二章遲、違、畿爲脂部平聲，薺、弟爲脂部上聲。又五章慉、讎、售爲尤部上聲，鞫、覆、育、毒爲尤部入聲。一章同部平上入分收若此類者多。湜湜是聲，如提。止作「沚」，非。屑肖聲。俗作「屑」。毋逝依《毛詩》當作「無」，不作「毋」。下同。笱句聲。《釋文》：「古口反。」閱悦。何亡亡與喪韻，今音轉作「無」。匍匐雙聲。《禮記》作「扶服」，故《詩》中「服」字讀如「逼」。《生民》同。救之救，求聲。《武王踐阼記》「不可救也」與游韻。能不我慉能，音如而。鄭注《易·屯卦》：「而，讀曰能。」慉畜聲，如畱。賈《釋文》音古。售俗「讎」字。淺人不知「讎」一字兩義，致改「讎」。雔聲若酬，與壽相近。鞫《釋文》如此。作「鞫」之隸變，今俗作「蹋鞠」字。後同。御冬御，古「禦」字。下同。洸音「武夫洸洸」之「洸」。潰與讀同。肄勩。塈愒。《傳》須也「須」下當有「從」字。須從即葑之合聲。芴勿聲。根莖巠聲。屑，絜。同部。先之入。興古「嬹」字。《釋文》據王肅本作「養」，疑王申毛不應易訓，必有誤。育，長。長，音常。《箋》申《傳》長爲長幼，非是。鞫，窮。雙聲。《齊·南山》同。旨，美。同部。

《式微》黎侯《書·西伯勘黎》，❶《說文》作「𨞌」，段注云：「黎侯，未知即商諸侯之後與否。」微君「微」同「非」，與上文「式微」不同訓。泥中泥，或云即「坭」。《傳》：「微，無。」雙聲。《伐木》同。

《旄丘》旄，《字林》作「堥」，又作「嵍」。案毛、敄聲同。連率帥。詳《采薇》。《禮記·檀弓》作「帥」。之葛合韻節、日字。誕延聲，徒旱切。蒙戎疊韻。《釋文》云：「徐音式邦、而容反，依《左氏傳》讀作『尨茸』字。」匪車匪，音彼。非、皮聲轉相通。瑣肖聲。尾古「娓」字，音如火。瑣、尾雙聲，流、離雙聲。褎《說文》云：「褎，俗作『袖』。」《傳》曼延从艸，俗。愉樂愉，音「它人是愉」之「愉」。不能稱音「不稱其服」之「稱」。

《簡兮》簡，音「僩兮」之「僩」。泠官泠，俗作「伶」。俁俁《韓詩》「扈扈」，吳、户聲同。轡《廣韻·六至》引《說文》作「䜌」。段注云：「此蓋陸灋言、孫愐所見《說文》如此。」兵媚切。籥古「管龠」字作「龠」。翟凡躍、趯、濯皆翟聲。今轉入陌。渥赭鄭注《考工記》：「渥，讀『繒人渥菅』之『渥』。」今《左傳》作「漚菅」。渥爲尤幽之入，而與侯部通者，《六書音均表》云：「入爲平委，平音十七，

❶「勘」，徐子静本同，阮刻《尚書正義》作「戡」。

入音不能具也，故異平而同入。」赭，者聲。《釋文》：「音者。」錫嗇錫、賜同聲，古文皆以「錫」爲「賜」字。嗇，或借作「雀」。鄭注《曲禮》：「盡嗇曰醻。」「醻」即「醮」也，平聲，今入藥。榛與亲別。隰㬎聲。隰、溼同在侵部。苓《爾雅》作「蘦」。令、霝不同部。詳《唐風》。《傳》祭有畀从丌，由聲。由，敷勿切。《干旄》「畀」，《釋文》：「必寐反。」煇胞翟閽寺煇，劉昌宗音運。翟，假借字作「狄」。寺，同「侍」。

《泉水》毖泌。于衛衛，入聲，音悦。段氏以《摽有梅》、《隰桑》之「謂」、《谷風》之「潰」、《泉水》之「衛」、《黍離》、《大田》之「穗」、《十畝之閒》、《悉蟀》、《白華》、《烝民》之「外」、《節南山》之「惠」、《大明》之「渭」、《假樂》之「位」皆脂部入聲，今皆去聲。孌籀文「嫋」。《釋文》云：「力轉反。」聊丣聲。泲與濟水別。禰音泥。《韓詩》「坭」，與「泥」同。舝音轄。《説文》：「⿺辶舝，讀若害。」又「⿰王舝，讀若曷。」遄《釋文》：「市專反。」不瑕遐。肥泉肥，古音飛。《後漢書·張衡傳》：「利飛遁以保名。」李注引《淮南九師道訓》曰：❶「遁而能飛，吉孰大焉。」「飛遁」，今《周易》作「肥遯」，肥、飛聲通。永歎歎，《下泉》、《大東》皆與泉韻，平聲。寫古「瀉」字。《傳》舍軷音跋。寫，除。同部。

《北門》殷殷古「慇」字。窶當作「寠」，平聲。《論語》「婁空」，婁者，「寠」之假借字。我艱艮聲，今入山。適《方言》：「適，宋、魯語。」埤與「腗」同。讁字俗。趙注《孟子》作「適」，音樀。敦音如追，與遺、催韻。《采芑》焞與雷、威韻，皆音轉相通。遺音《左傳》「一矢以相加遺」之「遺」。摧《説文》作「催」。《傳》鄉陰鄉，古「嚮」字，不分平、去。沮《釋文》云：「何音阻。」

《北風》攜持攜，巂聲。《漢書·地理志》「越巂郡」，顔師古音先蘂反。雨雪《穀梁傳》：「箸于上下曰雨。」雱籀文「㫄」字。其邪鄭讀音徐。亟讀急，音之轉也。只且《釋文》：「子餘反。」喈皆聲。霏《説文》無

❶「李」，原作「范」，徐子静本同，據中華書局點校本《後漢書·張衡列傳》注改。

此字。

《静女》姝《説文》作「⿰女殳」。俟竢。後同。愛古「僾」字。搔音《禮記》「癢不敢搔」之「搔」。踟躕《説文》無「踟躕」。《心部》之「⿱竹恖箸」、《足部》之「蹢躅」、《韓詩》之「躊躇」、《廣雅》之「跢跦」竝同。彤管古彤、彤一字。煒韋聲。説懌《箋》云：「當作『説釋』。」荑夷聲。洵恂。説見《溱洧》。且異音瘱。《説文》：「瘱，於計切。」異、瘞合音。匪女匪，音非。女，如字。篇中四「女」字皆如字。《傳》法度法，今唯《周禮》用「灋」字。可説悦。下同。《新臺》而要之要，古作「⿱宀兒」。《漢書·地理志》：「北地大⿱宀兒縣。上黨沾縣大⿱宀兒谷。」顔師古曰：「⿱宀兒，即古『要』字也。音一遥反。」箸于箸，直略切。作「著」者，非。泚泚與瀰韻。《小旻》訿與哀、違、依、底韻。《車攻》柴與佽韻。故段氏收脂部。漢人俱以此爲支部。瀰瀰《説文》作「濔」，爾聲。燕婉「燕」同「宴」。婉，宛聲。籧篨疊韻。《釋文》：「音渠儲。」鮮古音如斯。合韻泚、瀰字。《六書音均表》云：「凡與今韻異部者，古本音也。其於古本音有齟齬不合者，古合韻也。」洒讀峻。古西與先聲通，如「率西」作「率先」。浼浼免聲，如潤。殄《禮》古文「腆」作「殄」，此殄、腆一聲也。離麗。《禮記·月令》注：「離，讀如『儷偶』之『儷』。」後放此。戚施雙聲。

《二子乘舟》景古「憬」字。養養恙。逝折聲。與害韻。《十畝之閒》之「泄」、《悉蟀》之「蹶」、《車舝》之「舝」、「渴」、「括」、《抑》之「舌」、「逝」竝用入聲同韻。不瑕遐。《傳》隘音「湫隘」。迅疾迅，俗作「駛」。不礙今俗作「碍」字。

庸

國庸，邑名。今作「鄘」。

《柏舟》共姜《釋文》：「共，音恭。」蚤早。《七月》作「蚤」。髧《説文》作「紞」。兩髦髦，毛聲。《説文》：「髮，或作『髳』。」毛、矛、蕭、尤合音。我儀儀，義。我，古音如俄。它《釋文》：「音他。」天只天、人韻，先、真同部。諒《釋文》作「亮」。慝匿聲，音《論語》「修慝」之「慝」。《傳》匹音「好匹」之「匹」。下同。矢，誓。雙聲。靡，無。雙聲。邪衺。今唯《周禮》作「衺」。

《牆有茨》次聲。公子頑元聲。《春秋》「鄭伯髡頑」，公、穀作「髡原」。埽帚聲。《山有樞》釋文：「蘇報反。有、黝之音變也。俗作「掃」。中冓《釋文》：「古候反。」道从首，首亦聲。無去聲。醜《禮記・學記》：「醜，類。醜，或作『討』。」襄古「攘」字。《定之方中》、《車攻》序作「攘」。《傳》疾黎「茨」之合聲。从艸，俗。抽抽，即「籀」字。《説文》：「籀，讀書也。」説見顔師古《匡謬正俗》。《楚茨》「言抽其棘」，徐直留反，即「籀」音。

《君子偕老》笄幵聲。今音古兮切。六珈凡加聲字在歌部，故《禮》「賀」與「嘉」通用。今入麻者，聲之侈也，亦在歌部。象服象，古「橡」字。宜多省聲。古鐘彝文从多。玼兮玼，與《新臺》「泚」同音此。翟《釋文》作「狄」。蕭、支通韻。鬒髮《説文》作「㐱」，从彡，人聲。或从髟，真聲。古人、真同部。髢《説文》作「鬄」。與狄韻。也聲爲合韻。《秦琅邪臺刻石》地、懈、帝、辟、易、畫韻。地，也聲，合韻。瑱真聲。揥讀擿。晳从白，析聲。而天而，讀如。下「而帝」同。而、如聲轉。瑳兮《周禮注》作「玼瑳」，字誤。縐今之「皺」字。紲袢紲，同「褻」。袢，《釋文》：「符袁反。」是也。《説文》：「袢，讀若普。」媛平聲。《韓詩》作「援」。《傳》編髮編，音辮。衡笄衡，同「横」。褕翟《釋文》作「揄狄」。闕翟闕者，「屈」之假借也。高注《淮南》：「屈，讀如『秋雞無尾屈』之『屈』。」即此「屈」字也。丹縠《釋文》：「户木反。」絺之靡者靡，古「䌕」字。袢延疊韻。延，古「涎」字。

《桑中》沬《説文》：「沬，古文作『頮』。」《書》作「妹」字。孟弋姒。

《鶉之奔奔》鶉，《説文》作「雗」，與「鷻」異字。之讀則，凡之、則同訓者，放此。爲兄江云：「虚王反。」

《定之方中》榛當作「亲」。漆當作「桼」。後同。景山京，大也。《詩》以「景」爲「京」字，凡「景福」、「景行」皆眡此。京古音如姜。《左傳》懿氏占辭「京」與「姜」爲韻。今入庚。終然然，作「焉」，非。靈霝。既零俗「霝」字。倌人倌，官聲。星音姓。説脱。桑田音陳。

《叔于田》、《齊・甫田》、《采芑》、《信南山》、《甫田》、《白華》、《江漢》田皆在真部。**騋牝**《釋文》：「上音來，下頻忍反。」**三千**古音如仁。《左傳》「佞夫」，《公羊春秋》作「秊夫」。佞，仁聲；秊，千聲。又《説文》：「仁，古文作『忎』，从千聲。」**《傳》蠶**瞀聲。**施命**施，音「發施」。**造命**造，音「造作」。**能説**《釋文》云：「如字。」**誄**《論語》「誄曰」，《説文》作「讄」，畾聲。《説文》用古文，毛《傳》亦當作「讄」。今唯《周禮・小宗伯》注引《論語》作「讄」。

《蝃蝀》蝃，《爾雅》作「螮」，入聲。螮蝀即虹之合語。**隮**當作「躋」。《候人》同。**崇朝**崇，讀終。**父母**段云：「母，本音在一部。《蝃蝀》以韻雨，此古合韻也。」**乃如之人**之，讀是。凡之、是同訓，放此。**不知命**命，平聲。《采叔》、《假樂》、《卷阿》、《韓奕》、《江漢》皆用平。

《相鼠》相，古衹有平聲。**無禮儀**古本作「義」，後人以「義」爲「仁義」字，去聲。不知古「威義」作「義」，平聲。唐玄宗不知《洪範》「遵王之義」，讀「俄」，其誤讀久矣。下同。

《干旄》干，古「竿」字。旄，莫交切，如氂。**孑孑**音「靡有孑遺」之「孑」。**紕**比聲。《禮記・玉藻》注：「紕，讀如『埤益』之『埤』。」**予**音與。《墓門》「思予」、《鴟鴞》「侮予」、《正月》「助予」、《谷風》「棄予」、《四月》「忍予」讀平聲，非也。《唐韻四聲正》云：「古訓『我』之義多讀上聲，惟《楚辭・遠遊》『排閶闔而望予』與居、都叶，餘無讀平聲者。」**祝**讀織。祝在沃屋，與職德合聲。《周禮・瘍醫》注：「祝爲『注病』之『注』。」亦合聲。**告**音覺，古音也。今兼入号韻。《齊・南山》、《既醉》同。**《傳》大夫之旃**《周禮》作「旜」。**鳥隼**古音水。詳《采芑》。**驂馬**驂，參聲。

《載馳》五章，一章六句，一章八句，一章六句，二章章四句。各本「一章八句」、「二章章四句」互易，因此分章不清。**思歸唁**《釋文》：「音彥。」**驅**古音邱。**衛侯**音胡。與驅韻。《周禮》「立當前侯」，「侯」即「胡」也。**跋涉**雙聲。**濟**霽。**不閟**合韻濟字。**阿丘**阿，可聲，烏何切。**蝱**莔。**尤之**尤，古「訧」字。下「有尤」同。**穉**《釋文》：「本又作『稚』。」**芃芃**凡聲。在侵部。風字亦从凡聲，今入東。**控**空聲。《大叔于田》控與送韻。讀如穹者，音之轉也。《傳》：「閟，閉。」雙聲。

療亦作「𤻲」。⿱臤木古音杙。

衛國

《淇奥》古「隩」字。《釋文》：「一音烏報反。」緑菉。竹薄，《説文》：「薄，讀若督。徒沃切。」猗猗音阿。匪斐。瑳俗作「磋」。摩俗作「磨」。僩《釋文》：「遐板反。」咺《韓詩》作「宣」，宣亦亘聲。諼《禮記》作「諠」。青青菁。琇瑩琇，《説文》作「璓」。唐韻息救切。瑩，徐音謍。會古「䯤」字。簀讀積。綽音「綽綽有裕」之「綽」。猗當作「倚」。重較《考工記》「較崇」，故書「較」爲「榷」。《一切經音義》七云：「較，古文『榷』。」案崔聲亦在蕭韻，如「白鳥翯翯」或作「皠皠」。爲虐爲，今去聲。《傳》隈音如《左傳》「秦人入隈」之「隈」。萹竹萹，音篇。竹，《爾雅》作「蓄」，《韓詩》作「筑」。竹、蓄、筑同。

《考槃》般聲。薖音窠。軸迪。《釋文》：「音迪。」

《碩人》頎斤聲。《考工記》鄭司農：「頎，讀懇。」褧衣褧，《説文》作「檾」，音絅。《禮記·中庸》注：「衣，讀爲殷。」此諄、文、脂、微合。邢侯邢，幵聲。《玉篇》有輕千切。譚公譚，古音尋。《大東》有譚大夫。私厶。凝脂凝，即「冰」字。脂，音胰。蝤徐音曹。蠐沈音茨。犀《爾雅》作「棲」，音西。螓首螓，《説文》作「頱」。蛾眉「蛾」同「娥」。倩青聲。盼分聲。與倩合韻。俗作「盻」。幩賁聲。鑣鑣麃聲。茀讀蔽。《周禮》劉昌宗同。活活昏聲。今隸作「舌」。罛《釋文》：「音孤。」案孤亦瓜聲。濊濊《説文》：「眓，讀若《詩》曰：『施罟濊濊。』呼括切。」鱣音展。鮪音洧。發發古「潑」字。菼或「⿱艹剡」字。《玉篇》：「通敢切。」孼孼《韓詩》「⿰車獻⿰車獻」，音同。朅揭。《傳》襜《采緑》釋文：「尺占反。」領，頸。真、庚相近。瓣辡聲。沈音蒲閑反。顙廣疊韻。鮥《釋文》：「音洛。」薍《釋文》：「五患反。」《七月》同。

《氓》《説文》：「氓，讀若盲。」蚩蚩蚩，从虫，之聲。貿丣聲，如茂。頓丘古音欺。《左傳・僖十五年》筮辭丘與姬、旗韻。愆籒文作「𠊎」，衍、言聲同。將《釋文》：「七羊反。」垝垣音詭桓。漣漣與「瀾」通。淇若淇，隸省作「沃」。葚甚聲。耽耽在覃韻，段氏以爲與葚合韻。隕員聲，音云。《易林・恒之中孚》「鄉善無損」與門叶，損亦員聲。漸車《釋文》：「漸，子廉反。」不爽音霜。此與湯、裳韻。《蓼蕭》與襄、光、忘韻。江云：「至曹子建《釋怨文》『亂我情爽』與掌、黨叶，始作上聲。」貳當作「貣」，他得切。說詳疏。咥馬融說《易・訟》、《有孚》：「咥，讀爲躓。」案可見至、質同部，漢人如此。泮阪。旦旦《說文》作「悬悬」，平聲。《齊・甫田》、《匪風》讀入聲。《傳》：「垝，毀。」支、脂相近。賄，財。同部。鶻鳩《釋文》：「鶻，音骨。」隋俗作「墮」。

《竹竿》籊籊籊，當作「翟」，古「擢」字。徒弔切。泉原今作「源」。「原隰」字古作「邍」，唯見《周禮》。左差以爲聲，讀平。遠兄弟父母遠，袁聲。今有上、去二音。俗本作「父母兄弟」，不入韻。瑳胡承珙音齹。儺音那。合韻左、瑳字。滺滺俗字。《釋文》作「浟浟」。浟，亦「攸」之隸變，音幽。檜《集韻・十四太》云：「檜，或作『栝』。」《傳》長而殺纚。色界反。櫂舟櫂，當作「擢」。《棫樸》同。

《芄蘭》芄，从丸聲。丸、蘭疊韻。支古「枝」字。佩《釋文》云：「依字從人。或玉傍作者，非。」觿《釋文》：「許規反。」能音而。下同。悸《韓詩》「萃」，古季、卒同聲也。遂、悸皆入聲，故《禮》以「遂」爲「拾」。韘枼聲。葉亦枼聲。甲讀狎。徐音胡甲反，於音得義矣。《匡謬正俗》不以音狎爲是。《傳》玦古字作「決」。

《河廣》杭《說文》或「抗」字。跂音企。曾不曾，音增，不音層，子登切。後放此。《說文》：「曾，詞之舒也。」徐鉉昨稜切，則誤讀如層矣。《集韻・十七登》：「徂稜切。」下引《說文》，踵徐之誤。刀俗作「舠」。崇朝「崇」同「終」。朝夕、朝廟無二音，漢人每用「晁」字。

《伯兮》鄭注《檀弓》云：「殷之州長曰伯。」朅偈。殳《說文》：「殳，从又，几聲。几，讀若殊。《司馬法》作

『杸』。」前驅音如「山有蓲」之「蓲」。膏平聲。古無去。適《禮記・裨記》：「上大夫訃於同國適者。」音徒歷反，今音都歷反者，非也。杲杲《説文》：「杲，讀若槀」。諼萱。痗《釋文》：「音每。」此與背韻。《十月之交》與里韻。皆上聲。

《有狐》而多昏句。綏綏夊。《齊・南山》同。厲濿。

《木瓜》遺之遺，同「饋」。瓜「孤」字从此。瓊敻聲。古音如諠。《説文注》云：「《招魂》『敻些』與姦、安、軒、山、連、寒、湲、蘭、筵韻。」《傳》楙木《釋文》：「楙，音茂。」案楙，楙聲，與「茂」通。苞苴包裹且藉。

王

國王，王城也。劉向《列女傳・孽嬖》篇云：「平王之後，周與諸侯無異。」此語爲鄭《譜》張本。

《黍離》顛覆雙聲。彷徨疊韻。靡靡《玉篇》「徲徲」同。蒼天蒼，古字作「倉」。穗「采」同字，入聲。醉卒聲。噎壹聲。《傳》昊天昊者，「界」之隸變，古音如咎。《巷伯》與受韻。旻天旻，讀閔。

《君子于役》危難音「患難」之「難」。棲《説文》：「棲，或『西』字。」塒《釋文》作「時」。佸讀會。桀俗作「榤」。括亦昏聲。《傳》鑿牆鑿，音如曹。會入聲，如膾、檜，皆與「括」通也。

《君子陽陽》揚。陶陶匋聲。《清人》與好韻。翿《説文》作「翳」。《宛丘》與缶、道韻。由敖合韻陶、翳字，上聲。《碩人》、《載驅》、《鹿鳴》、《車攻》「敖」平聲。《傳》房中之樂音「禮樂」。纛也二字誤衍。詳疏。翳殹聲。

《揚之水》屯戍音敦獸。彼其《釋文》云：「音記。」《詩》内皆放此。許古「許國」字作「蕪」，今通假作「許」。蕪从森聲，與蒲爲韻。孫毓云：「蒲草之聲不與戍許相協。」是不知古音者矣。《傳》：「戍，守。」同部。

《中谷有蓷》音隹。暵《釋文》引《説文》作「鸂」，他安反。乾音干。仳離雙聲。仳音「枇杷」之「枇」。

嘅與「慨」同。嘆凡从莫字皆平聲。脩修。條攸聲。條、歗，下章啜、泣，皆句中韻。歗凡肅聲，蕭、瀟皆如修。不淑俶與「椒聊」之「椒」竝叔聲。椒，《説文》作「茮」，尗聲，子寮切，故與脩、歗爲韻。啜《説文》：「惙，讀若《詩》曰：『啜其泣矣。』」何嗟胡承珙云：「當作『嗟何』。」《傳》鵻隹聲。《小雅》作「隹」。菸音蔫。仳，別。疊韻。古辨別、離別無二音。

《兔爰》爰爰爰，讀緩。緩，亦爰聲。無爲古「僞」字，音譌。罹《釋文》云：「本亦作『離』。」《斯干》同。吪凡从化字古惟讀平。罦音缶。無造《左傳·昭十一年》《釋文》「簉」。《説文》從艸。《説文》：「莲，初救切。」則造聲可讀如奏。憂古音如擾。《左傳·哀二十年》「以爲二国憂」，與覺、蹈韻。《國語》晉郭偃引《商銘》「而祇取憂也」，與就韻。覺《釋文》：「古孝反。」罿音衝。庸讀用。用亦平聲。《傳》爲也爲，古「僞」字。罬音如「憂心惙惙」。《釋文》：「張劣反。」

《葛藟》説見《樛木》。緜緜《大雅》釋文：「彌延反。」滸《説文》作「汻」，午聲。涘矣聲。漘脣聲。昆《説文》作「買」。聞音問，二字古通。問亦平聲。《傳》水隒何音檢。《蒹葭》同。

《采葛》蕭音修。艾古音如蘗。與歲韻。《庭燎》與晣、《鴛鴦》與秣、《閟宮》與害爲韻。歲戌聲。

《大車》陵遲陵遲，或曰「陵夷」。《匡謬正俗》云：「古者遲、夷通用。《書》稱『遲任有言』，曰：遲字音夷，亦音遲。《淮南》説馮夷河伯乃爲遲字。」檻檻俗作「轞」，音藍。毳衣《説文》：「𥜨，讀若『春麥爲𣜩』之『𣜩』。」《周禮·小宗伯》注：「今南陽名穿地爲竁。聲如『腐脃』之『脃』。」此芮切。𥜨、𣜩、竁皆从毳聲也。菼《説文》作「緂」。啍啍徐徒孫反。璊《説文》作「𣯱」，讀如虋。雙聲得義。皦《釋文》：「本又作『皎』。」《傳》鵻《爾雅》作「騅」，音隹。蘆之初生蘆，當作「萑」。禎音《汝墳》「赬尾」之「赬」。

《丘中有麻》留古「劉」字。子嗟差聲。將其來施施讀如拖。古本經當作「其將來施」，與麻、嗟韻。

顔之推《家訓》從重「施」，非也。「將其」，孔《正義》作「其將」，不誤。下章同。玖久聲。《説文》引此詩，玖讀若芑。子、玖爲韻。《木瓜》李、玖爲韻。《傳》施施此用疊字釋經單字例。施施，猶暆暆也。墝埆土旁，或从石旁。《爾雅》：「多小石，磝。多大石，礐。」郝懿行《義疏》云：「磝、礐，《釋文》或作『磽确』，郭五交、户角反。今人皆用『磽确』字，不復知本《爾雅》矣。」竇缶聲。

鄭國

《緇衣》緇，甾聲。《釋文》：「側基反。」善善之功下「善」義實，上「善」義虚。有其善而善之曰「善善」，猶有其惡而惡之曰「惡惡」。古無四聲之别。何休注《公羊》已有「讀伐，長言、短言」之語矣。敝古「獘」字。粲《釋文》：「七旦反。」與館韻。古平聲。蓆席聲。《傳》餐也餐，七安反。《釋文》作「飱」，蘇尊反。音、義皆非也。唐人每誤仞爲一字。

《將仲子》祭仲祭，邑名。《説文》有「⿰祭阝」字。畏音威。與懷韻。《東山》同。樹檀檀，亶聲。亶，旦聲，與展通用。此可證旦、展爲平之理。《傳》：「將，請。」雙聲。《正月》同。彊忍之木沈云：「忍，系旁作刃爲是。」案《正義》作「韌」。韌即紉字。

《叔于田》繕甲《曲禮》注：「繕，讀曰勁。」音之轉也。巷「衖」之隸變。古音如洪，《離騷》尚如此讀。《傳》里塗古作「涂」，今唯《周禮》作「涂」。

《大叔于田》藪數聲。烈讀列。具舉具，讀俱。下同。襢裼襢，《説文》作「膻」，同袒，旦聲。裼，易聲。古祇作「但易」。無狃無，《釋文》作「毋」。狃，古音擾。善射古音如序，與御韻。《車舝》與譽韻。忌音記。磬罄。縱送同部。縱，從聲。送，讀平。《丰》送亦讀平。《六書音均表》弟九部，東、冬、鍾、江，《三百篇》皆平聲。鴇𠤏聲，如糾。《鴇羽》同。慢趨。罕干聲，如軒。《春秋》「鄭罕達」，《公羊》作「軒」。掤古聲近馮。鬯弓鬯，同韔。弓，音肱。《傳》列古「迾」字。騁馬騁，音「戚戚靡所騁」。弢叏聲。

《清人》刺文公刺文公在刺忽諸詩之前，刺忽諸詩皆文公已後追刺而作。余友重慶王劼說。禦狄于竟俗加土旁。彭古音如旁。《易·大有》「匪其彭」，子夏作「旁」。旁旁《說文》作「騯」。重英英，从央聲，與彭、旁、翱韻。《有女同車》、《箸》、《汾沮洳》皆音央，在陽部。翱翔雙聲。麃麃《釋文》：「表驕反。」喬古「鷮」字。《韓詩》作「鷮」。《廣韻》、《玉篇》：「鷮，音嬌。」消搖疊韻。作「逍遥」者，俗。軸段氏收尤幽部，上聲。凡由聲字多讀上。陶陶騊。抽《說文》作「搯」。《傳》累荷當作「絫何」。

《羔裘》如濡如，音而。濡，江云：「汝藍反。」洵讀均。旬、匀字通。舍命舍，今之「捨」字。渝與愉同音。豹飾《說文》云：「飾，讀若式。」彦音如《論語》「由也諺」之「諺」。《傳》緣《釋文》：「悅絹反。」

《遵大路》摻參聲。袪去聲。去，古讀上。寁疌聲，子感切。魗俗。《說文》作「𣪘」云：「《周書》以爲討。」案討，讀「殷紂」之「紂」，則𣪘音同也。《傳》擥音攬。

《女曰雞鳴》陳古士義句。士，依《正義》增。爛蘭聲。鳬几聲。今音符。加之加，音「加豆之實」之「加」。宜之宜，音嘉，故訓「肴」也。來之來，古「徠」字。贈之贈，與來合韻，段氏以爲之、蒸相通。《傳》珩、璜、琚、瑀、衝牙《釋文》：「珩，音衡。璜，音黄。琚，音居。瑀，音禹。衝，昌容反。」

《有女同車》刺忽《說文·曰部》引《春秋傳》「鄭大子㫚」。案㫚，古文。舜當作「蕣」，華有白色者豔。都古音如豬。將將音瑲。《終南》同。《傳》木槿當作「堇」。《釋文》：「音謹。」

《山有扶蘇》蘇，穌聲。徐音疎。橋松橋，音喬。《釋文》云：「本亦作『喬』。」子充「統」字从此。《傳》：「扶胥，小木也。」胥，音疎。扶胥，猶扶蘇，疊韻。《釋文》無「小」字。扶渠疊韻。菡萏疊韻。音含覃。《澤陂》同。龍，紅。同部。

《蘀兮》蘀，《釋文》：「他洛反。」不倡《釋文》：

「本作『唱』。」和平聲。漂音摽。

《狡童》狡獪童昏。擅命擅，音如專。不能餐江云：「音遷。」《傳》壯狡「狡」與「佼」同。《隰有萇楚》作「壯佼」。

《褰裳》《釋文》：「褰裳，本或作『騫裳』，非。」《説文》云：「褰，袴也。」案此褰、騫二字互易，陸氏是「騫」而非「褰」也。《左傳・襄二十六年》釋文不誤。起虔反。恣行恣，次聲。平、入通。溱《説文》、《水經》作「潧」，潧與人合韻。狂童作「僮」者，非。洧有聲，古音如以。士讀事。

《丰》敷容切。不隨隨，音如隋，與和韻。褧衣「褧」同「檾」。下「褧裳」同。《傳》：「丰，豐。」同部。

《東門之墠》墠，《釋文》、《正義》作「壇」。單、亶聲同。茹藘疊韻。藘，《説文》作「蘆」，音閭。《漢書・地理志》：「遼東無慮縣，古醫無閭地。」踐讀淺。《傳》町町音「町畽」之「町」。茅蒐茅，矛聲。疊韻。

《風雨》瀟瀟當作「潚」，音修。詳疏。膠膠音樛。瘳亦翏聲。《傳》愈瘉。

《子衿》漢石經作「裣」。學校廢此「校」字涉下「學校」而衍。《釋文》出「學校」在「世亂」後，則陸所據本無「校」字。定本無「校」字。亂世《釋文》作「世亂」，云：「本或以『世』字在下者，誤。」學校沈音教。子佩佩，平聲。《渭陽》亦與思韻。挑兮達兮挑，《初學記》作「佻」。達，滑撻也。二字雙聲。闕音缺。門觀也，所以縣象魏。《傳》弦之弦，作「絃」，俗。瓀《釋文》作「碝」，耎聲。珉《釋文》：「亡巾反。」依《禮記》「玟」字爲音。

《揚之水》終鮮尟。説見《蓼莪》。迋讀誑。《傳》流漂《釋文》：「匹妙反。」《蘀兮》：「匹遥反。」古無此分別。

《出其東門》縞衣縞，高聲。綦巾《説文》：「綦，或『綥』字。」其、畁同聲。《廣韻・七志》云：「畁，《説文》音其。」員《釋文》：「本亦作『云』。」闉闍闉，音《左傳》「井堙」之「堙」。闍，古音都。《集韻・九麻》：「之奢切，徐邈讀。」此即《釋文》「止奢反」也，不應入麻韻。娱

《釋文》:「本作『虞』。」虞亦吴聲。

《野有蔓草》蔓,俗「曼」字。音萬。 零露零,《正義》作「霝」。 漙與團同。 邂逅雙聲。 邂,當作「解」。逅,《釋文》作「遘」。《綢繆》作「覯」,與芻、隅韻。 瀼瀼徐乃剛反。《蓼蕭》同。

《溱洧》涣涣平聲。《韓詩》作「洹」。 蕳蔆。 既且《釋文》:「音徂。」與乎韻。《詩》多以「徂」爲「且」字。 洵恂。《韓詩》正作「恂」。《説文》云:「恂,信心也。」《静女》、《叔于田》、《有女同車》、《宛丘》竝以「洵」爲「恂」字。 勺藥疊韻。勺,俗从艸。 瀏劉聲。

齊國

《雞鳴》警戒「警」與「儆」同。 蒼蠅黽聲。 明古音如芒。 夢《説文》:「夢,讀若萌。」《斯干》、《正月》夢皆平聲。 無庶予子憎當作「無庶予于憎」。 憎,曾聲。 《傳》纚笄纚,音維。 無見惡於夫人惡,音「好惡」。夫,如字。《釋文》音符,非。

《還》《説文》:「趯,疾也。讀若讙。」「還」與「趯」同。 猛《釋文》:「乃刀反。」案《魯詩》作「獿」,假借字。 竝拼。 兩肩豜。《釋文》:「本亦作『豣』。」 儇《韓詩》「婘」,音權。儇、婘同。

《著》同「宁」。今通俗作「著」。《唐韻四聲正》云:「著,古有平聲。」《靈樞·根結》篇「皮膚薄著」與虚、枯叶。 尚之「尚」與「上」通。 瑩音營。 英古「瑛」字。

《東方之日》履讀禮。 闥古祗作「達」。

《東方未明》挈壺氏鄭注《夏官》云:「挈,讀如『絜髮』之『絜』。」 顛倒雙聲。 倒,古祗作「到」。 召古「詔」字。 晞昕。 樊圃樊,楙聲,讀藩。 圃,甫聲。 瞿瞿眀聲。《説文》云:「瞿,讀若『章句』之『句』。」又云:「趯,讀若劬。」 莫俗作「暮」。 案此與《汾沮洳》、《悉蟀》、《采薇》、《雲漢》莫讀平又讀入。 入者,平之委也。 《傳》柔脃之木《説文》:「脃,从肉,絶省聲。此芮切。」段注云:「作『脆』者,誤也。」

《南山》綏綏《玉篇》作「夊夊」,思隹切。 五兩古

「緉」字。 綏委聲。《釋文》：「如誰反。」 雙古音所工反。「愯」字从此。 庸讀用。 蓺古祇作「埶」，無「蓺」、「藝」字。 衡從《韓詩》作「横由」，「從」與「由」東、幽音轉而通。 媒某聲。 《傳》衡獵之，從獵之「獵」與「躐」通。 種之種，當作「穜」。 説見《七月》。

《甫田》無田此「田」即「畋」字。 莠《説文》：「莠，讀若酉。」 忉忉音叨。 怛怛旦聲。 多讀平，此合韻桀。《匪風》合韻發、偈，入聲。 婉兮孌兮婉孌，疊韻。《候人》同，又見《猗嗟》。 丱貫。 音宦。《禮記·内則》注：「卯，或作『𨷺』。」 突而《釋文》引：「《方言》云：『凡卒相見謂之突。』吐納反。」而，《正義》作「若」。 弁音「《小弁》」之「弁」。

《盧令》古「鈴」字。《載見》作「鈴」。 環古音如捐。 鬈音拳。《釋文》：「音權，鄭讀。」 鋂《釋文》：「音梅。」 偲讀才。

《敝笱》鰥即「鯤」字。 與雲韻。 鱮與聲。 唯唯沈養水反，故唯與水韻。《韓詩》作「遺」，遺亦可「養水反」也。

《載驅》無禮義故句。 與文姜淫句。 薄薄音如迫。 簟茀簟，覃聲。 茀，讀蔽。 鞹號。入聲。《釋文》作「鞟」。 濔濔《釋文》作「爾」，乃禮反。 滔滔與儦、敖合韻最近。 儦儦麃聲。《傳》彷徉疊韻。

《猗嗟》疊韻。 頎而而，《正義》作「若」。 抑懿。 蹌倉聲。 名俗作「眳」。 儀容儀也。 正中也。《釋文》：「音征。」 選纂。《韓詩》正作「纂」。 貫古祇作「毌」，音關。 鄭讀慣。 反兮反，《韓詩》作「變」。《書·堯典》「於變」，《漢書·成帝紀》詔作「於蕃」。 古反、變、蕃皆平聲。 禦亂禦，當作「御」。

魏國

《葛屨》徧扁聲。 陿隘雙聲。 陿，《釋文》云：「依字應作『陜』。」蓋《字林》作「陜」，本《説文》也。 糾糾ㄐ聲。 摻摻讀纖纖。 襋音如棘。 提提《禮記·檀弓》：「吉事欲其折折爾。」鄭注引《詩》「提提」，提讀折。 又《史記・刺客列傳》「藥囊提荆軻」，提讀擿。此提與辟、揥、刺韻。《小弁》提與斯韻。古人平、入自通用也。左辟古「避」字，音壁。刺音策。《傳》繚繚與糾同部。纖纖《説文》作「攕攕」。褼也《小箋》云：「褼，當是本作『要』，淺人加衣耳。如《禮記・玉藻》、《深衣》等篇言衣服皆作『要』。」

《汾沮洳》汾，音文，水名。沮洳，疊韻。一方旁。一曲「𠙺」之隸變。玉聲。藚《説文》：「音其或反。」宋《毛詩》載《釋文》引如是。通志堂本改爲「似足反」。公行音「行路」之「行」。公族讀屬。《傳》漸洳漸，音「漸車帷裳」之「漸」。水舄《釋文》：「音昔。」此古音。

《園有桃》殽古作「肴」。何其如字。蓋盇聲。《傳》：「棘，棗。」从二朿。棘，己力切。棗，子晧切。音義俱異，故《七月》棗與稻韻。

《陟岵》音怙。父曰嗟予子絶句。下章予季、予弟同。上尚。旃之、焉合聲。《采苓》與然、焉韻。屺《釋文》：「音起。」必偕偕在脂部，與弟、死韻。《杕杜》與邇韻。《魚麗》與旨韻。《唐韻四聲正》云：「古惟有上聲，並無平聲。」《傳》無耆瘵耆，即「嗜」字。

《十畝之閒》閑閑《釋文》作「閒閒」。泄泄音詍。

《伐檀》坎坎《魯詩》作「欿欿」。《易》「習坎」，京作「欿」，徐音苦感反。干「扞」之省。凡「河干」字放此。漣猗漣，連聲。猗，音兮。支、歌合韻。廛《周禮》「廛人」，「故書『廛』爲『壇』。」縣貆縣，俗作「懸」，下同。貆，《釋文》：「亦作『狟』，音桓。」淪侖聲。囷「麕」字从此。鶉當作「雗」。飧《大東》釋文：「音孫。」《傳》孰食孰，俗作「熟」。

《碩鼠》貫女貫，徐音宦。凡音家多循義以爲音。《魯詩》正作「宦」。永《釋文》作「咏」，音詠，歌也。此非毛義。

唐　國

《悉蟀》雙聲。悉，俗作「蟋」。蟀，《説文》作「𧓹」。

歲聿與「曰」通。荒巟。詳《天作》。瞿瞿《禮記・玉藻》：「視容瞿瞿。」《釋文》：「紀具反。」蹶蹶厥聲。慆舀聲。舀即《生民》「或舀」之「舀」。與休、憂、休韻。《傳》蛬沈九共反。聿，遂。同部。除，去。同部。

《山有樞》《魯詩》作「蓲」。从木、从艸同。區聲。古讀如邱。榆音豆，平聲。曳《釋文》：「以世反。」婁摟。愉鄭改「偷」。栲《説文》作「柷」，讀若糗。杻《説文》無「杻」字。讀如狃。洒讀灑。異部之假借。埽帚亦聲。弗考攷。古音如朽。《淮南・説林》：「白璧有考，不得其寶。」「考」即「朽」字。保古音如缶。《嵩高》與寶韻。《傳》荎音挃。山樗雩聲。《説文》：「樗，讀若華。」檍《説文》作「檍」。《考工記》：「檍爲上。」鄭司農云：「檍，讀如『億萬』之『億』。」

《揚之水》鑿鑿音濯。古平聲。襮《字林》：「方沃反。」皓皓作白旁，非。繡《魯詩》作「綃」。鵠告聲，如咎。粼粼粦聲。

《椒聊》疊韻。椒，《説文》作「茮」，从艸。蕃衍疊韻。匊俗作「掬」。《釋文》：「九六反。」《采緑》同。篤竺。《詩》多以「篤」爲「竺」字。《傳》比也古比例、比輔無二音。

《綢繆》疊韻。子兮子，讀兹。粲者音如箸，與户韻。《傳》纏緜疊韻。嗟兹雙聲。解説悦。

《杕杜》《釋文》：「杕，本或作『夷狄』字。」案此即顏元孫所謂「河北本『杕』作『狄』，誤也」。杕，大聲，特計切。杜，土聲。湑湑音疎。踽踽禹聲。比音如必。佽古音次聲，如漆。《周禮・巾車》杜子春：「軟，讀爲『桼琓』之『桼』。」菁菁青聲。睘睘睘从袁聲，與菁、姓爲韻。此元、耕二部相通。如「子之還兮」，《漢書》作「子之營兮」也。《釋文》：「本亦作『煢』。」則在本韻。

《羔裘》居居音倨。究究宄。《説文》：「宄，讀若軌。」

《鴇羽》鄭注《考工記》云：「羽，讀爲扈。」此古音也。栩羽聲。《東門之枌》釋文：「況浦反。」盬古聲，如蠱。鴇行讀如亢。楊雄《甘泉賦》：「魚頡而鳥䀮。」《毛詩》「頡頏」，或三家《詩》作「頡䀮」。行，古「䀮」字。《傳》

積沈音田。杼《説文》作「柔」。杼，乃「杼軸」字也。《東門之枌》同。不攻致古「緻」字。翮鬲聲。

《無衣》天子之使使，从吏聲，古二字通用。燠《釋文》作「奥」，於六反。

《有杕之杜》噬逝。《説文》：「逝，折聲，讀若誓。」道周周還也。《傳》：「噬，逮。」同部。周，曲。同部。

《葛生》蘞《説文》：「蘞，或蘝字。」斂亦僉聲也。亡此亡，音《論語》「亡而爲有」之「亡」。角枕冘聲。《澤陂》與萏、儼韻。《易・坎・六三》與坎、窞韻。《傳》塋域塋，營省聲。枕篋《説文》：「或匧字。苦叶切。」席韣《釋文》：「又作『櫝』，徒木反。」

《采苓》《集韻・一先》：「苓，艸名。靈年切。」《周禮》「羊泠毛」，徐仙民：「泠，讀如蓮。」此古音也。顛俗从山頭。江云：「德因反。」爲言爲，同「僞」。下同。《傳》幽辟僻。小行音德行。無徵與證通。

秦國

《車鄰》《釋文》：「又作『轔』。」秦仲始大《釋文》云：「絶句。或連下句，非。」寺人寺，古「侍」字。《巷伯》同。令《韓詩》作「伶」。耋《集韻》：「音鐵。《易》『大耋之嗟』，王肅讀。」《傳》旳顙旳，俗作「的」。顙，桑聲。八十曰耋八，當作「七」，詳疏。

《四驖》四，作「駟」，非。驖，戜聲。始命《釋文》云：「絶句。」媚子媚，眉聲。時讀是。時、是同之部，《詩》中多借「時」爲「是」。舍拔舍，音釋。拔，與括同聲。北園今湖州讀園如言。閑古作「閒」，音嫺。鄭以爲「閑」字。輶音「德輶如毛」之「輶」。鸞鑣鸞，古作「鑾」。鑣，麃聲。獫僉聲。歇驕猲獢。《傳》喙《釋文》：「況廢反。」此與呬近。

《小戎》則矜音《論語》「矜而不争」之「矜」。俴讀淺。下「俴駟」同。五楘莫卜切。《説文》：「車軸束謂之鞏。」楘與鞏同。輈舟聲。脅驅脅，劦聲。段云：「驅合韻續、轂、禹、玉、曲字。《東京賦》亦以驅、燭、屬爲韻。」靷引聲。鋈古作「渎」，音鐐。下同。說見《小箋》。茵《列女傳》作「絪」。暢轂暢，當作「暘」。轂，《釋文》：「音谷。」騏其聲。禹段云：「《集韻・三燭》内有此字。」板屋板，古作「版」。駵《釋文》：「音留。」騧音媧。《論語》有季騧。是驂參聲，與中合韻。段云：「驂本音在弟七部。《七月》陰韻沖、《公劉》飲韻宗、《蕩》諶韻終、《雲漢》臨韻蟲、宫、宗、躬，皆東、侵合韻之理。」觼軜觼，夐聲。通俗文作「鐍」。軜，音納。合韻合、邑。厹《說文》作「㕣」，巨鳩切。錞《釋文》：「一音敦。」錞，即「鐓」之省。鐓蓋敦聲也。《淮南・說林》注：「錞，讀『頓首』之『頓』。」伐瞂。《說文》：「瞂，盾也。从盾，犮聲。」有苑音蘊。合韻群、鐓。韔《釋文》：「亦作『暢』。」鏤婁聲。二弓弓聲字音厷。故「邾，黑肱」，《公羊》作「黑弓」矣。古在蒸、登韻。閉三家作「柲」，或作「䩛」。緄縢音衮騰。厭厭懕。德音段云：「本音在弟七部，合韻膺、弓、縢、興字。《閟宫》緄本音在七部，合韻崩、騰、朋、陵、乘、縢、弓、增、膺、懲、承字。凡古曾之爲朁、興之爲歆、堋之爲窆、朋之爲鳳、戴勝亦爲戴鵀、仍叔亦爲任叔，皆弟六部、弟七部關通之義。」《傳》歷録雙聲。句衡句，古「軥」字。衡，同橫。靳環靳，作「靷」者，誤。《釋文》：「居覲反。沈重云：『舊音皆作靳。』」揜軓音笵。騏文騏，《正義》作「綦」，《尸鳩》釋文作「綦」。鐏尊聲，與鐓同部。討音《論語》「世叔討論之」之「討」。馬融曰：「討，治也。」中干戰。紲《釋文》：「息列反。」緄繩縢約繩、約二字疑互譌。縢、繩雙聲，《閟宫》同。

《蒹葭》伊讀維。一方音防。遡洄《說文》：「遡，或『泝』字。」洄，回聲。淒淒《釋文》作「萋萋」。晞希聲。湄眉聲。坻氏聲，在六脂。《釋文》：「音直尸反。」是也。《小雅・甫田》直基反，則闌入七之矣。《傳》：「蒹，薕。」薕聲。廉亦兼聲。

《終南》終，讀中。條讀槄。狐裘裘从求聲。求在尤、幽，而入之咍。段氏所謂古諧聲偏旁即合韻之理。丹當作「赭」。《韓詩》作「沰」。紀讀基。《釋文》云：「本亦作『卮』。」《傳》稻《釋文》：「土刀反。」枏凡冉聲字，古在戈、麻韻。

《黄鳥》惴惴音揣。栗作「慄」，非。殲音瀸。防徐音方。鍼虎鍼，今俗作「針」。

《晨風》晨，《説文》作「鷐」。鴥《韓詩》作「鴪」。鬱《詩》多借作「菀」字，音之轉也。欽欽金聲。櫟樂聲。六駮駮，交聲，與櫟、樂皆平聲爲韻。讀作駁者，今音也。檖《説文》作「椽」。《釋文》云：「或作『遂』。」「遂」疑「椽」之譌。《傳》鸇《説文》：「鸇，亶聲。籀文从廛。」鬱，積。同部。駛疾《衛風》傳作「迅疾」。倨牙倨，音「鋸齒」之「鋸」。

《無衣》袍莫浮切。仇音如疇。戟《説文》从戈，榦省。段注云：「古音在五部，讀如腳。」《傳》襺《釋文》：「本作『繭』，古顯反。」行，往同部。

《渭陽》麗姬《國語》宋庠《補音》云：「舊音麗、音歷。」案舊音，唐人所作。瓊瑰瓊，三家《詩》作「璿」。瑰，鬼聲。

《權輿》夏屋古音户烏。渠渠音巨。四簋簋，音九。《周禮·小史》：「故書簋或爲九。」《伐木》與埽、牡、舅、咎韻。飽包聲，如缶。此與簋韻。《楚茨》與首、考韻，《苕之華》與首、罶韻。

陳國

《宛丘》湯讀蕩。之上平聲。與湯、望韻。《頍弁》與怲、臧，《大明》與王、方韻。洵恂。坎竷。值音置。缶游上聲。翿音如酬。《傳》：「洵，信。」同部。值，持。同部。盎《周禮》「盎齊」，烏浪切。

《東門之枌》漢有枌榆社。婆娑雙聲。《釋文》云：「婆，《説文》作『媻』。」差《釋文》云：「鄭初佳反。毛無改字，宜從鄭讀。」之原段氏云：「原本音在弟十四部。《東門之枌》合韻差、麻、娑字。古獻尊之爲犧尊、若干之爲若柯、媻娑之爲婆娑、嘽嘽駱馬之爲痑痑駱馬，皆此類。」鬷總。荍收聲。《釋文》：「音祈饒反。」蓋讀如翹也。此依謝氏「荍，葉翹起」爲説。握《説文》云：「古文作『臺』。」

臺見《淮南子》。 椒古叔、秋聲同。《春秋》「楚椒舉」，《漢書・古今人表》作「湫舉」。又《左傳・昭十二年》湫與攸韻。《傳》數疾也。 芘芣芘，陸音毗。芣，不聲；音浮，非也。

《衡門》衡，讀横。 愿《釋文》：「音願。」 棲遲棲、西一字。西、遲雙聲，棲、遲疊韻。此諄、脂相通之理。《北山》亦作「棲遲」。 泌音毖。 樂飢樂，音「喜樂」。沈云：「舊皆作『樂』字。」

《東門之池》漚《釋文》：「烏豆反。」 淑姬《釋文》作「叔姬」。 晤遻。 紵宁聲。 菅音姦。《白華》同。《傳》：「漚，柔。」同部。 晤，遇。同部。

《東門之楊》男女多違句。 牂牂音如臧。《左傳》有叔牂。 煌煌皇聲。 肺肺𣎳聲。 晢晢折聲。古讀如質。

《墓門》陳佗《釋文》作「它」。 良師傅音甫。 斯《説文》：「斯，从斤，其聲。」斯，支部。其，之部。此古合韻之理。「有扁斯石」、「有蕡其實」、「溥斯害矣」、「嘅其嘆矣」、「秩秩斯干」、「灼灼其華」，斯、其聲同，故義同也。段氏於它部有合韻，而支、之部不用合韻，不相襍廁。 夫也《禮記・郊特牲》注云：「夫，或爲『傅』。」案夫、傅聲通。 有梅三家《詩》作「棘」，與首章同。 鴞号聲。 訊之當依《廣韻》作「誶止」。《爾雅》：「誶，告也。」沈旋音粹。 訊予訊，《楚辭注》作「誶」。 思予上聲，與顧韻。《鴟鴞》、《正月》、《谷風》、《四月》同。

《防有鵲巢》邛工聲，如窮。《小旻》、《巧言》同。 苕音饒。 侜舟聲。 予美《韓詩》作「娓」，聲同。 甓辟聲。 鷊蔦。音五歷反。 惕惕《説文》：「惕，或从悐。」《傳》：「唐，堂塗。」堂，當作「庭」，字之誤。 令適甓之合聲。

《月出》皎《釋文》作「皦」。 佼人佼，音姣。 窈糾疊韻。丩聲，在尤、幽。合韻。 皓唐開成石經作「晧」，上聲。 懰《釋文》：「作『劉』，力久反。」 懮受疊韻。 慅蚤聲，如溲。 照昭聲。 燎當爲「嫽」。 夭紹疊韻。 慘當作「懆」，喿聲。與照、燎、紹韻。

《株林》從夏南夏，古音如賈。依《正義》「南」下有「兮」字。下「從夏南」同。 匪音彼。 説脱。 駒《釋文》：「作『驕』。沈云：『駒，後人改之。』」案驕與株合韻。

《澤陂》音波。 涕泗疊韻。 泗同洟。 滂沱彭拖。雙聲。 蕳蕑。 卷古「婘」字。 悁悁《釋文》：「烏玄反。」枕音耽。 《傳》夫渠《鄭風》「夫」作「扶」。 悒悒《淮南・覽冥》注：「悒，讀《左傳》『嬖人婤始』之『始』。」

檜 國

檜，同鄶。

《羔裘》如膏平聲。 此與曜、悼韻。《下泉》、《黍苗》竝與苗、勞韻。 曜與耀通。 《傳》動古「慟」字。

《素冠》棘讀急。 棘、亟，《傳》皆讀爲急，音之轉也。棘、亟在職德部，亟本義字，棘假借字。 欒欒臠。 慱慱《文選・賦》注作「摶摶」。 韠畢聲。 藴結雙聲。 藴，唐石經初刻作「薀」。《都人士》「菀結」，温、宛聲相近。 《傳》瘠《説文》：「膌，瘦也。 脨，古文。」案「瘠」即「脨」之隸變。 衎衎干聲。《易・漸》曰：「飲食衎衎。」

《隰有萇楚》萇，長聲。 猗儺雙聲。 如於那。 骨醢謂之臡，字或作「腝」，乃官切。此古音也。 《傳》銚弋《爾雅》音姚亦。

《匪風》匪，讀非。下同。 偈《韓詩》作「揭」。 怛怛本音在元部合音。《漢書・王吉傳》引《詩》「中心㤘兮」，㤘與發、揭同脂部入聲。 嘌《釋文》：「本又作『票』，匹遥反。」弔平聲。 今兼入錫。 溉《説文》作「摡」，讀如杚。 鬵《説文》：「鬵，讀若岑。」《釋文》：「又音岑。」與《説文》合。 懷讀歸。 《傳》滌條聲。平、入通。 碎音綷碎。

曹 國

《蜉蝣》俗字。《夏小正》作「浮游」，疊韻。 楚楚髗。音創舉切。 掘閲掘者，「堀」之誤。 閲同悦。 説脱。 《傳》渠略蟲蟟。 强魚、离灼切。 容閲《孟子》作「悦」。

《候人》候與鍭、餱、喉俱侯聲，音胡。 祋《釋文》：「又都律反。」《漢書・地理志》「左馮翊祋祤縣」，顔音丁活反。 赤芾古作「市」，音茀。 鵜《説文》：「鶇，或作『鵜』。田黎切。」 不稱《廣韻》：「昌孕切。」 咮《玉篇》作「噣」。

咮、噣同聲同字。《釋文》：「陟救反。」**媾** 冓聲。**薈兮蔚兮** 薈、蔚雙聲。《傳》**黝珩**《玉藻》作「幽衡」。**洿澤烏** 洿與汙通。**喙**《釋文》「虛穢反」，是也。「又尺稅反，又陟角反」，王引之《爾雅述聞》云：「《毛詩》以喙釋咮，咮、喙非一字，尺稅、陟角兩反，此『喙』之誤讀爲『啄』者也。」

媾，**厚**。同部。

《尸鳩》**儀一** 當作「義壹」。**梅** 「楳」之假借字。**忒** 音貣。**萬年** 年，从禾，千聲。古音如佞。此與榛、人、人韻。《東山》薪、《無羊》溱、《信南山》賓、《既醉》𡇒、胤、《江漢》人、田、命、命韻。

《下泉》**冽** 作「洌」，非。**稂** 徐音良。案稂，《說文》：「或『蓈』字。」《大田》同。**愾**《釋文》云：「《說文》：『大息也。』音火既反。」案古愾、慨通用。**蓍** 尸平聲。**郇伯** 郇，音荀。《左傳》作「荀」。

豳 **國** 豳，山名。邠，邑名。漢人豳、邠通用。

《七月》**流火** 江云：「音毀。」案聲轉如焜。**觱發** 觱，隸俗作「觱」。䨚，古文「誖」字，《說文》作「滭」。**栗烈** 溧冽。**褐** 曷聲。**耜**《說文》：「作『枱』，或作『鈶』。」㠯、台聲同。**饁** 盍聲。**畯** 音峻。**喜** 古音尺志反，故鄭讀饎也。**倉庚** 疊韻。**懿** 壹聲。**殆** 讀始。故《雨無正》殆與仕、使、子、友韻也。《釋文》：「作『迨』，音待。」非古字古音。**萑葦** 萑，當作「萑」，萑聲。《說文》：「萑，讀若和。」和、桓合韻也。葦，韋聲，古音如衣。**條桑** 條，《玉篇》作「挑」。**斨** 音牄。**猗** 當作「掎」。**鵙** 音《易》「闃其无人」之「闃」。《字林》：「工役反。」依《夏小正》、《孟子》作「鴂」也。**我朱** 絑。**孔陽** 暘。**葽** 葽與蜩合韻。江云：「《夏小正》『四月秀幽』，則與蜩同部。」**蜩** 周聲，如條。攸、周同聲。**穫** 音《管子》「一樹百穫」之「穫」。**蘀** 音託。轉音則如陊。《鶴鳴》同。**貉** 各聲。**貍**《釋文》：「力之反。」**裘** 江云：「音其。」說見《終南》。**纘** 與纂通。**豜** 幵聲。**斯螽** 斯，《爾雅》作「蜇」。**股** 古音如古。**莎雞** 沈云：「舊多作『莎』，今作『沙』，音素何反。」案莎、沙誤倒。**穹** 弓聲。《考工記·韗人》鄭司農注：「穹，讀爲『志無空邪』之『空』。」**窒** 音如質，古音也。**墐**《呂覽·季春紀》注：「墐，讀如『斤斧』之『斤』。」改《少牢禮》「日用丁巳」，鄭注云：「自丁寧自變改。」是改、巳同聲也。室處子、歲不入韻。此三句一韻之例。薁奧聲。菽古祇作「尗」，或假借作「叔」，俗作「菽」。剥攴。《釋文》：「普卜反。」壽音如燾。壺讀瓠。苴音租。《禮》有苴杖。荼音舒。荼與樗又爲句中韻。納禾稼納，古文假借字。《周禮·鍾師》「納夏」，故書「納」作「内」。杜子春云：「内，當爲『納』。」杜以古經典多作「納」也。稼，音古，與圃韻。重古「種」字。《釋文》云：「直容反。又作『種』，音同。禾邊作重，是重穋之字。禾邊作童，是穜蓺之字。今人亂之已久。」穋《說文》：「穋，『稑』之或字。」《詩》作「穋」，《周禮》作「稑」。段云：「與麥合韻，讀如力。」《閟宫》同。綯匋聲。播《楚辭·九歌》：「𡇒芳椒兮成堂。」𡇒，一作「播」。《說文》：「𡇒，古文『番』。」播从番聲，則播古讀如「番番瓠葉」矣。凌陰凌，《說文》作「滕」。陰，在侵部，與東部沖合韻。說見《小戎》。蚤古音如溲。韭古在幽部。《釋文》「音九」，是也。肅讀縮。饗古讀平聲。此與場、羊，《彤弓》臧、況，《楚茨》皇、慶，《我將》方、王，《烈祖》穰、嘗爲韻，無上。《集韻·十陽》「虛良切」有「饗」字。《傳》周正月正，平聲。說詳《小雅·正月》篇。離黄離，《爾雅》作「鵹」。豫畜古「蓄」字。方銎《釋文》：「曲容反。」《破斧》同。角捔。荑桑荑，《爾雅》作「桋」，音題。纁熏聲。螗俗「唐」字。蘀，落。同部。振訊《說文》：「訊，卂聲。古文作『𧦝』。」又「扟，讀若莘。」扟亦卂聲也。塗古作「涂」，讀與敃同。篳畢聲。嬰薁嬰，俗从艸。涷醪音聊。綯絞尤、蕭音近。棄，升。同部。水複《月令》作「腹」。《鴟鴞》《說文》：「雖，籀文作『鴟』。處脂切。」《釋文》「尺之反」，則闌入之韻。以遺王遺，《書》作「詒」。子入聲。合韻「室」字。恩斯勤斯恩、勤，真、文相近。鬻育。閔《淮南·精神訓》芒、芠、漠、閔與門叶。迨《說文》作「𨽻」。徹撤。桑土《韓詩》作「杜」。《緜》「自土」，《齊詩》作「杜」。蓄租當作「畜祖」。譙譙與噍同。修修《集韻》：「修修，羽敝也。或作『翛』翛。」案此則修爲正字。《集韻》本諸《釋文》，今本《釋文》乃徑開寶中陳諤等刪改之本也。譙、修在尤、幽部，翹、摇、嘵在蕭、宵部。漂摇疊韻。予維音嘵嘵堯聲。《説文》作「唯予音之嘵嘵」。《玉篇》「音」下亦有「之」字。《傳》鶉鳩《説文》無「鶉」字。鳩，夬聲。稚《釋文》作「穉」。拮据，撠挶。竝雙聲。撠者，「戟」之俗。

《東山》三年而歸句。勞歸士句。慆慆音《論語》「慆慆皆是」之「慆」。零雨零，《説文》引作「霝」。濛蒙聲。制古「製」字。士讀事。行枚行，如字。枚，讀微。蜎蜎《考工記・廬人》注謂「若井中蟲蜎蜎」，李音烏犬、烏懸二反。蜀俗作「蠋」。蜀與宿、閒、句爲韻。二章亦實與室、閒、句爲韻。烝《釋文》：「之承反。」敦下有「敦」，《釋文》：「徒端反。」《群經音辨》音團。果贏疊韻。《易・説卦傳》「爲果蓏」，《釋文》：「力火反。」贏即蓏也，與《小宛》蜾贏異物。伊威雙聲。《説文》「伊」作「蛜」。蠨蛸《釋文》云：「《説文》作『蟰』，音夙。」蟰、蛸疊韻。町畽雙聲。《釋文》：「町，他頂反。畽，又作『疃』，他短反。」此音之變也。熠燿雙聲。鸛《説文》作「雚」，从吅得聲，平聲。故《莊子・寓言》篇作「觀」，《後漢書・楊賜傳》作「冠」。垤《釋文》：「田節反。」洒灑。《傳》凡二見。聿至至，古音如質。故至與垤、室、窒爲韻。《杕杜》、《蓼莪》至竝與恤爲韻。《莊子・刻意》篇「道德之質」，《天道》篇作「至」。此至、質通韻之理。栗鄭讀裂。駁爻聲。今音卜者，蕭、尤同入也。與駮異字。縭离聲。江云：「音羅。」嘉音如賀。《傳》寘《釋文》作「實」，不誤。括樓《説文》作「苦蔞」。委黍雙聲。踦音掎。鹿迹鄭注《周禮・迹人》云：「迹之言跡，知禽獸處。」燐《釋文》：「又作『䗲』。」皆「粦」之俗。螢火螢，當作「熒」。螘冢《釋文》：「螘，作『蟻』，魚綺反。」案冢，俗从土旁。專專古「團」字。衿今聲，當从糸。帨音率。

《破斧》是皇讀匡。吪讀化，平聲。銶《説文》：「梂，一曰鑿首。」《金部》無「銶」字。遒《廣韻》遒、揫竝即由切。《傳》隋銎隋，《釋文》：「何音湯果反。孔形狹而長也。」奄《説文》作「郁」。鑿屬屬，古「欘」字。下「木屬」同。

《伐柯》有踐《禮記・中庸》注：「踐，或爲纘。」古平聲。《伐木》同。《傳》斧柄《説文》：「或作『棅』。」行列行，音杭。

《九罭》音域。《説文》無「罭」字。鱒沈音撰。衮衣段云：「衮，从㕣聲。㕣，古文沇州字。」鴻鳴聲，大鳥也。無以讀與。《傳》緵罟緵，音總。卷龍古衮、卷聲同，故《禮記》「衮」字皆作「卷」。

《狼跋》跋，同䟴。《爾雅》郭音貝，依䟴爲聲。疐《説文》作「躓」，《釋文》：「又陟值反。」即躓音也。几几《説文》作「己己」，又作「掔掔」。不瑕音《聘義》「瑕不揜瑜」之「瑕」。《傳》跲音《中庸》「言不跲」之「跲」。絇音拘。

音一終

釋毛詩音卷二

小　雅

鹿鳴之什

《鹿鳴》筐篚古作「匡匪」。呦呦《釋文》：「音幽。」苹平聲。示我示，鄭作「寘」。此支、真合韻之理，非毛義。蒿《釋文》：「呼毛反。」視鄭注《禮記·曲禮》云：「視，今之『示』字。」《周禮》作「眡」。恌當作「佻」。是傚平聲。《角弓》與教韻。敖五羔反。作「傲」者，非。芩今聲。《釋文》：「其炎反。」則轉嚴凡部矣。湛媅。亦甚聲。《常棣》、《賓之初筵》同。《傳》蓱曾釗以「蓱」爲「荓」之字譌，音萍。菣《說文》：「或字作『[艹堅]』。去刃切。」《蓼莪》有「牡菣」。愉《釋文》：「他侯反。」

《四牡》倭遲疊韻。盬古聲。嘽嘽三家《詩》作「痑痑」。案單聲之字音多。若《漢書·地理志》之鄲縣，孟康音多也。《駉》驒音徒河，《大東》、《小明》憚音丁佐。此皆寒、歌二部相近。駱音洛。洛亦各聲。翩翩扁聲。鵻《釋文》：「本又作『隹』。」《爾雅》作「隹」，職追切。《廣韻》思允切，則以鵻、隼爲一字。將父將，讀養。下同。駸駸𠬶聲。諗讀念。案念从今聲，古音如壬。與駸韻。《書·咎繇謨》「念哉」與兩「欽哉」韻，此其例矣。《傳》喘息喘，音湍。舍幣于禰《釋文》：「舍，音釋。禰，乃禮反。」夫不郭注《爾雅》云：「今鵓鳩。」案鵓即夫不也。不，《釋文》：「方浮反。」依方俗音。枸檵枸，句聲。檵，音繼。《四月》同。

《皇皇者華》皇皇讀煌。駪駪《國語》作「莘」。每古平聲。《文選·魏都賦》「蘭渚每每」，李善注：「莫來反。」《春秋傳》「原田每每」，《群經音辨》：「忙回切。」駒《釋文》：「本作『驕』。」與《說文》同。合韻。濡古音如臑。咨俗作「諮」。下同。諏音掫。駰因聲。均勻。詢

《釋文》音苟。《傳》：「每，雖。」雙聲。懷，和。雙聲。調忍古「韌」字。

《常棣》鄂咢聲。俗作「鄂」。韡韡韋聲，如夷。裒當作「捊」，《般》、《殷武》同。《易·謙》「裒多」，荀、虞皆作「捊」。脊令雙聲。《小宛》同。兄也兄、況古今字。鬩音鶪。《易》「闃其无人」，姚信作「鬩」。御讀禦。務讀侮。《左傳》作「侮」。無戎音如汝，與務合韻。《常武》戎與祖、武爲韻。儐賓聲。飫《説文》作「䬵」，本音在二部。《韓詩》作「饇」，則與豆、具、孺韻。具古音如豆。《無羊》與餱韻。孺上聲。翕合聲。合、翕、琴、湛同部，而平、入又各自爲韻。家室不入韻，當依唐石經作「室家」。帑奴。《書·甘誓》「帑戮女」，《周禮注》作「奴」，衛包改「孥」。亶音如展。《傳》：「常棣，棣。」下「棣」當作「移」，音移。威，畏。同部。《巧言》同。《考工記》「弓之畏」，「故書『畏』作『威』」。兹古「滋」字。很《釋文》：「户墾反。」填《箋》云：「古聲填、窴、塵同。」怡怡《正義》本作「熙熙」，同在之、台部。儐，陳。古文俱以「陳」爲「敶」字。孺，屬。侯、尤同入。屬，音「不屬于毛」之「屬」。

《伐木》三章章十二句。各本作「六章章六句」，據《正義》訂正。丁丁朾。嚶嚶嬰聲。矧俗「弞」字。聽平聲。《集韻·十四清》湯丁切。許許所。釃音纚。藇《釋文》：「音敘。」羜《説文》：「羜，讀若煑。」於粲於，如字。酤古聲。坎坎《説文》作「竷」。蹲蹲字當作「壿」，音「撙節」之「撙」。我暇叚聲。凡叚、賈、家字讀如古。此與湑、酤、鼓、舞、湑韻，《何草不黃》與虎、野韻。《傳》：「喬，高。」同部。柿《説文》：「朩，讀若輩。」柿，从朩聲。蒲貝反。《釋文》「音側几反」，誤「柿」爲「柹」也。《集韻》因之入五旨。藪當爲「籔」，音溲。茜音縮。

《天保》單厚單，音亶。戩晉聲。《周禮·職方氏》：「故書『箭』爲『晉』。」《釋文》：「子淺反，讀如箭。」真、元合也。遐福遐，古音胡。《士冠禮》「永受胡福」，鄭注云：「胡，猶遐也。」蠲《釋文》：「舊音圭。」案此依三家

《詩》「躅，益聲」，佳之入也。饎高注《吕覽·仲冬紀》云：「饎，讀『熾大』之『熾』。」今吴以米蒸食之曰熾飯，蓋遺意也。《玄鳥》作「糦」。享平聲。與嘗、王、疆韻。《信南山》明、皇，《載見》鶬、光，《烈祖》鶬、將，《殷武》羌、王韻。《集韻·十陽》：「享，虚良切。」禴《閟宫》傳作「礿」，同聲。公功。卜今音博拔切。《楚茨》同。弔古「迅」字。《節南山》同。恒《釋文》：「亦作『緪』。」《傳》：「縠，禄。」同部。虧《説文》：「虧，或作『虧』。」

《采薇》玁狁《釋文》：「本或作『獫允』。」將率帥。古文以「率」爲「帥」字。帥，或「帨」字，此本無其字假借也。烈烈《廣雅》作「烮」。孔疚《説文》無「疚」，當作「灾」，古音如怡。《杕杜》同。來古音鼇，又音力。凡一字，有平、入兩讀。爾《説文》作「薾」。騤騤癸聲。《釋文》：「求龜反。」轉入之部。《烝民》同。腓讀辟。弭《説文》：「弭，或作『弭』。」耳聲。之、支合韻。杜子春注《周禮·男巫》：「弭，讀如『彌兵』之『彌』。」讀从兒聲。服古「箙」字。《采芑》同。日戒日，作「曰」，非。戒，音急。棘亟。又讀急。下章同。我哀古音如衣。《孝經》「哭不偯」，《説文》作「悠」。《傳》辟避。解紛紛，作「紒」，非。《釋文》：「芳云反。」是也。《老子》曰：「解其紛。」

《出車》我來來，古音如力。此與牧、載、棘，《大東》服，《靈臺》亟，《常武》塞韻。《孟子·滕文公》篇「勞之來之」，與直、翼韻。入聲。旆旆音渒。況瘁況，古作「兄」。央央《釋文》：「亦作『英』。」襄《釋文》：「或作『攘』。」卉《釋文》：「許貴反。」訊獲馘。《傳》旒垂古作「流淼」。

《杕杜》睆宋《毛詩》載《釋文》：「睆，華版反。字從白。或從目邊，非。」案作「睆」是也。《大東》同。幝幝《韓詩》「緣緣」，昌善切，聲同。痯痯《説文》無「痯」，或是「悹」字。不至入聲。《易林·益之鼎》「期逝不至」韻恤，與《詩》同。近段云：「本音在十三部，合韻偕、邇字。《北門》敦韻遺、摧，《采芑》焞韻雷、威，《碩人》頎韻衣、妻、姨、私。微韻與文、欣二韻轉移最近，微韻中軍聲、暈聲、斤聲、肙聲之字，皆自文、欣韻中轉入。」

《魚麗》音罹。罶音栁。與酒、閒、句作韻。《苕之華》與首、飽韻。鱨嘗聲。鯊古祇作「沙」。鱧音禮。鰋《説文》：「鰋，或『鰻』字。」時上聲，如士。此與有韻。《文王》與右，《生民》與祀、悔，《既醉》與子，《蕩》與舊韻。《傳》：「麗，歷。」雙聲。鱨，楊。同部。楊，《説文》作「揚」。鯊，鮀。同部。鮀，音「祝鮀」之「鮀」。不操《正義》作「芟」。罻羅《禮記》釋文：「罻，音尉。一音鬱。」麛弭聲。隱塞隱，音偃。不數罟崔靈恩本「數」作「總」。鯇作「鮦」者，非。鮎沈音奴廉反。

《南陔》《春官・鍾師》杜子春注：「祴，讀爲『陔鼓』之『陔』。」亥、戒聲同也。《説文》：「陔，階次也。」《文選注》引《聲類》曰：「陔，隴也。」而亡其辭亡，音「亡其七篇」之「亡」。下同。

南有嘉魚之什

《南有嘉魚》罩罩卓聲。汕汕山聲。鵻《釋文》：「本亦作『隹』。」又思又與右同。《彤弓》釋文：「右，音又。」《傳》籗竹角切。或作「篧」。樔巢聲。音「夏則居橧巢」之「巢」。鄭讀如撩。壹宿壹，專壹也。

《南山有臺》萊《爾雅》作「釐」。栲見《山有樞》。杻見《山有樞》。遐不遐，音胡。下同。枸句聲。楰臾聲。耇音垢。保艾《傳》作「艾保」，經誤倒。《思文》釋文云：「艾，鄭注《尚書》五蓋反。」案鄭注無反語，謂以其義推之也。沈音刈。《傳》夫須雙聲。魚、侯相近。枳枸雙聲。《説文》作「積椒」。

《由庚》成十八年《左傳》：「以塞夷庚。」由、夷一聲之轉。庚，音如行。《由儀》讀宜。

《蓼蕭》蓼，音六，又轉音了。譽音豫。《裳裳者華》、《韓奕》竝同。龍讀寵。古文以爲「寵」字。弟音如夷。古弟、夷通。壽豈愷。平聲。《釋文》「開在反」，此今音也。濃濃音醲。鞗革鞗，俗。《小箋》云：「攸，古文『鋚』字。革，古文『勒』字。」案《采芑》、《韓奕》、《載見》同。

《湛露》湛，《釋文》：「直減反。」《考工記・鍾氏》注：「讀如『漸車帷裳』之『漸』。」陽晹。厭厭《説文》作

「懕」。令儀古「威儀」作「義」。《傳》私燕《正義》作「燕私」。渫褻。

《彤弓》彤，音融。隸變作「彤」。弨音超。貺俗。古作「兄」。與臧、饗韻。《左傳・僖十五年》筮辭「亦無貺也」與筐相韻。饗音香。右侑。櫜咎聲。醻《説文》：「醻，或酬字，音如壽。」《傳》弛音矢。櫜，韜。同部。《釋文》：「又作『弢』。」《時邁》同。

《菁菁者莪》音俄。《蓼莪》同。有儀當作「義」。義，我聲。

《六月》蓄積蓄，《釋文》作「畜」，是也。隊作「墜」，俗。棲棲棲，「西」之或字。作「栖」，俗。飭敕。載是載，音如則。熾戠聲，如識。與棘韻。急當作「棘」。詳疏。顒禺聲。與公合韻。魚容切。膚公膚，籒文「臚」。公，讀功。翼古「趩」字。共王、徐音恭。整正聲。焦穫《釋文》音護。織《箋》云：「織，微識也。」鄭讀識，俗又作「幟」。白旆《正義》作「帛茷」。輊讀摯。軒干聲。佶吉聲。憲音軒。江云：「古惟讀平聲。」《桑扈》、《嵩高》竝同。祉止聲。炰音缹。徐甫九反。《韓奕》同。九，通志堂作「交」，今據宋《毛詩》訂。膾音《論語》「膾不厭細」之「膾」。《傳》簡閲簡，大也。錯革鳥革，音急。鉤車鉤，音「句股」之「句」。寅車寅，古「夤」字。漢唐人碑作夤。摯《釋文》音至。祉，福。同部。

《采芑》《説文》：「玖，讀芑。」則芑亦讀玖。菑畒菑，《釋文》：「側其反。」鄭司農《考工記》注：「菑，讀如『襍廁』之『廁』。」涖音隸。俗作「莅」。干讀扞。奭《説文》：「奭，讀若郝。」又「叡，讀若郝。」奭、叡聲同。《瞻彼洛矣》同。軝音祇。錯衡《烈祖》：「錯，采故反。」衡，行聲，音杭。瑲瑲倉聲。下同。皇讀煌。隼《説文》：「隼，或鵻字，隹聲。」《考工記・㮚氏》：「準，故書或作水。」則可以定隼之字，在十五部矣。思允切，音之轉。鉦正聲。鞫旅鞫，讀告。旅，音「魯衛」之「魯」。闐闐音《孟子》「填然鼓之」之「填」，待年切。音之變也。蠢尺尹切。荆蠻今作「蠻荆」，誤倒。下同。獲馘。嘽嘽單聲。《釋文》：「吐丹反。」《嵩高》、《常武》同。焞焞段云：「合韻雷、威字。」《漢書・韋玄成傳》引作「推推」，則在本韻。霆徐音挺。《傳》曰畬古音舒。樊纓樊，即鲦。《嵩高》同。瑲珩疊韻。蔥，蒼。雙聲。

《車攻》器械《釋文》：「户戒反。《三倉》云：『械，總名也。』」選車徒選，同算。下同。攻犟。龐龐《集韻》：「龐，或作『驡』。盧東切。」案「驡」出三家。甫草甫，《韓詩》作「圃」。囂囂當作「嚻」，音警。薄狩作「搏獸」，誤。決《釋文》：「本作『決』、『抉』。」佽次聲。平、入通。既調段云：「本音在弟三部，讀如稠。」《車攻》以韻同字，屈原《離騷》以韻同字，東方朔《七諫》以韻同字，皆讀如重。此古合韻也。《韓詩》「横由其畝」，《毛詩》作「衡從」。《毛詩》「狃聲」之「狃」，《漢書》作「嶩」。《史記・衛青傳》「大當户銅離」，徐廣曰：「一作『稠離』。」汝南鲖陽之「鲖」，見腫韻，亦見有韻，皆弟三部、弟九部關通之義。柴當作「㧘」，三家作「胔」。《禮記・月令》「埋胔」，《吕覽・孟春紀》作「霾髊」，高注云：「髊，讀『水漬物』之『漬』。有肉曰胔。」此聲、差聲同部。㧘與佽韻。既駕古音如過。猗當作「倚」，音阿。如破如，音而。蕭蕭音修，與悠悠爲句中韻。警作「驚」，非。大庖《禮記・王制》注：「庖，今之廚也。」《釋文》：「步交反。」案此音之轉，古音如浮。有聞《釋文》：「亦作『問』。」《傳》雒邑雒，東周水名。與《小雅》宗周浸之洛别。變「雒」爲「洛」，其譌始於魏黄初元年詔。見《魏略》。大艾草艾，即刈。樧臬。擊《釋文》：「作『擊』，音計。」案擊、擊皆譌字，當作「㨳」，説詳疏。大綏《釋文》作「緌」，下「小綏」同。鄭注《王制》：「綏，當爲緌。」達屨《小箋》云：「達、沓古字通。」積漬。讙譁雙聲。俗作「諠譁」。左膘《説文》：「膘，讀若繇。」段注云：「今俗謂牲肥者曰膘壯，音如標。」右腢郭音偶。射右耳本《箋》云：「此『射』當爲『達』。」左髀《釋文》作「脾」。右髃音肱。踐毛踐，同翦。

《吉日》能慎微接下句。戊茂字从此。禱《釋文》云：「《説文》作『禂』。」案見《繫傳》，鉉本佚。壽、周聲同也。差音參差。麀《説文》：「麀，或作『麠』。」段注云：「麀从匕聲，讀扶死反。後人以鹿聲呦呦，改其音竝改其字作『麠』耳。」《靈臺》同。麌麌當作「虞」，《説文》作

「嗼」。祁《廣韻》渠支切。儦儦《説文》作「伾伾」，疑古本如是。俟俟徐音矣。悉率古「逹」字。凡帥、逹皆用率，隨文可知也。挾段云：「當从夾聲。」殪壹聲。

鴻鴈之什

《鴻鴈》《説文》作「鳿雁」。至于矜寡矜，《釋文》：「亦作『鰥』。」《大田》序同。江云：「寡，音古。」矜人段氏《説文注》云：「矜，當从令聲，讀如鄰。」嗸嗸本作「嗷」。《傳》：「矜，憐。」叠韻。示古「視」字。

《庭燎》徐力燒反。箴與「鍼」同。晣晣晣、哲一字，音如質。噦噦當作「鉞鉞」，戉聲。《泮水》同。鄉向。今作「嚮」。煇軍聲，古如薰。旂斤聲。《采叔》、《泮水》與芹韻。轉音巨饑反。

《沔水》沔，徐莫顯反。朝淖。隼隹聲，與水韻。見《采芑》。湯湯蕩。蹟《説文》：「或『迹』字。」弭古「⿰忄耳」字。率逹。訛言訛，《説文》作「譌」，《正月》同。

《鶴鳴》于九皋古本無「于」字。皋，音如界。它山《釋文》：「它，古『他』字。」錯厝。《釋文》：「千故反。」是也。千，通志堂誤刻「乎」，依宋《毛詩》訂。穀从木，殻聲。

《祈父》祈，讀圻。圻與畿同。爪牙牙，古音吾，與父韻。爪士讀事。厎職雉切。作「底」者，非。饔雝聲。隸作「饔」。《傳》羌戎《正義》作「姜戎」。至致。

《白駒》縶讀若輒。《穀梁傳》「衛謂之輒」，本亦作「縶」，陟立切。藿「藿」之省。賁徐音奔。《夏小正》：「玄駒賁。《傳》曰：『賁者何也？走于地中也。』」賁讀爲奔，奔、賁皆从卉聲，古者同讀。汪遠孫云：「曹憲《博雅音》：『《周易》賁卦音奔。』今人多彼寄反，失之。」遁《釋文》作「遯」。案遁、遯同部不同義。《説文》：「遯，逃也。徒困切。」空谷空，《韓詩》作「穹」，音之轉。毋金玉毋，《毛詩》作「無」。

《黄鳥》于穀殻聲，从木。與下「肎穀」从禾者不同。啄《釋文》：「陟角反。」旋音「還車于邁」之「還」。

《我行其野》蓫《説文》無「蓫」字。苖，音笛，即蓫也。曾釗説。蕾畐聲。成不成，《論語》作「誠」。亦祇祇从示，氏聲，音支。唐石經作「祇」。

《斯干》讀潤。秩秩泆。猶《詩》多用上聲。鄭改「瘉」，轉入侯部。似讀嗣。閣閣輅。橐古「櫜」字。攸去平聲，如祛。祛以去爲聲，而聲平也。《左傳·僖十五年》「千乘三去」，與餘、狐叶。芋于聲。跂當爲攱。棘《韓詩》作「朸」。革古文「翱」。《韓詩》作「翱」。翬軍聲。殖殖直。庭與挺通。噲噲《説文》：「噲，或讀若快。」《箋》同。噦噦《釋文》：「呼外反。」莞《禮》作「萑」。簟音尋。《廣韻》上聲。我夢《正月》「夢夢」，沈重音莫滕反。此與興韻。《正月》與蒸、勝、憎、陵、懲、雄韻。斯皇煌。地也聲，古音如它。禓《説文》作「禘」，本《韓詩》。段云：「合韻地、瓦、儀、議、罹字。讀如拕。」瓦音如臥，平聲。古在歌、戈、麻。是議江云：「古有平聲，讀如俄。」《北山》與爲韻。罹《釋文》：「又作『離』。」《傳》棱廉段注《説文》云：「棱，俗作『楞』。」長也長，音「長短」之「長」。幼古「窈」字。褓《釋文》：「音保。齊人名小兒被爲褓。」紡塼《釋文》：「又作『專』。」案「塼」字，俗。

《無羊》犉《良耜》釋文：「如純反。」濈濈《太平御覽》作「戢戢」。溼溼音檝。池音它。訛當作「吪」。《玉篇》引作「吪」。訛，誤。衰俗从艸。雄厷聲。《正月》同。《左傳·襄十年》繇辭「而喪其雄」與陵韻。今入東，音之轉也。矜矜兢兢雙聲。兢，「兢」之省變。溱溱音蓁。《傳》哃《爾雅》作「齝」，丑之反。是之、咍同部之理。虧崔《集注》作「曜」。

節南山之什

鄭《箋》無「南山」二字。

《節南山》節，徐音截。家父《釋文》音甫。嚴嚴作山頭者，非。具讀俱。惔「炎」之譌。炎，讀如飪，不入韻。監古「矙」字。猗音阿。薦瘥薦，同荐。瘥，三家作「䁟」，才何切。憯「朁」之譌字，七感反。氏古「邸」字。毗「𣬉」之隸變。俾民俾，《釋文》作「卑」。空音如穹。弗信平聲。弗仕事。下「膴仕」同。瑣瑣《易》釋文：「悉果反。」是也。素火，則轉脂韻。膴《斯干》

箋：「芋，作『膴』。」則膴音如芋矣。傭庸聲。訩「詾」之或字。屆甶聲。闋《爾雅》作「觖」。《字林》以爲「喟」字，丘愧反。案此今音也。古讀「樂三闋」之「闋」，故《六書音均表》以惠、戾、屆、闋爲脂之入，夷、違爲脂之平。醒呈聲。政正聲，古音征。項領段云：「項，即『洪』之假借。」領，合韻騁字。《桑扈》合韻屏字。蹙蹙當作「戚」。《釋文》：「子亦反。」騁甹聲，丑郢切。茂楙。懌睪聲。作誦平聲，與訩、邦韻。訛當作「吪」。《正月》同。邦丰聲。《傳》：「猗，長。」長養。曾也曾，音增。均，平。真、耕音相近。弔，至。同致。空，窮。同部。訩，訟。同部。成，平。同部。正，長。音「長幼」。一字數義。

《正月》正，平聲。《書・甘誓》「三正」，《釋文》云：「徐音征。」段氏《撰異》云：「此舊音也。古耕、清部字皆有平無上、去。『正』字不論何訓，皆讀平聲。正月，其一也。或謂秦人諱『政』而改『正月』字爲平聲，真淺陋之說。」癙俗「鼠」字。《字林》音恕。痒音蛘。瘉俞聲，如偷。下「愈愈」同。愈愈《爾雅》作「庾庾」。惸惸俗作「惸」，音煢。下「惸獨」同。并古「拼」字。勝騰。蓋卑蓋，盍聲，讀爲盍。下同。具曰具，讀俱。不局段云：「合韻。讀如臭。」蹐三家作「趚」。脊蹟。蜴當依《說文》作「蜥」。有菀宛聲，如「鬱彼北林」之「鬱」，聲轉義同也。《內則》「宛脾」，或作「鬱」。《小弁》、《菀柳》、《桑柔》同。扤徐音月。仇仇三家作「扏扏」。或結合韻厲、滅、威字。厲癘。褒姒《釋文》：「褒，補毛反。」蕭、尤聲近。姒，以聲。威讀滅。窘君聲。載輸音《春秋》「鄭人來輸平」之「輸」。《廣韻》傷遇切。員云。爾輻當作「輹」。詳辨誤。婁「屢」，俗。不意入聲。《易・明夷》象傳「獲心意也」與得、息韻。炤《禮記・中庸》作「昭」。慘慘當作「懆」。旨酒江云：「叶音焦，與肴韻。」嘉殽《釋文》作「肴」。洽讀合。《左傳》作「協」。協亦合也。孔云《鄭風》、《商頌》作「員」。慇慇殷聲。佌佌當依《說文》作「𠈉」，音䌡。蔌蔌當爲「遬」，从辵，欶聲。詳疏。方穀作「方有穀」者，非。椓豖聲。哿音嘉。《傳》：「荂，醜。」同部。 圜土《周官・司圜》音于權反。 勝，棄。同部。 局，曲。同部。 蹐，累足。累，當作「絫」。蹐、絫同部。 螈《列女傳》作「蚖」字。 謷謷敖聲。 哿，可。同部。《雨無正》同。 單古「禪」字。

《十月之交》辛卯「賈」字从此。 告凶告，《漢書・劉向傳》作「鞫」。 爗爗曅聲。《釋文》：「于輒反。」 電申聲，與令韻。 沸騰沸，弗聲。今入未韻。騰，同滕。 冢崒冢，俗作「塜」。崒，古作「卒」，爲「崒」之假借字。 皇父甫。 番《韓詩》作「繁」，《漢書・古今人表》作「皮」。元、歌合韻。 維宰古音如梓。《雲漢》同。 仲允《古今人表》作「術」。元、脂合韻。 聚子聚，音趣。 蹶《釋文》作「蹷」。《大雅》有蹶父。 楀禹聲。《古今人表》作「萬」。《考工記》「萬」或作「矩」。 師氏氏與士、宰、史合韻。《雲漢》與紀、宰、右、止、里合韻。 豔妻豔，盍聲。覃、談之入。《魯詩》作「閻」。 煽依《說文》當作「傓」。 抑懿。徐音噫。鄭說非毛義。 不時讀是。是亦平聲。 徹撤。 不戕《釋文》：「在良反。王作『臧』。」案《易・豐》「闃其无人，自戕也」，衆家如此，今誤作「臧」，同。 矣矣與時、謀、萊韻。《唐韻四聲正》云：「古有平聲。馬融《廣成頌》『方斯茂矣』與哉韻。」 向平聲。 多藏古作「臧」。凡入五臧皆平聲，今去聲，非。 憖與寧雙聲義近。 以居音諸，語助詞。下章「居憂」同。 囂囂《韓詩》作「謷」。 孽音妖孽。 噂沓噂，《說文》作「僔」，子損切。沓，古音如達。 里悝。 羨似面切。《皇矣》與援、岸韻。 不徹古之「轍」字。《傳》：「騰，棄。」同部。《閟宮》同。

《雨無正》不駿《釋文》音峻。後竝同。 昊天定本作「昊天」。 舍讀除。 淪音輪。《小旻》、《抑》同。三家作「薰」。侖、熏同諄、文部。 鋪痡。《韓詩》正作「痡」。 周宗《左傳》作「宗周」。 勩貰聲。《釋文》：「夷世反。」 辟言辟，古「壁」字。 成不成，古「誠」字。 暬當從執作「暬」，音褻。 憯憯朁聲。《釋文》：「千感反。」 訊據《墓門》當作「誶」字。 荅段云：「荅在七部，合韻。《新序》、《漢書》皆作『對』，則在本韻。」 是出入聲。《釋文》：「尺遂反。」與《論語》「出內之吝」同音，以叶下「瘁」字。不知瘁亦卒聲也。棘急。《傳》：「駿，長。」音常。疏不孰疏，俗作「蔬」。率也率，即「逹」，依三家作「帥」。

《小旻》《召旻》以爲「閔」字。敷當作「敷」，讀布。如《長發》「敷政」，《左傳》兩引作「布政」。回遹回，即奰。遹，與譎同。二字皆在脂部。《抑》、《桑柔》、《召旻》竝同。沮音疽。覆用平聲，與從、邛韻。潝潝音脅。訿訿呰。底《釋文》作「底」，不誤。集讀就，雙聲也。《韓詩》正作「就」，則在本韻。匪行邁匪，音彼。與下「匪」同「非」者異。不潰遺。靡古「縻」字。靡膴膴與謀合韻。《韓詩》作「腜」，用本韻。哲《說文》：「哲，或作『悊』。古文作『嚞』。」《抑》釋文作「喆」，「嚞」之省也。馮河馮，《說文》作「淜」。《傳》邪衺。辟僻。潰，遂。同部。馮，陵。同部。

《小宛》或「惌」字。富福。不又讀復。螟蛉雙聲。蛉，《說文》作「蠕」。蜾蠃疊韻。蜾，或「螎」字。蠃，音蠃。負今浙西讀如缶。似嗣。題題。見《玉篇》。脊令段云：「合韻鳴、征、生。《左傳》所引《逸詩》韻挺、扃、定。」毋忝毋，唐石經作「無」。忝，「忝」之隸變，他典切。桑扈《爾雅》作「鳸」爲正字。塡殄。岸犴。《韓詩》正作「犴」。《傳》鶻鵰鶻，骨聲。鵰，或从舟。蒲盧疊韻。《中庸》曰：「夫政也者，蒲盧也。」負，持。同部。竊脂廿，古文「疾」，「竊」以爲聲，今字失其聲矣。

《小弁》古「昪」字，音盤。鸒與聲。提提豥。踧踧《爾雅》「儵儵」，音條。叔、攸同部，平、入通用。惄與愵同。擣《釋文》：「本作『𤸫』，《韓詩》作『疛』。」如紂、討同聲之例。疢丑刃切。《釋文》：「又作『疹』。」屬鄭注《考工記》：「屬，讀如『灌注』之『注』。」徐音蜀，蜀亦讀如注也。罹唐石經作「離」。嘒嘒《釋文》：「呼惠反。」漼崔聲。淠淠尤。伎伎《玉篇》作「跂」字，从支聲。音其宜反，非。雌此聲，合韻伎、枝、知。壞木壞，《爾雅》作「瘣」，胡罪切。墐《說文》作「殣」。掎音《左傳》「諸戎掎之」之「掎」，居綺反。今入支。扡葉鈔本《釋文》從木作「杝」。鄭《箋》音池。佗今之駝。浚與濬通。《傳》：「卑居，雅烏。」卑，音壁。今《詩》、《爾雅》皆音匹，非也。雅烏，疊韻。群兒「群」下當有「飛」字。放宜咎放，音「放驩兜」之「放」。于旻天、于父母兩「于」讀如呼。蟬《蕩》釋文云：「市延反。」佗，加。同部。關弓關，同彎。磯《釋文》：「古愛反。」與忾、概同，摩也。說詳《小箋》。

《巧言》父母且徐七餘反。幠古音如哻。作「憮」者，非。威讀畏。泰幠泰，當作「大」，如字。僭當作「譖」。涵函聲。鄭讀「咸」。沮阻。用長平聲，與盟韻。盜讀逃。餤當作「⿰炎西」，音沾。止共供。秩秩《說文》作「戴戴」。莫謨。亦莫聲。忖當作「刌」。毚兔毚，「讒」字从此。荏染疊韻。「栠姌」爲正字。《抑》同。樹古音如豆。《行葦》同。蛇蛇訑。麋湄。李注《文選》詩引正作「湄」。拳音捲。微瘣。尰與腫同。爾居音諸。《傳》淺意淺，同諓。骭瘍高注《淮南·俶真》：「骭，讀『閈牧』之『閈』。」瘍，《釋文》：「本作『傷』。」腫足當作「足腫」，重聲。

《何人斯》我陳古「敶」字。愧愧、媿一字。祇攪祇，音支。《易·坎·九五》「祇既平」，京房作「禔」。古氏、是同在支部。攪，音絞。舍古音舒。與車、盱爲韻。盱忏。易入聲。此與知、祇韻，讀如移。祇疧。壎《周禮》作「塤」。篪《說文》：「或䶵字。」又《走部》：「䟲，讀若池。」高注《淮南書》：「五篪，讀『池澤』之『池』。」貫今之「串」。蜮《釋文》音或。依宋《毛詩》訂。靦《說文》：「靦，見聲。或作『䩄』。」又古文以⿵冂㗊爲之。⿵冂㗊，讀書卷。皆在元、寒韻。今音他典切，則讀同㥏矣。《傳》短狐當作「弧」。姡《釋文》：「户刮反。」

《巷伯》巷伯奄官兮此五字據《釋文》、《正義》增補。萋兮斐兮萋斐，疊韻。萋，正字作「緀」。哆兮侈兮哆、侈疑誤倒。哆，《玉篇》：「昌可反。」此古音也。誰適音敵。下同。緝緝咠聲，子立反。翩翩古音如繽。《桑柔》同。屈賦《湘君》翩合韻淺、閒，則已讀今音矣。捷捷音接。幡幡《賓之初筵》釋文：「孚袁反。」驕人驕，音憍。好好《爾雅》作「旭旭」，聲同。草草慅。謀段云：「合韻者、虎字。」有昊「昦」之隸變。段云：「亣聲在尤、幽部。」猗當作「倚」，讀加。《傳》釐婦釐，同嫠。蒸音薪蒸。《小箋》云：「蒸，析麻中榦也，古以爲燭。」摍屋摍，《釋文》作「縮」，所六反。不閒居《釋文》：「閒，音閑。」嫗《釋文》：「本或作『煦』，況甫反。」喜古「嬉」字。

踐刋幵聲，與刑別。

谷風之什

《谷風》穨音「王子穨」之「穨」，與遺皆貴聲。《左傳》釋文：「徒回反。」萎《釋文》：「於危反。」案委聲在六脂，今入五支。《禮記・檀弓上》「孔子歌」萎與穨、壞韻。小怨怨與萎韻。《說文》：「眢，从夗聲。讀若萎。」段注云：「此與《小雅・谷風》怨讀如萎一例，合音也。《左傳》音義引《字林》：『眢，一皮反。』一皮即委之平聲，古讀如此。《集韻・五支》邕危切即一皮也。」《傳》焚輪《小箋》讀紛綸。

《蓼莪》蓼，《釋文》音六。蔚音鬱，與瘁韻。瘁，卒聲。缾音蓱。鮮尟。《易・繫辭》「故君子之道鮮矣」，鄭本作「尟」。靡至入聲。韻恤。《杕杜》同。鞠鬻。如「鞠子」即「鬻子」。拊《釋文》音撫。何害入聲，與烈、發韻。《四月》同。《生民》與月、達，《蕩》與揭、撥，《召旻》與竭韻。今「禍害」字讀去聲，非也。

《大東》饛蒙聲。捄音糾。匕扶死切。俗作「朼」。砥段云：「氐聲在十五部。厎，或作『砥』。《孟子》引作『氐』。今分別厎在五旨，砥在四紙。」睠《說文》有「眷」無「睠」。潸焉《說文》：「潸，所姦切。」焉，作「然」。杼軸杼，予聲。軸，各本誤「柚」。佻佻《韓詩》作「嬥」，兆、翟同部。冽作「洌」，誤。氿泉氿，《釋文》：「音軌，字又作『晷』。」契契挈。憚《釋文》：「本作『癉』。」徐音旦。」《小明》同。薪是薪，疑「浸」之譌。亦可息亦，當作「不」。不來古「勑」字。案子來、子服、子裘、子試八句一韻而有平仄之分。來音力，與服韻。試音兹，與裘韻。四「子」字一韻也。鞙鞙肙聲。璲讀瑞。古祇作「遂」。跂《說文》作「攱」，讀如攲。徐音丘婢反，則字已作「跂」，讀跛矣。不可以服箱各本脱「可」字。服，同負。啟明啟，《爾雅》作「启」。長庚疊韻。簸皮聲與播聲相近。《生民》同。斗古「枓」字。沈音主。《易・豐》「日中見斗」，孟作「主」，古聲同也。故《行葦》斗與主韻。翕讀合。鄭讀吸。《傳》艾也艾，同刈。續《說文》：「古文『續』作『賡』。」《書・咎繇謨》「乃賡載歌」，賡即續也。唐韻皆仞賡爲庚聲，大誤。詳《說文》段注。斞臾聲。《說文》臾不以𦥑爲諧聲。依《賓之初筵》箋，則讀如仇。《釋文》：「矩于反。」從𦥑得聲，非古也。俗作「斞」。

《四月》匪人匪，音彼。下同。凄凄《爾雅》作「悽悽」。具腓俱痱。離瘼離，即罹。瘼，莫聲。廢《釋文》：「一音發。」案廢音「廢六關」之「廢」，廢即發也。構冓聲。曷遏。盡瘁《北山》「或盡瘁事國」，《左傳》作「憔悴」，盡、憔一聲之轉。《說文》有「悴」無「瘁」。仕事。鶉「鷻」之省。《釋文》：「徒丸反。」鳶當作「蔦」，與鴉同。《旱鹿》同。詳疏。梀夷聲。《傳》鵰籀文「雕」字。《考工記》：「故書『雕』或爲『舟』。」赤梀《釋文》：「所革反。」《說文注》云：「許書無『梀』字，蓋古只作『朿』也。」

《北山》士子士，讀事。溥他書多作「普」。率達。濱當作「瀕」。賢《說文》：「臤，古文以爲『賢』字。」案菣、緊皆臤聲，去刃、糾忍二切，此古音也。故與濱、臣均韻。傍傍當作「徬」。鮮古音如獻。《爾雅》：「鮮，善也。」方將讀壯。叫號疊韻。慘慘當作「懆」。下同。卬俗作「仰」。鞅掌疊韻。湛酖。風《釋文》音諷。

《無將大車》祇《釋文》音支。《我行其野》同。塵「𪋻」之省。疷《釋文》作「疧」，都禮反，非也。疷从氏聲，與塵合韻。熲讀若《禮記》「入户奉扃」之「扃」。《集韻》扃、熲竝涓熒切。雝擁。俗作「壅」。

《小明》艽野艽，音仇。共人共，古「恭」字。下同。罪罟罪，古作「辠」，秦人改之。或釋之爲罔罟，此繆說也。《瞻卬》、《召旻》「罪罟」同。憚癉。譴遣聲。奥古「燠」字。愈戚讀促。俗依「促」別造「蹙」字。《召旻》同。伊戚古「慽」字。介夰。《詩》以「介」爲「夰」字。

《鼓鍾》《周禮・鍾師》注：「鼓，讀『莊王鼓之』之『鼓』。」鍾與鐘通。將將鎗。喈喈諧。回窶。回、韋同聲。鼛咎聲。與臯通。三州今作「洲」。妯《説文》作「怞」。猶《禮記・檀弓下》注:「秦人猶、摇聲相近。」此尤、蕭合也。欽欽欣聲,相近。笙磬笙同生,與笙簧義異。不僭朁聲。《唐韻四聲正》云:「古讀子晉切。」《傳》動慟。曰昧《釋文》作「韎」。曰南或作「任」,音同。朱離朱,《正義》作「株」。

《楚茨》三家作「薺」。抽音如籀。庾音逾。妥綏以爲聲。侑《説文》或「姷」字。絜音《大學》「絜矩」之「絜」。亨「亯」之隸變,音香。今音普更反。肆隶聲,息利切。將醬。祊《説文》:「祊,或『鬃』字。」又《足部》:「跡,讀與彭同。」彭古音旁,方古音防。慶平聲。《集韻・十陽》「慶」通作「羌」,虚羊切,是也。《甫田》、《裳裳者華》、《皇矣》、《閟宫》同。段云:「漢人始有讀入十一部者,如『彰皇德兮侔周成,永延長兮膺天慶』之類,然尚讀平聲。後此又讀去聲,入映矣。」爨七亂切。踖踖錯。莫莫漠。醻《釋文》:「又作『酬』。」交錯这遣。酢醋。《禮・特牲》「尸以醋主人」,「古文『醋』作『酢』」。猶言古本作「酢」則今本作「醋」。醋,是也。後同。熯戁。徂賚來聲。徐音來。孝孫合韻熯、愆字。苾芬苾,《韓詩》「馥」。《信南山》「苾苾」,《韓詩》「馥馥」。必、复不同部。芬,或「芬」字。神嗜《釋文》作「耆」。下章同。案耆,古「嗜」字也。幾讀期。稷音如速。敕飭。既戒戒與止、起韻。告不入韻。鼓鍾《正義》作「鍾鼓」。聿音曰。廢徹廢,猶去也。徹,即撤。入奏合韻禄字。綏妥聲,聲義通。孔時是。朁俗作「替」。《説文》:「朁,从竝,白聲。他計切。」古音鐵。又見《召旻》。《傳》飪之飪,壬聲。齊《釋文》:「才細反。」互《説文》「笠」或作「互」。取膟膋《釋文》音律寮。案膋,或「膫」字。

《信南山》甸《韓詩》作「敶」,聲同。畇畇勻聲。田古音陳。雰雰《説文》無「雰」字。《太平御覽》作「紛紛」。霢霂音脈沐,疊韻。❶優渥。渥渥,疊韻。霑沾

❶「疊韻」,徐子静本、《清經解續編》本同。疑當作「雙聲」。

聲，如忝。足古「浞」字。疆場古祇作「易」，下同。《載芟》傳可證。或或或聲。《論語》「郁郁」。或、有同部。廬盧聲。鸞刀鸞，音鑾。《傳》墾辟墾，音《國語》「墾田若蓺」之「墾」。宋墾《補音》：「墾，口很反。」辟，古「闢」字。

甫田之什

《甫田》倬焯。陳音塵。耘《釋文》作「芸」。耔當作「秄」。沈音茲。薿薿《釋文》：「魚起反。」齊古「齍」字。御迓。攘《禮記·曲禮》「左右攘辟」，鄭注云：「攘，卻也。」或者「攘」古「讓」字。克敏每部。在之部讀如鄙。如鋂、梅、悔、晦、痗、誨皆每聲也。茨積。《瞻彼洛矣》同。坻氐聲。《傳》雝本雝，古「擁」字。茨，積。積與穦雙聲通用也。

《大田》既種音「種之黄茂」之「種」，字作「穜」。覃剡。徐以廉反。俶載《釋文》：「俶，尺叔反。始也。載，事也。」方音如旁，溥徧之意。皁正字作「草」。古草木作「艸」，草斗作「草」。今「草」行而隸變「皁」字矣。皁，又作「皂」。螟冥聲。螣段云：「假借爲『蟘』字，以韻賊，此合韻也。《說文》引《詩》作『蟘』，則在本韻。」蟊《瞻卬》釋文作「蛑」。稺音稚。犀、隹同部。湇弇聲。萋萋當作「淒」。興雨古本作「興雲」，是。穧齊聲。穗惠聲。段氏以淒、祁、私、稺、穧爲脂之平，穗、利爲脂之入。

《瞻彼洛矣》洛，雍州川。與雒豫州川同音異字。泱泱央聲，如盎。韎《説文》从末聲。段注云：「鄭《駁異義》：『韎，齊、魯之閒言韎聲如茅蒐，字當作「韎」。』鄭所據亦作末聲，謂當从未聲也。唐韻莫佩切，劉、李《周禮》音妹，此鄭未聲之説也。《廣韻》音末。諸經音莫介反者，許末聲之説也。」韐或帢字。奭《韓詩》作「赩」，讀若郝。鞞琫音裨捧。珌必聲。《公劉》同。《傳》珧珌珧，音瑤。璗《釋文》：「徒黨反。字又作『瑒』。」璆珌璆，《正義》作「鏐」，音球。諸侯鏐珌。鐐尞聲。鏐珌鏐，《正義》作「鐐」。大夫鐐珌。珕劦聲。珕珌《説文》「珕」作「珧」，非。

《裳裳者華》裳裳，讀堂。芸紜。似之似，

讀嗣。

《桑扈》鶯鸎。同音不同義。領讀頸，合韻屏字。翰讀榦。《小雅》一見，《大雅》三見。難古「儺」字。不那那，古音如難。《隰桑》又難如那。此歌、元合韻之理。《説文》「受福不儺」，則在本韻。觩當作「斛」。彼交彼，當作「匪」。交，同絞。敖《左傳》作「傲」。敖、傲古今字。

《鴛鴦》音宛央。廄《説文》：「廄，古文作『㲃』。」又「𨖷，𣪘聲，讀若九」。則廄亦讀若九矣。摧讀芻。案此本《周禮》也。若依《説文繫傳》作「芻」，則下章芻與綏爲合韻矣。秣《繫傳》作「䬴」。《傳》莝也莝，當依《釋文》作「芻」。粟也《釋文》作「穀馬也」三字。詳疏。

《頍弁》頍，支聲，丘弭切。鄭注《禮》「滕薛名簂爲頍」，《釋名》：「簂，恢也。」今直音恢矣。既嘉音如賀，與何、他韻。蔦《説文》：「島，海中往往有山可依止曰島。讀若《詩》曰：『蔦與女蘿。』」是言人之依止猶蔦艸之寄生，故讀若同也。《玉篇》可了、多老二切。女蘿羅聲。説懌當作「釋」。何期其。既時是。平聲。怲怲段云：「古音讀如旁。」案陽唐今轉入庚，如怲、兵之類。霰散聲，如綫。《傳》菟絲菟，或作「兔」。暴雪當依《爾雅》作「霄雪」。

《車舝》《左傳》作「轄」。間關疊韻。關，𢇍聲。括《釋文》：「本作『佸』。徐音古闊反。」鷮《釋文》音驕。無射斁。高岡合韻薪字。柞乍聲。仰止仰，當作「卬」，平聲。止，作「之」，下同。《傳》：「佸，會。」同部。慰，安也。疑三字衍。

《青蠅》營營《説文・言部》作「謍」。樊讀藩。《説文》作「棥」，附袁切。讒人它書引作「讒言」。構音「我日構禍」之「構」。《釋文》：「古豆反。」

《賓之初筵》媟近媟，音褻。下「媟嫚」同。沈湎沈，《蕩》釋文作「耽湎」，徐音莫顯反。淫液《釋文》音亦。殽核殽，《釋文》作「肴」。《禮記・曲禮上》「其有核者懷其核」，核，亥聲，古哀切。今音户革反，依「覈」字作音也。《魯詩》作「覈」。旅古音魯，與楚韻。逸逸繹。發功發，徐音廢。案《四月》傳：「廢，大也。」徐仙民作「大功」

解。的勺聲，故與𣂔韻。既至至，古音質。段以爲上聲，與禮合韻。屈賦《遠游》合韻比、厲、衛字。純暇純者，「奄」之假借。暇，古聲。後同。湛甚聲。爾能能，音而，與又、時韻。《大戴禮·公冠》篇祝辭能與時、財韻。又古音如怡。僊僊《一切經音義》引《聲類》云：「俗『仙』字。」怭怭《說文》作「佖」。載呶段云：「呶以韻傲、郵，讀如疑。」傲傲欺聲。郵古音如怡。側仄。傞傞《集韻》桑何切。怠台聲。童羖《秦本紀》「五羖羊皮」，讀如股。識音志。

魚藻之什

《魚藻》頒音墳。徐邈於《周禮》「頒」音墳，於《書》「孺子頒」音甫云反，此古音也。音轉布還反。莘㸬有那冄聲，本在侵部。段云：「今人用『那』字，皆爲『奈何』之合聲，雙聲合韻也。」

《采菽》《左傳》作「叔」。錫命《春秋經》「錫命」，《傳》作「賜命」，此古今文異也。數徵會之數，疾也。

《釋文》音朔。觱沸疊韻。《七月》「觱發」亦疊韻。檻泉檻，同濫。芹《說文》作「菦」。《周禮》有「菦菹」，今《泮水》亦作「芹」。淠淠音旆。嘒嘒音嘒。屆由聲。說見疏。邪幅邪，古「衺」字。彼交彼，當作「匪」。紓《釋文》音舒。蓬蓬音「飛蓬」之「蓬」。殿古「臀」字。平平古音辨，如「平章」爲「辨章」，「平來」爲「辨來」。率達。膍紼弗聲。纚維疊韻。纚，《爾雅》作「縭」。葵讀揆。膍或「肶」字。優哉游哉優游疊韻。戾平聲。《傳》：「幅，偪也。」「幅」上奪「邪」字。偪，畐聲，見《禮記·內則》篇。鎮與填同。辯治當作「治辨」。《帝堯紀》「辯于群神」，徐廣曰：「辯，音班。」《士虞禮》「班祔」，「古文『班』爲『辨』」。綍《爾雅》音律。緌音「冠緌」之「緌」。

《角弓》騂騂《說文》作「觲」，息營切。翩偏。傚古作「效」。綽綽卓聲。《論語》「孟公綽」，《釋文》：「綽，昌略反。」蕭、尤同入。裕谷聲，合韻瘉字。今讀如俞矣。讓平聲。至于己音記。饇音飫，與取合韻。猱音擾。塗塗當作「涂」。上「涂」，泥也。下「涂」，音《月令》「涂闕廷門閭」之「涂」。附音如僕，與木、猷、屬合韻。徽猷入聲，故段氏以沃、屋、燭、覺配尤、幽之入也。《文王有聲》「匪棘其欲」，《禮記》作「匪棘其猶」，則此「猶」可讀欲矣。瀌瀌古祇作「麃」。見晛《韓詩》作「曣晛」，《荀子》作「宴然」，皆疊韻連綿字。髦合韻浮、流、憂字。《書・牧誓》作「髳」，則在本韻。《庸・柏舟》「兩髦」，《説文》作「髳」。《傳》紲繫音泄警。饒堯聲，如昭切。孩童孩、咳通。猨《爾雅》作「蝯」。箸《釋文》：「直略反。」

《菀柳》蹈《釋文》音悼，依鄭讀。瘵音如察。《瞻卬》同。傅《釋文》音附，《卷阿》同。其臻其，《潛夫論》作「不」。曷讀害。《傳》動慟。

《都人士》刺衣服無常胡承珙云：「『衣』衍。」臺笠《無羊》「衰笠」，臺、衰一語之轉。《國語》曰：「簦笠相望于艾陵。」臺非簦也。簦亦笠之類。撮音如缺。説見疏。綢周聲。琇古作「璓」，莠聲。苑結苑，當依《釋文》作「菀」，徐音鬱。而厲音如烈。卷髮卷，古「鬈」字。下同。蠆《左傳》釋文引《字林》：「他割反。」服虔《通俗文》曰：「長尾曰蠆，短尾爲蠍。」萬、歇同部。旟音舉。盱忓。

《采綠》菉。藍監聲。襜詹聲。不詹《釋文》音占。《傳》卷音拳。

《黍苗》輦《周禮・鄉師》：「故書『輦』作『連』。」牛古音如疑，與哉韻。《緇衣》與肅韻。哉、肅皆才聲，音茲。《易・无妄》牛與災韻，災亦音茲也。蓋盍。

《隰桑》阿音如猗。難古「儺」字。此以儺爲那，與阿、何合韻。幽黝。膠音糾。遐不遐，與胡同。藏《釋文》作「臧」，不誤。

《白華》英英《韓詩》作「泱」。滮彪聲。嘯歌嘯，《釋文》作「歗」。樵焦聲。烘徐音洪。煁甚聲。懆懆喿聲。《釋文》「七感反」，非也。邁邁依《韓詩》、《説文》，當以「⿰忄市⿰忄市」爲正字。鶖「鵚」之或字。有扁音偏，不圜也。疧唐石經從氏聲，故與卑韻。《傳》燎當作「尞」。烓竈烓，《釋文》音恚。禿鶖禿，音乇。鶖頭頂無毛曰禿鶖。齊人謂無髮曰禿楬。

《緜蠻》雙聲。

《瓠葉》獻之獻，古音如桓，與燔韻。《唐韻四聲正》云：「《列女傳·晉驪姬·頌》『惑亂晉獻』與權叶，班固《十八侯贊》『酈商夗頸自獻』與刊叶。」酢醋。《傳》炕火炕，當作「抗」。

《漸漸之石》漸，即「嶄」字。卒如字。鄭以爲「崒」字。没與殁通。白蹢音適歷。月離麗。滂沱雙聲。他《釋文》作「它」。《傳》豬音渚。蹏俗作「蹄」。將久雨當作「天將大雨」。噣《釋文》：「本又作『濁』。」

《苕之華》苕，徐音饒。芸抎。高注《呂覽·音初》云：「抎，音『曰顛隕』之『隕』。」案抎、隕同義。青青菁。墳羒。鮮尟。

《何草不黃》不矜音如憐。匪民匪，音非。匪兕匪虎匪，音彼。芃音濛。棧作「輚」者，非。

音二終

釋毛詩音卷三

大　雅

文王之什

《文王》於昭於，發聲，音烏。古音哀都切之「於」，與央居切之「於」，周、秦、漢時無魚模斂侈之別。不時讀是。時平、上通用。亹亹當作「釁」，分聲。古讀徽，今音尾者，此轉語也。又音如門，見《鳧鷖》篇。令聞《釋文》音問。哉讀載。本支《左傳》作「枝」。楨貞聲。於緝熙於，如字。緝，音如昱。熙，巸聲，如熹，二字雙聲。假讀固。麗古「𢿢」字。麗即𢿢，猶台即怡、尼即昵、庸即鏞，後人每依偏旁而易其音。祼古音如祼。《周禮·大宗伯》假借「果」字爲之。果與灌雙聲，今音則以「祼」爲「灌」矣。尋鄭注《有司徹》：「膴，讀如『殷尋』之『尋』。」則尋與膴同也。故此與祖韻。藎臣藎，音晉。聿讀述。《漢書·東平思王傳》引作「述」。宜鑒《禮記·大學》作「儀監」。駿《大學》作「峻」。不易古難易、變易皆入無去。《君子偕老》之鬄、《淇奧》之錫、《防有鵲巢》之惕、《正月》之蜴、《皇矣》之剔，皆从易諧聲。遏《説文》：「遏，讀若桑蟲之蝎。烏割切。」爾躬躬，與天合韻。江云：「當是『身』字。」義問音聞。載讀事。臭平聲。段云：「《春秋左傳·僖四年》繇辭蕕、臭韻。」儀刑儀，當作「義」。刑，古「型」字。孚《禮記·聘義》注：「孚，讀爲浮。」《大明》在上平聲。忱或作「諶」。侵、覃合韻。殷適古「嫡」字。挾浹。摯《釋文》音至。曰嬪曰，音聿。身古「㑗」字。回讀違。集讀就。《韓詩》作「就」。初載讀識。洽漢人作「郃」。俔天俔，徐音下顯反。案《後漢書·胡廣傳》：「岐嶷形於自然，俔天必有異表。」用《毛詩》也。纘贊聲。篤竺。右《釋文》：「字亦作『佑』。」燮《説文》：「燮，讀若溼。」案《春秋》「蔡公子燮」，

《穀梁》作「淫」，此許所本也。侯興興在蒸部，與林、心在侵部合韻最近。貳二。駟騵駟，當作「四」。騵，原聲。鷹《説文》：「籀作『鷹』。」涼亮。肆讀爲𢇍。《傳》重也裒子曰重，今江蘇有此遺語。識古「志」字。磬依《韓詩》是「罄」字。佐古作「左」。不崇朝崇，同終。

《緜》瓜瓞音如耊。沮漆漆沮。此作「沮漆」，以韻瓞、穴、室，猶原隰，《公劉》篇作「隰原」，以韻泉、單也。《正義》作「漆沮」，則不入韻。陶復陶，同掏。復，《説文》作「寝」。走馬走，《玉篇》作「趣」。率西率，同逹。西，《水經注》引作「先」。《集韻·一先》有「西」字，猶存古讀。膴膴《説文》：「膴，讀謨。」鄭注《少儀》：「膴，讀冔。」皆在五部也。王念孫《廣雅疏證》云：「《詩》用膴合韻，當讀如梅。《韓詩》正作『腜』。又見《小旻》。」堇當作「堇」。飴音怡。《釋文》音移，失之。契古「鍥」字。三家作「挈」。龜《易·頤·初九》龜與頤韻。《漢書》「龜茲國」，應劭音丘，皆在之部。迺音乃。《説文》作「𠧟」，或讀若仍。案「迺」即「𠧟」之隸變。迺讀若仍，猶讀若乃也，仍亦乃聲。

縮版縮與束同。版，作「板」，非。以載入聲。《大東》與息韻。捄藆。徐音鳩。陾陾當作「陑」，字之誤也。《玉篇》作「陑陑」。《釋文》「如之反」，是也。本音在之部，合韻。度古「敗」字。《説文》：「敗，閉也。讀若杜。」薨薨薨。《五經文字》云：「莫崩反。」屢當作「婁」，音樓。馮馮《釋文》：「扶冰反。」《卷阿》同。鼛音皋。臯門《周禮·大祝》注：「臯，讀爲『卒嗥呼』之『嗥』。」伉《韓詩》作「閌」，音如岡。將將蹌。不殄参聲。殄與隕爲句中韻。厥問音聞。拔音跋。兑遂。混夷混，當作「昆」。《采薇》序作「昆夷」。駾讀突。《文選》張載注《魯靈光殿賦》引作「突」。喙彖聲，在元部，與拔、兑、駾合韻。《説文》作「呬」，用本韻。予曰音聿。下同。奔奏《釋文》：「又作『走』。」禦侮禦，《釋文》作「御」，古「禦」字。《傳》瓝音的。土，居。同部。胥，相。《小箋》云：「此『相』字依今法讀去聲，古無平、去分别。」案《公劉》同。宇，居。同部。《傳》凡三見。橐謂之縮鄭以「橐」爲「繩」之譌。虆《釋文》：「力追反。」鍛《考工記》有段人，古「鍛」字，丁亂反。恚於避切。成蹊音《孟子》「山徑之蹊」。班白班與斑通。提挈《釋文》：「苦結反。」相道俗作「導」。折衝當作「衝」。

《棫樸》《方言》作「樸」，僕聲，蒲沃切。槱《説文》：「槱，或作『酒』，酉聲。」或譌爲「梄」。趣讀趨，與槱合韻。峨峨我聲。淠《釋文》：「匹世反。」楫徐音集。倬《雲漢》「倬」，《韓詩》作「菿」。追琢追，讀彫。雙聲。勉勉《白虎通義》作「亹亹」。《傳》白桵徐鉉云：「綏省聲。」枹木枹與苞同。盛壯古「莊」字。

《旱鹿》俗作「麓」。《易·屯卦》「即鹿无虞」，王肅云：「山足。」楛《説文》：「枯，木名。古聲。」不从苦聲。瑟《説文》作「璱」。瓚贊聲。鳶當作「鳶」。燎當作「尞」。回違。《傳》黄金所以爲飾《釋文》：「一本有『爲』字。」是。上下察音際。

《思齊》古「齋」字。徽微聲。男音如任，猶南如任。今男、南皆入覃。恫讀痛。刑型。御迓。亦保與廟合韻。烈當作「厲」。假嘏。亦入段以爲平聲，與瑕韻。有造段云：「造本音在弟三部，《思齊》以韻士，《召旻》之茂、止，《七月》之穋、麥，《抑》之告，則《楚茨》之備、戒、告，皆弟一部與三部合用。」斁當作「擇」。《傳》適妻鄭注《禮記·褋記上》云：「適，讀爲『匹敵』之『敵』。」此古音也。《爾雅·釋詁》曰：「敵，當也。」

《皇矣》《釋文》：「一本無『矣』字。」赫古音若郝。莫三家作「瘼」。耆古「諸」字。廓《釋文》作「郭」。與宅宅，一作「度」，如「宅西」之作「度西」矣。作柞。屏古「摒」字。菑《爾雅》作「甾」。翳殪。與栵韻。灌《玉篇》作「樌」。栵《爾雅》「木相摩槸」，段注《説文》云：「槸，即栵也。」辟闢。檉音「赬尾」之「赬」。剔段云：「『鬄』之省，俗。」檿厭聲。柘《毛詩》「渥赭」，《韓詩》「渥沰」，石、者同五部，章夜、丁路兩音。串夷串，俗「毌」字，音《論語》「仍舊貫」之「貫」。夷同彝。路鄭讀露。配《釋文》：「亦作『妃』。」維此文王各本譌作「王季」。貊莫。《韓詩》作「莫」。克比音背。《禮記》作「俾」。與類韻。畔援畔，即叛。歆羨歆，音聲；貪，今聲。故歆讀貪。羨，次聲。不恭當作「共」，古「供」字。凡《毛詩》敬恭、温恭字皆作「恭」，靖共、虔共字皆作「共」，不相混淆。按《釋文》：「又作『遏』。」徂旅《孟子》作「莒」，聲通。對讀遂。鮮原鮮，音斯。《說文》：「霹聲，讀若斯。」又入聲音析，故《禹貢》「析支」，《大戴記·五帝德》作「鮮支」。之將音讀如牆。懷讀歸。長夏長，音長幼。弟兄依《太平御覽·兵部》。各本作「兄弟」，則失韻。鉤句聲。臨衝臨，《韓詩》作「隆衝」。當作「衝」，音幢。言言音如巘。連連《周禮·鄉師》鄭司農云：「連，讀爲輦。」馘《釋文》：「古獲反。」《泮水》同。安安音晏。類古「禷」字。禡段云：「本音在五部，合韻附、侮字。」附祔。仡仡當作「仡」。肆音蘖。《唐韻四聲正》云：「《大玄經·叕贊》『雖勿肆』與絜、節叶，《叕測》『不可肆也』與失叶。」《傳》：「宅，居。」同部。《閟宫》同。栭如之切。樻何承天音匱。媿《字林》：「匹地反。」對，配。同部。喪，亡。喪，亡聲。鉤梯音涕。馘，獲。同部。忽，滅。同部。

《靈臺》子來音如力，與亟韻。漢《瓠子歌》來與菑韻。菑，音側。囿讀域。古有、或皆在職、德部。翯翯與塙同。音《易》「確乎」之「確」。故「翯翯」《孟子》作「鶴鶴」，平聲。於牣於，如字。下「於論」、「於樂」同。《釋文》音烏，非也。牣，刃聲。虡《釋文》音巨。《有瞽》同。樅《釋文》音衝。賁蕢。鏞庸聲。論侖聲。《說文》：「侖，理也。」辟廱辟，讀璧。廱，雝聲。鼉單聲。沈重音檀，是也。逢逢三家作「韸」，薄紅切。公功。《傳》栒「楯」之省。眸子眸，牟聲。

《下武》音「居冠屬武」之「武」。作求古「逑」字。孚江云：「音浮。」應膺。順德順，川聲，古音如巡，故順與慎通。許御。繩三家作「慎」。武古音步。《禮記》曰：「君與尸行接武，大夫繼武，士中武。」武皆步也。於萬於，如字。佐古祇作「左」，讀如瑳，與賀韻。

《文王有聲》遹音聿。下同。《說文》作「欥」，余律切。築城依《傳》及《箋》當作「成」，古文以「成」爲「城」字。淢段云：「本音在一部，合韻匹字。《韓詩》作『洫』，則在本韻。」棘《釋文》作「亟」。欲段以欲爲上聲，《禮記》作「猶」。濯音倬。翰讀幹。豐水《書・禹貢》作「灃水」，不合於古。豈不仕仕，士聲。士讀事，仕亦讀事。

生民之什

《生民》民古音如緡，與嫄合韻。禋垔聲。《維清》釋文云：「徐音烟。」弗《釋文》音拂，鄭作「祓」。履帝武敏句。歆攸介攸止上「攸」字當衍。見疏。震娠。后稷《楚茨》：「稷，讀作速。」此稷合韻夙、育同。案稷，官名。凡經典多出。周人稱稷爲先祖，諱也。故《尚書》稷契、益稷，疑皆出周人諱改。唯「帝曰棄」則稱名君前臣名之義。如達如，音而。達，如沓，依鄭作「羍」。坼俗作「坼」。副《說文》作「疈」。菑災。腓讀辟。字子聲。與翼韻。《鴟鴞》子與室韻。呱古乎切。訏古音如呼，與路韻。嶷俗。《說文》作「㘈」，魚力切。荏菽當作「任叔」。旆旆𣎳。穟穟或「穗」字。幪幪蒙聲。唪唪《說文》作「菶」。《集韻・一東》蒲蒙切有「菶」字。茀《韓詩》作「拂」。種之種，當作「穜」。下同。方旁。苞古音如缶。褎與褏同。穎頃聲。即有邰家室古本無「即」字。《漢書・地理志》「斄縣，古邰國」，台、來同之部。嘉種《說文》、《文選注》作「嘉穀」。秬《說文》作「𩰤」。秠丕聲，在之、咍部。讀如皮，音之轉也。穈俗「虋」字，莫奔切。恒「桓」之省。肇祀《玉篇》：「肇，俗『肈』字。」今本《說文・攴部》有「肈」字，段注云：「唐後人妄增入。」舂「𦥔」之隸變，音如松。揄段云：「揄合韻蹂、叟、浮字。《說文》作『舀』，則在本韻。」釋依《傳》當作「釋」。叟叟《爾雅》作「溞」。浮浮《說文》作「烰」。羝氐聲。《釋文》作「牴」。軷音跋。烈與炙聲轉。歲戌聲。案此章惟脂平聲，軷、烈、歲入聲皆在脂韻而平入分用，故有脂、祭分部之說。豆古「梪」字。登古「鐙」字。居歆段以歆韻今。后稷肇祀祀與時韻。《箋》以此句分屬下讀，誤。迄當作「迄」。《傳》郊禖音媒。齊敏齊，如字。辟避。下「辟人」同。岐，知。同部。嶷，識。同部。列古「梨」字。雝種作「褋種」，非。一稃《鄭志》讀皮。抒臼抒，古音如處，如《春秋》「宋公抒臼」，《公羊》作「處臼」。作「杼」，非。蹂米作「蹂黍」，非。淅米淅，音《孟子》「接淅」之「淅」。菽如劣切。傅火傅同附。菹醢盍聲。盍者，「盇」之或字，呼改切。

《行葦》敦《説文》「遧」字。泥泥《釋文》云：「乃禮反。張揖作『苨苨』。」具爾俱邇。邇，奴禮切。《説文》：「禰，讀若柅。」段注依《易》釋文作「昵」，禰、昵聲同，故《詩》爾與泥韻。緝音戢。斝《周禮注》：「斝，讀爲稼。」稼，古音古。醓「監」之隸變。《釋文》：「他感反。」嘉殽嘉，《箋》讀加。脾臄脾，音膍。臄，《説文》或合字，讀若峆。咢《爾雅》釋文云：「五各反。《字林》：『或作咢。』」敦弓敦，《説文》作「弴」。遧、峆皆𦎫聲，在十三部諄韻。今音徒端、丁罪兩切，蓋轉入十四、十五也。鍭《既夕·記》作「猴」。鈞讀均。序賓《禮記·祭義》「卿大夫序從」，「『序』或爲『豫』」。句音「句股」之「句」。醹音如臑。酌勺。大斗古「枓」字。徐邈音主。台背台，古「鮐」字。背，北聲。《傳》踧踖雙聲。醆《禮記》作「琖」。函《釋文》：「户感反。」比於琴瑟比，音毗。參亭古「停」字。蓺臬。延射《禮記》「延」或爲「誓」。奔軍奔，《禮記》作「賁」，鄭注：「讀爲僨。」觶鄭《駁異義》：「今《禮》角旁單，古書或作角旁氏。支義切。」《説文注》云：「單聲而支義切，由古文本作『觗』，從氏聲。後變其形，古音終不改也。」醹，厚。同部。

《既醉》有融音彤。朗《説文》作「朖」。俶叔聲。匱貴聲。壼「𡇒」之隸變，《箋》讀捆。胙胤胙，俗作「祚」。胤，羊晉切。僕古音樸。釐賚。《江漢》「釐」，沈重音賚，是也。《釋文》「力之反」，非。爾女汝。鄭讀如字。從音如重。《傳》行也行，音杭。朗，明。同部。匱，竭。同部。廣擴。

《鳧鷖》《説文》：「鳧，几聲。」几讀如殊，則鳧亦讀如殊矣。鷖，殹聲，於計切。神祇《釋文》：「祁支反。」沙《集韻》收五支，非。應入麻。脯甫聲。潀眾聲，音如終。崇讀重。亹當作「釁」，从分聲，故與熏、芬、欣、艱爲韻。《國語》「三釁」或爲「三薰」，《吕覽》「釁以犧豭」，《風俗通義》作「熏以萑葦」。段云：「古十三部在問韻。今韻虚振切，非也。」來止熏熏《説文》作「來燕醺醺」。

《假樂》假，讀嘉。顯顯《禮記·中庸》作「憲憲」，同在元、寒部。不解葉鈔本《釋文》作「匪解」，「匪」訓「不」，故各本誤「不」。解，古「懈」字。《閟宫》、《殷武》竝以解爲支、佳之入。位古位、立通用，與塈韻。塈呬。《爾雅》某氏注引正作「呬」。《緜》「維其呬矣」，亦入聲。《洞酌》同。

《公劉》篤竺。迺積如字。裹果聲。巘當作「獻」，讀若鮮。舟古「𠣝」字，不入韻。于時是。下同。曹《箋》以爲「槽」。《方言》作「皁」。牢《士喪禮》「牢中旁寸」，「今文『牢』爲『縷』」。案牢、縷在尤、幽韻。曹，古音愁。匏，古音浮。同部。飲之飲，古作「歓」，平聲。與宗合韻。江云：「《列女·辨通傳》『願乞一飲』，與譚、心叶。」宗《箋》讀尊，用《鳧鷖》、《雲漢》傳，非此《傳》義。景俗作「影」。顧炎武曰：「晉葛洪始加彡。」三單古音如展。《釋文》「音丹」爲變，不出元、寒部。夕陽晹。荒巟。館《白虎通義》作「觀」，今寺觀字從此。厲古「礪」字。鍛碫。密宓。芮鞫芮，同汭。鞫，音「淇隩」之「隩」。《傳》避中國避，當作「辟」。鉞戉聲。鄉向。究即阬坑字。

《洞酌》洞，《釋文》音迴。挹邑聲。注茲茲與子韻。三章同。餴饎《釋文》：「餴，又作『饙』。」案奔、賁同也。饎，喜聲，與母韻。溉當作「摡」。摡、塈皆既聲。《傳》餾《釋文》：「力又反。」

《卷阿》飄風飄，《釋文》作「票」。伴奐疊韻。徐音畔换。優游疊韻。似先公酋矣似，讀嗣。酋，古「遒」字。「遒」上當依《爾雅注》補一「爾」字。昄音《大學》「體胖」之「胖」，古反、半聲同。茀《爾雅》作「芾」。純嘏純同奄。嘏，古聲。顒顒音見《六月》。卬卬音如望。珪《説文》：「古文圭。」令聞《釋文》：「亦作『問』。」翽翽歲聲。藹藹葛聲。傅附。朝陽朝，音朝夕。陽同晹。

《民勞》汔《説文》作「汽」。無縱《左傳》作「從」。

詭隨疊韻。憯《說文》作「朁」。今多譌「憯」。柔《釋文》作「揉」。能邇古能與而通。惛怓惛，《說文》作「怋」。段注云：「怋，讀如民。今作『惛』，音呼昆切，誤也。」怓本音在五部，合韻休、逑、憂字。愒音如歇。泄渫。厲音列。繾綣疊韻。

《板》古作「版」。癉徐音旦，見《大東》釋文。話當作「話」。管管悹。諫《左傳》借作「簡」。簡从閒，平聲。諫亦平聲。憲憲軒。泄泄與詍、呭同。洽協。囂囂讀警。灌灌懽。蹻蹻喬聲。今蹻又變入藥者，以蹻字此與虐、藥等字叶，《嵩高》與藐、濯字叶。不知古蕭、豪無入聲也。熇熇高聲，今轉入鐸。藥古音如療。懠《釋文》：「才細反。」夸毗雙聲。殿屎《說文》作「唸吚」，雙聲。葵揆。牖誘。下同。攜雟聲。《六書音均表》篪、圭、攜平聲，益、易、僻、辟入聲，同在支、佳部。多辟《釋文》作「僻」。价人价，介聲。翰讀榦。渝音「舍命不渝」之「渝」。馳驅驅，古音邱，與渝韻。渝，音愉也。王讀往。《春秋元命苞》云：「王者，往也。」往亦平聲。衍《釋文》作「羡」，假借字。《傳》欣欣古「掀」字。沓沓俗作「誻」。謷謷敖聲。款款《說文》：「款，或作『欵』。苦管切。」自恣自，古「詯」字。

蕩之什

《蕩》蕩蕩《爾雅》作「盪盪」。之辟沈云：「毛音埤益反。」多辟《釋文》：「又作『僻』。」諶《說文》作「忱」。與終合韻。曰咨音嗞。掊克掊，讀伐。滔音叟。懟音《孟子》「以懟父母」之「懟」。對讀遂。侯作如字。《釋文》「或作詛」者，誤也。祝詶。《穀梁》「祝吁」即州吁。炰烋疊韻。《說文繫傳》作「咆哮」。義讀宜。從式古音試，上聲，與止、晦韻。螗古祇作「唐」。沸《集韻・八未》方未切：「沸，或从鬻。」羹古音如郎，音變庚，皆在陽、唐部。人尚讀上。奰《說文》：「奰，讀若《易》虙羲氏。」今隸變省作「奰」。虙羲，或作「伏羲」。《釋文》「舊音備」，此即伏之音也。鄭讀如廢。不時是。舊江云：「音忌。與時韻。」顛沛蹎跋。揭音《禮記・明堂位》「楬豆」之「楬」。之世入聲。桀、葉、泄皆从世得聲。《傳》：「諶，誠。」雙聲。嗟與耆同。慢古惰慢字如此作。彭亨疊韻。蝘古祇作「匽」。拔跋。見根當依《釋文》作「根見」。

《抑》《國語》作「懿」。維疾疾，當作「夷」，與戾韻。詳疏。無競古音如彊。《執競》釋文：「其敬反。」音之轉也。覺音較。辰告入聲。與則合韻。于政顧氏、孔氏、段氏竝以政與刑韻。古人本有遥隔作韻之理。厥紹段云：「本音在二部，與酒合韻。《良耜》趙亦在二部，與三部合音最近。」共拱。洒讀灑。章彰。逷《說文》：「逖，古文作『逷』。」如易牙作「狄牙」。沈音上益反，是也。《箋》改字作「剔」，他歷反。民人作「人民」，誤。侯度平聲。話當作「語」。玷《說文》作「刮」。玷，俗字。苟與讎、報合韻。捫門聲。靡不承《釋文》：「一本『靡』作『是』。」愧《釋文》作「媿」。屋漏幄陋。格洛。虹訌。户工切。話當作「詁」。《釋文》云：「《說文》作『詁』。」之行段云：「合韻言字。」慘慘當作「懆懆」。藐藐音邈。《嵩高》同。大棘急。

《桑柔》菀《釋文》音鬱。旬讀均。捋寽聲。《說文》：「寽，讀若律。」倉愴。初亮切，即愴音也。兄古「況」字。下「亂兄」同。填《爾雅》作「塵」。黎讀齊。燼《釋文》作「盡」。案古祇作「𦘒」。頻當作「頻」，古「顰」字。不我將音如養，平聲。疑古「礙」字。段云：「合韻資、維、階字。」何往與將韻。《易》用平聲。梗音庚。僤單聲。痻當作「瘖」，《說文》作「愍」。圉《釋文》：「魚呂反。」鄭改作「禦」。毖《釋文》音秘。溺古平聲，今入錫。南人如此讀，北人尚有平音。僾《說文繫傳》作「炁」。荓徐補耕反。稼穡稼，《釋文》依《箋》作「家」，下「稼穡維寶」同，非毛義。恫《釋文》：「又作『痛』。」贅讀屬，音之轉。所瞻段云：「本音在八部，合韻相、臧、狂字。」甡甡音莘。谷鞫。畏忌古音己，與里、喜韻。迪音《易》「良馬逐」之「逐」。逐有胄音，胄與育通。荼毒荼，古音舒。隧古作「遂」。中垢入聲。與谷、穀合韻。《唐韻四聲正》云：「《說苑·敬慎》篇『誠無垢』與辱韻。」悖音勃。

陰《禮記・祭義》注：「陰，讀爲『依蔭』之『蔭』。」赫讀灸。《箋》讀嚇。涼音《周禮・漿人》「醴涼」之「涼」。下「涼曰」同。背北聲。《瞻卬》同。寇段云：「合韻可、詈、歌字，讀如科。」不可平聲，如哥。詈《説文》从网言會意，不从言聲。段云：「讀如羅。」《傳》陰均陰，古「蔭」字。爆爍古作「暴樂」，疊韻。倉，喪。同部。梗，病。同部。唈古祇作「邑」。

《雲漢》仍叔仍，古音任。倬《韓詩》作「菿」，顧野王音都角反，則菿即倬矣。薦荐。蘊當作「薀」。《正義》作「温」，讀爲薀。隆靊靇，雷師。俗加雨頭。蟲蟲《韓詩》作「烔烔」，徒冬切。瘞於計切。不臨合韻，音如隆。臨衝即隆衝之例。秏斁秏，音毛，从禾；俗从耒旁。《書》「彝倫攸斁」，斁即殬，多路切。丁音鼎。業業䳡。沮阻。滌滌音蕩滌。川古音如巡。凡順、訓皆川聲。旱魃《玉篇》作「妭」。惔「炎」之譌字。憚癉。遯平聲。瘨《韓詩》作「疹」。真、㐱同聲。憯當作「朁」，曾也。明神一本作「明祀」。疚《釋文》：「本作『宊』。」周古「賙」字。賙見《周禮》。瞻卬今作「仰」。里㾖。昭假古「假」字。《釋文》音格。《烝民》同。𣎆《釋文》音盈。《傳》：「丁，當。」庚、陽音近。孑然遺失即「佚」字。灼勺聲。徹膳徹同撤。周，救。同部。

《崧高》崧，一作「嵩」。崧、嵩皆不見《説文》。古作「崇」。嶽嶽，岳一字。翰讀榦。下「良翰」同。蕃與藩通。《版》藩、垣、翰韻。此翰、蕃、宣韻。宣亦亘聲。亹亹見《文王》篇。謝古音如序。式音試。與事韻。爾庸《釋文》：「本亦作『墉』。」往迈讀己。《釋文》音記，今誤作「近」字。峙當作「峙」。粻與糧通。番番古音翻。轉音波。嘽嘽音闡。《常武》同。揉「擾」之異體。贈讀增。崔《集注》本。

《烝民》彝《孟子》作「夷」。《明堂位》注：「夷，讀爲『彝』。」古訓古，讀故。故訓，《抑》曰詁言。故、詁皆古聲。《毛詩詁訓傳》，陸德明曰：「舊本多作『故』。」是若江云：「音汝。」 **賦**敷。下「賦政」同。《左傳・僖二十七年》：「《夏書》曰：『賦納以言。』」今《皋陶謩》「賦」作「敷」，敷即敷之俗。 **出納**《釋文》：「亦作『内』。」 **㗋**侯聲。 **矜寡**矜，當依《左傳》作「鰥」。 寡，音如古。 **輶**《禮記》釋文音酉。 **我儀**《釋文》作「義」，讀宜。 **愛**古「薆」字。 **靡及**及在緝部，業、捷在狎、業部，合音最近，此即異平同入之理。 **鏘鏘**《釋文》作「將將」。《傳》**樊侯**樊，楙聲。 **賦，布**。同部。 **薄姑**薄與蒲通。 **臨菑**淄。

《**韓奕**》亦聲。 **甸**徒人反，與命韻。 **有倬**焯。 **虔共**《説文》：「虔，讀若矜。」文、令聲相近。《長發》「有虔」、《殷武》「是虔」同。 共，鄭讀恭，非毛義。 **榦**《釋文》：「古旦反。」案俗作「幹」。 **脩**修。 **綏章**綏，當爲緌，音如蕤。 **鏤鍚**音鏤陽。 **鞃**《説文》：「讀若穹。」 **幭**段云：「合韻軶字。他經作『幦』，則在本韻。」 **金厄**當作「戹」，「戹」即「軶」之古文。《説文・尸部》有厄。 **屠**《説文》作「郿」。 **炰**與炰同。 **蔌**《説文》：「蔌，以穀萎馬，置莝中。从艸，敕聲。」或豆實借用此字。與《正月》之「蔌」不同。

《釋文》音東，譌「束」作「東」矣。 **筍**音洵。《靈臺》、《有瞽》傳「栒」字从此。 **汾王**汾，音墳。 **蹶父**《説文》：「蹶，讀若橜。」 **鏘鏘**《釋文》作「將將」。 **韓樂**今音《論語》「樂山」之「樂」，與到韻。 **噳噳**虞聲。 **貓**古祇作「苗」，讀如毛。 **百蠻**古音如緜。 **追**音濊。 **貉**各聲，與伯合韻。《周禮注》讀爲「十百」之「百」，俗遂作「貊」，則在本韻矣。《閟宫》同。 **實墉**鄭云：「實，當作『寔』。」❶ **壑**㕡聲。《淮南子書》一注：「壑，讀『赫赫明明』之『赫』。」 **藉**與借通。 **貔皮**《釋文》：「貔，音毗。《禮記》婢支反。」脂、支不分。 **豹**勺聲。《傳》**軾**古祇作「式」。 **烏噣**沈音晝。 **竹也**疑「竹」下有「萌」字。 **蒲蒻**《考工記》注作「弱」，音溺。 **徐靚**《廣雅》曹憲音恥敬反，爲「召靚」之「靚」；又似政反，爲「靚莊」之「靚」。 蓋恥敬如請，而似政如静，静是矣。 **道義**音導儀。

❶ 「寔」，原作「是」，徐子静本、《清經解續編》本同，據本書卷二十五《韓奕》傳疏與阮刻《毛詩正義》改。

《江漢》撥亂撥，發聲。 江漢浮浮，武夫滔滔。浮浮、滔滔互譌。「江漢滔滔」，三家作「江漢陶陶」。《傳》亦互譌。 鋪痡。 洸洸《玉篇》作「趪趪」。 庶定平聲，與平、争、寧韻。 辟闢。 棘急。 旬張揖讀作巡。 翰榦。 似讀嗣。 公功。 釐沈音賚。案釐、賚同聲，故《詩》中來有讀如里。 一卣《説文》作「𠧪」，讀若調，不入韻。《周禮·鬯人》「廟用脩」，鄭注：「脩，讀曰卣。」 對讀遂。 萬壽音如疇。 令聞《釋文》音問。 矢讀弛。《禮記》作「弛」，音施。 洽《禮記》作「協」。

《常武》卿士合韻祖、父。 我戎音如汝，亦合韻祖、父。 敬《周禮·大司馬》注引作「儆」。 戒音如亟。 陳行陳，即敶。行，音戎行。 畱古「鐂」字。此可證「劉」字非古卯金刀，蓋俗字俗説也。 業業音僕，與作合韻。 騷徐音蕭，蕭如修，與游韻。 如震如怒兩「如」字《箋》作「而」。 闞《釋文》：「一音嗽。」 虓九聲，音變作「哮」字。 鋪敦《釋文》：「鋪，《韓詩》作『敷』。」敦，鄭作「屯」。 濆賁聲，如墳。 虜《説文》：「𢉖，从虜聲，讀若鹵。」 既來江云：「音力。與上、塞韻。」 回《箋》讀違。 《傳》：「舒，徐也。」徐，《釋文》作「序」，同。 自怒自，古「詯」字。《説文》：「詯，讀若反目相睞。荒内切。」又「垍，讀若冀。」自聲，弟十五部；睞、冀皆在弟一部，合韻也。 摯如翰摯同鷙。 靚音静。

《瞻卬》惠音如彗，入聲。與厲、瘵、屆韻。 孔填《釋文》音塵。下篇同。 厲癘。下同。 覆説音如釋。 懿沈如字。 梟《説文》入《木部》，古堯切。 鴟《説文》作「𨾏」。 寺徐音侍。案當讀如待。與誨韻。 忮忒忮，《説文》作「伎」。忒，音貣。 刺讀責，朿聲。 富讀福。 舍捨。 狄古「逖」字。 忌音極。楚有費無極，《吕氏春秋·慎行》篇作「忌」。 降罔罔，亡聲，古「網」字。《唐韻四聲正》云：「古有平聲。《大玄經·務》贊『小人亦用罔』與方叶。」 優瀀。 鞏居竦切。段云：「古音在九部，合韻後。『後』字讀若苟。」《傳》朱紘《禮記》釋文音宏。 仞刃聲。仞音《孟子》「爲山九仞」之「仞」。 素積鄭注《禮》云：「積，猶辟也。」以素爲裳，辟蹙其要中，則讀積爲辟矣。繅作「縿」，非。《召旻》旻、閔同。瘨與瘮同。訌《釋文》：「户工反。徐云：鄭音工。」案依鄭讀當是音攻。椓音「天夭是椓」之「椓」。共供。潰潰憒。臯臯古「嘷」字。訿訿呰。玷俗「刣」字。貶古作「㝃」。潰茂潰，讀遂。茂，與止合韻。潰止潰同憒。疚《釋文》：「或作『宄』。」案富、時、宄、茲同之部。富、宄、上、時、茲平，又各自爲韻。粺與稗同。替替與引韻。段云：「其字平讀如親而近汀，入讀如七而近鐵。」瀕俗省作「頻」。段云：「與上章『引』字爲韻。」烖《釋文》音災。《雲漢》序亦作「烖」字。躬《説文》：「船，俗从弓。」案躬，弓聲，與弘同韻。有如召公之臣「之臣」二字依《關雎》正義補。命與臣韻。辟闢。戚讀促。不尚上。《傳》潰也潰同讀。竄不供事竄，以主切。《詩》作「共」，或後人依《爾雅》改作「供」。從中以益古「溢」字。

音三終

釋毛詩音卷四

周　頌

周大師但題「名頌」，後人以有魯、商而加周。此猶後漢加前、東漢加西也。古文以「頌」爲「容」字。

清廟之什

《清廟》雝邑雝，宋本作「洛」，非。説見《車攻》。於穆《釋文》云：「於，音烏。」後發句歎辭皆放此。對遂。無射斁。

《維天之命》於乎音烏呼。下同。純奄。假讀嘉。假古音胡，嘉古音賀。《説文》：「誐，嘉言也。」引《詩》作「誐」。溢我溢，《廣韻》引《説文》作「謐」。《爾雅》釋文云：「謐，彌畢反。」篤竺。《傳》慎《釋文》：「本或作『順』。」

《維清》象舞象，古「像」字。典《禮》古文「典」爲「殄」，雙聲，故典與成韻。禎《釋文》作「祺」，渠之切，不入韻。

《烈文》靡音羈靡。序緒。皇之皇與忘、遥韻。刑型。《我將》同。《傳》累「纍」之俗省。

《天作》荒巟聲得義。《易・泰》「苞荒」，虞作「巟」。彼徂矣句。夷古「𢓊」字。《傳》安天之所作安，當作「大」。詳疏。易音平易。

《昊天有成命》成王徐于況反。徐邈不作「成王誦」解。基《釋文》作「其」，古文假借字。命讀信。宥《釋文》音又。密音謐。於如字。單《國語》作「亶」。《傳》廣光。固故。

《我將》牛古音如疑。右古「祐」字，音如怡。儀義。伊嘏音胡。饗與方韻。

《時邁》柴望《釋文》云：「柴，《説文》、《字林》作『祡』。」子之子，音「子愛」之「子」。右序敘。下「式序」

同。震振。疊慴。之涉反。戢音集。櫜音「咎陶」之「咎」。于時是。《思文》同。

《執競》斤斤昕。喤喤鍠。筦「管」之假借字。《説文》：「筦，筟也。」將將古「蹩」字。《説文·倉部》引《虞書》曰：「鳥獸牄牄。」亦會集之意。《傳》難儺。復複。

《思文》立《釋文》作「粒」，依《箋》改，或出三家。牟古「麰」字。《臣工》同。率育率，音帥。界當依《釋文》作「介」。介，古「界」字。

臣工之什

《臣工》釐賚，鄭讀如理。畬余聲。庤《爾雅》作「峙」。錢音劃。鎛《考工記》「粤無鎛」，音博。銍艾銍，音挃。《釋文》引《小爾雅》云：「截穎謂之銍。」艾，《釋文》音刈。《傳》敕之敕，音戒敕。銚高注《吕覽·簡選》：「銚，讀曰『葦苕』之『苕』。」《釋文》引《世本》云：「垂作銚。」鎒《釋文》：「鎒，古字。今作『耨』。」

《噫嘻》疊韻。噫，《釋文》作「意」。嘻與譆同。率《韓詩》作「帥」。駿《釋文》作「浚」。《鹽鐵論》引《詩》作「浚」，或本《魯詩》。《傳》敕戒敕。作「和」，誤。

《振鷺》西雝邕。無斁《禮記》作「射」。

《豐年》稌余聲。與黍同在魚部。高廩稟聲。秭音泲。洽《釋文》作「袷」，非。孔皆皆，古「偕」字。與秭、醴、妣、禮韻。《陟岵》與弟、死，《杕杜》與邇，《魚麗》、《賓之初筵》與旨。偕，上聲。《傳》齍盛之穗齍，音齋。穗，《釋文》音遂。

《有瞽》鼓聲。《周禮·樂師》「詔來瞽」，鄭司農以爲「鼓」字。之庭庭與下聲、鳴、聽、成韻。樹羽《説文》：「尌，立也。讀若駐。」今通作「樹」。田古音陳，大鼓陳於四縣也。鞉《釋文》：「亦作『鼗』，音桃。」柷《説文》：「祝省聲。」圉敔。《傳》或曰畫之「或曰」，《説文》作「以白」，當據以訂正。卷然《禮記·檀弓》「執女手之卷然」，音權。小鞞與鼙通。鞉鼓《小箋》云：「岳本、宋本、元本、葉林宗鈔宋刻《釋文》皆作『鞉鼓』。」案今通志堂《釋文》作「小鼓」，因《箋》誤改。木椌木，衍字。椌，音如穹。楬音「楬豆」之「楬」。鄭注《明堂位》云：「楬，無異物之飾也。齊人謂無髮爲禿楬。」

《潛》《韓詩》作「涔」。猗與猗，音阿。與，平聲。鰷當作「鯈」，音條。《傳》糝《釋文》云：「舊《詩傳》及《爾雅》本竝作米旁參。《字林》作『罧』，音山沁反。」❶案罧，正字。

《雝》於薦於，如字。廣牡音茂。與肅、穆、考韻。考，古音如朽。假讀嘉。宣哲《釋文》作「悊」。克昌陸德明嫌文王諱音處亮反，强護《序》箋「大祖謂文王」，不知大祖后稷，此鄭氏之失也。既右古「祐」字。下同。

《載見》載，音哉，訓始。哉、始同在之、台部。陽陽暘。鈴令聲。有鶬音鎗。率帥。純嘏與祜皆从古聲。

《有客》且上聲。萋、且雙聲。敦徐音彫，音之轉。縶與馽同。追古「鎚」字。鄭讀如字。淫壬。

《武》嗣武步。遏劉遏，音如歇。劉，古當作「鎦」。《書·顧命》「執鎦」，鎦，兵器，故有「殺」訓。耆讀致。

閔予小子之什

《閔予小子》嬛嬛崔本作「煢」，❷與《説文》合。疚《説文》作「㝌」。敬止庭、敬韻。《逸周書·周祝》「解民乃敬」與荆、争韻，讀平聲。序讀緒。

《訪落》時讀是。悠哉悠，音攸。艾徐音刈。判渙疊韻。

《敬之》《釋文》：「一本無『之』字。」厥士讀事。光讀廣。佛弇。《説文》：「弇，讀若予違女弼。」「弼，古文

❶「沁」，原作「泌」，徐子静本、《清經解續編》本同，據上海古籍出版社影印宋刻《經典釋文》改。

❷「煢」，原作「焭」，徐子静本、《清經解續編》本同，據上海古籍出版社影印宋刻《經典釋文》、陳昌治刻《説文解字》、經韻樓本《説文解字注》、《詩毛氏傳疏》卷二十八《閔予小子》傳疏改。

作『訾』。」《孟子》「拂士孫」，音弼。仔肩《釋文》：「仔，音兹。」古子、兹同之部。示視。德行音杭，與將、明韻。古無去聲。

《小毖》予其懲而絶句。荓蜂雙聲。《釋文》：「荓，普經反。《爾雅》作『甹』，音同。蜂，本又作『蠭』。」案蠭，宋、元《毛詩》皆作「峯」。北監、毛本作「夆」，不誤也。《説文・夂部》：「夆，讀若縫。」辛螫高誘《淮南・俶真》、《説山》注：「螫，讀『解釋』之『釋』。」《一切經音義》卷二云：「螫，舒赤反，關西行此音。又呼各反，山東行此音。」桃蟲桃，音兆。拚疑「翻」之誤。維鳥音如九，與蓼韻。蓼瘳。音柳。《傳》瘳曳摩抴，俗。鷦焦聲，與兆聲最近。

《載芟》音芟夷。柞《周禮・柞氏》注：「柞，讀如『音聲唶唶』之『唶』、『屋笮』之『笮』。」澤澤《釋文》音釋。耘《釋文》作「芸」。畛㐱聲。徐音真，則誤入先部。侯彊古假借作「强」字。喰貪聲。略《説文》：「剽，籀文作『䂮』。」《爾雅・釋詁》作「䂮」。今通作「略」。實函鄭司農《考工記注》云：「函，讀如『國君含垢』之『含』。」厭古「懕」字。厭厭即稽稽。麃穮。有飶與苾同。有椒沈重作「俶」，尺叔反。云作「椒」者，誤也。《傳》埸《釋文》作「易」，古字。難儺。

《良耜》畟畟讀測。鑲與餉同。鎛音「錢鎛」之「鎛」。斯趙江云：「叶音紂，與糾、蓼、朽、茂合。《考工記》注引《詩》作『掤』，則在本韻。」薅《説文》引《詩》作「茠」。「茠」或「薅」字，《釋文》：「呼老反。」蓼音柳。挃挃音銍。積之栗栗《説文》「積」作「穦」，「栗栗」作「秩秩」。比音篦。櫛節聲。捄《説文》作「觓」。以似讀嗣。

《絲衣》紑古音渠之反。載弁載，《釋文》又音戴。俅俅求聲，在尤部。此以韻紑、基、牛、鼒，猶裘从求聲，《終南》韻梅、《七月》韻貍也。鼐郭音乃，乃古如而。鼒《釋文》音兹。案凡从才得聲，古皆讀如兹。觩《周禮・小胥》注引作「觵」。其觩當依《釋文》作「觓」。《泮水》同。吴《正義》作「娱」，非毛義。《傳》譁《釋文》音花，「花」即「華」之俗。

《酌》《釋文》：「字亦作『汋』。」於鑠於，如字。鑠，《釋文》：「舒灼反。」龍古「龔」字。爾公功。

《桓》狟。下同。類禡類，即禷。禡，古音如貉。《皇矣》同。厥士讀事。閒平聲。

《賚》來聲。音變如釐。應膺。敷布。於繹於，如字。

《般》音般游。般樂也段氏《小箋》云：「此三字依《集注》及《正義》本。」嶞《説文》：「从山，憜省聲。」

魯頌

駉四篇

《駉》當依《釋文》引《説文》作「駫」，从光聲。下同。坰野坰，徐音苦營反。牡馬牡，作「牧」，非。驈郭音述。彭彭音旁。騅隹聲。駓丕聲。騏音綦。伾伾《釋文》云：「《字林》作『駓』，父之反。」案丕聲在七之。敷悲反，則闌入五支矣。斯才音如兹。驒音鼉。雒或作「鵅」。騢音鰕。驔譌字，當作「騽」，習聲。詳疏。祛祛《釋文》：「起居反。」無邪音徐。《傳》白跨《釋文》：「苦故反。」案古音在五部。純黑純即黗。蒼騏騏，或作「綦」，俗作「祺」。驎《釋文》：「作『甐』。」吕忱良振反。」案驎，俗字。善走《釋文》作「善足」，是也。豪骭《正義》本「骭」下有「白」字，不可據。骭見《巧言》。

《有駜》《説文》：「䏟，肥肉也。蒲結切。」駜、䏟音義同。明明江云：「音芒。」咽咽《釋文》：「本又作『鼘』，同。烏玄反。」駽音絹。

《泮水》泮宮《釋文》：「作『頖宮』，音判。」茷茷音旆。鸞《文選注》作「鑾」。茆徐音栁。俗作「茆」。《集韻・四十四有》方九切，又收入《三十一巧》莫飽切。此踵《廣韻》之誤也。屈古「詘」字。《爾雅》釋文：「邱勿反。」假假。不孝王引之云：「當是『孝』字，讀如傚。」皋陶江云：「音由，與囚韻。」案《清人》陶與軸、抽爲韻。桓桓狟。狄逖。不吳吳，如字。《絲衣》釋文引何承天説改爲「吴」字，胡化反，非。不揚瘍，《釋文》正作「瘍」。告鞠。搜叟聲。無斁《釋文》：「作『繹』，又作『射』。」桑黮《釋文》：「時審反。」《氓》作「葚」。憬《韓詩》作「獷」，景、廣同聲。琛《釋文》：「敕金反。」《傳》：「揚，傷。」同部。

《閟宮》閟，讀閉。侐音《易》「闃其无人」之「闃」。枚枚《東山》讀微。回違。遲音夷。重古「種」字。穋音如力。翦商翦，《説文》作「戩」，音同義異。虞讀誤。敦《釋文》：「王、徐都門反。厚也。」咸古「減」字。耳耳猶爾爾。犧古音如沙。下「犧尊」同。宜从多聲。載嘗載，音再。楅衡逼横。剛犅。毛炰當作「炮」。炰、炮同諧聲而不同字，如褎、袍，棗、棘，柔、杼之例。胾《釋文》：「側吏反。」羹「鬻」之省。《左傳》「城不羹」，《正義》云：「羹臛亦有郎音。」《魯頌》、《楚辭》、《急就篇》與房、漿、康爲韻。洋洋徐，音翔。慶古音羌。騰滕。綅與乘、騰、弓、增、膺、懲、承合韻。泰山泰，俗字。《釋文》作「大」。巖巖當作「嚴」。繹與嶧不同。徐宅徐，音郤。兒齒兒，古「齯」字。度音宅。尋彡聲。今隸變作「尋」，失其諧聲。舄徐音託。《莊子》「揮㡿八極」，㡿，李軌音託。古舄、㡿同。曼《釋文》音萬。《傳》禖宮禖，音媒。清淨當作「静」。龍《釋文》：「路東反。」有沙飾沙，音娑。「沙」下有「羽」字。豚《説文》：「豚，小豕也。篆文作『豚』。徒魂切。」壽考考，當爲「老」。𢀓韔。綴贅。榱衰聲。高注《淮南·本經》云：「衰，讀曰『崔杼』之『崔』。」作是廟廟，當爲「詩」。詳疏。

商頌

那五篇

《那》音轉如儺。猗那即阿儺。猗爲歎聲，那有多義，故以「那」名篇。正考甫當依《釋文》作「父」。猗音阿。與古「歟」字。下同。置三家《詩》作「植」。音樹。簡簡音《論語》「狂簡」之「簡」，大也。奏假音胡，故訓

「大」。淵淵《説文》作「鼘」。嘒嘒音嚖。依讀倚。庸古「鏞」字。斁《韓詩》作「繹」。恪同愙，苦各切。《傳》閑嫺。

《烈祖》和羹《説文》作「鬻」。戒音届。鬷假鬷，讀總。假，音嘏。《左傳》作「嘏」。鶬鶬《釋文》：「又作『鏘』。」以假音嘏。下「來假」同。以享平聲。下「來享」同。來享唐石經、宋本皆作「饗」。

《玄鳥》祀鄭云：「當爲『祫』。」商《書·粊誓》「我商賚女」，徐音章，此古音也。芒芒高注《淮南·俶真》云：「芒芒，盛皃。」芒讀王莽也。正域古音或。下「肇域」同。不殆音如以，與有、子韻。大糦《特牲禮》：「古文『饎』作『糦』。」《説文》饎、糦一字。來假與「祁祁」二句韻。未詳。景員景同京。員，古「圓」字。維河王肅以爲河水。《釋文》：「或作『何』。」依《箋》擅改也。何古負何字讀平聲，俗作「荷」。《傳》有娀氏《淮南·墬形》注：「娀，讀『嵩高』之『嵩』。」郊禖音媒。契契，《説文》作「偰」。「卨」讀與偰同，謂其音同也。段氏以《米部》「竊」下云「卨，古文『偰』」非許語。域，有。同部。員，均。諄、文、耕、清音相近。

《長發》長，音常。濬哲濬，音浚。《書》「濬畎澮」，《史記》作「浚」。哲，《釋文》作「悊」。幅隕幅，音《左傳》「布帛之有幅」。隕，《釋文》音圓。撥發聲。《韓詩》作「發」。履讀禮。不違韋聲，近依。祇《説文》：「祇，从氏聲。」段云：「古音凡氏聲字在弟十五部，凡氐聲字在弟十六部。此《廣韻》祇入五支、祗入六脂所由分也。徐鉉所據唐韻祇旨移切，是孫愐祇入五支，遠遜於宋《廣韻》所定矣。《經典釋文》於《商頌》諸時反，則又闌入七之。於《孔子閒居》諸夷反，則固不誤。」九圍亦韋聲，近依。小球大球古作「捄」。綴旒綴，音贅。旒，當作「流」。絿徐音虯。敷《左傳》作「布」。優優《説文》作「憂憂」。遒揫同。小共大共古「拱」字。厖《大戴禮》作「蒙」。《小戎》箋：「蒙，厖也。」聲相近。龍龔。敷奏其勇，不震不動，不戁不竦。敷，《釋文》作「傅」。「敷奏其勇」四字，據《家語》當在二句之下。動，平聲。徐榦《齊都賦》「鉦鼓雷動」與中韻。戁、竦，音女版、息拱反。旆當作「伐」。鉞當作「戉」，音越。曷讀害。三蘖《説文》：「櫱，或作『蘖』。」顧顧，《漢書·古今人表》作「鼓」。《書·微子》釋文：「顧，音鼓。」此舊音也。《伐木》二章、《小明》二章、《雲漢》四章顧皆上聲。業𩎟。阿衡江云：「音杭。」

《殷武》撻達聲。罙古作「突」。作「罙」字譌。

氐羌氐聲在脂部。漢烏氏、月氏道今皆誤作「氏」，汪明盛本不譌也。羌，去羊切。多辟王音僻，非。適音謫。❶

嚴儼。濫監聲。遑遑，當作「皇」。段云：「本音弟十部，《詩·殷武》合韻監、嚴、濫字。」又《桑柔》以瞻韻相，《天問》以嚴韻亡、饗、長，《急就篇》以談韻陽、桑、讓，皆弟八部、弟十部合韻也。斲音斵。虔合韻。今音渠焉切。

梴當从手作「挻」。旅音如臚。《傳》：「罙，深。」古、今字。突，「滚」之隸變也。

音四終

❶ 「謫」，原作「摘」，徐子静本、《清經解續編》本同，據《詩毛氏傳疏》卷三十《殷武》傳疏、卷三《北門》傳疏改。

毛詩説

〔清〕陳奂撰

毛詩説一卷

陳奐

大毛公《詁訓傳》言簡理晐，漢儒不遵行，錮蔽久矣。奐殫精極慮，爲《傳》作疏。疏中稱引，廣博難明，更舉條例，立表示圖，凡制度文物，可以補《禮經》之殘闕，而與東漢諸儒異趨者，揭箸數端，學者省覽焉。

本字借字同訓説

「義，善」本字，「儀，善」假「儀」爲「義」也。「仇，匹」本字，「逑，匹」假「逑」爲「仇」也。「宴，安」本字，「燕，安」假「燕」爲「宴」也。「疧，病」本字，「祇，病」假「祇」爲「疧」也。「痡，病」本字，「鋪，病」假「鋪」爲「痡」也。「修，長」本字，「脩，長」假「脩」爲「修」也。「壬，大」本字，「任，大」假「任」爲「壬」也。「京，大」本字，「景，大」假「景」爲「京」也。「嘏，大」本字，「假，大」假「假」爲「嘏」也。「蘖，餘」本字，「肄，餘」假「肄」爲「蘖」也。「遐，遠」本字，「瑕，遠」假「瑕」爲「遐」也。「逿，遠」本字，「狄，遠」假「狄」爲「逿」也。「愒，息」本字，「塈，息」假「塈」爲「愒」也。「誘，道」本字，「牖，道」假「牖」爲「誘」也。「緫，數」本字，「緵，數」假「緵」爲「緫」也。「悼，動」本字，「蹈，動」假「蹈」爲「悼」也。「訧，過」本字，「尤，過」假「尤」爲「訧」也。「逝，逮」本字，「噬，逮」假「噬」爲「逝」也。「皆，俱」本字，「偕，俱」假「偕」爲「皆」也。「勩，勞」本字，「肄，勞」假「肄」爲「勩」也。「試，用」本字，「式，用」假「式」爲「試」也。

也。「單，厚」本字，「僤，厚」假「僤」爲「單」也。「亟，急」本字，「棘，急」假「棘」爲「亟」也。「單，信」本字，「亶，信」假「亶」爲「單」也。「賚，予」本字，「釐，予」假「釐」爲「賚」也。「迪，進」本字，「軸，進」假「軸」爲「迪」也。「士，事」本字，「仕，事」假「仕」爲「士」也。「殄，盡」本字，「填，盡」假「填」爲「殄」也。「應，當」本字，「膺，當」假「膺」爲「應」也。「謨，謀」本字，「莫，謀」假「莫」爲「謨」也。「賚，賜」本字，「釐，賜」假「釐」爲「賚」也。「彝，常」本字，「夷，常」假「夷」爲「彝」也。「勖，勉」本字，「茂，勉」假「茂」爲「勖」也。「賁，飾」本字，「幩，飾」假「幩」爲「賁」也。「佸，會」本字，「括，會」假「括」爲「佸」也。「俴，淺」本字，「踐，淺」假「踐」爲「俴」也。「燠，煖」本字，「奧，煖」假「奧」爲「燠」也。「侑，勸」本字，「右，勸」假「右」爲「侑」也。「義，宜」本字，「儀，宜」假「儀」爲「義」也。「訌，潰」本字，「虹，潰」假「虹」爲「訌」也。

一義引申説

述、儀、特、仇，匹也；匹，配也；配，媲也。夷、均、成，平也；平，正也。塈、閟、愒、休，息也；息，止也。息、處、定、濟、集、弭、懲、沮、遏、按、承，止也；止，至也。征、將、邁、發、步、游，行也；行，往也、道也。懷、悼、怛、弔、揚，傷也；傷，思也。信、屆、騁，極也；極，至也。詒、問，遺也；遺，加也。逝、適、旃，之也；之，至也。寫、襄、舍、抽，除也；除，去也、開也。考、要、質、構、登，成也；成，就也、平也。洵、傭、員、隕，均也；均，平也；平，正也。夷、好、易、懌，説也；

説、懌，服也。選、同、黎、翦，齊也；齊，正也。聿、潰、對，遂也；遂，安也。遒、敕、膠、假、虔、鞏、肆，固也；固，堅也。翕、洽、逑，合也；合，配也。煇、熲、顯、烈，光也；光，大也。復、覆、襄，反也；反，復也。戾、莫、休、疑，定也；定，止也。格、懷、戾，來也；來，至也。壼、照、光、幅，廣也；廣，大也。履、穀，禄也；禄，福也。曷，害也；害，何也。聊、將，願也；願，每也；每，雖也。控、永，引也；引，長也。疐，速也；速，召也。爽、僭，差也；差，擇也。素、曠，空也；空，大也、窮也、盡也。戎、胥，相也；相，助也。捷、克，勝也；勝，任也、乘也。肥、遹，辟也；辟，開也。弟、夷，易也；易，説也、治也。勝、騰，乘也；乘，升也；升，出也。淪、遵，率也；率，循也。相，質也；質，成也。方、威，則也；則，法也。攻、俶，作也；作，生也、始也、起也。毖、溢，慎也；慎，誠也。姑，且也；且，辭也、此也。荒，奄也；奄，大也、撫也、同也。既，已也；已，甚也。猶，若也；若，順也。據，依也；依，倚也。迨，及也；及，與也。摧，沮也；沮，壞也、止也。都，閒也；閒，習也。樊，藩也；藩，屏也；屏，蔽也。辰，時也；時，善也、是也。縢，約也；約，束也。紀，基也；基，始也、本也。萃，集也；集，止也。窒，塞也；塞，瘞也。枚，微也；微，無也。烝，寘也；寘，置也。遨，游也；游，觀也。烝，填也；填，久也。矧，況也；況，玆也。享，獻也；獻，奏也；奏，爲也。虋，蔓也；蔓，延也。豐，茂也；茂，美也。公，功也；功，事也。攻，錯也；錯，石也、襍也。祇，適也；適，之也。鞫，盈也；盈，滿也。莠，醜也；醜，惡也。煽，熾也；熾，盛也。云，言也；言，道也。來，勤也；勤，勞也。將，壯也；將、壯，大也。胥，皆也；皆，俱也、徧也。葵，揆也；揆，度也。局，卷也；局、卷，曲也。哉，載也；載，始也。皇，天也；皇、天，君也。聿，述也；述，循也。回，違也；違，去也、離也。貉，静也；静，安也。旅，師也；師，衆也。赫，顯也；顯，光也；光，大也。祺，吉也；吉，善也。僕，附也；附，箸也。遡，鄉也；鄉，所也。鞫，究也；鞫、究，窮也。猶，圖也；圖、猶，謀也。滔，慢也；慢，遲也。倉，喪也；喪，亡也。禎，祥也；祥，善也。密，寧也；寧，安也。庤，具也；具，俱也。銍，穫也；穫，艾也；艾，治也。嘻，敕也；敕，固也。序，緒也；緒，業也。畛，埸也；埸，畔也。胡，壽也；壽，考也。振，自也；自，用也。屈，收也；收，聚也。鬷，總也；總，數也。畿，疆也；疆，竟也。

一字數義説

穀，善也、生也、禄也。時，善也、是也。義，善也、宜也。儀，善也、匹也、宜也。逑，匹也、合也。流，求也、下也。祈，求也、報也。干，求也、厓也、扞也、澗也。悠，思也、遠也。懷，思也、和也、傷也、來也、歸也。言，我也、道也。密，安也、寧也。康，安也、樂也。行，列也、往也、道也、翮也。烈，列也、光也、業也。里，病也、居也、邑也。永，長也、引也。猗，長也、加也。駿，長也、大也。單，長也、厚也、信也。肆，長也、疾也、固也、陳也。將，大也、養也、行也、齊也、送也、願也、請也、壯也、側也。荒，大也、有也、奄也、虛也。阜，大也、盛也。膚，大也、美也。元，大也、首也。空，大也、窮也、盡也。

介，大也、甲也。皇，大也、美也、君也、匡也、天也。戎，大也、相也、兵也。假，大也、至也、固也、嘉也。路，大也、道也。奄，大也、撫也、同也。誕，大也、闊也。豐，大也、茂也。成，就也、平也。集，就也、止也。于，往也、於也。逝，往也、逮也、之也。止，辭也、至也。載，辭也、事也、始也、識也。且，辭也、此也。訊，辭也、問也。塈，取也、息也。艾，養也、久也、治也。鞫，養也、窮也、告也、盈也、究也。遵，循也、率也。率，循也、用也。肄，餘也、勞也。洵，遠也、信也、均也。瑕，遠也、過也。説，服也、數也、舍也、赦也。懌，服也、説也。夷，平也、説也、常也、易也。均，平也、正也、調也。頻，厓也、急也。尸，主也、陳也。適，主也、過也、之也。齊，敬也、正也、莊也。肅，敬也、縮也。禋，敬也、祀也。虔，敬也、固也。翦，去也、齊也。違，去也、離也。遷，去也、徙也。考，擊也、成也。休，息也、美也、定也。猶，道也、謀也、可也、若也、圖也。徹，道也、治也、剥也。訓，道也、教也。鬷，數也、總也。僭，數也、差也。麗，數也、歷也。處，止也、居也。定，止也、題也。濟，止也、渡也。沮，止也、壞也。承，止也、繼也。蘀，落也、槁也。吪，動也、化也。悼，動也、傷也。靖，和也、謀也、治也。龍，和也、寵也。虞，度也、誤也。愠，怒也、恚也。相，視也、助也、質也。究，深也、窮也、謀也。惠，順也、愛也。曷，逮也、害也。遄，疾也、速也。弔，傷也、至也。皆，俱也、徧也。屆，極也、至也。亶，誠也、信也。茂，美也、勉也。式，用也、法也。靡，無也、累也。莫，無也、謀也、定也、晚也。極，至也、中也。括，至也、會也。周，至也、曲也、救也。來，至也、勤也。戾，至也、定也、來也、罪也。格，至也、來也。摧，至也、沮也、莝也。襄，除也、反也。崇，終也、重也、立也。賚，予也、賜也。釐，予也、賜也。御，進也、禦也、迎也。烝，進也、君也、衆也、寘也、填也。作，生也、始也、起也。達，生也、射也。員，均也、益也。隕，均也、隊也、隋也。侯，君也、維也。辟，君也、開也、法也。公，君也、事也、功也。貫，事也、中也。易，説也、治也。庶，衆也、幸也。旅，衆也、陳也、師也。醜，衆也、惡也。佽，利也、助也。覃，利也、延也。聿，遂也、述也。對，遂也、配也。右，助也、勸也。局，曲也、卷也。卒，盡也、竟也。填，盡也、久也。殄，盡也、絶也。武，繼也、迹也。肇，始也、謀也。俶，始也、作也。基，始也、本也。苞，本也、稹也。遒，固也、聚也。收，聚也、軫也。矢，陳也、誓也、弛也。典，法也、常也。共，法也、執也。顯，光也、見也。厲，惡也、危也。耆，惡也、老也、致也。慝，惡也、邪也。茀，治也、蔽也。矜，危也、憐也。幾，危也、期也。覯，見也、遇也。恒，徧也、弦也。宣，徧也、示也。幅，廣也、偪也。勝，任也、乘也。何，任也、揭也。胡，何也、壽也。履，禄也、禮也、踐也。云，旋也、言也。贈，送也、增也。號，召也、呼也。素，白也、空也。斯，此也、析也。泮，散也、坡也。回，邪也、違也、轉也。革，更也、翼也。舒，遲也、徐也。忒，變也、疑也。縢，繩也、約也。胥，相也、皆也。翰，高也、榦也。攻，堅也、作也、錯也。克，勝也、能也。錯，石也、襍也。威，則也、畏也。秉，操也、把也。赫，顯也、炙也。

一義通訓説

《卷耳》：「陟，升也。」凡陟訓同。《芣

苢》：「采，取也。」凡采訓同。《采蘋》：「尸，主也。」凡尸訓同。《甘棠》：「說，舍也。」凡說訓同。《日月》：「音，聲也。」凡音訓同。《谷風》：「旨，美也。」凡旨訓同。《齊·南山》：「蓺，樹也。」凡蓺訓同。《七月》：「疆，竟也。」凡疆訓同。《天保》：「庶，衆也。」凡庶訓同。《正月》：「緐，多也。」凡緐訓同。《雨無正》：「戎，兵也。」凡戎訓同。《小毖》：「予，我也。」凡予訓同。若夫「寧，安」、「已，甚」、「寔，是」、「姑，且」、「既，已」、「克，能」、「洵，信」、「庶，幸」、「及，與」、「每，雖」、「矧，況」、「祇，適」、「胥，皆」、「云，言」，凡語詞之通訓，一見不復再見，則推類引申，皆可以得其條理矣。

古字說

《葛覃》：「汙，煩也。」煩，古「類」字。《兔爰》：「造，爲也。」爲，古「僞」字。《檜·羔裘》：「悼，動也。」動，古「慟」字。《鴻雁》：「宣，示也。」示，古「視」字。《斯干》：「冥，幼也。」幼，古「窈」字。《正月》：「獨，單也。」單，古「襌」字。《生民》：「役，列也。」列，古「栵」字。《常武》：「繹，陳也。」陳，古「敶」字。《巧言》：「蛇蛇，淺意也。」淺，古「諓」字。《棫樸》：「峩峩，盛壯也。」壯，古「莊」字。《東山》：「敦，猶專專也。」專，古「團」字。《君子偕老》「袢延之服」，延，古「涎」字。《常武》「虎之自怒」，自，古「詯」字。

古義說

《北山》：「賢，勞也。」古義也。今訓「賢才」。《簡兮》：「簡，大也。」古義也。今訓「簡擇」、「簡略」。《白駒》、《巧言》：「慎，誠也。」古義也。今訓「慎謹」。《小宛》：「齊，正也。」古義也。今訓「齊戠」。《頍弁》：「時，善也。」今訓「時是」。《天保》、《昊天有成命》：「單，厚也。」今訓「單薄」。《烝民》：「愛，隱也。」今訓「惠愛」。《酌》：「養，取也。」今訓「教養」。《賓之初筵》：「手，取也。」今訓「手足」。

毛傳章句讀例

統釋全章之例，有見於首章者，《甘棠》言召伯聽訟，國人被德之類是也。有見於末章者，《木瓜》引孔子説苞苴之禮之類是也。若夫《國風·關雎》傳「夫婦有別」，直説到「朝廷正、王化成」，總論周、召二《南》二十五篇之義；《小雅·四牡》傳「周公作樂，歌文王之道，爲後世法」，總論大、小《雅》及《頌》諸文王之詩之義，此又統全部而言之矣。

有探下作訓之例。《十月之交》傳：「之交，日月之交會。」探下文「朔月辛卯，日有食之」句。《維天之命》傳：「大哉，天命之無極。」探下文「文王之德之純」句。又有冢上文作訓者，如《汝墳》傳「魴魚勞則尾赤」，雖釋「魴魚赬尾」本句，其實從遵墳伐條生義，故箸一「勞」字，則注上注下文義貫通，讀者皆率意而忘覺也。

有上章語未盡，而下章足其義者。《鶴鳴》「可以爲錯」、「可以攻玉」，《傳》云：「攻，錯也。」上章言錯，下章言錯玉。《祈父》「予王之爪牙」、「予王之爪士」，《傳》云：「士，事也。」上章言爪牙，下章言爪牙之事，皆其例。

詩二章，下章不與上章同義者，《君子陽陽》之「敖」、《遵大路》之「魗」、《褰裳》之「士」、《終南》之「紀」、「堂」。詩三章，末章不與一、二章同義者，《桃夭》之「宜」、《螽斯》之「揖揖」、《鵲巢》之「成」、《羔羊》之「縫」、《考槃》之「軸」、《緇衣》之「蓆」、《中谷有蓷》之「溼」、《兔爰》之「庸」，毛公作《傳》尋辭之變、本意之殊，往往不作一律解釋。《箋》不然矣。

凡經文一字，《傳》文用疊字者，《邶·谷風》「有洸」，《傳》：「洸洸，武也。」「有潰」，《傳》：「潰潰，怒也。」一言不足則重言之，以盡其形容矣。又有益其辭以申其義者。「有女如玉」，《傳》：「德如玉。」益「德」字。「可以樂飢」，《傳》：「可以樂道忘飢。」益「道」字、「忘」字，以申補經義。「蝃蝀在東」，《傳》云：「蝃蝀，虹也。夫婦過禮則虹氣盛。」「莫之敢指」，《傳》云：「君子見戒而懼，諱之莫之敢指。」於蝃蝀補出夫婦過禮一層，於莫敢指補出君子戒諱一層。經義之未明備者，《傳》必申成之，且令學者曉然詩人用意之微恉，凡此之類，不一而足也。一隅三反焉，可也。

常語不傳，不限於首見也。

《文王》傳：「有周，周也。不顯，顯也。」「有」字、「不」字皆發聲，無實義。《蕩》「侯作侯祝」，《傳》：「作詛祝也。」上「侯」字爲發聲，下「侯」字爲助語，無實義。《文王》「思皇多士」，《傳》：「思，詞也。」此「思」字爲句首之發聲。《漢廣》「不可休思」，《傳》：「思，詞也。」此「思」字爲句末之語助。《關雎》「寤寐思服」，《傳》：「服，思之也。」此「思」字又爲句中之助，無實義矣。

《燕燕》篇「頡之頏之」，《傳》云：「飛而上曰頏，飛而下曰頡。」先釋「頏之」，後釋「頡之」。「下上其音」，《傳》云：「飛而上曰上音，飛而下曰下音。」先釋「上音」，後釋「下音」。又《日月》篇「逝不相好」，《傳》：「不及我以相好。」「逝不」作「不及」解，逆其文而順其義，文不害辭，辭不害志也。武進臧氏玉琳曰：「三代人讀經，能知其大義。漢以來儒者始沾沾於字句，閒有曲通古人立言之意，而不爲文辭所惑者，惟毛公一人而已。」

《召南》「江有汜，決復入爲汜」；「江有渚，水枝成渚」；「江有沱，沱江之別者」。《傳》釋汜、渚、沱於譬喻中見正義，亦於訓詁中見大義。此一例也。《王風》「采葛，葛，所以爲絺綌」；「采蕭，蕭，所以共祭祀」；「采艾，艾，所以療疾」。《傳》但釋葛、蕭、艾，言字義不言經義。此又一例也。

《草蟲》「忡忡，猶衝衝也」、《柏舟》「耿耿，猶儆儆也」，《傳》以今語通古語也。《版》「殿屎，呻吟也」、《小毖》「荓夆，瘳曳也」，《傳》以今義通古義也。

轉注説

古無四聲，讀者以方俗語言有輕重、緩急，遂音殊而義別。故同是「造，爲也」，爲爲作爲之爲，亦爲詐爲之爲。同是「正，長也」，長爲長幼之長，亦爲長短之長。同是「行，道也」，道爲道理之道，亦爲道路之道。同是「將，行也」，行爲行路之行，亦爲行列之行。一字必兼數音，一訓可通數義，展轉互訓，同意相受，六書之轉注也。

假借説

凡字必有本義。古人字少，義通乎音，有讀若某某之例，此東漢人假借法也。毛公尚在六國時，而假借之法即存乎轉注。故《汝墳》「條肄則直」云：「肄，餘也。」東漢人必云「肄，讀若蘖」矣。《采蘋》「湘之則直」云：「湘，亨也。」東漢人必云「湘，讀若鬺」矣。

《葛覃》之害、《緑衣》之曷皆訓何，曷本字，害假借字也。段先生曰：「害本不訓何，而曰何也，則可以知害爲曷之假借也。」此一例也。若假干爲扞，直云「干，扞也」；假輈爲朝，直云「輈，朝也」，此直指假借之例。毛《傳》言假借不外此二例。

毛傳淵源通論

言六蓺者折衷孔子，司馬遷論之篤矣。子夏善説《詩》，數傳至荀卿子。而大毛公生當六國，猶在暴秦燔書之先，又親受業荀氏之門，故説《詩》取義於荀子書者不一而足。漢諸儒未興，要非漢諸儒之所能企及。陸德明《經典釋文敘録》云：「左丘明作《傳》以授曾申，申傳衛人吴起，起傳其子期，期傳楚人鐸椒，椒傳趙人虞卿，卿傳同郡荀卿名況。」左丘作《左氏春秋》，失明，有《國語》。子夏《詩序》《桑中》、《鶉之奔奔》、《載馳》、《碩人》、《清人》、《黄鳥》、《四牡》、《常棣》、《湛露》、《彤弓》、《行葦》、《泂酌》與《左氏春秋》悉脗合，故毛公説《詩》，其義取諸《左傳》者亦不一而足。《葛覃》「服之」、《天作》「荒之」、《旱鹿》「干禄」、《皇皇者華》「六德」、《新臺》「籧篨」、「戚施」以及《既醉》、《昊天有成命》等篇義，皆取諸《國語》。其時《左氏》未立學官，而毛公作《詁訓傳》同者，用師説也。《漢書・儒林傳》：「申公，魯人也。少與楚元王交，俱事齊人浮丘伯，受《詩》。」《鹽鐵論》云：「苞丘子與李斯俱事荀卿。」苞丘子即浮丘伯，爲荀卿門人。《魯詩》亦出荀子。

《韓詩》引荀卿子以説《詩》者四十有四。《齊詩》雖用讖緯，而翼奉、匡衡其大指與《毛詩》同。然而三家往往與內、外《傳》不合符節者，何也？蓋七十子歿，微言大義各有指歸，唯《毛詩》之説篤守子夏之《序》文，發揮焉而不凌襍。《風俗通義》云：「穀梁爲子夏門人。」又《儒林傳》云：「瑕丘江公受《穀梁春秋》及《詩》於魯申公。」毛公説《詩》與《穀梁春秋》合。《公羊春秋》亦出於子夏。漢初，董仲舒及莊彭祖、顔安樂説犧説舞與《毛詩》合，而與何休解不合，其流派異，其本源同矣。毛公説《詩》，《葛覃》、《草蟲》、《簡兮》、《淇奥》、《子衿》、《揚之水》、《東山》、《伐柯》、《采芑》、《正月》、《采叔》、《采緑》、《行葦》、《既醉》、《瞻卬》、《良耜》、《泮水》、《那》義見諸《小戴》。《節南山》、《小宛》、《下武》義見諸《大戴》。《周官》未興，而緇帛五兩、《行露》。邦國六閑、《坰》。九族、《常棣》。四享、《天保》。圜土、《正月》。乘石、《白華》。挈壺氏、《東方未明》。凶荒殺禮《摽有梅》、《野有死麕》。義皆取諸《周官》。河間獻王時，李氏上《周官》五篇，取《考工記》以補事官，而殳、《伯兮》。黼、《采叔》、《文王》。鍭、矢、王弓《行葦》。之制度見《考工記》。凡天子諸侯禮不詳於《儀禮》，叔父、叔舅《伐木》。僅見於《覲》，鞉、鼓、磬《那》、《鼓鐘》。僅見於《大射》。高堂生傳《士禮》十七篇，即今之《儀禮》也。十七篇《記》皆出於七十子。釋軷、祭脯，《泉水》、《生民》。施衿結帨，《東山》。房中之樂，《君子陽陽》。鉶芼《采叔》。見於《聘》、《昬》、《燕》、《特牲》、《公食大夫》諸《記》文。大戴《勸學》、小戴《樂記》、《三年問》皆出於荀子。而《荀子·大略》其門弟子所襍録之語，皆《逸禮》名言。蓋荀卿子長於禮，毛公説禮用師説也。《七月》説狐貉、《無衣》説征伐、《抑》説愚知，義皆取諸《論語》。孔子釋《關雎》「樂而不淫，哀而不傷」，子夏乃因之作《序》，毛公又依之作《傳》。《六藝論》云：「《論語》，子夏、仲弓合撰。」荀爲卜子五傳弟子，而荀書《儒效》、《非相》、《非十二子》三篇每以仲尼、子弓竝稱。子弓即仲弓，荀之學出於子夏、仲弓，毛亦用師説也。《史記》載孟子受業于子思之門人。鄭玄《詩譜》云：「孟仲子，子思之弟子。」趙岐注《孟子》云：「孟仲子，孟子之從昆弟學於孟子者也。」而毛公《維天之命》、《閟宮》傳兩引孟仲子説。徐整云：「子夏授高行子。」高行子即高子。《孟子·告子》篇、子夏《絲衣》序、毛公《小弁》傳有高子説。其説舜之大孝、《小弁》。大王遷豳、《緜》。士者世禄盛德不爲衆、《文王》。從事獨賢、《北山》。泄泄猶沓沓，《版》。義皆取諸《孟子》。孟子曰：「又尚論古之人，頌其詩，讀其書，不知其人，可乎？是以論其世也。」又曰：「故善説詩者，不以文害辭，不以辭害志。以意逆志，是爲得之。」孟、荀一家，先後同揆，故毛公説《詩》與孟子説《詩》之意同，用師説也。

《尚書》以《大傳》最爲近古。伏生在秦、漢之際，略後於毛。《七月》三正、《緇衣》二采、《雞鳴》出朝、《湛露》燕宗，《詩傳》與《書傳》有可互相發明者，同條共貫也。九族與歐陽生不合，三朝與鄭仲師不合。鄭氏敘云：「生終後，數子各論所同，不能無失。」

賈逵治《毛詩》。許慎乃賈弟子，其説《詩》特宗毛氏之學。鄭衆亦治《毛詩》。《後漢書》云：「中興，鄭衆傳《周官經》。」故許《説文》、先鄭《周官注》皆足以發明《毛詩》微指，洵非它儒可與頡頏者。

毛傳爾雅字異義同説

「揫，聚」，《長發》傳：「遒，聚。」秋、酋同聲。「芾，小」，《卷阿》傳：「茀，小。」市、弗同聲。「慴，懼」，《時邁》傳：「疊，懼。」慴、疊同聲。「癉，勞」，《大東》傳：「憚，勞。」亶、單同聲。凡通借者，必諧聲也。「䂮，利」，《載芟》傳：「略，利。」䂮、略一字。「諐，過」，《氓》傳：「愆，過。」諐、愆一字。「枿，餘」，《長發》傳：「蘖，餘。」枿、蘖一字。「酬，報」，《彤弓》傳：「醻，報。」酬、醻一字。凡或體者，必諧聲也。至若毛《傳》多古文，《爾雅》則逕六朝後人改竄破俗之體，不勝枚舉。定作頲、里作瘇之類者，無論矣。字之所異，義之所同也。

毛傳爾雅訓異義同説

毛公《詁訓傳》，傳者，述經之大義；詁訓者，所以通名物、象數，假借、轉注之用。其言詁訓也，具法乎《爾雅》，亦不泥乎《爾雅》。《爾雅》：「翢，纛也。」《宛丘》傳：「翿，翳也。」《説文》作「翳」。翢、翿皆俗字。《爾雅》以爲纛，毛《傳》以爲翳，其解釋不同，而指歸則一也。「寫，憂也」，釋「以寫我心」句。「峩峩，祭也」，釋「奉璋峩峩」句。「畟畟，耜也」，釋「畟畟良耜」句。《爾雅》但望文生義，毛《傳》必審聲定訓。「流，擇也」、「流，求也」，釋《詩》「左右流之」句。「翦，勤也」、「翦，齊也」，釋《詩》「實始翦商」句。毛《傳》用「流，求」不用「流，擇」，用「翦，齊」不用「翦，勤」。此皆有以考索精詳，而義優乎三家者也。張稚讓説：「《爾雅》之爲書也，文約而義固。其敶道也，精研而無誤。真七經之檢度，學問之階路，儒林之楷素。」毛《傳》之爲書也，亦若是焉已矣。

毛傳不用爾雅説

《式微》「式微式微」，《釋訓》曰：「式微式微者，微乎微者也。」《伐木》「伐木丁丁，鳥鳴嚶嚶」，《釋訓》曰：「丁丁、嚶嚶，相切直也。」《墓門》「誰昔然矣」，《釋訓》曰：「誰昔，昔也。」《新臺》「籧篨不鮮，得此戚施」，《釋訓》曰：「籧篨，口柔也。戚施，面柔也。」《生民》「履帝武敏」，《釋訓》曰：「敏，拇也。」《小星》「抱衾與裯」，《釋訓》曰：「幬謂之帳。」若此之類，皆《毛詩》不用《爾雅》，而鄭氏《箋》用之。或謂《爾雅・釋訓》篇多逕後人改竄矣。

毛傳用爾雅説

《淇奧》「治骨曰切，象曰瑳，玉曰琢，石曰摩」，此《釋器》文也。「如切如瑳，四字今補。《論語疏》引亦奪。道其學之成也。聽其規諫以自修，如玉石之見琢摩」，此《釋訓》文也。《魚麗》、《苕之華》傳「罶，曲梁也」，此《釋訓》文也。「寡婦之笱也」，此《釋器》文也。

毛用借字三家用本字亦有三家用借字毛用本字者説

《毛詩》用古文，三家《詩》用今文。「革」作「翱」、「喬」作「鷮」、「宛」作「畹」、「里」作「悝」，皆毛用假借而三家用其本義，此常例也。《毛詩》「考槃在澗」，三家「澗」作「干」。

潤本義，干假借。《毛詩》「百卉具痱」，三家《詩》「痱」作「腓」。痱本義，腓假借。此又變例，百不居一矣。他如「有靖家室」、「陽如之何」、「碩大且醶」、「獷彼淮夷」，三家字義俱異者，彼各有其師承也。

三家詩不如毛詩義優說

騶虞，五獸之一。《召南》之《騶虞》，猶《周南》之《麟止》。三家以虞爲田官。《載馳》爲許穆夫人作，《碩人》爲國人美莊姜作，而三家以《載馳》衛懿公詩，《碩人》傅母說莊姜詩。其時《左氏傳》未列學官，故多岐說。《黍離》王國變風之首，三家以爲伯封作。《詩》終於陳靈，而《燕燕》則以爲衛定姜詩。小、大《雅》始於文、武，終於幽、厲，而《鼓鐘》則以爲周昭王詩。《商頌》紀商祀廟樂歌，而或以爲宋襄公詩。此皆三家之不如毛。三家廢而毛存，蓋源流有獨真也。

郭城

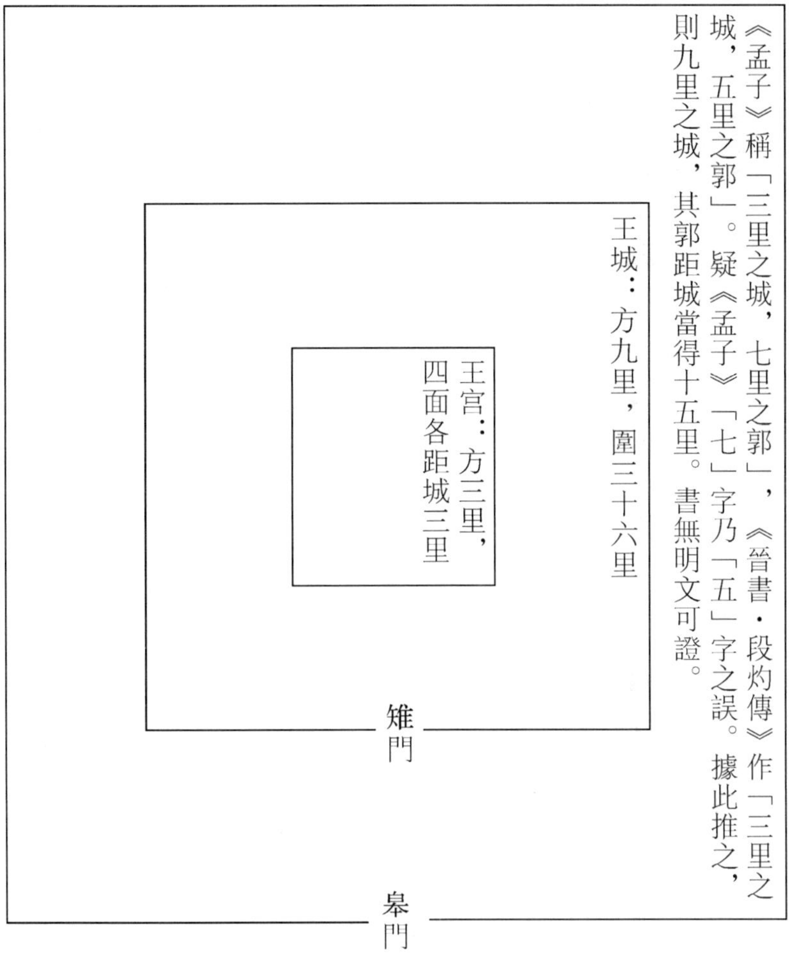

《孟子》稱「三里之城，七里之郭」，《晉書·段灼傳》作「三里之城，五里之郭」。疑《孟子》「七」字乃「五」字之誤。據此推之，則九里之城，其郭距城當得十五里。書無明文可證。
王城：方九里，圍三十六里
王宮：方三里，四面各距城三里
雉門
皋門

門

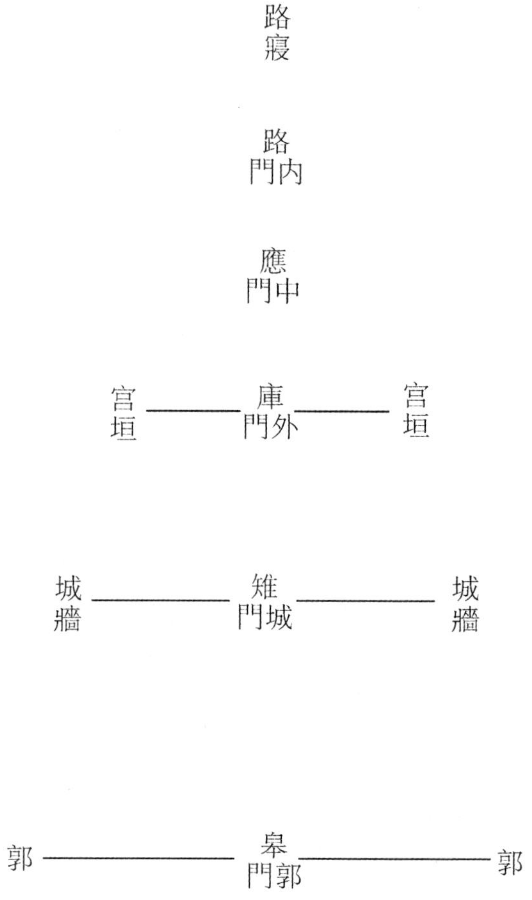

天子五門：皋、雉、庫、應、路。皋爲郭門，雉爲城門，庫、應、路爲宮門，而路寢以下不數也。《緜》篇傳云：「王之郭門曰皋門。」則皋門之爲郭門。向來無人据證，故紛紛多異說。

朝

路門内曰内朝，路門外曰外朝。内朝行燕禮，亦曰燕朝。外朝爲治事之處，九卿九室在焉，亦曰治朝。朝無屋，而以路門之内外言也。天子、諸侯皆二朝，向説三朝。此据鄭仲師《周禮注》説。

諸侯城闕南方

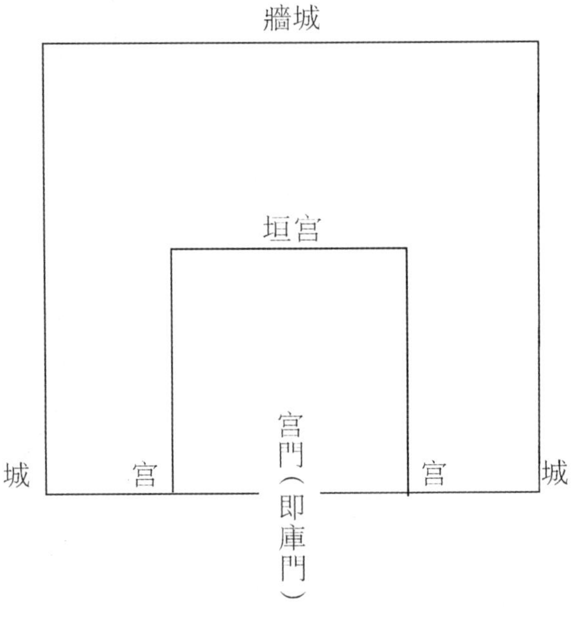

天子城方九里，宫方九百步。上公與天子同。諸侯三面城，其宫垣距城不相連屬，唯前一面以宫爲城。庫門即城門，所謂城闕南方也。

宫

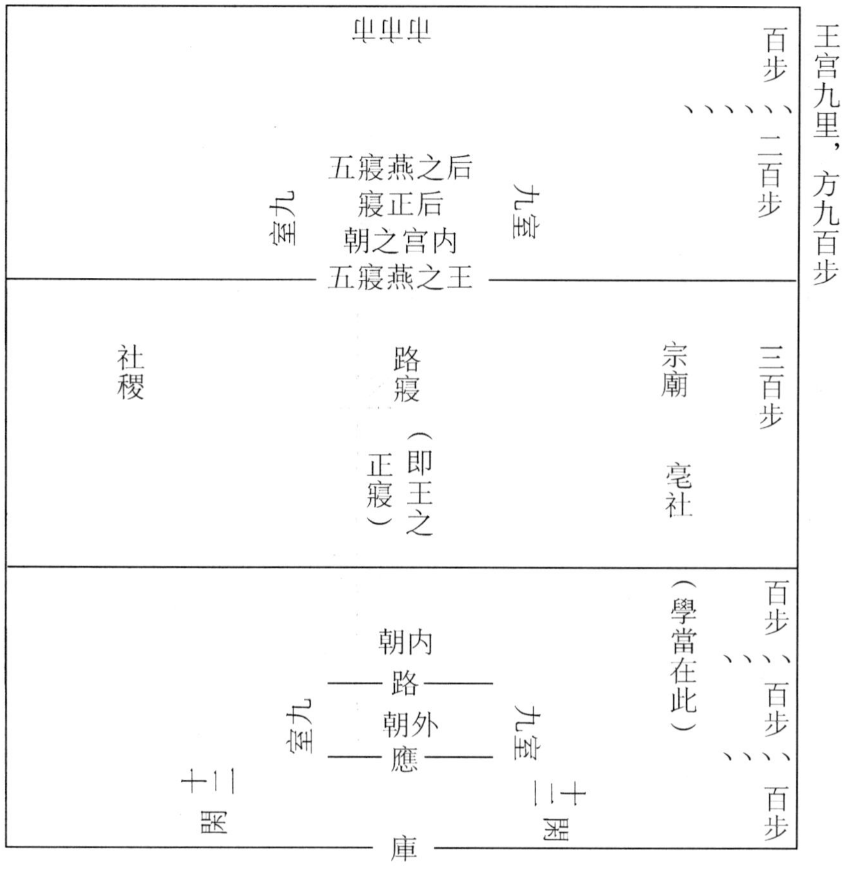
王宫九里，方九百步
市市市
百步
二百步
五寢燕之后
寢正后
朝之宫内
五寢燕之王
九室
九室
三百步
宗廟
路寢
（即王之正寢）
社稷
亳社
百步
百步
百步
（學當在此）
朝内
路
朝外
應
九室
九室
十二閑
十二閑
庫

路寢

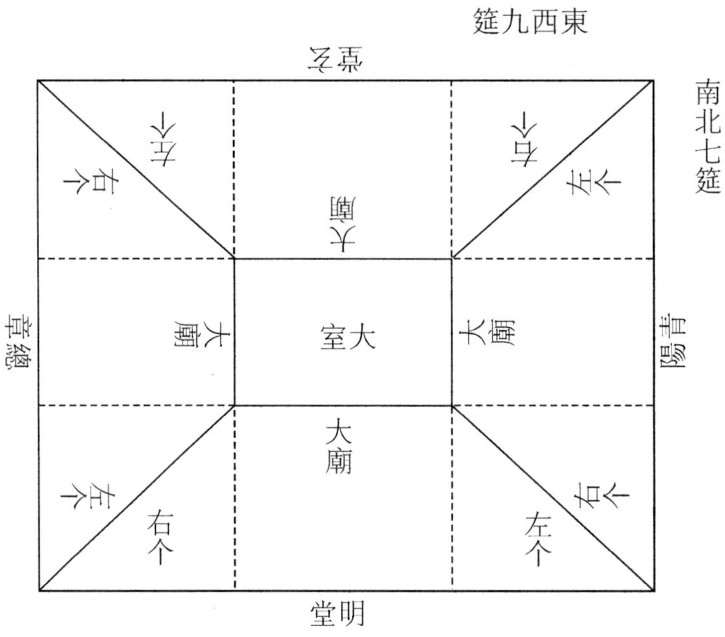

此路寢之制。屋爲五室，《考工記》「五室」是也。室爲十二室，《月令》「十二室」是也。前爲大廟，故謂之大廟。中央爲大室，大室猶世室也，故謂之世室。前廟後室，亦猶之前廟後寢也。周之文、武，魯之周、魯，其主藏焉。其前堂曰明堂，故路寢謂之明堂。

《考工記》「東西九筵，南北七筵」，筵九尺，九筵八十一尺，得十三步半；七筵六十三尺，得十步半。此明堂五室之方廣也。賈疏引伏生《書大傳》云：「路寢之制，東西九雉，南北七雉。」雉五步，九雉得四十五步，七雉得三十五步，與《考工記》不合。其詳不可得聞。

諸侯路寢東西房，其制不同。

路寢宗廟社稷

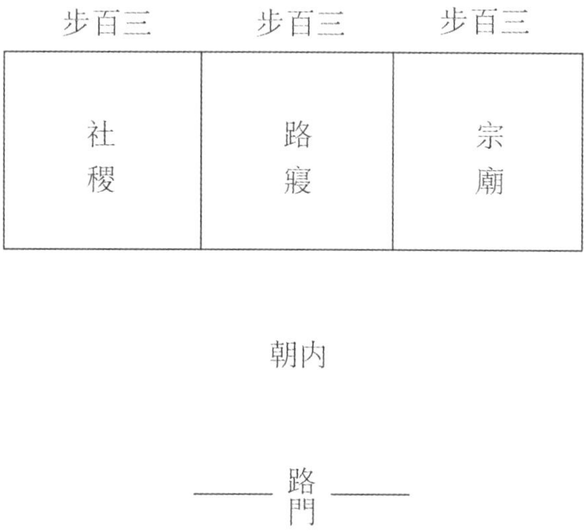

路寢爲祖廟，亦爲大廟。五廟爲宗廟，亦爲大祖廟。皆在路門之内。宗廟在路寢之東。宗廟在東，則社稷在西也。向説廟在庫門内，近儒説廟在雉門内。此据《國語》文及劉向《别録》，足證前説之謬。

宗廟

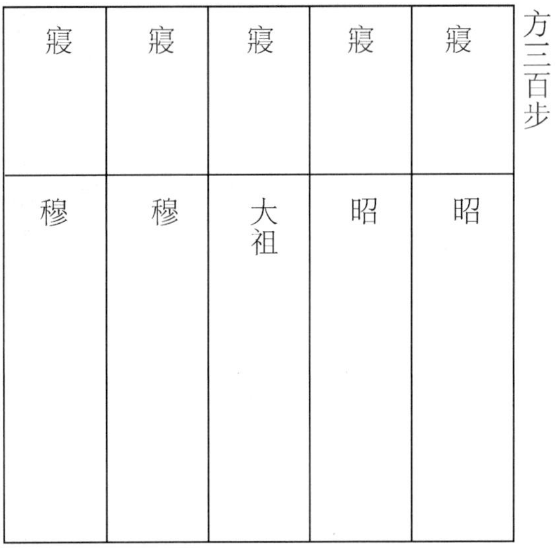

廟堂東西九雉，得四十五步。五乘之，得二百二十五步。其餘七十五步，足爲巷道、牆壁、闈門出入之地也。祧無寢。二祧與五廟不同處，無攷。

此宗廟也。周以后稷爲大祖，魯以文王爲大祖，亦曰大祖廟。五廟竝列，爲前廟後寢之制。大祖居中，二昭二穆在左右，方三百步所能容也。

燕寢

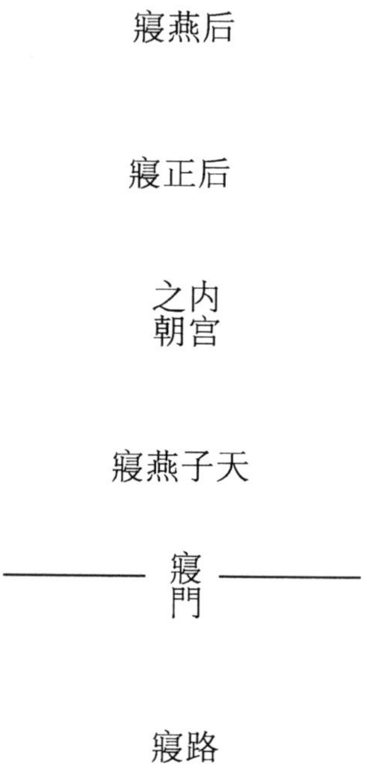

《衛風·碩人》傳云：「君聽朝於路寢，夫人聽內事於正寢。」績溪胡培翬云：「夫人常居在燕寢，每日聽事在正寢。正寢即夫人朝處，《左傳》所謂『內宮之朝』是也。毛《傳》言『夫人正寢』，足補《禮經》之未備。」

此据諸侯制，與天子同。

四廟五廟表

大祖（居中）	高（左昭）	曾（右穆）	祖（左昭）	禰（右穆）

高、曾、祖、禰，謂之四親廟。兼立大祖，是謂之五廟。高、曾、祖、禰當毁，而大祖不毁。五廟始於五服之親，自天子以至附庸，百王不易也。

周廟表

大祖	高（昭）	曾（穆）	祖（昭）	禰（穆）	祧（昭）	祧（穆）	世室	世室
成王時廟祧								
后稷	大王	王季	文王	武王	諸盩	亞圉		
穆王時廟祧								
后稷	武王	成王	康王	昭王	文王	王季		
共王時廟祧								
后稷	成王	康王	昭王	穆王	武王	文王		
懿王時廟祧世室								
后稷	康王	昭王	穆王	共王	成王	武王	文王	
孝王時廟祧世室								
后稷	昭王	穆王	共王	懿王	康王	成王	武王	文王

五廟，先王制也。立二祧爲七廟，周制也。高、曾、祖、禰、二祧次以昭穆，昭穆皆遷毀也。穆、共時，文、武已不在五廟之數。懿、孝時，文、武又不在二祧之數。其廟當毀不毀，納其主於世室，即以世室爲先王廟。世室，大室也。路寢之制，前堂爲大廟，中央爲大室。大室爲武王廟，則大廟爲文王廟。攷路寢爲大廟，詳於《月令》。路寢爲明堂，亦爲文王廟，見於《盛德》。先王遷主藏於文、武廟，見《周禮注》。覲禮在廟，廟爲文王廟，見《儀禮注》。天子崩喪畢行吉禘禮，皆在路寢，《尚書·顧命》載成王崩喪事，《春秋》書大事于大廟，諸侯之大事，天子之吉禘也。先儒不詳文、武廟，故表揭之。

魯廟表

大祖	高	曾	祖	禰
魯公時，周公在禰廟				
文王				周公
魏公時，周公已在遷廟				
文王	魯公	考公	煬公	幽公
厲公時，魯公已在遷廟				
文王	考公	煬公	幽公	魏公

此魯五寢廟之制。

魯宗廟得立出王廟。魯以文王爲大祖，猶周以后稷爲大祖也，百世不遷不毁也。《明堂位》：「魯公祀周公於大廟。」又云：「大廟，天子明堂。」魯公時，周公尚在禰廟。此大廟即路寢大廟，非昭穆之大祖廟也。《春秋》書大廟，先儒皆謂之周公廟。大廟，周公廟。大室，魯公廟。大廟，路寢大廟也。大室，路寢大室也。魯之周、魯，猶周之文、武也，百世不遷不毁也。不然，魯自魏公之世，周公主當遷；厲公之世，魯公主當遷。魏、厲已後，别立大廟、大室，則魯有七廟矣。不立大廟祀周公、大室祀魯公，則周、魯皆遷毁矣。奂竊持此議，而猶不敢妄作定論。及攷《春秋・文十三年》：「秋，大室屋壞。」《左傳》杜注云：「大室，大廟之室。」古大、世通。夏明堂曰世室。孔疏云：「《左氏》先師賈、服等皆以爲大廟之室也。」《漢書・五行志中》：「《春秋經》：『大事于大廟，躋釐公。』左氏説曰：『大廟，周公之廟，饗有禮義者也。釐雖愍之庶兄，嘗爲愍臣，臣子一例不得在愍上。又未三年而吉禘，前後亂賢父聖祖之大禮。故是歲自十二月不雨，至于秋七月。後年，若是者三，而大室屋壞矣。前堂曰大廟，中央曰大室。屋，其上重屋，尊高者也，象魯自是陵夷，將墮周公之祀也。』」引《穀梁》、《公羊經》曰：「世室，魯公伯禽之廟也。周公稱大廟，魯公稱世室。」然則前堂大廟爲周公廟，中央大室爲魯公廟。班孟堅稱引《左氏》先師舊説，必出自七十子微言大義，得此大根據，真可釋千載疑矣。魯用天子禮也。《詩・閟宫》篇弟四章三十八句言禘祀周公之禮，而既有白牡祀周公，又兼有騂剛祀魯公，此合祭之義，有可按者也。觀魯可以知周也。

明堂

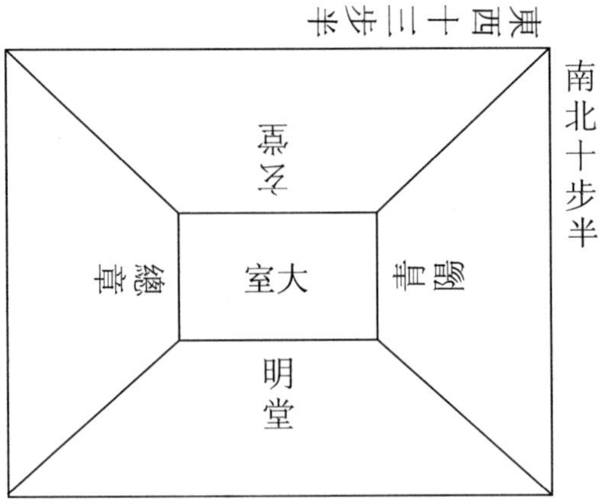

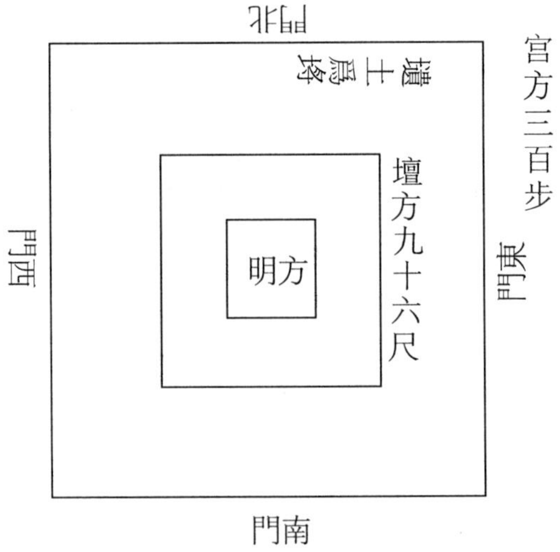

明堂有二：一爲《月令》之明堂九室之制，即天子之路寢也，在王宮之中；一爲《覲禮》之壇，設四門，無室、廟、个之制，在郊。向説合二爲一，今据金氏榜《禮箋》證前説之謬。

學

東序　成均（王宮之學，謂之四門大學，從辟雝之制）　上庠　瞽宗

郊學　郊學　郊學　郊學

六鄉之中有州序、黨庠，謂之鄉學。六鄉之境有郊學，謂之四郊小學，亦從辟雝之制，距國百里。〇六遂之中有遂學，遂學在縣鄙，亦如鄉學之在於州、黨也，距國二百里。

殷制小學在公宮南之左，大學在郊，故文王辟雝爲大學，猶在郊，《靈臺》詩是也。周制在王宮者爲四門大學，在郊者爲四郊小學，故武王辟雝爲小學，爲四郊小學，《文王有聲》詩是也。諸侯從殷制，故《禮器》言魯人頖宮或作郊宮。此諸侯大學在郊之證。魯大廟從天子明堂制，於明堂四門設四學，《明堂位》亦有泮宮也。

四時禘祫表

春	夏	秋	冬	三年	五年
祠	礿	嘗	烝	祫	禘

祠、礿、嘗、烝，四時祭名。三年一祫，五年一禘，閒于四時之中。禘在夏，祫在秋。諸侯五年逢禘則廢夏礿，三年逢祫則廢秋嘗。天子禘不廢礿，祫不廢嘗。魯用周禮，與天子同。《閟宮》傳云：「諸侯夏禘則不礿，秋祫則不嘗，唯天子兼之。」

天子大禘表

初喪一年	二年	三年
不行四時之祭，唯祭天地社稷。	不行四時之祭，唯祭天地社稷。	天子以路寢爲新宮。喪畢行大禘禮，在路寢大廟。毀廟、未毀廟、郊宗石室皆合食焉。既禘而行大祫，在大祖廟。諸侯亦以路寢爲新宮。喪畢特祀其主，無大禘之禮。除喪即祫。此謂吉禘、吉祫也。自此而後，入昭穆之次。三年祫、五年禘矣。

此吉禘也，唯天子喪畢行之禮。吉禘在路寢之大廟，時禘在昭穆之大祖廟，皆廟祭也。禘天於圜丘、禘地於方丘爲郊祭。

文王受命七年表

一年（商紂十四祀）	二年（商紂十五祀）	三年（商紂十六祀）
斷虞、芮之訟，《緜》云「虞芮質厥成」是也。〇天下聞而歸者四十餘國。	伐邘。《韓子》作「盂」，邘、盂同聲。《禮記·文王世子》疏引《大傳》作「鬼方」。伐邘不見於《詩》、《書》。《荀子》云「文王誅四」，或不數邘也。	伐密須。《皇矣》云：「密人不共，敢距大邦。侵阮徂共，王赫斯怒。爰整其旅，以按徂旅。」
四年（商紂十七祀）	**五年（商紂十八祀）**	**六年（商紂十九祀）**
伐犬夷。《出車》云：「赫赫南仲，薄伐西戎。」《緜》云：「昆夷駾矣。」西戎、混夷皆即犬戎也。 度鮮原、宅程，三州之侯咸率。	伐耆。《説文》：「𨚕，殷諸侯國。」作「黎」者，俗也。〇殷囚文王於牖里，旋釋之。此據《大傳》被囚謂五年。《書序》「殷始咎周，周人乘黎」，故鄭注被囚在乘黎前，而《史記》又載在作西伯之前，非是。 大公望、散宜生、閎夭、南宮适爲疏附、先後、本走、禦侮四臣。	伐崇。《大傳》云：「紂謂文王曰：『非子辠也，崇侯也。』遂遣西伯伐崇。」《皇矣》云「以伐崇墉」是也。 三分天下有二，合六州之侯奉勤于商。
七年（商紂二十祀）		
遷豐。當在六年之末、七年之初。《文王有聲》云：「文王受命，有此武功。既伐于崇，作邑于豐。」 作靈臺、辟雝。文王崩。		

周公攝政七年表

一年（成王遭喪，踰年即位，改元） 伐武庚、伐奄。此東征一年也。 作《大誥》。	二年（成王二年） 誅武庚、誅管叔、蔡叔。此東征二年也。鄭注《大傳》：「克殷，謂誅管、蔡及禄父。」是矣。箋《詩》以爲攝政東征乃在迎歸之後，其説誣也。 周公作《鴟鴞》。	三年（成王三年，喪畢） 伐奄，討其君。此東征三年也。其年春，周大夫作《破斧》、《伐柯》、《九罭》。冬，周公歸朝廷，作《東山》。《閔予小子》、《敬之》、《訪落》、《小毖》四篇皆成王喪畢之詩。
四年（成王四年） 建侯衛。周公、召公、大公爲三公，以奄益魯，以薄姑益齊，以薊益燕，開方皆五百里。魯又加五等附庸，方七百里。〇成王在酆，使召公先相宅。作《召誥》。	五年（成王五年） 營成周，作《雒誥》。 郊祀后稷，宗祀文王於明堂。 周公既成雒邑，朝諸侯，祀文王于清廟。	六年（成王六年） 周公居鎬京，朝諸侯于明堂之位。 制禮作樂。明堂之祭，文王爲祖，武王爲宗。《我將》宗文王，猶在制禮前也。圜丘以帝嚳配，作《昊天有成命》。南郊以后稷配，作《思文》。時享祀先王、先公，作《天作》。時禘於大祖，作《雝》。大平告文王，作《維天之命》。《象》，文王樂，作《維清》。《大武》，武王樂，作《武》。告成大武，作《酌》。改鞉鼓爲縣鼓，益崇牙以置羽，作《有瞽》。
七年（成王七年） 周公致政。 周大夫作《狼跋》。周公作《七月》以戒成王。 成王即政，諸侯助祭，作《烈文》。		

樂縣方位圖說

宮縣

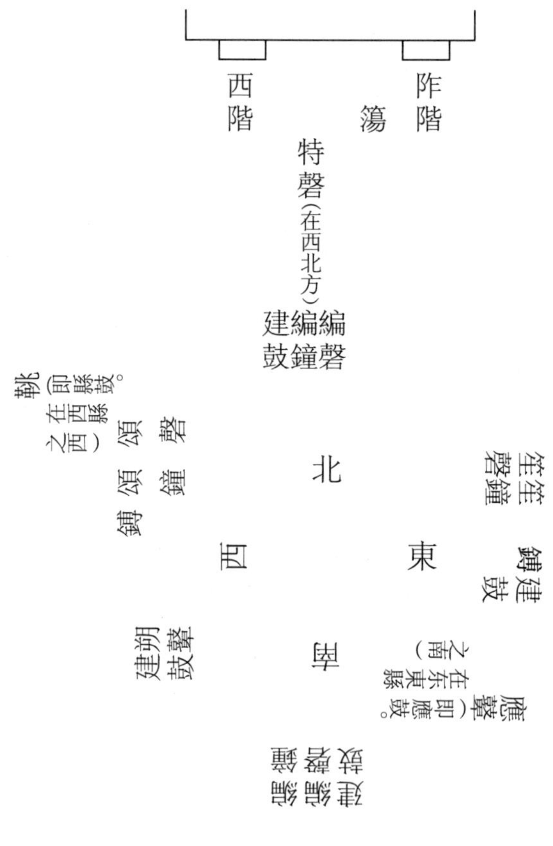

此天子宮縣也。四面皆有編鐘、編磬、建鼓也。玉磬在西北方，東、西二鎛，鞉鼓在頌磬之西，三者皆特縣之。向說鞉鼓爲小鼓，据《有瞽》、《那》傳，可證諸說之謬。

衣服圖說

冕服（凡冕服之衣皆侈袂）

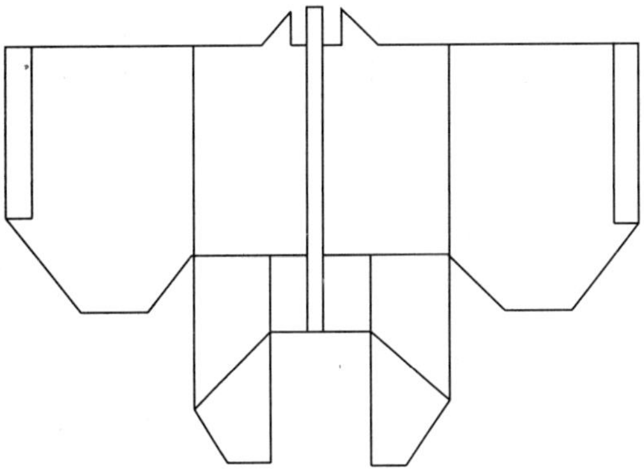

裳（前三幅，後四幅）

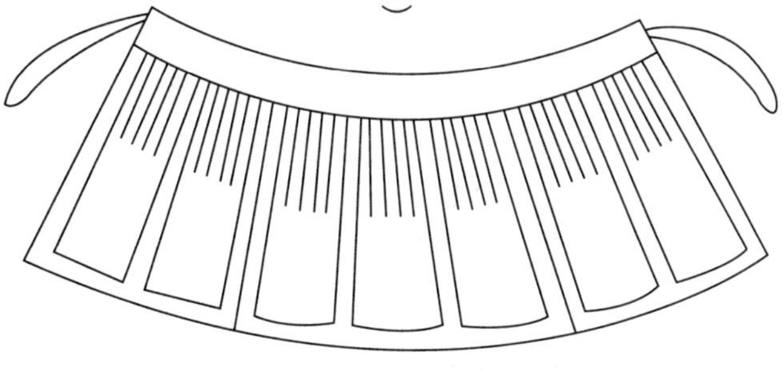

周人冕服，上衣皆玄，下裳爲衮、鷩、毳、希之等制，《玉藻》所謂「衣正色，裳閒色」也。向説畫衣不畫裳，此据許叔重《説文解字》，而與群經無不脗合，足證諸説之謬。

深衣

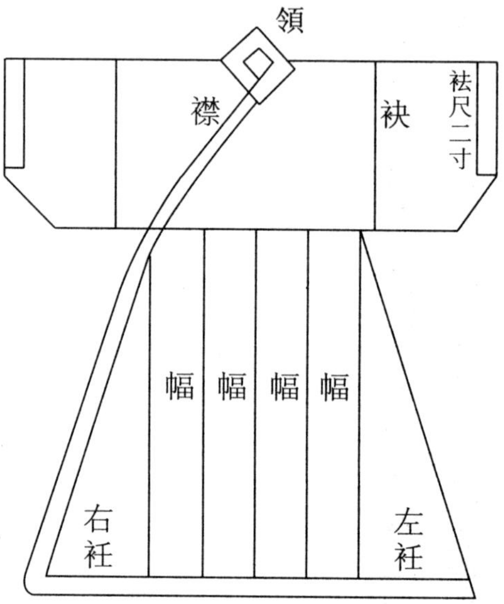

深衣，唐、虞朝祭服皆用此制。《禮記·深衣》篇：「制十有二幅。」引《易》曰：「坤，六二之動，直以方也。」垂衣裳而取諸乾、坤之義也。又《王制》篇：「有虞氏皇而祭，深衣而養老。」於祭言皇，於養老言深衣，互文，是其義也。周人朝服與祭服中衣亦皆用此制。上曰衣，下曰裳，衣裳相連。

玉佩

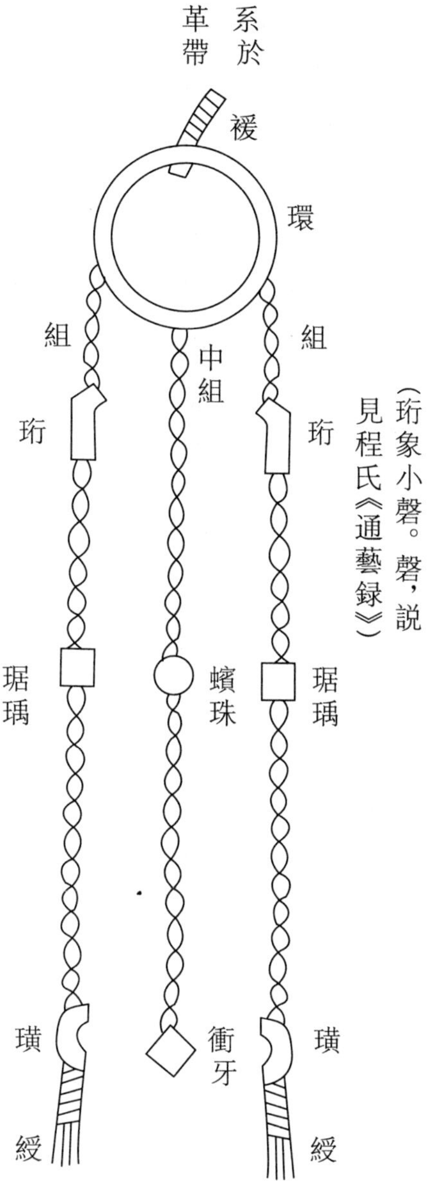

向説佩玉一珩，珩下垂二組，中用一組，以交結爲之。凡琚瑀、蠙珠爲納閒之玉，皆不得而明也。此据《大戴禮》原文及三《禮》舊圖。

車輔

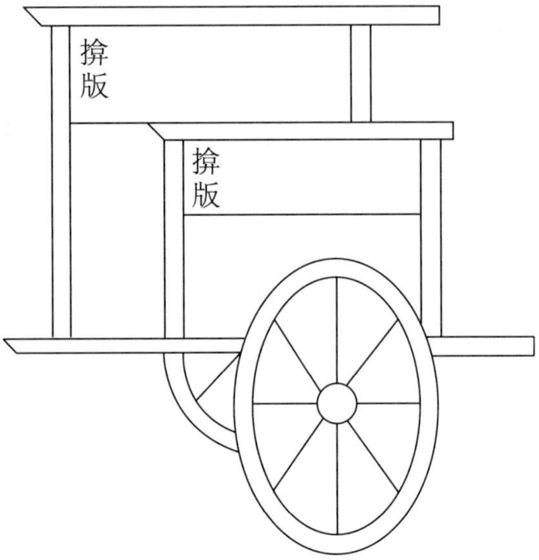

大車任載，其兩旁揜版謂之輔。人之兩頰曰口輔，義取諸此也。向説輔不得其解，故繪以明之。

旐

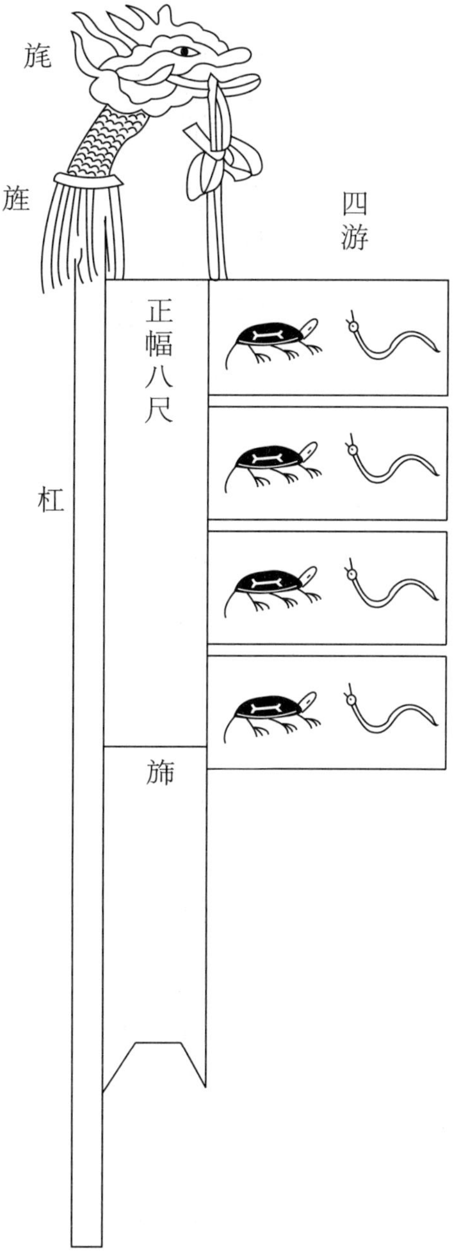

旐四游，黑色。《爾雅》云：「緇廣充幅，長尋。繼旐曰旆。」《周禮》縣鄙郊野所建載之旐無繼旐，其制不同。孫炎云：「帛續旐末，亦長尋。」未知据何書。

凡旗皆有旄有旌。

旟

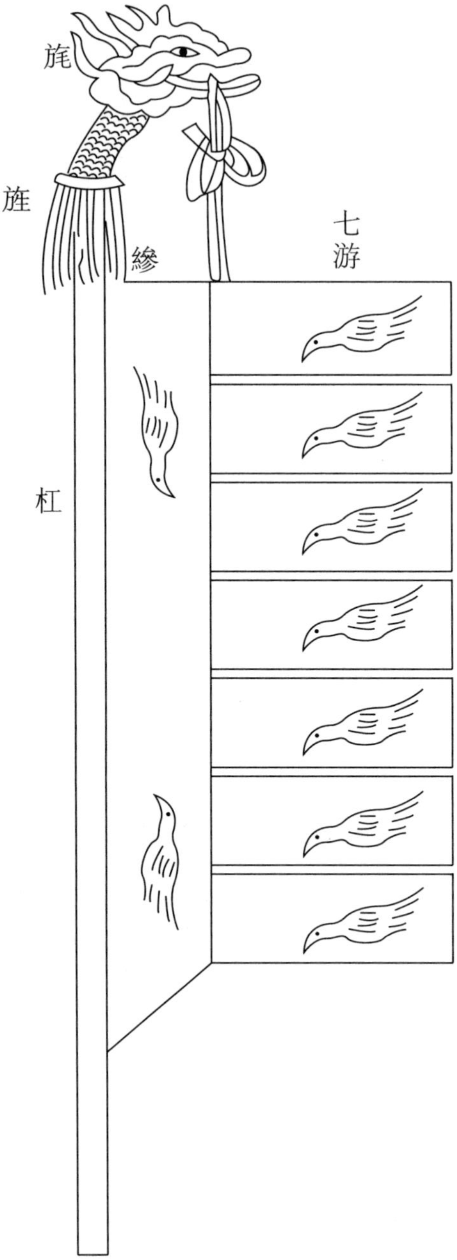

旟七游，赤色。流縿皆有鳥文。《爾雅》云：「錯革鳥曰旟。」《六月》傳云：「錯革鳥爲章。」章，縿也，謂旟之畫鳥於縿也。與《周禮》百官州里所建載之旟其制不同。向説旟只有一旟，此据《六月》傳。

邶鄘衛及韋顧昆吾圖

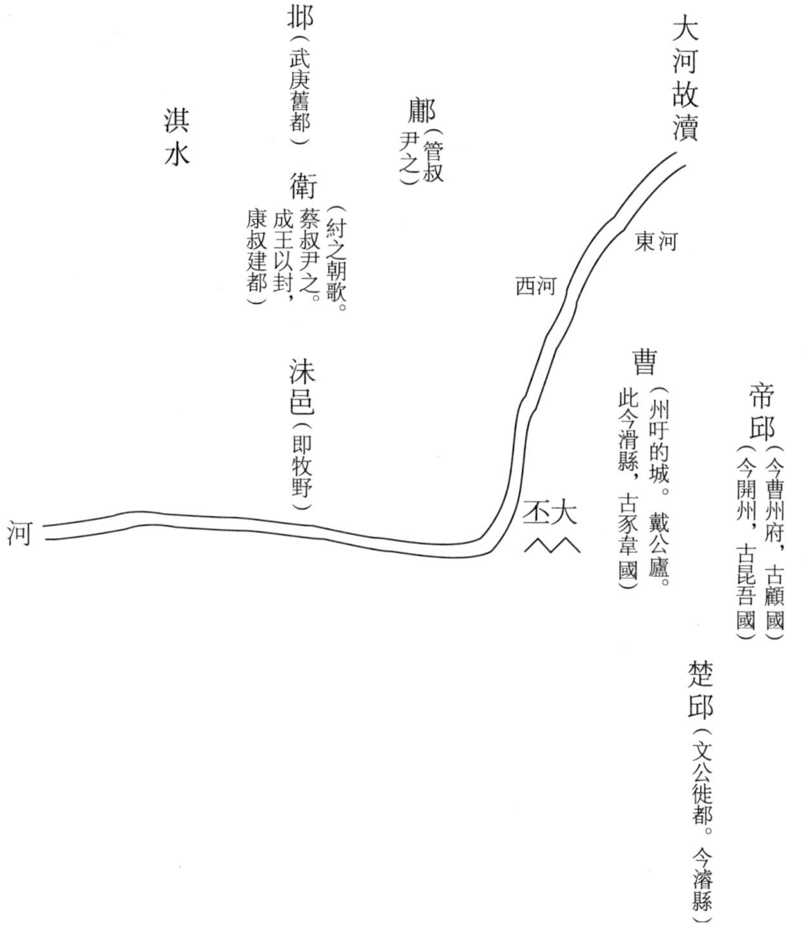
大河故瀆
邶（武庚舊都）
鄘（管叔尹之）
淇水
衛（紂之朝歌。蔡叔尹之。成王以封，康叔建都）
東河
西河
沫邑（即牧野）
河
大丕
曹（州吁的城。戴公廬。此今滑縣，古豕韋國）
帝丘（今曹州府，古顧國）（今開州，古昆吾國）
楚丘（文公徙都。今濬縣）

邰邠岐豐鎬及秦圖

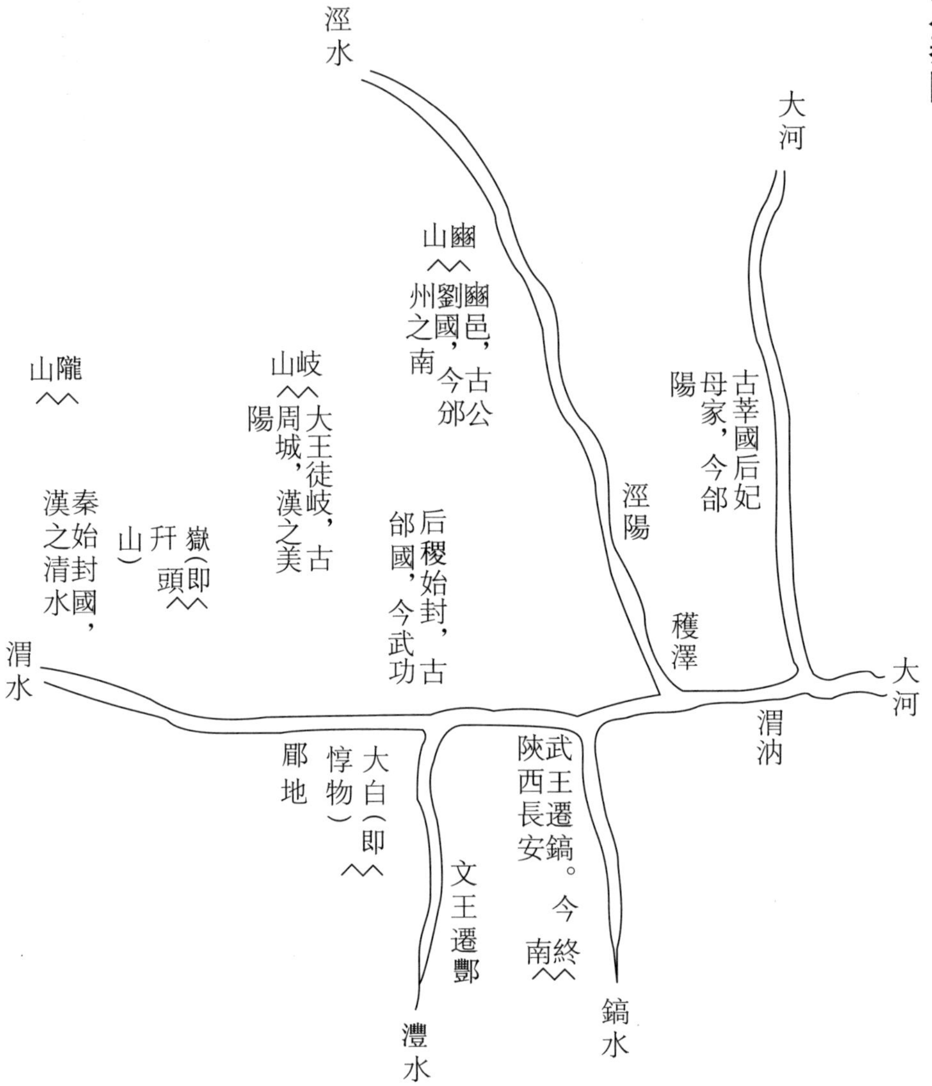
涇水
大河
豳山
豳邑，古公劉國，今邠州之南
隴山
岐山
大王徙岐，古周城，漢之美陽
古莘國后妃母家，今郃陽
涇陽
穫澤
后稷始封，古邰國，今武功
嶽（即汧頭山）
秦始封國，漢之清水
渭水
大河
渭汭
郿地
大白（即惇物）
武王遷鎬。今陝西長安
終南
文王遷酆
灃水
鎬水

毛詩傳義類

〔清〕陳奐 撰

序

《爾雅》周公所作，昔儒既疏明而詳説之矣。大毛公生當六國，去周初未遠。孔子没，而七十子微言大義殆未埽滅，故其作《詩故訓傳》。《傳》義有具於《爾雅》，有不盡具於《爾雅》，用依《爾雅》編作《義類》。胡子培翬曰：「子既宗《毛詩》而爲《傳》作疏矣，引推《傳》義通釋群經，經有未備者，則補綴之；釋有未當者，則振救之。若然，則《毛詩傳》可以紹統《爾雅》，而旁通發揮、淹貫博洽，以餉後之學者，不亦美備矣乎？」奂曰：「善請爲胡子略陳之。《北山》傳曰：『賢，勞也。』不作賢才解。《論語·憲問》篇：『賜也賢乎哉？夫我則不暇。』『賢』訓『勞』，言賜勞而我無暇也。《陽貨》篇：『不有博奕者乎？爲之，猶賢乎已。』『賢』訓『勞』，言博奕猶勞用其心也。若作賢才解，失其義矣。《里仁》篇：『見賢思齊焉。』『齊』訓『正』，言見賢而思就正也。若作齊截解，失其義矣。蓋古義韜晦，而今義熾昌，古音、古義載見諸《傳》者，有足據也。又如臯門之爲郭門、鞉鼓之爲縣鼓，東漢諸儒已失其真。其逸禮、遺典有藉《傳》以箸明者，亦足徵也。」今胡子歸道山，痛良友之云亡，念余年之將老，畢生思力，薈萃於疏。而以經通《傳》，以《傳》證經，引而伸之，擴而充之，切切然恐不能卒其業也。姑就與胡子之言，舉其二三，箸爲略例，疏明詳説，則竢諸後賢。

毛詩傳義類十九篇

長洲陳奐碩甫氏編

釋故弟一

淑、吉、良、臧、穀、時、義、祥、慶、類、价、儀，善也。淑，《關雎》、《韓奕》。吉，《摽有梅》、《天保》二見。良，《日月》、《鶉之奔奔》、《黄鳥》。穀，《東門之枌》、《黄鳥》、《甫田》。類，《既醉》、《桑柔》、《瞻卬》三見。臧，《雄雉》、《定之方中》、《野有曼草》、《還》、《頍弁》五見。一見不箸。　逑、儀、特、仇，匹也。仇，《無衣》、《皇矣》二見。　流、祈、干，求也。　悠、懷、傷、惄、論，思也。懷，《卷耳》、《野有死麕》、《齊·南山》、《常棣》四見。　言、卬、予，我也。言，《葛覃》、《彤弓》、《文王》。卬，《匏有苦葉》、《白華》、《生民》三見。

寧、綏、静、慰、宴、燕、保、遂、密、柔、康，安也。綏，《樛木》、《楚茨》。柔，《民勞》、《時邁》二見。慰，《豈風》、《車舝》、《緜》三見。燕，《新臺》、《鹿鳴》、《文王有聲》、《雝》。保，《山有樞》、《南山有臺》、《楚茨》、《常武》四見。　行、烈、役，列也。　陟、躋、乘，升也。躋，《蝃蝀》、《蒹葭》、《斯干》、《長發》四見。　虺穨、瘏、閔、痗、疚、瘥、瘨、痒、瘉、里、瘁、邛、祇、痱、瘼、疷、瘵、癉、梗、鋪，病也。痡，亦病也。瘏，《卷耳》、《鴟鴞》。痗，《伯兮》、《十月之交》。疚，《采薇》、《閔予小子》。瘉，《正月》、《角弓》。瘁，《雨無正》、《瞻卬》。瘼，《四月》、《桑柔》。疷，《無將大車》、《白華》。瘵，《菀柳》、《瞻卬》二見。閔，《柏舟》、《鴟鴞》、《閔予小子》三見。

永、育、條、正、脩、猗、伯、駿、引、覃、裦、融、肆、修、曼，長也。永，《卷耳》、《漢廣》、《常棣》、《文王》。正，《尸鳩》、《斯干》、《節南山》、《玄鳥》。引，《楚茨》、《行葦》、《卷阿》、《召旻》四見。育，《谷風》、《生民》。駿，《雨無正》、《清廟》二見。　盱、罹、悄、恤、離、戚，憂也。罹，《兔爰》、《斯干》。恤，《杕杜》、《祈父》二見。

將、任、簡、蓆、訏、甫、荒、皐、夏、碩、廣、膚、元、壯、祁、空、芋、弘、項、憮、廢、溥、介、景、皇、壬、嘏、墳、京、駿、冢、戎、倬、假、廓、路、光、奄、濯、誕、昄、張、汾、純、封、豐、淫、佛、供、桓，大也。將，《樛木》、《破斧》、《正月》、《我將》、《長發》五見。訏，《溱洧》、《生民》、《抑》。荒，《悉蟀》、《公劉》、《天作》。景，《小明》、《車舝》、《玄鳥》。駿，《文王》、《嵩高》、《長發》三見。甫，《甫田》、《車攻》。夏，《權輿》、《時邁》。廣，《六月》、《雝》。元，《六月》、《采芑》。溥，《北山》、《公劉》。介，《小明》、《生民》。嘏，《賓之初筵》、《卷阿》。京，《文王》、《大明》。路，《皇矣》、《生民》。濯，《文王有聲》、《常武》。誕，《生民》、《生民》。封，《烈文》、《殷武》二見。皇，《楚茨》、《楚茨》、《皇矣》、《文王有聲》。假，《思齊》、《那》、《烈祖》、《烈祖》四見。戎，《緜》、《思齊》、《民勞》、《烝民》、《韓奕》、《江漢》、《烈文》七見。

成、即、集、仍，就也。集，《小旻》、《大明》二見。

于、逝、行、徂、王，往也。于，《桃夭》、《雨無正》二見。逝，《二子乘舟》、《東門之枌》、《杕杜》三見。

薄、思、止、載、忌、且、訊，辭也。思，《漢廣》、《文王》二見。

采、捋、塈、手、養，取也。

秣、將、艾、畜、鞠，養也。艾，《南山有臺》、《桑扈》二見。

遵、率，循也。遵，《汝墳》、《遵大路》二見。率，《北山》、《緜》、《訪落》三見。

肆、羨、蘖，餘也。

遐、洵、瑕、洞、逷、狄、悠，遠也。遐，《汝墳》、《棫樸》二見。

邇、鄰、暱、寺，近也。邇，《汝墳》、《東門之墠》、《杕杜》、《小旻》四見。

盈、實、牣，滿也。盈，《鵲巢》、《匏有苦葉》二見。

說、懌、虜，服也。

夷、均、成，平也。夷，《草蟲》、《出車》、《節南山》、《桑柔》、《召旻》五見。成，《節南山》、《緜》二見。

尸、適、司、職，主也。職，《悉蟀》、《十月之交》、《蕩》三見。

齊、肅、翼、熯、禋、恪、嚴、虔，敬也。肅，《何彼襛矣》、《清廟》二見。翼，《六月》、《文王有聲》、《行葦》、《卷阿》四見。

翦、違、除、遷、弗、泄、推，去也。違，《殷其靁》、《節南山》二見。

伐、考、剥，擊也。伐，《甘棠》、《采芑》二見。

愒、塈、閡、休，息

也。愒，《蔽芾》、❶《菀柳》、《民勞》三見。塈，《谷風》、《假樂》二見。

隧、訓，道也。 行、誘、遹、路、言、猶、倫、徹、牖、隧、訓，道也。行，《行露》、《北風》、《載馳》、《鹿鳴》、《行葦》五見。猶，《采芑》、《斯干》、《小旻》、《小旻》、《版》、《抑》、《訪落》七見。訓，《烝民》、《烈文》二見。

紞、總、説、畷、僭、婁、麗，數也。

息、處、定、濟、集、弭、懲、沮、遏、按、承，止也。息，《殷其靁》、《葛生》、《蜉蝣》、《民勞》四見。處，《江有汜》、《鳧鷖》。沮，《巧言》、《雲漢》二見。

處、里、土、宇、度、宅，居也。處，《殷其靁》、《四牡》、《黃鳥》。宇，《緜》、《桑柔》、《閟宮》三見。度，《緜》、《皇矣》。宅，《皇矣》、《閟宮》二見。

摽、霝、蘀，落也。蘀，《七月》、《鶴鳴》二見。

征、將、邁、發、步、游，行也。將，《燕燕》、《簡兮》、《丰》、《楚茨》、《文王》、《既醉》、《烝民》、《敬之》八見。邁，《黍離》、《悉蟀》、《東門之枌》、《時邁》四見。步，《白華》、《桑柔》二見。

感、吪、悼、蠢、抏、妯、蹈、蹶、震、騷，動也。吪，《兔爰》、《無羊》。蹶，《緜》、《版》二見。震，《生民》、《時邁》、《閟宮》三見。

雝、懷、燮、輯、靖、龍，和也。雝，《何彼襛矣》、《清廟》。懷，《皇皇者華》、《版》。輯，《版》、《抑》。龍，《酌》、《長發》二見。

平、飭、佶、齊、尹，正也。平，《何彼襛矣》、《那》二見。

茁、升、沸，出也。

茹、揆、虞，度也。

慍、懠、奰，怒也。

訧、尤、愆、慆、瑕、咎、適，過也。

瞻、相、監、題，視也。瞻，《燕燕》、《雄雉》、《節南山》三見。

淵、究、幽、浚、濬、罙，深也。

惠、婉、若，順也。若，《烝民》、《閟宮》二見。

逝、噬、曷，逮也。

暴、遄、稷、敏、肆，疾也。遄，《泉水》、《巧言》、《烝民》三見。敏，《甫田》、《文王》、《生民》、《江漢》四見。肆，《大明》、《皇矣》二見。

懷、悼、怛、弔、揚，傷也。

偕、具、皆，俱也。偕，《擊鼓》、《陟岵》。具，《大叔于田》、《節南山》二

❶「蔽芾」，徐子静本、《清經解續編》本同，前文作「甘棠」。

見。　信、屈、騁，極也。屈，《節南山》、《蕩》二見。　詒、問、賂，遺也。詒，《雄雉》、《天保》二見。　展、苟、亶、慎、諶，誠也。展，《雄雉》、《君子偕老》。亶，《祈父》、《版》。慎，《白駒》、《巧言》二見。　逝、適、旃，之也。適，《北門》、《緇衣》、《四月》三見。　鞫、穹、究、空、谷，窮也。鞫，《谷風》、《齊·南山》、《小弁》三見。究，《鴻雁》、《蕩》二見。　旨、茂、休、膚、徽、嘉、懿、穆、皇、鑠，美也。茂，《還》、《生民》。休，《破斧》、《民勞》。膚，《狼跋》、《文王》。皇，《烈文》、《執競》二見。　肄、勩、憚、賢、勤，勞也。憚，《大東》、《小明》、《雲漢》三見。　式、由、庸、自、試、讎、率、以，用也。式，《式微》、《節南山》。庸，《兔爰》、《齊·南山》。自，《唐·羔裘》、《緜》二見。　微、靡、蔑、莫，無也。微，《式微》、《伐木》二見。　臻、之、極、括、周、弔、來、戾、厎、詹、迄、格、止、摧、假、戒，至也。臻，《泉水》、《雲漢》。弔，《天保》、《節南山》。詹，《采緑》、《閟宫》。迄，《生民》、《維清》。止，《抑》、《泮水》。假，《雲漢》、《泮水》二見。極，《載馳》、《齊·南山》、《菀柳》、《嵩高》四見。戾，《采芑》、《小宛》、《采菽》三見。　寫、襄、舍、抽，除也。襄，《牆有茨》、《出車》二見。　渥、埤、敦、篤、媾、單、毗、膴、腹、腜、醹、僤、厖，厚也。篤，《椒聊》、《大明》、《公劉》三見。單，《天保》、《昊天有成命》二見。　遺、佗、倚，加也。　惠、恩、媚、字，愛也。惠，《北風》、《褰裳》二見。　亟、棘、頻、絿，急也。　諒、允、洵、亶、單、孚、忱、命，信也。　崇、彌、酋，終也。彌，《生民》、《卷阿》二見。　畀、卜、賚、釐，予也。　簣、鬱、柴、茨、槱，積也。　考、要、質、構、登，成也。考，《考槃》、《江漢》、《載芟》、《絲衣》四見。質，《天保》、《緜》、《抑》三見。　槃、耽、娛、康、愉、衎、豈、喜、弁，樂也。康，《悉蟀》、《臣工》。衎，《南有嘉魚》、《那》。喜，《彤弓》、《菁菁者莪》二見。　軸、御、餤、烝、蓋、許、迪，進也。烝，《信南山》、《甫田》二見。　穀、作、達，生也。作，《采薇》、《天作》二見。

造、租、奏，爲也。造，《兔爰》、《思齊》、《閔予小子》、《酌》四見。　狃、嗣、閑、毌，習也。　揚、煇、頌、顯、烈，光也。顯，《文王》、《執競》二見。　阜、昌、熾，盛也。昌，《還》、《猗嗟》。熾，《六月》、《版》二見。　洵、傭、員、隕，均也。　侯、皇、林、烝、后、辟、天、公，君也。辟，《蕩》、《殷武》二見。　士、貫、功、公、載、仕、物，事也。士，《褰裳》、《東山》、《祈父》、《敬之》、《桓》五見。功，《七月》、《崧高》二見。公，《天保》、《靈臺》、《江漢》、《酌》四見。　夷、好、易、懌，説也。夷，《風雨》、《那》二見。　殷、烝、庶、師、旅、醜，衆也。烝，《東山》、《烝民》。師，《采芑》、《韓奕》。旅，《北山》、《大明》二見。醜，《緜》、《民勞》、《泮水》三見。　儇、佽、覃、略，利也。　令、誶、鞫，告也。　選、同、將、黎、翦，齊也。　聿、潰、對，遂也。潰，《小旻》、《召旻》二見。對，《皇矣》、《蕩》、《江漢》三見。　佽、右、相，助也。相，《生民》、《清廟》、《雝》三見。　左、右，助也。　周、局、卷，曲也。　耋、耇、耄，老也。　殲、罄、卒、填、空、没、殄，盡也。罄，《天保》、《蓼莪》二見。　禦、應、丁、膺，當也。應，《下武》、《賚》二見。　承、纘、武、紹，繼也。纘，《七月》、《大明》二見。　權輿、殆、肈、俶、基、載、落、作，始也。肈，《生民》、《維清》二見。　值、負、捫，持也。　昔、艾、填，久也。填，《桑柔》、《瞻卬》二見。　苞、基、氏，本也。苞，《下泉》、《斯干》、《生民》、《常武》、《長發》五見。　陽、朗、旦、緝，明也。　遒、敕、膠、假、虔、鞏、肆，固也。虔，《韓奕》、《長發》二見。　捊、戢、收、遒，聚也。捊，《常棣》、《般》、《殷武》三見。戢，《桑扈》、《時邁》二見。　儐、繹、尸、肆、旅、矢，陳也。繹，《車攻》、《常武》、《賚》。矢，《大明》、《皇矣》、《卷阿》三見。肆，《楚茨》、《行葦》。旅，《賓之初筵》、《殷武》二見。　翕、洽、逑，合也。翕，《常棣》、《大東》、《般》三見。洽，《正月》、《版》二見。　圖、莫、靖、究、謨、肇、猶、訪，謀也。靖，《小明》、《召旻》、《我將》三見。除、契、辟，開也。戩、祉、祿、富，福也。祉，《六月》、《巧言》二見。貺、釐、賚，賜也。醻、酢、祈，報也。酢，《楚茨》、《瓠葉》二見。則、憲、辟、程、式、刑、典、共，法也。則，《六月》、《烝民》。憲，《六月》、《桑扈》。辟，《雨無正》、《版》。式，《楚茨》、《下武》二見。刑，《文王》、《思齊》、《抑》、《我將》四見。復、覆、襄，反也。覆，《雨無正》、《桑柔》二見。薦、申、身、崇，重也。薦，《節南山》、《雲漢》二見。申，《采菽》、《嘉樂》、《烈祖》三見。厲、醜、耆、慝，惡也。厲，《正月》、《桑柔》、《瞻卬》三見。烕、忽、泯，滅也。戾、莫、休、疑，定也。戾，《雨無正》、《桑柔》、《雲漢》三見。莫，《皇矣》、《版》二見。經、秩、夷、彝、典，常也。秩，《賓之初筵》、《烈祖》。夷，《皇矣》、《瞻卬》二見。艾、甸、易、靖、茀、徹、截、撥，治也。甸，《信南山》、《韓奕》。徹，《公劉》、《嵩高》二見。格、懷、戾，來也。矜、汔、厲、幾、業、危，也。昭、覿、覲、顯，見也。覿，《公劉》、《抑》二見。合、對、匹，配也。烈、績、緒，業也。烈，《思齊》、《執競》、《武》三見。恒、宣、旬、皆，徧也。壼、熙、光、幅，廣也。堪、勝、何，任也。

釋言弟二

芼、差，擇也。覃、曼，延也。斁、甘，厭也。害、胡，何也。胡，《日月》、《風雨》二見。寘、奠，置也。寘，《卷耳》、《伐檀》、《生民》三見。履、穀，祿也。縈、云，旋也。掇、叔，拾也。赬、騂，赤也。孔、已，甚也。孔，《汝墳》、《鄭·羔裘》、《小戎》三見。將、贈，送也。于、爰，於也。于，《采蘩》、《燕燕》。爰，《桑中》、《緜》二見。覿、晤，遇也。降、流，下也。季、大，少也。説、館，舍也。館，《緇衣》、

《公劉》二見。 速、號，召也。 素、皦，白也。 斯、且，此也。 寔、時，是也。時，《四驖》、《十月之交》、《文王》、《訪落》四見。 伊、侯，維也。伊，《何彼襛矣》、《雄雉》、《蒹葭》。侯，《六月》、《文王》、《下武》三見。 隱、恫，痛也。 俾、拼，使也。俾，《綠衣》、《天保》二見。 勖、茂，勉也。 冒、蒙，覆也。 忮、曷，害也。忮，《雄雉》、《瞻卬》。曷，《菀柳》、《長發》二見。 濟、杭，渡也。 泮、渙，散也。 屑、蠲，絜也。屑，《谷風》、《君子偕老》二見。 閲、涵，容也。 聊、將，願也。 譎、刺，責也。 慝、回，邪也。回，《小旻》、《鼓鐘》二見。 遄、寁，速也。 控、永，引也。 綽、紓，緩也。 幩、賁，飾也。 茀、屏，蔽也。 賄、資，財也。 爽、僭，差也。爽，《氓》、《蓼蕭》二見。❶ 極、貫，中也。極，《氓》、《園有桃》、《思文》三見。 佸、括，會也。 改、革，更也。 慢、舒，遲也。 介、會，甲也。 渝、忒，變也。 款、投，棄也。 踐、俴，淺也。 素、曠，空也。 猶、哿，可也。猶，《陟岵》、《白華》。哿，《正月》、《雨無正》二見。 號、叫，呼也。 朋、防，比也。 緄、縢，繩也。 作、興，起也。 漚、渼，柔也。 溉、濯，滌也。 隕、貶，隊也。隕，《七月》、《小弁》、《緜》三見。 疆、卒，竟也。 戎、胥，相也。胥，《緜》、《公劉》二見。 孺、贅，屬也。 喬、翰，高也。喬，《伐木》、《時邁》二見。 固、攻，堅也。 聘、訊，問也。 捷、克，勝也。 腓、遹，辟也。腓，《采薇》、《生民》二見。 弟、夷，易也。夷，《節南山》、《天作》、《有客》三見。 右、侑，勸也。 鄉、攸，所也。鄉，《采芑》、《殷武》二見。 皋、雝，澤也。 錯、鍛，石也。 似、胤，嗣也。似，《斯干》、《常常者華》、

❶「二」，原作「三」，徐子靜本、《清經解續編》本同，據《詩毛氏傳疏》卷五《氓》與卷十七《蓼蕭》傳疏改。

《卷阿》、《江漢》四見。 訩、岸，訟也。 繁、那，多也。那，《桑扈》、《那》二見。 勝、騰，乘也。騰，《十月之交》、《閟宫》二見。 窘、喙，困也。 淪、遵，率也。淪，《雨無正》、《抑》二見。 敷、賦，布也。 又、反，復也。 璲、竇，瑞也。 庭、覺，直也。庭，《大田》、《韓奕》、《閔予小子》三見。 翰、楨，榦也。翰，《桑扈》、《文王有聲》、《版》、《嵩高》四見。 的、相，質也。相，《棫樸》、《桑柔》二見。 載、嶷，識也。 方、威，則也。 攻、俶，作也。 寮、工，官也。 義、儀，宜也。 章、綴，表也。 虹、訌，潰也。 毖、溢，慎也。毖，《桑柔》、《小毖》二見。 疊、竦，懼也。 荒、域，有也。 寤，覺也。 寐，寢也。 施，移也。 汙，煩也。 姑，且也。 荒，奄也。 干，扞也。《兔罝》、《采芑》二見。 錯，襍也。 輖，朝也。 既，已也。 燬，火也。 止，足也。 定，題也。 夙，早也。《采蘩》、《東方未明》、《生民》三見。 湘，亨也。 獄，埆也。 遑，暇也。《殷其靁》、《四牡》二見。 宵，夜也。《小星》、《七月》二見。 猶，若也。《小星》、《鼓鐘》二見。 苞，裹也。 舒，徐也。《野有死麕》、《常武》二見。 緡，綸也。 據，依也。 塞，瘞也。瘞，當作「實」。 古，故也。《日月》、《烝民》二見。 音，聲也。 疐，跲也。《終風》、《狼跋》二見。 聖，叡也。 阻，難也。《雄雉》、《谷風》二見。 濡，漬也。 迨，及也。《匏有苦葉》、《鴟鴞》二見。 違，離也。 慉，興也。《釋文》：「王肅作『起』。」 御，禦也。 誕，闊也。 摧，沮也。 虛，虛也。 俟，待也。《静女》、《相鼠》、《箸》三見。 殄，絶也。 願，每也。 矢，誓也。 詳，審也。 讀，抽也。 秉，操也。 祝，織也。 閟，閉也。《載馳》、《閟宫》二見。 諼，忘也。 氓，民也。 垝，毀也。 遷，徙也。《氓》、《賓之初筵》、《殷武》三見。 隕，隋也。泮，坡也。甲，狎也。戌，守也。仳，别也。聰，聞也。璊，赬也。將，請也。《將仲子》、《正月》二見。踰，越也。罕，希也。摻，擥也。宜，肴也。都，閑也。擇，槁也。瘳，愈也。《風雨》、《瞻卬》二見。迋，誑也。從，逐也。履，禮也。《東方之日》、《長發》二見。樊，藩也。《東方未明》、《青蠅》二見。辰，時也。《東方未明》、《四驖》、《小弁》、《車舝》、《抑》五見。莫，晚也。《東方未明》、《抑》二見。蓺，樹也。克，能也。偲，才也。洒，灑也。《山有樞》、《抑》二見。苞，稹也。怙，恃也。行，翮也。奥，煖也。《唐·無衣》、《小明》二見。遊，觀也。輶，輕也。閉，紲也。縢，約也。晞，乾也。《蒹葭》、《湛露》二見。紀，基也。湯，蕩也。斯，析也。萃，集也。庶，幸也。懷，歸也。《匪風》、《皇矣》二見。何，揭也。《候人》、《無羊》二見。咮，喙也。忒，疑也。冽，寒也。饁，饋也。及，與也。窒，塞也。墐，涂也。綯，絞也。肅，縮也。滌，埽也。鬻，稚也。徹，剥也。枚，微也。烝，寘也。皇，匡也。吪，化也。跋，躐也。佻，愉也。敖，游也。啟，跪也。諗，念也。每，雖也。均，調也。威，畏也。《常棣》、《巧言》二見。況，兹也。《常棣》、《召旻》二見。鬩，很也。烝，填也。飫，私也。矧，況也。享，獻也。《天保》、《我將》、《載見》三見。恒，弦也。騫，虧也。《天保》、《無羊》二見。麗，歷也。纍，曼也。龍，寵也。豐，茂也。櫜，韜也。《彤弓》、《時邁》二見。公，功也。嚴，威也。《六月》。又互見《常武》。輊，摯也。涖，臨也。蔥，蒼也。矜，憐也。宣，示也。央，且也。攻，錯也。　縶，絆也。　維，繫也。　祇，適也。　干，澗也。　約，束也。　革，翼也。　冥，幼也。　肱，臂也。　惔，燔也。　斬，斷也。　憯，曾也。《節南山》、《民勞》二見。　鞫，盈也。　莠，醜也。　脊，理也。　員，益也。　獨，單也。　傓，熾也。　戎，兵也。　沮，壞也。　馮，陵也。　一，非也。　忝，辱也。　盜，逃也。　券，力也。　云，言也。　攪，亂也。　靦，姡也。　鮮，寡也。　穫，艾也。　來，勤也。　庚，續也。　挹，斞也。　將，壯也。　蹙，促也。《小明》、《召旻》二見。　幾，期也。　暜，廢也。《楚茨》、《召旻》二見。　埸，畔也。　髦，俊也。《甫田》、《棫樸》、《思齊》三見。　秉，把也。　胥，皆也。　摧，芻也。　抗，舉也。　幅，偪也。　殿，鎮也。　紼，繂也。　纚，緌也。　葵，揆也。　裕，饒也。　饇，飽也。　塗，泥也。　附，箸也。　旟，揚也。　局，卷也。　烘，燎也。　獻，奏也。　哉，載也。　皇，天也。　聿，述也。　挾，達也。　回，違也。　俔，磬也。　涼，佐也。　捄，虆也。　愠，恚也。　駾，突也。　趣，趨也。　楫，擢也。　追，雕也。　齊，莊也。　御，迎也。　配，媲也。　因，親也。　喪，亡也。　貉，静也。　旅，師也。　將，側也。　馘，獲也。　繩，戒也。　武，迹也。《下武》、《生民》、《武》三見。　履，踐也。　歆，饗也。　赫，顯也。　祺，吉也。　匱，竭也。　僕，附也。　宗，尊也。《鳧鷖》、《雲漢》二見。　假，嘉也。《假樂》、《維天之命》、《雝》三見。　曹，群也。　遡，鄉也。《公劉》、《桑柔》二見。　鞫，究也。　溉，清也。　茀，小也。　猶，圖也。　藩，屏也。　衍，溢也。　咨，嗟也。　滔，慢也。　顛，仆也。　沛，拔也。　戾，罪也。　訓，教也。　共，執也。《抑》、《韓奕》二見。　玷，缺也。　緍，被也。　借，假也。　倉，喪也。　兄，滋也。　競，彊也。《桑柔》、《烈文》二見。　圉，垂也。《桑柔》、《召旻》二見。　僾，唈也。　荒，虚也。　赫，炙也。　涼，薄也。　回，轉也。　熏，灼也。　悔，恨也。　周，救也。　迈，已也。　贈，增也。　愛，隱也。　奄，撫也。　矢，弛也。　説，赦也。　哲，知也。　忌，怨也。　優，渥也。　禋，祀也。　禎，祥也。　靡，累也。　崇，立也。　宥，寬也。　密，寧也。　奄，同也。　庤，具也。　銍，穫也。　噫，歎也。　嘻，敕也。　潛，槮也。　劉，殺也。　耆，致也。　序，緒也。　判，分也。　畛，埸也。　達，射也。　麃，耘也。　胡，壽也。　振，自也。　趙，刺也。　吴，譁也。　晦，昧也。

閒，代也。　屈，收也。　囚，拘也。　琛，寶也。　虞，誤也。　元，首也。　壽，考也。　依，倚也。　鬷，總也。　畿，疆也。　旒，章也。　戁，恐也。　葉，世也。

釋訓弟三

肅肅、翼翼，敬也。肅肅，《兔罝》、《思齊》二見。　嚶嚶、瑲瑲、囂囂、嘒嘒、叟叟，聲也。　趯趯，躍也。　惙惙、悠悠，憂也。　洸洸，武也。　潰潰，怒也。　活活，流也。　揭揭，長也。　瀰瀰、嘽嘽、溱溱、淠淠、陑陑、穰穰、增增，衆也。　蒼蒼、焞焞，盛也。　惴惴、嘵嘵，懼也。　譙譙，殺也。　修修，敝也。　翹翹、業業，危也。　駓駓，彊也。　翼翼，閑也。　霏霏，甚也。　厭厭，安也。　離離，垂也。　晰晰、煌煌，明也。　仳佌，小也。　蔌蔌，陋也。　戰戰兢兢，恐也。　兢兢，戒也。　好好，喜也。　祁祁、連連，徐也。　淠淠，動也。　綽綽，寬也。　亹亹，勉也。　穆穆、膴膴、抑抑、皇皇，美也。　明明，察也。　洋洋，廣也。　雝雝、逢逢、喤喤、優優，和也。　浮浮，氣也。　芬芬，香也。　版版，反也。　抑抑，密也。　夢夢、潰潰，亂也。　奕奕、訏訏、簡簡，大也。　緜緜，靚也。　將將，集也。　反反、濟濟，難也。　烝烝，厚也。　烈烈，威也。　詵詵、薨薨、采采、祁祁、麌麌、濟濟、翽翽、甡甡、栗栗、洋洋，衆多也。　振振，仁厚也。　繩繩，戒慎也。　揖揖，會聚也。　蟄蟄，和集也。　振振，信厚也。《麟之止》、《殷其靁》二見。　僮僮，竦敬也。　祁祁、脱脱，舒遲也。　浼浼，平池也。　洋洋，盛大也。　孽孽，盛飾也。　晏晏，和柔也。　潚潚，暴疾也。

崔崔、言言，高大也。　切切、慱慱，憂勞也。　提提，安諦也。　皓皓，絜白也。　粼粼，清澈也。　菁菁，葉盛也。　厭厭，安静也。　秩秩，有知也。　洋洋、實實，廣大也。　洸洸，壯佼也。　遲遲，舒緩也。　韡韡、濯濯，光明也。　嚶嚶，驚懼也。　遲遲，長遠也。　央央，鮮明也。　泥泥，霑濡也。　龐龐，充實也。　秩秩，流行也。　幽幽，深遠也。　橐橐、登登，用力也。　愈愈，憂懼也。　踧踧，平易也。　秩秩，進知也。　草草，勞心也。　契契，憂苦也。　淒淒，涼風也。　翼翼，讓畔也。　抑抑，慎密也。　怭怭，媟嫚也。　嘒嘒，中節也。　平平，辯治也。　騂騂，調利也。　邁邁，不説也。　翼翼，恭敬也。　將將，嚴正也。　峩峩，盛壯也。　閑閑，動摇也。　茀茀，彊盛也。　濯濯，娱遊也。　翯翯，肥澤也。

熏熏，和説也。　秩秩，有常也。　温温，寬柔也。　騤騤，不息也。　赫赫、滌滌，旱氣也。　炎炎，熱氣也。　嘽嘽，喜樂也。　祁祁，徐靚也。　斤斤，明察也。　嗟嗟，敕之也。　彭彭，有容也。　伾伾，有力也。　繹繹，善足也。　祛祛，彊健也。　咽咽，鼓節也。　枚枚，礱密也。　丸丸，易直也。　赳赳、麃麃、洸洸、蹻蹻，武皃。　翹翹，薪皃。　肅肅、發發，疾皃。　汎汎、浟浟、滔滔，流皃。　悄悄，憂皃。　夭夭、瀰瀰、鑣鑣、發發、瀼瀼、赫赫、菁菁、蓬蓬、印印，盛皃。　牂牂然，盛皃。　悠悠，遠皃。　敖敖，長皃。　濟濟、芃芃、藐藐，美皃。　湯湯、奕奕、藐藐、芒芒，大皃。　彭彭，多皃。　儦儦，衆皃。　交交、瑣瑣，小皃。交交，《黄鳥》、《小宛》二見。　欒欒，瘠皃。　蜎蜎，蜀皃。　几几，約皃。　駸駸，驟皃。　許許，柿皃。　蹲蹲，舞皃。　幝幝，敝皃。　痯痯，罷皃。　濃濃，厚皃。　伎伎，舒皃。　雱雱，雪皃。　悠悠，行皃。　莫莫，施皃。　顒顒，温皃。　蹻蹻，驕皃。　蹻蹻，壯皃。　萋萋、菁菁、彧彧，茂盛皃。　蓁蓁，至盛皃。　習習，和舒皃。　遲遲，舒行皃。　猗猗，美盛皃。　湯湯，水盛皃。　綏綏，匹行皃。　陶陶，和樂皃。　鑿鑿然，鮮明皃。　楚楚、央央，鮮明皃。　旆旆，旒垂皃。　彭彭，四馬皃。　瀼瀼，露蕃皃。　忡忡，垂飾皃。　棲棲，簡閱皃。　巖巖，積石皃。　赫赫，顯盛皃。　爗爗，震電皃。　温温，和柔皃。　提提、振振，群飛皃。振振，《振鷺》、《有駜》二見。　翩翩、營營，往來皃。　蓼蓼、芃芃，長大皃。　佻佻，獨行皃。　粲粲，鮮盛皃。　鞙鞙，佩玉皃。　滔滔，大水皃。　偕偕，强壯皃。　燕燕，安息皃。　楚楚，茨棘皃。畇畇，墾辟皃。萋萋，雲行皃。泱泱，深廣皃。英英，白雲皃。扁扁，乘石皃。幡幡，瓠葉皃。芃芃，木盛皃。番番，勇武皃。滔滔，廣大皃。浮浮，衆彊皃。俅俅，恭順皃。桓桓，威武皃。莫莫，成就之皃。招招，號召之皃。孑孑，干旄之皃。蚩蚩，敦厚之皃。緜緜，長不絶之皃。《葛藟》。又互見《緜》。啍啍，重遲之皃。陶陶，驅馳之皃。瞿瞿，無守之皃。閑閑然，男女無別往來之皃。泄泄，多人之皃。居居，懷惡不相親比之皃。騑騑，行不止之皃。嘽嘽，喘息之皃。駪駪，衆多之皃。湛湛，露茂盛皃。關關，和聲。喈喈，和聲之遠聞也。丁丁，椓弋聲。雝雝，鴈聲和也。檻檻，車行聲。令令，纓環聲。薄薄，疾驅聲。坎坎，伐檀聲。肅肅，鴇羽聲。鄰鄰，衆車聲。坎坎，擊鼓聲。丁丁，伐木聲。淵淵，鼓聲。肅肅，羽聲。將將，鑾鑣聲。緝緝，口舌聲。挃挃，穫聲。悠悠，遠意。爰爰，緩意。施施，難進之意。沖沖，鑿冰之意。慱慱，憂意。蛇蛇，淺意。忡忡，猶衝衝也。襛，猶戎戎也。耿耿，猶儆儆也。靡靡，猶遲遲也。桀桀，猶驕驕也。怛怛，猶忉忉也。糾糾，猶繚繚也。摻摻，猶纖纖也。究究，猶居居也。淒淒，猶蒼蒼也。采采，猶萋萋也。肺肺，猶牂牂也。晢晢，猶煌煌也。惕惕，猶忉忉也。悁悁，猶悒悒也。敦，猶專專也。皇皇，猶煌煌也。皇，猶煌煌也。閣閣，猶歷歷也。仇仇，猶謷謷也。懆懆，猶戚戚也。噂，猶噂噂也。沓，猶沓沓也。捷捷，猶緝緝也。幡幡，猶翩翩也。律律，猶烈烈也。　弗弗，猶發發也。　喈喈，猶將將也。　湝湝，猶湯湯也。　裳裳，猶堂堂也。

浮浮，猶瀌瀌也。　仡仡，猶言言也。　藹藹，猶濟濟也。　憲憲，猶欣欣也。　泄泄，猶沓沓也。　囂囂，猶謷謷也。　灌灌，猶款款也。　騤騤，猶彭彭也。　喈喈，猶鏘鏘也。　畟畟，猶測測也。　蔞，草中之翹翹然。　噎噎其陰，如常陰噎噎然。　虺虺其雷，暴若震雷之聲虺虺然。　憂心忡忡然。　泄泄其羽，飛而鼓其翼泄泄然也。　汎汎其景，汎汎然迅疾而不礙也。　中心養養，養養然憂不知所定也。　鶉則奔奔，鵲則彊彊然。　麥芃芃然，方盛長也。　赫，有明德赫赫然也。　洸若，猶洸洸然。　咥咥然笑也。　信誓旦旦然。　佩玉遂遂然。

垂帶悸兮，垂其紳帶悸悸然有節度也。

杲杲出日，杲杲然日復出矣。　條條然歗也。　風且雨淒淒然。　墠，除地町町者也。　溥溥然盛多也。　南山崔崔然。　綏綏然無別也。　瞿瞿然顧禮義也。　思望之心中欽欽然也。　發發飄風，非有道之風。　偈偈疾驅，非有道之車。　呦呦然鳴而相呼也。　鄂，猶鄂鄂然華外發也。　兄弟尚恩熙熙然。　朋友以義切切節節然。　業業然壯也。　湑湑然，蕭上露皃。　哀鳴嗸嗸，未得其所安集則嗸嗸然也。　聚其角而息濈濈然。　呞而動其耳溼溼然。　視天夢夢，王者爲亂夢夢然也。　潝潝然患其上也。　訿訿然不思稱乎上也。　烈烈然至難也。　彭彭然不得息也。　傍傍然不得已也。　奕奕然無所薄也。　秩秩然肅敬也。　數舞僊僊然。　華落葉青青然也。

削婁馮馮，削牆鍛婁之聲馮馮然也。　呱呱然泣也。　旆旆然長也。　幪幪然茂盛也。　唪唪然多實也。　栗，其實栗栗然。　葉初生泥泥也。　欣欣然樂也。　謔謔然喜樂也。　熇熇然熾盛也。　藐藐然不入也。　蘊蘊而暑，隆隆而雷，蟲蟲而熱。　甫甫然大也。　噳噳然衆也。　赫赫然盛也。《常武》、《常武》二見。　明明然察也。業業然動也。　嘽嘽然盛也。　牧之坰野則駉駉然。駉駉，當作「駫駫」。　耳耳然至盛也。　嘒嘒然和也。　斁斁然盛也。　奕奕然閑也。　采采，事采之也。　采采，非一辭也。　夭夭，其少壯也。　灼灼，華之盛也。　棣棣，富而閑也。各本「閑」下衍「習」字。　俣俣，容貌大也。　委委者，行可委曲也。佗佗者，德平易也。　瀸瀸，施諸水中也。　籊籊，長而殺也。　搖搖，憂無所愬也。　陽陽，無所用其心也。　佩玉將將，鳴玉而後行也。　渙渙，春水盛也。　唯唯，出入不制也。　蹶蹶，動而敏於事也。　休休，樂道之心也。　湑湑，枝葉不相比也。　踽踽，無所親也。　睘睘、管管，無所依也。　嘌嘌，無節度也。　慆慆，言久也。　噦噦，徐行有節也。　其流湯湯，言放縱無所入也。　殖殖，言平正也。　矜矜、兢兢，以言堅彊也。　京京，憂不去也。　欽欽，言使人樂進也。　濟濟蹌蹌，言有容也。　踖踖，言爨竈有容也。　莫莫，言清靜而敬至也。　怲怲，憂盛滿也。　逸逸，往來次序也。　反反，言重慎也。　幡幡，失威儀也。　僛僛，舞不能自正也。　傞傞，舞不止也。　漸漸，山石高峻也。　濟濟，多威儀也。　薨薨，言百姓之勸勉也。　穟穟，苗好美也。　戚戚，內相親也。　菶菶、萋萋，梧桐盛也。　雝雝、喈喈，鳳皇鳴也。　懆懆，憂不樂也。　翩翩，在路不息也。

業業，言高大也。　捷捷，言樂事也。　皋皋，頑不知道也。　訿訿，窳不供事也。　龍旂陽陽，言有文章也。　茷茷，言有法度也。　其馬蹻蹻，言彊盛也。　八鑾鶬鶬，言文德之有聲也。　不警，警也。　不盈，盈也。　不戢，戢也。　不難，難也。　不多，多也。《桑扈》、《卷阿》二見。　有周，周也。　不顯，顯也。　不時，時也。　無念，念也。　不寧，寧也。　不康，康也。　無競，競也。《抑》、《執競》二見。　遐不作人，遠作人也。　不遐有佐，遠夷來佐也。　不顯申伯，顯矣申伯也。　不顯，顯于天矣。　不承，見承于人矣。　革，猶皮也。　好，猶宜也。　漂，猶吹也。　宿，猶處也。　夕，猶朝也。　息，猶處也。　悲，猶傷也。　椒，猶飶也。　服，思之也。　濩，煑之也。　有，藏之也。　方，有之也。　笑，侮之也。

經，度之也。　惔，燔之也。　今，急辭也。　于嗟，歎辭。　猗嗟，歎辭。　於，歎辭也。《文王》、《清廟》二見。　猗，歎辭也。　蕡，實皃。　蔽芾，小皃。　嘒，微皃。　摽，拊心皃。　睍睆，好皃。　瑣尾，少好之皃。　褎，盛服皃。　赫，赤皃。　孌，好皃。《泉水》、《候人》二見。　雱，盛皃。　喈，疾皃。　霏，甚皃。　煒，赤皃。　泚，鮮明皃。　髧，兩髦之皃。　玼，鮮盛皃。　姝，順皃。　匪，文章皃。　瑟，矜莊皃。　邁，寬大皃。　頎，長皃。《碩人》、《猗嗟》二見。　驕，壯皃。　朅，武壯皃。　瑳，巧笑皃。　朅，武皃。　啜，泣皃。　晏，鮮盛皃。　昌，盛壯皃。　挑達，往來皃。依胡承珙訂。　瀏，深皃。　還，便捷之皃。　姝者，初昏之皃。　婉孌，少好皃。　鬈，好皃。　蹌，巧趨皃。　孌，壯好皃。　宛，辟皃。　宛，死皃。杕，特生皃。苑，文皃。鴥，疾飛皃。僚，好皃。卷，好皃。儼，矜莊皃。薈蔚，雲興皃。婉，少皃。濛，雨皃。踐，行列皃。倭遲，歷遠之皃。藇，美皃。粲，鮮明皃。衎，美皃。爾，華盛皃。皖，實皃。蓼，長大皃。弨，弛皃。顒，大皃。奭，赤皃。節，高峻皃。宛，小皃。漼，深皃。哆，大皃。饛，滿簋皃。捄，長皃。潸，涕下皃。跂，隅皃。皖，明星皃。捄，畢皃。倬，明皃。渰，雲興皃。湑，盛皃。頍，弁皃。孌，美皃。依，茂木皃。楚，列皃。頒，大首皃。莘，長皃。觱沸，泉出皃。阿然，美皃。難然，盛皃。滮，流皃。緜蠻，小鳥皃。芃，小獸皃。伉，高皃。淠，舟行皃。瑟，衆皃。敦，聚皃。揭，根見皃。《釋文》。菀，茂皃。嘒，衆星皃。嵩，高皃。萋且，敬慎皃。嗿，衆皃。紑，絜鮮皃。駜，馬肥彊皃。觩，弛皃。翩，飛皃。憬，遠行皃。鳥，大皃。挺，長皃。惄，飢意也。辟，拊心也。有，謂富也。亡，謂貧也。寠者，無禮也。貧者，困於財也。靜，貞靜也。姝，美色也。鬒，黑髮也。揚，眉上廣也。晳，白晳也。清，視清明也。止，所止息也。體，支體也。且狂，進取一概之義也。僩，寬大也。咺，威儀容止宣著也。寬，能容衆也。倩，好口輔也。盼，黑白分也。儺，行有節度也。桀，特立也。噎，憂不能息也。揚，激揚也。《王·揚之水》、《鄭·揚之水》二見。艱，亦難也。修，且乾也。折，言傷害也。丰，豐滿也。蕩，平易也。丱，幼穉也。抑，美色也。

婉，好眉目也。　婁，亦曳也。　考，亦擊也。　鹽，不攻致也。　亡，喪棄也。　騏，綦文也。《小戎》、《鳲鳩》二見。❶　澤，潤澤也。　椒，芬香也。　湛，樂之久也。　鹽，不堅固也。　塗，凍釋也。　黄，黄髪也。　寫，輸寫其心也。　棘，稜廉也。　崩，群疾也。　蹐，累足也。　擣，心疾也。　睠，反顧也。　除，除陳生新也。　妥，安坐也。　度，法度也。　獲，得時也。　秼，穀食也。　時，中者也。　幽，黑色也。　古，言久也。　肆，故今也。《緜》、《思齊》二見。　兑，成蹊也。　兑，易直也。　岸，高位也。　岐，知意也。　馨，香之遠聞也。　隅，廉隅也。　詁，善言也。　旬，言陰均也。　劉，暴樂而希也。　濯，所以救熱也。　收，拘收也。　椓，夭椓也。　飶，芬香也。　色，温潤也。　搜，衆意也。　佪，清淨也。　撻，疾意也。　窈窕，幽閒也。　厭浥，溼意也。　豈不，言有是也。　委蛇，行可從迹也。　純束，猶苞之也。　契闊，勤苦也。　劬勞，病苦也。《豈風》、《鴻雁》二見。　蒙戎，以言亂也。　籧篨，不能俯者也。　戚施，不能卬者也。　襢裼，肉袒也。　暴虎，空手以搏之也。❷　如濡，言潤澤也。　三英，三德也。　狂童，狂行童昏所化也。　清揚婉兮，眉目之閒婉然美也。　發夕，自夕發至旦也。　翱翔，猶彷徉也。　無寐，無耆寐也。　綢繆，猶纏綿也。　子兮者，嗟兹也。　解逅，解説也。　無與，勿用也。　婆娑，舞也。　棲遲，遊息也。　侜張，誑也。

❶「鳲」，原作「鳴」，據《詩毛氏傳疏》卷十一《小戎》與卷十四《鳲鳩》傳疏改。

❷「搏」，原作「摶」，據《詩毛氏傳疏》卷七《大叔于田》傳疏改。

窈糾，舒之姿也。　堀閲，容閲也。　眉壽，豪眉也。　拮据，戟挶也。　熠燿，燐也。　燐，熒火也。　如絲，言調忍也。　簡書，戒命也。　眉壽，秀眉也。　不蹟，不道也。俗本「道」上有「循」。　靡止，言小也。　明發，發夕至明也。　荏染，柔意也。　反側，不正直也。　萋斐，文章相錯也。　如砥，貢賦平均也。　如矢，賞罰不偏也。　鞅掌，失容也。　閒關，設舝也。　號呶，號呼讙呶也。　緝熙，光明也。　緝御，踧踖之容也。　既均，已均中蓺也。　三單，相襲也。　伴奐，廣大有文章也。　詭隨，詭人之善、隨人之惡者也。　惽怓，大亂也。　繾綣，反覆也。　夸毗，體柔人也。　殿屎，呻吟也。　戲豫，逸豫也。　馳驅，自恣也。　彊禦，彊梁禦善也。　掊克，自伐而好勝人也。　炰烋，猶彭亨也。

不虞，非度也。　而角，自用也。　詁言，古之善言也。詁，依《釋文》據《説文》。　中垢，言闇冥也。　孑遺，孑然遺失也。　顧之，曲顧道義也。　虓虎，虎之自怒虓然也。　仔肩，克也。　荓夆，癴曳也。癴，俗作「摩」。　不遲，言疾也。　謔浪笑敖，言戲謔不敬也。　狐赤烏黑，莫能别也。　魚網之設，鴻則離之，言所得非所求也。　揚且之顔，廣揚而顔角豐滿也。　手如柔荑，如荑之新生也。　膚如凝脂，如脂之凝也。　螓首，顙廣而方也。　尚無爲，尚無成人爲也。　九十其儀，言多儀也。　是則是傚，言可法傚也。　如山如阜，如岡如陵，言廣厚也。　蕭蕭馬鳴，悠悠旆旌，言不讙譁也。　文武是憲，言有文有武也。　載飛載揚，言無所定止也。　高岸爲谷，深谷爲陵，言易位也。　如臨深淵，恐隊也。　如履薄冰，恐陷也。

如集于木，恐隊也。　如臨于谷，恐隕也。　熊羆是裘，言富也。　乘其四駱，六轡沃若，言世祿也。　有鶯其羽，鶯然有文章也。　戢其左翼，言休息也。　牂羊墳首，言無是道也。　三星在罶，言不可久也。　鳶飛戾天，魚躍于淵，言上下察也。　清酒既載，騂牡既備，言年豐畜碩也。　不聞亦式，不諫亦入，言性與天合也。　無然畔援，無然歆羨，無是畔道，無是援取，無是貪羨也。　不坼不副，無菑無害，言易也。　以興嗣歲，興來歲繼往歲也。　無有後艱，言不敢多祈也。　執豕于牢，新國則殺禮也。　酌之用匏，儉以質也。　有馮有翼，道可馮依，以爲輔翼也。　以謹無良，慎小以懲大也。　如壎如篪，言相和也。　如璋如圭，言相合也。　如取如攜，言必從也。　侯作侯祝，作詛祝也。　瞻言百里，遠慮也。　仲山甫出祖，言述職也。　如飛如翰，疾如飛、摯如翰也。　攸革有鶬，言有法度也。　我又集于蓼，言辛苦也。　以似以續，嗣前歲續往歲也。　自羊徂牛，言先小後大也。　歲其有，歲其有年也。　言觀其旂，言法則其文章也。　上帝是依，依其子孫也。　不僭不濫，賞不僭、刑不濫也。　尊之如天，審諦如帝。　美女爲媛。　弔失國曰唁。　草行曰跋，水行曰涉。　目上爲名，目下爲清。　萬人爲英。　三女爲粲。　萬萬曰億。《伐檀》、《楚茨》二見。　兩手曰匊。《椒聊》、《采綠》二見。　七十曰耋。　自目曰涕，自鼻曰泗。　角而束之曰觭。　再宿曰信。《九罭》、《有客》二見。　忠信爲周。此句又互見《都人士》。　訪問于善爲咨，咨事爲諏，咨事之難爲謀，咨禮義所宜爲度，親戚之謀爲詢。　時見曰會，殷見曰同。　病酒曰酲。　美色曰豔。

無聲曰泣血。　古曰在昔，昔曰先民。《小旻》、《那》二見。　徒涉曰馮河，徒搏曰暴虎。　骭瘍爲微，腫足爲尰。　正直爲正，能正人之曲曰直。　東西爲交，邪行爲錯。　土治曰平，水治曰清。　率下親上曰疎附，相道前後曰先後，喻德宣譽曰奔走，武臣折衝曰禦侮。　心能制義曰度，德正應和曰貊，照臨四方曰明，勤施無私曰類，教誨不倦曰長，賞慶刑威曰君，慈和徧服曰順，擇善而從曰比，經緯天地曰文。　直言曰言，論難曰語。　賊義曰殘。　不醉而怒曰奰。　八十曰耋。　數萬至萬曰億，數億至億曰秭。　一宿曰宿。　八尺曰尋。

釋親弟四

婦人謂嫁曰歸。　公姓，公同姓。　公族，公同祖。　歸，歸宗也。《燕燕》。又互見《草蟲》、《黄鳥》。　諸姬，同姓之女也。　父之姊妹稱姑，先生曰姊。　天，謂父也。　女子後生曰妹。　妻之姊妹曰姨。　姊妹之夫曰私。　昆，兄也。　諸兄，公族。　外孫曰甥。　公族，公屬。　大夫一妻二妾。　同姓，同祖。　母之昆弟曰舅。　九族會曰和。　帑，子也。　天子謂同姓諸侯、諸侯謂同姓大夫皆曰父，異姓則稱舅。　宜兄宜弟，爲兄亦宜，爲弟亦宜也。　善父母爲孝，善兄弟爲友。下句《六月》、《皇矣》二見。　老無妻曰鰥，偏喪曰寡。　諸父，猶諸兄也。　新特，外昏也。　兩壻相謂曰亞。　毛在外，陽，以言父。　裏在内，陰，以言母。　本，本宗。　支，支子。　嬪，婦也。　仲，中女。　長子，長女。　寡妻，適妻也。　君之宗之，爲之君爲之大宗也。　王者天下之大宗。　諸侯一取九女，二國媵之。　諸娣，衆妾也。　主，家長也。伯，長子也。　亞，仲叔也。　旅，子弟也。　士，子弟也。

宗黨

師，女師。　之子，嫁子也。　少女，微主也。　舟子，舟人主濟渡者。　君，國小君。　倌人，主駕者。　東宮，齊大子也。　庶士，齊大夫送女者。　伯，州伯也。　之子，無室家者。　彦，士之美稱。　子都，世之美好者也。　狂，狂人也。　子充，良人也。　叔伯，言群臣長幼也。　叔伯，迎己者。　良人，美室也。　寺人，內小臣也。　媚子，能以道媚于上下者也。　子，大夫也。　夫，傅相也。　候人，道路送迎賓客者。　季，人之少子也。此句《候人》。又互見《陟岵》。　女，民之弱也。　田畯，田大夫。　媒，所以用禮也。　征夫，行人也。　君，先君也。　尸，所以象神。　百姓，百官族姓也。　僕夫，御夫也。　五官之長出於諸侯曰天子之老。　之子，有司也。　之子，侯伯卿士也。　君子，謂諸侯也。《庭燎》、《采菽》二見。　邦人諸友，謂諸侯也。　兄弟，同姓臣也。　京師者，諸侯之父母也。　師，大師，周之三公也。「師，大師」，《節南山》、《大明》二見。　故老，元老。　擇三有事，有司國之三卿也。　暬御，侍御。暬，俗作「暬」。　東人，譚人也。　西人，京師人也。　舟人，舟楫之人。　私人，私家人也。　士子，有王事者也。　善其事曰工。　田祖，先嗇。　季女，謂有齊季女也。　室人，主人也。　徒，輦者。　御，御馬者。　任者，輦者、車者、牛者、徒行者、御車者。此二句《黍苗》、《嵩高》二見。　師者，旅者。　京室，王室也。　宗公，宗神。　一人，天子也。　公尸，天子以卿也。依《正義》。　宜民宜人，宜安民、宜官人也。　宜君宜王，宜君王天下也。　朋友，群臣也。　上帝，以稱王者也。　芻蕘，薪采者。　上帝，以託君王也。　時無背無側，背無臣、側無人也。　以無陪無卿，無陪貳，無卿士也。　昊天，㡿王者也。《桑柔》、《瞻卬》二見。　群公，先正。　百辟，卿士也。　魃，旱神。　御，治事之官也。　私人，家臣也。　喉舌，冢宰也。　受命，受命爲侯伯也。　顯父，有顯德者。　文人，文德之人。又互見《清廟》。　小子，嗣王也。

統稱

仲，戴嬀字。　姜，姓。《采唐》、《生民》二見。　弋，姓。　庸，姓。　申，平王之舅。　留，大夫氏。　子車，氏；奄息，名。　子仲，陳大夫氏。　原，大夫氏。　尹，尹氏。　亶父，字。　或殷以名言質也。　申伯，宣王之舅。　姞，蹶父姓。　孫子仲，謂公孫文仲也。　二子，伋、壽也。　子嗟，字也。　子國，子嗟父。　仲子，祭仲。　叔，大叔段也。　孟姜，齊之長女也。　狡童，昭公也。又互見《狡童》。　齊子，文姜。　夏南，夏徵舒。　郇伯，郇侯也。　稚子，成王也。　公孫，成王也，豳公之孫。　王，殷王也。　南仲，文王之屬。　吉甫，尹吉甫。《六月》、《嵩高》二見。　張仲，賢臣也。　方叔，卿士也。　祈父，司馬也。　家父，大夫也。　豔妻，褒姒也。　公子，譚公子也。　曾孫，成王也。《信南山》、《行葦》、《維天之命》三見。　殷士，殷侯也。　殷之未喪師，克配上帝，帝乙已上也。　天位殷適，紂居天位而殷之正適也。　王季，大王之子，文王之父。　大任，仲任。　尚父，可尚可父也。　古公，豳公。　姜女，大姜。　周姜，大姜也。　大姒，文王之妃。　自大伯王季，從大伯之見王季也。　三后，大王、王季、文王也。　生民，本后稷也。　姜嫄，后稷之母。　帝，高辛氏之帝也。　父母，先祖文武爲民父母也。

堯之時，姜氏爲四伯。　召伯，召公。　仲山甫，樊侯也。　蹶父，卿士也。　韓侯之先祖，武王之子。　召虎，召穆公。　召公，召康公。　王命卿士，南仲大祖，大師皇父，王命南仲於大祖，皇甫爲大師也。　王謂尹氏，命程伯休父，尹氏掌命卿士，程伯休父始命爲大司馬也。　前王，武王也。　二后，文、武也。　烈考，武王也。　文母，大姒也。　客，二王之後。　昭考，武王也。

周公之孫，莊公之子，謂僖公也。　烈祖，湯有功烈之祖也。　於赫湯孫，盛矣湯爲人子孫也。　武丁，高宗也。　有娀，契母也。

玄王，契也。　相土，契孫。　武王，湯也。　阿衡，伊尹。　殷武，殷王武丁也。

姓名

釋宮弟五

家室，猶室家也。　逵，九達之道。　沼，池也。《采蘩》、《正月》、《靈臺》三見。　宮，廟也。　宗室，大宗之廟。　墉，牆也。　公，公門。　闈，門內。　北門，背明鄉陰。　城隅，以言高而不可踰也。　牆，所以防非常。　中霤，内霤。　楚宮，楚丘之宮。　室，猶宮也。　揆，度也。　度日出日入以知東西，南視定，北準極，以正南北。　復關，君子所近也。　背，北堂也。　二十五家爲里。　牆，垣也。　園，所以樹木也。　巷，里涂。　巷，門外也。　東門，城東門。　在城闕兮，乘城而見闕也。　闉，曲城。　闍，城臺。　門屏之閒曰箸。　闥，門内。　圃，菜園。　必告父母，必告父母廟也。　一夫之居曰廛。　圓者爲囷。　隅，東南隅也。　道左，道左之陽，人所宜休息也。　域，塋域也。　室，猶居也。　在其版屋，西戎版屋也。　衡門，横木爲門。　池，城池。　墓門，墓道之門。　中，中庭。　唐，庭涂。作「堂塗」，譌。　甓，令適。　堂，公堂也。　微行，牆下徑也。　五畝之宅，樹之以桑。　春夏爲圃，秋冬爲場。　向，北出牖也。　庶人篳户。　凌陰，冰室。　公堂，學校也。　一丈爲版，五版爲堵。　西南其户，西鄉户、南鄉户也。　周道，周室之通道也。　墐，路冢。　陳，堂涂。　楊園，園名。　祊，門内。　室内曰家。　君子將營宮室，宗廟爲先，廄庫爲次，居室爲後。　王之郭門曰皋門，王之正門曰應門。　墉，城也。《皇矣》、《良耜》二見。又《嵩高》字作「庸」。　四方而高曰臺。　囿，所以域養禽獸也。　天子百里，諸侯四十里。　水旋丘如璧曰辟廱。　淢，成溝。　廬，寄也。　垣，牆也。　實墉實壑，言高其城、深其壑也。　廩，所以藏齍盛之穗也。　既景乃岡，考于日景，參之高岡。　西北隅謂之屋漏。　基，門塾之基也。　泮水，泮宮之水也。　天子辟廱，諸侯泮宮。　閟宮，先妣姜嫄之廟在周。　孟仲子曰：「是禖宮也。」　桷，榱也。　新廟，閔公廟。　路寢，正寢也。　寢，路寢也。

釋器弟六

頃筐，畚屬。　人君黄金罍。　兕觵，

角爵。　兔罝，兔罟。　百兩，百乘也。方曰筐，圓曰筥。　錡，釜屬。有足曰錡，無足曰釜。　鑒，所以察形。　由輈以上爲軏。　梁，魚梁。　笱，所以捕魚。　載脂載舝，還車言邁，脂舝其車，以還我行也。彤管，以赤心正人也。　驂馬五轡，四馬六轡。　治骨曰切，象曰瑳，玉曰琢，石曰摩。

重較，卿士之車。　幩，飾也。人君以朱纏鑣，扇汗，且以爲飾。　翟，翟車也。夫人以翟羽飾車。　罟，魚罟。　帷裳，婦人之車。　殳，長丈二而無刃。　鳥網爲羅。罦，覆車。　罿，罬也。　大車，大夫之車。掤，所以覆矢。　鬯弓，弢弓。　重英，矛有英飾。　重喬，絫何也。　重環，子母環。鋂，一環貫二。　簟，方文蓆。　車之蔽曰茀。　朱鞹，諸侯之路車有朱革之質而羽飾。　垂轡，轡之垂者。　二尺曰正。　四矢，乘矢。　路，車也。　輻，檀輻也。拔，矢末也。　小戎，兵車。　收，軫也。五，五束也。　楘，歷録。　梁輈，輈上句衡也。　游環，靷環也。　陰，揜軓。　靷，所以引也。　鋈，白金。　續，續靷也。　文茵，虎皮也。「茵」衍。　暢轂，長轂。　龍盾，畫龍於盾。　軜，驂内轡也。　厹，三隅矛。

錞，鐏也。　蒙，討羽。　伐，中干。虎，虎皮。　韔，弓室也。　膺，馬帶。　交韔，交二弓於韔中也。　戈長六尺六寸。矛長二丈。　盎謂之缶。　鬵，釜屬。祋，殳也。　于耜，始脩耒耜也。　懿筐，深筐。　八月萑葦，豫畜萑葦可以爲曲也。斨，方銎也。　兩樽曰朋。　觥，所以誓衆也。　隋銎曰斧。　鑿屬曰錡，木屬曰銶。

柯，斧柄。　九罭，緵罟，小魚之網也。筐，篚屬。　圓曰簞。　天子八簋。　象弭，弓反末，所以解紛也。「紛」作「紒」，非。　魚服，魚皮。　檀車，役車。　罶，曲梁也，寡婦之笱。《魚麗》、《苕之華》二見。　罩罩，篧也。　汕汕，樔也。　鞗革，轡首垂也。　在軾曰和。此句互見《載見》。　在鑣曰鑾。　彤弓，朱弓。　夏后氏曰鉤車，先正也。　殷曰寅車，先疾也。　周曰元戎，先良也。　鉤膺，樊纓。《采芑》、《嵩高》二見。　軝，長轂之軝也，朱而約之。　錯衡，文衡也。《采芑》、《韓奕》二見。　庭燎，大燭。　半珪曰璋。《斯干》、《棫樸》二見。　瓦，紡專。　其車既載，乃弃爾輔，大車重載，又弃其輔也。　鉼小而罍大。　匕，所以載鼎實。　服，牝服。　箱，大車之箱。　畢，所以掩兔也。　大車，小人之所將也。　罟，網也。　鸞刀，刀有鸞者。　梁，車梁。　大侯，君侯。　煁，烓竈。　棧車，役車。　祼，灌鬯。　繩謂之縮。　金曰雕，玉曰琢。

玉瓚，圭瓚也。　黃金，所以飾流鬯也。　鉤，鉤梯也。　臨，臨車。　衝，衝車。　木曰豆，瓦曰登。　設席，重席。　斝，爵也。　夏曰醆，殷曰斝，周曰爵。　敦弓，畫弓也。　天子敦弓。　鍭矢參亭。　天子之弓，合九而成規。　大斗長三尺。　小曰橐，大曰囊。　戚，斧也。　揚，鉞也。　罍，祭器。　鏤錫，有金鏤其錫也。　鞹，革也。　鞃，軾中。　幭，覆式。　厄，烏噣。　鬯，香草也。　築煮合而鬱之曰鬯。　卣，器也。　錢，銚也。　鎛，鎒也。　大鼎謂之鼐，小鼎謂之鼒。　五十矢爲束。　犧尊，有沙飾也。　大房，半體之俎。　朱英，矛飾也。　重弓，重於鬯中也。　貝冑，貝飾也。　朱綅，以朱綅綴之。

器用

精曰絺，粗曰綌。　王后織玄紞，公侯夫人紘延，卿之内子大帶，大夫命婦成祭服，士妻朝服，庶士以下各衣其夫。　私，燕服也。婦人有副褘盛飾。　袺，執衽也。　襭，扱衽也。　被，首飾也。　昏禮純帛不過五兩。　古者素絲以英裘。　大夫羔裘以居。　緎，縫也。　縫，言縫殺之大小得其制也。　衾，被也。　裯，襌被也。　帨，佩巾。　緑，間色。　黄，正色。　上曰衣，下曰裳。《緑衣》、《東方未明》二見。　大夫狐蒼裘。　充耳，盛飾也。　組，織組也。　髦者，髮至眉，子事父母之飾。　副者，后夫人之首飾，編髮爲之。　筓，衡筓也。　珈，筓飾之最盛者，所以别尊卑。　象服，尊者所以爲飾。　翟，褕翟、闕翟，羽飾衣也。　瑱，塞耳。　揥，所以摘髮。　展衣，以丹縠爲之。　絺之靡者爲縐，是當暑袢延之服也。　紕，所以織組也。　組，總以素絲而成組也。　充耳謂之瑱。　琇瑩，美石。琇，又見《都人士》。　天子玉瑱，諸侯以石。　弁，皮弁。《淇奥》、《尸鳩》、《頍弁》三見。　會，所以會髮。　衣錦，錦文衣也。夫人德盛而尊，嫁則錦衣加褧襜。　領，頸也。《碩人》、《桑扈》二見。　布，幣也。　總角，結髮也。　觿，所以解結。　韘，決也。　在下曰裳，所以配衣也。　帶，所以申束衣。　瓊，玉之美者。　琚，佩玉石。　瓊瑶，美石。　瓊玖，玉石。「石」作「名」，非。　毳衣，大夫之服。天子大夫四命，其出封五命，如子男之服。　玖，石次玉。　緇，黑色。　卿士聽朝之正服也。　豹飾，緣以豹皮也。　袪，袂也。　雜佩者，珩、璜、琚瑀、衝牙之類。　佩有琚瑀，所以納間也。　衣錦褧裳，嫁者之服也。　青衿，青領也。　佩，佩玉也。　士佩瓀珉而青組綬。　縞衣，白色男服也。綦巾，蒼艾色女服也。　素，象瑱。　瓊華，美石，士之服也。　青，青玉。　瓊瑩，石似玉，卿大夫之服也。　黄，黄玉。　瓊英，美石似玉者，人君之服也。　葛屨，服之賤者。冠緌，服之尊者。　總角，聚兩髦也。　弁，冠也。　夏葛屨，冬皮屨。　要，褸也。褸，古祇「要」。　襋，領也。　象揥，所以爲飾。　襮，領也。　諸侯繡黼丹朱中衣。　繡，黼也。　袪，袂末也。　褎，猶袪也。　侯伯之禮七命，冕服七章。　天子之卿六命，車旗衣服以六爲節。　齋則角枕錦衾。　錦衣，采衣也。　狐裘，朝廷之服。　黑與青謂之黻。　五色備謂之繡。　袍，襺也。　瓊瑰，石而次玉。　羔裘以游燕，狐裘以適朝。　素冠，練冠。　素冠，故素衣也。　芾，韠也。　一命緼芾黝珩，再命赤芾黝珩，三命赤芾葱珩。此句又見《采芑》。　大夫以上

赤芾乘軒。　載績，絲事畢而麻事起矣。　玄，黑而有赤也。　朱，深纁也。　祭服玄衣纁裳。　狐貉之厚以居。　孟冬，天子始裘。　縭，婦人之褘也。　母戒女施衿結帨。　衮衣，卷龍也。　赤舄，人君之盛屨。　服，戎服也。　朱芾，黄朱芾也。　諸侯赤芾金舄。　舄，達屨。　決，鉤弦也。　拾，遂也。　裳，下之飾也。　裼，褓也。　衰，所以備雨。　笠，所以禦暑。下句又互見《都人士》。　貝錦，錦文也。　韎者，茅蒐染韋，一入曰韎。今訂。　韐，所以代韠也。　鞞，容刀鞞。　琫上飾，珌下飾，天子玉琫而珧珌，諸侯璗琫而鏐珌，大夫鐐琫而鐐珌，士珕琫而珕珌。　玄衮，卷龍也。　白與黑謂之黼。《采菽》。又互見《文王》。　諸侯赤芾邪幅。　邪幅，偪也，下「邪」字補。　所以自偪束也。　臺，所以禦雨。　緇撮，緇布冠。　綢直如髮，密直如

髮也。　厲，帶之垂者。　衣蔽前謂之襜。　哻，殷冠也。　夏后氏曰收，周曰冕。　舟，帶也。　維玉及瑤，言有美德也。　下曰鞞，上曰琫，言有度數也。　容刀，言有武事也。　袞，有袞冕者，君之上服也。　絲衣，祭服也。

服飾

粲，餐也。　四簋，黍、稷、稻、粱。　春酒，凍醪也。　饗者，鄉人飲酒也。五字據《説文》補。　飫，私也。　下脱屨升堂謂之飫。各本「下」譌作「不」。　以筐曰釃，以藪曰湑。　餱，食也。　湑，茜之也。　酤，一宿酒也。　饎，酒食也。《天保》、《泂酌》二見。　夜飲，燕私也。　一曰乾豆，二曰賓客，三曰充君之庖。

酌醴，饗醴也。　孰食曰饔。　飧，孰食。又見《伐檀》。　謂黍稷也。　亨，飪之也。　或陳于互，或齊其肉。　爨，饔爨、廩爨也。　燔，取膟膋。　炙，炙肉也。　豆，謂内羞、庶羞也。　燕私，燕而盡其私恩也。　是剥是菹，剥瓜爲菹也。　膋，脂膏也。　尊者食新，農夫食陳。　器實曰齊，在器曰盛。

肴，豆實。　核，加籩。　立酒之監，佐酒之史。　饇，飽也。　毛曰炰，加火曰燔，炕火曰炙。　醻，道飲也。　揄，抒臼。　或簸糠者，或蹂米者。　釋，淅米也。　傅火曰燔，貫之，加于火曰烈。　豆，薦葅醢也。

登，大羹也。　以肉曰醓醢。　臄，函也。　恒豆之菹，水草之和也。　其醢，陸産之物也。　加豆，陸産也。　其醢，水物也。　籩豆之薦，水土之品也。　餴，餾也。　蔌，菜肴。

彼疏斯粺，彼宜食疏，今反食精粺。　胾，肉也。　羹，大羹、鉶羹也。　酤，酒也。

飲食

釋樂弟七

干羽爲萬舞。　籥六孔。　翟，翟羽也。　簧，笙也。《君子陽陽》、《車鄰》、《鹿鳴》三見。

翿，纛也、翳也。翳，《君子陽陽》、《宛丘》二見。曲合樂曰歌，徒歌曰謠。　鷺羽，鷺鳥之羽，可以爲翳也。　土曰壎，竹曰篪。　笙磬，東方之樂也。　同音，四縣皆同也。　以雅以南，爲雅爲南也。　東夷之樂曰昧，南夷之樂曰南，西夷之樂曰朱離，北夷之樂曰禁。以籥不僭，以爲籥舞，若是爲和而不僭矣。

籥舞笙鼓，秉籥而舞，與笙鼓相應也。鼛，大鼓也。又見《鼓鐘》。　長一丈二尺。　植者曰虡。《靈臺》、《有瞽》二見。　横者曰栒。樅，崇牙。　賁，大鼓。　鏞，大鐘。《靈臺》。又互見《那》，字作「庸」。　歌者比於琴瑟也。徒擊鼓曰咢。　業，大版。此句又見《靈臺》。所以飾栒爲縣也。　崇牙，上飾卷然，可以縣也。　樹羽，置羽。　應，小鞞。　田，大鼓。　縣鼓，周鼓也。　鞉，鞉鼓。　柷，木椌。　圉，楬也。　鞉鼓，樂之所成也。夏后氏足鼓，殷人置鼓，周人縣鼓。　磬，聲之清者也。　鎗然，擊鼓聲也。　琴瑟友之，宜以琴瑟友樂之。　鐘鼓樂之，德盛者宜有鐘鼓之樂。　國中有房中之樂。　君子無故不徹琴瑟。《女曰雞鳴》。又互見《山有樞》。有眸子而無見曰矇，無眸子曰瞍。　瞽，樂官也。

釋天弟八

穹蒼，蒼天也。　蒼天，以體言之，尊而

君之則稱皇天，元氣廣大則稱昊天，仁覆閔下則稱旻天，自上降鑒則稱上天，據遠視之蒼蒼然則稱蒼天。　旻，旻天也。　從旦至食時爲終朝。《蝃蝀》、《采緑》二見。　日乎月乎，照臨之也。　日始月盛，皆出東方也。　旭日始出，謂大昕之時。　晦，昏也。　日出東方，人君明盛，無不照察也。月盛於東方，君明於上若日也，臣察於下若月也。　晞，明之始升也。　夏之日，冬之夜，言長也。

陽，日也。　日，君道。月，臣道。　一之日，十之餘也。　一之日，周正月也。二之日，殷正月也。三之日，夏正月也。四之日，周四月也。　陽，歷陽月也。　正月，夏之四月也。　初吉，朔日也。　之交，日月之交會也。

月時

殷，雷聲也。　淒，寒風也。　終日風爲終風。　霾，雨土也。　陰而風曰曀。　南風謂之豈風。　東風謂之谷風。　北風，寒涼之風。　蝃蝀，虹也。　皎，月光也。　迴風爲飄。　隮，升雲也。　九月霜始降。　觱發，風寒也。　栗烈，寒氣也。　震，雷也。　飄風，暴起之風。　穨，風之焚輪者也。　冽，寒意也。　豐年之冬，必有積雪。　小雨曰霢霂。　炎火，盛陽也。　霰，暴雪也。　飄風，迴風也。　清風，清微之風。

風雨

小星，衆無名者。　三心、五噣，四時更見。　參，伐也。　昴，留也。　定，營室也。方中，昏正四方。　明星有爛，言小星已不見也。　三星，參。　參星，正月中直户也。　火，大火。　南箕，箕星。　漢，天河。《大東》。又互見《雲漢》。何鼓謂之牽牛。日且出謂明星爲啓明，日既入謂明星爲長庚。六月，火星中。畢，噣也。月離陰星則雨。

星名

大夫士祭於宗室，奠於牖下。龜曰卜。《定之方中》、《氓》二見。蓍曰筮。體，卦兆之體。祖而舍軷，飲酒於其側曰餞。春曰祠，夏曰禴，秋曰嘗，冬曰烝。卜筮偕止，會言近止，卜之筮之，會人占之也。維戊，順類乘牡也。伯，馬祖也。禱，禱獲也。吉日庚午，外事以剛日也。致告，告利成也。社，后土。方，迎四方氣於郊也。左陽道，朝祀之事。右陰道，喪戎之事。冢土，大社也。起大事，動大衆，必先有事乎社而後出謂之宜。於内曰類，於野曰禡。致，致其社稷群神。附，附其先祖，爲之立後。克禋克祀，以弗無子，去無子，求有子，古者必立郊禖焉。以歸肇祀，始歸郊祀也。嘗之日，涖卜來歲之芟。獮之日，涖卜來歲之戒。社之日，涖卜來歲之稼，所以興來而繼往也。載謀載惟，穀孰而謀陳祭而卜矣。取蕭祭脂，取蕭合黍稷，臭達牆屋，先奠而後爇蕭，合馨香也。《生民》。又互見《信南山》。軷，道祭也。令終，始於享祀，終於饗燕。享祀、饗燕互倒，今正。上下奠瘞，上祭天，下祭地；奠，奠其禮；瘞，瘞其物。諸侯夏禘則不礿，秋祫則不嘗。惟天子兼之。

祭名

冬獵曰狩。《叔于田》、《四驖》二見。夏獵曰苗。虞人翼五豝，以待公之發。閒於政事，則翱翔習射。殪，壹發而死，言能中微而制大也。　田，取禽也。　田者，大艾草以爲防，褐纏旃以爲門，裘纏質以爲槸。　天子發抗大綏，諸侯發抗小綏。　自左膘而射之，達於右腢爲上殺，達右耳本次之。射左髀，達於右䯚爲下殺。　左旋，講兵；右抽，抽矢以射。　鉦以静之，鼓以動之。　入曰振旅，復長幼也。　六師，天子六軍。《瞻彼洛矣》、《棫樸》二見。　大國之賦千乘。　不服者殺而獻其左耳曰馘。　騁馬曰磬，止馬曰控，發矢曰縱，從禽曰送。

講武

注旄於干首，大夫之旃也。　鳥隼曰旟。《干旄》、《出車》、《桑柔》三見。　析羽爲旌。　龜蛇曰旐。《出車》、《桑柔》二見。　旄，干旄也。　交龍曰旂。《出車》、《韓奕》二見。　日月爲常。　鳥章，錯革鳥爲章也。　白旆，繼旐者也。　旐旟，所以聚衆也。　綏，大綏也。　鈴在旂上。

旌旗

釋地弟九

漕，衛邑。《擊鼓》、《泉水》二見。　浚，衛邑。《豈風》、《干旄》二見。　中露，衛邑。　泥中，衛邑。　須，衛邑。　沬，衛邑。　堂，邑。　漕，衛東邑。　清，邑。　沃，曲沃。　鵠，曲沃邑。　防，邑。　株林，夏氏邑。　東，雒邑。　向，邑。　謝，邑。　下邑曰都。　城，都城也。　里，邑也。

邑

南，南土也。　沛，地名。　禰，地名。

干，言，所適國郊也。　桑中、上宫，所期之地也。　彭，衛之河上、鄭之郊也。　消，河上地。　軸，河上地。　周道，岐周之道也。　我出我車，于彼牧矣，出車就馬於牧地也。　焦穫，周地。　敖，地名。　宗周，鎬京。　北，北方寒涼而不毛也。　三州，淮上地。　周原，沮、漆之閒也。　旅，地名。　宅是鎬京，武王作邑於鎬京也。據李善注《文選·典引》訂。　郿，地名。　屠，地名。　常、許，魯南鄙、西鄙。

地

南，陳在衛南。　申，姜姓之國。　甫，諸姜。　許，諸姜。　四國，管、蔡、商、奄也。　玁狁，北狄。　方，朔方，近玁狁之國也。　朔方，北方也。　荆蠻，荆州之蠻也。　褒國，姒姓。　蠻，南蠻。　髦，夷髦。　摯國，任姓。　莘，大姒國。　二國，殷、夏也。　四國，四方也。　密人不恭，侵阮徂共，國有密須氏，侵阮，遂往侵共也。　邰，姜嫄之國。　中國，京師也。　四方，諸夏也。　鬼方，遠方。　生甫及申，於周則有甫、有申、有齊、有許也。　謝，周之南國。　東方，齊也。　因時百蠻，長是蠻方之百國也。　追貊，戎狄國。　淮夷，東國在淮浦而夷行也。　南，謂荆、楊也。　淮夷蠻貊，蠻貊而夷行也。　南夷，荆楚也。　諸夏爲外。　九有，九州也。　九圍，九州也。　三孽，韋國、顧國、昆吾國。　荆楚，荆州之楚國也。　商邑，京師也。

國

中谷，谷中。　中林，林中。《兔罝》、《正月》二見。　中阿，阿中。　中陵，陵中。　中原，原中。　野，四郊之外。　邑外曰郊，郊外曰野，此句《野有死麕》、《燕燕》、《干旄》、《駉》四見。野外曰林，林外曰坰。　坰，遠野也。　下溼曰隰。《簡兮》、《車鄰》、《皇皇者華》三見。　曲陵曰阿。　農郊，近郊也。　陂者曰阪。　北林，林名。　高平曰原。　高平曰陸，大陸曰阜，大阜曰陵。　大陵曰阿。　芃野，遠荒之地。　丘阿，曲阿。　京，大阜也。　田一歲曰菑，二歲曰新，三歲曰畬。此二句《采芑》、《臣工》二見。　下則汙，高則萊。　露積曰庾。　穫，禾可穫也。　疆，畫經界也。　理，分地理也。　南東其畝，或南或東也。　甫田，謂天下田也。　耘，除草。　耔，雝本。　長畝，竟畝也。　方，極畝也。　穜，雝穜也。　發，盡發也。　迺場迺疆，言脩其疆場也。　私，民田也。　終三十里，言各極其望也。　種之曰稼，斂之曰穡。　後孰曰重，先孰曰稑。　先穜曰稙，後穜曰穉。　穀不孰曰饑，疏不孰曰饉。

原野

釋丘弟十

前高後下曰旄丘。　偏高曰阿丘。　丘一成曰頓丘。　四方高，中央下曰宛丘。　楚丘。　邛丘。　畝丘，丘名。　京，高丘也。《定之方中》、《甫田》二見。　虛，漕虛也。　丘中墝埆之處。

丘

墳，大防。　洒，高峻也。　奥，隈也。　水厓曰滸。《葛藟》。又互見《緜》。　漘，水隒。　湄，水隒。　堂，畢道平如堂也。　芮，水厓。　濱、涘、干、漘、浦、濆、頻，厓也。濱，《采蘋》、《北山》二見。涘，《葛藟》、《蒹葭》、《大明》三見。

側，猶厓也。

厓岸

釋山弟十一

南山，周南山。　景山，大山也。　狧，山名。　南山，齊南山。　首陽，山名。　終南，周之名山中南也。　南山，曹南山。　旱，山名。　踰梁山，邑于岐山之下。　小山別大山曰鮮。《皇矣》。又互見《公劉》，字作「巘」，俗作「巇」。　山大而高曰嵩。　嶽，四嶽也。東嶽岱，南嶽衡，西嶽華，北嶽恒。　禹治梁山，除水災。　高嶽，岱宗也。　高山，四嶽也。　墮山，山之墮墮小者也。　巋，山。　蒙，山。　鳧，山。　繹，山。　徂徠，山。　新甫，山。　鹿，山足。　崔嵬，山顛也。　崔嵬，土山之戴石者。　石山戴土曰砠。　山脊曰岡。　山頂曰冢。　卒者，崔嵬。　山夾水曰澗。《采蘩》、《考槃》二見。　石絕水爲梁。　亶，山絕水也。　山南曰陽。　山西曰夕陽，山東曰朝陽。　山無草木曰岵，山有草木曰屺。

釋水弟十二

汝，水名。　沱，江之別者。　淇，水名。《泉水》、《桑中》二見。　溱、洧，鄭兩水名。《溱洧》。又見《褰裳》。　汾，水。　洛，宗周溉浸水也。　洽，水。　渭，水。　沮，水。　漆，水。　漆、沮，岐周之二水也。　涇以渭濁，涇渭相入，而清濁異也。　皇，澗名。

過，潤名。　毖彼泉水，泉水始出，毖然流也。　所出同、所歸異爲肥泉。　泉源，小水之源。　淇水，大水也。　泌，泉水也。　側出曰氿泉。　檻泉，正出也。　泉之竭矣，不云自中，泉水從中以益者也。　水草交謂之麋。　水中可居者曰州。　水枝成渚。　坻，小渚也。　小渚曰沚。《蒹葭》。又互見《采蘩》。　渚，沚也。　中沚，沚中。　中河，河中。　中澤，澤中。　藪，澤，禽之府也。　陂，澤障也。　沙，水旁。　潨，水會也。　瀰，深水也。　沮洳，其漸洳者也。　風行水成文曰漣。　淪，小風水成文轉如輪也。　沔，水流滿也。　水猶有所朝宗。　潛行爲泳。　行潦，流潦也。《采蘋》、《泂酌》二見。　決復入爲汜。　逆流而上曰遡洄，順流而涉曰遡游。　正絶流曰亂。　由膝以上爲涉，以衣涉水爲厲，由帶以上爲厲。　揭，揭衣也。　厲，深可厲之旁。　柏，木，所以宜爲舟也。　方，泭也。　舟，船也。　楫，所以櫂舟也。《竹竿》。又互見《棫樸》。　梁，水中之梁。　楊木爲舟，載沈亦浮，載浮亦浮。　天子造舟，諸侯維舟，大夫方舟，士特舟。

釋草弟十三

荇，接余。　卷耳，苓耳。　芣苢，馬舄；馬舄，車前。　蘩，皤蒿。　蕨，鼈。　薇，菜。《草蟲》、《采薇》二見。　蘋，大蓱。　藻，聚藻。　葭，蘆。《騶虞》、《碩人》、《蒹葭》三見。　蓬，草。　匏謂之瓠。　葑，須從。　菲，芴。　荼，苦菜。《谷風》、《緜》二見。　苓，大苦。《簡兮》、《采苓》二見。　荑，茅之始生。　茨，疾藜。　唐，蒙，菜。　蝱，貝母。　緑，王芻。

竹，萹竹。　瓠犀，瓠瓣。　菼，薍。　芄蘭，草。　諼草令人忘憂。　蒲，草。　蓷，鵻。　菼，鵻，萑之初生。　舜，木堇。　荷華，扶渠，其華菡萏。《山有扶蘇》。又互見《澤陂》。　龍，紅草。　茹藘，茅蒐。《東門之壇》。又互見《出其東門》。　荼，英荼。　蕑，蘭。《溱洧》、《澤陂》二見。　勺藥，香草。　莫，菜。　蕢，水舄。　苗，嘉穀。　苦，苦菜。　葑，菜。　蒹，薕。　荍，芘芣。　苕，草。　鷊，綬草。　萇楚，銚弋。　稂，童粱。《下泉》、《大田》二見。　蕭，蒿。《下泉》、《蓼蕭》二見。　蓍，草。　蘩，白蒿，所以生蠶。　薍爲萑，葭爲葦。　蔞，草。　薁，蘡薁。　苴，麻子。　荼，萑苕。　果臝，栝樓。　苹，萍。　蒿，菣。　芩，草。　臺，夫須。　萊，草。　莪、蘿，蒿。　芑，菜。　蓫，惡菜。　葍，惡菜。

菽，藿。　蔚，牡菣。　莠，似苗。　蔦，寄生。　女蘿，菟絲、松蘿。　白華，野菅，已漚爲菅。　苕，陵苕，將落則黃。　瓜紹瓞瓝。　堇，菜。　芑，草。　任菽，戎菽。　黃，嘉穀。　穎，垂穎。　秬，黑黍。《生民》、《江漢》二見。秠，一稃二米。　穈，赤苗。　芑，白苗。　筍，竹萌。　蒲，蒲蒻。　鬯，香草。　苴，水中浮草。　牟，麥。　稌，稻。　蓼，水草。　芾，鳧葵。　葛，所以爲絺綌。《葛覃》、《采葛》二見。　白茅，取絜清也。　蕭，所以共祭祀。　艾，所以療疾。　菽，所以芼大牢，羊則苦，豕則薇。　下體，根莖也。　穗，秀也。　英，猶華也。　柔，始生也。　剛，少而剛也。　卉，草也。《出車》、《四月》二見。　藿，猶苗也。　芸，黃盛也。　不榮而實曰秀。《七月》、《生民》二見。　實未堅者皁。　除草曰芟。

釋木弟十四

甘棠，杜。　樸樕，小木。　唐棣，棣。　榛，木。　椅，梓屬。　檜，柏葉松身。　木瓜，楙木，可食之木。　楚，木。　杞，木。　檀，彊刃之木。❶　扶蘇，扶胥小木。　松，木。　栗，行上栗。　柳，柔脆之木。　棘，棗。　樞，荎。　栲，山樗。《山有樞》、《南山有臺》二見。　杻，檍。《山有樞》、《南山有臺》二見。　椒聊，椒。　杜，赤棠。　栩，杼。《鴇羽》、《東門之枌》二見。　條，稻。　梅，柟。《終南》、《墓門》二見。　櫟，木。　棣，唐棣。　檖，赤羅。　枌，白榆。　女桑，荑桑。　鬱，棣屬。　樗，惡木。《七月》、《我行其野》二見。　杞，枸檵。《四牡》、《四月》二見。　常棣，栘。　常，常棣。　楊柳，蒲柳。　枸，枳枸。　楰，鼠梓。　穀，惡木。　棘，赤心。　桋，赤楝。　棫，白桵。　樸，枹木。　檉，河柳。　椐，樻。　檿，山桑。　梧桐，柔木。　柔木，椅、桐、梓、漆。　黮，桑實。　灌木，叢木。　灌，叢生。　木下曲曰樛。　喬，上竦。　桃，有華之盛者。　棘心，難長養者。　棘薪，其成就者也。　桑，女功之所起也。　桑，木之衆也。　檀可以爲輪。　遠，枝遠也。　揚，條揚也。　桑上，桑根也。　壞，瘣也。　榛，所以爲藩也。　菀，茂木也。　桑薪，宜以養人者也。　枝曰條，榦曰枚。　斬而復生曰肄。　山木曰林。　平林，林木之在地者也。　木立死曰菑，自

❶「彊」，原作「疆」，據《詩毛氏傳疏》卷七《將仲子》傳疏改。

檾爲翳。　除木曰柞。

釋蟲弟十五

草蟲，常羊。　阜螽，蠜。　蝤蠐，蝎蟲。　蒼蠅之聲，有似遠雞之鳴。　悉蟀，蛬。　浮游，渠略。　蜩，唐。　斯螽，蚣蝑。《七月》。又互見《螽斯》。　莎雞羽成而振訊之。　蜀，桑蟲。　伊威，委黍。　蠨蛸，長踦。　蛭，螘冢。　螟蛉，桑蟲。　蜾蠃，蒲盧。　蜩，蟬。《小弁》、《蕩》二見。　蜮，短弧。　唐，蝘。　食心曰螟，食葉曰螣，食根曰蟊，食節曰賊。

釋魚弟十六

鱣，鯉。　鮪，鮥。　鰥，大魚。　魴鱮，大魚。　鱒魴，大魚。　鱨，揚。　鯊，鮀。　鱧，鮦。　鰋，鮎。　蜴，螈。　鼉，魚屬。　魴魚勞則尾赤。　元龜尺二寸。　南有嘉魚，江漢之間魚所産也。　良魚在淵，小魚在渚。

釋鳥弟十七

睢鳩，王睢。　黃鳥，摶黍。　鳩，尸鳩、秸鞠。《鵲巢》、《尸鳩》二見。　流離，鳥。　鳩，鶻鳩。　鶉，鳥。　晨風，鸇。　鴞，惡聲之鳥。《墓門》、《泮水》二見。　鵜，洿澤鳥。　倉庚，離黃。　鵙，伯勞。　鴟鴞，鸋鴂。　鵻，夫不。　脊令，雝渠。　飛則鳴，行則搖。　鵻，壹宿之鳥。　大曰鴻，小曰雁。　鳴鳩，鶻鵰。　桑扈，竊脂。　鷽，卑居；卑居，鵄烏。　鶉，雕。　雕、鳶，貪殘之鳥。　鴛鴦，匹鳥。　鷮，雉。　鶖，禿鶖。　鳧，水鳥。　鷖，鳧屬。　鳳皇，靈鳥。　雄曰鳳，嶋曰皇。　鷺，白鳥。《振鷺》、《有駜》二見。　桃蟲，鷦。　玄鳥，鳦。又互見《燕燕》。　鷕，雌雉聲。　鸛鳴于垤，鸛好水，長鳴而喜也。　鴻飛遵渚，鴻不宜循渚也。　鴻飛遵陸，陸非鴻所宜止也。　鳥覆翼之，大鳥來，一翼覆之，一翼藉之也。　飛曰雌雄。　飛而上曰頡，飛而下曰頏。　飛而上曰上音，飛而下曰下音。

釋獸弟十八

豕牝曰豝。　騶虞，義獸，白虎黑文。　一歲曰豵。《騶虞》、《七月》二見。　狼，獸名。　貆，獸名。　駮，如馬，倨牙，食虎豹。　狐狸，狐貍皮。　毚兔，狡兔。　猱，猨屬。　兕虎，野獸。　淺，虎皮淺毛。　貓，似虎，淺毛。　貔，猛獸。　麟止，麟信而應禮，以足至者也。　野有死麕，群田之，獲而分其肉。　野有死鹿，廣物也。　大獸公之，小獸私之。　町疃，鹿迹也。　冬獻狼，夏獻麋，春秋獻鹿豕群獸。　老狼有胡，進則躐其胡，退則跲其尾。　走曰牝牡。　鹿牝曰麀。　麀，牝。　獸三歲曰肩。《還》。又見《七月》，字作「豣」。　獸三歲曰特。　獸三曰群，二曰友。

釋畜弟十九

六尺以上曰馬。　五尺以上曰驕。

馬七尺以上曰騋。騋牝，騋馬與牝馬也。驪白襍毛曰鴇。白顛，旳顙。驖，驪也。左足白曰馵。黄馬黑喙曰騧。黄白曰皇。《東山》、《駉》二見。騂白曰駁。白馬黑鬣曰駱。《四牡》、《駉》二見。陰白襍毛曰駰。《皇皇者華》、《駉》二見。騂馬白腹曰騵。驪馬白跨曰驈。純黑曰驪。黄騂曰黄。蒼白襍毛曰騅。黄白襍毛曰駓。赤黄曰騂。蒼綦曰騏。青驪驎曰驒。赤身黑鬣曰駵。黑身白鬣曰雒。彤白襍毛曰騢。豪骭曰驔。當作「驙」。二目白曰魚。青驪曰駽。玄黄，馬病則玄黄。乘黄，四馬皆黄。《大叔于田》。又互見《渭陽》、《嵩高》。四驪，言物色盛也。俴駟，四介馬也。大夫乘驕。馬勞則喘息。駉駉，當作「駫駫」。良馬腹榦肥張也。宗廟齊豪，尚純也。戎事齊力，尚强也。田獵齊足，尚疾也。諸侯六閑，馬四種，有種馬、有戎馬、有田馬、有駑馬。

馬屬

黄牛黑脣曰犉。《無羊》、《良耜》二見。社稷之牛角尺。騂牡，周尚赤也。白牡，周公牲。騂剛，魯公牲。犧，純也。福，衡，設牛角以偪之。

牛屬

小曰羔，大曰羊。羜，未成羊。牂羊，牝羊。羝羊，牡羊。羖，羊不童也。童，羊之無角者也。

羊屬

尨，狗。盧，田犬。獫、歇驕，田犬也。長喙曰獫，短喙曰歇驕。

狗屬

豕，猪。　蹢，蹏也。　毛，炮豚也。

豕屬今《爾雅》豕屬脱簡在《釋獸》。

雞猶守時而鳴喈喈然。　膠膠，猶喈喈也。

鑿牆而栖曰塒。　雞栖于弋爲桀。

雞屬

三物，豕、犬、雞也。君以豕，臣以犬，民以雞。　騂，牛；黑，羊、豕。　鄉人以狗，大夫加以羔羊。　三十維物，異毛色者三十也。　物，毛物也。　毛以告純也。

六畜

義類終

鄭氏箋攷徵

〔清〕陳奐撰

鄭氏箋攷徵

鄭康成習《韓詩》，兼通齊、魯，最後治《毛詩》。箋《詩》乃在注《禮》之後，以《禮》注《詩》，非墨守一氏。《箋》中有用三家申毛者，有用三家改毛者，例不外此二端。三家久廢，姑就所知，得如干條。毛古文，鄭用三家從今文，于以知毛與鄭固不同術也。陳奂録。

周　南

《關雎》「窈窕淑女，君子好逑」，《箋》云：「怨耦曰仇。言后妃之德和諧，則幽閒處深宮貞專之善女，能爲君子和好衆妾之怨者。言皆化后妃之德，不嫉妬，謂三夫人以下。」案劉向《列女傳・母儀》篇引《詩》而釋之云：「言賢女能爲君子和好衆妾。」《箋》讀「逑」爲「怨耦曰仇」，《左傳・桓三年》文，字作「逑」。本劉向釋《詩》。劉習《魯詩》，此魯說也。淑女，指后妃；三夫人以下，申說衆妾。《樛木序》箋云：「后妃能和諧衆妾，不嫉妬其容貌。」亦用「淑女好逑」之義，非謂淑女爲三夫人以下也。孔《正義》誤會其意，遂以謂后妃求淑女配君子，謬以千里矣。

《卷耳》「我姑酌彼金罍」，《箋》云：「臣出使，功成而反，君且當設饗燕之禮，與之飲酒以勞之。言且者，君賞功臣，或多於此。」案《說文・夂部》引《詩》「姑」作「夃」，云：「秦人市買，多得爲夃。」《箋》兼用三家說。

「我姑酌彼兕觥」，《箋》云：「觥，罰爵也。饗燕所以有之者，禮自立司正之後，旅醻必有醉而失禮者，罰之，亦所以爲樂。」

案《正義》引《異義》：「《韓詩》説：『觥亦五升，所以罰不敬。觥，廓也，所以箸明之貌。君子有過，廓然箸明，非所以餉，不得名觵。』」《箋》以觥爲罰爵，此韓説也。《桑扈》同。

召　南

《甘棠》序箋云：「召伯，姬姓，名奭。食采於召，作上公，爲二伯。後封于燕。此美其爲伯之功，故言伯云。」　案《漢書·王吉傳》、《説苑·貴德》篇、《法言·先知》篇、《白虎通義·封公侯》篇及《巡守》篇引《詩》以爲召公作二伯，分陜述職之事，則《甘棠》爲武王詩矣。《箋》用魯説。王吉學《韓詩》，韓説同。

「勿翦勿拜」，《箋》云：「拜之言拔也。」　案《廣韻·十六怪》引《詩》作「扒」，扒，拔也。此三家義。

邶　風

《柏舟》「日居月諸，胡迭而微」，《箋》云：「君道當常明如日。」　案《釋文》：「迭，《韓詩》作『戜』，戜，當作「臷」。云：常也。」《箋》中「常」字用《韓詩》。

《終風》「願言則疐」，《箋》云：「疐，讀當爲『不敢嚏咳』之『嚏』。今俗人嚏云：『人道我。』此古之遺語也。」　案《玉篇·口部》：「嚏，丁計切。噴鼻也。《詩》曰：『願言則嚏。』」或希馮所據三家説。

《擊鼓》「死生契闊」，《箋》云：「從軍之士相與伍約。」下《箋》云：「歎其棄約。」　案《釋文》引《韓詩》云：「契闊，約束也。」《箋》用韓義。

《匏有苦葉》「雝雝鳴鴈」，《箋》云：「鴈者隨陽而處，似婦人從夫，故昏禮用焉。」　案《白虎通義・嫁娶》篇：「贄用鴈者，是隨陽之鳥，妻從夫之義也。」

「迨冰未泮」，《箋》云：「冰未散，正月中以前也。二月可以昏矣。」　案《白虎通義・嫁娶》篇：「嫁娶必以春者，春，天地交通，萬物始生，陰陽交接之時也。《詩》云：『士如歸妻，迨冰未判。』《周官》曰：『仲春之月，令會男女，令男三十娶，女二十嫁。』《夏小正》曰：『二月，冠子娶婦之時。』」此《箋》以二月昏嫁爲正時之張本。《綢繆》、《東門之楊》同。

《谷風》「賈用不售」，《箋》云：「如賣物之不售。」　案《太平御覽・資産部十五》引《韓詩》「既詐我德，賈用不售。一錢之物舉賣百，何時當售乎？」售，俗「讎」字。

《簡兮》「簡兮簡兮」，《箋》云：「簡，擇也。」　案《爾雅・釋詁》：「柬，擇也。」郭注云：「見《詩》。」「簡」與「柬」同。

「方將萬舞」，《箋》云：「萬舞，干舞也。」　案《公羊・宣八年傳》：「萬者何？干舞也。」此言干以眩羽，故《異義》：「《公羊》説：『樂萬舞以鴻羽，取其勁輕，一舉千里。』」舊説以萬爲羽，與《傳》以萬爲干互相發明。何注云：「干，謂楯也。能爲人扞難而不使害人，故聖王貴之，以爲武樂。萬者，其篇名。武王以萬人服天下，民樂之，故名之云爾。」《箋》用何説。《閟宮》、《那》箋同。　又案《夏小正傳》：「萬也者，干戚舞也。」《箋》以萬爲干戚舞，又以二月爲娶婦時，竝與群經不合。奐謂《小正傳》當出秦漢之際，非真古籍矣。

《北門》「室人交徧摧我」，《箋》云：「摧者，刺譏之言。」　案王符《潛夫論・交際》篇云：「處卑下之位，懷《北門》之殷憂，内見謫於妻子，外蒙譏於士夫。」

《北風》「其虚其邪」，《箋》云：「邪，讀如徐。言今在位之人，其故威儀虚徐寬仁者。」　案班固《幽通賦》：「承靈訓其虚徐兮，竚盤桓而且俟。」曹大家注引《詩》「其虚其徐」。班從《魯詩》，則《箋》用魯説也。《爾雅·釋訓》：「其虚其徐，威儀容止也。」奂謂《釋訓》篇多徑後人改竄。

鄘　風

《君子偕老》「邦之媛也」，《箋》云：「媛者，邦人所依倚以爲援助也。」　案《釋文》引《韓詩》作「援」，云：「援，取也。」「取」乃「助」字之譌。《箋》本韓説。

《鶉之奔奔》「鶉之奔奔，鵲之彊彊」，《箋》云：「奔奔、彊彊，言其居有常匹，飛則相隨之貌。刺宣姜與頑非匹耦。」　案《釋文》：「《韓詩》云：『奔奔、彊彊，乘匹之皃。』」

《相鼠》「人而無止」，《箋》云：「止，容止。《孝經》曰：『容止可觀。』」　案《釋文》：「《韓詩》云：『止，節無禮節也。』」《箋》用韓義。

《干旄》「素絲紕之」，《箋》云：「素絲者以爲縷，以縫紕旌旗之旒縿，或以維持之。」下章「素絲組之」，《箋》云：「以素絲縷縫組於旌旗以爲之飾。」　案焦延壽《易林·師》、《履》、《豫》云：「干旄旌旗，執幟在郊。」《箋》與焦説同。

衛　風

《考槃》「碩人之軸」，《箋》云：「軸，病也。」　案《爾雅・釋詁》「逐，病也。」郭注：「逐，未詳。」軸、逐古聲相近。

《氓》「淇則有岸，隰則有泮」，《箋》云：「泮，讀爲畔。畔，涯也。言淇與隰皆有涯岸以自拱持。今君子放恣心意，曾無所拘制。」　案董仲舒《春秋繁露・隨本消息》篇云：「拱揖指撝，諸侯莫敢不出，此猶隰之有泮也。」董用《魯詩》。此《箋》當用魯說。

王風

《兔爰》「有兔爰爰」，《箋》云：「有緩者，有所聽縱也。有急者，有所躁蹙也。」　案玄應《一切經音義》二十二：「《韓詩》：『爰爰，發蹤之皃。』」「蹤」當作「縱」。發縱，即聽縱。《箋》用韓說。

鄭風

《清人》「二矛重喬」，《箋》云：「喬，矛矜矜，當作「矝」，矛柄也。近上及室題所以縣毛羽。」　案《釋文》：「《韓詩》作『鷮』，雉名。」《箋》言縣毛羽，謂以鷮羽飾矛也，兼用《韓詩》。

「左旋右抽」，《箋》云：「左，左人，謂御者。右，車右也。日使其御者習旋車，車右抽刃。」　案《釋文》：「抽，《說文》作『搯』，地牢反，云：『抽刃以習擊刺也。』」《說文》兼録三家《詩》。

《山有扶蘇》「山有橋松」，《箋》云：「橋松在山上，喻忽無恩澤于大臣也。」　案《釋文》：「鄭作『槁』，苦老反，枯槁也。」據《釋文》，《箋》有「橋當作槁」四字。《呂氏春秋・先己》篇云:「百仞之松,本傷於下而末槁於上。」此《箋》義也。

《褰裳》「豈無他人」,《箋》云:「言他人者,先鄉齊、晉、宋、衛,後之荆楚。」下章「豈無他士」,《箋》云:「他士,猶他人也。」案《吕氏春秋・求人》篇云:「晉人欲攻鄭,令叔嚮聘焉,視其有人與無人。子産爲之詩曰:『子惠思我,褰裳涉洧。子不我思,豈無他士?』叔嚮歸,曰:『鄭有人,子産在焉,不可攻也。秦、荆近,其詩有異心,不可攻也。』」

《子衿》「子寧不嗣音」,《箋》云:「嗣,續也。女曾不傳聲問我,以恩責其忘已。」案《釋文》:「嗣,《韓詩》作『詒』,詒,寄也。曾不寄問也。」《箋》兼用韓説。

齊風

《敝笱》「其魚唯唯」,《箋》云:「唯唯,行相隨順之皃。」案《玉篇》:「遺遺,魚行相隨皃。」皃,據《集韻・五旨》補。《箋》用三家説。

唐風

《悉蟀》「無已大康,職思其憂」,《箋》云:「憂者,謂鄰國侵伐之憂。」案《列女傳・仁智》篇:「周共王滅密,君子謂密母爲能識微。」即引此詩。《箋》用《魯詩》義。

《揚之水》「素衣朱繡」,上章《箋》云:「繡,當爲綃。」案鄭注《禮記・郊特牲》及《儀禮・士昏》、《特牲饋食》並引《魯詩》「素衣朱綃」,綃,繒名也。

秦風

《車鄰》「寺人之令」，《箋》云：「欲見國君者，必先令寺人使傳告之。」案《釋文》引《韓詩》作「伶」，云：「使伶。」《箋》兼用韓義。

《黄鳥》「誰從穆公」，《序》箋云：「從死，自殺以從死。」案《漢書·匡衡傳》云：「秦穆貴信而士多從死。」又《史記·秦本紀》：「繆公卒，葬雍。從死者百七十七人，秦之良臣子輿氏三人名曰奄息、仲行、鍼虎，亦在從死之中。」應劭云：「秦穆公與群臣飲，酒酣，公曰：『生共此樂，死共此哀。』於是奄息、仲行、鍼虎許諾。及公薨，皆從死。」此與匡説《詩》合。匡學《齊詩》，《箋》蓋用其説。

《無衣》「與子同澤」，《箋》云：「澤，褻衣，近汙垢。」案《釋文》云：「《説文》作『襗』。」《箋》以澤爲衣名，本三家。

陳風

《澤陂》「有蒲與荷」，《箋》云：「夫渠之莖曰荷。」案《爾雅·釋草》：「荷，夫渠，其莖茄」。樊光注引《詩》「有蒲與茄」。樊注見《詩疏》。《箋》讀「荷」爲「茄」，用三家義。

「有蒲與蕳」，《傳》：「蕳，蘭也。」《箋》云：「蘭，當作『蓮』，芙蕖實也。」案《韓詩·溱洧》以「蕳」爲「蓮」，《箋》用韓説。

檜風

《羔裘》「大夫以道去其君也」，《箋》云：「以道去其君者，三諫不從，待放於郊，得玦乃去。」案説詳宣元年《公羊傳》、《白虎通義·諫諍》篇。

《匪風》「誰能亨魚？ 溉之釜鬵」，《箋》云：「誰能者，言人偶能割亨者。」「誰將西歸？ 懷之好音」，《箋》云：「誰將者，亦言人偶能輔周道治民者也。」 案劉向《説苑·善説》篇：「蘧伯玉言公子晳於楚王。子晳還，重於楚，蘧伯玉之力也。故《詩》曰：『誰能亨魚？ 溉之釜鬵。孰將西歸？ 懷之好音。』此之謂也。物之相得，固微甚矣。」此與人偶之義合，鄭當用《魯詩》説。

豳風

《七月》「蠶月條桑」，《箋》云：「條桑，枝落之采其葉也。」 案《玉篇·手部》引《詩》「蠶月挑桑」，讀「條」爲「挑」，《箋》用三家説。

《東山》「烝在栗薪」，《箋》云：「栗，析也。言君子又久見使析薪，于事尤苦也。古者聲栗、裂同也。」 案《釋文》：「栗，《韓詩》作『蓼』，力菊反，聚薪也。」聚薪、析薪義相近，《箋》兼用韓義。

小雅

《常棣》「死喪之威，兄弟孔懷」，《箋》云：「死喪，可畏怖之事。維兄弟之親甚相思念。」 案《列女傳》續篇：「君子謂聶政姊仁而有勇，不去死以滅名。《詩》云：『死喪之威，兄弟孔懷。』言死可畏之事，惟兄弟甚相懷。」《箋》兼用魯説。

《伐木》「伐木丁丁，鳥鳴嚶嚶」，《箋》云：「丁丁、嚶嚶，相切直也。嚶嚶，衍文。《爾雅·釋訓》當作「丁丁，相切直也」，爲《箋》所張本。又《釋詁》：「闗闗、噰噰，音聲和也。」雍雍，《文選注》作「嚶嚶」。言昔日未居位在農之時，與友生于山巖伐木，爲勤苦之事，猶以道德相切正也。嚶嚶，兩鳥聲也。其鳴之志，似于有友道然，故連言之。」　案《文選》謝混《遊西池詩》李注引《韓詩》：「《伐木》廢，朋友之道缺，勞者歌其事，詩人伐木，自苦其事，故以爲文。」又潘岳《閒居賦》注以「勞者歌其事」爲《韓詩序》。《初學記·樂部上》、《太平御覽·樂部十一》：「《韓詩》飢者歌食，勞者歌事。」《箋》用韓說。

「無酒酤我」，《箋》云：「酤，買也。王無酒，酤買之。」　案《漢書·食貨志下》：「魯匡言：『《詩》曰「無酒酤我」，而《論語》曰「酤酒不食」，二者非相反也。夫《詩》據承平之世，酒酤在官，和旨便人，可以相御也。《論語》孔子當周衰亂，酒酤在民，薄惡不誠，是以疑而弗食。』」《箋》用三家說。

《采薇》「歲亦陽止」，《箋》云：「十月爲陽，時坤用事，嫌於無陽，故以名此月爲陽。」　案劉歆《西京襍記·董仲舒》：「雨雹，對鮑敞曰：『十月陰雖用事，而陰不孤立。此月純陰，疑于無陽，故謂之陽月。詩人所謂「日月陽止」者也。』」《箋》用董說。《杕杜》同。

《六月》「元戎十乘，以先啟行」，《箋》云：「元戎可以先前啟突敵陳之前行。」　案《史記·三王世家》裴駰《集解》引《韓詩章句》云：「元戎，大戎，謂兵車也。車有大戎十乘，謂車縵綸，馬被甲，衡扼之上盡有劍戟，名曰陷軍之車，所以冒突先啟敵家之行伍也。」《箋》用韓說。

「吉甫燕喜，既多受祉」，《箋》云：「吉甫既伐玁狁而歸，天子以燕禮樂之，則歡喜矣，又多受賞賜也。」　案《漢書·陳湯傳》：「劉向曰：『吉甫之歸，周厚賜之。』」即引此詩。

《采芑》「顯允方叔，征伐玁狁」，《箋》

云：「方叔先與吉甫征伐玁狁。」　案《漢書·陳湯傳》：「劉向疏曰：『昔周大夫方叔、吉甫，爲宣王誅玁狁而百蠻從。』」《箋》用劉説。

《車攻》「東有甫草，駕言行狩」，《箋》云：「甫草者，甫田之草也。鄭有甫田。」　案《墨子·明鬼》篇：「周宣王合諸侯而田於圃田，車數百乘。」古甫、圃通。

《吉日》「其祁孔有」，《箋》云：「祁，當作『麎』，麎，麋牝也。」　案孔《正義》據《爾雅》某氏注引《詩》作「麎」，《箋》所本也。《周禮·大司馬》注：「鄭司農云：『五歲爲慎。』玄謂慎讀爲麎。麋牝曰麎。」

《鶴鳴》「鶴鳴于九皋」，《箋》云：「皋，澤中水溢出所爲坎，自外數至九。」　案《釋文》：「《韓詩》云：『九皋，九折之澤。』」《論衡·藝增》篇亦云：「言鶴鳴九折之澤，聲猶聞於天。」

《祈父》「予王之爪牙，胡轉予于恤」，《箋》云：「予，我；　轉，移也。此勇力之士責司馬之辭也。我乃王之爪牙，爪牙之士當爲王閑守之衛，女何移我於憂？」　案焦氏《易林·謙之歸妹》、《小過之離》竝云：「爪牙之士，怨毒祈父。轉憂與己，傷不及母。」《箋》同焦説。

《白駒》「賁然來思」，《箋》云：「《易卦》曰：『山下有火，賁。』賁，黄白色也。」　案《説苑·反質》篇：「孔子卦，得《賁》，喟然仰而嘆息曰：『賁，非正色也。吾亦聞之，丹漆不文，白玉不雕，寶珠不飾，何也？質有餘者，不受飾也。』」又《吕覽·壹行》篇：「孔子卜，得《賁》，孔子曰：『不吉。』子貢曰：『夫賁亦好矣，何爲不吉乎？』孔子曰：『夫白而白，黑而黑，夫賁又何好乎？』」

《斯干》「噲噲其正」，《箋》云：「噲噲，猶快快也。」　案《説文》：「噲，或讀若快。」

《無羊》「衆維魚矣，實維豐年」，《箋》云：「魚者，庶人之所以養也。今人衆相與捕魚，則是歲孰，相供養之祥也。《易・中孚》卦曰：『豚魚，吉。』」　案《漢書・食貨志》：「蕭望之奏：『徐宫家在東萊，言往年加海租，魚不出。長老皆言，武帝時縣官嘗自漁，海魚不出，後復予民，魚迺出。夫陰陽之感，物類相應，萬事盡然。』」

《正月》「瞻烏爰止，于誰之屋」，《箋》云：「視烏集於富人之室，以言今民亦當求明君而歸之。」　案《後漢書・郭大傳》：「郭大，字林宗。建寧元年，陳蕃、竇武爲閹人所害，林宗哭之。既而歎曰：『人之云亡，邦國殄瘁。瞻烏爰止，不知于誰之屋耳？』」李賢注云：「言不知王業當何所歸。」《箋》用三家説。

「瞻彼中林，侯薪侯蒸」，《箋》云：「林中大木之處，而維有薪蒸爾。喻朝廷宜有賢者，而但聚小人。」　案《韓詩外傳》卷七引《詩》釋之云：「言朝廷皆小人也。」

「有皇上帝，伊誰云憎」，《箋》云：「有君上帝者，以情告天也。使王暴虐如是，是憎惡誰乎？欲天指害其所憎而已。」

案《潛夫論・班禄》篇引《皇矣》詩「上帝指之，憎其式惡」，蕭山汪氏繼培《箋》云：「鄭《箋》所用《詩》與此同。」

「召彼故老，訊之占夢」，《箋》云：「君臣在朝，侮慢元老，召之不問政事，但問占夢，不尚道德，而信徵詳之甚。」　案《漢書・藝文志》云：「然惑者不稽諸躬，而忌訞之見，是以《詩》刺『召禳故老，訊之占夢』，傷其舍本而憂末，不能勝凶咎也。」

《十月之交》以下四篇《序》「刺幽王」，《箋》以爲刺厲王，云：「作《詁訓傳》時移其篇弟，因改之耳。《節彼》刺師尹不平，❶亂靡有定。此篇譏皇父擅恣，日月告凶。《正月》惡褒姒滅周，此篇疾豔妻煽方處。又幽王時司徒乃鄭桓公友，非此篇之所云番也，是以知然。」案《正義》引《中候·擿雒貳》曰：「昌受符，厲倡嬖，期十之世權在相。」又曰：「剡者配姬以放賢，山崩水潰納小人，家伯罔主異載震。」此《箋》改作刺厲王之本。後漢世祖尊用圖讖，朝廷引以定禮説經。康成知禮尊王，故解經多從緯説耳。又據《漢書·劉向傳》、《谷永傳》、《後漢書·左雄傳》皆幽、厲竝言，故作厲王爲定論。不知諸家引《詩》，往往幽、厲連及，非以此詩爲厲王時。褒豔魯作「閻」。合《節南山》之褒姒、《十月之交》之豔妻連綴成文，非以豔妻爲厲王后先褒後豔。《魯詩》次序與毛同。《正義》以爲《韓詩》次序亦在此，不是移改篇弟矣。王朝三公，師尹爲三公之一。據董仲舒説，師尹爲司空。皇父爲卿士，則三公中執政之一人也。十月朔辛卯日食，《大衍術》推算在幽王六年。《國語》：「幽王八年，鄭桓公友爲司徒。」則日食在六年，爲司徒者番，非友也。《箋》説俱不審。

「四國無政，不用其良」，《箋》云：「四方之國無政治者，由天子不用善人也。」案《韓詩外傳》卷五釋此詩云：「不用其良臣而不亡者，未之有也。」《漢書·左雄傳》：「上疏言：『幽、厲昏亂，不自爲政。褒豔用權，

❶「彼」，徐子静本、《清經解續編》本同，阮刻《毛詩正義》無此字。案阮元《校勘記》云閩本、明監本、毛本有此字，係衍文，是也。當據本書卷十九《節南山》傳疏删。

七子黨進。賢愚錯緒，深谷爲陵。』」亦引此詩。竝與《箋》説同。

「百川沸騰」，《箋》云：「百川沸出相乘陵者，由貴小人也。」　案《漢書・李尋傳》：「偏黨失綱，則踊溢爲敗。今汝、潁畎澮皆川水漂踊，與雨水竝爲民害。此《詩》所謂『爗爗震電，不寧不令，百川沸騰』者也。其咎在於『皇父卿士』之屬。」

「家伯維宰」，《箋》云：　「冢宰掌建邦之六典。」　案《漢書・古今人表》：「大宰，家伯。」冢宰即大宰，《箋》用《魯詩》説。

「抑此皇父」，《箋》云：「抑之言噫。」噫是皇父，疾而呼之。」　案《釋文》引《韓詩》：「抑，意也。」疑「意」乃「噫」之壞字。

「黽勉從事」，《箋》云：「詩人賢者，見時如是，自勉以從王事。」　案《漢書・劉向傳》：「君子獨處守正，不橈衆枉，勉彊以從王事。」引《詩》曰「密勿從事」，《箋》同劉説。

《小旻》「旻天疾威，敷于下土」，《箋》云：「旻天之德疾王者以刑罰威恐萬民，其政教乃布於下土。言天下徧知。」　案《列女傳》續篇：「君子謂不疑母能以仁教。《詩》云：『旻天疾威，敷于下土。』言天道好生，疾威虐之行于下土也。」《箋》用魯説。

「謀猶回遹」，《箋》云：「今王謀爲政之道回辟，不循旻天之德已甚矣。」　案《文選・西征賦》注引《薛君章句》云：「回，邪僻也。」《章句》但解「回」字，《箋》用韓説。「疾威」、「回遹」，《毛詩》俱二字平列。

「國雖靡止」，《箋》云：「止，禮也。」　案《相鼠》「人而無止」，《韓詩》：「止，節也。無止，無禮節也。」今《釋文》脱「也無止」三字。《箋》用韓義。《廣雅・釋言》云：「止，禮也。」亦本《韓詩》。

《小弁》「假寐永歎」，《箋》云：「不脱冠衣而寐曰假寐。」 案《楚辭・九懷》王逸注云：「不脱冠帶而臥曰假寐。」即引此詩。

「菀彼柳斯，❶鳴蜩嘒嘒。有漼者淵，萑葦淠淠」，《箋》云：「柳木茂盛則多蟬，淵深而旁生萑葦。言大者之無不容。」今本作「言大者之旁無所不容」，此從宋本。 案《説苑・襍言》篇引此詩而釋之云：「言大者之旁無所不容。」又《韓詩外傳》卷七云：「言大者無不容也。」《箋》用韓義。

「君子無易由言，耳屬于垣」，《箋》云：「由，用也。王無輕用讒人之言，人將有屬耳于垣壁而聽之者，「垣」字據《御覽・人事三十一》補。知王有所受之，知王心不正也。」 案《韓詩外傳》五：「孔子正假馬之言，而君臣之義定矣。《詩》曰：『君子無易由言。』名正也。」《箋》兼用韓義。

《巧言》「匪其止共，維王之邛」，《箋》云：「邛，病也。小人好爲讒佞，既不共其職事，又爲王作病。」 案《韓詩外傳》卷四引《詩》釋之云：「言不共其職事，而病其主也。」《説苑・政理》篇云：「此傷姦臣蔽主以爲亂者也。」亦與《韓詩》同。

《谷風》「無草不死，無木不萎」，《箋》云：「然而盛夏養萬物之時，草木枝葉猶有萎槁者。」 案徐幹《中論・修本》篇釋此詩云：「言盛陽布德之月，草木猶有枯落而與時謬者。」

《蓼莪》「蓼蓼者莪，匪莪伊蒿」，《箋》云：「莪已蓼蓼長大貌，視之以爲非莪，反謂之蒿。「反」各本作「故」，此從宋本。 興者，喻憂思。雖在役中，心不精識其事。」 案《太平御

❶ 「菀」，原作「苑」，據本書卷十九《小弁》傳疏改。

覽·百穀部六》引《韓詩》「彼黍離離，彼稷之苗」，薛君注曰：「詩人求己兄不得，憂不識物，視彼黍反以爲稷。」此《箋》云「憂思不精識其事」，蓋亦用《韓詩》。

《大東》「無浸穫薪」，《箋》云：「穫，落木名也。」　案《爾雅》：「檴，落。」樊光注引《詩》作「檴薪」。《箋》以「穫」爲「檴」，本三家。

「載翕其舌」，《箋》云：「翕，猶引也。引舌者，謂上星相近。」　案《玉篇》引《詩》「載吸其舌」云：「吸，引也。」《箋》讀「翕」爲「吸」，本三家。

《四月》「廢爲殘賊，莫知其尤」，《箋》云：「尤，過也。言在位者貪殘，爲民之害，無自知其行之過者。言忕於惡。」忕，從宋本。作「大」者，誤。　案《列女傳》續篇釋《詩》云：「言忕於惡，不知其爲過，霍夫人顯之謂也。」《蕩》箋亦云：「此言時人忕於惡。」俱本三家《詩》。

《鼓鍾》「以雅以南」，《箋》云：「雅，萬舞也。周樂尚武，故謂萬舞爲雅。雅，正也。」　案《公羊·宣八年》何注以萬爲武樂。《箋》用何說。

《瞻彼洛矣》「韎韐有奭，以作六師」，《箋》云：「此諸侯世子也，除三年之喪，服士服而來，未遇爵命之時，時有征伐之事，天子以其賢，任爲軍將，使代卿士將六軍而出。」　案《白虎通義·爵》篇：「《韓詩内傳》曰：『諸侯世子，三年喪畢，上受爵命於天子。』」其下又言：「世子上受爵命，衣士服。」引《詩》曰「韎韐有赩」，世子始行也。「赩」與「奭」同。班宗《魯詩》。此亦兼用《韓詩》。《通典·禮五十三》引《内傳》同。《箋》用韓說。

《鴛鴦》「摧之秣之」，《箋》云：「摧，今

『莝』字也。」摧，宋本作「挫」，誤。　案《釋文》：「《韓詩》云：『莝，委也。』」

《車舝》「德音來括」，《箋》云：「使我王更修德教，會合離散之人。」　案《文選》劉越石《荅盧諶詩》、陸士衡《辨亡論》注引《韓詩章句》：「括，約束也。」王伯厚《詩考》以爲此詩章句。蓋《箋》用韓義。

「辰彼碩女，令德來教」，《箋》云：「則其時賢女來配之，與相訓告，改修德教。」　案《列女傳》續篇：「敞夫人可謂知事之機者矣。」引《詩》云：「展彼碩女，「展」當作「辰」。令德來教。」《箋》或用魯義。

《青蠅》「營營青蠅」，《箋》云：「興者，蠅之爲蟲，汙白使黑，汙黑使白，喻佞人變亂善惡也。」　案《易林》、《論衡》、《初學記》竝有「青蠅汙白」之語。

「讒人罔極，構我二人」，《箋》云：「構，合也。合，猶變亂也。」　案《釋文》：「《韓詩》云：『構，亂也。』」

《賓之初筵》「大侯既抗，弓矢斯張」，《箋》云：「天子諸侯之射皆張三侯，故君侯謂之大侯。大侯張而弓矢亦張，節也。將祭而射，謂之大射。下章言『烝衎烈祖』，其非祭與？」　案《漢書·吾丘壽王傳》：「大射之禮，自天子降及庶人，三代之道也。」即引此詩。《箋》蓋本《魯詩》說。

《采菽》「彼交匪紓」，《箋》云：「彼與人交接，自偪束如此，則非有解怠紓緩之心。」　案《韓詩外傳》卷四引《詩》釋之云：「言必交吾志然後予。」《箋》作「交接」解兼用韓義。

《角弓》「民之無良，相怨一方。受爵不讓，至于己斯亡」，《箋》云：「良，善也。民之意不獲，當反責之于身，思彼所以然者而怨之。無善心之人，則徒居一處宋本作「徙居」。

怨恚之。斯，此也。」　案《後漢書・章帝紀》：「上無明天子，下無賢方伯。『人之無良，相怨一方。』」章懷注云：「良，善也。言王者所爲無有善者，各相與於一方而怨之。義見《韓詩》。」又《韓詩外傳》卷四：「有君不能事，有臣欲其忠；有父不能事，有子欲其孝；有兄不能敬，有弟欲其從令。《詩》曰：『受爵不讓，至于己斯亡。』言能知於人而不能自知也。」《箋》悉本《韓詩》。

「雨雪瀌瀌，見晛曰消」，《箋》云：「雨雪之盛瀌瀌然，至日將出，其氣始見，人則皆稱雪今消釋矣。喻小人雖多，王若欲興善政，則天下聞之，莫不曰：小人今誅滅矣。」　案《韓詩外傳》卷四云：「上發舜、禹之制，下則仲尼之義，以務息十子之說。如是者，仁人之事畢矣，天下之害除矣，聖人之迹箸矣。」即引此詩。又《漢書・劉向傳》：「君子道長，小人道消，則政日治，故爲泰。泰者，通而治也。」亦引此詩。

「如蠻如髦，我是用憂」，《箋》云：「今小人之行如夷狄，而王不能變化之，我用是爲大憂也。」　案《韓詩外傳》卷四云：「出則爲宗族患，入則爲鄉里憂。《詩》曰：『如蠻如髦，我是用憂。』小人之行也。」

大雅

《文王》「文王受命作周也」，《箋》云：「受命，受天命而王天下，制立周邦。」　案《春秋繁露・郊祀》篇云：「文王受天命而王天下。」《史記・周本紀》：「詩人道西伯蓋受命之年稱王。」《漢書・地理志》：「公季嗣位至昌，爲西伯，受命而王。」此當是《魯詩》。

「王之藎臣」，《箋》云：「王，席成王。」

案《漢書・劉向傳》：「孔子論《詩》，至於『殷士膚敏，祼將于京』，喟然歎曰：『大哉天命，善不可不傳於子孫，是以富貴無常。不如是，則王公其何以戒慎？民氓何以勸勉？』蓋傷微子之事周，而痛殷之亡也。」《白虎通義・三正》篇：「《詩》曰：『厥作祼將，常服黼冔。』言微子服殷之冠助祭於周也。」微子朝周在成王之時。《漢書・翼奉傳》亦云：「周公作詩深戒成王，以恐失天下。《詩》曰：『殷之未喪師，克配上帝。宜監于殷，駿命不易。』」《箋》以王爲成王，用三家説。

《大明》「文定厥祥」，《箋》云：「文王以禮定其吉祥，謂使納幣也。」案《白虎通義・嫁娶》篇：「人君及宗子無父母，自定娶者，卑不主尊，賤不主貴，故自定之也。《昏禮經》曰：『親及没，已聘命之。』❶《詩》云：『文定厥祥，親迎于渭。』」「命此文王，于周于京」，《箋》云：「天爲將命文王君天下于周京之地。」案《白虎通義・三正》篇釋《詩》云：「此言文王改號爲周，易邑爲京也。」又見《號》篇。

「會朝清明」，《箋》云：「會，合也。《書・牧誓》曰：『時甲子昧爽，武王朝至于商郊牧野，乃誓。』」案《易林・復》、《節》、《謙》、《涣》云：「周師伐紂，克於牧野。甲子平旦，天下悦喜。」「甲子平旦」即所謂「甲子昧爽」也。《楚辭・天問》：「會鼂争盟。」鼂，古「朝」字。一作「會晁請盟」。王逸注亦謂以甲子日朝誅紂。

《緜》「緜緜瓜瓞」，《箋》云：「瓜之本實，

❶「聘」，徐子静本、《清經解續編》本同。中華書局點校本陳立《白虎通義疏證》、《叢書集成初編》影印盧文弨《抱經堂叢書》本《白虎通》竝作「娉」。

繼先歲之瓜必小，狀似瓝，故謂之瓞。」　案《釋文》引《韓詩》云：「瓞，小瓜也。」

「周原膴膴」，《箋》云：「周之原，地在岐山之南，膴膴然肥美。」　案《文選·魏都賦》李善注引《韓詩》作「腜腜」，《廣雅》：「腜腜，肥也。」《箋》兼用韓義。

《棫樸》「薪之槱之」，《箋》云：「至祭皇天上帝及三辰，則聚積以憭之。」憭，當作「燎」。

案《春秋繁露·郊祀》篇引此首章、二章，又《四祭》篇引此二章，皆謂文王郊祭之詩。何休注《公羊·定八年》引下章奉璋爲郊事天。蓋皆本《魯詩》說。

《旱麓》「瑟彼玉瓚」，《箋》云：「瑟，絜鮮貌。」　案《說文·玉部》：「璱，玉英華相帶如瑟弦也。《詩》曰：『璱彼玉瓚。』」

「魚躍于淵」，《箋》云：「魚跳躍于淵中，喻民喜得所。」　案《文選·四子講德論》注引《薛君章句》云：「魚喜樂則踴躍于淵中。」

「施于條枚」，《箋》云：「延蔓於木之枝本而茂盛。」宋本作「枝本」，《後漢書·蘇竟傳》注引無「本」字。　案《韓詩外傳》二、《呂覽·知分》篇注、《後漢書·黃瓊傳》注引《新序》竝作「延于條枚」。

《思齊》「烈假不瑕」，《箋》云：「厲、假，皆病也。」　案嘉定錢氏大昕曰：「《仙人唐公房碑》『厲蠱不遐』，即用《思齊》『烈假不瑕』。鄭《箋》讀『烈假』爲『厲瘕』，皆訓爲『病』。蠱、假聲相近。碑立於東漢之世，其時鄭學未行，而闇與之合，可證康成所改，皆本經師相承之訓。」

《皇矣》「串夷載路」，《箋》云：「串夷，即混夷。」　案串，即「毌」字。毌，古「貫」字也。混，一作「昆」。貫夷，即昆夷，如《禹貢》「楊州貢瑤琨」，《漢書·地理志》作「瑤瓚」之例。

當本《魯詩》說。

「施于孫子」，《箋》云：「施，猶易也、延也。」　案《箋》中「延」字義當本《韓詩》，見《旱麓》篇。

「無然畔援」，《箋》云：「畔援，猶拔扈也。」拔，各本作「跋」，此從宋本訂。《文選·西京賦》注引作「拔」，云：「拔，與跋古字通。」　案《釋文》引《韓詩》云：「畔援，武强也。」葉石林鈔本「武强」作「拔扈」。

「誕先登于岸」，《箋》云：「岸，訟也。欲廣大德美者，當先平獄訟、正曲直也。」　案《小宛》韓詩「宜犴宜獄」云：「鄉亭之繫曰犴，朝廷曰獄。」

「密人不恭，敢距大邦，侵阮徂共」，《箋》云：「阮也、徂也、共也三國犯周，而文王伐之，密須之人乃敢距其義兵，違正道，是不直也。」　案《正義》云：「《魯詩》之義，以阮、徂、共皆爲國名。」《箋》用魯義。首章「維彼四國」，及《文王有聲》「有此武功」，《箋》謂「伐此四國」，皆用魯義。

「崇墉言言」，《箋》云：「言言，猶孽孽，將壞貌。」　案下文「崇墉仡仡」，《釋文》引《韓詩》云：「仡仡，搖也。」《箋》用韓義。

《生民》「履帝武敏」，《箋》云：「帝，上帝也。敏，拇也。祀郊禖之時，時則有大神之迹，姜嫄履之，足不能滿，履其拇指之處。」　案《爾雅·釋訓》：「履帝武敏，武，迹也；敏，拇也。」此鄭《箋》所本。《爾雅·釋訓》一篇多逕漢人增益。《史記》、《楚辭》、《列女傳·母儀》篇、《白虎通義·姓名》篇、《春秋繁露·三代改制質文》篇、《詩正義》引《異義》齊、魯、韓《詩》竝指感生帝之說。

《既醉》「其僕維何？釐爾女士。」釐爾女士，從以孫子」，《箋》云：「天之大命附著於女云何乎？予女以女而有士行者，謂生淑媛，使爲之妃。從，隨也。天既予女以女而有士行者，又使生賢知之子孫以隨之，謂傳世也。」　案《列女傳·母儀》篇：「塗山獨明教訓，而致其化焉。及啟長，化其德而從其教，卒致令名。禹爲天子，而啟爲嗣。持禹之功而不殞，君子謂塗山彊於教誨。《詩》云：『釐爾士女，士、女誤倒。從以孫子。』此之謂也。」《箋》用《魯詩》義。

《鳧鷖》「鳧鷖在潨」，《箋》云：「潨，水外之高者也。」　案《廣雅·釋丘》：「潨，厓也。」張揖多取三家《詩》義。孔《正義》云：「水外之地潨然而高，蓋涯涘之中復有偏高之處。」説與《廣雅》相近。

《假樂》「威儀抑抑，德音秩秩」，《箋》云：「抑抑，密也。秩秩，清也。」　案《箋》用《爾雅·釋訓》文。

「率由群匹」，《箋》云：「循用群臣之賢者，其行能匹耦己之心。」　案《春秋繁露·楚莊王》篇：「百物皆有合偶，偶之合之，仇之匹之，善也。」即引此詩，爲《箋》所本。

《卷阿》「茀禄爾康矣」，《箋》云：「茀，福也。」　案《爾雅·釋詁》：「祓，福也。」郭注引《詩》「祓禄康矣」。奪「爾」字。《箋》讀「茀」爲「祓」，義本三家。

《蕩》「殷鑒不遠，在夏后之世」，《箋》云：「此言殷之明鏡不遠也，近在夏后之世，謂湯誅桀也。後武王誅紂。」　案《韓詩外傳》卷五云：「夫明鏡者，所以照形也。法古者，所以知今也。故夏之所以亡者，而殷爲之。殷之所以亡者，而周爲之。故殷可以鑒於夏，而周可以鑒於殷。」即引此詩。鄭用《韓詩》。

《抑》「靡哲不愚」，《箋》云：「今王政暴虐，賢者皆佯愚，不爲容貌，如不肖然。」案《韓詩外傳》卷六：「比干諫而死。箕子曰：『知不用而言，愚也。殺身以彰君之惡，不忠也。二者不可，然且爲之，不祥莫大焉。』遂被髮佯狂而去。君子聞之，曰：『勞矣箕子，盡其精神，竭其忠愛。見比干之事免其身，仁知之至。』《詩》曰：『人亦有言，靡哲不愚。』」

「有覺德行，四國順之」，《箋》云：「有大德行，則天下順從其政。言在上所以倡道。」

案《列女傳·節義》篇：「夫義其大哉！雖在匹婦，國猶賴之。況以禮義治國乎？」即引此詩。《箋》訓「覺」爲「大」，義本魯説。

「荒湛于酒」，《箋》云：「荒廢其政事，又湛樂于酒。言愛小人之甚。」案《漢書·五行志下之下》「群小湛湎於酒」，其下即引此詩。

「無言不讎」，《箋》云：「教令之出如賣物，物善則其售賈貴，物惡則其售賈賤。」案此與《邶·谷風》「賈用不售」《韓詩》合，《箋》亦當用韓説。

「投我以桃，報之以李」，《箋》云：「此言善往則善來，人無行而不得其報也。」案桓寬《鹽鐵論·和親》篇引《詩》釋之云：「未聞善往而有惡來者。」

《桑柔》「誰能執熱，逝不以濯」，《箋》云：「當如手持熱物之用濯，爲治國之道，當用賢者。」案《墨子·尚賢中》篇：「爵位不高，則民不敬也。蓄禄不厚，❶則民不信也。」

❶「禄」，原作「録」，徐子静本、《清經解續編》本同，據本節下文、《百子全書》本畢沅校《墨子》、《諸子集成》本與中華書局點校本《墨子閒詁》改。

政令不斷，則民不畏也。故古聖王高予之爵，重予之禄，任之以事，斷予之令。夫豈爲其臣賜哉？欲其事之成也。《詩》曰：『告女憂卹，誨女予爵。爵，當爲「爵」。孰能執熱，鮮不用濯？』則此語古者國君諸侯之不可以不執善承嗣輔佐也，譬之猶執熱之有濯也，將休其手焉。」趙岐注《孟子》亦解經「濯」爲「濯手」。

「其何能淑，載胥及溺」，《箋》云：「女若云：『此於政事何能善乎？』則女君臣皆相與陷溺於禍難。」案《孟子·離婁》篇引《詩》，趙注云：「刺時君臣何能爲善乎，但相與爲沈溺之道也。」《箋》與趙同。

《雲漢》「耗斁下土」，耗，當作「秏」。《箋》云：「斁，敗也。猶以旱秏敗天下爲害。」案《釋文》引《韓詩》：「秏，惡也。」《箋》蓋用韓義。

「散無友紀」，《箋》云：「散無其紀者，凶年禄餼不足，人無嘗賜也。」❶ 案《墨子·七患》篇：「一穀不收謂之饉，二穀不收謂之旱，三穀不收謂之凶，四穀不收謂之餽，五穀不收謂之饑。歲饉，則仕者大夫以下皆損禄五分之一；旱，則損五分之二；凶，則損五分之三；餽，則損五分之四；饑，則盡無禄，稟食而已矣。」

《烝民》「有物有則」，《箋》云：「天之生衆民，其性有物象，謂五行：仁、義、禮、智、信也。其情有所法，謂喜、怒、哀、樂、好、惡也。」案《韓詩外傳》卷六：「子曰：『不知命，無以爲君子。』言天之所生，皆有仁義禮智順善之心。不知天之所以命生，則無仁義

❶ 「嘗」，徐子静本、《清經解續編》本同。阮刻《毛詩正義》作「賞」。

禮智順善之心。無仁義禮智順善之心，謂之小人。故曰：『不知命，無以爲君子。』《小雅》曰：『天保定爾，亦孔之固。』言天之所以仁義禮智，保定人之甚固也。《大雅》曰：『天生烝民，有物有則。民之秉彝，好是懿德。』言民之秉德以則天也，不知所以則天，又焉得爲君子乎？」《箋》用韓義。

《韓奕》「蹶父孔武，靡國不到」，《箋》云：「蹶父甚武健，爲王使於天下，國國皆至。」案《易林·井之需》云：「大夫行父，父，疑「役」之譌。天地不涉。爲吾相土，莫如韓樂。可以居止，長安富有。」

《召旻》「池之竭矣，不云自頻？泉之竭矣，不云自中」，《箋》云：「頻，當作『濱』。厓，猶外也。自，由也。池水之溢，宋本作「益」。自外灌焉。今池竭，人不言由外無益者與？言由之也。喻王猶池也，政之亂，由外無賢臣益之。泉者，中水生則益深，水不生則竭。喻王猶泉也，政之亂，又由內無賢妃益之。」案《列女傳》續篇《趙飛燕姊娣傳》引《詩》釋之云：「成帝之時，舅氏擅外，趙氏專內。❶其自竭極，蓋亦池泉之勢也。」

周頌

《天作》「天作高山，大王荒之」，《箋》云：「高山，謂岐山也。大王自豳遷焉。居之一年成邑，二年成都，三年五倍其初。」案《文選》干寶《晉紀總論》李善注引劉向《新序》曰：「大王，亶父。止於岐下，百姓扶老攜幼，隨而歸之，一年成邑，二年成都，三年五倍其初。」

❶「內」，原作「曰」，徐子静本、《清經解續編》本同，據《文選樓叢書》本《列女傳》改。

「彼徂矣，岐有夷之行」，《箋》云：「後之往者，又以岐邦之君有佼易之道故也。《易》曰：『乾以易知，坤以簡能。易則易知，簡則易從。易知則有親，易從則有功。有親則可久，有功則可大。可久則賢人之德，可大則賢人之業。』以此訂大王、文王之道，卓爾與天地合其德。」　案《韓詩外傳》卷三：「《傳》曰：『易簡而天下之理得矣。忠易爲禮，誠易爲辭，賢人易爲民，工巧易爲材。』《詩》曰：『岐有夷之行，子孫保之。』」《後漢書・西南夷傳》李賢注引《韓詩》薛君章句云：「徂，往也。夷，易也。行，道也。彼百姓歸文王者，皆曰：岐有易道，可歸往矣。易道，謂仁義之道而易行，故岐道阻險而人不難。」《説苑・君道》篇釋《詩》之義同。

《時邁》「實右序有周」，《箋》云：「右助次序其事，謂多生賢知，使爲之臣也。」　案《韓詩外傳》卷八：「孔子曰：『善乎晏子，不出俎豆之閒，折衝千里。』」即引此詩，此《箋》所謂賢知爲臣也。

「式序在位」，《箋》云：「以其有俊乂用次弟處位。」　案《韓詩外傳》卷八：「三公者何？曰：司馬、司空、司徒也。司馬主天，司空主土，司徒主人。故陰陽不和，四時不節，星辰失度，災變非常，則責之司馬。山陵崩竭，川谷不流，五穀不殖，草木不茂，則責之司空。君臣不正，人道不和，國多盜賊，下怨其上，則責之司徒。故三公典其職，憂其分，舉其辯，明其隱，武進趙懷玉校刻云：「疑『德』字之誤。《續漢書・百官志》注作『得』，古德、得通。」此三公之任也。《詩》曰：『濟濟多士，文王以寧。』」又曰：『明昭有周，式序在位。』言各稱職也。」《後漢書・朱穆傳》：「議郎，大夫之位，本以式序儒術高行之士。」亦用《韓詩》

説也。

《有瞽》「應田縣鼓」，《箋》云：「田，當作『朄』。朄，小鼓，在大鼓旁，應鞞之屬也。聲轉字誤，變而作『田』。」案鄭注《周禮》、《禮記》及郭注《爾雅》竝引《詩》作「應朄縣鼓」。

《閔予小子》「嗣王朝於廟也」，《箋》云：「嗣王者，謂成王也。除武王之喪，將始即政，朝於廟也。」案《漢書·匡衡傳》：「《詩》云：『煢煢在疚。』言成王喪畢，思慕意氣未能平也。蓋所以就文、武之業，崇大化之本也。」匡學《齊詩》。《箋》與匡説合。

《敬之》「陟降厥士，日監在兹」，《箋》云：「天上下其事，謂轉運日月，施其所行，日日瞻視，古本如此。各本作「日月」。近在此也。」案《漢書·郊祀志》匡衡奏議引《詩》而釋之云：「言天之日監王者之處也。」

《酌》「遵養時晦」，《箋》云：「率殷之叛國以事紂，養是闇昧之君以老其惡。」案《武》「耆定爾功」，《釋文》引《韓詩》云：「耆，惡也。」言武王惡紂而誅伐之。此謂「老其惡」，當用韓義。

魯頌

《泮水》「思樂泮水」，《箋》云：「辟廱者，築土雝水之外，圓如璧，❶四方來觀者均也。泮之言半也。半水者，蓋東西門以南通水，北無也。天子諸侯宮異制，因形然。」案《白虎通義·辟雍》篇：「《詩》云：『思樂泮水，薄采其芹。』《詩訓》曰：『水圓如璧。』諸侯曰泮宮者，半於天子宮也。明尊卑有差，所化少也。半者，象璜也。獨南面禮儀之方

❶「璧」，原作「壁」，據本書卷二十九《泮水》改。下「璧」字同。

有水耳。其餘壅之言垣，宮名之別尊卑也。明不得化四方也。」《通典·禮十三》引劉向《五經通義》亦云：「南通水。」

「狄彼東南」，《箋》云：「狄，當作『剔』。剔，治也。」案《釋文》引《韓詩》作「鬄」云：「除也。」鬄、剔同字，除、治同義。

《閟宮》「實始翦商」，《箋》云：「翦，斷也。大王自豳徙居岐陽，四方之民咸歸往之，于時而有王迹，故云是始斷商。」案《說文·戈部》：「戩，滅也。《詩》曰：『實始戩商。』」戩、翦同聲，滅、斷同義。

商頌

《那》「置我鞉鼓」，《箋》云：「置，讀曰植。」案《廣雅·釋樂》曹憲音引《詩》「植我鞉鼓」。鄭注《禮記·明堂位》篇同。

《玄鳥》「天命玄鳥，降而生商」，《箋》云：「降，下也。天使鳦下而生商者，謂鳦遺卵，有娀氏之女各本脫「有」字。簡狄吞之而生契。」案《箋》從三家《詩》說。見《生民》篇。

《長發》「湯降不遲」，《箋》云：「湯之下士尊賢甚疾。」案《韓詩外傳》卷八言：「周公假天子之尊位，所執贄而師見者十人，所還質而友見者十三人，窮巷白屋之士所先見者四十九人，時進善者百人，官朝者千人，諫臣五人，輔臣五人，拂臣六人，載干戈以至於封侯而同姓之士百人。」其下即引此詩。《箋》用韓義。

「何天之龍」，《箋》云：「龍，當作『寵』。」案《大戴禮·衛將軍文子》篇引《詩》作「何天之寵」。

《殷武》「商邑翼翼，四方之極」，《箋》云：「極，中也。商邑之禮俗，翼翼然可則儆，乃四方之中正也。」　案王氏引之《詩述聞》載：「《後漢書・樊準傳》、《後魏書・甄琛傳》、《白帖》七十六兩引《韓詩》及荀悦《漢紀・元帝紀》載匡衡疏引《齊詩》竝云：『京邑翼翼，四方是則。』鄭《箋》用三家義。」

鄭氏箋終

鳴謝

《儒藏》精華編惠蒙善助，共襄斯文；謹列如左，用伸謝忱。

本焕法師　　壹佰萬元

北京大學《儒藏》編纂中心

本册审稿人　張忱石
本册责任编委　谷　建

圖書在版編目(CIP)數據

儒藏．精華編．三四/北京大學《儒藏》編纂中心編．—北京：北京大學出版社，2009.6

ISBN 978-7-301-11752-1

Ⅰ．儒… Ⅱ．北… Ⅲ．儒家 Ⅳ．B222

中國版本圖書館CIP數據核字(2007)第175426號

書　　名：儒藏(精華編三四)
著作責任者：北京大學《儒藏》編纂中心　編
責 任 編 輯：謝丹雲　王　應
標 準 書 號：ISBN 978-7-301-11752-1/B・0438
出 版 發 行：北京大學出版社
地　　址：北京市海淀區成府路205號　100871
網　　址：http：//www.pup.cn
電 子 信 箱：dianjiwenhua@163.com
電　　話：郵購部 62752015　發行部 62750672　編輯部 62756694
出版部 62754962
印 刷 者：北京中科印刷有限公司
經 銷 者：新華書店
787毫米×1092毫米　16開本　38.25印張　540千字
2009年6月第1版　2015年11月第2次印刷
定　　價：1200.00元

ISBN 978-7-301-11752-1

9 787301 117521 02 >

定價：1200.00元